IL FAUT ACHEVER L'EURO

DU MÊME AUTEUR

Ces hommes qui ont fait l'euro, querelles et ambitions européennes, en collaboration avec Thomas Klau, Plon, 1999.

Les Maîtres de l'Europe, en collaboration avec Yves Clarisse, Grasset, 2005.

Notre Europe, ouvrage collectif dirigé par Michel Rocard et Nicole Gnosotto, Robert Laffont, 2008.

Du Larzac à Bruxelles, entretiens avec José Bové, Le Cherche midi, 2011.

80 Propositions qui ne coûtent pas 80 milliards, ouvrage collectif dirigé par Patrick Weil, Grasset, 2012

Sexe, mensonges et médias, Plon, 2012.

Debout l'Europe ! Manifeste pour une révolution postnationale en Europe, Daniel Cohn-Bendit et Guy Verhofstadt suivi d'un entretien avec Jean Quatremer, Actes Sud et André Versaille éditeur, 2012.

Les Salauds de l'Europe, Calmann-Lévy, 2017.

JEAN QUATREMER

IL FAUT ACHEVER L'EURO

Tout ce que vous avez toujours voulu savoir sur l'euro (sans jamais oser le demander)

CALMANN LEVY

Couverture
Conception graphique : Coco Bel Œil
Photographie : © Firinia/Istock

ISBN : 978-2-7021-6535-5

Avertissement

Le cœur de ce livre doit énormément à un autre ouvrage que j'ai eu le plaisir d'écrire avec Thomas Klau, alors journaliste pour un quotidien allemand, *Ces hommes qui ont fait l'euro*, paru chez Plon en 1999, autant dire il y a une éternité. Nous avons enquêté tous les deux pour écrire ce qui reste à ce jour l'un des livres les plus complets sur la longue gestation de l'euro.

Ce chemin de l'euro, j'ai continué à le parcourir seul, Thomas ayant vogué vers d'autres aventures. Je tiens à le remercier profondément pour ce travail commun que je me suis chargé de remettre au goût du jour.

VINGT ANS APRÈS

Dans *L'Étoile mystérieuse*, alors qu'un astéroïde approche à grande vitesse de la Terre, Tintin croise la route de Phillipulus, cet éminent savant qui a perdu pied face à l'imminence de la catastrophe et s'est transformé en « prophète » de malheur annonçant la fin des temps. Finalement l'astéroïde ne détruira pas la planète et Phillipulus sombrera dans l'oubli. Ces « doctor doom » (docteur catastrophe, en anglais) sont des figures incontournables des crises, quelle que soit leur nature. Ils n'ont évidemment pas manqué de faire entendre leur voix sur les plateaux de télévision, les ondes des radios, le Web et dans les journaux lors de la crise de la zone euro (2010-2012), qui a donné l'impression que la monnaie unique pouvait sombrer corps et biens dix ans après son lancement en fanfare, en janvier 1999.

« Je serais très étonné que l'euro, dans sa forme actuelle, survive à l'année 2011 », lance ainsi, très sûr de son fait, le démographe Emmanuel Todd, le 4 janvier 2011. L'économiste pro-russe Jacques Sapir, d'abord proche de la gauche radicale avant de flirter avec l'extrême droite, en rajoute une couche le 7 avril : « la crise terminale de l'euro aura lieu à l'hiver 2011-2012 ». Dans l'atmosphère crépusculaire de l'époque, même certains europhiles pètent les plombs, comme Jacques Attali, l'ancien conseiller de François Mitterrand. Le 25 novembre, il s'interroge : est-ce que « l'euro existera toujours à Noël ? Il y a plus d'une chance sur deux pour que la monnaie unique ne soit plus là ou du moins qu'elle soit en train de se défaire ». Les Britanniques et les Américains, qui n'ont jamais cru à la monnaie unique faute de comprendre l'Europe, ne manquent évidemment pas de joindre leur voix à ces « doctor doom » hexagonaux, trop heureux de détourner l'attention des turpitudes anglo-saxonnes, celles de la crise des subprimes de 2007 qui est à l'origine de la plus grave crise financière et économique que l'Occident ait connue depuis 1929. L'économiste Nouriel Roubini, en juin 2011, annonce la fin de l'euro pour... 2016, un rien plus prudent que ses collègues français. D'autres, en se gardant de citer une date, se montrent tout aussi pessimistes sur son avenir, à l'image des Prix Nobel d'économie Paul Krugman, le plus eurosceptique de tous, et Joseph Stiglitz, le plus europhile (à l'américaine)...

La crise grecque bouscule l'euro

Il faut dire que la crise a été particulièrement grave, d'autant plus grave que personne ne l'a vue venir, ni même imaginée. Les marchés n'ont pas, en effet, attaqué l'euro en tant que monnaie, son taux de change vis-à-vis des principales devises n'ayant pas varié plus que de coutume, mais les dettes publiques nationales, c'est-à-dire le dernier lambeau de la souveraineté monétaire, celui qui permet de s'endetter.

La crise a commencé en Grèce, en décembre 2009, lorsque les investisseurs, paniqués par des spéculateurs, ont commencé à vendre à tour de bras sa dette publique, ce qui a eu pour conséquence de faire grimper ses taux d'intérêt à un tel niveau qu'il lui est devenu impossible d'avoir recours à l'emprunt. Au printemps 2010, le pays s'est trouvé au bord de la faillite et a dû appeler au secours ses partenaires de la zone euro et le Fonds monétaire international (FMI). Ce n'est évidemment pas par plaisir que les marchés ont attaqué la dette grecque, mais simplement par précaution et par esprit moutonnier. Lorsqu'il est apparu que le déficit de la Grèce pour 2009 ne serait pas de 6 % comme prévu, mais de plus de 15 % (avec une dette de 134,6 % du PIB), soit un trou budgétaire de plus de 36 milliards d'euros pour un pays de 11 millions d'habitants, les marchés, fragilisés par la crise des subprimes, n'ont pas voulu prendre de risques, son État défaillant et son économie délabrée faisant douter de sa capacité à honorer ses échéances. C'est l'absence de confiance et la peur qui expliquent la crise grecque tout autant que les erreurs de gestion économique et budgétaire commises par ses gouvernements successifs depuis les années 80.

Le choix, tout à fait contestable, qu'ont fait ses partenaires a été de lui prêter de l'argent – sous condition de purger ses finances publiques – afin de lui éviter la brutalité d'un dépôt de bilan, de préserver les banques allemandes et françaises gorgées de titres grecs et de prévenir une éventuelle contagion à d'autres pays. Mais une succession d'erreurs de gestion – la plus grave ayant été de garantir sans limites les portes des banques, mais d'exclure toute solidarité entre les États sur les dettes publiques, ce qui a fait douter les marchés de la capacité des pays les plus fragiles à faire face à leurs remboursements –, ont tôt fait de transformer ce qui n'était au départ qu'une crise grecque en une crise générale de la zone euro : successivement, l'Irlande, le Portugal, l'Espagne (pour son secteur bancaire) et Chypre ont dû faire appel à la solidarité de leurs partenaires, qui ont bricolé dans l'urgence des mécanismes ad hoc afin d'organiser leur sauvetage. Même l'Italie a commencé à être attaquée. C'est seulement à l'été 2012, date de l'annonce de la mise en place de l'Union bancaire et de l'intervention sans limites de la Banque centrale européenne (BCE), dirigée depuis novembre 2011 par l'Italien Mario Draghi, que le calme a pu être ramené. Mais il a fallu six ans de plus pour tourner la page : en effet, ce n'est que le 21 août 2018 que la Grèce a retrouvé son autonomie financière partielle, après neuf ans d'une tutelle de la zone euro particulièrement brutale. Preuve s'il en est qu'il s'agissait avant tout d'une crise grecque mal gérée, puisque tous les autres pays ayant frôlé la faillite, essentiellement à cause de la panique des marchés, ont réussi à s'en sortir sans difficulté majeure en trois ans[1]…

L'erreur des « doctor doom »

Vingt ans après son lancement, le 1er janvier 1999, chacun peut constater que les pièces et les billets en euro garnissent toujours nos portefeuilles et qu'aucun pays n'a quitté le navire de la monnaie unique. L'erreur d'analyse des « doctor doom », qui se sont pris une bonne claque, a été double : ne pas avoir compris que la crise de la zone euro était une crise bancaire mal gérée, et surtout avoir

1. Mais il est vrai que tous les autres pays, à part le Portugal, ont surtout traversé une crise de l'endettement privé (les banques sont en faillite) qui est plus facile à résoudre : le secteur privé prend sa perte et l'État aide à la restructuration, ce qui creuse son déficit et accroit sa dette. En outre, le niveau de dette publique était, dans ces pays, y compris au Portugal, bien inférieur à celui de la Grèce. Enfin, l'endettement public grec a irrigué durant trente ans l'économie et la société, ce qui a rendu d'autant plus douloureux le sevrage.

totalement sous-estimé la capacité des États à faire les sacrifices de souveraineté nécessaires, certes souvent au bord du gouffre, pour sauver leur monnaie, et partant leur économie. Un aveuglement qui n'est pas nouveau : à chaque crise depuis 1950, date du début de la construction communautaire, nombreux ont été ceux qui ont annoncé la fin de l'aventure. Même si l'histoire a, chaque fois, donné tort à ces pessimistes, ils n'ont jamais voulu comprendre que la réalité économique et géopolitique est une chose, la volonté politique, souvent décisive, une autre.

Les « doctor doom » ont aussi très vite oublié que la monnaie unique s'est révélée un instrument formidable au service des États qui a tenu toutes ses promesses : l'inflation à deux chiffres, une calamité notamment pour le pouvoir d'achat, n'est plus qu'un lointain souvenir ; les crises monétaires qui ont ravagé l'Europe dans les années 80-90 sont oubliées ; le taux de change de l'euro n'est plus un problème, l'essentiel du commerce se faisant à l'intérieur de la zone ; le loyer de l'argent[1] n'a jamais été aussi bas ; l'euro est devenu la seconde monnaie de réserve du monde (avec un quart des réserves des banques centrales) derrière le roi dollar, montrant ainsi que la zone euro est perçue comme une puissance qui compte sur la scène mondiale. Enfin la Banque centrale européenne, longtemps vouée aux gémonies, s'est affranchie de l'idéologie monétariste de la Bundesbank en faisant tourner la planche à billets depuis 2012 afin de relancer la machine économique, exactement comme le font les autres grandes banques centrales de la planète. Bref, tout ce dont rêvaient les pays dont la principale qualité n'était pas la vertu budgétaire, telle la France,

1. Le loyer de l'argent, ce sont les taux d'intérêt qu'un emprunteur doit verser.

est désormais acquis, ce qui leur donne des marges de manœuvre dont ils n'ont jamais disposé. Une « réalisation extraordinaire » saluée comme telle par un Alan Greenspan « émerveillé », qui pourtant n'a jamais cru à l'euro à l'instar de la plupart des responsables politiques et économiques américains ou britanniques[1].

À vingt ans, on entre normalement dans l'âge adulte, la crise d'adolescence passée. L'euro n'en est pas là, sa croissance étant loin d'être terminée : il demeure une monnaie *inachevée* et fragile, car c'est une monnaie sans État. Certes, historiquement, il y a déjà eu des monnaies qui ont *précédé* les États, comme le dollar américain, mais jamais une monnaie n'a pu survivre sans fondation étatique, puisqu'elle n'est rien d'autre que l'expression de la souveraineté d'un État ou d'un ensemble d'États. Autrement dit, Todd, Sapir ou Roubini se sont trompés sur la nature de la crise et sur la date de la disparition de l'euro, mais leurs critiques de ses défauts de conception étaient et restent largement fondés. Il n'est nullement exclu que la prochaine crise l'emporte dans sa prime jeunesse.

Le « choc fédéral » n'a pas eu lieu

Cela étant, les « doctor doom » n'ont nullement innové dans leurs critiques. Les « pères de l'euro », ceux qui ont préparé, négocié et mis en œuvre le traité de Maastricht, savaient très bien qu'ils faisaient œuvre imparfaite. Mais, politiquement, ils ont été au maximum de ce qu'ils pouvaient concéder en termes d'abandon de souveraineté il y a trente ans. Tous pensaient que leurs successeurs couronneraient l'union économique et monétaire par

1. *Le Temps des turbulences*, JC Lattès, 2007.

une union politique afin d'en assurer la pérennité. Ainsi, Hubert Védrine, qui a conseillé François Mitterrand avant de devenir le ministre des Affaires étrangères de Lionel Jospin (1997-2002), était persuadé, après le demi-échec du traité d'Amsterdam de 1997 censé progresser sur le chemin de l'union politique, que le lancement de l'euro produirait le « choc fédéral » absolument nécessaire.

Il n'en a rien été. Bien au contraire même. Le traité de Nice de décembre 2000 tout comme le traité constitutionnel européen de 2004 ont montré qu'il y avait une vraie *fatigue européenne*, ces deux textes ayant refusé tout nouveau transfert de souveraineté dans les domaines économique et budgétaire. Le double non des Français et des Néerlandais, en mai et juin 2005, consultés par référendum sur ce texte, a montré qu'une partie des citoyens eux-mêmes ne suivaient plus. Le traité de Lisbonne de 2007, entré en vigueur en 2009[1], n'a été qu'une reprise en mode mineur du défunt TCE, c'est-à-dire qu'il ne répondait nullement à la question de l'union politique. Autant dire que l'intégration fait du surplace depuis le lancement de l'euro, ce qui fait peser une menace durable sur son existence.

À chaque choc, les marchés vont s'interroger sur la volonté politique des États, parfois dirigés par des majorités eurosceptiques, comme en Italie depuis le printemps 2018, de sauvegarder l'intégrité de la zone euro. Dès lors, en période houleuse, les capitaux auront toujours tendance à quitter les économies les plus fragiles pour se réfugier là où il n'y a aucun risque, en Allemagne bien sûr, ou en France dans une moindre mesure, ce qui accentuera la crise comme on l'a vu pendant la période 2010-2012.

---

1. Il a été amputé de l'une de ses dispositions les plus novatrices, la réduction de la taille de la Commission européenne à la suite du non irlandais de 2008.

Seule l'Union politique, c'est-à-dire la création d'une Union fédérale, peut stabiliser la monnaie unique, car elle légitimera politiquement l'union monétaire et rendra quasi impossible une sécession. Elle marquera la confiance que se font les États, puisqu'ils délégueront à des institutions fédérales des domaines qui relèvent du cœur des souverainetés nationales (politique étrangère, défense, immigration, asile, etc.), comme ils l'ont fait pour la politique monétaire confiée à la BCE. Sans elle, la solidarité financière entre pays riches et pays pauvres sera toujours questionnée, alors qu'elle ne l'est pas pour les États fédérés allemands ou américains. C'est ce défaut d'union politique, l'Union restant essentiellement un marché intérieur, qui explique les insuffisances structurelles de la monnaie unique : absence d'une autorité politique européenne démocratiquement contrôlée capable de décider d'une politique économique commune, absence de budget fédéral, ce qui conduit à un contrôle technocratique des budgets nationaux, absence d'un trésor européen capable d'émettre des emprunts… L'euro, projet pourtant politique à l'origine, n'a pas été accompagné des partages de souveraineté nécessaires pour qu'il devienne l'instrument d'une puissance politique. Il n'est pas trop tard pour y remédier, comme le propose depuis son élection, en 2017, Emmanuel Macron, le président d'une République française enfin prête à accepter ce qu'elle avait constamment refusé jusqu'ici.

Un euro fantasmé

À cette critique justifiée de la construction monétaire européenne s'est ajoutée une série d'autres, soit sciemment mensongères, soit totalement infondées, critiques qui ont totalement brouillé le nécessaire débat sur l'euro. Comment débattre sereinement si on ne sait rien des négociations qui ont précédé la naissance de l'euro et des blocages nationaux qui ont accompagné ses premiers pas, de 1999 à 2007 ? Quelques exemples ? Contrairement à une croyance désormais ancrée, ce n'est pas l'Allemagne qui a voulu l'euro pour dominer l'Union, puisqu'elle avait déjà le mark qu'elle gérait comme elle l'entendait, mais la France, pourtant jalouse de sa souveraineté monétaire. Car l'Hexagone a particulièrement souffert des désordres monétaires des années 70-80, qui lui ont coûté cher en croissance et en emplois.

L'euro n'est rien d'autre qu'un « hold-up sur le mark », selon l'expression d'un responsable de haut niveau français, qui a permis à la France d'avoir son mot à dire sur une politique monétaire dictée jusqu'en 1999 par la seule Bundesbank. « L'indépendance de la Banque de France ? Elle se mesure en secondes, celles séparant la décision de la Bundesbank d'augmenter ou de baisser ses taux de la décision de la Banque de France de suivre », l'expliquait Michel Sapin, ancien ministre des Finances socialiste, à la fin des années 90. Car, comme l'a très justement écrit Alan Greenspan, l'ancien patron de la Réserve fédérale américaine, « l'Europe avait déjà de fait une banque centrale, en l'occurrence la Bundesbank »[1]. Le second objectif de l'euro, on l'oublie aussi un peu trop, était d'arrimer définitivement l'Allemagne unifiée à l'Europe. Sans lui, elle serait devenue ce qu'elle est, la puissance dominante de l'Europe, mais sans aucun contrepoids, avec les risques géopolitiques que cela comportait comme en témoignent les deux guerres mondiales.

1. *Ibid.*

De même, les critères de convergence de Maastricht (déficit public de moins de 3 %, dette de moins de 60 %, etc.) n'ont pas seulement été une idée allemande, mais aussi française, les deux rives du Rhin voulant éviter que les mauvais élèves, dont l'Italie, se qualifient trop facilement. Et contrairement à une légende tenace l'Allemagne n'a jamais voulu d'une union monétaire englobant les pays du Sud pour asseoir sa domination... Bien au contraire elle voulait un euro limité à la France et aux pays du nord de l'Europe. Ce sont les pays du Sud qui ont tout fait, y compris mentir, pour se qualifier. Entendre aujourd'hui Rome tempêter contre la monnaie unique a un côté surréaliste.

Si le Pacte de stabilité, qui codifie la bonne gestion budgétaire, est une idée allemande, il n'était que la conséquence du refus français de tout fédéralisme : Paris voulait les avantages de l'euro, non ses inconvénients en termes de souveraineté. D'ailleurs, la France était tout aussi opposée que l'Allemagne à une « union de transferts », c'est-à-dire à un budget européen, et totalement rétive à ce que le Parlement européen mette son nez dans les affaires économiques et budgétaires, ce qui explique le déficit démocratique béant dont souffre la zone euro. Il faut aussi se souvenir que les critiques que les contempteurs de la monnaie unique adressent aujourd'hui à Berlin sont exactement les mêmes que celles que l'on adressait à l'Allemagne à l'époque de la domination du mark.

Il est donc nécessaire de rappeler quelles ont été les circonstances économiques et politiques qui ont conduit les États européens, dès 1969, à souhaiter la création d'une monnaie unique, comment elle a été négociée, quels ont été les termes du débat et les contraintes de politique intérieure, ce qui permet de comprendre pourquoi cette construction est à la fois bancale et largement inachevée. Il est d'ailleurs fascinant de constater que tous les débats qui agitent depuis vingt ans les politiques, les économistes et les opinions publiques ont déjà eu lieu. S'il est facile d'imaginer l'euro parfait le matin en se rasant, il est infiniment plus difficile d'y parvenir entre des pays dont les traditions économiques et monétaires sont totalement différentes et qui restent encore très méfiants les uns envers les autres. On l'oublie trop souvent : si soixante-dix ans de construction communautaire ont permis d'instaurer la paix et la prospérité économique sur le Vieux Continent, cela n'a pas permis de dissiper l'héritage culturel de centaines d'années de conflits entre puissances européennes.

Un euro à la légitimité politique fragile

C'est pourquoi les périls qui menacent l'euro sont moins économiques ou financiers que politiques : le risque est grand de voir les Européens céder aux sirènes des démagogues (un mot que je préfère à populiste, le peuple n'étant pas la propriété de la droite radicale) qui ont fait de la monnaie unique le facteur explicatif de tous les problèmes que rencontre leur pays. Car si l'euro est commun, tout le reste est national : il faut imaginer les États-Unis sans secrétaire au Trésor, mais dotés d'un conseil des ministres réunissant les cinquante secrétaires au Trésor des États fédérés décidant à l'unanimité, un conseil qui n'aurait à sa disposition ni budget fédéral, ni capacité d'emprunt sur les marchés, ni bien sûr politique économique fédérale, l'économie américaine n'étant que l'addition de 50 économies fédérées. Une telle fragmentation de la politique économique et budgétaire est évidemment intenable et dans ces conditions la puissance américaine ne serait pas ce qu'elle est.

Pour pallier cette absence de fédéralisme, au-delà de la politique monétaire, la zone euro a construit une usine à gaz technocratique : c'est la Commission, organe à la légitimité politique extrêmement ténue, qui est chargée de surveiller les budgets nationaux sous le contrôle de l'Eurogroupe, les ministres des Finances de la zone euro, une enceinte qui statue à huis clos et à l'unanimité, ces deux institutions agissant sans contrôle parlementaire, ni national, ni européen. Il faut se rappeler, pour comprendre la pièce qui se joue, que les révolutions nationales se sont toujours faites pour obtenir un contrôle des citoyens sur la fiscalité, contrôle que l'union monétaire a subrepticement confisqué. L'euro a permis l'instauration d'un régime illibéral qui ferait rêver n'importe quel autocrate. Si la crise de la zone euro (2010-2012) n'a pas abouti à une explosion de la monnaie unique, c'est parce que les pays attaqués étaient tous de petits États. Si la Commission ou l'Eurogroupe avaient tenté d'infliger à l'Italie, à la France ou à l'Allemagne le même traitement qu'à la Grèce ou à l'Irlande, on peut imaginer sans peine ce qui se serait passé.

En outre, l'euro, et ce n'était pas inscrit dans ses gènes, a permis l'instauration d'une hégémonie allemand. D'abord parce que l'Allemagne a été capable de faire les sacrifices nécessaires au début des années 2000 pour adapter son économie à la nouvelle donne mondiale, ce qui l'a placée au centre de l'échiquier européen. Ensuite parce qu'elle a réussi à imposer en grande partie son agenda à ses partenaires durant la crise de la zone euro, la chancelière allemande, Angela Merkel, usant de sa réticence à aider ses partenaires comme d'une arme. Enfin en donnant au Bundestag un rôle de décideur en dernier ressort qui a fait de son parlement le parlement de la zone euro. Bref, si l'euro a rempli son rôle géopolitique en assurant une Allemagne européenne, l'Europe est devenue allemande.

Tous ces déséquilibres imposent un choix simple : parachever l'euro ou l'achever. Se contenter de l'euro tel qu'il est, de ces déséquilibres inacceptables en termes tant politiques qu'économiques, c'est se résigner à sa disparition à terme à l'occasion d'une crise qui ne manquera pas de se produire, et ce dans l'improvisation la plus totale, ce qui démultipliera les conséquences désastreuses. Si les États font le constat que la volonté politique fait défaut, mieux vaut commencer à réfléchir au démantèlement de la monnaie unique afin d'essayer, je dis bien essayer, d'en limiter les conséquences pour les économies européennes. Mais il ne faut pas rêver : dans les deux cas, l'Europe et le monde souffriront quoi qu'en disent les europhobes qui tentent de faire croire à des lendemains qui chantent. La faillite d'une petite banque d'affaires américaine, Lehman Brothers, en septembre 2008, a entraîné le monde occidental dans la plus grave crise économique depuis 1929. Alors imaginez ce que donnerait la disparition de la seconde monnaie mondiale. Ce qui revient à dire que le seul choix raisonnable est d'achever la construction monétaire en allant au bout de sa logique fédérale. Il n'est pas faux de dire que l'euro, c'est comme « l'hôtel California » de la chanson des Eagles : vous êtes libre d'y entrer, mais il est impossible d'en sortir…

Ce voyage aux origines de l'euro débute en 1968, l'année de la révolte étudiante qui a changé à tout jamais le visage de la France, et finalement de l'Europe.

L'EURO, ENFANT DE MAI 68 ?

1968-1984

Daniel Cohn-Bendit pouvait-il imaginer que la révolte étudiante de Mai 68, dont il fut l'un des leaders, non seulement changerait profondément la France mais serait aussi à l'origine de l'euro ? Cet europhile convaincu[1] en serait le premier surpris, car l'Europe n'a vraiment pas été la préoccupation première des manifestants de l'époque. Simplement, c'est l'instabilité politique et monétaire engendrée par Mai 68 qui a poussé les États du Vieux Continent à imaginer une union monétaire qui mettrait trente ans à se concrétiser.

En effet, six mois après le joli mois de mai, le franc, jusqu'alors stable, entre dans une crise qui va durer jusqu'à la démission du général de Gaulle, en avril 1969. À la surprise de ses partenaires, le nouveau président, Georges Pompidou, dévalue la monnaie française quatre mois plus tard. Les tensions au sein du système monétaire international sont si sérieuses qu'elles deviennent l'un des thèmes de la campagne électorale qui se déroule, au même moment, outre-Rhin. Après l'élection du nouveau

1. Daniel Cohn-Bendit a été député européen écologiste de 1994 à 2014. Il a été alternativement élu en Allemagne et en France, un cas unique dans les annales parlementaires européennes.

Bundestag au mois de septembre 1969, le gouvernement décide de laisser temporairement flotter le mark – une première depuis sa création, en 1948 –, avant de le réévaluer. L'absence de toute coopération monétaire entre les Six de la Communauté économique européenne (CEE) d'alors pose problème : les fluctuations de leurs devises malmènent les politiques communautaires, la politique agricole commune (PAC) en particulier. Si le franc se déprécie par rapport aux autres monnaies européennes, Paris va-t-il devoir verser plus d'argent au budget communautaire ? Ou est-ce aux autres capitales de combler le manque à gagner créé par la moindre valeur du versement en francs ? Il faut agir. Les dix-sept mois de turbulences politiques et économiques qui suivent Mai 68 en convainquent les dirigeants européens.

Sans attendre, la Commission européenne a présenté, en février 1969, un mémorandum sur « la politique susceptible d'être poursuivie au sein de la Communauté pour faire face aux problèmes économiques et monétaires actuels ». C'est le plan Barre, du nom de Raymond Barre, alors commissaire européen chargé des Affaires économiques[1]. Il propose une plus grande convergence des politiques économiques et une coordination des politiques monétaires. Moins d'un an après Mai 68, le débat sur l'union économique et monétaire est lancé. Les circonstances politiques paraissent favorables : le départ de De Gaulle ouvre la porte à de nouvelles avancées communautaires, tandis que le nouveau chancelier allemand, le social-démocrate Willy Brandt, soucieux de contrebalancer sa politique d'ouverture à l'Est *(Ostpolitik)*, se montre intéressé par un resserrement des liens entre les

1. Raymond Barre a ensuite été le Premier ministre de Valéry Giscard d'Estaing, d'août 1976 à mai 1981.

États membres de la CEE. L'Union douanière ayant été achevée le 12 juillet 1968, avec deux ans d'avance sur le planning initial, les chefs d'État et de gouvernement, réunis à La Haye pour leur tout premier sommet, les 1er et 2 décembre 1969, frappent un grand coup : pour entrer dans « la phase finale du Marché commun », les Six demandent que soit élaboré un plan par étapes « en vue de la création d'une union économique et monétaire ».

Un projet d'union monétaire prématuré

Un comité de hauts fonctionnaires européens, présidé par le Premier ministre luxembourgeois, Pierre Werner, est chargé de rédiger le plan. Après dix mois de travaux – auxquels participe, pour l'Allemagne, un fonctionnaire du ministère de l'Économie du nom de Hans Tietmeyer, le futur président de la Bundesbank –, le groupe Werner présente son rapport en octobre 1970[1]. Il préconise de transférer l'essentiel des pouvoirs budgétaires au niveau communautaire et donc de créer un « centre décisionnel pour la politique économique », responsable devant le Parlement européen. Autrement dit, un « gouvernement économique ». Outre la suppression totale des obstacles aux échanges, la libre circulation des personnes et la libéralisation des mouvements de capitaux, le rapport plaide en faveur de mécanismes de solidarité financière entre les États membres afin de

1. Sur l'historique, voir Yves-Thibault de Silguy, *L'Euro*, Le Livre de Poche, 1998 ; Horst Ungerer, *A Concise History of European Monetary Integration*, Quorum Books, 1997 ; Daniel Gros et Niels Thygesen, *European Monetary Integration*, Longman, 1998.

combattre les déséquilibres structurels et régionaux. Mais il reste imprécis sur la Banque centrale européenne. Trois phases sont prévues : la première, caractérisée par une plus grande coopération économique et monétaire, doit s'achever le 1er janvier 1974. La deuxième a pour but d'abolir progressivement les marges de fluctuation entre les monnaies participantes et de mettre en place un « fonds européen de coopération monétaire ». Enfin, l'aboutissement de l'union monétaire – le gel des parités entre les monnaies – est prévu pour 1980.

En mars 1971 ce plan est approuvé par les ministres des Finances et en octobre 1972 par les chefs d'État et de gouvernement. Mais la France, en particulier, n'est pas prête à accepter les transferts de souveraineté prévus par le groupe Werner. « On dit que le président Pompidou a appelé le négociateur français pour lui demander comment il avait pu en accepter les conclusions politiques, se souvient Hans Tietmeyer. En réalité, le plan Werner, dès le départ, a échoué sur le refus du pouvoir d'en accepter les conclusions. » Près de cinquante ans plus tard, l'aspect visionnaire de ce plan est frappant : encore aujourd'hui, alors même que la monnaie unique a vu le jour, les États rechignent a en tirer toutes les conséquences, notamment en matière de solidarité financière et de gouvernance économique.

Si ce premier projet d'union monétaire se délite dans l'indifférence, c'est aussi parce qu'un tremblement de terre financier a lieu au même moment. Le 15 août 1971 Washington décide unilatéralement de suspendre la convertibilité du dollar en or, ce qui amène l'effondrement définitif du système de Bretton Woods[1], miné

1. À Bretton Woods, en 1944, les Alliés ont décidé de mettre en place des institutions capables de gérer le nouvel ordre économique

par le financement à crédit de la guerre du Vietnam. Pour répondre à l'instabilité qu'engendre la démission du dollar comme ancre du système monétaire international, les Européens signent les accords de Bâle, le 10 avril 1972. Le but est de limiter les fluctuations de leurs monnaies entre elles à 2,25 % de part et d'autre d'un cours pivot. En outre, toutes les devises européennes flottent ensemble vis-à-vis du dollar. C'est la naissance du « serpent dans le tunnel », une de ces trouvailles qui font la richesse du vocabulaire européen. Cependant, la crise du pétrole de 1973 tue dans l'œuf cette première tentative de rapprochement : chacun réagissant à sa manière à la résurgence du chômage, de l'inflation et de l'instabilité des changes, les économies européennes divergent profondément. En 1975, un rapport commandé par la Commission estime que « l'Europe n'est pas plus proche de l'UEM qu'en 1969 ». En 1978, le serpent a essuyé une telle succession de chocs, touchant notamment le franc, que, selon les mots du président Valéry Giscard d'Estaing, « il gît désormais sur le sol, la peau trouée ».

À la fin des années 70, deux initiatives vont relancer la machine communautaire. La première vient du travailliste britannique Roy Jenkins[1], alors président de la Commission. Il propose, dans un discours à Florence en octobre 1977, de « relancer un débat public majeur sur ce que l'union monétaire peut offrir. Transférer la politique monétaire au niveau européen, ce serait, pour la génération actuelle de dirigeants politiques, une avancée

---

mondial. La monnaie est, bien sûr, au cœur des préoccupations. Ils vont créer – outre la Banque mondiale et le Fonds monétaire international – un système de taux de change « fixes mais ajustables » liant les devises occidentales à un dollar lui-même arrimé à l'étalon-or.

1. Roy Jenkins, président de la Commission de 1977 à 1981, est mort en janvier 2003.

politique aussi grande que le fut l'établissement de l'actuelle communauté pour la génération précédente. Mais il faut que nous nous confrontions à la question fondamentale : avons-nous ou n'avons-nous pas l'intention de créer une Union européenne ? ». Le mois suivant, Bruxelles propose aux Neuf[1] une série de mesures renforçant la coopération monétaire et la stabilité des taux de change. Mais c'est déjà trop pour les directeurs du Trésor et les banquiers centraux qui siègent au Comité monétaire et au Comité des gouverneurs. Pour eux, le succès plus que mitigé du serpent monétaire démontre que les économies restent trop divergentes et les volontés politiques trop faibles pour aller de l'avant.

Un couple de choc

Néanmoins, l'Allemagne et la France saisissent la balle au bond. Alors même que les experts monétaires des États préparent le rejet des propositions de la Commission, le président Valéry Giscard d'Estaing[2] et le chancelier Helmut Schmidt[3] soumettent à leurs partenaires, en avril 1978, un projet beaucoup plus ambitieux, celui d'un Système monétaire européen (SME) : il s'agit d'établir un mécanisme pour forcer les États à mieux coordonner leurs politiques économiques et à faire de la défense des parités convenues une contrainte s'imposant à tous les participants. L'idée est radicale.

1. Allemagne, France, Italie, Pays-Bas, Belgique, Luxembourg, Grande-Bretagne, Irlande et Danemark (ces trois derniers membres depuis 1973).
2. Président de la République (UDF, centre droit) de 1974 à 1981.
3. Chancelier social-démocrate de la RFA de 1974 à 1982, mort en 2015.

Elle est servie par la forte confiance qui existe à l'époque entre Bonn et Paris. Giscard et Schmidt se connaissent et s'apprécient depuis qu'ils ont tous deux été ministres des Finances. Ils se reconnaissent mutuellement une intelligence hors du commun et une lucidité économique dont ils ne créditent que peu de leurs interlocuteurs. Ainsi, ils affichent volontiers leur mépris pour le nouveau président (démocrate) des États-Unis, le « moralisateur » Jimmy Carter[1]. Leur amitié va devenir le moteur de la construction européenne, Schmidt comparant la force de son lien avec VGE à « celui forgé par un long mariage ».

Le président et le chancelier décident de mener les travaux tambour battant. Les instances communautaires sont court-circuitées. Les deux dirigeants demandent à Bernard Clappier, alors gouverneur de la Banque de France, et à Horst Schulmann, un conseiller du chancelier, de finaliser le SME. Schmidt est persuadé que « c'était la seule manière de réussir. Il fallait passer outre aux réticences des techniciens de l'argent »[2]. Bien évidemment, la procédure met en rage la Bundesbank, la banque centrale allemande, et son président, Otmar Emminger qui le fait savoir publiquement. Lors d'un sommet à Brême de juillet 1978, la décision politique de créer le SME est confirmée par les Neuf. Seul le gouvernement britannique, déjà aux prises avec un fort courant eurosceptique, décide de ne pas y participer. La mise en œuvre en est confiée au Comité monétaire et au Comité des gouverneurs, ce qui permettra à la Bundesbank de « lui retirer quelques dents », selon l'expression

1. Président des États-Unis de 1977 à 1981.
2. Toutes les citations de ce livre sont issues d'entretiens menés avec les personnes citées ou de la consultation de procès-verbaux de réunions, sauf indication contraire.

de Wolfgang Rieke, alors responsable des affaires monétaires internationales à l'institut d'émission de Francfort.

Au cœur du dispositif, trois éléments. D'abord l'écu – acronyme anglais de *European Currency Unit* (Unité monétaire européenne), une trouvaille de VGE –, un moyen de paiement composé d'un « panier » des monnaies participantes. Pour Paris, l'écu doit devenir le pivot du système et mettre fin à la domination qu'exerce un mark de plus en plus fort. Puis le mécanisme de change, limitant les fluctuations des parités à 2,25 % autour d'un cours pivot. Si une monnaie atteint son plancher ou son plafond, les banques centrales sont tenues d'intervenir sur le marché pour en soutenir la valeur. Enfin, des interventions « intramarginales » pourront avoir lieu : elles s'effectuent avant que les cours limites ne soient atteints. Il est prévu que les banques centrales s'accordent mutuellement des crédits si les réserves de l'une d'entre elles sont insuffisantes pour assurer la défense des taux.

Dans l'esprit de Schmidt et de Giscard, il est clair que le SME prépare le terrain de la monnaie unique. « Nous avons toujours vu cela comme l'aboutissement de toute coopération monétaire », se souvient l'ancien chancelier. Mais après l'échec peu glorieux du plan Werner, la simple mention officielle d'une future union monétaire aurait suffi à décrédibiliser le projet. « En Allemagne, à l'époque, personne n'y croyait plus. On pensait qu'on en resterait là pour les trois ou quatre décennies à venir. Une coopération plus poussée, oui, mais pas une monnaie commune », explique Klaus Regling, alors jeune fonctionnaire au ministère des Finances à Bonn[1].

1. Klaus Regling a ensuite grimpé tous les échelons hiérarchiques jusqu'à devenir le numéro deux du Trésor allemand. Il a quitté ses fonctions pour le secteur privé au lendemain de la défaite

D'ailleurs, le SME n'est pas incorporé au traité de Rome : il s'agit d'un simple accord entre banques centrales, ce qui contribue à rassurer la Bundesbank.

Le tout nouveau mécanisme essuie immédiatement une série de turbulences qui augurent mal de son avenir. De 1979 à 1983, pas moins de sept réalignements interviennent, ce qui semble démontrer que l'Europe n'est décidément pas mûre pour une intégration monétaire et politique plus poussée. Le deuxième choc pétrolier de 1979-1980 aggrave brutalement le chômage et l'inflation flambe. La construction européenne patine et bute sur les récriminations du nouveau Premier ministre de Sa Très Gracieuse Majesté, Margaret Thatcher, au pouvoir depuis le 4 mai 1979, qui transforme le traditionnel euroscepticisme britannique en hostilité ouverte. Son cri de guerre, « *I want my money back* » (« Je veux qu'on me rende mon argent »), irrite ses pairs. C'est le temps de l'eurosclérose.

François Mitterrand fait le choix de l'Europe

Le couple Giscard-Schmidt, qui a porté l'Europe depuis 1974, s'efface de la scène à la faveur d'une double élection, celle de François Mitterrand, en 1981, et de Helmut Kohl, en 1982 – considéré par presque toute l'opinion allemande comme un provincial balourd arrivé au pouvoir grâce à un simple renversement d'alliances

de Kohl, le 27 septembre 1998. Puis, de 2001 à 2008, il est directeur général aux Affaires économiques et financières au sein de la Commission européenne, et à partir de 2010 directeur du Fonds européen de stabilité financière (FESF) puis de son successeur, le Mécanisme européen de stabilité (MES).

(les libéraux du FDP lâchant les socio-démocrates pour les chrétiens-démocrates de la CDU-CSU).

Le 10 mai 1981, on danse place de la Bastille. Le gouvernement – auquel participe un parti communiste inféodé à Moscou – met en œuvre un « programme commun » dont les orientations économiques le placent aux antipodes des autres pays du monde occidental. « En 1981, on a fait peur aux autres », explique Ariane Obolensky, une ancienne haute fonctionnaire française du Trésor, connue pour son franc-parler. Mitterrand, c'est bien connu, méprise l'argent et n'aime pas les capitalistes. Il faut donner du bonheur au peuple même si les nantis poussent de hauts cris.

Mais c'est se tromper d'époque. Une fuite massive de capitaux fait chuter le franc[1] et l'inflation s'emballe. Le gouvernement est aux abois. Les termes de l'alternative sont terribles : ou bien rétablir le contrôle des changes et les droits de douane aux frontières, c'est-à-dire isoler économiquement la France ; ou bien jouer le jeu de l'ouverture européenne et changer de politique. « En mars 1983, nous étions à deux doigts de l'effondrement de la Communauté européenne », se souvient Hans Tietmeyer, alors secrétaire d'État au ministère des Finances : « C'était l'opinion d'une partie du gouvernement français de l'époque qui voulait ériger des barrières douanières. Celui qui a fait prévaloir un autre point de vue, c'est Jacques Delors. Il voulait que nous l'aidions en acceptant une réévaluation du mark et une dévaluation du franc. » De fait, c'est en ce mois de mars 1983 que Delors, ministre de l'Économie et des Finances, peu

1. En dix-huit mois et à la suite de deux dévaluations, le franc perd presque 30 % de sa valeur vis-à-vis du mark. Rappelons qu'à l'époque il n'y a pas de libre circulation des capitaux…

connu à l'étranger, fait une entrée remarquée sur la scène européenne.

1983, c'est l'année qui consacre l'émergence d'un « triangle magique » – Kohl, Delors, Mitterrand –, selon l'expression d'Hubert Védrine, l'ancien conseiller diplomatique du président. Ces trois hommes, pendant les sept années suivantes, vont réinventer l'Europe. Ministre du premier cabinet Mauroy, Jacques Delors « se sentait vraiment seul », comme il le raconte. Bien ancré dans de solides convictions européennes et trop lucide pour partager les chimères de la majorité de ses collègues du gouvernement, c'est lui – avec le Premier ministre, Pierre Mauroy – qui va mener la bataille pour l'Europe et le SME, notamment contre Pierre Bérégovoy, alors ministre des Affaires sociales, et Jean-Pierre Chevènement, ministre de la Recherche et de l'Industrie. « C'était toute la France qui était dans un rêve. Pour moi, le SME était un pas en avant dans la construction de l'Europe et une contrainte indispensable pour amener les Français à comprendre que les politiques de stabilité s'imposaient. C'était le seul moyen, c'était la contrainte nécessaire pour purger les esprits », explique Delors. À l'occasion de rencontres presque quotidiennes durant les dramatiques semaines de mars 1983, il cherche à convaincre Mitterrand de ne pas céder aux sirènes isolationnistes. Tendu, le gouvernement de Bonn observe le combat qui se joue à Paris et qui déterminera l'avenir de l'Europe.

Tout culmine pendant le week-end du 19 mars à Bruxelles, où se négocie un réalignement du franc : « Ce dimanche-là, raconte Klaus Regling, il n'y a pas eu de décision, parce que les Français n'étaient pas en mesure d'en prendre une. Delors a dû retourner à Paris. Nous, on se demandait s'il allait être nommé Premier ministre ou démis de ses fonctions. Mais il est revenu et c'est lui qui avait remporté la manche. Mitterrand, nous a-t-on dit, avait deux propositions sur son bureau : l'une de Chevènement [celle de la sortie du SME, n.d.a.], l'autre de Delors. C'était une heure décisive pour le SME, mais aussi pour la construction européenne. » Deux jours plus tard, le 21 mars 1983, au prix d'une dévaluation de 8 % face au mark, le franc reste dans le système. Hubert Védrine parle de « choix stratégique » : en mars 1983, le président s'aperçoit que la poursuite de la politique économique menée depuis 1981 conduit au déficit, à la dépendance, à l'isolement et au risque d'une intervention du Fonds monétaire international (FMI).

L'Europe relancée

À partir de là, son engagement européen devient total. « La relance de l'Europe n'aurait pu avoir lieu s'il n'y avait pas eu le tournant de mars 1983 », analyse Védrine. En même temps, ce virage « serait resté stérile s'il n'avait pas débouché sur une grande politique européenne ». Mitterrand ne tarde pas à marquer de son empreinte la construction communautaire. Un an après avoir failli saborder l'Europe, sa gestion de la présidence de la CEE, au premier semestre 1984, est celle du désembourbement. Aidé par Helmut Kohl, il réussit, au sommet de Fontainebleau, en juin 1984, à convaincre « la Dame de fer » d'accepter un compromis sur le budget communautaire, un dossier qui bloque tous les autres depuis le début des années 80. La solution est certes coûteuse pour les contributeurs nets au budget (c'est le fameux « chèque » qui diminue la contribution britannique), et avant tout pour l'Allemagne, mais elle débloque la machine européenne.

Les Douze doivent aussi trouver un nouveau président[1] pour succéder au très falot Luxembourgeois Gaston Thom à la tête de la Commission. Mitterrand songe à propulser Claude Cheysson, son ministre des Affaires étrangères. Thatcher s'y oppose, le jugeant trop à gauche. Kohl, lui, milite pour Jacques Delors, bien que ce soit normalement le tour d'un Allemand. Finalement, Mitterrand et Thatcher acceptent. « Le chancelier m'a en quelque sorte choisi, raconte Delors. Pour lui, j'aurais pu aussi bien être démocrate-chrétien. En France, ce positionnement politique est absolument inconfortable et coupe de tout avenir possible. On est pris en tenaille entre les socialistes et les démocrates-chrétiens, eux-mêmes coupés en tranches par le gaullisme. Mais il est idéal en Europe. La Communauté a été fondée par cette coalition de sociaux-démocrates et de vrais démocrates-chrétiens. J'étais *the right man at the right place.* »

Jacques Delors est l'un de ces politiciens qui ont la démesure nécessaire pour vouloir peser sur le cours de l'histoire. Balançant entre des phases d'hyperactivité, épuisantes pour son entourage, et des journées d'abattement, il sait se fixer des buts à long terme. « Ce que je savais de lui, c'est que M. Delors était extrêmement intelligent et énergique et que, comme ministre des Finances français, il a été crédité d'avoir su mettre une bride aux politiques socialistes de gauche du gouvernement du président », écrit Margaret Thatcher dans ses Mémoires[2]. Elle regrettera amèrement, plus tard, d'avoir acquiescé à sa nomination à Bruxelles. Mais, en ce mois de juillet 1984, la Communauté semble de nouveau sur les rails.

---

1. À l'époque, les chefs d'État et de gouvernement désignaient seuls et par consensus le président de la Commission.
2. *10 Downing Street, Mémoires*, Albin Michel, 1993.

LA TACTIQUE DU PETIT POUCET

1985-1989

Fraîchement désigné président de la Commission, Jacques Delors effectue une tournée des capitales pour prendre le pouls des dirigeants européens et préparer le programme de la Commission qui prendra ses fonctions le 1er janvier 1985. Pendant ses derniers mois à Paris, il réunit autour de lui une petite équipe de collaborateurs qui réfléchit à la façon de relancer la construction européenne et qui deviendra, plus tard, le noyau dur de son cabinet à Bruxelles. « Parmi les idées qui avaient été testées à l'époque, il y avait quatre thèmes : les institutions, la défense, la monnaie et le marché intérieur », se souvient Pascal Lamy, ancien chef de cabinet de Delors[1]. « Vers le mois de novembre, la conclusion a été que l'achèvement du marché intérieur était le thème le plus consensuel. C'est donc lui qui a été au cœur du programme de travail de la Commission. Le souhait de Delors a toujours été d'axer l'effort sur un moteur principal et de garder les autres moteurs en réserve. » L'idée d'union monétaire a certes recueilli une réaction positive

1. 1985-1993. Il sera ensuite commissaire européen au Commerce extérieur (1999-2004), puis secrétaire général de l'Organisation mondiale du commerce (OMC) de 2005 à 2013.

de Mitterrand, des Belges, des Luxembourgeois, des Néerlandais et des Italiens. Mais ce projet, en 1984, est jugé prématuré par Helmut Kohl. Pour avancer sérieusement, il faut « faire ce marché commun que l'on appellerait Marché unique et le faire dans un délai donné », explique Delors. Ce sera l'échéance du 1er janvier 1993, une date marketing qui poussera les États à adopter plus de trois cents textes pour la respecter.

Le président de la Commission n'évoque pas l'union monétaire pendant les négociations de l'Acte unique, au second semestre 1985, qui est le volet institutionnel du Marché unique : son but premier est d'étendre le vote à la majorité qualifiée au sein du Conseil des ministres. « J'ai mené un autre combat, qui consistait à essayer d'obtenir que le SME soit inclus dans le traité », dit-il. Mais cela suffit pour qu'il se heurte à l'opposition farouche « des technostructures des pays membres, banquiers centraux, ministres des Finances, et en particulier des Allemands ». Pourtant, quand vient le moment de la conclusion de l'Acte unique au Conseil européen de Luxembourg les 2 et 3 décembre 1985, Delors, dans une de ces manœuvres surprises dont il a le secret, réussit à introduire un chapitre – qui n'existait pas dans le projet – sur la coopération monétaire. « C'est la tactique du Petit Poucet et des cailloux », explique-t-il. « Il y avait une réelle dynamique à Bruxelles, renforcée par l'énergie de M. Delors », se souvient Helmut Schlesinger, alors vice-président de la Bundesbank[1] : « Nous avons senti très clairement qu'une ambition politique se mettait à l'œuvre. » C'est d'autant plus vrai que Kohl, ignorant délibérément les réticences au sein même du ministère des Finances, ne s'y oppose

1. Il succède à Karl Otto Pöhl à la tête de la Bundesbank en 1991 avant de céder la place, en 1993, à Hans Tietmeyer.

pas. Mitterrand, lui aussi, approuve la démarche de son ancien ministre.

Une Dame de fer flouée

Face à cette effronterie d'un président de la Commission qu'elle s'obstine à traiter en vulgaire fonctionnaire, Margaret Thatcher est abasourdie. Persuadée que Kohl résisterait à ses côtés, elle se retrouve complètement isolée à Luxembourg. « Les Allemands avaient changé d'attitude et disaient qu'ils étaient maintenant préparés à inclure les affaires monétaires dans le traité, écrit-elle dans ses Mémoires. Cependant, je fus en mesure, lors d'une discussion avec le chancelier Kohl, de réduire la formule à ce que je considérais comme peu de chose – une simple description du statu quo, plutôt que la fixation de nouveaux buts. On accola donc à la phrase "Union économique et monétaire" l'ajout important : "coopération en matière de politique économique et monétaire". La première formule avait été, hélas, la politique officielle depuis octobre 1972. La deuxième – je l'espérais, du moins – allait en limiter la portée. Mais ce corollaire n'a pu freiner que brièvement le mouvement de M. Delors vers l'union monétaire. » Et, résume l'ex-Premier ministre, « pendant les deux années de politique politicienne qui ont mené à l'Acte unique européen, je fus témoin d'un profond changement dans la façon de conduire les affaires de l'Europe – et donc du genre d'Europe qui était en train de se mettre en place. Un bloc franco-allemand avec son propre ordre du jour avait émergé en vue de déterminer l'évolution future de la Communauté. La Commission européenne, qui avait toujours eu des envies de pouvoir centralisatrices, était conduite maintenant par un fédéraliste européen dur et déterminé. »

Bien que mis entre parenthèses, les mots « union économique et monétaire » en sous-titre du chapitre intitulé « Coopération en matière économique et monétaire », n'en constituent pas moins la première mention explicite du projet dans un document officiel des Douze[1] depuis l'échec du plan Werner. Ainsi que l'explique Pascal Lamy, « les Allemands avaient très bien compris que s'il restait quelque chose dans l'Acte unique, on s'appuierait dessus par la suite ». Cette renaissance de la dynamique européenne serait restée impossible sans l'émergence d'un consensus entre les pays de la Communauté quant aux vertus d'une politique monétaire axée sur la lutte contre l'inflation. En outre, même des gouvernements de gauche comme celui de Felipe González, en Espagne, se convertissent à une politique économique que l'on peut qualifier de « libérale » et qui favorise la concurrence, les échanges commerciaux et le désengagement progressif de l'État comme actionnaire ou gestionnaire d'entreprises.

Cependant, personne en Europe n'aurait parié lors de l'entrée en vigueur de l'Acte unique, le 1er janvier 1987, que la monnaie unique serait réalisée douze ans plus tard. Certes, le couple à la retraite Schmidt-Giscard, parmi d'autres, milite désormais ouvertement pour une monnaie européenne conçue comme le couronnement du Marché unique. Mais, dans une Europe fascinée par les réformes que le nouveau dirigeant soviétique, Mikhaïl Gorbatchev, engage dans son empire, l'écho reste plutôt

1. La Grèce, en 1981, puis l'Espagne et le Portugal, en 1986, ont rejoint la CEE.

modeste. En janvier 1987, un nouveau réalignement réévaluant le mark, soumis à une demande de plus en plus forte des investisseurs, relance la réflexion sur une réforme du SME. Si l'opinion majoritaire au sein de la « technostructure » et de la classe politique juge que le mécanisme offre un cadre utile à la coopération monétaire, l'arrogante domination du mark, ancre du système, suscite une irritation croissante en France.

Balladur relance le projet de monnaie unique

Par un simple mémorandum, Édouard Balladur, le ministre des Finances du gouvernement de Jacques Chirac[1], met en mouvement une dynamique dont il ne pouvait soupçonner l'ampleur. Deux jours après avoir affirmé, le 6 janvier 1988, dans une interview à la télévision que le SME n'est « pas très égalitaire et très complet », il soumet à ses collègues de l'Ecofin un mémorandum sur la construction monétaire européenne. Il y plaide pour « une poursuite rapide » de l'entreprise. Son argument : les monnaies qui sont « sources de tension » au sein du SME ne sont pas nécessairement celles dont le cours est soumis à une pression à la baisse. Pourtant, le régime existant ne contraint pas les pays « dont les politiques sont trop restrictives » – et les monnaies trop alléchantes – à faire les changements nécessaires. « Il faut donc trouver un nouveau système au sein duquel ce problème ne peut plus se produire », écrit Balladur. Il appelle aussi à « examiner la possibilité de créer une Banque centrale européenne qui gérerait une monnaie commune », elle-même étant la conséquence logique de

1. Première cohabitation, 1986-1988.

la création du marché unique[1]. Personne, à l'Ecofin, le conseil des ministres de l'Économie et des Finances, n'a besoin d'un dessin pour comprendre que le pays « aux politiques trop restrictives », c'est l'Allemagne. La critique, pour être implicite, n'en est pas moins virulente, puisqu'elle met en cause la domination qu'exercent le mark sur le franc et la Bundesbank sur la Banque de France. Cela dit, selon un proche collaborateur de Balladur de l'époque, la date de publication, à quelques mois des élections présidentielles, et la teneur du texte sont largement tributaires de considérations de politique intérieure. « J'ai vécu ça comme étant le fruit d'une pression très forte exercée par l'UDF qui voulait reprendre l'offensive sur la construction européenne. Le mémorandum, relativement prudent, est plus un ballon d'essai qu'autre chose. »

Mais le libéral (FDP) Hans-Dietrich Genscher, patron incontesté de la diplomatie de la RFA, reprend au bond l'idée de Balladur dans son discours inaugural de la présidence allemande de la CEE au Parlement européen, le 20 janvier 1988. « Nous devons œuvrer concrètement à la création de l'union monétaire et d'une Banque centrale européenne, que la logique du marché intérieur impose du reste. » Pour donner un gage de vertu à ses partenaires démocrates-chrétiens de la coalition, il estime qu'« il est essentiel que cette union monétaire conduise à une communauté de stabilité ». Cette fois-ci, c'est le ministre des Affaires étrangères de la première puissance

1. Selon le théorème de Tommaso Padoa-Schioppa, membre du directoire de la BCE de 1998 à 2006, puis ministre des Finances italien de 2006 à 2008, mort en 2010, la liberté des échanges, la mobilité des capitaux, les politiques monétaires autonomes et les parités fixes sont incompatibles entre elles : un des quatre éléments doit céder. C'est le fameux « quatuor inconsistant ».

économique et monétaire européenne qui parle. Sa proposition a un tout autre poids que le mémorandum d'un ministre français.

Le 23 février 1988, le ministre du Trésor italien, Giuliano Amato, joint sa voix à celle de Balladur. Il critique violemment la politique allemande. Le SME, écrit-il, ne dispose pas d'un « moteur de croissance ». Le système perpétue les inégalités entre une Allemagne accumulant les excédents de sa balance de paiements et ses partenaires auxquels, de surcroît, il ôte, en poussant à la hausse leurs taux d'intérêt, du « potentiel de croissance ». Outre diverses réformes du système, il réclame d'identifier plus clairement « les pays divergents, quelle que soit la nature du déséquilibre ». À terme, écrit-il, la mise en place d'une Banque centrale et d'une monnaie commune peut résoudre le problème. Le débat est bien lancé. Il n'a d'ailleurs jamais cessé en dépit de la création de l'euro, puisque aujourd'hui ses opposants lui reprochent exactement ce que l'on reprochait alors au mark, un comble…

Le don du mark à l'Europe

Le 26 février 1988, Hans-Dietrich Genscher concrétise son discours du mois de janvier et soumet à ses partenaires un mémorandum « à titre personnel ». Pour lui, la création d'une monnaie unique devrait faciliter un meilleur équilibre monétaire international et diminuer la dépendance de l'Europe vis-à-vis du dollar. Le ministre des Affaires étrangères insiste, bien sûr, sur l'indépendance nécessaire de la future Banque centrale européenne et sur la stabilité des prix, premier objectif de toute politique monétaire commune. Mais il quitte le domaine de l'incantation en suggérant une méthode pour parvenir à cette union monétaire : il propose que le Conseil européen de juin 1988, à Hanovre, mette en place un groupe d'experts indépendants dotés d'une « autorité professionnelle et politique » incontestable, pour élaborer un plan de passage à la monnaie unique et les statuts d'une Banque centrale européenne.

Alors que nul ne songe encore à l'unification allemande, Hans-Dietrich Genscher, lié au chancelier par une relation où se mêlent respect et concurrence, propose de faire don à l'Europe de la seule source de puissance de son pays, le mark. Certes, les réformes au sein du bloc soviétique annoncent la fin de la guerre froide : maître d'œuvre de l'*Ostpolitik* allemande et lui-même originaire de Halle, en Allemagne de l'Est, le ministre pressent mieux que d'autres que des changements tectoniques se préparent et que la CEE aura un rôle à jouer dans la réorganisation du continent. Néanmoins, à la Bundesbank, à Francfort, comme aux Finances, à Bonn, l'émotion est grande.

Personne ne doute du sérieux de Genscher : le chef de la diplomatie n'en est d'ailleurs pas à son coup d'essai. En 1981, dans un texte cosigné par son homologue italien Emilio Colombo, il a déjà appelé à la création d'une Union européenne dotée d'une monnaie unique. Son mémorandum de février 1988 est d'autant plus mal reçu qu'il n'a consulté ni le ministre des Finances, Gerhard Stoltenberg, ni « l'homme fort » du ministère qu'est le très influent secrétaire d'État Hans Tietmeyer, un haut fonctionnaire qui a l'oreille du chancelier. La manœuvre de Genscher est transparente : relancer la dynamique européenne en court-circuitant les gardiens de la stabilité, comme l'a fait, avec succès, Helmut Schmidt.

À Francfort, les faucons – et l'inflexible vice-président de la Buba, Helmut Schlesinger, en tout premier lieu – s'alarment et demandent au ministre des Finances de monter au créneau.

Le Bundesfinanzministerium passe à la contre-attaque et entreprend de mettre au point son propre « mémorandum ». La rédaction en sera confiée à Tietmeyer : sa compétence est d'autant plus reconnue que le secrétaire d'État a pris une large part dans l'élaboration du plan Werner en 1970. Le mémorandum Stoltenberg, publié le 15 mars 1988, énonce les conditions que pose le ministère des Finances à la mise en œuvre du projet : les banques centrales nationales devront recevoir leur indépendance avant même la création d'une Banque centrale européenne afin que la stabilité des prix devienne la priorité des politiques monétaires. Ensuite, il faudra renforcer la convergence des politiques économiques et budgétaires. Enfin, la libéralisation des mouvements de capitaux devra être totale. C'est seulement si toutes ces exigences sont remplies qu'une discussion sur la « profonde réorganisation politique et institutionnelle de la Communauté en vue d'une Union plus approfondie » pourra être envisagée. Certains, au Bundesfinanzministerium, avaient sans doute le secret espoir que des modalités aussi clairement définies bloquent la machine communautaire.

Delors convainc Kohl

Par l'entremise de Roland Dumas, l'ancien chef de la diplomatie française[1], pour lequel Hans-Dietrich Genscher éprouve une réelle sympathie, Mitterrand

1. 1984-1986, poste qu'il occupera à nouveau de 1988 à 1993.

est informé de ce qui se passe à Bonn. Durant toute la première cohabitation (mars 1986-mai 1988), les deux hommes déjeunent une fois par mois à Paris, à l'ambassade d'Allemagne. Jacques Delors qui, à Bruxelles, est en contact étroit avec eux, s'interroge : « Le moment est-il venu de proposer un *qualitative jump* (un saut qualitatif) ? C'est là où je commence à m'en entretenir avec le chancelier. » Kohl a été mis au pied du mur par l'initiative de Genscher, qui, en tant que patron du parti libéral, jouit d'une marge de manœuvre plus grande que tout autre ministre. Il faut trancher entre l'approche cauteleuse ou même hostile des Finances et la dynamique que prônent les Affaires étrangères.

En avril 1988, c'est chose faite. La CDU, le parti du chancelier, se rallie à l'union monétaire, suivie par l'opposition sociale-démocrate. Kohl se convainc, influencé par son ami Delors, que le moment est propice pour faire un pas décisif vers ces États-Unis d'Europe décrits par le programme de la CDU comme le but ultime de l'aventure européenne[1]. À Paris, le président français s'est petit à petit, lui aussi, approprié le projet. « En 1984, explique Hubert Védrine, François Mitterrand voulait la relance de la construction communautaire. Son approche était politique, au sens global et stratégique du terme. Il n'avait pas encore choisi entre l'union politique et l'union économique et monétaire. Cette dernière idée ne vient pas de lui. Il l'accepte et la soutient et, avec le temps, la fait sienne. » Le cheminement de Kohl et de Mitterrand, tous deux peu attirés par la chose économique en laquelle ils voient un outil et non une fin en soi, est similaire, ce qui facilite leur compréhension mutuelle.

1. Cette formule a été supprimée du programme du parti en 1994 en réaction à l'euroscepticisme croissant.

Fraîchement réélu à la présidence de la République, le 7 mai 1988, François retrouve son ami Helmut à Évian, le 2 juin. C'est l'une de ces multiples rencontres en petit comité qui permettent de tisser des liens d'amitié. Aux côtés de Kohl, Horst Teltschik, son conseiller diplomatique, accompagné de l'un de ses adjoints, le francophone et francophile Joachim Bitterlich. Jacques Attali, conseiller spécial, et Élisabeth Guigou, conseillère pour les Affaires européennes, assistent Mitterrand. Avant le déjeuner, sur la terrasse de l'hôtel Royal dominant le lac Léman, on parle de la directive européenne qui doit supprimer les dernières entraves à la libre circulation des capitaux. Ce texte pose problème au gouvernement socialiste, qui continue de craindre « le mur de l'argent », c'est-à-dire une évasion massive de l'investissement. Le président est prêt à l'accepter malgré tout, au nom de l'Europe, à condition que le chancelier soutienne la proposition de la Commission sur l'harmonisation de la taxation de l'épargne censée endiguer l'évasion et la fraude fiscales. Et puis, ajoute-t-il, il faut que l'Allemagne s'engage à réaliser la monnaie unique. Kohl est d'accord : « Vous le savez sans doute, j'envisage de demander à Jacques Delors de faire un rapport sur l'union économique et monétaire », raconte Élisabeth Guigou. « Pour moi, cette réunion d'Évian est le vrai lancement de la monnaie unique », conclut-elle.

En fait, le chancelier annonce à Mitterrand le résultat d'une réflexion engagée depuis quelques semaines sur le meilleur moyen d'éviter que le projet d'UEM ne soit stoppé par les « technostructures » des ministères des Finances et des banques centrales. Au début de l'été, il invite Delors dans sa villa personnelle, à Ludwigshafen – une habitude du Rhénan lorsqu'il veut témoigner son estime à un homme politique.

Le président de la Commission suggère que les Douze demandent à des « experts » de rédiger un rapport « tenant compte de l'expérience avortée des années 70 et d'évaluer les avantages et les risques d'une UEM ». Contrairement à Genscher, qui envisage un comité composé de professeurs d'université ou de politiques, Delors recommande d'y inclure les banquiers centraux malgré leurs réserves.

« J'ai dit à Kohl qu'il fallait que les gouverneurs des Banques centrales soient dans le coup, se souvient-il. On ne peut pas les violer. Il faut que tous les gouverneurs soient là, plus quelques personnalités indépendantes. Il me répond : "Jacques, tu dois présider ce comité." Quand il a confiance, il a confiance. Lorsqu'on arrive à Hanovre, les 27 et 28 juin 1988, il fait cette proposition, à la grande fureur de Karl Otto Pöhl, le président de la Bundesbank. Mais même Mme Thatcher accepte qu'on le fasse. Après tout, un comité, ce n'est pas la première fois qu'on en fait un. » De fait, les Douze ne se prononcent pas sur le fond du dossier.

Kohl prêt à sacrifier le mark

Mais la machine est lancée. « Dans le contexte de 1988, la décision de Kohl est monumentale, analyse Jacques Delors. On ne lui rendra jamais assez crédit dans l'histoire d'avoir accepté cela, lui, l'Allemand, bénéficiant d'une zone mark et dont la population était en majorité réticente à tout changement. C'est la grandeur de certains hommes politiques, qui non seulement disent "Je suis européen", mais qui sont capables de payer pour cela, de prendre des risques. »

La bonne idée de Kohl, c'est de faire présider un groupe de banquiers centraux plutôt hostiles à toute refonte de l'ordre existant par Jacques Delors. Seul ce fin tacticien peut les persuader de rédiger un texte favorable à l'UEM, comme ils n'en écriraient jamais sous la houlette d'un des leurs. Une mission *a priori* impossible ainsi que l'explique Margaret Thatcher dans ses Mémoires : « J'espérais qu'ensemble Robin Leigh-Pemberton, le gouverneur de la Banque d'Angleterre, et Karl Otto Pöhl, le président de la Bundesbank, empêcheraient l'émergence d'un rapport qui donnerait une dynamique à l'UEM. » Ce n'est pas, loin de là, la première lourde erreur d'appréciation du Premier ministre britannique et de ses successeurs quant au fonctionnement de la dynamique communautaire.

Quelques jours avant le Conseil européen de Hanovre, le 24 juin 1988, les ministres des Finances réunis à Luxembourg adoptent la directive sur la libre circulation des capitaux, qui entrera en vigueur le 1er juillet 1990. Mitterrand tiendra sa promesse. En revanche, Kohl violera la sienne : le 27 avril 1989, il annoncera que l'Allemagne supprime la retenue à la source de 10 % sur les revenus de l'épargne instituée quatre mois plus tôt. Une fuite importante de capitaux et la pression des libéraux, charnière de sa coalition, ont eu raison de sa détermination. Le dossier est enterré pour longtemps[1]. Pourtant, la France n'a rien à regretter. Un rejet du texte n'aurait pas empêché la libéralisation, comme l'explique Delors : « Si je n'avais rien fait, la Grande-Bretagne aurait décidé la libéralisation dans son coin, sans doute suivie par les

1. Il faudra attendre les directives de 2003 et surtout de 2015 pour que les revenus des capitaux ne puissent plus échapper à l'impôt dans l'Union.

Pays-Bas et l'Allemagne. Et il n'y aurait eu aucun cadre communautaire. »

Jacques dans la fosse aux lions

Jacques Delors savait ce qu'il faisait en insistant sur la présence des banquiers centraux. Depuis ses débuts à Bruxelles, il a cultivé assidûment leur compagnie. « J'avais gardé pour moi le portefeuille monétaire, rappelle-t-il. Tous les mois, j'allais à Bâle assister aux réunions des gouverneurs[1]. Je parlais peu, car ils étaient d'une énorme susceptibilité. J'avais compris que je ne devais prendre la parole que lorsqu'on me le demandait. Il fallait que je sache comment ils raisonnaient, quel regard ils portaient sur l'économie réelle, quelles étaient leurs relations, s'ils avaient tous la même *Weltanschauung* (conception du monde). Ils se comportaient comme des tuteurs pour qui les autres décideurs sont plutôt enclins à la facilité. C'est un peu cela, leur spécificité. » Cette présence assidue et presque discrète, les gouverneurs l'apprécient. « Ils ont été flattés dans leur vanité », explique un banquier central. Sans ce travail de préparation psychologique, les séances de travail du « Comité Delors » n'auraient peut-être pas débouché sur le rapport qui va jeter les bases politiques et techniques du projet d'Union économique et monétaire.

La « présidence du Comité fut une expérience harassante » pour Delors, raconte Pascal Lamy, son ancien chef de cabinet. « Ça lui a bouffé la moitié de son temps entre 88 et juin 1989. Chaque séance, il la préparait

1. Le Comité des gouverneurs se réunit à Bâle, en Suisse, au siège de la Banque des règlements internationaux (BRI).

comme une bête pendant une semaine. C'était un travail d'accouchement phénoménal. » « J'étais vidé après les réunions », se souvient l'ancien président de la Commission : « Il fallait de la patience, et une grande débauche d'énergie pour ne pas répliquer du tac au tac mais chercher le bon moment pour parler. » À Hanovre, mandat a été donné de soumettre un rapport suffisamment tôt pour que les ministres des Finances d'abord, les chefs d'État et de gouvernement ensuite, puissent en discuter un an plus tard, au Conseil européen de juin 1989 à Madrid.

Dès le début des travaux, une première escarmouche oppose Delors aux gouverneurs : faut-il se retrouver à Bâle, où se rencontrent déjà les banquiers centraux, ou bien au siège de la Commission, à Bruxelles ? Le président perdra cette manche, mais l'affaire tourne finalement à son avantage. Habitués à leurs rendez-vous au siège de la Banque des règlements internationaux (BRI), où ils fonctionnent en club très fermé et complice, les gouverneurs s'y sentent chez eux. Certains sont dans une position délicate comme le Britannique Leigh-Pemberton ou encore l'Allemand Pöhl. Il leur faut trouver un point d'équilibre entre leurs convictions personnelles, la position de l'institution qu'ils représentent et la dynamique du comité. Alors que Leigh-Pemberton se démarque de plus en plus de l'attitude de son gouvernement, Pöhl affiche ouvertement sa méfiance : il s'oppose aux gouverneurs qui, comme l'Italien Carlo Azeglio Ciampi et le Français Jacques de Larosière, se font les avocats de l'union monétaire. Pourtant dès le départ, l'accord se fait sur deux points : la Banque centrale européenne doit être indépendante du pouvoir politique et avoir pour mission première la stabilité des prix. « Ces idées étaient déjà dans l'air », explique Alexandre Lamfalussy, qui dirigeait alors la Banque des règlements internationaux : « Jamais on n'aurait pu faire le traité de Maastricht sans qu'il y ait eu dans le monde occidental ce consensus selon lequel la politique monétaire devait être gérée séparément. »

Le champagne des gouverneurs

Au mois d'avril 1989, après des discussions souvent tendues, les gouverneurs parviennent à un accord sur un texte. Et, à la surprise de Delors, ils se laissent aller à un moment d'émotion collective. « On a été pris par l'enthousiasme de la construction. » « C'est assez fascinant que de pouvoir participer à quelque chose de tout à fait nouveau », explique Lamfalussy. « Il y a eu des moments dramatiques, mais après qu'on y fut arrivé, on était tous fiers d'avoir fait ça ensemble, se souvient Jacques Delors. Ça m'a frappé. Après que nous avons clôturé le rapport le 12 avril, ils ont amené du champagne et je sentais une certaine fierté collective d'avoir fait cela et de pouvoir dire : l'UEM, c'est nous, les gouverneurs. Je pense que cela a joué lors de la négociation de Maastricht. »

De fait, les propositions du rapport Delors seront largement reprises par les gouvernements lors de la négociation du traité en 1991, qu'elles concernent l'indépendance de la BCE et ses rapports avec le pouvoir politique, la coordination des politiques économiques et surtout budgétaires ou les trois étapes vers l'Union monétaire. En revanche, le Comité est silencieux sur deux points majeurs : la date à laquelle la monnaie unique serait créée – décision éminemment politique – et les critères de convergence destinés à identifier les pays aptes à y participer. La raison, explique Lamfalussy, tient au fait que « les gouverneurs sont des gens trop honnêtes et qui savent que les critères sont toujours arbitraires. Jamais je n'aurais accepté des chiffres de ce genre. Mais je suis content que les politiques l'aient fait ». Et, comme le souligne Delors, « vouloir forcer le train en mettant une date butoir à ce moment-là, c'était mettre le chancelier Kohl dans une position impossible ». Surtout, il n'était absolument pas persuadé de l'utilité d'un tel mécanisme : « J'étais simplement partisan d'un double rendez-vous, pour rassurer ceux qui craignaient l'UEM et ceux qui souhaitaient que cela se fît. »

Après l'acceptation du rapport Delors par les ministres des Finances, les 19 et 20 mai à S'Agaró, en Espagne, c'est au tour du Conseil européen de se prononcer. Il se réunit à Madrid les 26 et 27 juin 1989. Le chancelier, pourtant à l'origine de l'accélération du projet, renâcle. À la surprise des Français, il refuse de convoquer une Conférence intergouvernementale (CIG) sur l'UEM pour modifier le traité de Rome, alors que Mitterrand la réclame. Helmut Kohl fait valoir que « l'abandon du mark est un gros sacrifice pour les Allemands. L'opinion n'y est pas encore prête ». Réponse du président : « Je le sais, mais faites-le ! L'opinion européenne attend. Vous allez vers l'unité allemande. Il faut que vous démontriez que vous continuez à croire en l'Europe[1]. » Contrairement aux apparences, le Rhénan n'a nullement tourné casaque, il a simplement en tête les législatives qu'il doit affronter fin 1990 et pour lesquelles tous les sondages le donnent perdant. Il n'a aucune envie de devoir expliquer à ses électeurs qu'il se prépare à sacrifier le mark et à faire monnaie commune avec les Italiens ou les Espagnols... Il préfère donc ne parler date de CIG

1. Échange cité par Hubert Védrine, *Les Mondes de François Mitterrand*, Fayard, 1987, p. 419 et 420.

qu'après le verdict des urnes. Jamais, dans son équation européenne, Kohl n'oublie de prendre en compte ce facteur « politique intérieure ». Surtout lorsqu'il fait des choix, comme c'est le cas pour l'union monétaire, diamétralement opposés aux souhaits de la population.

Mais ces hésitations tactiques passent au second plan grâce à Margaret Thatcher qui, par son opposition virulente au projet, retient toute l'attention. Elle est révulsée par le « transfert de souveraineté massif » que signifierait la mise en œuvre d'une union monétaire. Un compromis est trouvé. La première étape de l'UEM commencera le 1er juillet 1990 avec la libération des mouvements de capitaux, ce qui ne peut que satisfaire les libéraux britanniques. Pour le reste, les Douze demandent aux diverses instances européennes de « réaliser les travaux préparatoires en vue de réunir une Conférence intergouvernementale pour établir les étapes ultérieures » de l'UEM. « Cette conférence se réunira une fois que la première étape aura commencé », c'est-à-dire à partir du second semestre 1990. Mais, insistent les Douze, elle devra « être précédée par une préparation complète et adéquate ». François Mitterrand doit ravaler sa frustration : il a certes obtenu l'aval de tous les membres du Conseil pour qu'une CIG soit convoquée, mais aucune date n'est fixée. Autrement dit, même si le projet d'UEM est désormais officiellement celui de la CEE, toutes les manœuvres dilatoires sont encore possibles.

Beuverie bavaroise

Le 24 août 1989, un Conseil économique et financier franco-allemand a lieu en Bavière. Les ministres des

Finances Theo Waigel et Pierre Bérégovoy sont là, bien sûr, mais aussi Karl Otto Pöhl, le président de la Bundesbank, Hans Tietmeyer ainsi que Jean-Claude Trichet, le directeur du Trésor français, et Jacques de Larosière, le gouverneur de la Banque de France. Comme il aime le faire, le grand argentier allemand a tout prévu pour que l'ambiance soit aussi détendue que possible : promenade en bateau sur le magnifique Tegernsee avec musique folklorique, bière à volonté, spécialités gastronomiques locales, tout cela suivi d'un dîner dans un restaurant renommé. « L'atmosphère, ce n'est pas seulement du folklore », explique Waigel, qui adore, comme tout bon Bavarois, se servir des charmes rupestres de son Land natal comme outil diplomatique. Il se force d'autant moins qu'il y a de l'amitié et de l'estime entre lui et son homologue français. Tous deux issus d'un milieu modeste, ils se sont imposés dans le monde de la haute finance. « Il avait d'ailleurs des petits problèmes à cause de ça avec ses petits camarades en France, se souvient Waigel. Parmi nous, les Européens, ses compétences étaient reconnues et respectées. C'était un homme qui était toujours prêt à rechercher un accord. Ce qui m'a beaucoup impressionné, c'est qu'il ait poursuivi la politique de stabilité en sachant que ça allait lourdement grever les chances des socialistes aux élections de 1993. Sa mort m'a profondément choqué[1]. »

Toujours est-il qu'aux dires d'un ancien haut fonctionnaire allemand, « ces messieurs ont pris ensemble une belle cuite ». De retour sur la terre ferme, Pöhl, de caractère impulsif, suggère aux Français de « mettre ensemble par écrit toutes les conditions nécessaires pour que la monnaie unique puisse se faire dans des

1. Pierre Bérégovoy s'est suicidé le 1er mai 1993.

circonstances favorables », raconte Waigel. Une proposition adoptée immédiatement et qui ravit visiblement Bérégovoy. « Jusque-là, ils avaient l'impression que nous avions une attitude dilatoire envers l'UEM, et que nous n'avions adhéré au projet que pour la forme », se souvient Theo Waigel. Un homme comme Hubert Védrine, conseiller diplomatique de l'Élysée en 1989, était persuadé que Bonn « acceptait de faire la monnaie unique, mais à condition que l'on étudie sérieusement la chose, que l'on apporte des précisions. De groupe de travail en rapport, on ne faisait qu'une partie du chemin qui restait à faire. C'est le paradoxe de Zénon d'Élée : la flèche n'atteint jamais sa cible, car elle doit d'abord parcourir la moitié de la distance, puis la moitié de celle qui reste, puis encore la moitié, et ainsi de suite à l'infini ». Pourtant l'ancien grand argentier allemand est certain que « c'est à ce moment-là que les Français ont compris que nous étions sérieux et que nous voulions réellement l'union monétaire. Bérégovoy m'a remercié plusieurs fois pour cette rencontre. Par la suite, ils ont compris que pour nous il ne pouvait pas y avoir de troisième voie entre la stabilité et l'inflation. Pour que l'UEM soit acceptable en Allemagne, il fallait qu'elle se fasse sans compromettre la stabilité. Il était hors de question de concevoir la monnaie unique comme une monnaie faible ».

Ce ne sera pas la seule fois que Pöhl surprendra ses partenaires. En juin 1990, peu avant un Ecofin à Luxembourg, le président de la Bundesbank leur suggère d'examiner la possibilité de faire, sans plus de préparation, une « petite » union monétaire réunissant l'Allemagne, la France, le Benelux, et le Danemark. L'idée – politiquement plutôt saugrenue – est visiblement dirigée contre les Italiens et les autres Méridionaux. « Cette proposition a été rejetée tout de suite », raconte François Villeroy de

Galhau, alors fonctionnaire du Trésor[1]. Au Conseil, tous les ministres, y compris Waigel, la récusent. « Tout le monde a dit : solidarité européenne d'abord », explique Villeroy de Galhau. Du reste, les imprévisibles « sorties » d'Otto Pöhl étaient vécues avec une certaine crispation à l'intérieur même de la Bundesbank. Un homme comme Wolfgang Rieke, responsable des affaires monétaires internationales, n'a jamais oublié le jour où Margaret Thatcher, l'apercevant à un sommet européen, s'est tournée vers lui pour s'exclamer d'une voix portante, comme à l'habitude : « *There is the man whose job is to control Herr Pöhl* » (Voilà l'homme dont le boulot est de contrôler M. Pöhl).

La chute du Mur

En 1989, la France, qui exerce la présidence semestrielle tournante de la CEE depuis le 1er juillet, a fait de l'UEM sa « grande affaire », selon les mots d'Élisabeth Guigou[2]. Mitterrand poursuit un but : il faut convaincre le chancelier d'accepter que la Conférence intergouvernementale sur l'UEM soit convoquée au sommet des 8

1. François Villeroy de Galhau sera, de 1997 à 2000, directeur de cabinet des ministres des Finances Dominique Strauss-Kahn puis Christian Sautter. Il est gouverneur de la Banque de France depuis 2015 après un passage par la BNP.

2. À Antibes, les 8 et 9 septembre 1989, les douze ministres des Finances décident de créer un « comité *ad hoc* » chargé de recenser les questions que pose la mise en place des deuxième et troisième phases de l'UEM. Il est présidé par Élisabeth Guigou, conseillère de François Mitterrand et secrétaire générale du comité interministériel pour les Affaires européennes, et est composé des représentants de la Commission, des ministres des Affaires étrangères et des Finances. C'est la première fois qu'un groupe réunit les directeurs du Trésor et les directeurs des Affaires européennes. Son rapport a été adopté à l'unanimité le 27 octobre 1989.

et 9 décembre à Strasbourg. Dans l'esprit du président, elle doit se réunir avant fin 1990. Les fraternisations bavaroises ne lui suffisent pas. Il veut du concret.

Mais, à l'automne 1989, l'histoire s'emballe : l'effondrement des régimes communistes d'Europe de l'Est et surtout la chute du mur de Berlin, le 9 novembre, font entrer la construction européenne dans l'une de ses périodes les plus houleuses. Pendant quelques semaines, les tergiversations de Kohl – qui refusera, jusqu'au mois de décembre, de fixer une date pour la CIG – feront douter Mitterrand de l'engagement européen de son ami. Le trouble du président est d'autant plus grand que la perspective de l'unification allemande ne l'enthousiasme guère, même s'il la sait inéluctable. Kohl ne serait-il pas tenté de prendre le vent du large et de renoncer à bâtir la monnaie unique, voire la construction européenne ? « La fin 1989 est marquée par une tension forte avec le chancelier, convient Hubert Védrine, mais une tension féconde, créatrice, nécessaire[1]. »

Le 24 octobre, Mitterrand reçoit Kohl à dîner à l'Élysée. « Chaque fois que le président abordait le sujet de I'UEM, le chancelier parlait d'autre chose », se souvient Élisabeth Guigou, qui assistait au repas. « Ça a fini par agacer François Mitterrand. Il n'était pas content du tout, du tout. Après le fromage, il est revenu sur le sujet : "Maintenant il faut en parler." Kohl est devenu tout

1. Sur cette période, les ouvrages sont nombreux. Outre le livre d'Hubert Védrine, *op. cit.*, on peut se référer à Pierre Favier et Michel Martin-Rolland, *La Décennie Mitterrand*, t. 3, *Les Défis*, Seuil, coll. « Points », 1997, en particulier p. 203 à 299 ; *Mitterrand et la sortie de la guerre froide*, ouvrage collectif sous la direction de Samy Cohen, PUF, 1998, en particulier la contribution de Pierre Haski, p. 9 à 22 ; François Mitterrand, *De l'Allemagne et de la France*, Odile Jacob, 1996 ; Helmut Kohl, *Je voulais l'unité de l'Allemagne*, de Fallois, 1997.

rouge : “Il n’y a pas de problème, François.” Alors, le président lui a dit : “Je vais poser la question de la date de la CIG à Strasbourg. Si vous êtes contre, vous serez contre.” Kohl lui a répondu qu’il fallait en parler… C’est la première fois que j’ai vu le chancelier aussi embarrassé. Il devait avoir un énorme problème chez lui. »

Les 2 et 3 novembre, alors que le Mur n’est pas encore tombé, les deux hommes se retrouvent à Bonn. Kohl explique qu’il y a « une certaine campagne contre l’UEM en Allemagne […]. Je ne veux pas de controverse entre la France et l’Allemagne dans le domaine clé de l’intégration européenne ». Après avoir rappelé leur conversation du 24 octobre, il livre au président son calendrier : « Le début de la CIG devrait intervenir au plus tôt dans l’année 1990. Je me demande si l’on peut exclure de ce débat les réformes institutionnelles [de la CEE, n.d.a.] y compris l’extension des compétences du Parlement européen. » Pour le chancelier, il est « absolument nécessaire que le Conseil européen ait une première discussion sur ces aspects. Il faut mener le débat sur la finalité de la Communauté ». Mitterrand est d’accord : « Si on avance dans ce sens, c’est dans la logique de toute l’affaire. » Le lien entre l’union monétaire et l’union politique est fait.

« Kohl était d’accord pour réaliser la monnaie unique mais à condition qu’il puisse la présenter dans un contexte politique plus large », explique Roland Dumas, alors ministre des Affaires étrangères. « Autrement dit, il ne pouvait accepter l’abandon du mark que si cela faisait partie d’un projet politique européen plus large englobant la politique étrangère, la défense, la sécurité. Dès le départ, ç’a été sa condition. » Pour autant, l’accord n’est toujours pas parfait : « Il y avait une petite nuance entre l’Allemagne et la France », reconnaît Joachim Bitterlich, ancien conseiller diplomatique et chargé des questions de sécurité du chancelier. « Paris voulait obtenir, au Conseil européen de Strasbourg, un accord officiel sur une CIG dès l'année suivante, sans condition supplémentaire. Or, si Kohl était d'accord avec l'idée d'une CIG fin 90, Strasbourg, pour lui, ne devait pas décider d'une date mais simplement qu'il y aurait, durant l'année 90, des travaux complémentaires en vue de la convoquer fin 1990. » Autrement dit, il ne voulait pas s'engager de manière trop visible avant les élections.

Les hésitations de Kohl

Une lettre qu'envoie Kohl à Mitterrand, le 27 novembre, après la chute du Mur, le 9 novembre, ne fait rien pour rassurer l'Élysée. Il insiste sur les obstacles plutôt que sur le but à atteindre : « Je suis particulièrement soucieux du fait que, malgré les progrès significatifs de convergence entre nos deux pays, il continue d'exister dans la Communauté de grandes divergences et qui pourraient grandir quant à l'évolution de la stabilité. La raison tient particulièrement aux déficits budgétaires importants dans certains États membres. Cela pourrait mettre en danger le bon fonctionnement du SME et donc la convergence prévue pour la première phase. » Dans une annexe, il suggère qu'à Strasbourg les Douze commandent de nouveaux rapports aux différentes instances communautaires sur les prochaines étapes de l'UEM. Ces documents seraient soumis au Conseil européen de décembre 1990, sous présidence italienne. Pour lui, « la décision politique sur la convocation d'une CIG » devait être prise « à la mi-décembre 90 à Rome », c'est-à-dire après les élections allemandes, pour que les travaux puissent commencer début 1991. « En parallèle, une autre CIG sur les réformes institutionnelles » serait décidée. L'ensemble des travaux devrait être terminé en 1992 afin « que le Conseil européen de juin 1992 ou, au plus tard, de décembre 1992 » puisse les entériner[1]. Cette lettre est très mal reçue à l'Élysée : alors que le processus d'unification allemande a débuté, l'UEM ne semble plus être la priorité du chancelier. La crainte de François Mitterrand de voir la CIG repoussée *sine die* commence à se concrétiser.

Une initiative surprise du chancelier, le lendemain 28 novembre, semble confirmer ses pires angoisses : devant le Bundestag, Kohl annonce un « plan en dix points » qui prévoit à terme l'unification des deux Allemagnes. À Paris, on tombe des nues : Helmut a omis de prévenir son ami François, qui est pourtant intéressé au premier chef. « Mitterrand était très vexé, confirme Roland Dumas. Il n'a pas douté de Kohl, mais il a commencé à s'interroger. Il faut que nous sachions ce que veut l'Allemagne, m'a-t-il dit. Veut-elle poursuivre la construction européenne ou va-t-elle reprendre son indépendance ? Il m'a demandé de poser la question à Genscher. Je l'ai appelé pour me faire l'écho des préoccupations du président. » Le 30 novembre, les deux ministres se retrouvent au Quai d'Orsay pour réparer les pots cassés. Ensemble, ils se rendent ensuite à l'Élysée : « Mitterrand a été rasséréné d'apprendre que Genscher n'était pas non plus au courant du plan en dix points, raconte Dumas. D'entrée de jeu, il lui a demandé : que

1. Cette lettre a été rendue publique, en 1998, par la chancellerie, en même temps qu'une série d'autres documents relatifs à l'unification : *Deutsche Einheit*, Oldenburg Verlag, voir plus particulièrement p. 565.

va faire l'Allemagne ? » Et le président le prévient qu'il posera la question de la date à Strasbourg. « Le ton était vraiment : s'il doit y avoir crise, eh bien il y aura crise ! » se souvient Élisabeth Guigou. Le jour suivant, dans une lettre adressée à Kohl, couchée en termes secs, Mitterrand le prévient qu'il n'hésitera pas : « Je souhaite que, à Strasbourg, nous prenions des décisions qui nous engagent sans équivoque sur la voie de l'UEM et de l'Union européenne. Je vous confirme donc que je poserai la question de la date de l'ouverture de la CIG sur l'UEM. » Pour l'Élysée, la conférence doit s'ouvrir en décembre 1990, sans appel.

Kohl fait un geste

Le chancelier se rend compte qu'il lui faut faire un geste pour rassurer ses partenaires : ses tergiversations sur la date de la CIG nourrissent les pires soupçons sur ses intentions. Le 5 décembre, il se range à l'« ultimatum » français : « À Strasbourg, nous devrions décider que les instances compétentes élaborent en 1990 un rapport pour préparer la CIG et que le Conseil européen, sous présidence italienne, discute de ce rapport et qu'il ouvre la CIG sur l'UEM. En même temps, ce Conseil européen devrait décider de traiter de l'élargissement des compétences du Parlement européen[1]. » Dès l'ouverture du sommet alsacien, le 8 décembre, l'affaire est entendue. L'insistance de Mitterrand a eu raison des hésitations de Kohl.

Comment interpréter les événements de la fin 89 ? Kohl a-t-il vraiment hésité à s'engager de façon irréversible sur la voie de la monnaie unique ? A-t-il été tenté de

1. *Deutsche Einheit*, *op. cit.*, p. 614.

faire prendre un autre chemin à l'Allemagne unifiée, le fameux *deutsche Sonderweg* ? A-t-il fallu que Mitterrand vole au secours de la construction européenne ? Joachim Bitterlich le dément fermement : « Helmut Kohl était tout à fait d'accord pour que cette CIG ait lieu. Il voulait l'UEM et l'union politique. Mais connaissant la sensibilité sur le sujet en Allemagne, il craignait d'être attaqué pendant la campagne électorale de fin 1990. Il voulait que l'UEM suive un parcours sans faute et donc que l'affaire soit bien préparée. »

Il « ne voulait pas que l'on convoque une CIG avant ses législatives », confirme Roland Dumas. Mais, dit-il, « Genscher considérait qu'il se trompait, qu'il était entre les mains de son aile droite et que cela ne changerait rien aux résultats ». Toujours est-il que, fin 1989, le chancelier, convaincu qu'il fallait éviter tout engagement de nature à menacer sa réélection, a essayé de résister aux pressions mitterrandiennes. Son souci était de ménager la frange la plus à droite de son parti et de son électorat. Les mêmes considérations motiveront son refus de reconnaître immédiatement la frontière Oder-Neisse qui sépare l'Allemagne de ses anciens territoires orientaux incorporés à la Pologne à la suite de la Seconde Guerre mondiale. Ce sera l'occasion d'un autre « bras de fer », selon l'expression d'Hubert Védrine, entre Bonn et Paris.

Il reste que Kohl a mis tout son crédit dans la balance en engageant l'Allemagne, dès 1988, vers l'unification monétaire européenne alors que rien ne l'y obligeait. « À aucun moment il n'a hésité sur la monnaie unique. Jamais », affirme avec force Élisabeth Guigou. « Il s'était engagé personnellement vis-à-vis de Jacques Delors et de François Mitterrand, et il aurait reculé face à la perspective de la crise profonde que cela aurait déclenchée entre la France et l'Allemagne. » « Pour Kohl, la voie était tracée depuis juin 1988 », renchérit Joachim Bitterlich. « Il prenait son temps, il n'était pas pressé », analyse Jacques Delors : « Il ne faut pas oublier que, à l'époque, il devait gérer tous les aspects de l'unification : les frontières, les réfugiés, la diaspora allemande, l'attitude soviétique. L'UEM, à ce moment-là, n'était pas sa principale préoccupation. »

Cela étant, la chute du Mur a, sans aucun doute, aidé à accélérer le rythme de l'union monétaire : « L'unification allemande a servi de catalyseur », reconnaît Bitterlich. François Mitterrand, dans son livre *De l'Allemagne, de la France*, paru en 1996[1], confirme cette analyse : Helmut Kohl a préservé « l'entreprise européenne dont l'unité allemande hâtait les échéances ». « Si l'unification n'avait pas eu lieu, on en serait sans doute encore à faire des comités préparatoires pour l'UEM, analyse Hubert Védrine. C'est à ce moment-là et à Maastricht que se sont faits les choix historiques. » Pour l'ancien conseiller diplomatique de Mitterrand, « le président a su saisir le bon moment, fin 1989, pour obtenir un engagement de Kohl. Il y a eu un bref instant où celui-ci était suffisamment sûr que l'unification va se faire, mais où il n'était pas encore certain que les choses iraient vite et sans difficulté. Il ne pouvait donc se dispenser de faire un geste à l'égard de ses partenaires. Six mois plus tard, il aurait été trop tard : aucun président français n'aurait plus été en mesure d'obtenir d'un chancelier allemand l'engagement de réaliser la monnaie unique. Les hésitations d'octobre-décembre 1989 et les conversations Kohl-Mitterrand d'alors en témoignent[2] ». Mais cette analyse suppose que le

1. Éditions Odile Jacob.

2. Voir Joachim Bitterlich « Frankreich (und Europas) : Weg nach Maastricht im Jahr der Deutschen Einheit », dans Werner

chancelier, au fond de lui-même, aurait préféré que l'Allemagne conserve sa toute-puissance monétaire et s'affirme comme la première des nations dans une « Europe des patries » d'inspiration gaullienne. Ce qui est fort improbable, le patriotisme européen de Helmut Kohl ayant toujours été au moins aussi intense que son patriotisme allemand.

Ces semaines tendues de l'année 1989 laisseront des traces entre Helmut Kohl et François Mitterrand. Pour le chancelier, la réaction de méfiance de son « ami François », qu'il a vécue comme un acte de défiance personnelle, restera une blessure qui ne se refermera jamais complètement. Au contraire, Kohl ressentira une véritable gratitude envers George Bush, le président américain, Felipe González, le Premier ministre espagnol, et Jacques Delors, qui furent parmi les seuls dirigeants occidentaux à lui faire part, immédiatement après la chute du Mur, de leur entière confiance. Toutefois, ces tensions lui feront sentir l'urgente nécessité d'affirmer sans ambiguïté qu'unifications allemande et européenne étaient « les deux faces d'une même médaille », comme il le répétera inlassablement jusqu'à sa défaite électorale de septembre 1998. François Mitterrand ne disait pas autre chose : « Il faut tirer cette leçon qui consistera à renforcer et à accélérer la construction politique de l'Europe, seule réponse au problème qui nous est posé[1]. » Le « problème » étant l'unité allemande.

Rouget, *Schwierige Nachbarschaft am Rhein*, édité par Joachim Bitterlich et Ernst Weisenfeld, Bonn, Bouvier, mai 1998.

1. Discours devant le Parlement européen, le 25 octobre 1989.

L'union politique est lancée

Tout au long de l'année 1990, les Douze, au cours de quatre sommets européens, vont confirmer et préciser le choix de Strasbourg. Impressionnés par la rapidité avec laquelle la RFA et la RDA engagent leur unification, les « chefs » réagissent à l'effondrement de l'architecture européenne issue de la guerre froide en accélérant le rythme de l'intégration communautaire. Seule Margaret Thatcher soutient que le renforcement des liens institutionnels en Europe accroît le danger d'une domination de l'Allemagne sur ses partenaires. Le 28 avril, lors d'un Conseil européen extraordinaire à Dublin, les chefs d'État et de gouvernement confirment leur décision de faire débuter la Conférence intergouvernementale sur l'union monétaire en décembre 1990. Pour bien marquer leur volonté d'aller de l'avant rapidement, ils décident également de la conclure assez tôt pour permettre de boucler la ratification du traité sur l'UEM avant la fin de 1992. Deux mois plus tard – les 25 et 26 juin 1990 – un nouveau sommet réunit les « chefs » dans la capitale irlandaise. Comme l'ont proposé François Mitterrand et Helmut Kohl dans une lettre conjointe à leurs collègues, les Douze décident de réunir une deuxième conférence intergouvernementale dans le but de négocier la transformation de la Communauté en une véritable « union politique ». Elle débutera, elle aussi, en décembre à Rome, pour que leurs travaux avancent de concert.

Selon l'analyse brutale de Margaret Thatcher, le parallélisme entre union monétaire et union politique, « d'une certaine manière, bien sûr, était logique. À terme, une monnaie et une politique économique uniques impliquent un gouvernement unique. Mais derrière le concept d'union politique, il y avait une motivation spécifiquement franco-allemande. Les Français voulaient brider la puissance allemande. Pour cela, ils envisageaient un Conseil européen plus fort, avec plus de votes à la majorité ; mais ils refusaient un renforcement des pouvoirs de la Commission ou du Parlement européen. Les Français étaient fédéralistes pour des raisons tactiques plutôt que par conviction. Les Allemands voulaient "l'union politique" pour des raisons et avec des méthodes différentes. Pour eux, c'était d'abord le prix à payer pour réaliser une réunification rapide avec l'Allemagne de l'Est à leurs propres conditions et avec tous les avantages qui accompagneraient son intégration dans la Communauté ; c'était aussi faire la démonstration que la nouvelle Allemagne ne se comporterait plus comme l'ancienne, celle de Bismarck à Hitler. Ainsi, les Allemands étaient prêts à donner plus de pouvoirs à la Commission et ils attachaient une importance particulière à l'augmentation des pouvoirs et de l'autorité du Parlement européen. Les Allemands étaient donc fédéralistes par conviction ». Et, ajoute-t-elle : « Pour ma part, j'étais opposée aux deux variantes de l'union politique[1]. »

De fait, si les négociations sur l'union politique – à l'inverse de celles sur l'UEM – ne produiront pas de résultats vraiment concluants, c'est que la volonté allemande de doter la Communauté d'institutions fédérales puissantes se heurte à d'âpres réticences non seulement britanniques, mais aussi françaises. Ayant fortement milité pour une nouvelle avancée communautaire dans le domaine économique et monétaire, les chefs de la diplomatie sont incapables de mettre en œuvre une dynamique

1. Voir *10 Downing Street, Mémoires*, *op. cit.*

comparable dans leur propre domaine de responsabilité. Ainsi, le traité de Maastricht n'a pas abouti à une véritable mise en commun des politiques étrangères ou, *a fortiori*, de défense. Un échec qui leur vaudra d'être brocardés par les grands argentiers. Quand il s'agit de définir et de mettre en œuvre un projet communautaire, les maîtres de l'argent – banquiers centraux et ministres des Finances – se révèlent plus efficaces que les pontes de la diplomatie ou du militaire. Deux domaines qui, dans l'Europe de Maastricht, sont les terres d'asile de l'État-nation.

En Allemagne, l'absence de progrès en ce qui concerne le volet politique de l'Union européenne restera un sujet de débats et de critiques pendant toute la décennie 90, d'autant plus que le chancelier Kohl soutient initialement que l'UEM nécessite un grand bond en avant vers l'union politique. Le 19 septembre 1990, la Bundesbank publie une déclaration solennelle : « En dernier ressort, une union monétaire constitue une communauté de solidarité irrévocable. À la lumière de toutes les expériences, sa pérennité n'est assurée que si elle est soutenue par un lien renforcé sous forme d'une grande union politique. » Cependant, Hans-Dietrich Genscher ne fera jamais vraiment monter la pression sur ce point pendant les négociations avec les Français. Pour Hans Tietmeyer, le patron de la Bundesbank, « le ministère des Affaires étrangères de Bonn n'a jamais réellement mis de propositions concrètes sur la table, même si M. Genscher est celui qui a lancé le projet de l'UEM avec son mémorandum. Il faut voir que jusqu'à la fin des années 80 la France a toujours hésité à s'engager dans la voie de la supranationalité. Genscher savait que les Français n'étaient pas prêts à l'époque à un transfert de souveraineté au-delà de la politique monétaire. Et comme il ne voulait pas mettre en péril les négociations sur l'UEM, il n'a jamais soumis de projet explicite pour le volet "union politique" des négociations. Personnellement, je n'ai pas été surpris du peu de résultats de la deuxième CIG ». Fin 1990, le grand marchandage de Maastricht peut commencer. Les Douze vont maintenant passer aux travaux pratiques.

MAASTRICHT : LES TABLES DE LA LOI

1990-1991

Lorsqu'il arrive à Maastricht, une coquette petite ville du sud des Pays-Bas, dans l'après-midi du dimanche 8 décembre 1991, François Mitterrand sait que rien n'est joué. Pourtant, l'affaire paraît bien ficelée : les chefs d'État et de gouvernement trouveront sur la table du Conseil européen, le lendemain matin, un projet de traité sur l'Union économique et monétaire accompagné d'un second texte censé transformer la Communauté économique européenne en une union politique, à charge pour eux de les adopter. Les grands principes sont énoncés clairement : les trois étapes menant à la monnaie unique, les critères qui permettront de mesurer le degré de convergence économique des pays, les statuts de l'Institut monétaire européen (IME) et de son successeur, la Banque centrale européenne (BCE), la coordination des politiques économiques. Mais le président de la République sait qu'il manque l'essentiel, l'irréversibilité du processus. Si la volonté politique d'un ou de plusieurs États venait à faire défaut, la monnaie unique, en l'état du projet, resterait pour longtemps un vœu pieux. « François Mitterrand craignait un tel report », se souvient Roland Dumas, son ministre des Affaires étrangères de l'époque. « Il ne voulait pas que l'on puisse remettre la monnaie unique au lendemain, car le lendemain pouvait être aux calendes grecques. D'autant que personne ne savait comment l'Allemagne allait évoluer. Il fallait donc la lier autant que faire se peut. » L'idée du président est toute simple et très efficace, comme la suite le montrera. Il s'agit de prévoir dans le traité une date butoir à laquelle la monnaie unique verra automatiquement le jour, quel que soit le nombre de pays remplissant les conditions requises[1]. La date qu'il a en tête, c'est le 31 décembre 1998.

C'est pour cela que, contrairement à ses habitudes, le président de la République arrive en avance au sommet. Il a invité à dîner, dans la villa qu'il occupe, Giulio Andreotti, le président démocrate-chrétien du Conseil italien dont l'appui lui est indispensable. Car l'Italie, membre fondateur de la CEE, risque fort de ne pas participer dès le départ à la monnaie unique, vu l'état de ses comptes publics si une telle date butoir est prévue. De plus, Mitterrand veut que le Conseil européen décide à la majorité qualifiée, ce qui marginalisera encore davantage l'Italie. Il faut donc convaincre Andreotti qu'il ne s'agit pas de mettre en place « une machine à exclure » la Péninsule, selon l'expression d'un haut fonctionnaire français. Quatre personnes assistent au dîner : outre les deux dirigeants, leurs conseillers, Sophie-Caroline de Margerie pour Mitterrand, Umberto Vattani pour Andreotti. « Et le miracle a eu lieu : les Italiens ont accepté à la fois la date butoir du 31 décembre 1998 et le vote à la majorité qualifiée », raconte Margerie.

---

1. Évidemment, personne ne pensait que l'union monétaire pourrait se faire sans l'Allemagne et la France. Mais ce lieu commun devait rester du domaine du non-dit afin de ne pas discriminer des pays européens.

Mais Vattani livre une version différente de l'histoire et réclame la primeur de l'idée pour celui qui était alors son patron : « Andreotti a dit : "Ne serait-il pas préférable de fixer une date et de décider que la dernière étape débutera ce jour-là avec ceux qui seront prêts ?" Mitterrand, feignant la distraction, a répondu "Oui, pourquoi pas ! Fixons-la"[1]. » Sophie-Caroline de Margerie le contredit énergiquement : « C'est le président qui a proposé de convenir d'une échéance. Andreotti lui a répondu : "Bonne idée." » Dans une note datée du 11 décembre, soit au lendemain du Conseil européen de Maastricht, elle écrit d'ailleurs : « Le président de la République a lancé l'idée d'une date butoir pour l'union économique et monétaire. Andreotti a eu immédiatement une réaction positive. » Pour Roland Dumas non plus, il ne fait aucun doute que l'inventeur du concept, c'est Mitterrand : « Avant ce dîner, il avait déjà cette idée en tête. Pour lui, la date du 1er janvier 1999 devait tomber comme un couperet. » Cette version est d'autant plus probable qu'on ne voit pas pourquoi Rome aurait demandé la mise en place d'un mécanisme qui risquait d'aboutir à son exclusion. Surtout, cette date n'est pas sortie du chapeau du président, mais est le résultat d'un processus de maturation.

Les muses du président

Depuis plusieurs semaines, en effet, Élisabeth Guigou, ministre déléguée aux Affaires européennes, attire l'attention de Mitterrand sur ce qu'elle considère comme une grave lacune du traité. Elle lui a même suggéré, par écrit, la date butoir du 31 décembre 1998 et,

1. Entretien réalisé par la BBC, « The money changers », 1998.

pour que cette échéance ait un sens, l'abandon de l'unanimité pour le passage à la troisième phase, celle de la monnaie unique[1].

Il est vrai que le projet de traité préparé par la présidence néerlandaise de la CEE, et rendu public le 28 octobre, n'est guère encourageant. Il prévoit que, avant le 31 décembre 1996, si une majorité d'États (soit sept à l'époque) est jugée capable d'adopter la monnaie unique, le Conseil des chefs d'État et de gouvernement, statuant à l'unanimité, « évalue s'il convient que la Communauté entre dans la troisième phase de l'UEM » et décide de sa « date d'entrée en vigueur ». Si les Douze ne parviennent pas à se mettre d'accord, la procédure est répétée tous les deux ans[2]. En clair, le report *sine die* est quasiment institutionnalisé.

Dix jours avant le sommet de Maastricht, le 27 novembre 1991, Mitterrand convoque un Conseil des ministres restreint à l'Élysée. Élisabeth Guigou revient à la charge et insiste sur la nécessité d'une date butoir. Le chef de l'État s'adresse à Édith Cresson, nommée à Matignon le 15 mai précédent : « Madame le Premier ministre, vous allez me régler ça. » Le lendemain, le chef du gouvernement réunit une quinzaine de ministres afin de faire le point sur l'état du dossier : « C'était une première », se souvient l'ancien directeur adjoint du cabinet d'Édith Cresson, François

1. Selon Gert Haller, l'un des négociateurs du ministère des Finances allemand, cette option avait déjà été évoquée par le Luxembourg.

2. Ce projet néerlandais ne tranchait pas sur la procédure de vote au sein du Conseil des ministres des Finances (unanimité ou majorité qualifiée). Il laissait aussi la porte ouverte à une majorité renforcée de huit États (au lieu de sept) jugés aptes de passer à la troisième phase. Enfin, il prévoyait une clause d'exemption généralisée : il suffisait qu'un pays demande, avant la réunion du Conseil européen, à ne pas participer à la monnaie unique.

Lamoureux[1]. « Jusque-là, les ministres étaient soigneusement tenus à l'écart de la négociation, à l'exception, bien sûr, de Roland Dumas et de Pierre Bérégovoy », le Quai d'Orsay ayant la responsabilité du volet de l'union politique et Bercy de l'UEM. Bérégovoy ne s'oppose pas à ce qu'une échéance soit fixée, mais préfère que l'on continue à statuer à l'unanimité.

Le ministre des Finances estime, en effet, que les gouvernements doivent pouvoir stopper le processus. Sur ce point comme sur beaucoup d'autres, son analyse rejoint celle de nombre de ses interlocuteurs allemands, tels Helmut Schlesinger, devenu patron de la Bundesbank, ou Theo Waigel. Pour appuyer son argument, il fait valoir la perte de pouvoir que signifierait pour les chefs d'État et de gouvernement *l'automaticité* que recommande Élisabeth Guigou. Cependant, la fixation d'une date butoir sans vote à la majorité laisserait pratiquement entier le risque d'un report à répétition de l'UEM. Édith Cresson lui en fait la remarque : la monnaie unique pourrait être bloquée par un veto britannique, par exemple. Finalement, le Premier ministre, conformément aux souhaits du président, tranche : « Le traité doit contenir la référence à une date fixe de rendez-vous avant le 31 décembre 1998 pour décider du passage à la troisième phase de l'UEM. » En outre, il « doit prévoir que, lorsque cette échéance sera arrivée, la décision [soit] prise soit par consensus, soit, à défaut de consensus, à la majorité qualifiée, sans

---

1. Ancien membre du cabinet de Jacques Delors, président de la Commission européenne, il revient ensuite à la Commission comme directeur général. Chargé des transports et de l'énergie, il est l'un des pères du GPS européen, Galileo. Il est mort en août 2006, après avoir été mis au placard par le conservateur portugais José Manuel Durão Barroso, le président de la Commission, qui n'appréciait guère son indépendance d'esprit.

que les votes des États bénéficiant d'une exemption ou d'une dérogation puissent être pris en compte. »

Toujours sceptique sur le fond, mais muni d'instructions claires, Bérégovoy se rend donc à Scheveningen, aux Pays-Bas, le dimanche 1er décembre. Ce sera l'ultime séance de négociation avec ses collègues européens. Il y dépose un amendement plutôt alambiqué au projet de traité concocté par les Néerlandais. Son texte reste en deçà de l'expression claire et nette d'une date butoir : si le Conseil européen n'approuve pas, avant le 31 décembre 1996, l'entrée en troisième phase, la deuxième étape est automatiquement prolongée jusqu'au 31 décembre 1998. Au terme de ce délai, les ministres des Finances décident de l'entrée en monnaie unique à la majorité qualifiée et sans qu'il y ait besoin d'un nombre minimal de pays. La Grande-Bretagne, le Danemark, la Grèce ou l'Irlande, en particulier, ne cachent pas leur scepticisme. Finalement, une formule plus ambiguë est trouvée qui – comme le voulait Bérégovoy – préserve le rôle central des dirigeants européens : après recommandation des ministres des Finances qui se seront prononcés, eux, à la majorité qualifiée, « le Conseil, réuni au niveau des chefs d'État et de gouvernement [...], évalue quels sont les États membres qui remplissent les conditions nécessaires au passage à la troisième phase » et fixe la date du « début de la troisième phase ». Pour les négociateurs allemands, en tout cas, cette version n'implique aucune automaticité dans le passage à l'UEM.

L'Élysée est informé. Mais, comme souvent, dans un premier temps, c'est le silence. « Mitterrand avait des idées, mais il les exprimait très peu. Il restait sur son quant-à-soi », se souvient un haut fonctionnaire. « Le président ne dira rien à personne. Lorsque nous sommes arrivés à Maastricht, nous avons simplement appris qu'il avait officiellement fait cette proposition de date butoir, raconte Élisabeth Guigou. Nous étions tous très surpris. »

Le couperet de 1999

Le lundi 9 décembre, le président, une habitude des matins de sommet, prend son petit déjeuner avec Helmut Kohl. Ils échangent des idées sur le déroulement de la journée. Une échéance précise qui garantisse que le mark se fonde dans la monnaie unique ? Le chancelier n'y est pas opposé, loin de là. Il vient même de le dire lors d'une conférence de presse à Bonn : « Nous voulons un traité qui précise que l'Union économique, monétaire et politique est irréversible et je souligne ce terme qui est capital. » L'hôte du sommet, Ruud Lubbers, n'a pas oublié que « Kohl ne démordait pas de sa position : je ne signerai pas le traité de Maastricht s'il ne contient pas le principe d'irréversibilité de la monnaie unique[1] ». D'ailleurs on doit au chancelier l'adjonction au texte du protocole n° 10 affirmant, d'une part, le « caractère irréversible » de la « marche » vers la monnaie unique et, d'autre part, l'impossibilité pour un État d'exercer son veto pour bloquer le passage à la monnaie unique. Mais Kohl n'est pas seul. Il doit compter avec la Bundesbank et le ministre des Finances. « Francfort était très opposée à l'idée de date parce que, pour un économiste, cela ne veut rien dire », analyse l'ancien grand argentier belge, Philippe Maystadt[2]. « Surtout, une date

1. Entretien réalisé par la BBC, « The Money Changers », 1998.
2. Ministre des Finances entre 1988 et 1998, puis président de la Banque européenne d'investissement (BEI) de 2000 à 2011, il meurt en 2017.

voulait dire que l'union monétaire aurait lieu, quoi qu'il arrive. Or, il est clair que certains, à la Banque centrale allemande, espéraient qu'en dépit du traité elle ne verrait jamais le jour », souligne Maystadt. Theo Waigel se méfiait, lui aussi, de l'irréversibilité : « Une échéance pouvait constituer une entrave. Selon nous, il était préférable de ne pas en fixer. » De fait, pendant toute l'élaboration du traité, les négociateurs allemands ont eu pour mission d'éviter autant que possible que « l'Allemagne puisse être contrainte d'entrer dans l'UEM contre son gré, par exemple par une majorité de pays », explique Gert Haller, ancien haut fonctionnaire du ministère des Finances à Bonn : « Un passage automatique était inacceptable pour nous. »

Au vu de ces réticences, le chancelier pouvait difficilement proposer de lui-même une date, pas plus qu'un vote à la majorité qualifiée au Conseil européen : il aurait fallu en discuter avec son gouvernement et affronter l'hostilité de la Bundesbank et du ministère des Finances. Ce n'est plus le cas lors d'un Conseil européen : quand il est seul face aux autres chefs de gouvernement, rien n'empêche le chancelier de se laisser forcer la main. « Theo Waigel m'a dit : "C'est le genre de chose que Kohl ne pouvait pas proposer mais il pouvait se laisser convaincre" », confirme Maystadt. Et c'est ce qui s'est passé. Dans sa propre délégation, le geste du chancelier fait l'effet d'une bombe : « C'était vraiment une rupture complète avec les positions que nous avions défendues jusqu'alors, se souvient Gert Haller. C'était vraiment étonnant. Jusqu'ici, nous avions toujours dit que les critères sont plus importants qu'une date. Pour moi, il était clair que fixer une échéance impliquait une certaine automaticité. »

François Lamoureux affirme que la France, en échange du geste de Kohl, a proposé aux Allemands l'abandon de l'unanimité dans le domaine des visas et du droit d'asile. Le sujet était âprement discuté au sein de la Conférence intergouvernementale sur l'union politique et Bonn y était favorable afin de pouvoir partager le « fardeau » des réfugiés provenant de l'ex-Yougoslavie. Mais ce n'était qu'un semblant de concession : Paris savait parfaitement que Londres s'empresserait de bloquer cette « hérésie ». C'est d'ailleurs ce qui s'est passé.

Une horloge dans la construction européenne

Le sommet débute à l'issue du petit déjeuner franco-allemand. Tout va très vite. Kohl prend la parole : « Le passage à la troisième phase doit être le pas décisif. Il faut décider à Maastricht de manière irréversible. » Et de citer la date de 1998 où il ne sera plus nécessaire d'avoir un nombre minimal de pays pour passer à la monnaie unique. Wilfried Martens, le Premier ministre belge, insiste lui aussi pour introduire une date fixe : Philippe Maystadt qui, comme tous ses collègues ministres des Finances, siège pour la première fois dans un Conseil européen, le lui a suggéré. Vient le tour de François Mitterrand : « La décision doit être irréversible [...]. Il faut fixer une date de manière précise, au début de 1999, probablement. » En quelques mots, tout est dit. Les grands argentiers n'ont plus qu'à aller finaliser le compromis dans une salle attenante. Personne ne prête plus attention à John Major, le Premier ministre britannique, qui continue de réclamer une « décision à l'unanimité » pour passer à la troisième phase. Son pays a obtenu une clause dite d'*opting out* qui lui permet de ne pas participer à la monnaie unique et il n'est plus qu'une voix discordante sans grande importance. Le tandem franco-allemand s'est imposé. « Ç'a été le coup de maître », juge Élisabeth Guigou. « Nous avions une possibilité de report indéfini dans le projet de traité que nous avions négocié », reconnaît Jean-Claude Trichet, alors directeur du Trésor : « Le traité a été très profondément modifié à Maastricht, puisque l'idée d'irréversibilité est apparue. Là, on sort des aléas de la coopération intergouvernementale. C'était incroyablement audacieux. Un moment historique. »

On peut résumer la procédure à deux dates : 1997-1999. Avant le 31 décembre 1996, le Conseil des ministres de l'Économie et des Finances évalue, à la majorité qualifiée, quels sont les pays qui remplissent les critères de convergence, c'est-à-dire une série de cinq indicateurs économiques (déficit budgétaire et dette publique contenus, inflation maîtrisée, taux de change stable et taux d'intérêt à long terme peu élevés). Si une majorité les respecte, le Conseil des chefs d'État et de gouvernement décide s'il est opportun de passer à la monnaie unique et à quelle date. À défaut, elle verra automatiquement le jour le 1er janvier 1999 avec les seuls États éligibles, quel que soit leur nombre : avant le 1er juillet 1998, le Conseil, toujours réuni au niveau des dirigeants européens, devra simplement le confirmer à la majorité qualifiée[1].

1. Il faut noter que même les États qui ont obtenu une clause d'exemption, la Grande-Bretagne et le Danemark, participent au vote. C'est une façon de les associer, malgré tout, au processus. D'autre part, il a fallu « inventer » une procédure pour permettre aux chefs d'État et de gouvernement de voter : par définition, le Conseil européen décide toujours par consensus puisqu'il n'est pas habilité à prendre des « décisions » juridiquement opposables. Le traité prévoit donc que le Conseil des ministres, seule instance décisionnelle, se réunisse « au niveau » des dirigeants. Subtilité du droit européen…

Même Jacques Delors n'aurait pas osé rêver mieux. « La date, c'est un instrument formidable », estime Pascal Lamy, l'ancien chef de cabinet du président de la Commission. « Ça met des horloges dans la construction européenne, c'est tout ce que ça apporte d'anticipation sur l'avenir. » Refaire l'histoire au conditionnel est toujours difficile. Mais tout porte à croire que l'euro n'aurait pas vu le jour sans l'échéance de 1999 introduite *in extremis* dans le traité. Avec le recul, il est clair que c'est sous la double pression de la date butoir et des critères de convergence que les gouvernements ont mobilisé leur énergie et affronté les réticences de l'opinion et de la classe politique. Hormis les Britanniques, les Danois et les Suédois, tous les pays ont jugé trop risqué d'être absents de ce rendez-vous historique.

C'est la promesse-contrainte de la date qui a persuadé l'Italie de se refaire une vertu budgétaire, qui a convaincu gaullistes et socialistes français de subordonner leur politique aux exigences de Maastricht, qui a rendu impuissants, en Allemagne, les nombreux opposants à l'UEM. Et puis, à mesure que 1999 se rapprochait, que les efforts de discipline budgétaire devenaient tangibles, que la volonté des gouvernements se confirmait, les marchés financiers, eux aussi, se sont persuadés de l'irréversibilité du processus – une conviction qui a nourri, renforcé et facilité le processus de convergence. L'Italie, qui a réussi à déjouer toutes les attentes en se qualifiant à l'arraché, est l'illustration de la réussite de cette stratégie. Même un homme comme Helmut Schlesinger admet que « fixer la date était le bon choix. C'était une vieille pratique communautaire qui a fait ses preuves. Il est vrai que, à l'époque, je n'imaginais pas que les choses évolueraient aussi vite et aussi bien qu'elles l'ont fait, c'est-à-dire que la stabilité serait bien au rendez-vous en 1999. Les tête-à-tête des chefs de gouvernement sont toujours un peu dangereux du point de vue des experts, mais en fin de compte ils sont nécessaires[1] ».

Un traité « précuit »

« Mis à part l'affaire de la date, Maastricht, c'était quand même très cuit », estime Pascal Lamy. De fait, le dernier projet de traité, préparé par la présidence néerlandaise et adopté à Bruxelles, le 3 décembre 1991, par les ministres de l'Économie et des Finances, n'a guère été modifié par les chefs d'État et de gouvernement. Contrairement au versant union politique du nouveau traité, l'union économique et monétaire a fait l'objet d'un travail de préparation extrêmement minutieux. À la suite du rapport du Comité Delors d'avril 1989 et des conclusions du « groupe à haut niveau » présidé par Élisabeth Guigou, le Comité monétaire européen remet, le 23 juillet 1990, un texte intitulé : « L'UEM au-delà de la première étape ». En août, la Commission publie son propre projet de traité. Les capitales prennent soin de préparer, elles aussi, la négociation et mettent au point une série de textes qui dynamisent les discussions : ainsi, la France publie un projet complet de traité le 26 janvier 1991, suivie de l'Allemagne un mois plus tard.

Résultat de cette intense activité préparatoire : avant même l'ouverture formelle de la Conférence intergouvernementale, le 15 décembre 1990 à Rome, l'architecture

1. À compter de sa retraite, en 1993, l'attitude de l'ancien président de la Bundesbank vis-à-vis de l'UEM est devenue de plus en plus positive. Ses prises de position critiquant notamment l'insistance sur un respect strict des critères budgétaires irriteront, du reste, son successeur, Hans Tietmeyer.

générale de l'UEM, avec ses trois phases destinées à assurer la convergence économique, budgétaire, institutionnelle et monétaire des Européens, est largement esquissée[1]. Cela ne signifie pas pour autant qu'il n'y a pas eu d'affrontements entre les Douze, loin de là. Tout au long de l'année 1991, il a fallu dégager de difficiles compromis d'une série de questions fondamentales, sur lesquelles Français et Allemands défendent généralement des points de vue diamétralement opposés. Du moins au départ. Exemples : le passage à la deuxième phase doit-il être automatique pour tous les pays, ou nécessiter un examen ? Faut-il, dès cette étape, soumettre les banques centrales nationales à une tutelle européenne ? Comment surveiller les politiques budgétaires ? Le passage à l'UEM doit-il se faire après un jugement politique ou selon des critères « objectifs » et prédéterminés ? Faut-il créer un gouvernement économique ? Qui détermine les taux de change entre l'euro et d'autres monnaies, surtout non européennes, comme le yen ou le dollar ? Faut-il sanctionner les dérapages budgétaires, et si oui, comment ? Faut-il aider les pays les plus pauvres à rattraper leur retard ? Une noria de casse-tête largement suffisante pour occuper une petite armée de négociateurs.

Réunions secrètes franco-allemandes

Le grand marchandage a commencé le 15 janvier 1991 à Bruxelles par une rencontre des « représentants

1. Sur les détails du traité de Maastricht, voir *Le Traité de Maastricht*, par J. Cloos, G. Reinesch, D. Vignes, J. Weyland, éd. Bruylant, 1993. Plus concis, voir *L'Union monétaire de l'Europe*, par Pascal Riché et Charles Wyploz, Points Seuil, 1993.

personnels » des ministres des Finances et de la Commission européenne. Horst Köhler, secrétaire d'État aux Finances, représente son ministre Theo Waigel. Côté français, Jean-Claude Trichet, directeur du Trésor, négocie pour Pierre Bérégovoy. Ces « représentants personnels » se réunissent deux fois par mois afin de faire le gros du travail. Seules les questions importantes ou conflictuelles remontent aux ministres. Ceux-ci se retrouveront treize fois durant l'année 1991 afin de finaliser le projet de traité, qui sera présenté le 9 décembre aux chefs d'État et de gouvernement. Mais la négociation a aussi lieu au sein du Comité monétaire entre directeurs du Trésor et numéros deux de banques centrales ou encore au niveau du Comité des gouverneurs des banques centrales de la CEE, à Bâle. Ce sont les banquiers centraux, par exemple, qui mettront au point les statuts du Système européen de banque centrale (SEBC). De leur côté, les dirigeants européens multiplient les rencontres : ils voient certains de leurs homologues plusieurs fois par mois et échangent lettres et coups de téléphone. En parallèle de la CIG sur l'UEM, où les ministres des Finances jouent un rôle essentiel, ont lieu les tractations sur l'union politique. Les meneurs de jeu, les ministres des Affaires étrangères, y traitent de politique étrangère et de sécurité commune, de sécurité intérieure, du social, de renforcement et de démocratisation des institutions européennes… Sur ces sujets, les avancées resteront très modestes : il faudra trois autres traités pour que les progrès soient enfin substantiels dans ces questions de haute souveraineté nationale (Amsterdam en 1997, Nice en 2000, Lisbonne en 2007).

Cela étant, les vraies négociations ont rarement eu lieu à Douze. « Trichet a fait le pari que la partie UEM serait écrite par Paris et Bonn, en tête à tête », raconte un ancien membre de la délégation française. « Les choses sérieuses se faisaient en franco-allemand », reconnaît François Lamoureux. De fait, toutes les rencontres à douze sont précédées de réunions bilatérales secrètes au niveau des ministres ou des équipes de négociateurs, ministères des Finances et banques centrales. Côté allemand, il y a notamment Horst Köhler, accompagné de deux hauts fonctionnaires, son adjoint Gert Haller et Günter Grosche, et pour la Bundesbank Hans Tietmeyer, alors vice-président. Côté français, Jean-Claude Trichet, bien sûr, secondé, selon les cas, par Denis Samuel-Lajeunesse, Xavier Musca, Pierre Duquesne et, pour la Banque de France, le sous-gouverneur Philippe Lagayette. Quant aux ministres, ils se rencontrent eux aussi régulièrement afin de « rapprocher les positions respectives pouvant conduire si possible à des rédactions communes », selon les mots d'un négociateur allemand.

Dès la première réunion du genre, le 13 février 1991 à Bonn, Horst Köhler insiste sur leur caractère confidentiel. Une discrétion jugée également nécessaire par Tietmeyer, sauf à donner l'impression d'une « collusion franco-allemande ». Lors des réunions à douze, Allemands et Français devaient exposer à tour de rôle les positions communes mais jamais en les présentant comme telles. « Je me souviendrai toujours d'un incident qui aurait pu mal tourner », se rappelle l'un des négociateurs français. « Jean-Claude Trichet prend la parole pour défendre la position franco-allemande. Tir de barrage des autres. Horst Köhler s'y colle à son tour. Re-tir de barrage. Trichet, sentant qu'il fallait s'adapter, aménage la proposition tout en en gardant l'esprit. À ce moment-là, Köhler demande la parole et, devant les dix autres, abasourdis : "Mais voyons, Jean-Claude, ce n'est pas du tout ce dont nous étions convenus..." » Une sortie typique pour le secrétaire d'État aux Finances, connu pour son franc-parler et son caractère parfois emporté[1]. C'est un proche de Kohl qui en a fait son « sherpa » pour préparer les réunions du G7. Sa personnalité est à l'opposé de celle de Trichet, au comportement tout en rondeur, enclin à l'allusion : archétype du grand serviteur de l'État, il cultive ses amitiés autant à droite qu'à gauche de l'échiquier politique, ce qui lui a permis de survivre à tous les changements de régime[2]. Pourtant, en dépit de ces différences de caractère, l'Allemand et le Français établiront une relation de confiance qui facilitera grandement les négociations. Ainsi, Jean-Claude Trichet parle encore de cet « ami très cher » avec émotion.

Même « si ce fut massivement une affaire franco-allemande », selon l'expression d'un diplomate du Quai d'Orsay, cela ne veut pas dire que les autres pays n'ont pas eu leur mot à dire. En particulier, le Luxembourg et la Belgique, viscéralement communautaires, jouèrent à plusieurs reprises le rôle de démineurs et d'accoucheurs de compromis à douze. « Ça peut paraître choquant que l'on négocie ainsi dans le dos des autres », analyse un ancien du Trésor. « Mais beaucoup souhaitaient que ça se passe comme ça. Ils se disaient : "Si les Allemands et les Français trouvent un terrain d'entente, on n'est pas loin du point d'équilibre." » Il est clair que sans accord préalable à deux, la négociation n'aurait jamais progressé aussi rapidement. En outre, de part et d'autre du Rhin,

1. Il sera successivement directeur de la Banque européenne de reconstruction et de développement (Berd) à Londres, de 1998 à 2000, directeur général du FMI de 2000 à 2004 et enfin président de la République fédérale allemande de 2004 à 2010.

2. Directeur de cabinet d'Édouard Balladur entre 1986 et 1987, directeur du Trésor de 1987 à 1993, gouverneur de la Banque de France de 1993 à 2003, président de la BCE de 2003 à 2011.

on n'avait aucune envie d'étaler d'éventuelles divergences devant les autres – la Grande-Bretagne, en particulier –, de peur qu'ils n'en profitent pour enfoncer un coin dans le couple franco-allemand et bloquent ainsi la négociation. Enfin, « il n'était pas nécessaire de commencer à discuter d'un sujet à douze si c'était pour les voir s'engueuler devant nous », estime un diplomate français. Tout cela fait dire à un ancien négociateur que les réunions de la CIG étaient là « pour amuser la galerie ». Un peu exagéré, mais pas totalement faux.

« L'abominable problème italien »

« C'est comme ça qu'on n'a jamais discuté politiquement à douze des critères de convergence », s'indignait encore en 1998 François Lamoureux qui a négocié au nom de la Commission. Pierre Vimont[1], ancien directeur de cabinet du ministre aux Affaires européennes de l'époque, Élisabeth Guigou, n'en garde effectivement pas le souvenir d'un « thème majeur de discussion ». Ce qui est vrai, du moins pour la France. Ainsi, le projet de traité du gouvernement français de janvier 1991 n'était pas d'une grande précision sur la « convergence de l'évolution économique et monétaire », condition *sine qua non* d'entrée en troisième phase, même si le projet prévoyait que « les déficits publics excessifs doivent être évités »

1. Pierre Vimont connaîtra une belle carrière diplomatique : Représentant permanent de la France (ambassadeur) auprès de l'Union européenne de 1999 à 2002, directeur de cabinet des trois ministres des Affaires étrangères de Jacques Chirac lors de son second mandat (2002-2007), ambassadeur aux États-Unis de 2007 à 2010, secrétaire général exécutif du Service européen pour l'action extérieure de 2010 à 2015.

une fois les monnaies fusionnées. Horst Köhler a d'ailleurs demandé à Jean-Claude Trichet, lors de la rencontre de Bonn du 13 février 1991, pourquoi la France n'avait pas « explicité » les conditions de passage en « phase trois » (celle de la monnaie unique). Réponse : Parce que cela ne peut « résulter que d'une décision politique ». Surtout, Paris craignait qu'une Europe à deux vitesses ne soit institutionnalisée si l'on instaurait des critères trop précis.

En réalité, la France, pour des raisons économiques et politiques, veut éviter de se retrouver agrégée aux pays de la zone mark qui partagent une conception plutôt germanique de la gestion des comptes publics. Il faut donc laisser à l'Italie – qui affiche, en 1990, un déficit budgétaire de 11,1 % du PIB, une dette de 98 % du PIB et une inflation de 6,1 % – l'espoir de se qualifier. Paris, enfin, considère que l'appartenance des monnaies à la bande étroite du mécanisme de change suffit à garantir la convergence puisque toute politique économique divergente est sanctionnée par les marchés.

Dans leur projet de traité publié en février 1991, les Allemands sont beaucoup plus précis. Ils estiment qu'il faut remplir trois conditions de convergence économique : primo, la stabilité des prix doit être réalisée. Secundo, les déficits budgétaires ne doivent pas être supérieurs au volume des dépenses d'investissement (la « règle d'or ») et, en tout état de cause, ramenés à un « niveau tolérable à long terme et compatible avec la stabilité ». Tertio, il faut un « rapprochement très net des taux d'intérêt sur les marchés » (il s'agit des taux à long terme, dont le niveau est librement déterminé par le jeu de l'offre et de la demande). Dans un premier temps, l'Allemagne va très loin dans son exigence de rapprochement des économies : elle veut que ces conditions soient toutes remplies pour passer en deuxième phase.

Les 4 et 5 avril 1991, à Paris, Hans Tietmeyer s'étonne à nouveau que la France ne mentionne « pas de critères pour le passage en phase trois, ce qui crée un double danger : ou sauter sans condition préalable et donc sans convergence en phase trois, ou rester en phase deux [...]. Sans critère précis, il n'y aura pas de pression suffisante [...]. Il y a donc un risque sérieux que ce soit une décision purement politique, prise même si les fondements économiques ne sont pas sains ». En quelques phrases, l'homme de la Bundesbank résume l'essentiel des craintes allemandes : faire une union monétaire trop vaste, imposée par le pouvoir politique à des économies et des pays mal préparés. « À la vérité, affirme-t-il, je crois que l'on a fait une erreur en s'engageant dans cette affaire dans le cadre d'une Communauté à douze[1]. » Bref, pour bien faire, il faudrait que l'Allemagne, la France et les trois pays du Benelux s'engagent seuls sur le chemin de la monnaie unique. Soit la zone mark plus l'Hexagone. La crise de la zone euro, entre 2010 et 2015, lui donnera tragiquement raison *post mortem*.

Trichet, tout en reconnaissant qu'il faut « venir à bout [de] l'abominable problème italien », défend vaillamment la position française : « Nous ne voulons pas briser la dynamique en affirmant que l'Italie et le Royaume-Uni ne participeront pas. » Philippe Lagayette, le sous-gouverneur de la Banque de France, vient à sa rescousse : « Il faut quelque chose d'ouvert : c'est politiquement indispensable. » Le vice-président de la Bundesbank, sentant la faille dans l'argumentation de Paris, insiste : « Cela ne fait que renforcer le besoin de critères qui, seuls, évitent de nommer des pays. » Et Trichet de

1. Toutes les citations de ce chapitre sont extraites des procès-verbaux des réunions.

concéder qu'il « faudrait rechercher une procédure pour écarter ceux qui ne seraient pas capables ». Une déclaration dont Tietmeyer et Köhler se réjouissent, faisant remarquer que « c'est une nouveauté dans la position française ».

Néanmoins, Lagayette insiste sur le fait que « les critères devraient permettre de sélectionner mais pas de retarder le processus ». Bonn et Francfort remportent la bataille : il y aura des critères dans le traité de Maastricht. En revanche, ils ne vaudront pas pour l'admission en phase deux, celle qui doit débuter le 1er janvier 1994, puisque les Douze y participeront automatiquement. Les Allemands acceptent ce point d'autant plus facilement qu'ils ont obtenu, en contrepartie, de préserver l'autonomie des banques centrales nationales jusqu'au début de la monnaie unique. Pendant la phase intermédiaire, Paris devra se contenter d'un Institut monétaire européen (IME) sans pouvoir réel chargé de préparer la mise en place du futur Système européen de banques centrales[1] (SEBC). Cette phase se traduira donc surtout par un renforcement de la surveillance multilatérale des politiques économiques et des déficits publics. Cela étant, le gouvernement français reconnaît assez facilement l'utilité politique de critères quantifiés de bonne gestion dans le traité. S'il fallait réellement un jour maintenir l'Italie hors de la monnaie unique sans déclencher une crise avec ce pays fondateur de la Communauté, il faudrait que des éléments objectifs viennent appuyer la décision politique du Conseil européen.

1. Le Système européen de banques centrales comprend les banques centrales nationales et la Banque centrale européenne.

Des critères, mais lesquels ?

Une fois le principe des critères admis, encore faut-il les définir. Ce sera le rôle du Comité monétaire européen. À Édimbourg, le 17 mai 1991, les directeurs du Trésor et les « numéros deux » des banques centrales dégagent plusieurs pistes. D'abord, les déficits publics ne pourront pas excéder les dépenses d'investissement comme, par exemple, la mise en place des autoroutes de l'information. C'est ce qu'on appelle la *golden rule,* la règle d'or. Elle figure dans la Constitution allemande. L'idée qui la sous-tend est qu'un déficit n'est sain que s'il prépare l'avenir ; les dépenses courantes, à l'instar de la rémunération des fonctionnaires, doivent être couvertes par l'impôt. Ensuite, les déficits ne pourront pas, en tout état de cause, dépasser 3 ou 4 % du PIB. Une limite proposée par Cees Maas, le directeur du Trésor néerlandais. Enfin, la dette publique des États ne devra pas excéder 60 % du PIB[1]. Le lendemain, toujours à Édimbourg, Horst Köhler indique à ses interlocuteurs français : « nous pourrions accepter que la mention des trois critères que nous avons proposés soit maintenue sans que les seuils soient précisément chiffrés dans le texte même du traité ». Un fonctionnaire allemand précise que l'on pourrait les inscrire dans un document à part, « de façon à conserver une norme quantitative qui puisse être modifiable commodément ». L'idée est de ne pas trop effrayer

1. Ces chiffres ne sont pas totalement arbitraires. Si la croissance économique en prix courants est de l'ordre de 5 %, un déficit de 3 % du PIB maintient mathématiquement la dette à 60 % du PIB. Une telle croissance, en supposant que l'inflation soit à 2 %, signifie un taux d'expansion réel de 3 %, un bon résultat sur le long terme.

les Douze avec des critères gravés dans le marbre qui ressembleraient à autant de couperets.

Dans une note interne, datée du 13 juin 1991, la direction du Trésor marque ses réserves sur deux points : elle n'est guère favorable à l'utilisation de la règle d'or et estime que le chiffrage trop précis du déficit pourrait conduire un pays « vertueux comme la France » (1,6 % de déficit en 1990) à se rapprocher de cette barre. À l'époque, seuls la Belgique (5,5 %), les Pays-Bas (5,1 %), l'Espagne (4,1 %), le Portugal (5,1 %), la Grèce (16,1 %) et, bien sûr, l'Italie (11,1 %) affichent un déficit supérieur à 3 %. Quant à la dette, seuls Bonn, Paris, Luxembourg et Madrid sont en dessous du seuil fatidique. Néanmoins, dans le projet de traité soumis par la présidence luxembourgeoise au Conseil européen des 28 et 29 juin 1991, la référence aux critères apparaît pour la première fois en toutes lettres, y compris la règle d'or. Mais les Douze décident de renvoyer l'adoption du texte à Maastricht au mois de décembre : Kohl, en particulier, ne souhaite pas conclure trop tôt alors que la Conférence intergouvernementale sur l'union politique piétine…

Stupeur : le lundi 9 septembre 1991 à Bruxelles, le projet d'union économique et monétaire concocté durant les vacances par les Pays-Bas, successeurs du grand-duché à la présidence semestrielle tournante de la Communauté, est rejeté tout net par la grande majorité des ministres des Finances. Un fait sans précédent. Ce sera le *Black Monday* (le lundi noir) de La Haye, un échec cuisant dont le souvenir hante encore la diplomatie néerlandaise. Manifestement poissons pilotes des Allemands dans cette affaire, les Néerlandais, qui aiment dire les choses avec franchise, ont modifié de fond en comble le texte luxembourgeois : dorénavant, le projet prévoit clairement une Europe à deux vitesses, les critères deviennent mécaniques et les pays qui y répondent peuvent décider de passer à la monnaie unique sans attendre les retardataires et surtout sans leur demander leur avis. Horst Köhler, bien sûr, affiche sa solidarité avec La Haye et soutient son point de vue : les Douze pourraient être « tentés, pour des raisons politiques, de tourner le dos à l'exigence de stabilité économique », déclare-t-il à l'issue du Conseil des ministres de l'Économie et des Finances du 9 septembre. Pour lui, « on ne s'encorde pas avec des gens qui risquent de dévisser et d'entraîner les autres dans leur chute ».

Il faudra encore deux réunions de la CIG (à Apeldoorn, aux Pays-Bas, le 21 septembre, et à Luxembourg, le 6 octobre) pour parvenir à un compromis. La présidence néerlandaise le finalisera dans un projet de traité le 28 octobre. La règle d'or est abandonnée. D'une part parce qu'elle est difficile à vérifier : comment distinguer à coup sûr les dépenses d'investissement de celles de fonctionnement ? D'autre part, comme l'explique Jacques Delors, « il est difficile de piloter une politique monétaire en distinguant entre le "bon" et le "mauvais" déficit. Les marchés financiers ne prendront pas en compte le fait que dans quinze ans vous aurez peut-être, grâce à vos dépenses d'investissement, la meilleure société de l'information du monde ». Le déficit public maximal admissible est de 3 % du PIB comme l'ont suggéré les Français. « Il s'agit d'une règle imposée par François Mitterrand en 1982-1983 », explique Jean-Claude Trichet. Mais dans l'appréciation de ce critère, on trouve néanmoins une trace de la règle d'or : il est prévu, au cas où le déficit dépasse 3 %, d'examiner si cela est dû aux dépenses publiques d'investissement, ce qui implique une atténuation[1]. Enfin, la dette publique ne devra pas excéder 60 % du PIB.

Ces critères ne sont pas les seuls, même s'ils ont dominé le débat politique à la fin des années 90. Il faut aussi que les prix soient stables (l'inflation ne doit pas être supérieure à 1,5 % de la moyenne des trois meilleures performances), les taux d'intérêt à long terme bas (pas plus de 2 % au-dessus de la moyenne des trois meilleurs). Enfin, la monnaie doit appartenir depuis au moins deux ans sans dévaluation à la bande « normale » de fluctuation du mécanisme de change du SME (+/– 2,25 % autour du cours pivot à l'époque). L'ensemble de ces chiffres n'est pas inscrit dans le traité mais dans deux protocoles annexes (les 5 et 6).

Le combat des Belges

La Belgique (127,5 % de dette en 1991) mènera une lutte acharnée afin d'obtenir que le critère de la dette soit apprécié en tendance. « J'étais opposé à ce que l'on fasse figurer dans le traité une référence à l'endettement car j'estimais que cela pénalisait un pays pour des fautes du passé », raconte Philippe Maystadt, le ministre des Finances belge de l'époque. « Même si nous supprimons notre déficit, notre dette restera supérieure à 60 %. J'ai expliqué que l'on ne pouvait pas nous punir indéfiniment, et ce d'autant moins que le franc belge était d'une stabilité totale. Sinon il valait mieux dire tout de suite que la Belgique était exclue de l'union monétaire. En plus, dans notre cas, ce critère n'avait pas de sens car notre dette était presque entièrement financée sur le marché

1. Article 104 C-3 du traité de Maastricht.

domestique. Cela signifie que nous ne faisions pas appel aux marchés des capitaux de nos voisins et que nous ne pouvions en aucun cas perturber la politique monétaire de la zone. On s'est donc battus pour que le traité n'instaure pas un système mécanique, mais en tendance. À la fin, j'ai posé la question : si au moment de l'évaluation, la Belgique a toujours une dette supérieure à 100 %, est-ce que nous entrerons dans l'union monétaire ? Henning Christophersen, le vice-président de la Commission chargé des affaires monétaires, m'a dit : “Oui, à condition que vous démontriez à ce moment-là que vous êtes bien dans une tendance structurelle à la baisse.” Personne n'a contesté. » Les Français sont sur la même longueur d'onde que les Belges, leur souci étant surtout de préserver le pouvoir d'appréciation du politique : pas question que les chefs d'État et de gouvernement se contentent de lire un tableau de bord économique.

À Apeldoorn, en septembre 1991, il est finalement convenu que la décision de passage ne se résumera pas à une application mécanique de critères quantitatifs. Dans le traité, il est prévu qu'un pays peut se qualifier avec un déficit supérieur à 3 %, mais à condition que celui-ci « ait diminué de manière substantielle et constante et atteint un niveau proche » de cette valeur. Même chose pour la dette. En clair, il y a une marge pour une interprétation politique des critères. C'est d'autant plus vrai que le « niveau proche » n'est pas défini, ce qui ouvre la porte à de beaux débats politiques… qui auront lieu les années suivantes. Tout de suite, une version française de la lecture du traité se dessine. Pierre Bérégovoy insiste auprès de Theo Waigel, le 14 novembre, à Bonn : « Ce qui compte, c'est la tendance. » C'est là-dessus « qu'il faut porter un jugement politique ». La Belgique, mais aussi l'Italie et tous les « mauvais élèves » de l'Europe peuvent donc être rassurés.

Pourquoi de tels critères ? D'abord, il s'agit d'éviter les erreurs grossières de politique économique susceptibles de mettre en péril la stabilité de la zone euro. En outre, l'Allemagne craint qu'un gouvernement confronté à une dette trop lourde ne soit tenté de faire pression sur la Banque centrale afin qu'elle permette un dérapage de l'inflation qui allégerait mécaniquement le poids de la dette : si, par exemple, le franc perd de son pouvoir d'achat, toute dette libellée en francs voit sa valeur réelle diminuer, ce qui rend son remboursement moins coûteux. Et puis, ces chiffres, à l'époque, correspondent à la moyenne des pays les plus performants, ce qui ne les rend pas excessifs. Ce n'est pas un hasard si la France n'a rien trouvé à y redire : en 1991, elle est largement dans les clous. Ce n'est qu'à la suite de la récession de 1993 que ces critères ont commencé à être un objet de débat de politique intérieure. Enfin, « on n'aurait pas eu la monnaie unique sans eux », juge l'ancien chef de cabinet de Delors, Pascal Lamy. « Il fallait que les Allemands aient des garanties prophylactiques suffisantes sur le comportement monétaire des gens avec lesquels ils allaient se mettre. » Il est certain que l'Allemagne n'aurait jamais accepté d'abandonner le mark contre une monnaie européenne n'offrant aucune garantie de stabilité. Pour Bonn, les critères assurent que des pays dénués de la culture de stabilité en vigueur outre-Rhin ne pourront pas se lancer dans l'aventure.

« Drei komma null »

Cela étant, dès le départ, la « bonne » interprétation du traité fut définie de manière clairement divergente par les différents dirigeants européens, ce qui annonçait les crises futures. Dès sa conférence de presse finale, à Maastricht, dans la nuit du mardi 10 au mercredi 11 décembre, Helmut Kohl, donnant des gages à son opinion, martèle que l'Allemagne « s'opposera à un adoucissement des critères de convergence inscrits dans le projet de traité ». Deux jours plus tard, devant le Bundestag, le vendredi 13, le chancelier revient à la charge : « Ce traité correspond tout à fait aux expériences allemandes avec le mark et sa stabilité garantie au cours des quarante dernières années. » Ce texte, martèle-t-il, « porte sur tous les points décisifs l'empreinte allemande ». Et de citer la « discipline budgétaire absolue ». Le *drei komma null* (trois virgule zéro) est né, cette véritable « ligne Siegfried ».

Si les critères furent incontestablement une invention allemande, ils eurent un coût élevé pour Bonn, principal contributeur au budget communautaire. Horst Köhler en a pris conscience très tôt : « Il faut penser à l'argument de Jacques Delors : si vous exigez trop de convergence, vous allez vous-mêmes être soumis à des pressions des pays n'y parvenant pas qui réclameront une aide financière pour combler leur retard », déclare-t-il lors d'une rencontre avec ses homologues français à Paris, les 4 et 5 avril 1991. Ce qui ne manqua pas de se produire : l'Espagne, le Portugal, la Grèce et l'Irlande bataillèrent pour obtenir une augmentation des aides régionales afin de pouvoir rattraper leur retard de développement. En dépit de la réticence de Bonn et de Paris, ils arracheront la promesse de la création d'un « fonds de cohésion » destiné à financer des réseaux de transport transeuropéens et des projets environnementaux. Un an plus tard, au sommet européen d'Édimbourg des 11 et 12 décembre 1992, ils obtiendront, soutenus par la Commission Delors, gain de cause : 15 milliards d'écus seront affectés à ce fonds pour la seule période 1994-1999. Et un doublement des aides régionales (152 milliards d'écus contre 70 milliards pour la période 1989-1993), pourtant déjà doublées en 1988, leur est aussi accordé…

Faut-il aider les pays en crise ?

C'était le prix à payer pour éviter la création d'un véritable budget de la zone euro destiné à permettre aux pays de faire face à un « choc asymétrique » (une crise qui ne touche qu'un État ou un groupe d'États). À cette époque, Paris était sur la même longueur d'onde que Bonn. En août 1990, le ministère des Finances, à Paris, s'est étranglé lorsqu'il a pris connaissance du projet de traité de la Commission. Celui-ci proposait, en effet, qu'une assistance financière soit décidée, au coup par coup, à la majorité qualifiée, et que l'Union puisse avoir recours à des « emprunts » pour la financer. « On entend souvent deux thèses complémentaires : si on perd le change comme degré de liberté, il faut […] une forte solidarité budgétaire », lit-on dans une note du Trésor du 9 janvier 1991. Pour Bercy, rien de plus faux : « La coordination des politiques économiques doit réduire les cas de chocs endogènes asymétriques. La sagesse salariale, notamment, est un trait indispensable de l'UEM. Les chocs externes ont des effets qui ne s'inscrivent pas automatiquement dans le cadre des frontières nationales ; certaines régions sont pénalisées, d'autres bénéficiaires dans chaque pays et la solidarité joue à l'intérieur du cadre national. Les transferts du budget communautaire pour les pays les plus vulnérables représentent dès à présent des masses stabilisatrices imposantes. » On entend aussi dire que « les pays les plus pauvres sont pénalisés par l'Union et devraient donc bénéficier de transferts budgétaires fortement accrus aux fins de cohésion économique et sociale ». Pour Bercy, cette seconde thèse est « injustifiée : ces États bénéficieront d'une monnaie plus solide, d'une inflation moindre et de coûts de production avantageux. Dire que l'UEM pénalise les pauvres revient à mettre en cause le bien-fondé d'une politique de monnaie stable et forte. Ce n'est pas la position française, ce n'est pas son expérience ». Autre argument avancé par les hommes du Trésor : l'accroissement du budget communautaire « ralentirait les ajustements nécessaires de la politique économique », faute de pression suffisante. On croirait lire un texte du ministère des Finances de Bonn.

Pourtant, au final, le traité ne ferme pas totalement la porte à toute aide. Ainsi, l'article 103 A énonce que « lorsqu'un État membre connaît des difficultés ou une menace sérieuse de graves difficultés, en raison d'événements exceptionnels échappant à son contrôle », le Conseil des ministres peut, à l'unanimité, accorder « une assistance financière communautaire ». C'est uniquement en cas de catastrophe naturelle que la décision est prise à la majorité qualifiée. Comme chaque État dispose d'un droit de veto, le dispositif reste théorique. Beaucoup d'économistes estiment, dès cette époque, que l'absence d'un budget central conséquent (il est, en 1999, limité à 1,27 % du PIB communautaire) est l'une des faiblesses majeures de l'architecture de Maastricht. En effet, liés par une même monnaie, les pays ne pourront plus dévaluer pour remédier à une perte de compétitivité engendrée par un choc externe. Chacun devra faire face seul à ses difficultés. On a vu ce que cela a donné lors de la crise de la zone euro en 2010-2015 : il a fallu créer dans l'urgence un Fonds européen de stabilité financière puis un Mécanisme européen de stabilité doté d'une capacité d'emprunt de 750 milliards d'euros pour aider les pays en difficulté. Exactement le mécanisme que proposait la Commission en 1990, vingt ans plus tôt.

Londres quitte le navire

Toutes ces négociations furent observées avec un certain détachement par la Grande-Bretagne, qui avait décidé depuis longtemps de rester à l'écart. Dès le lancement de la négociation, au Conseil européen de Rome I, les 27 et 28 octobre 1990, Margaret Thatcher affiche clairement son refus d'une monnaie unique. Les conclusions de ce sommet en conservent la trace : « Le Royaume-Uni n'est pas en mesure d'accepter » le but ultime de l'Union économique et monétaire. Le départ de la Dame de fer, le 28 novembre suivant, et son remplacement par son chancelier de l'Échiquier, John Major, ne changent guère la donne : certes, le nouveau Premier ministre a été l'artisan de l'entrée de la livre dans le système monétaire européen[1], mais il sait qu'il ne peut espérer rallier le parti conservateur à ce projet fédéraliste. Tout le jeu de la négociation européenne de 1991 consistera donc à éviter que le Royaume-Uni ne bloque la marche vers la monnaie unique, tout en essayant de ne pas complètement

1. Le 6 octobre 1990.

décrocher le wagon britannique du train communautaire. Ainsi, Trichet insiste auprès des Allemands, le 13 février 1991, sur la nécessité d'« entraîner avec nous le Royaume-Uni ». Theo Waigel déclare à Pierre Bérégovoy, le 5 mars à Paris : « Nous ne voulons pas forcer le refus anglais, ni le rendre trop facile. »

John Major essaye, néanmoins, de diviser les Douze en proposant, le 1er janvier 1991, de lancer, trois ans plus tard, un écu lourd *(hard ecu)*, géré par un fonds monétaire européen. Différence de taille avec le projet de monnaie unique : l'écu lourd ne remplacerait pas les différentes monnaies nationales, mais viendrait les concurrencer. Surtout, il n'obligerait pas les Douze à faire converger leurs économies et à transférer une part de souveraineté aussi importante vers des institutions communautaires. Le Britannique, dans un premier temps, semble presque réussir dans son entreprise. Bérégovoy, méfiant à l'idée d'un passage trop rapide à l'UEM, déclare le jeudi 10 janvier : « Si nous faisons ensemble un écu fort qui devient une monnaie commune utilisée en Europe, c'est une bonne chose. Si en plus cela doit devenir la monnaie unique européenne qui est l'objectif de la France, ce sera encore mieux. » Des déclarations aussitôt interprétées par les médias comme l'annonce d'un rapprochement franco-britannique. Le 15 janvier, à Bruxelles, Trichet réaffirme solennellement l'attachement de la France à la monnaie unique. « Il a néanmoins fallu arbitrer définitivement entre monnaie commune et monnaie unique », se souvient Élisabeth Guigou.

La clarification eut lieu le samedi 26 janvier dans le bureau de François Mitterrand. La ministre aux Affaires européennes explique que « même les Anglais ne croient pas à la monnaie commune » et que « si on ne s'engage pas maintenant, on ne fera jamais la monnaie unique ».

Le président, après avoir rappelé que « la politique de la France, c'est la monnaie unique », se tourne vers Bérégovoy : « Vous n'êtes pas pour la monnaie unique ? » « Si, si, répond l'intéressé. Je suis pour la monnaie commune dans un premier temps, et puis, à terme, pour la monnaie unique. » La discussion se poursuit. Puis, Mitterrand lance : « Pas de renversement d'alliance ! L'allié, c'est l'Allemagne ! Les Britanniques, eux, sont alignés sur les États-Unis ! » Le ministre des Finances n'y reviendra plus.

Malgré tout, pour réaliser la monnaie unique, la signature de Londres en bas du traité sera nécessaire, l'unanimité étant requise. Jacques Delors et le Luxembourgeois Jean-Claude Juncker vont trouver la solution du problème britannique lors d'un conseil informel des ministres des Finances, le samedi 11 mai 1991, à Luxembourg. L'idée est que Londres signe le traité, mais qu'une déclaration, acceptée par les Douze, l'accompagne : le Royaume-Uni y déclarerait qu'il n'adoptera la monnaie unique qu'à la suite d'un vote positif du parlement de Westminster. C'est la naissance de l'*opt out*.

Par une ultime manœuvre, en accord avec les souhaits des négociateurs tant allemands que britanniques, les Néerlandais vont tenter de généraliser cette clause d'exemption. Dans le projet de traité daté du 28 novembre 1991, La Haye propose que tout État membre puisse notifier son refus de participer à la monnaie unique, à condition qu'il le fasse juste avant la réunion du Conseil européen. Une telle clause rend évidemment aléatoire le passage à l'union monétaire. C'est pourquoi la France, tout à son souci de rendre le traité « irréversible », parvient à faire disparaître cet *opt out* généralisé lors de la réunion des ministres des Finances de Scheveningen et de Bruxelles du 1er au 3 décembre 1991.

À Maastricht, seuls la Grande-Bretagne et le Danemark obtiendront un « protocole » particulier (les numéros 11 et 12) qui les dispense de participer à la monnaie unique. Pour les autres, en revanche, pour peu qu'ils satisfassent aux critères, il n'y a pas, en principe, d'échappatoire[1]. Une concession que John Major célèbre comme une grande victoire, mais qui n'est qu'une étape supplémentaire dans la marginalisation de la Grande-Bretagne qui connaîtra son épilogue avec le Brexit en 2016.

Doutes d'après-sommet

« À Maastricht, nous avons jeté les bases d'une réforme monétaire mondiale de première importance », lance Hans Tietmeyer à ses collègues américain, japonais et européens réunis le 11 décembre, à Paris, pour une réunion d'un groupe de travail de l'OCDE. « Au plus tard le 1er janvier 1999, nous aurons une monnaie unique [...]. C'est irréversible. » Passé ce moment de bonne humeur, le vice-président de la Bundesbank se fait plus sévère. L'inflation en Allemagne est menaçante et la Bundesbank n'a pas l'intention de baisser ses taux d'intérêt, qui commencent à gêner sérieusement le reste de l'Europe. Elle doit d'abord régler ses problèmes de surchauffe domestique due aux retombées de l'unification allemande. Jean-Claude Trichet, lui aussi, se montre

1. En violation du traité, la Suède, qui rejoint l'Union européenne en 1995, organise un référendum sur l'euro le 14 septembre 2003. Par 55,9 % des voix, les Suédois refusent de rejoindre la monnaie unique. L'argutie juridique employée par Stockholm est que la couronne suédoise n'ayant pas rejoint le « système monétaire européen *bis* », elle ne remplit pas l'une des conditions du traité de Maastricht.

pessimiste, et pointe les risques de déstabilisation du Système monétaire européen qu'engendre la montée brutale des taux allemands. Tietmeyer fait la sourde oreille. Quelque temps plus tard, le directeur du Trésor, sur un coup de déprime, use d'une métaphore qui en dit long : « J'espère seulement que je ne suis pas le colonel anglais qui a construit le pont de la rivière Kwaï », lâche-t-il à l'un de ses fonctionnaires. Les années 1992-1993 vont le faire douter plus que jamais.

LES MARCHÉS À L'ASSAUT DU PROJET DE MONNAIE UNIQUE

1992-1993

À la fin du printemps 1992, rien n'annonce que l'Europe est sur le point de basculer dans onze mois de tourmente monétaire. Onze mois qui vont dynamiter le SME, mettre en péril la construction européenne et l'union monétaire, fragiliser les gouvernements. Entre septembre 1992 et août 1993, ministres et hauts fonctionnaires, médusés, vont découvrir la terrifiante force de frappe de spéculateurs capables de balayer en une matinée la stratégie économique de tout un pays à coups de dizaines de milliards de dollars[1].

1. Une opération de spéculation, c'est une partie de poker qui se déroule en trois temps. Si un spéculateur veut jouer le mark contre le franc, par exemple, il emprunte des francs sur le marché. Aussitôt, il les revend pour des marks, ce qui gonfle l'offre de monnaie française sur le marché et fait automatiquement baisser son cours tout en faisant monter celui de la monnaie allemande : la demande de marks augmentant, il se renchérit, comme le ferait tout autre produit. La Banque de France, si elle veut éviter une baisse trop forte du taux de change du franc vise-vis du mark, doit donc intervenir en rachetant les francs jetés sur les marchés par les spéculateurs ou en augmentant les taux d'intérêt. Si cette défense échoue, parce que les réserves de change sont épuisées, la monnaie est dévaluée. Le spéculateur, alors, fait l'opération inverse. Pour rembourser la somme qu'il a empruntée en francs, il vend ses marks. Mais comme le cours du franc a baissé, il ne lui faut débourser qu'une partie de ses marks

Durant de longues semaines, les énarques de la direction du Trésor, à Paris, les yeux rivés à leurs écrans Reuter, vont vivre dans un état d'alerte quotidien. Leurs bureaux, ouverts presque jour et nuit, prennent l'allure d'un bivouac guerrier. L'angoisse est d'autant plus difficile à gérer qu'elle doit rester discrète. Ainsi, au bureau G1 du service des affaires internationales du ministère des Finances de Paris, où l'on surveille la gestion des réserves monétaires détenues par une Banque de France encore soumise à la tutelle gouvernementale, tout le monde est tenu au secret le plus absolu. La consigne, donnée par Jean-Claude Trichet, le directeur du Trésor d'alors : « Le secret monétaire, c'est plus important que le secret nucléaire. » Formule à laquelle, dans la plus pure tradition française, il ne manque jamais d'ajouter : « Même sur l'oreiller. » « Cette période de crise, c'est une période pendant laquelle la volonté politique commune des États membres donne l'impression de se dissoudre », explique Xavier Larnaudie-Eiffel, ancien conseiller de Jean-Claude Trichet au Trésor[1]. « C'est un moment de doute pendant lequel la perspective de la monnaie unique paraît extrêmement hypothétique. Nous avions préparé Maastricht dans un monde de stabilité monétaire absolu. Nous redécouvrions brutalement ce que sont les dévaluations. »

Pourtant, quatre mois avant que l'Europe ne plonge dans la tourmente, tout s'annonce pour le mieux. Le traité de Maastricht a été signé le 7 février 1992. Les ratifications semblent acquises. Certes, la croissance n'est pas au

---

achetés avec un franc plus fort. Les marks qui lui restent, c'est son bénéfice.

1. Après un passage au cabinet d'Edmond Alphandéry, ministre de l'Économie, en 1993, il sera le chef de cabinet d'Yves-Thibault de Silguy, commissaire européen aux Affaires économiques et monétaires, de 1995 à 1999.

rendez-vous. En Allemagne, elle est sérieusement freinée par la formidable hausse des taux d'intérêt[1] amorcée par la Bundesbank pour lutter contre les effets inflationnistes du financement à crédit de l'économie des nouveaux Länder[2]. En France, l'activité économique, après la très mauvaise année 1991[3], semble hésiter entre reprise et détérioration, même si les pronostics sont plutôt optimistes. Partout, la nouvelle poussée de fièvre du chômage inquiète les gouvernements. Mais du côté des taux de change, au moins, les équipes au pouvoir pensent avoir la paix : les dévaluations en cascade des monnaies européennes ne sont plus qu'un mauvais souvenir. L'appartenance au mécanisme de change du SME semble offrir un cadre stable aux économies. Certes, la livre sterling est surévaluée et la crédibilité de la lire italienne est atteinte par le grand nettoyage anticorruption *mani pulite* (mains propres). Il n'empêche : la crédibilité du système est renforcée par la décision des pays de la CEE de réaliser une union monétaire. La stabilité du SME jusqu'à l'avènement de l'euro n'est pas mise en doute.

Ce système de changes « fixes mais ajustables », comme disent les techniciens de l'argent, a évolué au-delà de ce qu'espéraient ses fondateurs en 1978. D'abord arrangement monétaire destiné à mieux contrôler les flux de capitaux, le SME est devenu le point d'ancrage de la politique économique de la plupart des pays de la CEE. Appelée en France « politique du franc fort » et pourfendue par les ennemis de « la pensée unique », cette stratégie transcende les clivages politiques. Le but :

1. Entre janvier 1991 et juillet 1992, le taux d'escompte (le principal taux directeur) passe de 6 % à 8,75 %. En décembre 1987, il était à 2 %.

2. 5 % de croissance en Allemagne en 1991, 2,2 % en 1992.

3. 0,8 % de croissance.

combattre l'inflation, ce fléau économique des années 70 et 80. La méthode : arrimer sa monnaie à celles des partenaires du SME, mais surtout à celle qui est devenue l'ancre du système, le mark allemand, un mark dont chacun pensait que le pouvoir d'achat serait jalousement défendu par une Bundesbank viscéralement opposée à tout laxisme monétaire. Cependant, à Bercy comme dans la classe politique française, on vit plutôt mal la prépondérance du mark. Certains, notamment Trichet, caressent en ce printemps 1992 l'espoir de voir le franc le détrôner, affaibli qu'il est, pensent-ils, par les difficultés économiques et inflationnistes croissantes de la réunification. Un péché d'arrogance qui sera vite puni.

La superbe indifférence de la Bundesbank

Washington, mardi 22 septembre 1992, réunion d'automne du Fonds monétaire international, un rituel qui réunit chaque année le gratin de la finance internationale. L'ambiance est à la crise. Depuis quatre bonnes semaines, le SME fait l'objet d'attaques spéculatives d'une violence jusqu'alors inconnue. À coups de milliards empruntés en bonne partie aux banques centrales elles-mêmes, de grands fonds d'investissement gérés par des aventuriers de l'argent, tel George Soros, vendent à la baisse les monnaies européennes et achètent du mark. La lire et la livre sterling ont déjà été éjectées du mécanisme de change et c'est maintenant le franc qui est en première ligne.

Trois hommes tiennent son sort, et celui du SME, entre leurs mains. Tous trois sont économistes. Tous trois sont de grands commis de l'État. Tous trois, enfin, sont allemands. Le premier dans l'ordre du protocole, c'est le Bavarois Helmut Schlesinger, président de la Bundesbank, gardien austère et sourcilleux de la stabilité du mark et de l'indépendance de la Banque centrale. En poste depuis 1991, il a été façonné par la Buba dont il incarne l'aspect le plus hostile à toute innovation. Le deuxième, Hans Tietmeyer, est depuis un an son vice-président. Catholique fervent, proche du Vatican, ce conservateur est de loin le plus cosmopolite des trois. « C'est sûrement l'un de ceux dont le *background* intellectuel et philosophique était le plus construit », estime Pascal Lamy, l'ancien chef de cabinet de Jacques Delors. « Il avait un côté Luther et quand il parlait de la monnaie devant des auditoires restreints, c'était comme s'il parlait de l'instrument de la vertu dans ce bas monde. » À l'inverse d'un Schlesinger d'une grande raideur physique, Tietmeyer est un homme à la gestuelle animée, parfois presque théâtrale. Friand de joutes intellectuelles, il ne dédaigne pas de discuter des avantages de la monnaie unique avec un aréopage de dignitaires religieux. Le troisième, Otmar Issing, est la star économique de la Banque centrale allemande[1]. Comme Schlesinger, Issing est méfiant envers un monde politique soupçonné de préférer la facilité à la rigueur d'une vision à long terme. À leurs côtés, Theo Waigel, le ministre des Finances. Mais ce n'est pas lui qui détient le pouvoir en cette journée fatidique. Face aux trois banquiers, Jean-Claude Trichet, le directeur du Trésor français, représente, seul, la France. L'heure est dramatique. Après des journées passées à défendre la parité du franc contre le mark[2],

1. De 1998 à 2006, il sera l'économiste en chef de la BCE. Depuis, il travaille pour Goldman Sachs, la banque d'affaires américaine.

2. Le cours pivot du franc face au mark est de 3,3538 francs. Il peut varier de +/– 2,25 % autour de ce cours. Autrement dit son cours plancher est de 3,4305 francs.

au prix de dizaines de milliards de francs, les réserves de la Banque de France – plutôt modestes[1] – sont épuisées. Le gouverneur Jacques de Larosière refuse d'aller beaucoup plus loin dans un endettement dont nul ne sait encore s'il pourra être remboursé sans pertes énormes. La Buba va-t-elle accepter de voler au secours du franc ? Tout dépend d'elle. L'humiliation, pour la France, est totale, elle qui était si fière de la solidité de sa monnaie.

Comment en est-on arrivé là ? D'abord, il y a eu le refus de dévaluer les monnaies pour des raisons de prestige national. Or, le fait de retarder les changements de parité nécessaires se termine presque toujours par des dévaluations d'autant plus violentes qu'elles ont été repoussées trop longtemps. En 1992, presque cinq ans se sont écoulés depuis le dernier réalignement au sein du SME. Cinq ans pendant lesquels les marchés des capitaux ont été libérés de leurs dernières entraves (en juillet 1990) et les économies des pays appartenant au système ont évolué différemment. Le coût de l'unification allemande n'a rien arrangé. Afin de permettre aux Allemands de l'Est de rattraper le niveau de vie de l'ancienne République fédérale et soutenir les industries défaillantes de l'ex-RDA, le gouvernement de Bonn renfloue les nouveaux Länder à hauteur de dizaines de milliards de marks par an et creuse ainsi son déficit budgétaire. La conséquence : une surchauffe suivie d'une poussée inflationniste que la Bundesbank combat en augmentant brutalement ses taux d'intérêt. Rendre l'argent plus cher refroidit la machine économique.

---

1. Selon Gros et Thygesen, *European Monelary Integration*, Longman, 2e édition, 1998, les réserves de la Banque de France sont extrêmement réduites puisqu'elles ne couvrent que 10 % environ des billets et pièces libellés en francs en circulation.

Fidèle à elle-même, la Bundesbank fait passer la lutte contre l'inflation en Allemagne avant toute autre considération. Elle attire ainsi les capitaux vers le mark, alléchés par cette généreuse rémunération, qui, en dépit des rêves de Bercy, reste bien plus solide que le franc aux yeux des opérateurs du monde entier. Une situation dangereuse, puisqu'elle met les autres pays du SME devant une terrible alternative : suivre et même surpasser les Allemands dans le resserrement de la vis monétaire afin de retenir les capitaux, mais en prenant le risque d'étouffer l'activité économique. Ou accepter de laisser filer sa monnaie, c'est-à-dire de dévaluer. Les Européens vont, durant des mois, réclamer de Francfort un assouplissement de sa politique. Même les Américains l'appelleront à plus de retenue. En vain. Pour la Buba, un mark affaibli par une inflation durable déboucherait sur une dérive générale du SME, puisque le système perdrait son ancre de stabilité.

La décision de son conseil central de relever une nouvelle fois son taux d'escompte*, le 15 juillet 1992, confirme qu'il refusera de répondre aux appels de ses partenaires. Elle sème la consternation jusqu'au ministère des Finances, à Bonn. « Sans aucune bonne raison, la Buba a décidé de frapper le guêpier d'un coup de pied supplémentaire. Les tenants d'une ligne dure l'ont emporté ce jour-là », raconte un ancien haut responsable du Bundesfinanzministerium. La situation est d'autant plus instable que depuis quelque temps, le dollar, à la suite d'une politique monétaire américaine accommodante, est en chute libre : du 1er juillet au 2 septembre, le billet vert va passer d'un cours de 1,51 à 1,38 mark, ce qui incite encore plus les spéculateurs à se reporter sur la monnaie allemande.

Le choc danois

Comme si cela ne suffisait pas, les Danois refusent par référendum, le 2 juin 1992, de ratifier le traité de Maastricht. Un événement que sablent au champagne les antimaastrichtiens de Londres[1]. Ce petit pays nordique persuade la quasi-totalité des médias britanniques et américains – fournisseurs attitrés de l'information des marchés – que l'union monétaire reste à la merci d'un rejet populaire. L'effondrement de la certitude qu'elle se ferait sans heurt majeur fissure la confiance sur laquelle repose le SME. L'annonce, par François Mitterrand, dans la foulée du « non » danois, d'un référendum sur Maastricht pour le mois de septembre, aggrave les incertitudes. Cette décision provoque la fureur de Helmut Kohl. Le traité est à nouveau exposé aux aléas du suffrage universel, mais cette fois dans un pays essentiel de l'Union. « Une funeste idée », commente un haut fonctionnaire du Trésor. L'attention des spéculateurs et autres observateurs se reporte soudain sur les déséquilibres économiques existant entre les pays européens : c'est le retour du réel en quelque sorte. À partir de là une crise du système n'est plus qu'une question de temps : « Le SME ressemble à la sainte-barbe du vaisseau : on y entrepose des barils de poudre », résume-t-on à l'époque à Bercy.

Après une série de secousses annonciatrices qui ébranlent les monnaies scandinaves déjà affaiblies par une crise bancaire, la lire italienne et la livre sterling subissent les assauts violents des spéculateurs. À Bath,

1. Voir l'ouvrage de Philip Stephens, *Politics and the Pound*, Macmillan, 1996, p. 205, qui offre, par ailleurs, une analyse du débat sur la politique monétaire au Royaume-Uni.

lors d'une réunion informelle des ministres des Finances le 5 septembre 1992, Schlesinger refuse par trois fois de céder aux demandes répétées du chancelier de l'Échiquier, Norman Lamont, de baisser les taux d'intérêt allemands. Son insistance est telle que le président de la Bundesbank fait mine de quitter la salle. Déjà, les tensions sur les marchés commencent à empoisonner les rapports entre grands argentiers européens. Une semaine plus tard, la lire, éternel canard boiteux de l'Europe, est dévaluée de 7 %. Mais ce geste sacrificatoire ne produira pas l'effet escompté : au contraire, les marchés, ayant flairé le sang de la bête, se déchaînent davantage.

Le mercredi 16 septembre, la livre s'effondre à son tour sous les coups de boutoir de la spéculation. En une matinée, la Banque d'Angleterre, la plus vénérable des grandes banques centrales, engloutit dans un formidable naufrage toutes ses réserves. « Nigel Wicks, le directeur du Trésor britannique, a appelé Trichet, qui présidait le Comité monétaire », se souvient un ancien haut fonctionnaire de Bercy. « On savait qu'ils étaient dans la merde. On suivait ça heure par heure, minute par minute. Trichet prend le téléphone. Il ne dit pas un mot. Il écoute pendant deux, trois minutes. Il repose l'appareil. Il est livide. Il lève les yeux, regarde par la fenêtre. Il s'assied et dit : “Ça y est, les Anglais lâchent.” » Ce « mercredi noir » *(Black Wednesday)*, la livre est éjectée du SME. Abasourdis, les Britanniques assistent à l'effondrement d'une stratégie économique et monétaire que le Premier ministre, John Major, avait imposée en 1990, lorsqu'il était chancelier de l'Échiquier, contre la résistance farouche de l'aile droite de son parti. Son autorité sur les conservateurs s'en trouvera affaiblie à tout jamais. La Grande-Bretagne, traumatisée, s'installe pour longtemps dans un rejet inconditionnel de toute participation à un système de parité des changes. Dans la nuit, sous la pression des marchés, le gouvernement italien décide à son tour de quitter le mécanisme de change, tandis que la peseta espagnole est dévaluée de 5 %. « On s'est dit : c'est maintenant notre tour », poursuit cet ex de Bercy.

Aussi dramatique soit-elle, la crise, jusqu'ici, n'a pas mis en péril le pilier central sur lequel repose l'édifice politique, institutionnel et financier de l'Europe, celui de la volonté franco-allemande de marcher d'un même pas et de ne rien faire délibérément qui nuise gravement aux intérêts essentiels de l'autre. En 1992, et vu de Paris, l'une des plus fortes expressions de la solidité de ce couple, c'est la parité franc-mark au sein du SME, inchangée depuis janvier 1987. L'abandonner et dévaluer le franc, ce serait acter l'échec d'une politique fondée sur la cohésion européenne et la rigueur financière. Ce serait aussi donner raison aux anti-maastrichtiens et, avec eux, à tous ceux qui n'ont jamais admis les dix années de rigueur engagées par François Mitterrand au moment du grand virage de 1983, le « franc fort » n'en étant qu'une expression. Dans les allées du pouvoir, nombreux sont ceux qui pensent que l'abandon du lien franc-mark rouvrirait la porte à une politique de relance par la consommation. Autrement dit, les économies française et allemande n'auraient plus aucune chance, à court terme, de se rapprocher suffisamment pour pouvoir créer une union monétaire aux conditions du traité de Maastricht.

Tout cela, les spéculateurs de New York, de Londres et même de Paris ou de Francfort le savent. Mais leur triomphe sur la Banque d'Angleterre les a convaincus que les gouvernements européens, désormais, ne sont plus maîtres du jeu. La livre dévorée, c'est le franc qui devient la proie des prédateurs. La très faible victoire du « oui » au référendum français sur Maastricht, le 20 septembre 1992, et l'âpreté des débats durant la campagne ont renforcé la conviction des opérateurs que le gouvernement est trop faible pour user longtemps de l'arme des taux d'intérêt et donc faire passer la défense du franc avant toute autre considération. En effet, avec un chômage dépassant les 10 % et une inflation à 2 %, c'est bien d'une baisse et non d'une hausse des taux d'intérêt que l'économie française a besoin. Loin d'apporter l'apaisement espéré, l'issue du scrutin ravive les flammes de la spéculation.

L'humiliation de Washington

On en est là lorsque deux jours après le référendum français, à l'hôtel Sheraton de Washington, Trichet essaie d'obtenir le soutien de la Bundesbank. Le directeur du Trésor veut que Schlesinger, Tietmeyer et Issing signent un communiqué franco-allemand affirmant que le cours pivot entre franc et mark correspond aux réalités économiques et ne doit donc pas être modifié. Ce texte, le premier du genre, est une idée de François Mitterrand et de Helmut Kohl.

Le hasard faisant bien les choses, les deux dirigeants se rencontrent le même jour, à Paris, pour un mini-sommet prévu de longue date et destiné à rassurer les opinions publiques après le référendum français. Le chancelier se montre mal informé de la gravité de la situation sur les marchés. Après quelques explications, le président obtient, non sans mal, qu'il fasse pression sur le trio de la Bundesbank à Washington. L'indépendance de la Buba étant ce qu'elle est, il faudra quatre heures de négociations pour que Schlesinger s'incline et accepte que son nom figure en bas d'un texte répondant aux attentes de Paris. Quatre heures pendant lesquelles il résistera aux exhortations de Tietmeyer, son successeur désigné, et à celles du chancelier lui-même, qui poursuit ses pressions téléphoniques depuis un restaurant coréen proche de l'Élysée. Il faudra que Tietmeyer et Issing, lui aussi acquis à la nécessité d'une déclaration franco-allemande, se retirent avec Schlesinger dans une pièce attenante pour que leur patron se laisse enfin convaincre. Ayant cédé sur le communiqué, Schlesinger souscrit aussi au principe d'une hausse des taux de prise en pension en France accompagnée d'une baisse en Allemagne, manœuvre qui pénalise lourdement tous les spéculateurs qui ont emprunté du franc à court terme pour acheter du mark. Il accepte, enfin, d'intervenir à partir du mercredi 23 septembre pour soutenir le franc – les sommes débloquées lors de ces opérations devront être remboursées par la Banque de France ultérieurement, comme le prévoient les règles du SME.

Paris, 23 septembre, deux heures du matin. Dans le bureau de Michel Sapin, le jeune ministre des Finances, Larosière se livre à un état des lieux alarmiste : « Les réserves françaises sont négatives. À 8 h 15 demain matin, la Banque de France montera ses taux à 13 % contre 10,5 %. Les Allemands ont consenti une augmentation des swaps*. Mais si nous étions amenés à utiliser dans la journée de demain l'ensemble de ces milliards de dollars de prêts, cela mettrait nos réserves dans une situation négative telle qu'elle serait excessive. Donc, Monsieur le Ministre, en tant que gouverneur de la Banque de France, je vous dis que je ne suis pas prêt à aller jusque-là. Je vous suggérerais donc de demander le réalignement du franc. » Dès l'ouverture des marchés, les attaques contre le franc reprennent de plus belle malgré le communiqué franco-allemand qui a été rendu public en début de matinée. La manœuvre semble avoir échoué. Le Premier ministre, abattu, se prépare à demander une réunion du Comité monétaire*. La France ne veut pas entendre parler d'une dévaluation du franc. Elle mettra sur la table trois options : un flottement généralisé des monnaies, c'est-à-dire la fin du SME ; la réévaluation unilatérale du mark ; ou le flottement de la monnaie allemande. Le Premier ministre, Pierre Bérégovoy, et Michel Sapin ont déjà préparé leur lettre de démission.

À Bercy, sur les écrans, chacun peut suivre la chute du franc. Brusquement, à 16 heures, « sans que l'on ait jamais vraiment su pourquoi, les types ont arrêté d'attaquer », raconte l'un des acteurs du drame. Au Trésor, plus personne ne bouge. Durant plusieurs minutes, on entend les mouches voler. Au bout d'une heure, Bercy appelle la Banque de France. Là aussi, on n'ose pas encore croire au miracle. À 21 heures, le soulagement est général : les spéculateurs renoncent. La France a frôlé la catastrophe : il restait à peine un milliard de dollars avant d'atteindre la limite fixée par le gouverneur de la Banque de France. « Si Soros avait su cela, à ce moment-là, on était morts », se souvient un témoin. Mais ce n'est qu'un armistice.

Pour Trichet, qui rentre de Washington « crevé, épuisé, pas rasé », selon les mots d'un de ses collaborateurs, après plusieurs nuits passées à négocier avec Schlesinger, le choc est terrible. Le directeur du Trésor réunit ses troupes pour leur raconter ces heures pénibles. « Le sens de son discours était : on s'en est sortis, mais les Allemands sont des chiens », se souvient un conseiller de Michel Sapin. « On veut se rapprocher d'eux et on se fait tabasser. Mais, en même temps, au moment ultime, les politiques à Bonn donnent le *la* et on s'en sort. » Il n'empêche que Trichet a vu, pendant quelques heures, le sort du gouvernement français dépendre du bon vouloir de trois banquiers centraux allemands, qui – suprême humiliation – ont choisi de se retirer pour décider s'ils devaient accorder à la France la grâce d'une intervention.

Sans le chancelier et l'éloquence de Tietmeyer, la Bundesbank, en la personne de son président, aurait refusé de s'engager aussi loin dans le soutien du franc, s'arc-boutant sur la fameuse « lettre Emminger » : aux débuts du SME, Otmar Emminger, alors président de la Buba, obtint du gouvernement Schmidt l'assurance que, quels que soient les engagements souscrits dans le cadre du mécanisme de change, Francfort pourrait cesser de défendre une parité dès lors que la stabilité des prix en Allemagne s'en trouverait menacée. Cette lettre, invoquée pendant les tractations de Washington, Trichet en avait connaissance au moins depuis les négociations de Maastricht. Il n'empêche que, pour Paris, le fait que la Bundesbank puisse choisir elle-même jusqu'où elle soutient le franc est intolérable, d'autant qu'il s'agit d'une violation certaine des accords du SME.

Un faucon sous pression

La dureté de Helmut Schlesinger, le 22 septembre, a quelques excuses. Le président de la Bundesbank a le sentiment d'être tombé dans un traquenard politique dont l'issue pourrait sérieusement affaiblir la crédibilité de la Bundesbank et, peut-être, le contraindre à la démission. Les événements inouïs des dernières semaines ont demandé à ce conservateur instinctif un effort d'innovation et d'adaptation constant. « Schlesinger raisonnait "ancienne manière" alors que Tietmeyer raisonnait en termes de ce qui allait naître », explique Michel Sapin. En outre, par deux fois au moins, l'action personnelle du patron de la Buba depuis le début de la crise a été violemment et publiquement mise en cause. La semaine précédant la réunion de Washington, la publication sélective et non autorisée d'extraits d'un entretien peu prudent donné au *Handelsblatt*, quotidien économique allemand, a contribué à précipiter la sortie de la livre du SME. Schlesinger y estimait notamment que des « tensions » persistaient au sein du système et ne disparaîtraient qu'avec un réalignement plus large. Tout le monde a pensé qu'il visait la livre... Suprême embarras, il a été critiqué au sein même du conseil central de sa banque pour avoir promis, en contrepartie de la dévaluation de la lire italienne, le 13 septembre, une baisse des taux d'intérêt allemands. Surtout, il en a permis l'annonce avant même la session du conseil, seul habilité à prendre une telle décision. À Washington, Schlesinger est un homme qui ne veut plus prendre de risques. C'est pourtant bien cela qu'on lui demande. Jamais, jusqu'ici, la Buba ne s'est officiellement et publiquement engagée à défendre, contre vents et marées, une monnaie attaquée massivement par les marchés. Si malgré tout les spéculateurs réussissaient à casser la parité entre le franc et le mark, c'est le mythe de l'infaillibilité des sages de Francfort qui s'en trouverait sérieusement ébréché.

Si Schlesinger se fait tant prier par Trichet, c'est aussi parce que la Bundesbank a déjà sorti des milliards de marks pour soutenir les monnaies attaquées, des milliards qui, même s'ils sont remboursables à terme, gonflent dans l'immédiat la masse monétaire allemande : il faut émettre des marks pour acheter les devises attaquées et ainsi soutenir leur cours, ce qui risque de renforcer les pressions inflationnistes. Certes, le cas de la France est particulier, puisque la parité du franc et du mark, aux dires même du président de l'institut d'émission allemand, reflète correctement les écarts de compétitivité et les « fondamentaux économiques* ». Il n'empêche. Depuis plusieurs années déjà, les ténors de Francfort ont le sentiment d'avoir (presque) seuls raison contre (presque) tous. Il est vrai que leur fort scepticisme vis-à-vis du projet d'union monétaire et l'hostilité de beaucoup de ses économistes – dont Schlesinger – envers les contraintes du SME ont permis à la Bundesbank d'y voir plus clair que d'autres. Dès 1990, année de l'unification allemande, les experts de Francfort flairent anguille sous roche et font connaître, sans trop l'étaler sur la place publique, leur inquiétude quant à la stabilité future du SME. L'entrée de la livre dans le système, en 1990, à un cours beaucoup trop élevé – parce que décidé unilatéralement par le gouvernement britannique contre l'avis allemand –, ainsi que la dégradation de la compétitivité des pays du sud de l'Europe, finissent par les convaincre qu'un réalignement sera, tôt ou tard, inévitable. Mais voilà : l'initiative, en cette matière, appartient aux seules capitales qui, de Rome à Londres en passant par Madrid, ne veulent pas en entendre parler.

En août 1992, à quelques semaines du référendum français, quand les tensions au sein du SME commencent à inquiéter sérieusement banques centrales et ministères, Français, Allemands, Italiens et Britanniques se rencontrent discrètement à Paris. À cette réunion sont conviés les ministres des Finances, les directeurs du Trésor et les gouverneurs. Schlesinger, en vacances en Grèce, se fait remplacer par Tietmeyer. Selon un participant, celui-ci se déclare très inquiet : « À son avis, il était encore temps de stabiliser le système en réaménageant les parités. » Il se heurte au refus immédiat des autres. Quelques semaines plus tard, le déchaînement des marchés force la main des gouvernements. Le dimanche 13 septembre au matin, Helmut Kohl se rend secrètement à la Bundesbank, à Francfort, accompagné de son secrétaire d'État aux Finances, Horst Köhler, et de Gert Haller, responsable des affaires internationales au Bundesfinanzministerium, pour s'entretenir de la crise avec Schlesinger et Tietmeyer. Les Allemands décident d'envoyer immédiatement Köhler et le vice-président de la Buba à Paris et à Rome, pour convaincre leurs partenaires d'accepter une dévaluation de la lire. Dans la soirée, c'est chose faite.

Trichet préfère le téléphone

Mais selon une procédure un peu particulière, Trichet, président en exercice du Comité monétaire européen, décide de mener les négociations par fax et téléphone, plutôt que d'inviter les participants à se réunir physiquement comme c'est la règle. Aujourd'hui encore, les ténors de la Buba sont persuadés que cette méthode n'avait qu'un but, éviter que la question d'un réalignement général des monnaies du système vis-à-vis du mark ne soit soulevée à une semaine seulement du référendum. « Nous avions un avion en attente, se souvient Schlesinger. C'était vraiment une procédure hautement inhabituelle. Le résultat, c'est que personne, après coup, ne pouvait plus déterminer qui avait dit quoi et ce qui n'avait pas été dit. »

La crainte des Français – une dévaluation du franc face au mark pourrait sonner le glas de la rigueur en France – renforce le soupçon des faucons de la Bundesbank que Paris n'a pas encore les reins assez solides pour résister à long terme aux tentations de laxisme monétaire. Dans ces conditions, s'arc-bouter à coups de dizaines de milliards contre l'ensemble des marchés déchaînés, c'est affaiblir le mark sans garantir la parité du franc sur la durée. Pour finir, dans son for intérieur, Helmut Schlesinger doute aussi de la détermination et peut-être de la capacité des Français à rendre les sommes qu'il pourrait leur prêter. Le remboursement anticipé par la Banque de France, dans les mois qui suivent les interventions de Francfort, sera pour lui une divine surprise et facilitera beaucoup sa coopération future avec Paris. Au passage, l'institut d'émission français empochera quelques solides bénéfices sur le dos des spéculateurs[1]. Cette attitude allemande, la majorité des fonctionnaires de Bercy la ressent comme tout bonnement monstrueuse. « C'est vrai que tous autant qu'on était, à certains moments, on en aurait bien tué quelques-uns », se souvient un haut fonctionnaire du Trésor de l'époque. « À ce moment-là, il y eut un soupçon, et je parle par euphémisme, que la partie adverse recherchait l'échec. » Avec le recul, les Français se montrent plus compréhensifs. Aujourd'hui, Trichet justifie l'attitude de ses interlocuteurs, arguant qu'ils « défendaient des intérêts qui étaient légitimes. Il vaut mieux que les gens se défendent loyalement. Ceux qui sont obliques ou arrangeants ne sont pas fiables, donc ils ne sont pas intéressants », explique-t-il.

1. Selon Aeschimann et Riché, *La Guerre de sept ans*, Calmann-Lévy, 1996, les réserves en devises de la Banque de France sont passées, entre le 18 septembre et la fin du mois, de + 20 milliards de dollars à – 15 milliards de dollars. « Les interventions destinées à soutenir le franc ont représenté au total 34,7 milliards de dollars [...]. Sur ce total, 31,8 milliards de dollars ont été empruntés, dont 19 milliards à la seule Bundesbank. La Banque de France a réalisé un bénéfice de 2 milliards de francs », estiment les auteurs.

Sans que les médias ou même les milieux financiers de l'époque en aient pris réellement la mesure, les attaques contre le franc se poursuivent durant la fin de l'année 1992, après seulement six semaines de répit. La perspective des élections législatives de mars 1993, la défaite annoncée de la gauche et les divisions de la droite sur la politique du franc fort agitent les marchés. Ces derniers « estiment qu'il n'y a plus de consensus politique en France, que la situation se dégrade, que le chômage va devenir inacceptable et que, par conséquent, la France ne pourra pas suivre l'Allemagne, qu'elle devra diverger et que, donc, elle ne pourra entrer dans la monnaie unique », analyse un haut fonctionnaire de Bercy.

« Notre chance, c'est la victoire de septembre 1992. Les opérateurs de marchés se sont ensuite montrés beaucoup plus prudents qu'ils ne l'avaient été », poursuit-il. Crise larvée, certes, mais qui nécessite, début janvier, de nouvelles négociations entre l'Allemagne et la France. Elles débouchent, encore une fois, sur des lignes de crédit ainsi que sur la publication d'un communiqué confirmant les parités existantes. « On était sous l'épée de Damoclès en permanence », raconte un des anciens du Trésor. Si les difficultés de cette période sont politiquement plus faciles à gérer que celles du mois de septembre, c'est notamment grâce à la bonne coopération entre Paris, Bonn et Francfort. En Allemagne, la ténacité des Français impressionne tout autant que la rapidité avec laquelle ils remboursent leurs dettes. Au sein du SME, les tensions restent assez fortes pour obliger l'Irlande à dévaluer sa monnaie de 10 % à la fin du mois de janvier 1993.

Un gaffeur humilié

24 juin 1993. Au palais Beauharnais, à Paris, l'heure devrait être aux mondanités. Dans l'ancienne résidence de Bismarck, ambassadeur de Prusse à Paris, l'ambassade d'Allemagne organise un déjeuner en l'honneur de Birgit Breuel, patronne de la *Treuhandanstalt*, cette gigantesque holding d'État chargée de privatiser le parc industriel de l'ancienne RDA. Pendant que les représentants du gratin économique, réunis dans les somptueux salons Directoire, échangent des amabilités sur l'avenir des nouveaux Länder, une scène étonnante se déroule dans la loge du concierge, à l'entrée de la cour d'honneur. Dans une pièce trop petite pour s'y asseoir à trois, Edmond Alphandéry[1], ministre des Finances du gouvernement conservateur d'Édouard Balladur – qui, le 29 mars, a succédé à Bérégovoy –, passe l'un des pires moments de son existence politique. Entouré d'une interprète et d'un conseiller, le ministre téléphone. À l'autre bout du fil, son homologue allemand, Theo Waigel. Le matin, Alphandéry, sur Europe 1, a commenté la réunion du Conseil économique franco-allemand prévue pour le lendemain 25 juin. « L'Europe souffre d'une politique monétaire trop restrictive. Les Allemands doivent accélérer leur baisse des taux d'intérêt, déclare-t-il. C'est la raison pour laquelle j'ai pris l'initiative de demander à mon collègue Theo Waigel, le ministre allemand des Finances, et à Helmut Schlesinger, le président de la Bundesbank, de venir à Paris [...] pour que nous discutions ensemble

1. Ministre de l'Économie (UDF) de 1993 à 1995, président d'EDF de 1995 à 1998, président du conseil d'administration de CNP assurances et CNP international de 1998 à 2012.

des conditions d'une baisse concertée des taux d'intérêt en France et en Allemagne. » Et d'ajouter que la France pourra « parler d'égal à égal » avec sa grande voisine, « ce qui n'était pas le cas il y a plusieurs mois ». Les mots ont été manifestement pesés, puisqu'il emploie un langage équivalent dans un entretien à l'hebdomadaire *Paris Match* la même semaine.

En quelques phrases, l'ancien professeur d'économie a suggéré qu'il y a désaccord entre la France et l'Allemagne, qu'il peut convoquer où et quand bon lui semble le président de la Bundesbank et le ministre des Finances allemand pour parler des taux et que l'Allemagne, quelques mois auparavant, a exploité une situation de faiblesse de la France... Une gaffe énorme dans le monde d'alors. Parmi les hauts fonctionnaires de Bercy et de Matignon qui, comme tous les matins, écoutent la radio d'une oreille distraite, c'est l'effarement. Alphandéry a été non seulement discourtois et inutilement provocateur mais sa bourde risque de replonger le franc dans une crise. Depuis plusieurs mois déjà, les marchés observent les débats internes de la droite sur la meilleure politique économique à conduire. Va-t-elle, désormais au pouvoir, poursuivre la politique du franc fort et donc l'arrimage au mark, qui a déjà coûté tant d'emplois à la France ? Si les marchés sont restés malgré tout plutôt calmes ces dernières semaines, c'est en grande partie grâce à la solidité de la coopération franco-allemande. En une interview irréfléchie, Alphandéry a sans doute commis l'irréparable.

À Bonn et à Francfort, les réactions ne se font pas attendre. L'information est rapide : en quelques minutes, les agences ont diffusé les déclarations du ministre. Schlesinger est furieux, l'entourage de Waigel atterré. Vers 10 heures du matin, Bercy prend connaissance de la publication de deux communiqués, l'un de la Bundesbank, l'autre du ministère des Finances. Ils annoncent que le Conseil économique franco-allemand du 25 juin est reporté à leur demande à la suite d'impératifs de politique intérieure… Aucune nouvelle date n'est retenue. Un désastre. Dans une opération de *damage control* montée à la hâte, les entourages organisent un entretien téléphonique entre les deux ministres. On convient de l'heure du déjeuner. C'est un hasard qu'Alphandéry soit, ce jour-là, invité à l'ambassade d'Allemagne. Ce sera, pour le ministre, l'occasion d'une humiliation supplémentaire. Dès l'arrivée, l'ambiance est hostile. Dans un geste ouvertement impoli, l'ambassadeur refuse de lui prêter son bureau ou tout autre salon de l'ambassade pour passer son coup de fil. Alphandéry se retrouve donc dans la loge du concierge. Manifestement, le gouvernement allemand a décidé de lui donner une leçon impitoyable.

Alphandéry tente de s'expliquer : « On a déformé mes propos sur la réunion que nous avions prévue. La presse, et notamment Reuters, a trahi mes propos. J'ai souhaité rétablir immédiatement la vérité de ce que j'ai dit, en vous contactant personnellement. » Il poursuit : « J'ai dit dans ma propre déclaration qu'avec votre accord nous avions prévu la réunion à Paris et que, entre autres, nous voulions parler de la politique monétaire. Je n'ai pas dit que nous allions envisager une baisse des taux car cela dépend des banques centrales. J'ai seulement parlé des conditions qui permettraient la baisse […]. J'ai aussi rappelé […] l'aide que l'Allemagne nous a apportée lors des problèmes monétaires de l'automne dernier. Naturellement, nous sommes prisonniers des interprétations tendancieuses de la presse que nous ne pouvons pas empêcher. Mais je voulais surtout vous appeler pour vous dire mon amitié, la confiance que j'ai en vous et l'appui pour l'action difficile que vous menez dans votre pays. »

Waigel se montre glacial : « Nous avons vu le texte de vos déclarations et cela fait vraiment très mauvais effet sur l'opinion publique allemande et, évidemment, sur la Bundesbank [...]. Vous savez, elle est réellement indépendante et elle a accueilli ces commentaires de manière extrêmement négative. J'y étais, à Francfort, pour présenter ma politique économique et j'ai bon espoir d'avoir une baisse des taux lundi prochain. Mais vraiment, je ne peux plus demander à qui que ce soit de la Bundesbank de m'accompagner à Paris dans ces conditions. Personnellement, je ne ferai pas de commentaires. Je donnerai une justification purement technique de ce report. Je dirai que je suis sous pression compte tenu de la discussion budgétaire. Mais ne me demandez rien de plus. » Alphandéry, en perdition : « Nous avons été piégés [...]. Je souhaite vraiment que ce ne soit pas un incident trop définitif. Aussi, je vous propose que nous publiions un communiqué conjoint, qui comporterait une nouvelle date et qui montrerait bien que c'est uniquement une déformation de mes propos et un report technique ». Refus de Waigel : publier un communiqué commun « reviendrait à dramatiser inutilement la situation. Nous pouvons dire que nous nous sommes parlé et que nous le referons au plus tard à Tokyo au G7. Si vous voulez, je peux vous envoyer un projet dont vous pourriez vous inspirer [...]. En quatre ans et demi, en tant que ministre des Finances, je n'ai jamais dit un mot négatif sur la politique que menait la France. Je l'ai soutenue en septembre 1992. Je ne suis pas jaloux de tempérament : vous avez des succès, vous pouvez essayer de les mettre en valeur pour votre opinion. Mais vraiment, en ce moment difficile pour l'Allemagne, vos propos sont une vraie gêne. — Mais je l'approuve, votre politique », tente une nouvelle fois le ministre français : « Je n'ai évidemment pas l'intention de critiquer la politique allemande et surtout pas la politique monétaire allemande dont nous aimerions bien qu'elle soit plus douce. Mais je sais le rôle que vous avez tenu à l'automne dernier et je vous en suis reconnaissant. — L'incident est clos, tranche Waigel. J'expliquerai que vous avez manifesté de la compréhension pour la politique allemande et pour la difficulté de notre situation. — Entendu, répond Alphandéry. Je verrai votre projet de communiqué et je m'en inspirerai. De toute façon, vous pouvez compter sur moi. J'en respecterai et l'esprit et la lettre. »

Le déjeuner qui suivit fut plutôt silencieux. Alphandéry, à l'aune des conventions diplomatiques, vient de subir une correction en règle qui le laissera meurtri à tout jamais. En promettant à Waigel de calquer son communiqué sur l'ébauche de Bonn, il lui signale très clairement que l'indignation de Bonn est légitime et qu'il est prêt à tout pour réparer les pots cassés. Autant pour « l'indépendance » de la France[1].

Les anti-maastrichtiens donnent de la voix

La gaffe d'Alphandéry est la goutte qui va faire déborder le vase déjà bien rempli du SME et mener, cinq semaines plus tard, à l'explosion du système tel qu'il avait été conçu quatorze ans auparavant. Les Allemands ne lui pardonneront jamais ce faux pas. Après Bérégovoy, pour lequel Waigel et Schlesinger ressentaient une réelle amitié, et Sapin, considéré comme un partenaire

1. Transcription officielle de la conversation.

agréable et compétent, Alphandéry a laissé à Francfort comme à Bonn un souvenir plus que mitigé : un homme faible, égaré dans un monde qui n'est pas le sien, enclin à s'enfoncer dans des silences apathiques dès qu'une négociation se durcit. Bref, le professeur d'économie n'était pas *the right man at the right place*. Édouard Balladur, à la suite de cet incident, prendra d'ailleurs directement en main le dossier monétaire par crainte d'un nouveau dérapage.

En temps normal, l'affaire n'aurait pas eu grande importance. Mais, justement, en 1993, les temps sont troubles. Les marchés financiers sont à l'affût du moindre signe de relâchement du lien franc-mark. Une mésentente franco-allemande peut en être le signal annonciateur. Pourtant, le message qu'Alphandéry a voulu faire passer à l'opinion française, dans son son interview, partait d'un bon sentiment. Loin de se laisser faire par l'Allemagne et sa Banque centrale, la France est suffisamment forte pour convoquer son partenaire et « discuter avec lui des conditions d'une baisse des taux », et ce « d'égal à égal ». Par ces mâles paroles, le grand argentier répondait indirectement à la campagne menée contre lui, les semaines précédentes, par des membres de l'opposition mais aussi des leaders anti-maastrichtiens de sa majorité. Le 16 juin, le gaulliste Philippe Séguin, président de l'Assemblée nationale, lance la fameuse formule du « Munich social » que vivrait la France. Jean-Pierre Chevènement, ancien ministre socialiste de la Défense de 1988 à 1991, en rajoute, peu après, sur le même registre : il dénonce « les Vichyssois de notre temps qui nous rejouent le couplet du danger de la France isolée dès lors qu'elle s'aviserait de résister ». Autrement dit, en toute subtilité, défendre la parité du franc avec le mark, ce n'est rien d'autre que trahir son pays en s'inclinant devant les mânes du nazisme. Pour scandaleuses qu'elles soient, ces formules sont d'autant plus assassines qu'elles se greffent sur des attaques émanant du sein même du gouvernement ; depuis plusieurs semaines, Alain Madelin, ministre des PME, se répand, y compris devant des médias et des banquiers anglo-saxons, en critiques acerbes sur le suivisme monétaire de la Banque de France vis-à-vis de la Bundesbank. Indéniablement, au regard de la récession qui ravage la France (–1,3 % en 1993), et d'un chômage qui n'en finit pas de croître, les taux d'intérêt en France sont encore beaucoup trop élevés. Nombreux sont ceux qui estiment que seule une baisse drastique des taux réels pourrait enrayer la récession et relancer la machine économique.

Pourtant, depuis les élections de mars 1993, Paris a pu baisser ses taux d'intérêt de quatre points sans que le franc en souffre. Le 7 juin, ils sont même passés en dessous de ceux en vigueur en Allemagne. Autrement dit, les détenteurs de sa monnaie reçoivent une moindre rémunération que pour du mark. Cela a-t-il contribué à l'imprudence d'Alphandéry ? La tentation de pousser un cocorico réparateur après les humiliations de l'automne précédent est forte. Même un homme aussi prudent que Jacques de Larosière évoque la possibilité d'un partage du pouvoir monétaire entre le franc et la monnaie allemande. « Des données fondamentales placent la France en situation favorable pour participer, avec le mark, à l'ancrage du SME », déclare ainsi le gouverneur de la Banque de France. De fait, l'inflation en France (2 %) est moitié moins forte qu'en Allemagne. Surtout, les ravages économiques causés par l'unification à marche forcée commencent à apparaître dans toute leur ampleur. Mais voilà : les marchés, comme les éléphants, peuvent avoir la mémoire longue. La « crédibilité » d'une monnaie – et donc sa solidité aux yeux des spéculateurs – n'est pas tant le reflet de son économie que d'une longue histoire de rigueur monétaire. Cette crédibilité, le franc est certes en passe de l'acquérir en 1993 mais, au mois de juillet, il reste plus fragile que le mark : il est grevé par l'instabilité apparente de la majorité, déchirée entre pro et anti-maastrichtiens ou, si l'on préfère, entre pro et anti-franc fort. Le franc est aussi hypothéqué par le souvenir de l'inflation, qui atteignait encore récemment des records. La violence des attaques spéculatives déclenchées par les propos d'Alphandéry en apportera la démonstration.

Alors que le 14 mai la peseta espagnole (pour la troisième fois depuis septembre 1992) et l'escudo portugais (pour la seconde fois) sont dévalués, c'est au tour du franc d'être massivement attaqué au cours du mois de juillet. Il a suffi que les journaux colportent un échange un peu vif entre le Premier ministre et Jacques Chirac, qui reproche à Balladur de poursuivre la politique de Bérégovoy, pour convaincre les spéculateurs que le moment est venu de sonner l'hallali. Le 22 juillet, la Banque de France est forcée de reproduire son dispositif anti-spéculation en raccourcissant la durée de ses prêts de prises en pension.

Incident et mésentente

Le soir même, à l'improviste, Alphandéry, son directeur de cabinet, Christian Noyer, Larosière et Trichet s'envolent pour Munich rejoindre secrètement leurs homologues allemands. Dans la précipitation, Gert Haller, haut fonctionnaire du ministère des Finances, oublie de s'assurer que la délégation française est bien accueillie à l'aéroport. Or, personne ne l'attend. Chacun doit fouiller ses poches pour trouver, péniblement, suffisamment de marks pour payer le taxi. Larosière fulmine : « Les Allemands se moquent de nous. » Le gouverneur de la Banque de France n'est pas le seul à enrager. Schlesinger, son homologue allemand, a dû interrompre ses vacances en Grèce pour assister à la réunion. Il faudra que Bonn trouve et affrète un avion privé pour l'acheminer, tard le soir, dans la capitale bavaroise, où les discussions ont déjà commencé avec Theo Waigel et Hans Tietmeyer. Comme d'habitude, les Français somment les Allemands de diminuer la pression sur le franc. Ou bien la Bundesbank baisse ses taux et rend ainsi le mark moins attractif pour les spéculateurs, ou bien elle accepte d'annoncer aux marchés qu'elle défendra le franc sans limite. Cette dernière option revient à traiter les masses monétaires française et allemande comme deux entités de valeur égales et interchangeables – et donc à fusionner, de fait, les deux monnaies comme le remarque Schlesinger. Ce serait là, argumente le patron de la Bundesbank, une décision politique qui lui échappe. Quant à une baisse des taux sous pression des marchés, elle n'est pas envisageable, l'inflation allemande n'étant toujours pas maîtrisée. Dialogue de sourds.

Tietmeyer propose alors de remanier radicalement le système pour offrir moins de prise à la spéculation : pourquoi ne pas agrandir les bandes de fluctuation des monnaies et retarder ainsi le moment à partir duquel les banques centrales doivent intervenir pour défendre les parités ? Vu l'ampleur des attaques spéculatives, la marge de fluctuation de 2,25 % autour du cours pivot est trop étroite, fait-il valoir, les monnaies en ligne de mire touchant trop rapidement leur cours plancher. Si cette fourchette s'élargit, les marchés devront mettre beaucoup d'argent sur le tapis avant d'obliger les banques centrales à acheter la devise visée. Tietmeyer propose une marge de 6 % sans exclure davantage. Dans les cénacles d'experts, l'idée est discutée depuis un certain temps, même parmi les fonctionnaires du Trésor. Au sein du SME, des marges de 6 % ont déjà été accordées à des monnaies comme la lire, dont la bonne tenue sur le marché ne semblait pas encore assurée. Il n'empêche. Les Français excluent un réaménagement du système qui pourrait être interprété comme un affaiblissement ou une reconnaissance implicite d'une défaillance du franc. La réunion de Munich s'achève tard dans la nuit sur un résultat modeste. La Bundesbank offre de baisser légèrement son taux de prise en pension*, qui reflète la politique monétaire au jour le jour. En contrepartie, la Banque de France relèvera son taux correspondant. Dans un nouveau communiqué, les deux parties réaffirment leur attachement aux parités existantes et leur intention de faire jouer les règles du SME.

Très vite, cet accord se révèle insuffisant. Les marchés lancent une offensive tous azimuts et s'en prennent même au franc belgo-luxembourgeois, au schilling autrichien et au florin néerlandais, dont la stabilité vis-à-vis du mark semblait définitivement assurée. Depuis des années, ces quatre pays ont renoncé à une politique monétaire indépendante et suivent systématiquement les mouvements de leur grand voisin. Autrement dit, ils font partie de la zone mark. Mais, persuadés que le chômage et la récession vont forcer les Européens à baisser leurs taux et à laisser filer leurs monnaies, les spéculateurs flairent une nouvelle occasion de gagner des milliards en rejouant le coup de septembre 1992. S'engage alors un nouveau et formidable bras de fer entre marchés et banques centrales. Cette fois-ci, ce ne sont plus des monnaies individuelles qui sont attaquées, c'est bien le SME tout entier.

Le triomphe des faucons

À Francfort, le 29 juillet, le conseil central de la Bundesbank, comme tous les quinze jours, est réuni au grand complet. L'ambiance est tendue. La veille, honorant sa promesse de Munich, la Buba a légèrement réduit son taux de prise en pension*. Partout, les opérateurs analysent ce geste comme le préalable à une baisse du taux d'escompte, le taux directeur sur lequel est braqué le regard des marchés. Décevoir cette attente, c'est signifier que, pour rien au monde, Francfort ne déviera de sa ligne pour défendre les parités du SME. Au sein du conseil, composé des cinq membres du directoire et des quatorze représentants de Länder, les tenants d'une ligne dure (les faucons) et les avocats d'une politique plus souple s'observent avec méfiance. Loin de l'image d'Épinal en vogue dans la presse française, la Bundesbank n'est pas un monolithe, mais une institution dont les ténors sont rarement unanimes, même si les rangs sont ressoudés chaque fois qu'elle fait l'objet d'une attaque, en Allemagne ou à l'étranger.

Devant ses collègues, Schlesinger prend la parole. « Je leur ai dit, se souvient-il : nous connaissons les faits. Nous devons prendre nos responsabilités. Ou nous choisissons de baisser les taux maintenant ; ou bien, nous choisissons de ne pas le faire. Chacun doit savoir ce que cela signifie pour le SME. » Et l'ancien président d'expliquer : « Je n'avais jamais parlé en de tels termes au début d'une délibération. Mais dans ce cas-là il était clair qu'il s'agissait d'une question difficile. Le conseil central en était conscient. Moi, j'étais pour la décision qu'il a prise, c'est-à-dire de ne pas baisser les taux. La responsabilité première d'un président [de banque centrale, n.d.a.], c'est la situation dans son pays. Certes, il y avait à l'époque des opinions divergentes. Certains membres du conseil central considéraient plutôt l'impact sur l'étranger, d'autres avaient une vision plus domestique. Ces derniers avaient la majorité. » Au final, la Bundesbank laisse le taux d'escompte inchangé, à 6,75 %, mais elle diminue d'un demi-point le taux lombard, qu'elle ramène à 7,75 %. Surtout, elle décide de ne pas s'opposer à une baisse des taux de marchés que doit engendrer le gonflement de la masse monétaire à la suite des interventions précédentes. C'est une concession, mais c'est à la fois trop peu et trop technique. Sciemment, une majorité du conseil central, dont le président de l'institution, a choisi de risquer une dévaluation forcée du franc ou même l'explosion du SME.

Pour les spéculateurs, c'est une invitation pure et simple à la curée. En quelques heures, les réserves de la Banque de France, déjà largement entamées les jours précédents, sont épuisées : désormais, Paris emprunte pour défendre sa monnaie. Larosière tire la sonnette d'alarme et demande à Balladur d'intervenir. Après une réunion de crise à Matignon, le Premier ministre téléphone au chancelier allemand, puis lui envoie une lettre. Elle se termine par ces termes : « Le franc ne sera pas dévalué. Il appartient aux autorités allemandes, dans ces circonstances, de prendre toutes leurs responsabilités, soit la défense sans limite [de la parité franc-mark, n.d.a.] qui devrait alors être solennellement affirmée par la Bundesbank de manière à calmer immédiatement les marchés et restaurer la confiance dans le SME, soit une baisse des taux d'intérêt immédiate et suffisante pour restaurer la confiance dans le SME, soit toute autre mesure de nature à restaurer la confiance dans le SME, par exemple l'acquisition de francs par la Bundesbank pour son compte. » Le message est clair. « Il appartient » aux autorités allemandes de soutenir, contre les marchés, le taux de change du franc. Toute autre attitude sera considérée comme une rupture des accords existants.

Le 30 juillet au petit matin, un avion atterrit à l'aéroport militaire de Villacoublay, dans la grande banlieue parisienne, avec à son bord Waigel, Schlesinger, Tietmeyer, Haller, et quelques autres hauts fonctionnaires. S'ils sont partis de Francfort à l'aube, c'est parce que les Allemands ont un plan : demander aux Français de fermer les guichets de la Banque de France avant même l'ouverture des marchés, afin de stopper l'hémorragie monétaire. La Bundesbank a déjà lancé des dizaines de milliards de marks dans la bataille et considère en avoir assez fait. Fermer les guichets, c'est admettre, bien sûr, que la parité du franc n'est plus tenable en l'état. À la grande surprise des Allemands, ce n'est pas l'escorte de police coutumière qui les attend à Villacoublay pour les conduire à Bercy tous gyrophares dehors, mais un monospace sans même un motard d'escorte. La délégation est prise dans le trafic matinal parisien. On n'avance pas, malgré les exhortations de Schlesinger qui incite le chauffeur, en ressortant son français d'école, à aller « vite, vite ».

Pour les Allemands, la ruse est grossière. Afin d'éviter une discussion sur la non-ouverture des guichets les Français ont décidé de retarder délibérément leur arrivée. C'est donc en vain qu'on s'est levé au milieu de la nuit. À l'arrivée, Schlesinger explose. Jamais un président de la Bundesbank n'a été traité de la sorte ! lance-t-il en débarquant du monospace au jeune énarque du Trésor qui l'accueille. Abasourdi, le fonctionnaire est persuadé que Schlesinger s'énerve pour de simples questions de protocole. Il lui explique que si l'on a dépêché un monospace à Villacoublay, c'est pour éviter d'attirer l'attention des médias… Il est vrai que la veille un journaliste de l'AFP a pu observer Larosière et Trichet arrivant à Matignon. Sa dépêche a contribué au déchaînement des marchés persuadés que quelque chose se préparait. Rien n'y fait. Aujourd'hui encore, Français et Allemands restent sur leurs interprétations divergentes de l'incident.

Quoi qu'il en soit, le retard avec lequel débute la réunion, vers 10 heures, a bel et bien tué dans l'œuf la suggestion allemande. Tout se passe comme d'habitude. À la demande que la Bundesbank baisse ses taux ou achète des francs pour son propre compte – et le proclame haut et fort pour affirmer ainsi sa confiance –, Schlesinger oppose son « *nein* » coutumier. Pendant ce temps, la Banque de France, sur ordre de Balladur, laisse tomber le franc à son cours plancher. Le geste est délibéré : les règles du SME veulent que la Bundesbank soit maintenant obligée de défendre le franc sans limite, c'est-à-dire de prêter à la France tout ce dont elle a besoin. Dans le rapport annuel de la Bundesbank l'année suivante, le montant des interventions sera chiffré à 24,7 milliards de marks. Théoriquement, Schlesinger pourrait s'appuyer sur la « lettre Emminger », mais ce serait provoquer une crise ouverte. George Soros, le financier qui affirmait que jamais il ne spéculerait contre le franc, diffuse un communiqué : « Il est désormais vain de sauver le SME. » Pendant que les marchés jouent leur va-tout, les discussions à Bercy continuent. « Mon orientation pro-française, ce jour-là, a été soumise à rude épreuve », se souvient un participant allemand. Il ne reste plus qu'une possibilité : convoquer un comité monétaire pendant le week-end à Bruxelles. Paris refusant d'en faire la proposition, Bonn accepte de demander la réunion de l'organe de gestion du SME. Les délibérations seront suivies, comme toujours en cas de conflit majeur, d'une réunion des ministres des Finances et des gouverneurs des banques centrales.

La stratégie de Matignon se dessine : il faut à tout prix montrer à l'opinion que ce sont les Allemands, et eux seuls, qui portent la responsabilité de la crise. L'argumentaire est simple : si le SME dérape, c'est parce que la Bundesbank a fait monter ses taux à un niveau néfaste pour l'Europe entière. Elle l'a certes fait pour lutter contre l'inflation, mais si les prix ont flambé, c'est en raison de la décision du gouvernement allemand de financer l'unification par l'emprunt pour éviter d'impopulaires hausses d'impôt. Donc il est grand temps que Bonn rééquilibre son *policy mix*, c'est-à-dire augmente la pression fiscale pour desserrer la vis monétaire. Bref, le vrai fauteur de troubles, selon Paris, c'est le mark. Si la Bundesbank refuse de jouer le jeu du SME, en baissant ses taux ou en achetant du franc sans limite, il faut que le mark quitte le système. Le franc pourra alors prendre sa place comme nouvelle monnaie d'ancrage du SME. L'Allemagne, pendant ce temps-là, réglera ses problèmes domestiques.

La bière du chancelier

Pendant ces journées de crise et de réunions secrètes, Helmut Kohl est en vacances près de Salzbourg en Autriche. Tous les ans, le chancelier obéit à deux rituels : la cure amaigrissante de Pâques dans la station de Badgastein, dans les Alpes autrichiennes, et les deux semaines d'été dans la région de Salzbourg, sur les bords du Wolfgangsee. Il n'est pas le seul dirigeant européen à avoir pris ses quartiers d'été. Le vendredi soir, Mitterrand part pour sa maison de campagne landaise, à Latche, tandis que Jacques Delors, président de la Commission européenne, est cloué au lit en Bourgogne par une sciatique.

En l'absence de Theo Waigel, souvent occupé par sa charge de président des chrétiens-sociaux bavarois (CSU), c'est Gert Haller qui gère les urgences financières à Bonn. « Dans la dernière semaine de juillet, j'avais tous les jours Trichet au téléphone, qui me disait d'une voix sépulcrale combien la situation était grave », se souvient ce fonctionnaire plutôt francophile, très prisé de ses interlocuteurs parisiens. Très vite, il prend conscience que la crise de juillet est pire que les précédentes. « Régulièrement, j'appelais le chancelier. Je lui décrivais l'évolution de la situation et combien elle était difficile. À la fin, je lui ai dit : "Monsieur le Chancelier, selon moi, tout cela menace bien plus que les parités monétaires. Le danger s'étend au projet d'union économique et monétaire et même aux relations franco-allemandes, qui pourraient se trouver gravement atteintes. — Vous y allez fort", me répond-il. Voyez-vous, tout son naturel le portait à dédramatiser ce genre de situation. Et de fait, les événements lui ont toujours donné raison. »

Au vu de la gravité de l'instant et de la portée des décisions à prendre, Waigel, Schlesinger, Tietmeyer et Haller rejoignent, après la réunion de Bercy du 30 juillet, Helmut Kohl au Wolfgangsee. Dans l'avion, tout le monde est tendu. Schlesinger ne s'est pas remis du mauvais traitement de la matinée. Tietmeyer lui-même ne sait plus comment se faire l'avocat des Français. L'irritation est d'autant plus grande que les Allemands n'ont pas l'impression d'avoir, face à eux, un partenaire compétent. Le ministre Alphandéry se fait de plus en plus passif. « C'est Trichet et Larosière qui menaient les négociations », se souvient un témoin.

À l'arrivée, Helmut Kohl, d'un coup d'œil, jauge la situation. Les nerfs des quatre hommes sont à vif, leur fatigue est perceptible. Pendant une bonne demi-heure, le chancelier va promener ses invités dans le jardin du grand chalet, montrant la campagne alentour et expliquant l'histoire de la région. Lentement, le calme olympien du « géant noir[1] » et la sérénité du paysage font leur effet. Il fait chaud et il invite le quatuor à s'asseoir à l'ombre. « Hannelore, va donc nous chercher de la bière. » Pendant que Mme Kohl obtempère, il se tourne vers ses hôtes. « Bon, maintenant, racontez-moi. » « Pendant des heures, nous avons discuté des différentes options, politiques, économiques, raconte un participant. Il était clair que nous ne voulions pas d'une sortie unilatérale (du mark) du SME. Alors, nous avons décidé d'ouvrir la discussion au Comité monétaire en proposant un élargissement des marges à 6 %. » Désormais, l'idée évoquée par Tietmeyer à Munich va devenir la position de négociation officielle de l'Allemagne.

Le compromis de Bruxelles

Dès l'ouverture du Comité monétaire, le samedi 31 juillet, dans l'immeuble aux allures de bunker du Borschette, à Bruxelles, l'ambiance tourne au vinaigre. Jean-Claude Trichet, président en exercice, résume l'état du débat en mentionnant les trois exigences françaises – que la Bundesbank baisse ses taux, intervienne sans limite et prenne davantage de francs dans ses réserves. Tietmeyer l'interrompt : « N'avez-vous pas oublié une quatrième demande ? » Silence tendu. Il ajoute : « La quatrième demande, Monsieur le Président, est que l'Allemagne

1. Il s'agit de l'un des surnoms de Kohl en Allemagne. Les « Noirs », ce sont les chrétiens-démocrates, parti du chancelier.

renonce immédiatement à sa souveraineté monétaire. » Un ange passe.

« Le matin, Kohl m'a appelé », se souvient Jean-Claude Juncker : « Il m'a dit que Waigel allait proposer de sortir du SME, mais qu'il était contre. » Pendant tout l'après-midi, Français et Allemands vont sonder les réactions de leurs partenaires. Haller propose l'élargissement des marges de fluctuation. Français, Irlandais et Danois refusent aussitôt. Paris insiste plutôt sur la nécessité d'un changement de politique monétaire en Allemagne. Vers 20 heures, le Comité monétaire se sépare après cinq heures de délibérations. C'est l'échec, immédiatement répercuté par les centaines de journalistes qui campent, dans un désordre indescriptible, devant le bâtiment et dans le hall d'entrée. Rien n'est prévu pour les accueillir, puisque habituellement les réunions du Comité monétaire sont censées se dérouler dans la discrétion la plus absolue.

Heureusement, malgré l'âpreté des négociations, l'axe franco-allemand continue de fonctionner. Le soir, les deux partenaires se retrouvent discrètement afin de mettre au point une proposition commune. Ils parviennent à se mettre d'accord sur un flottement provisoire du mark. Pour les Allemands, cette solution permet d'acter la volonté des marchés de pousser le franc à la dévaluation et surtout de faire cesser la pression sur la Bundesbank. Pour les Français, la mise en congé de la monnaie allemande identifie bien le mark comme principal responsable des maux du SME.

Un Britannique à la rescousse

Ce sont les autres pays membres de la Communauté qui vont, pour le plus grand bien de la construction européenne, torpiller ce compromis qui aurait marqué l'incapacité des Européens à régler de concert leurs problèmes monétaires. Lorsque les ministres des Finances et gouverneurs de banques centrales se retrouvent au Borschette dimanche à 15 heures, les Pays-Bas signifient immédiatement leur refus de rester dans un SME amputé du mark. Leur ministre des Finances, Wim Kok, annonce qu'il préfère suivre la monnaie allemande. Pour La Haye, casser le lien monétaire entre le florin et le mark revient à exposer l'économie du pays à de graves turbulences. Par la même occasion, Kok révèle que les Néerlandais ont décidé depuis longtemps de limiter les fluctuations de leur monnaie vis-à-vis du mark à 1 %.

Que les Néerlandais veuillent suivre la monnaie allemande, Alphandéry et les autres membres de la délégation française s'y attendaient. L'imprévu, c'est que les Luxembourgeois, puis les Belges et les Danois leur emboîtent le pas, le grand-duché annonçant au passage qu'il serait prêt, au besoin, à rompre l'union monétaire qui le lie à la Belgique : « J'ai annoncé qu'il y avait déjà 50 milliards de francs luxembourgeois imprimés et stockés dans les caves », raconte Juncker. « Si on avait scindé les deux monnaies, le franc belge se serait effondré », poursuit le ministre des Finances du grand-duché. Ne resteraient alors, avec la France, que les Portugais, les Espagnols et les Irlandais. Les moins stables, en somme. Pour Paris, et tout particulièrement pour Alphandéry, qui milite pour le flottement du mark et du florin, la déconvenue est cuisante. Le mark allemand, pôle d'attraction des monnaies fortes en Europe, alors que le franc fédère les faibles ! C'est humiliant.

Devant l'absence de progrès, après plusieurs heures de négociation à douze ou en aparté, le président en exercice du Conseil des ministres de l'économie et des finances, le Belge Philippe Maystadt, décide de prendre les choses en main. Maystadt est un homme affable, courtois et doté d'une grande finesse d'analyse. La simplicité de ce catholique modéré, d'aspect juvénile malgré ses cheveux blancs, tranche avec les comportements coutumiers de beaucoup de gens de pouvoir. Comme son ami Juncker, c'est un ministre écouté des Français et des Allemands, et apprécié par nombre de ses collègues.

« Ça ne servait à rien de rester tous ensemble, raconte-t-il. J'ai donc reçu les délégations l'une après l'autre. Il fallait vraiment qu'on trouve une solution, on n'avait pas le choix : on savait que les marchés allaient ouvrir à Tokyo. Il y a eu un moment où il a fallu un peu dramatiser. J'avais pu nouer de bonnes relations avec certains collègues. J'en ai appelé deux sur qui je pouvais compter, le Luxembourgeois Jean-Claude Juncker et Jorge Braga de Macedo, le ministre des Finances portugais. Je leur ai dit : "Écoutez, je vais annoncer que c'est terminé, que le système monétaire est mort et je vous demande alors de réagir très vivement, de faire un plaidoyer passionné pour dire qu'on ne peut pas en rester là, qu'il faut recommencer, parce que moi, je n'y arrive plus, les gens ne bougent plus." Et c'est ce qu'on a fait. »

Kenneth Clarke, le nouveau chancelier de l'Échiquier britannique, va surprendre tout le monde. En principe, à Bruxelles, il est avant tout spectateur. Voilà presque un an que la livre a été « vitrifiée » par les marchés et le SME est désormais voué aux gémonies au Royaume-Uni.

Néanmoins, il adresse une mise en garde aux autres Européens. Saborder le SME, dit-il, c'est risquer l'abandon des acquis de la décennie précédente et mettre en péril les projets futurs. Quelque chose doit être trouvé pour sauver le système. Plus que les interventions de Juncker et du commissaire européen aux finances, le Danois Henning Christophersen, la mise en garde du Britannique secoue l'assistance. Clarke est un bon vivant, plutôt paillard et volontiers ironique, rarement enclin au pathos, et la conviction personnelle qui marque son intervention impressionne d'autant plus qu'elle est en porte-à-faux avec l'europhobie croissante de son gouvernement. En outre, il prend le risque politique de voir ses propos s'ébruiter et les médias britanniques se déchaîner. Devant ce rappel à l'ordre, les ministres décident de faire un nouvel effort. La séance est suspendue, Maystadt constatant qu'aucune idée évoquée jusqu'alors ne suscite une adhésion majoritaire.

Le coup de fil de Matignon

Que faire ? C'est un coup de téléphone nocturne entre Édouard Balladur et Jacques de Larosière, le dimanche soir, qui va débloquer la situation. Constamment tenu informé, comme la plupart des autres chefs de gouvernement, de l'évolution de la situation à Bruxelles, le Premier ministre français s'est rangé à l'avis de plusieurs de ses conseillers qui jugent bonne l'idée allemande d'un élargissement des bandes. À condition toutefois que la marge de fluctuation aille au-delà des 6 % évoqués par Tietmeyer. Cette fois, il faut vraiment que le système n'offre quasiment plus de prise à la spéculation, que l'on « éteigne les lumières de l'aéroport », selon l'expression de

Jean-Claude Trichet. Ce sera 15 %. Les marchés ne sauront plus à quel moment précisément les Banques centrales vont intervenir et, surtout, ils auront beaucoup de difficultés à faire plonger artificiellement une monnaie de 15 %. Dans une certaine mesure, le flottement des monnaies sera donc toléré tout en préservant le principe de parités centrales fixées par les gouvernements. Larosière, immédiatement, consulte les Allemands. « J'étais en train d'essayer de persuader les Néerlandais d'acquiescer à notre idée d'un élargissement des bandes (à 6 %), quand soudain on me fait signe de rejoindre les autres », raconte aujourd'hui un membre de leur délégation. « Et tout à coup, ce fut pour nous et pour moi la surprise : les Français proposaient un élargissement temporaire des bandes à 15 %. »

Dans la délégation allemande, la proposition de Balladur séduit tout le monde. Alors que, entre Waigel, Tietmeyer et Schlesinger, des divergences de vues avaient déjà refait surface quant à la manière de sortir de la crise, le président de la Bundesbank attachant moins de prix à la sauvegarde du SME que son adjoint. « L'ambiance était vraiment au champagne : nous avions réussi à faire accepter notre stratégie », explique un participant. Schlesinger voit enfin la Bundesbank pratiquement libérée d'une obligation d'intervention qu'il a toujours perçue comme une menace pour la stabilité monétaire. Tietmeyer peut se flatter que son concept ait été adopté. « Si les Français n'avaient pas bougé, cela aurait été la fin du SME », se souvient un de ses proches. « N'oubliez pas que dans plusieurs délégations, le SME avait des supporters et d'autres qui étaient contre. »

Très vite, les autres ministres se rallient au consensus franco-allemand, présenté d'abord comme une mesure provisoire. Les marchés à Tokyo ont déjà ouvert et il faut annoncer le compromis de Bruxelles. Mais auparavant on se met d'accord sur une décision qui va se révéler essentielle pour la suite : les marges de manœuvre que dégage, théoriquement, l'élargissement des bandes du SME ne seront pas utilisées. Ainsi, en France, la politique du franc fort sera poursuivie, même si l'aménagement du système permet de lâcher du lest monétaire pour favoriser la conjoncture. Pour bien marquer cette volonté aux yeux de l'opinion, un conseil économique franco-allemand se réunit, dès le lundi 2 août, à Paris. Avec une belle unanimité, Waigel et Alphandéry réaffirment leur attachement à la coopération bilatérale et aux politiques existantes.

Vers l'euro

Indubitablement, l'unification allemande et sa gestion conflictuelle par le gouvernement et la Bundesbank ont contribué à la succession de crises qui ont agité, entre 1992 et 1993, le système monétaire européen. « J'accepte cet argument que nous avions un mauvais *policy mix* à l'époque, comme le disaient les Français », reconnaissait en 1998 Hans Tietmeyer. « Mais ce n'est qu'un aspect de la médaille. L'autre, c'étaient les mauvaises parités. Si l'on était convenus d'un autre taux de change avec la livre en 1990, si l'on avait procédé à un réalignement plus rapide de la lire italienne et si nous, Allemands, étions parvenus à nous adapter plus rapidement aux nouvelles réalités de la réunification, alors on aurait pu échapper à tout cela. C'est pour cela qu'en août 1992, avant que tout n'explose, j'avais proposé de parler de changement de parités. Seulement à cette époque-là, tout était traité comme une question de prestige national... Personne n'était prêt à faire un réalignement à temps. »

Il est probable aussi que les crises de 1992 et de 1993 auraient été moins violentes et mieux gérées si un autre que Helmut Schlesinger, surnommé par les Français « Casque à pointe », avait été président de la Bundesbank, et un autre qu'Edmond Alphandéry ministre de l'Économie. « Il est possible que certaines évolutions eussent été différentes, si le gouvernement de Bérégovoy avait été aux affaires à l'été 1993 », écrit en 1996 l'ex-secrétaire d'État au ministère des Finances, Gert Haller, allusion à la confiance entre Waigel et Bérégovoy[1]. L'impression de rigidité et même de naïveté politique qu'a laissée Schlesinger chez bon nombre de ses interlocuteurs français doit pourtant être nuancée. C'est sciemment qu'il se fermait aux arguments de ses partenaires français. Les présidents de la Buba ont, en principe, un rôle à la fois de leadership au sein du Conseil central de la banque et de médiation entre les besoins de la communauté financière internationale et les impératifs intérieurs. Malheureusement, Schlesinger avait de sa tâche une vision étroite. « Ma mission était de faire d'abord ce qui devait être fait en Allemagne, explique-t-il. Pendant quarante ans, la Bundesbank a dû gérer des influences inflationnistes venant de l'extérieur. Il faut bien voir qu'en de telles circonstances la chemise vient avant la veste[2]. Du reste, tout cela est un processus riche en enseignements. On a vu l'étendue des problèmes déclenchés par ce SME. D'une certaine manière, éviter

1. Cité par Theo Waigel, *Unsere Zukunft heisst Europa*, Econ Verlag, 1997, p. 85.

2. Traduction littérale de l'expression allemande : *das Hemd ist näher als der Rock*.

de telles crises est le meilleur argument qui soit en faveur de l'union monétaire. »

« Le verdict sur la décision du 1er août d'élargir les bandes doit être qu'elle a peut-être sauvé l'Union monétaire[1]. » Certes, le fait de les porter à 15 %, s'il sauve les apparences du SME, implique un sacrifice presque total de sa substance. Choisir 15 %, c'est admettre que les États n'ont ni la sagesse nécessaire pour réaligner leurs monnaies à temps, ni les moyens suffisants pour défendre des parités attaquées par les marchés. Mais cette option « donna [...] aux huit membres restant dans le système l'occasion de prouver qu'ils ne souhaitaient pas mener des politiques monétaires divergentes, ce qui eût validé les attentes des marchés et confronté la poursuite du processus de l'UEM à des difficultés insurmontables[2] ». Loin de signifier la mort du projet d'union monétaire, les crises de 92-93 ont purgé le système, évacuant progressivement la menace permanente de la spéculation et permettant aux gouvernements de se focaliser sur la convergence des économies.

Les responsables politiques ont décidé de ne pas explorer, en 1989, une autre voie qui aurait peut-être permis d'éviter les crises de 1992-1993 : la prise en charge par le budget communautaire d'une partie des coûts de l'unification allemande. Delors, dans les premiers mois de 1990, en fait pourtant la proposition à Helmut Kohl, mais se heurte à un refus « Quand j'ai dit au chancelier : "Helmut, il faut qu'on vous aide. Je vais faire une proposition de partage des frais", il m'a dit : "Surtout pas. Déjà qu'ils sont tous méfiants à l'idée de cette Allemagne unifiée, ne propose pas ça." » Pour l'ancien président de

1. Gros et Thygesen, *op. cit.*, p. 101.
2. *Ibid.*

la Commission, si l'Allemagne n'avait pas affronté seule cette énorme charge financière, son déficit public n'aurait pas dérapé comme il l'a fait et la Bundesbank n'aurait pas engagé, en 1991-1992, la hausse de taux qui a contribué à déstabiliser le SME. Cela étant, presque personne, en 1990, n'imaginait l'ampleur de l'effondrement économique de l'ex-RDA et que les nouveaux Länder nécessiteraient des subventions de l'ordre de 150 milliards de marks par an... Vu l'irritation que ressentent les Allemands de l'Ouest eux-mêmes face au besoin d'argent de leurs cousins orientaux, on peut imaginer quelle aurait été la réaction des Européens s'ils avaient dû supporter, même partiellement, cette charge.

Reste une double question non résolue : une dévaluation du franc associée à une baisse des taux, en 1992 ou 1993, aurait-elle permis de préserver la France de la récession de 1993 ? Et quels auraient été ses effets sur l'union monétaire ? Pour les pères du franc fort, il est évident que cette solution n'aurait apporté qu'une petite bouffée d'air à l'économie tout en affaiblissant la crédibilité si chèrement acquise de la monnaie française. Une crédibilité qui est payée de retour, comme on l'oublie trop souvent : en effet, il est très improbable que la baisse des taux à long terme – ceux qui sont librement déterminés par le marché et qui influent le plus sur l'activité économique – aurait été aussi forte sur la période 1994-1998 si le franc avait « décroché » du mark en 1992 ou 1993. C'est la volonté française de s'accrocher à la parité de sa monnaie face au mark qui a persuadé les détenteurs de capitaux que la politique du franc fort était désormais assez solide pour résister aux tempêtes politiques et économiques.

À partir de 1993, le franc a passé l'épreuve du feu : c'est une monnaie sûre dans laquelle un Américain ou un

Japonais n'hésite plus à placer ses avoirs. Quelle prime de risque, pour ce qui est des taux d'intérêt, les investisseurs auraient-ils demandée si le franc avait « décroché » ? Personne ne peut le dire avec certitude. Mais, sans l'excellente tenue de la devise française à partir de 1994, les taux d'intérêt lors de l'entrée en vigueur de l'euro, le 1er janvier 1999, n'auraient sans doute pas pu être fixés à un niveau aussi bas donc favorable à l'économie. Il reste que ce choix a eu un coût indéniable en matière de chômage : les estimations vont de cinq cent mille à un million de sans-emploi en plus pour la France. Comme le reconnaît Michel Sapin : « Quand on construit quelque chose comme l'Union monétaire, on passe par une sorte de douleur. Personne, au gouvernement, n'a dit que dans un premier temps, la route vers la monnaie unique risquait de créer du chômage supplémentaire. On espérait une reprise de la croissance. On n'attendait pas les crises de pilotage économique des années 94-95. »

LA LABORIEUSE RELANCE

1995

Comme presque toutes les administrations publiques de Bonn, petite ville de province devenue capitale provisoire de l'Allemagne de l'Ouest en 1949[1], l'austère Bundesfinanzministerium (BMF) est logé dans un immeuble ultra fonctionnel des années 50. Le seul charme du lieu, ce sont les quelques arbres et arbustes qui entourent la désolante bâtisse. On est loin des splendeurs dorées des palais de la République française. Dans cette ambiance de travail feutrée, les éclats de voix sont rares. Pourtant, dans l'une des salles de réunion, en ce 18 juin 1995, quelqu'un hausse le ton : Jürgen Stark[2], le sévère secrétaire d'État, l'adjoint de Theo Waigel, est énervé. Très énervé.

---

1. Berlin est redevenue la capitale de l'Allemagne unifiée le 3 octobre 1990. Par un vote du 20 juin 1990, le Bundestag a décidé de transférer effectivement les institutions à Berlin. Le transfert du gouvernement et du chancelier à Berlin a eu lieu en 1999.

2. Le poste de secrétaire d'État aux Finances a été successivement occupé par Hans Tietmeyer (1982-1989), Horst Köhler (1989-1993), Gert Haller (1993-1994), Jürgen Stark (1995-1998).

De 1998 à 2006, Stack occupe la vice-présidence de la Bundesbank avant d'être nommé membre du directoire de la BCE, où il exerce les fonctions d'économiste en chef. Il démissionne avec fracas le 9 septembre 2011 pour marquer son désaccord avec le rachat d'obligations d'État décidé par l'Institut de Francfort, alors présidé par Jean-Claude Trichet, pour sauver l'euro.

Celui qui fait les frais de son courroux n'est pas un quelconque *Beamter* (fonctionnaire) du BMF[1] mais un Français en poste à Bruxelles : Xavier Larnaudie-Eiffel, chef de cabinet d'Yves-Thibault de Silguy, commissaire européen aux Affaires économiques et financières[2]. Larnaudie – qui doit la seconde partie de son nom à sa parenté avec le constructeur de la fameuse tour – n'est pourtant pas homme à provoquer facilement ce genre d'incident. C'est un énarque tout en rondeurs, ancien du Trésor, qui a gardé de ses origines bordelaises une bonhomie aux accents méridionaux. Quand ce gaulliste de tendance libérale se bat, il préfère le fleuret au sabre. Il n'empêche. Oublieux de convenances auxquelles, il est vrai, il n'a jamais attaché beaucoup d'importance, Stark laisse libre cours à sa colère : « *This is outrageous* », lance-t-il à la tête de Larnaudie-Eiffel et de deux fonctionnaires bruxellois qui l'accompagnent. « Ce que vous me présentez ici, monsieur, est un outrage à l'Allemagne. »

L'objet du contentieux est l'une de ces études appelées, dans le jargon des eurocrates, « Livre vert ». L'exécutif communautaire s'en sert pour sonder le terrain avant de s'engager plus avant dans une proposition de nouvelle législation[3]. Le document que Stark a devant lui est consacré aux modalités concrètes de l'introduction de la monnaie unique – le « scénario de passage ». Le traité de Maastricht est, en effet, muet sur la question : il se contente de prévoir les deux dates possibles,

1. En Allemagne, les ministères sont couramment appelés par leurs initiales.

2. La Commission présidée par le Luxembourgeois Jacques Santer est en fonction depuis janvier 1995. Elle démissionnera le 15 mars 1999, emportée par le scandale de l'affaire Cresson.

3. Dans l'architecture institutionnelle de l'Union, c'est la Commission qui détient le monopole des propositions législatives.

1997 ou 1999, pour le passage à la troisième phase[1]. Or, les problèmes pratiques sont nombreux : à quelle date apparaîtront les pièces et les billets libellés en monnaie européenne ? Que se passera-t-il pendant la période intermédiaire s'ils sont mis en circulation plusieurs mois ou plusieurs années après la fixation définitive des parités ? Les citoyens pourront-ils immédiatement utiliser des moyens de paiement en écus ? Est-ce que les emprunts des États se feront dans la nouvelle devise dès le premier jour du basculement ? Et puis, tout simplement, que devront faire les entreprises et les citoyens pour se préparer ?

Le projet que présente Larnaudie-Eiffel est censé apporter toutes les réponses. Le procédé est inhabituel. Mais Silguy veut faire un geste : il sait qu'il n'est pas facile pour le gouvernement allemand de gérer le projet d'Union économique et monétaire face à une opinion hostile. Le « chef cab » explique à ses interlocuteurs du BMF le schéma qui a les faveurs de Bruxelles : dès le début, une « masse critique » d'opérations financières basculera dans la nouvelle devise (notamment, les interventions de banques centrales et l'émission de nouveaux emprunts publics). Pour le reste, chacun restera libre d'utiliser la devise européenne ou non. Puis, trois ans plus tard au maximum, les pièces et les billets entreront en circulation et remplaceront « en quelques semaines tout au plus » les différentes monnaies. Pourquoi un tel délai entre la fixation définitive des parités et l'apparition concrète de « l'écu », la monnaie unique n'ayant pas encore changé

1. L'article 109 L-4 du traité dispose simplement que le Conseil des ministres, sur proposition de la Commission, prend « les autres mesures nécessaires à l'introduction rapide de l'écu en tant que monnaie unique des États membres ».

de nom ? Tout simplement parce que c'est ce dont ont besoin les banques centrales pour imprimer les billets et les administrations des monnaies pour frapper les pièces. Certes, la Commission aurait pu prévoir que la fabrication commencerait dès 1995. Mais cette solution se serait heurtée à un refus net de Bonn : comment expliquer aux Allemands que la monnaie unique se fera seulement si les conditions du traité sont strictement respectées à partir du moment où tous les pays la fabriquent déjà ?

Pour mémoire, le Livre vert admet que deux autres scénarios sont théoriquement possibles. Le premier est le *delayed big bang* (le big bang retardé). Les parités sont fixes et définitives dès la décision de passage à la monnaie unique, mais rien ne change jusqu'à l'introduction des pièces et des billets. Hormis, bien sûr, la politique monétaire qui devient commune. Puis, le jour où les préparatifs sont achevés, tout bascule en bloc (comptabilité des entreprises et des banques, emprunts d'État, etc.). Le second est celui de la « vague montante ». Chacun fait comme il l'entend : il n'y a aucune obligation, aucun interdit. On laisse la monnaie unique s'imposer d'elle-même. Mais, pour Bruxelles, il s'agit là de mauvaises solutions, susceptibles de créer des incertitudes. Ce que veut Silguy, c'est accélérer le mouvement et surtout rendre l'union monétaire irréversible dès le premier jour.

Stark se fâche

Or, les Allemands préfèrent le big bang retardé. Il permet au pouvoir politique, d'une part, de présenter la fin du mark comme un événement lointain qui aura lieu après le début du prochain millénaire. Il répond, d'autre part, à un besoin de clarté et de précision : en un jour, tout change et le public sait ainsi à quoi s'en tenir. Jürgen Stark entreprend donc de démolir le projet. Il clame qu'il est « inacceptable » que la Commission ose prendre des initiatives de son propre chef sur un sujet aussi chaud : « C'est une usurpation de pouvoir. » Qu'elle s'occupe donc de la courbure des concombres et laisse la monnaie aux gens sérieux. Ce Livre vert fourmille de propositions « scandaleuses », insiste-t-il. Décortiquant le document page à page, il met le doigt sur tous les points qu'il juge irrecevables. « On y a passé trois heures en tout », se souvient Xavier Larnaudie-Eiffel : « Page 3, vous écrivez quelque chose que nous ne pouvons admettre. Page 4, c'est inacceptable. Page 5, ce n'est pas sérieux. Et ainsi de suite. En particulier, le *Staatssekretär* stigmatise le fait que la nécessité de respecter les critères de convergence à la virgule près n'est pas assez soulignée. Et puis, vouloir généraliser l'usage de la monnaie unique dès le gel définitif des parités entre les devises qualifiées est hors de question alors que les petites banques de la République fédérale s'y opposent. Et en Allemagne, on écoute les banques.

Si les trois émissaires de Silguy ne s'attendaient pas à un accueil franchement cordial, la violence de Stark les surprend. Le « chef cab » comprend que la Commission, si elle persiste, risque de se mettre à dos le BMF. Calmement, il écoute et prend des notes. Lorsque le secrétaire d'État quitte la salle et se fait remplacer par son adjoint, Klaus Regling, un homme que Larnaudie-Eiffel connaît depuis longtemps, l'atmosphère se détend quelque peu. Ensuite, le trio se rend à la chancellerie où il a rendez-vous avec Rolf Kaiser, l'un des conseillers économiques de Helmut Kohl. L'entretien est nettement plus courtois. À Bruxelles, il est décidé de prendre en compte certaines des critiques allemandes pour montrer de la bonne volonté, mais sans démordre de l'essentiel. La détente entre la Commission et l'Allemagne est scellée le 23 mai 1995 durant un déjeuner auquel Jacques Santer, le président de l'exécutif bruxellois, a invité Hans Tietmeyer, le patron de la Bundesbank. Parmi les gestes apaisants, il est convenu de réécrire l'avant-propos du Livre vert.

De même, une note de bas de page figurera dans le document, qui doit être rendu public le 31 mai : elle spécifie que la dénomination de la monnaie unique n'est pas encore arrêtée. Ce n'est pas une surprise : Kohl n'a jamais caché qu'il ne voulait pas de cet « affreux nom d'écu », comme il le confiait à quelques journalistes dès janvier 1992, alors que le traité de Maastricht n'était même pas encore signé[1]. « ECU », c'est le sigle anglais de *European Currency Unit*, unité de compte européenne. Valéry Giscard d'Estaing, qui a eu cette idée, espérait que ce terme chargé d'histoire, si agréable aux oreilles françaises, deviendrait celui d'une éventuelle devise communautaire. Mais les Allemands ne l'ont pas entendu ainsi. Car il sonne mal dans leur langue : il est trop proche de *Kuh* (le *u* se prononce *ou*) qui signifie vache : phonétiquement *ein Ecu*, soit un écu, ressemble à *eine Kuh* (une vache). D'ailleurs, dès 1985, lorsque le mot « écu » est intégré au traité de Rome par le biais de l'Acte unique, Bonn obtient que dans la version allemande du texte, l'article féminin *die* soit accolé à *Ecu* afin de bien signifier qu'il s'agit d'un acronyme et non d'un nom propre. Même opération lors du traité de Maastricht : le 20 janvier 1992, les Douze acceptent que « écu » soit orthographié « ECU » en majuscules dans le texte allemand. Le 8 février, Hans-Dietrich Genscher, le ministre des

1. Le traité sera signé à Maastricht le 7 février 1992 par les ministres des Affaires étrangères et leurs collègues des Finances.

Affaires étrangères, fait un pas de plus en suggérant que chaque pays garde le nom de sa monnaie en y ajoutant le préfixe euro. En mars, Jean-Claude Trichet, le directeur du Trésor, reçoit confirmation de cette allergie. À la suite d'une rencontre avec un diplomate d'outre-Rhin, il rédige une note destinée à son ministre, Pierre Bérégovoy : son interlocuteur, écrit-il, « a fait part de la réticence des Allemands à employer le mot Ecu, qui sonne mal dans leur langue. Ils préféreraient euro-DM en Allemagne, euro-FF en France... » Pour Trichet, cette attitude est absolument inadmissible : « l'encre du traité est à peine sèche et le mot Ecu est bien écrit ». On comprend mieux, dès lors, pourquoi la concession faite par Silguy dans le Livre vert lui vaut immédiatement les « foudres de Paris », ainsi que le raconte l'un de ses proches.

L'UEM en panne

Pourquoi la nouvelle Commission a-t-elle pris le risque de provoquer ainsi Bonn alors qu'elle n'est en fonction que depuis janvier 1995, quelques mois à peine ? D'abord, parce que Yves-Thibault de Silguy, un haut fonctionnaire qui n'a jamais affronté le scrutin populaire ou détenu de maroquin ministériel, veut s'imposer dans un collège largement composé d'anciens membres de gouvernement. Il est donc essentiel, pour lui, de montrer qu'il n'est pas qu'un simple technocrate aux ordres de Paris, monté en grade par la simple faveur d'Édouard Balladur, le Premier ministre français qui a propulsé son conseiller pour les Affaires européennes à Bruxelles... Le Livre vert, c'est une étape de son plan de carrière. « L'idée de mettre au point un scénario de passage est née au début du mois de décembre 1994, au cours d'une réunion dans le bureau qu'il occupait à Matignon. Nous préparions son audition par le Parlement européen », raconte Larnaudie-Eiffel. En impliquant les banques et les entreprises dans le processus, on le rendra crédible et tangible. Si aucun préparatif n'a lieu avant le jour J, qui croira à la naissance de la monnaie unique[1] ?

L'opération est ambitieuse : après la crise de 1992-1993, le projet d'union monétaire semble bien mal en point. Au lendemain de la longue nuit du Borschette d'août 1993 et l'élargissement des bandes de fluctuation à 15 %, les gouvernements retiennent leur souffle : l'ouragan va-t-il s'éloigner ? Un mois de supplice va voir le franc glisser dangereusement pour atteindre un niveau de 3,50 francs vis-à-vis du mark (son cours pivot est à 3,35 francs). Mais les spéculateurs se découragent. « Le franc est descendu aux enfers », se souvient un ancien du Trésor : « L'angoisse était forte. Mais, vers le 20 août, ça n'a plus bougé, ça a commencé à se réapprécier et les capitaux à rentrer. Et là, on se dit que l'élargissement des digues a permis de laisser passer la crue sans dégâts. À partir de là, on retrouve une relative paix intérieure sur le plan de la gestion de la monnaie. » Très vite, l'UEM est chassée, dans l'ordre des préoccupations, par une autre urgence : les négociations de libéralisation du commerce mondial au sein du GATT, ancêtre de l'Organisation mondiale du commerce (OMC), qui vont occuper les gouvernements jusqu'à la fin de l'année 1993.

1. Des travaux étaient déjà en cours. Un groupe de travail présidé par l'ancien président du Comité monétaire et directeur du Trésor néerlandais, Cees Maas, a remis un rapport, le 20 janvier 1995, sur le passage à la monnaie unique. Il préconise, notamment, l'introduction rapide des pièces et billets en « écus » dans les six mois de la décision de passage à la troisième phase.

Mais la Belgique, qui préside la Communauté en ce second semestre 1993, n'a aucune intention de laisser le projet d'union économique et monétaire en déshérence. Fidèle à sa tradition, elle agit en animateur dynamique et efficace de l'Europe. Elle est servie par deux hommes politiques bons connaisseurs des arcanes communautaires : le ministre des Finances, Philippe Maystadt, et le Premier ministre, Jean-Luc Dehaene, un Flamand trapu et ventripotent dont le bon sens empreint d'humour et le talent de négociateur forcent l'admiration de ses pairs. Il s'entend remarquablement bien avec Helmut Kohl, dont il partage la sûreté de jugement. C'est aussi un chrétien-démocrate qui cultive le don belge de l'autodérision. Dans son bureau, il a accroché en bonne place une grande photographie de Margaret Thatcher et de lui-même assis côte à côte pendant les cérémonies du cinquantième anniversaire du débarquement de Normandie, en 1994. La Dame de fer, raide, envahit l'image avec son grand chapeau en forme de soucoupe volante. Le petit Dehaene, lui, est effondré sur sa chaise, les mains croisées sur son embonpoint, le double menton débordant sur le col de sa chemise. Son visage est celui d'un bébé assoupi. Et en effet le Premier ministre dort...

Balladur sauve les meubles

Maystadt veut réaffirmer par tous les moyens l'engagement des gouvernements en faveur de l'Union monétaire Son idée : revenir aux anciennes marges de fluctuation du SME. Car la nuit du Borschette a donné l'impression aux opinions que le mécanisme de change était mort et le projet d'UEM, quasiment abandonné.

En préparant la réunion informelle du Conseil des ministres de l'Économie et des Finances, à Genval, en Belgique, le 13 septembre 1993, Français et Belges en discutent. Mais lorsque la question est abordée en séance plénière, les ministres estiment qu'il ne servirait à rien de « réveiller les chiens endormis », selon l'expression de Gert Haller, alors secrétaire d'État aux Finances à Bonn.

En effet, un tel retour au *statu quo ante* aurait été dangereux. Au lendemain de la crise du mois d'août, Édouard Balladur a en fait déjà sauvé le projet d'union monétaire en résistant aux sirènes qui lui recommandaient de baisser les taux. Certes, le franc glisserait, mais pourquoi ne pas profiter de la marge de 15 % ? Le but de cette « autre politique », l'abandon du franc fort, c'est évidemment de donner un coup de fouet à l'économie hexagonale en récession depuis fin 1992. Jean-Claude Trichet, le directeur du Trésor, milite contre une telle disposition, qui risquerait de réduire à néant la crédibilité du franc si chèrement acquise sur les marchés. En outre, rien ne garantit que la monnaie française ne crèverait pas son cours plancher... En revanche, en agissant en douceur, il doit être possible de faire diminuer les taux à court terme, restés au-dessus de ceux à long terme, demeurés stables depuis le début de la crise, ce qui, pour Trichet, est un signal clair que les investisseurs gardent confiance. Balladur se laisse convaincre.

La Banque de France engage dès le 9 août 1993 une très prudente baisse des taux (un quart de point). Le mouvement s'accélère après la mi-septembre quand la Bundesbank – où Hans Tietmeyer vient de succéder au président Helmut Schlesinger – baisse à son tour ses taux d'un demi-point. Si Trichet recommande la prudence, c'est parce qu'il a gardé en mémoire l'échec cuisant de plusieurs tentatives, de 1991 à 1993, de passer sous les taux en vigueur outre-Rhin. Le scénario a toujours été le même : quelques journées d'hésitation – et d'euphorie à Bercy où l'on imagine le franc, désormais, au moins « aussi fort que le mark » –, et puis les marchés punissent inexorablement les Prométhées français, coupables d'avoir voulu détrôner la monnaie allemande, le « soleil » du système. Chaque fois, Paris a dû remonter précipitamment ses taux pour enrayer la chute de sa monnaie...

Ce refus en août 1993 de céder à la tentation de la facilité en pleine crise économique a persuadé les marchés financiers que le choix du franc fort – et donc de la culture de la stabilité – est désormais solidement ancré dans la tradition politique hexagonale. Malgré la crise monétaire mexicaine de l'hiver 1994-1995 et en dépit des polémiques contre la rigueur maastrichtienne qui émailleront la campagne présidentielle de 1995, puis celle des législatives deux ans plus tard, le franc n'accusera plus que des faiblesses passagères.

Un scepticisme tenace

Malgré les doutes et les incertitudes de cette période, la volonté de la plupart des chefs d'État et de gouvernement de réaliser l'UEM reste intacte. Ils le manifestent en convoquant le 29 octobre 1993, à Bruxelles, un sommet extraordinaire pour célébrer l'entrée en vigueur du traité de Maastricht, le 1er novembre. Les procédures de ratification ont été plus longues et plus ardues que prévu à cause du « non » danois de juin 1992. Au cours de ce sommet, les Douze choisissent Francfort comme siège de la future BCE, comme le souhaitait le chancelier. Un signal clair que la monnaie unique reste à l'ordre du jour et que la France – du moins en la personne de Mitterrand – est prête à des concessions pour aider le gouvernement allemand à gérer son opinion. En outre, comme la deuxième phase de l'Union monétaire doit commencer le 1er janvier 1994, les Douze nomment, à la même occasion, le président de l'Institut monétaire européen (IME) – cette coopérative de banques centrales qui doit préparer l'avènement de la BCE. Le candidat naturel, Wim Duisenberg, président du Comité des gouverneurs, refuse de quitter Amsterdam pour la grisaille de Francfort. Ce sera donc le patron de la Banque des règlements internationaux (BRI), le Belge Alexandre Lamfaluss[1] : ce Hongrois d'origine, économiste réputé, fait baron en Belgique, homme discret, courtois et efficace, a su se tailler une réputation solide parmi ses pairs, notamment par son travail au sein du Comité Delors. Le Conseil européen de décembre 1993 adopte, conformément au calendrier de Maastricht, les premières « grandes orientations de politique économique » (GOPE).

Malgré tout, nombre d'observateurs – notamment la presse anglo-américaine – estiment que le projet bat sérieusement de l'aile. À Londres, comme à Washington ou à New York, on se focalise sur les sondages d'opinion : ils montrent que les Allemands demeurent très réticents à l'abandon du mark. Surtout, la progression apparemment inexorable du chômage, qui touche 11 % de la population de l'Union européenne en 1993, achève de convaincre les marchés financiers que les gouvernements ne résisteront pas à la pression. À la fin de l'année, seuls trois pays – le Danemark, l'Irlande et le Luxembourg – ont circonscrit leur déficit à moins de 3 %. En France, le trou budgétaire est passé de 3,9 % en 1992

1. Il décède en 2015.

à 5,8 % en 1993, sans qu'une amélioration soit en vue. Comment, dès lors, imaginer que six ans plus tard, ces pays partageront la même monnaie ? Enfin, le chancelier doit affronter des élections en octobre 1994 et le président de la République, malade, achèvera son deuxième et dernier mandat sept mois plus tard. L'avenir, en cet hiver 1993-1994, semble décidément bien incertain.

La présidence grecque de l'Union européenne[1], au premier semestre de 1994, ne fait rien pour remédier à ce passage à vide, bien au contraire. Son Premier ministre, le socialiste Andréas Papandréou, est diminué physiquement et mentalement. Quant à son ministre des Affaires européennes, Theódoros Pángalos, il n'arrange rien en qualifiant l'Allemagne de « géant à la cervelle de nain ». Les choses vont d'autant plus mal que le cabinet conservateur de John Major, sous la pression de la frange xénophobe de son parti, devient de plus en plus ouvertement hostile à l'Europe. L'Italie, quant à elle, occupée à assainir le marécage affairiste laissé par quatre décennies de gestion chrétienne-démocrate et socialiste, élit Silvio Berlusconi, le magnat de la télévision privée, qui préside le premier gouvernement franchement eurosceptique depuis la guerre.

Au sommet de Corfou, fin juin 1994, les Britanniques mettent leur veto à la nomination du « bulldozer » Dehaene[2], jugé trop fédéraliste, à la tête de la Commission européenne, pour succéder à Jacques Delors à partir de janvier 1995. En désespoir de cause, le choix se portera, lors d'un sommet extraordinaire convoqué par la

---

1. La CEE est devenue l'UE avec l'entrée en vigueur du traité de Maastricht, le 1er novembre 1993.

2. C'est l'un des nombreux surnoms du Premier ministre belge. On l'appelle aussi « le Plombier » pour son aptitude à entretenir la machinerie compliquée et souvent défectueuse de l'appareil d'État de son pays.

nouvelle présidence allemande, le 15 juillet à Bruxelles, sur Jacques Santer, le chef du gouvernement du Luxembourg. Malgré son absence de talent rhétorique et de charisme, ce personnage un peu falot se révélera un gestionnaire habile des deux grands dossiers de cette seconde moitié de la décennie, l'UEM et l'élargissement de l'Union à l'Est.

Un chancelier en cardigan

Bonn, 7 juillet 1994. Comme tous les ans, Helmut Kohl reçoit chez lui, à la chancellerie où il loge en semaine, les correspondants allemands en poste à Bruxelles. Il est convenu que l'entretien ne sera pas rapporté, ce qui lui permet de s'exprimer avec franchise. Assis dans un ample fauteuil, son fidèle conseiller diplomatique Joachim Bitterlich à ses côtés, vêtu de son célèbre cardigan, il accueille les journalistes, une paire de chaussures confortables aux pieds. Cette décontraction presque petite-bourgeoise est typique de l'homme qui met un point d'honneur à se présenter vis-à-vis de l'extérieur comme un monsieur Tout-le-monde. Cet après-midi-là, il est en grande forme. Ce qu'il veut, c'est rassurer son monde quant à la solidité de son engagement européen et surtout quant à son adhésion sans faille au projet de monnaie unique. « Il faut comprendre que le train de l'histoire ne s'arrête parfois qu'une fois », explique-t-il dans ce langage imagé que beaucoup d'intellectuels prennent à tort comme un signe d'une pensée fruste. En réalité, sa capacité de ramener les problèmes politiques à leurs éléments essentiels est l'une de ses grandes forces. Là où d'autres se perdent dans la complexité du réel, le chancelier construit son analyse et son action sur quelques observations de base.

L'union monétaire, pour lui, est le meilleur moyen de réaliser dans un futur proche une véritable percée dans l'intégration communautaire qui ne serait pas possible dans d'autres domaines comme la défense ou la politique étrangère. Et puis, insiste Kohl, il est nécessaire d'aller vite : « Le processus de la construction européenne doit être rendu irréversible. Une fois que les nouveaux Länder auront surmonté leurs difficultés économiques, l'Allemagne sera de loin le pays le plus fort d'Europe. Et, voyez-vous, la génération qui est au pouvoir actuellement est la dernière qui ait vécu la guerre. » Le pays aura-t-il alors la volonté politique d'accepter la perte de souveraineté qu'implique l'intégration ? « C'est pour cela qu'il faut agir maintenant, et ne pas manquer ce rendez-vous de l'histoire. » Quant à l'attachement de la population à son mark bien-aimé, le chancelier n'en fait qu'une bouchée, tout en reconnaissant qu'il faut prendre au sérieux ces émotions. « Après la guerre, les Allemands ne pouvaient plus saluer le drapeau national [comme il fallait le faire à toutes sortes d'occasions sous le régime nazi, n.d.a.]. Alors, tous les matins, ils ont salué le mark à sa place. » Formule assassine s'il en est, qui lui aurait sans doute valu la perte de plusieurs points de popularité si l'un des journalistes présents avait enfreint la règle du silence...

Durant cet entretien, Helmut Kohl évoque, comme il le fait parfois, la coopération qu'ont engagée Aristide Briand et Gustav Stresemann, les ministres des Affaires étrangères de France et d'Allemagne, et qui leur a valu le prix Nobel de la paix en 1926 : « Peu de temps après, la Seconde Guerre mondiale éclate », explique-t-il. Bref, il est dangereux de croire que la pérennité de la paix est déjà assurée. Elle ne sera vraiment garantie que lorsque l'intégration européenne aura créé des institutions communes plus fortes que les capitales : en faisant l'union monétaire et l'union politique qui doit suivre, il faut arriver à un véritable partage des souverainetés nationales. Dans l'Europe dont il rêve, si la France et l'Allemagne se disputent, c'est un peu comme si l'Écosse s'opposait à l'Angleterre. Un conflit sans conséquences dangereuses puisque même dans le pire des cas il n'y a pas d'armée à mettre en marche. D'autres dirigeants européens partagent cette analyse. Ainsi François Mitterrand ne dit pas autre chose dans son discours d'adieu devant le Parlement européen le 17 janvier 1995 : « Le nationalisme, c'est la guerre. »

Une ambiance délétère

Entre-temps, en France, Balladur prépare le terrain de sa campagne à la présidentielle du printemps 1995 en renonçant à résorber les déficits pour ne pas brusquer le contribuable électeur. Kohl, lui, a été reconduit de justesse, le 16 octobre 1994, face au social-démocrate Rudolf Scharping, un personnage trop peu flamboyant, même au goût des Allemands. Le chancelier place d'emblée son troisième mandat sous le double signe de l'élargissement et de la monnaie unique. En décembre 1994, il préside un sommet, à Essen, qui conclut une présidence allemande au bilan franchement modeste, l'équipe au pouvoir ayant été pleinement occupée à assurer sa réélection. Le grand sujet de ce Conseil européen, c'est le chômage, qui atteint désormais le taux record de 11,2 % – plus de 18 millions de personnes sont touchées. Pour son dernier sommet, Jacques Delors rappelle que son « Livre blanc » sur « la compétitivité, la croissance et l'emploi », adopté par les Douze un an plus tôt, est resté largement lettre morte. Il y proposait, entre autres, la mise en œuvre de « grands travaux » dans le domaine des réseaux transeuropéens de transport et d'énergie et celui des « autoroutes de l'information » (lignes à haut débit pour favoriser la communication par Internet). Pour les financer, il suggérait un recours à l'emprunt communautaire. Son argument est simple : puisque les générations futures bénéficieront de ces infrastructures, il n'y a rien de choquant à ce qu'elles participent à leur paiement grâce à leurs impôts qui permettront alors de rembourser les prêts. Mais ce keynésianisme européen s'est heurté au refus obstiné des grands argentiers, plutôt soucieux de colmater les trous budgétaires chez eux que d'en créer de nouveaux à Bruxelles. Comme l'explique sans relâche Theo Waigel : « Il n'est pas question d'ouvrir de nouvelles lignes de crédit européennes alors que la consolidation budgétaire doit avoir priorité. » Selon Bonn, la Commission doit au contraire sabrer dans le budget de l'Union pour aider les États membres à réduire leur déficit… *Exit* le Livre blanc, une erreur que l'Union n'a toujours pas fini de payer.

C'est dans cette ambiance délétère que s'installe la nouvelle Commission, en janvier 1995 : la croissance peine à décoller, après la récession de 1993, les comptes publics se détériorent, la volonté politique d'agir ensemble semble inexistante. Lorsque Edmond Alphandéry, le ministre de l'Économie, fait une tournée des capitales pour préparer la présidence française de l'Union qui débute, elle aussi, en janvier 1995, il se heurte, à propos de la monnaie unique, à des réactions dubitatives : « Croyez-vous qu'il soit si urgent de remettre ça sur le tapis ? » s'entend-il dire. Ou encore : « N'est-ce quand même pas un peu trop sensible pour qu'on en parle ? » Bref, ce ne sera pas un sujet prioritaire pendant ce semestre. D'ailleurs, la question ne sera évoquée qu'à la va-vite au déjeuner du premier Ecofin du mois de janvier.

Pourtant, l'idée du nouveau commissaire Yves-Thibault de Silguy de réveiller la machine, en accélérant les travaux préparatoires pour l'UEM, va faire de 1995 une véritable année de relance. « Il s'agit de livrer une voiture clés en main aux chefs d'État et de gouvernement », explique-t-il à qui veut l'entendre. « Ensuite, à eux de voir si, en 1996, ils veulent mettre le contact et démarrer. » Certains, dont Philippe Maystadt, relativisent cependant le rôle de Silguy : « Si la Commission n'avait pas sorti un scénario, quelqu'un d'autre l'aurait fait », explique l'ancien ministre belge. De fait, l'IME de Francfort prépare, lui aussi, un schéma de basculement vers la monnaie unique. Les temps sont mûrs, en réalité, pour relancer le projet. Début 1995, Silguy parie encore que l'UEM pourra voir le jour dès le premier rendez-vous prévu par Maastricht, le 1er janvier 1997[1]. Il y a donc urgence si l'on veut être prêt à temps. Pour lui, il n'est pas impossible que les gouvernements européens réussissent à retrouver à temps le chemin de la vertu budgétaire. Mais cette approche volontaire contribue à le discréditer aux yeux d'interlocuteurs comme Hans Tietmeyer, qui voit en lui au mieux un naïf, au pis un fonctionnaire parisien prêt à réaliser l'UEM sur la base d'une décision purement politique, indépendamment des réalités économiques.

Pour les Allemands, les prestations de Silguy dans les premiers mois de son mandat confirment tous les préjugés

---

1. Depuis le 1er janvier 1995, l'Autriche, la Finlande et la Suède ont rejoint l'Union, après une année de négociation express.

qu'ils cultivent envers les Français. Même son aspect extérieur détonne dans un univers de banquiers centraux et de fonctionnaires où le gris est de mise et l'originalité vestimentaire rarissime : le commissaire affectionne les couleurs plutôt chatoyantes. Or, pour un germanique, de la fantaisie au manque de rigueur, il n'y a qu'un pas. Il faudra un patient travail de compréhension mutuelle, mais surtout un effort considérable d'adaptation de Silguy lui-même, pour que le gentilhomme de Bretagne soit considéré à Bonn comme un interlocuteur fiable et compétent. « Il lui a fallu du temps pour comprendre que lorsque nous demandions plus de convergence et de stabilité, c'est que nous voulions donner les meilleures bases à l'UEM et que c'est nous, en fait, qui étions les meilleurs Européens », explique un ancien haut fonctionnaire outre-Rhin. « Par la suite, son discours est devenu vraiment proche du nôtre. » Les pochettes du commissaire, néanmoins, resteront multicolores.

Un bulldozer dans un magasin de porcelaine

Lorsque Silguy, en mai 1995, présente son avant-projet de Livre vert, il fait irruption, sans le savoir, dans une négociation discrète et très délicate que le Bundesfinanzministerium mène avec le monde bancaire. On est parfaitement conscient, à Bonn comme à Francfort, que la volonté des dirigeants européens de réaliser l'UEM est intacte, même si la date de 1997 est déjà considérée comme totalement irréaliste. « Il était clair dès le début de 1994 que l'UEM ne pouvait se faire avant 1999 », reconnaît un haut responsable de la Bundesbank. Cependant, même cette échéance est suffisamment proche pour commencer à songer sérieusement aux modalités concrètes de l'introduction de la monnaie unique.

Or, l'idée d'une mise en œuvre progressive après 1997 ou 1999 risque de gêner gravement les Sparkassen, les caisses d'épargne communales ou régionales orientées tout spécialement vers les besoins de l'épargnant modeste et des petites entreprises. Quand il s'agit de faire valoir leurs intérêts auprès du BMF, elles sont dans une position de négociation extrêmement forte, étant proches d'un public auprès duquel la fin du mark suscite la peur irrationnelle de voir ses avoirs confisqués. Si elles refusaient de communiquer de manière positive sur l'UEM, ou, pis encore, se livraient à une opération de dénigrement, ce serait une catastrophe. De plus, nombre de leurs dirigeants craignent que la concurrence renforcée de l'après-1999 ne menace leur position. Le soutien massif des grandes banques, telles la Deutsche Bank ou la Dresdner Bank, au projet de monnaie unique renforce ces angoisses. Historiquement proches des régions, les caisses d'épargne disposent d'appuis puissants auprès des Landeszentralbanken, ces banques centrales des Länder dont les présidents siègent et votent au Conseil central de la Bundesbank, qui fixe les taux d'intérêt[1]... L'imbroglio est d'autant plus explosif que les Sparkassen ont eu l'habileté de nommer à la tête de leur association un homme dont les entrées au BMF et même à la chancellerie sont parmi les meilleures, Horst Köhler, l'ancien secrétaire d'État au ministère des Finances, l'un des maîtres d'œuvre de Maastricht. Sans avoir « viré sa cuti », comme certains le pensent, Köhler a besoin, dans ses nouvelles fonctions, de montrer qu'il ne sert

1. Aux Sparkassen se joignent les instituts spécialisés dans les prêts hypothécaires.

pas les intérêts de son gouvernement. Il n'hésitera pas à monter au créneau publiquement pour le critiquer. Et ses attaques font mal. C'est donc au beau milieu de ce débat que débarque, sans précaution excessive, Silguy. C'est pourquoi au ministère des Finances, à Bonn, les réactions sont partagées entre la colère et le choc.

« L'initiative de Bruxelles venait pour nous à un très mauvais moment », se souvient un ancien haut fonctionnaire du BMF. Et puis, est-ce bien à ces gens-là de gérer ce dossier alors que l'Institut monétaire européen a déjà commencé à plancher sur le même sujet ? À tout le moins, le commissaire aurait dû attendre les propositions des banquiers centraux avant d'apporter, peut-être, un complément. En outre, à l'IME, on est sensible au problème de communication de Waigel : « Il fallait que la monnaie unique arrive le moins spectaculairement et le plus tard possible, explique le baron Lamfalussy. Et donc, quand la Commission a sorti l'idée qu'il fallait l'introduire avec une "masse critique" dès le départ, ça a provoqué l'explosion. » En revanche, il est infondé, selon lui, de soupçonner la Bundesbank de vouloir se réserver une porte de sortie de l'UEM entre 1999 et 2002, en retardant le basculement de trois ans : « Elle savait que tout retour en arrière serait une catastrophe. »

Deux cathos à Versailles

Silguy rencontre pour la première fois en tête à tête Theo Waigel lors d'une réunion informelle du Conseil Ecofin, le week-end des 8 et 9 avril 1995, à Versailles. Le soir du 7, il se rend dans la suite de l'hôtel Trianon Palace, en bordure du parc du château, où réside le grand argentier. L'accueil est poli, mais formel. Waigel marque d'entrée son engagement pour la construction européenne et l'axe Paris-Bonn : « Le chancelier et moi-même sommes très attachés à ce processus, que nous avons engagé dans l'intérêt des peuples européens. Mon seul frère a été tué en France à l'âge de dix-huit ans. Mais il faut se tourner vers l'avenir : il y aura deux locomotives dans ce train, la France et l'Allemagne », explique-t-il. Silguy répond en allant droit au but, comme on l'aime outre-Rhin : « Pour dissiper toute équivoque, nous sommes décidés à être stricts sur la question des critères. Notre objectif à terme, c'est l'équilibre budgétaire. Je ne participerai jamais à la guerre des pronostics. Ce qui compte, c'est de réussir la monnaie unique le plus tôt possible sur de bonnes bases. » Et, pour bien souligner sa sincérité, il enchaîne : « Vous savez, de tempérament, je suis libéral, pragmatique, catholique et plutôt conservateur. Dans une région catholique comme la Bretagne, dont je viens, la dette, c'est le péché. — Ce que vous dites me plaît beaucoup », rétorque immédiatement Waigel. L'ambiance se détend, Silguy risque même une boutade : « Mais la beauté du catholicisme, c'est qu'on pardonne les fautes. — Ce n'est pas le cas pour les finances publiques », lui répond en souriant le ministre. La glace est rompue. Le commissaire, pour la première fois, évoque même la possibilité d'abandonner l'appellation « écu ». La rencontre du Trianon Palace marque le début d'une bonne relation de travail, qui finira par déboucher sur une véritable confiance mutuelle.

En revanche, à Versailles, le contact entre Theo Waigel et Edmond Alphandéry est aussi tendu que d'habitude. Le locataire de Bercy a en effet décidé de monter une opération publicitaire en faisant frapper des écus par la Monnaie de Paris. Une occasion rêvée pour les photographes et les cameramen, qui ont enfin autre chose à se mettre sous la dent que les éternels clichés de réunions ministérielles… En tant que coup médiatique, l'opération du « coffret écu », préparée sans consultation préalable des autres capitales, est franchement réussie : les images feront le tour du monde. Mais Waigel est furieux. Pour lui, il s'agit d'accréditer de manière trop transparente l'idée que la monnaie unique s'appellera bien « écu ». Et une fois de plus, Paris fait comme si la partie était gagnée d'avance alors que l'état des déficits publics – celui de la France en particulier – continue d'être des plus préoccupants. Les mauvaises performances budgétaires sont d'autant plus inquiétantes que la croissance, durant l'hiver 1994-1995, vient de subir un nouveau choc. À la suite de l'effondrement du peso mexicain, de décembre à janvier, une crise de confiance a secoué le SME : la peseta espagnole et l'escudo portugais ont dû être dévalués respectivement de 7 % et 3,5 %. La lire italienne, elle, plonge dans l'abîme encore une fois. Des paysans de Corrèze aux industriels allemands, les exportateurs voient leurs bénéfices fondre sous l'effet de ces turbulences.

Un président qui inquiète

C'est l'ultime occasion qu'Alphandéry aura de hérisser ses partenaires. Le 7 mai 1995, Jacques Chirac est élu président de la République, après une remontée spectaculaire dans les sondages et une défaite inattendue au premier tour du candidat Balladur. Il a centré sa campagne électorale sur la « fracture sociale » dont souffre la France et suscité sciemment l'espoir d'une rupture avec l'orthodoxie gouvernementale des dernières années, incarnée par son concurrent gaulliste. La possibilité d'un nouveau référendum sur l'UEM est évoquée, fin 1994, pour être finalement écartée peu après, à la suite d'un accès de faiblesse du franc. Chirac, populiste en diable, a redoublé d'attaques contre ces technocrates et ces énarques (dont il est lui-même) qui sont devenus les meilleurs défenseurs de l'Europe maastrichtienne.

Le nouveau président va-t-il, comme le lui suggèrent de nombreux conseillers officieux et officiels, rompre avec la logique de consolidation budgétaire exigée par Maastricht et compromettre le passage à la monnaie unique ? Certes, il a appelé, en 1992, à voter « oui » au référendum sur le traité. Mais deux ans auparavant, il avait critiqué violemment le projet d'UEM : « Si, comme le veut M. Delors, on faisait une monnaie unique, il faut bien que les Français sachent les conséquences. Cela veut dire que nous n'aurons plus de politique budgétaire nationale, notre budget serait en réalité géré par les bureaucrates de Bruxelles. Nous n'aurions plus de politique sociale indépendante [...], plus de politique de défense indépendante. La troisième étape du plan Delors, pour moi, c'est non. »

La nomination à Matignon d'Alain Juppé rassure. Le jeune et brillant ministre sortant des Affaires étrangères est un Européen de raison qui sait très bien ce que la France aurait à perdre en cassant la mécanique communautaire. Surtout, l'anti-maastrichtien Philippe Séguin se retrouve cantonné au perchoir de l'Assemblée nationale, un poste de prestige qui n'offre que peu d'emprise sur le déroulement des événements. En revanche, la nomination du bouillant Alain Madelin aux Finances inquiète un peu plus : pendant la crise de 1992-1993, n'a-t-il pas prôné la rupture du lien franc-mark afin de donner un peu d'air à l'économie française ? L'arrivée de Madelin à

Bercy, temple du franc fort, c'est le loup dans la bergerie. Parmi les hauts fonctionnaires du Trésor, on est effaré par le provincialisme de la nouvelle équipe élyséenne. Ainsi, il faudra longuement lui expliquer que le choix des premiers pays participants – dans l'hypothèse d'un démarrage en 1999 – pourra uniquement se faire sur la base des performances de 1997 et non sur celles de 1998 : sinon, les résultats de l'année de sélection ne seraient connus qu'après le lancement de la monnaie unique !

Un premier rendez-vous annulé

Le grand argentier Madelin provoque un bel esclandre lors de son deuxième Conseil Ecofin, en juin à Luxembourg. Devant une assistance sidérée, il indique négligemment que, pour la France, la première date prévue par Maastricht pour l'introduction de l'écu, le 1er janvier 1997, est enterrée. Il s'agit, bien sûr, d'un secret de Polichinelle : personne n'imagine qu'une majorité de pays arrivera à respecter d'ici la fin de 1995 le critère de déficit budgétaire, surtout pas la France, qui est à – 4,9 %. Et une Union monétaire sans la France aurait-elle un sens ? Mais la désinvolture de Madelin irrite : la décision revient aux chefs d'État et de gouvernement, qui agiront sur proposition de la Commission, et certainement pas à un ministre des Finances, fût-il français. Fait rarissime, Yves-Thibault de Silguy le contredira devant les journalistes : « Il n'y a pas de raison de penser qu'une majorité des États membres ne respectera pas les critères de Maastricht avant le 1er janvier 1997. » Il craint qu'un report de l'échéance n'amène les capitales à relâcher leurs efforts. Mais c'est un combat d'arrière-garde.

La manœuvre de Madelin sert, en réalité, à préparer l'annonce, trois jours plus tard, du planning budgétaire du nouveau gouvernement : la France fera 5 % de déficit en 1995, 4 % en 1996 et 3 % en 1997. Juste à temps pour lui permettre de se qualifier en 1999. Cette règle du 5-4-3 a été soufflée à Alain Juppé par Jean-Claude Trichet, le nouveau gouverneur de la Banque de France, désormais indépendante du pouvoir politique. Bref, dès le mois de juin, l'équipe chiraquienne engage sa volonté de réaliser l'UEM.

À Cannes, l'été tarde à s'installer. Le rendez-vous annuel du monde du cinéma vient à peine de se terminer que la Croisette est envahie par une foule en costume-cravate dont elle n'a guère l'habitude. C'est là, dans le palais des Festivals, qu'a lieu le sommet clôturant la présidence française de l'Union, les 26 et 27 juin. Pour cause de campagne présidentielle, il a été bâclé, tout comme celui de l'Allemagne à Essen six mois auparavant. La monnaie unique n'est pas à l'ordre du jour et l'atmosphère est exécrable. Les relations entre Paris et les autres capitales se sont tendues brutalement avec l'annonce de la reprise des essais nucléaires français dans le Pacifique, le 13 juin. Jacques Chirac a prévenu Helmut Kohl quelques heures avant d'en faire la déclaration publique et le chancelier l'a assuré de sa compréhension. Mais l'opinion allemande condamne massivement. Le président n'arrangera pas son image en s'en prenant peu élégamment au chef du gouvernement italien, Lamberto Dini, à propos des « dévaluations compétitives » de la lire. Comme si Rome avait décidé de faire chuter sa monnaie afin de nuire à la France.

Chirac se livre, devant la presse, à un plaidoyer mémorable : « J'ai indiqué [...] combien la France était contrariée par le fait que la lire ait été dévaluée de l'ordre de 60 % depuis 1992 [...]. Par exemple, sur le plateau de

Millevaches où nous avons l'habitude d'exporter ce que nous appelons des veaux d'Italie, le nom est bien choisi, c'est-à-dire des jeunes broutards vers l'Italie, depuis toujours, les ateliers italiens finissant ces taurillons, eh bien, cette année nous ne pourrons pas exporter à cause de la dévaluation de la lire. » Ce qui signifie qu'un « certain nombre de paysans qui avaient travaillé beaucoup » seront « ruinés ». Le Livre vert – publié le 31 mai, à Bruxelles – est expédié en une phrase : « C'est un document intéressant, bien fait, qui a été très bien accueilli. » La Commission est chargée de présenter un plan précis pour le Conseil de Madrid de décembre. Silguy est déçu : il espérait obtenir un accord politique sur son propre scénario de passage à la troisième phase de l'UEM. Certes, les chefs d'État et de gouvernement ont réaffirmé leur volonté de réaliser la monnaie unique. Une pétition de principe qui ne lève pas la principale hypothèque : les dirigeants auront-ils la volonté et les moyens de résorber à temps les déficits ? Le chancelier Kohl explique à la presse allemande, le premier soir du sommet, que s'il fallait repousser le début de l'Union monétaire d'un an ou deux, ce ne serait pas un drame, vu la dimension historique du projet... Le scepticisme est décidément bien installé.

Après cette pâle prestation française, l'Espagne, qui prend le relais de la présidence de l'Union le 1er juillet 1995, réussira-t-elle à relancer la mécanique ? Le socialiste Felipe González, Premier ministre, grand ami d'Helmut Kohl et de Jacques Delors, est un Européen passionné. Il est pour lui essentiel de réussir sa présidence pour améliorer l'image de son gouvernement secoué par une série de scandales. C'est à Madrid, en juin 1989, déjà sous sa présidence, que le rapport du Comité Delors a été adopté, lançant ainsi la marche vers l'UEM. Il souhaite rééditer l'opération en décidant d'un scénario et, peut-être, en réglant définitivement le nom de la monnaie unique.

Fin juillet 1995, la Bundesbank effectue une retraite tactique qui va grandement faciliter la tâche de Bruxelles et du gouvernement espagnol : Francfort abandonne l'idée du big bang retardé, le *delayed big bang.* Depuis la rencontre orageuse du mois de mai entre Stark et les émissaires de Silguy, la Buba est parvenue à un arrangement, approuvé par la Commission, avec les caisses d'épargne : elle pourra, à partir de 1999, leur accorder des crédits selon des modalités simplifiées donc comparables à celles qui existaient auparavant. Le but est de leur éviter d'avoir à faire de lourds investissements en informatique et en personnel. Mais le geste de Tietmeyer se fait aussi sous la pression de l'association des grandes banques allemandes, qui a lancé ses troupes dans la bataille aux côtés des experts communautaires. Désormais, Silguy – fortement soutenu par Jacques Santer – a un puissant appui en Allemagne. En outre, le président de l'IME, Alexandre Lamfalussy, travaille discrètement avec lui afin de coordonner étroitement les propositions que leurs institutions doivent soumettre sous présidence espagnole. C'est au sein de l'institut de Francfort que les gouverneurs se mettent d'accord pour que, dès le 1er janvier 1999, la Banque centrale européenne fonctionne, dans ses relations avec le système bancaire, en écus, ce qui représente une masse financière importante. En outre, explique Lamfalussy, « la Commission a repris certaines des suggestions de l'IME, dont celle de faire de la devise européenne, dès le départ, la monnaie de l'Union alors que, dans le traité, ce n'est pas précisé. Cela signifie que les taux de conversion entre les monnaies nationales, qui seront connus le 31 décembre 1998, devront être acceptés dans le monde entier sans contestation possible ».

L'optimisme revient

Le tournant de cette année 1995 décisive a lieu à Valence, les 29 et 30 septembre, à l'occasion d'un Conseil Ecofin informel. Pour la première fois depuis longtemps, les ministres des Finances affirment sans ambiguïté, coupant court au jeu des petites phrases, leur volonté d'observer Maastricht à la lettre : « Il y a unanimité sur le respect des critères de convergence et de la date », explique Theo Waigel. Il écarte toute possibilité de report de la date de 1999, évoquée notamment par Lamberto Dini, le Premier ministre italien, qui cumule le portefeuille des Finances : « Ce n'est pas conforme au traité. » Jean Arthuis, qui a remplacé Alain Madelin au poste des Finances le 26 août précédent, souligne « le caractère irréversible du processus engagé. Le rendez-vous est prévu pour le 1er janvier 1999 ». Le Bavarois, de bonne humeur, se dira même optimiste sur le nombre de pays qui réussiront à se qualifier.

« Dans la phase actuelle, il s'agit de ne décourager personne. Chacun a le droit et l'occasion de se qualifier », renchérit Hans Tietmeyer. Les Allemands ont tout lieu d'être contents : leurs partenaires ont approuvé le principe d'un « Pacte de stabilité » qui sera le règlement intérieur de la monnaie unique. Dans cette ambiance euphorique, les Quinze adoptent également les grandes lignes du Livre vert : la décision de passage sera prise en 1998 sur la base des chiffres définitifs de l'année 1997 et non sur des estimations. Il s'agit d'une exigence de Bonn destinée à garantir que les chiffres imposés par le traité ne seront pas dépassés. Puis, à partir du 1er janvier 1999, une fois les parités définitivement fixées, les politiques monétaires et de change seront conduites en monnaie unique. Durant cette période intermédiaire, il n'y aura ni obligation, ni interdiction pour les entreprises et les particuliers d'utiliser la devise européenne. Les pièces et les billets feront leur apparition au plus tard le 1er janvier 2002, quand l'ensemble des transactions basculera. Mais les grands argentiers ne parviennent pas à se mettre d'accord sur la question délicate des dettes publiques : la Commission veut qu'aucune nouvelle émission de titres négociables (les emprunts d'État) ne se fasse en monnaie nationale, et ce dès le 1er janvier 1999. Il faut atteindre la fameuse masse critique qui doit interdire tout retour en arrière. Theo Waigel, cependant, ne veut pas en entendre parler. Il argüe du fait que toute une partie de sa dette est placée auprès de particuliers qui n'abandonneront le mark qu'en 2002. Jusqu'à cette date, il veut donc continuer à émettre des titres comme par le passé. On retrouve le souci de rassurer les Allemands : jusqu'en 2002, le mark sera là et bien là.

En revanche, Valence donne satisfaction à Waigel en signant l'arrêt de mort de l'appellation « écu ». Mais l'accord sur un nouveau nom ne peut se faire qu'au niveau des chefs d'État et de gouvernement. Les ministres des Finances se contentent d'en énumérer les critères : être aisément prononçable dans les onze langues, respecter les identités nationales, ne pas reprendre le nom d'une monnaie en circulation et être le même pour tout le monde. La France est déçue tout en étant rassurée : ce ne sera en tout cas pas « euromark » ou « euro-franc ». Jean Arthuis cite plusieurs possibilités : « euro, ducat, florin, franken ». Mais, déjà, euro, soutenu par son collègue allemand, semble tenir la corde. « En fait, euro n'était pas le nom préféré de Waigel », raconte Klaus Regling, l'ancien adjoint de Stark : « Il le trouvait neutre et un peu ennuyeux. Il aurait préféré une désignation historique comme thaler, florin ou couronne. Il voulait surtout une désignation acceptable pour tous. »

Chirac se convertit

Pourtant, en dépit de Valence, le doute subsiste. À cause de la France. Ou plutôt de Jacques Chirac : les échos de sa campagne présidentielle ne se sont pas tus. En outre, la crédibilité de sa majorité se dégrade. La démission du ministre des Finances, Alain Madelin, fin août, a été mal perçue par les marchés financiers. À tort ou à raison, ce libéral leur est finalement apparu comme l'homme de la situation, celui qui pourrait amener Paris à sortir du cercle vicieux des déficits et de l'endettement, et surtout imposer les nécessaires réformes du marché du travail. Le doute renaît : le gouvernement va-t-il changer de politique ? Pour ne rien arranger, le projet de budget pour 1996, présenté par le successeur de Madelin, Jean Arthuis, ne convainc pas les analystes. Et, comme si cela ne suffisait pas, le Premier ministre, Alain Juppé, est éclaboussé par l'affaire de son appartement loué à bas prix à la Ville de Paris. Le franc est de nouveau attaqué et la Banque de France, le 6 octobre, doit remonter ses taux d'intérêt pour le protéger. À la fin du mois, le président de la République comprend qu'il faut donner un signal fort. Combattre la fracture sociale ou le déficit, le moment est venu de choisir et surtout de le dire sans détour afin de rétablir la confiance des marchés et des partenaires européens. Le 25 octobre, Jacques Chirac est à Bonn. Il prévient Kohl qu'il s'exprimera le lendemain soir à la télévision afin de redire son engagement de réaliser dans les temps la monnaie unique : « Tu peux compter sur moi, on y arrivera. »

Au cours de la conférence de presse qui suit son entretien avec le chancelier, il admet que « la France est obligée de faire un effort important. Trop longtemps, elle s'est laissée aller à des pratiques, notamment en matière de dépenses, qui étaient excessives. Plus rapidement que nous, l'Allemagne a réalisé les dangers de ces pratiques et a redressé la barre comme nous le faisons aujourd'hui. Mais, là encore, le résultat sera celui que nous avons souhaité. C'est-à-dire que nous serons ensemble prêts pour les échéances internationales, européennes, monétaires auxquelles ensemble nous avons souscrit ». Kohl appuie son « ami Jacques » : « Personnellement je n'ai aucun doute. Je suis persuadé que le gouvernement et le président français ont la volonté de réaliser cette politique. La France arrivera donc à remplir les critères de Maastricht. Nous sommes tous deux d'accord pour dire que ces critères ne doivent en aucun cas être remis en cause, qu'il ne faut en aucun cas les atténuer. » Le couple Chirac-Kohl, dont l'entente est indispensable pour que l'Union avance, semble enfin fonctionner.

Le lendemain soir, Jacques Chirac est sur France 2. Il répète ce qu'il a dit la veille, mais avec plus de clarté : « La priorité, c'est la réduction des déficits. » Et cela pour deux raisons : « Il faudra que nous soyons arrivés à cet équilibre dans deux ans, ne serait-ce que pour entrer dans la monnaie unique européenne conformément aux engagements que nous avons pris. » Mais aussi parce que « le chômage augmente avec les déficits et non pas le contraire. C'est parce que les déficits existent que l'on fait peser davantage de charges sur ceux qui produisent, qui sont ainsi moins incités à créer des emplois ». Difficile d'être plus orthodoxe. Dans la foulée, il donne un satisfecit à Jean-Claude Trichet : « À juste titre, la Banque de France [...] a fait de l'assainissement financier le préalable à toute baisse des taux. Et elle a raison. » Bref retour en arrière : pendant la campagne, le même Chirac avait déclaré que « Le gouverneur de la Banque de France n'est pas là pour indiquer au gouvernement quelle est la politique qu'il doit mener sur le plan économique. » C'est une victoire en rase campagne pour ce dernier. Le président a fait siens les arguments des tenants de « la pensée unique ». Toute autre politique est désormais fermement écartée. Les marchés financiers sont rassurés, les partenaires de Paris aussi. L'annonce du plan Juppé de réforme de la Sécurité sociale, le 15 novembre, achèvera de les convaincre de la volonté de la France.

Au même moment, l'IME de Francfort publie son scénario de passage à la troisième phase de l'UEM : il ne diffère guère de celui de la Commission, si ce n'est qu'il prévoit une période de six mois, du 1er janvier au 1er juillet 2002, durant laquelle les devises nationales circuleront en même temps que les pièces et les billets européens. Le 27 novembre, à Bruxelles, les quinze ministres des Finances entérinent les grandes lignes du scénario. Les chefs d'État et de gouvernement n'auront que deux problèmes à trancher lors du sommet, deux semaines plus tard : la dénomination de la future monnaie et la composition précise de la masse critique : quelles seront les opérations qui basculeront dès le 1er janvier 1999 ?

Au moment où les dirigeants se retrouvent à Madrid, les 15 et 16 décembre 1995, la France est paralysée par une grève des services publics. Les fonctionnaires ne veulent pas faire les frais de la réduction des déficits. Mais le ras-le-bol est plus général, comme le montre le soutien massif de la population. Les gens vont au travail à pied ou à bicyclette et peu s'en plaignent. Comme si le pays entier s'associait au mouvement par procuration. Le « revirement » du gouvernement n'a pas été suffisamment expliqué à une opinion qui a le sentiment qu'on lui demande sacrifice sur sacrifice sans résultats tangibles. À Madrid, il fait un froid glacial, comme à Paris. Les Quinze se retrouvent dans le palais des Expositions, perdu dans la banlieue de la capitale espagnole.

« Euro, tu es euro »

Tout se passe très vite le vendredi matin. La question du scénario est réglée plus rapidement qu'on n'osait l'espérer. Kohl se range à l'avis désormais quasi unanime sur la masse critique : les emprunts émis à partir de 1999 le seront en monnaie unique. La Commission est ravie : elle est certaine que les États basculeront toute leur dette, même celle qui est antérieure à 1999, dans la nouvelle devise[1]. Un an plus tard, Jürgen Stark annoncera lui-même que l'Allemagne procédera ainsi.

Ensuite, les dirigeants abordent la question du nom. Jacques Santer, le président de l'exécutif européen, veut que la décision soit prise ici et maintenant : « J'insiste sur la nécessité absolue de parvenir à un accord aujourd'hui. Comment voulez-vous accélérer les préparatifs et lancer une campagne de communication si le produit que nous devons présenter n'a pas de nom ? La Commission accepte tout à fait l'écu. Mais s'il n'y a pas consensus, elle peut donner son accord à un autre nom [...], comme

1. Un règlement adopté le 3 mai 1998 autorise les États à libeller l'ensemble de leur dette en euros. Les onze pays qualifiés ont décidé d'utiliser cette possibilité.

euro, à partir du moment où il s'agit bien d'euro tout court. » Helmut Kohl prend la parole : « L'opinion allemande ne peut pas accepter le terme d'écu. Ce mot est trop proche de *die Kuh*, la vache. Et puis, il s'agit quand même d'une monnaie qui a perdu 40 % de sa valeur par rapport au mark » depuis les crises de 92-93. « Notre nom préféré c'est euro. » Jacques Chirac : « C'est extrêmement préoccupant. Les Français sont très attachés à l'écu. C'est l'origine de la construction monétaire européenne. En plus, le mot écu est dans le traité de Maastricht. Alors, Helmut, je ne vois pas comment on peut envisager de le changer. »

Mais Helmut n'en démord pas : « J'insiste. C'est à prendre ou à laisser. » Le président se demande alors s'il est « vraiment urgent de décider aujourd'hui. Une monnaie, c'est quelque chose qui intéresse les gens. Il faut trouver un moyen de les consulter. Une décision technocratique serait odieuse. La Commission et le Conseil devraient trouver la manière de consulter les populations ». Le chancelier, encore une fois, n'est pas d'accord : « Un sondage, est-ce que ça marcherait vraiment ? Vous savez, peut-être que les Allemands diraient que ce qu'ils veulent en fait c'est le mark... » Lors du tour de table, tout le monde abandonne sans remords l'écu. Le Belge Jean-Luc Dehaene et le Néerlandais Wim Kok insistent simplement pour que, en aucun cas, on n'accepte euro-mark, euro-franc, euro-lire. Le Luxembourgeois Jean-Claude Juncker note : « Je peux vivre avec euro, même si ça n'est pas très sexy. » Le Finlandais fait remarquer que la monnaie de son pays a plusieurs fois changé d'appellation « On a eu le thaler, la couronne, le mark, le rouble. Nous acceptons tout sauf le rouble. » La France est donc isolée. « C'est extrêmement regrettable, mais je ne vais pas à moi tout seul arrêter la construction de la monnaie unique », se désole Chirac : « Je considère que nous faisons une faute, mais je lève mon objection. »

La Commission n'a pas non plus une passion pour euro. Elle a bombardé, avant Madrid, les capitales de plusieurs notes, pour leur proposer d'autres possibilités : ducat, florin, en n'écartant pas même un retour à l'Antiquité (solidus, as...). Dans les couloirs du sommet, les Britanniques, en particulier Nigel Wicks, le président du Comité monétaire, militent pour florin. John Major, le Premier ministre de Sa Très Gracieuse Majesté, demande la parole, une fois le sort de l'écu scellé : « Nous ne sommes pas les plus intéressés, mais nous avons des idées. Nous avons pensé au ducat. Il y a aussi eu une monnaie qui a eu cours dans bien des endroits y compris, pour rassurer Jacques Chirac, en France, en Aquitaine précisément : c'est le florin. Notre roi Jean sans Terre avait fait frapper le florin d'Aquitaine » au début du XIIIe siècle. Pour étayer ses dires, il sort même un dossier. Wim Kok intervient : « Nous serions gênés de soutenir cette proposition si c'était vraiment le nom de notre monnaie. Mais son nom officiel c'est le gulden. » Chirac évidemment ne suit pas. Après tout, il s'agit de la monnaie de l'occupant anglais... *Exit* le florin, qui est passé bien près de devenir le successeur de l'écu.

Felipe González, qui veut en finir, prend les choses en main : « C'est bientôt l'heure du déjeuner et on ne va pas y rester des heures. C'est un problème relativement simple. Dans les contacts préparatoires que j'ai eus avant ce Conseil, j'ai eu l'impression que beaucoup de collègues pouvaient accepter le nom d'euro. » Chirac prévient : « Pour la France, l'idée de décliner ce nom en euro-franc, euro-mark, est inacceptable. » González le rassure : « Dans mon idée, c'est euro tout court.

Ça symbolise l'Europe, c'est le même mot dans toutes les langues et il n'y a pas de gros problèmes de prononciation. » Dans la salle du Conseil, c'est la cacophonie : chacun articule tout haut euro dans sa langue, pour voir. C'est le moment que choisissent les Grecs, en l'absence de Papandréou, malade, pour faire remarquer que leur alphabet est différent. Lassitude généralisée. « Nous exigeons de ne pas devoir abandonner notre alphabet parce que nous faisons une monnaie unique », insistent-ils. Alexandre Lamfalussy s'engage à le faire figurer sur les billets. Mais les gouvernements, qui sont seuls compétents pour la frappe des pièces, se taisent : euro ne figurera donc qu'en caractères latins sur les espèces sonnantes et trébuchantes... La délégation grecque s'avisera, mais un peu tard, que euro et *oura*, urine en grec, sont un peu trop homophones.

Ce sera donc euro[1]. Kohl, qui a accepté le scénario, est content : il tient sa contrepartie. Chirac ne s'est pas réellement battu, il sait que les Français ne lui tiendront pas rigueur de ce changement d'appellation. Au début du mois de décembre, Bercy a commandé un sondage confidentiel sur la dénomination de la monnaie unique. Surprise : si écu a les faveurs de 71 % des Français, euro arrive en tête des autres solutions avec 42 % d'opinions positives, loin devant couronne (23 %), florin (19 %), ducat (18 %), livre (15 %). À Madrid le Portugais António Guterres, un socialiste fervent catholique, se laisse aller à paraphraser l'apostrophe de Jésus à Pierre : « Euro, tu es euro, et sur l'euro nous édifierons l'Union européenne. » Toutes les incertitudes sont levées. L'euro

1. Les États sont compétents pour interpréter un traité. C'est à ce titre qu'ils ont pu décider que le mot « écu » n'était pas le nom de la monnaie unique.

verra bien le jour le 1er janvier 1999. « Le Conseil européen de Madrid a été décisif », juge l'ancien ministre des Finances belge Philippe Maystadt. « Plus rien n'a jamais été pareil après ce sommet », insiste Xavier Larnaudie-Eiffel[1].

1. C'est au cours d'un Conseil Ecofin informel à Vérone, les 12 et 13 avril 1996, que les ministres des Finances décideront que le nom de la décimale de l'euro sera le « cent ». « Ainsi on pourra continuer à dire centime en France », en a déduit Jean Arthuis. De même, les pièces comporteront une face nationale. Le dessin des billets sera dévoilé par l'IME en marge du sommet de Dublin, en décembre 1996. En septembre 1997, l'Institut de Francfort décidera qu'ils ne comporteront aucun signe distinctif. Enfin, le sigle est une initiative de la Commission, présentée lors du Conseil irlandais. Son succès fut tel qu'il s'imposa de lui-même.

L'EURO AURA L'ACCENT ALLEMAND

1995-1996

Augsbourg, vendredi 15 septembre 1995. Theo Waigel a invité Jean Arthuis, le nouveau ministre de l'Économie et des Finances français, dans son fief électoral. La cité bavaroise est chargée d'histoire : elle est le berceau de la dynastie des Fugger, dont l'empire financier s'étendait à travers toute l'Europe au début du XVIe siècle. Arthuis est plutôt flatté d'être reçu d'emblée dans l'intimité du grand argentier allemand, qu'il qualifie de « grand sage », lui qui s'est retrouvé à Bercy presque par hasard à la suite du départ, le 25 août, du météorique Alain Madelin[1]. Alain Juppé, le Premier ministre, l'a propulsé à ce poste faute d'autre candidat à peu près crédible, mais surtout parce qu'il veut garder la haute main sur les finances. C'est un homme *a priori* sans surprise, réservé, plutôt raide, qui est desservi par son image d'expert-comptable dans les cénacles de la politique parisienne. Dans la voiture qui les mène vers leur destination, les deux hommes discutent. « Jouons franc-jeu, propose Arthuis. Si j'accepte votre idée de

1. Alain Madelin n'a occupé son poste que trois mois avant de démissionner. Le 23 août 1995, il dénonce les privilèges des fonctionnaires en matière de retraite et le niveau trop élevé du RMI. Le tollé provoqué par ses propos l'amène à quitter son poste.

Pacte de stabilité, ce n'est pas pour vous faire plaisir mais parce que c'est l'intérêt de la France. Nous ne pouvons pas continuer à faire du déficit budgétaire. »

Le matin même, sous l'œil approbateur de Hans Tietmeyer, le patron de la Bundesbank, Theo Waigel a exposé les grandes lignes de sa nouvelle idée : Arthuis est flanqué de Jean Lemierre, son directeur de cabinet, de Christian Noyer, le directeur du Trésor, et de Jean-Claude Trichet, le gouverneur de la Banque de France. Afin de s'assurer que la discipline budgétaire sera durablement respectée dans la future Union économique et monétaire, il veut que les pays qui y participent signent entre eux un Pacte de stabilité. Sous peine de sanctions, ils s'obligeraient ainsi à ne jamais laisser leur déficit dépasser cette limite de 3 % du PIB que Maastricht fixe comme condition d'entrée dans la monnaie unique. Mieux, engagement serait pris de tendre à terme vers l'équilibre des finances publiques. À la grande surprise de ses interlocuteurs, Arthuis n'oppose aucune résistance, bien au contraire. « Nous sommes d'accord pour dissiper les interrogations et éliminer les risques concernant la phase opérationnelle de la monnaie unique », déclare-t-il à l'issue de la rencontre.

Stark dans ses œuvres

Trois jours plus tard, le lundi 18 septembre 1995, le Conseil Ecofin se réunit, comme chaque mois, à Bruxelles. Theo Waigel a délégué son secrétaire d'État aux Finances, Jürgen Stark, pour expliquer aux autres la proposition dont Arthuis a eu la primeur. L'idée d'un pacte pour garantir un respect durable de la barre des 3 % de déficit ne rencontre que peu de résistance à la réunion de Bruxelles. Au contraire. Hervé Gaymard, le jeune et sémillant secrétaire d'État français aux Finances, accepte, comme son patron, la nécessité d'une « discipline commune : il est bien évident que l'objectif de 3 % ne peut être cosmétique : ce n'est pas parce qu'il aura été atteint au moment du passage à la troisième étape qu'on pourra ensuite s'en affranchir ». Les « petits » pays embrayent, notamment ceux du Benelux. Peu étonnant de la part des Pays-Bas, presque toujours alignés sur l'Allemagne en matière de politique européenne, ou du richissime Luxembourg, ce soutien est, a priori, inattendu d'un pays aussi lourdement endetté que la Belgique. « À l'époque, plusieurs gouvernements envisageaient des mesures exceptionnelles pour se qualifier mais ne prenaient aucun engagement quant à leur pérennité », explique Philippe Maystadt, l'ancien ministre belge des Finances. « C'était l'intérêt de tous de s'assurer que la discipline budgétaire serait maintenue après 1999. »

Les « petits » pays de l'Union savent parfaitement que la Banque centrale européenne, lorsqu'elle fixera les taux d'intérêt, prendra en compte la situation budgétaire de la zone euro dans son ensemble. Or, il est évident que les budgets des poids plumes ne pèseront pas lourd dans la balance... Les taux, par contre, seront les mêmes pour tous. Si Francfort décide de les augmenter pour contrecarrer une politique budgétaire trop laxiste, leur croissance nationale en souffrira, indépendamment de leur propre vertu en matière de comptes publics. Pour les « petits », le Pacte, c'est une occasion à saisir. « On se demandait vraiment ce qu'on ferait si l'Allemagne ou la France se mettaient à creuser leur déficit », souligne le Premier ministre et ministre des Finances luxembourgeois, Jean-Claude Juncker. Les seuls à trouver la pilule amère sont les États du Sud, qui voient là une nouvelle tentative allemande de leur barrer l'entrée de l'UEM. Cependant, personne n'ose vraiment protester : le faire serait reconnaître que, une fois en monnaie unique, on n'hésiterait pas à ouvrir les vannes des dépenses publiques.

Mais Stark reçoit une volée de bois vert lorsqu'il demande que le Pacte prenne la forme d'un « accord entre les pays qui participeront à la troisième phase » (de la monnaie unique, n.d.a.). Autrement dit, le secrétaire d'État propose de signer un texte à part, hors du cadre juridique du traité, entre les seules capitales qualifiées. Un Schengen monétaire en quelque sorte. Or, en 1995, à une époque où les budgets partent à la dérive et où le scepticisme des marchés financiers reste fort, toute la dynamique européenne repose précisément sur le respect du traité. Le renégocier par la petite porte en convenant d'ententes complémentaires, c'est permettre toutes sortes de surenchères politiques. Touche pas à mon Maastricht, voilà, en substance, la réaction des partenaires de Bonn. Hervé Gaymard affirme immédiatement qu'il n'est pas question d'« adopter des textes supplémentaires ». Yves-Thibault de Silguy, le commissaire chargé de la monnaie unique, est sur la même ligne : Maastricht « prévoit des mécanismes, assortis de sanctions, nous donnant les moyens d'assurer que la discipline budgétaire jouera de manière permanente après le déclenchement de la troisième phase ».

Quelques jours plus tard, fin septembre 1995, les quinze ministres des Finances se retrouvent, comme chaque semestre, avec les gouverneurs des banques centrales, pour un Ecofin informel qui se tient dans un hôtel de luxe à quelques kilomètres de Valence, les Espagnols exerçant alors la présidence de l'Union. C'est le seul endroit à peu près préservé d'une côte méditerranéenne massacrée par le développement touristique forcené des années franquistes. Rassurés par le fait que l'Allemagne affirme clairement, au cours de cette réunion, qu'elle entend s'en tenir au calendrier de passage à la monnaie unique, tous les ministres soutiennent en chœur le pacte de Theo Waigel. « Il faut aller au-delà même des engagements convenus dans le traité », explique Arthuis à l'issue de la rencontre : « Nous avons tous besoin de réduire notre endettement et nos déficits. » « La nécessité du maintien d'une bonne gestion est ultra pertinente », surenchérit Jean-Claude Trichet : « Il faut être sûr que chacun respectera durablement les critères. C'est une idée consensuelle qui n'a pas donné lieu à une discussion spécifique. » Les critères « concernent non seulement les gouvernements d'aujourd'hui mais aussi ceux qui seront en place dans dix ou vingt ans », martèle un Waigel ravi d'une telle unanimité.

« Franchement, je ne m'y attendais pas, reconnaîtra-t-il plus tard. À Valence, les Italiens, eux aussi, ont dit que le pacte était une bonne idée, et qu'ils en avaient besoin pour résoudre leurs problèmes de politique intérieure. Cela m'a vraiment surpris. » Quant à la volonté de faire mieux que les 3 % maastrichtiens en temps normal, quoi de plus sensé ? « 3 % est un plafond », estime, pédagogique, le gouverneur de la Banque de France : « En période de vaches grasses, il faut faire mieux que 3 % pour pouvoir aller jusqu'à 3 % en période de vaches maigres. » Et le ministre allemand de persévérer dans ses efforts pour convaincre : « La troisième phase ne sera pas une partie de plaisir. Il faut que ça tienne. » Bref, sur le principe, il a remporté une première victoire éclair. En moins de quinze jours, l'Union s'est rendue aux arguments de Bonn.

La Buba en première ligne

S'assurer de la pérennité de la culture de stabilité, dont Maastricht est le reflet, est un souci ancien des milieux dirigeants allemands. Dès la négociation du traité, la Bundesbank insiste, dans une déclaration officielle sur l'UEM publiée le 19 septembre 1990, sur la nécessité de « créer des dispositions [...] [comprenant des règles contraignantes et des sanctions, n.d.a.] pour une discipline budgétaire efficace dans tous les pays membres ». Or, le résultat final déçoit les attentes de Francfort. « Officieusement, nous avons commencé très tôt à montrer que nous n'étions pas satisfaits de Maastricht sur ce point », explique Hans Tietmeyer, le président de la Bundesbank. « Nous avons suggéré de faire une sorte de Schengen monétaire. » En mars 1992, un mois après la signature du traité qui a eu lieu le 7 février, Otmar Issing, un membre du directoire de la Buba, estime que « les sanctions éventuelles à partir de la troisième phase de l'Union ne paraissent pas particulièrement effrayantes » pour obliger un pays à respecter les plafonds de 3 % de déficit public et de 60 % de dette publique.

L'économiste de la Bundesbank fait référence à l'article 104 C du traité, qui prévoit une procédure censée éviter les « déficits excessifs », c'est-à-dire supérieurs aux fameux 3 %. Première étape : le Conseil des ministres des Finances, statuant à la majorité qualifiée, adresse une « recommandation » à l'État fautif afin de l'inciter à revenir dans le droit chemin dans un « délai donné ». Puis, à défaut de réaction, l'avertissement est rendu public. Ensuite, le pays peut être « mis en demeure » de réagir. Dernière étape : le Conseil des ministres peut, notamment, obliger le mauvais élève à faire un « dépôt ne portant pas intérêt d'un montant approprié » et « imposer des amendes d'un montant approprié ». Enfin, Maastricht instaure une soupape de sécurité : un déficit peut dépasser la barre des 3 % si cela est dû à une situation « exceptionnelle et temporaire ». Mais, pour la Bundesbank, tout cela est bien trop vague : elle veut que le 104 C ait la précision d'un article du Code pénal afin de lui donner un caractère vraiment dissuasif.

Début 1995, avec la relance de l'UEM, le Bundesfinanzministerium et la Bundesbank accélèrent leur réflexion : le projet n'est visiblement pas mort et il faut le verrouiller au maximum. En étroite collaboration, ils élaborent un système qui deviendra le Pacte. « Cette idée est née du constat qu'une union monétaire était impossible sans une véritable union politique », raconte un haut fonctionnaire du Trésor allemand. « J'ai accompagné Stark à Francfort pour voir Hans Tietmeyer. Nous nous sommes mis d'accord sur le fait que pour faire fonctionner la monnaie unique, il fallait un Pacte de stabilité. C'était la seule solution viable d'un point de vue économique. »

Depuis Maastricht, Tietmeyer ne cesse d'affirmer que l'union monétaire restera un ensemble fragile aussi longtemps que les pays participants n'accepteront pas de l'accompagner d'une union politique qui est, pour l'instant, largement insuffisante. Bien sûr, c'est à la politique budgétaire et fiscale que le président de la Buba pense en premier lieu. En février 1995, il fait passer ce message en France : « Ce qui m'importe, c'est de dire qu'on doit assurer la discipline budgétaire ainsi que la nécessaire direction commune de la politique économique. » Pour lui, il faut garantir « une convergence suffisante et durable en matière de politique financière et économique et pas seulement au moment de l'entrée dans l'Union monétaire[1] ». Bref, un système de rappel efficace est indispensable pour que la monnaie unique ne soit pas soumise aux aléas des politiques nationales. Au même moment, à Londres, Jürgen Stark se fait plus précis : les États qui partageront la même monnaie devront souscrire à des engagements supplémentaires afin qu'il soit certain que les critères seront respectés au-delà du temps de la qualification.

Waigel sous pression de ses « faucons »

En 1995, le gouvernement allemand est aux prises avec le scepticisme massif de son opinion publique. Les sondages varient, mais au moins deux tiers des Allemands sont hostiles à la monnaie unique. Helmut Kohl doit faire face aux pressions des nombreux opposants à l'UEM, une coalition hétéroclite de professeurs d'université, de banquiers et de journaux conservateurs, pourtant en principe proches du pouvoir. En outre, les sociaux-démocrates, démoralisés par leur défaite aux législatives de 1994 – le quatrième échec successif depuis 1982 –, essayent de surfer sur la vague eurosceptique. Certains de leurs ténors, dont le futur chancelier Gerhard Schröder, accusent la droite de vouloir abandonner un mark « fort et stable » pour une douteuse monnaie européenne. Le 30 mai 1995, Rudolf Scharping, patron du parti social-démocrate (SPD) et candidat malheureux à la chancellerie, reprend à son compte la proposition d'un Pacte de stabilité, formulée par Wolfgang Gruger, président d'une association de banques locales et opposant déclaré à l'UEM. Mais le plus gênant pour Bonn et surtout pour

1. Entretien au journal *Le Monde* du 16 février 1995.

Theo Waigel, ce sont les attaques de « sa » CSU, l'ultra-conservateur parti frère bavarois de la CDU, qu'il préside. Appuyé sur l'hostilité de la très grande majorité de l'électorat CSU à la monnaie unique, Edmund Stoiber, ministre-président du Land Bavière et homme fort du parti, se livre à une surenchère démagogique contre laquelle le ministre des Finances a du mal à se défendre. Pour une forte majorité de l'opinion, même au-delà de Munich, toute concession qu'il pourrait accorder aux partenaires européens serait immédiatement perçue comme un signe de faiblesse.

Dans un tel contexte de politique intérieure, l'Europe ne pouvait pas échapper au Pacte de stabilité. « Les Français ont très vite compris que s'ils ne l'acceptaient pas, les Allemands n'iraient pas plus loin » dans l'aventure de la monnaie unique, confirme un responsable allemand. L'intelligence de Bercy est d'avoir appréhendé rapidement cette dimension germano-allemande : « Je comprends les inquiétudes qui peuvent se faire jour dans l'opinion publique » outre-Rhin, déclare ainsi, le 18 septembre 1995 à Bruxelles, Hervé Gaymard. « L'acceptation immédiate des Français ne m'a pas surpris car ils avaient compris que l'Allemagne avait besoin du Pacte », analyse Philippe Maystadt. « Arthuis m'a dit : “Je dirai publiquement que je suis pour parce que je veux aider Theo.” Et tout au long de la négociation, on sentait bien que Waigel en avait un besoin désespéré. Son seul argument était de dire qu'il avait besoin d'un texte suffisamment rigide et précis. Ça, tout le monde l'a compris. » La Commission juge, elle aussi, que le Pacte est « un joker, un test de crédibilité : les Allemands veulent voir qui est prêt à faire un réel effort, qui est prêt à s'engager durablement dans la culture de stabilité », estime un proche d'Yves-Thibault de Silguy, le commissaire européen.

Pourtant, en dépit de cette bonne volonté affichée, durant toutes les tractations sur le Pacte, de septembre 1995 à décembre 1996, la France a paru sur la défensive. La plupart des commentateurs hexagonaux estimeront que Paris n'a fait que passer sous les fourches caudines allemandes afin d'obtenir la monnaie unique. Mais cette analyse est inexacte ou du moins incomplète. Elle omet que, à l'origine, la France a aussi demandé et obtenu que le traité de Maastricht intègre des sanctions afin de s'assurer du strict respect de la discipline budgétaire dans l'UEM.

La France, dès l'origine, veut des sanctions contre les « mauvais élèves »

Ainsi, avant même que ne commence la négociation du traité, en juillet 1990, les services du ministère des Finances proposent que, dès la seconde phase, celle qui débutera le 1er janvier 1994, les États affichant des « déficits excessifs » soient punis. Le Trésor suggère des « recommandations internes », puis des « déclarations publiques » et, *in fine*, la suspension de « la participation de l'État en cause à l'UEM », une mesure qui pourra être décidée par le Conseil des chefs d'État et de gouvernement à la majorité qualifiée. Une fois la monnaie unique en vigueur, Bercy estime qu'il faudra aller encore plus loin en instaurant des « sanctions contraignantes lorsque les déficits d'un État membre menacent la stabilité monétaire dans l'Union ». Le 9 janvier 1991, une note du Trésor insiste, une nouvelle fois, sur la nécessité de mettre en place des « procédures de rappel » : « la suspension des concours du budget communautaire, le recours à la Cour de justice » et même la modification autoritaire des budgets nationaux déviants seraient ajoutés à la panoplie. L'ensemble de ces idées se retrouvera dans le projet de traité français rendu public le 26 janvier 1991, à l'ouverture de la Conférence intergouvernementale (CIG).

Le mercredi 13 février 1991, Jean-Claude Trichet, directeur du Trésor, est à Bonn. « Pour nous, explique-t-il à ses interlocuteurs, il faut que la Communauté dispose de moyens de contraindre un pays membre à se conduire convenablement. Il est par exemple essentiel de pouvoir imposer une politique saine à l'Italie, sinon nous sommes perdus. » Mais en voulant aller plus loin, il montre le bout de l'oreille : « Il faut pouvoir réagir au niveau des États s'il y a des dérapages macroéconomiques [comme] un comportement irresponsable des partenaires sociaux en matière de salaires. » Pour les Français, il s'agit de surveiller l'ensemble de la politique économique des États membres de la future UEM. Autrement dit, les mesures répressives ne sont qu'un attribut du gouvernement économique dont Paris est le promoteur zélé...

Bonn voit immédiatement le piège : « N'affaiblissons-nous pas l'instrument que sont les sanctions si nous n'en limitons pas l'usage à la politique budgétaire ? » c'est-à-dire aux déficits, s'enquiert, faussement naïf, Horst Köhler, le secrétaire d'État aux Finances et principal négociateur allemand. On retrouve l'affrontement classique entre les deux capitales sur le rôle du politique dans une union monétaire. Köhler estime, malgré tout, que l'idée française est à creuser, mais en évitant qu'elle ne soit trop envahissante. Comme il le dira quelque temps plus tard, « il faut trouver un dispositif qui, par les signaux techniques et politiques qu'il donnera, puisse garantir que la politique monétaire unique n'aura pas, le moment venu, à être sollicitée par suite de débordements budgétaires » d'un pays. On est donc d'accord, au moins sur ce point, des deux côtés du Rhin.

Aucun gouvernement n'a osé s'opposer de front à cette suggestion d'introduire des mécanismes contraignants à l'égard des « mauvais élèves ». Pourquoi l'auraient-ils fait, d'ailleurs ? La discipline budgétaire n'est-elle pas consubstantielle de l'UEM ? Cependant, les États du Sud insistent, lorsque la question est évoquée pour la première fois, à Bruxelles le 25 février 1991, pour que le traité ne contienne pas de dispositions discriminatoires. En particulier, ils estiment que les plus pauvres seraient les principales victimes de la suspension des paiements communautaires, des aides régionales essentiellement. Que craindrait, en effet, l'Allemagne, contributrice nette au budget ? La Grèce ou le Portugal, en revanche, seraient sévèrement punis. Seule, la Commission est incontestablement rétive à l'introduction de sanctions. Son projet de traité du 21 août 1990 ne prévoit d'ailleurs qu'une procédure de « recommandation », éventuellement rendue publique, ce qui lui paraît bien suffisant.

En août 1991, le « Comité monétaire suppléant* », qui planche sur demande des États membres, passe en revue les peines possibles : interruption des versements du budget européen, bien sûr, mais aussi privation temporaire du droit de vote au sein du Conseil des ministres, ou encore imposition d'« amendes ». Pour les experts, cette dernière mesure aurait l'avantage d'être non discriminatoire et de pouvoir être proportionnelle au déficit. Cela étant, les « suppléants » notent que les sanctions pécuniaires auraient un inconvénient majeur : celui d'accroître le déficit budgétaire qu'il s'agit justement de réduire… Un mois plus tard, le 11 septembre, l'Allemagne dépose enfin sa contribution sur la table de la CIG : le Conseil des ministres, propose-t-elle, « peut arrêter les sanctions appropriées », à la majorité qualifiée. « Il peut décider de diminuer ou suspendre les paiements du budget communautaire en faveur de l'État concerné » et « de prendre d'autres mesures » nécessaires « afin d'assurer la conformité avec la décision » enjoignant à un pays de réduire son déficit. Autant dire que Bonn est moins précis que Paris. Et cela pour une raison simple : le gouvernement allemand sait qu'il sera très difficile d'arriver sur cette question à un accord unanime – obligatoire au sein d'une Conférence intergouvernementale, puisqu'il s'agit de modifier le traité. C'est pourquoi il veut que les « modalités d'application » ne soient arrêtées que plus tard, mais cette fois à la majorité qualifiée… Malin.

Le problème est que ça coince. Et même à tel point qu'à la suite d'une réunion de la CIG, le 22 octobre 1991, un diplomate français note : « Il s'agit d'un domaine qui n'a pas véritablement avancé depuis le début des négociations et l'on peut se demander comment, en quelques semaines [avant le sommet de Maastricht, n.d.a.], il sera possible de réduire les difficultés. » Pourtant, un mois plus tard, le miracle a lieu. « Un consensus a paru s'établir, note ce même haut fonctionnaire, pour estimer qu'il était nécessaire, dans l'intérêt de la crédibilité du dispositif adopté, d'introduire dans le traité une référence explicite à un dispositif de sanctions financières allant au-delà de simples recommandations publiques. » Mais, pour en arriver là, il a fallu que Paris et Bonn en rabattent, notamment en abandonnant leur idée de supprimer les aides communautaires aux contrevenants. À l'arrivée, l'article 104 C prévoit que les ministres des Finances pourront, certes, « préciser » le mécanisme des sanctions pour « déficit excessif », mais seulement à l'unanimité.

Les difficultés commencent

Quatre ans plus tard, en 1995, c'est précisément cela que veulent obtenir le gouvernement allemand et la Bundesbank, quitte, au besoin, à conclure un accord en dehors du traité. On comprend mieux, dès lors, que la France aurait mauvaise grâce à refuser le Pacte de stabilité puisque c'est son idée. Il est vrai, cependant, que sa situation budgétaire s'est nettement détériorée depuis 1991. À l'époque, elle pouvait se montrer exigeante avec ses partenaires : son déficit était contenu à 2,1 % et sa dette était inférieure à 36 % du PIB. L'Allemagne, par comparaison, faisait figure de cancre avec un déficit de 3,1 % et un endettement de 41,5 %, chiffres gonflés par le coût de l'unification. En 1995, le bilan français s'est dégradé, comme celui de beaucoup de pays, à la suite de la brutale récession de 1993. Désormais, l'Allemagne est plutôt en haut du tableau… Cela étant, comme le souligne l'accueil favorable fait au Pacte, les gouvernements cherchent à se débarrasser des coûteux déficits budgétaires, toujours faciles à creuser et beaucoup moins à combler.

On peut, certes, argumenter sur le chiffre « fatidique » de 3 %. Économiquement, il est arbitraire et peut même priver les États d'une marge de manœuvre budgétaire qui, dans le meilleur des mondes, pourrait se révéler bien pratique. Dans ces conditions pourquoi chercher à le bétonner par un Pacte alors que l'on pourrait laisser le soin aux ministres des Finances de déterminer au cas par cas quand un déficit devient *excessif* au regard d'une situation économique donnée ? Pour une raison simple : dans la plupart des pays européens – surtout ceux du

Sud – « faire du déficit » pour renforcer l'activité économique en période de vaches maigres en augmentant les dépenses sociales ou d'investissement est plutôt bien vu des électeurs. En revanche, il est beaucoup moins aisé de les réduire quand les temps sont meilleurs : les bénéficiaires s'accrochent à l'argent de l'État même quand l'économie tourne à plein régime. Introduire une limite au déficit public – limite bien sûr arbitraire, par définition – c'est contraindre les capitales à gérer prudemment leur budget pendant les années de croissance pour se donner les marges de manœuvre en cas de besoin. Une politique que Dominique Strauss-Kahn aime à qualifier de « keynésianisme bien compris ». Les gouvernements ont appris la leçon des deux décennies écoulées depuis la première crise pétrolière de 1973 : bien souvent, la politique budgétaire aurait gagné à s'appuyer sur une contrainte extérieure lui permettant de mieux résister aux pressions dépensières des ministres ou des députés. Pour les gestionnaires de l'argent de l'État – comme, du reste, pour les banquiers centraux –, Maastricht est donc un allié précieux. En outre, il ne faut pas oublier que 3 % du PIB représentent quand même un matelas confortable : 245 milliards de francs pour la France et 110 milliards de marks pour l'Allemagne, par exemple. D'où l'accueil favorable fait à l'initiative de Theo Waigel.

Cette belle harmonie s'évanouit lorsque le ministre allemand des Finances explique dans le détail ce qu'il entend par « discipline budgétaire renforcée ». Le 7 novembre 1995, il livre la primeur des détails de sa proposition au Bundestag. Et ça fait mal. L'Allemagne veut garantir la stabilité de l'UEM « contre les errements de l'un ou l'autre État en matière de politique financière ». Pour ce faire, et en dépit des réserves exprimées par ses partenaires, elle propose que les qualifiés signent un nouveau texte appelé « Pacte de stabilité pour l'Europe » par lequel ils s'engagent à « ne pas dépasser la limite de 3 % fixée à Maastricht, y compris en cas de conjoncture économique moins favorable. Cela signifie un taux maximum à moyen terme de 1 % du PIB en cas de conjoncture normale. Cela fournit une marge de sécurité nécessaire pour pouvoir respecter la limite de 3 % également en cas de conjoncture défavorable ». Theo Waigel veut aussi que les membres de l'UEM réduisent leur dette publique à environ 50 %, soit en deçà de la limite de 60 prévue. Il s'agit donc de durcir juridiquement les critères du traité. Et ce n'est pas tout : si une capitale franchit le plafond des 3 %, des sanctions la frapperont « automatiquement », sans même qu'elle puisse s'expliquer. Le fauteur de déficit devra verser un « dépôt non rémunéré » de 0,25 % du PIB par point de dépassement. Si dans les deux ans, il revient au niveau exigé, il récupère sa mise. Sinon, le dépôt est transformé en amende. Bonn propose néanmoins que l'on puisse tenir compte de « situations exceptionnelles », mais sans autre précision : dans ce cas, les ministres des seuls pays de l'UEM peuvent autoriser, à la majorité qualifiée, un État à franchir la limite des 3 %. C'est seulement avec un tel carcan que le « cadre de stabilité » défini par le traité de Maastricht résistera « à des tensions extrêmes et que les participants de l'Union monétaire [rempliront] de façon durable leurs engagements contractuels ». « Notre gouvernement est à l'avant-garde pour exiger plus de solidité et de crédibilité lors de la troisième phase de l'UEM », conclut Waigel.

L'émotion dans les capitales est grande. Déjà que la Bundesbank et le ministère des Finances insistent lourdement sur le respect des « critères de convergence », qu'ils entendent même faire primer sur le calendrier, ils veulent maintenant les renforcer. « En donnant leur accord, les Français ne savaient peut-être pas bien à quoi ils s'engageaient », ironise un haut fonctionnaire du Trésor à Bonn. À Paris, on reste prudent. En public à tout le moins : « Pas de précipitation, déclare Arthuis, pour l'instant, je m'en tiens aux dispositions du traité de Maastricht. » Et de se livrer à une explication de texte : « Waigel veut dire que quand on a prévu 1 % et que surviennent des éléments contraires, des moins-values fiscales ou des surcroîts de dépenses, parce qu'il y a eu un accident de parcours, c'est plus facile de rester en deçà des 3 %. C'est tout. » « Rien ne justifie qu'on se donne le déficit pour ambition. L'objectif, c'est l'équilibre », ajoute-t-il, fidèle à lui-même. Mais en privé, les réactions sont moins amènes, notamment à propos des sanctions : « Encore une fois, les Allemands voulaient nous imposer leur conception de la politique économique où tout est automatique », analyse un fonctionnaire du Trésor français. « Le Pacte ne choque pas. Ce qui choque, ce sont les sanctions automatiques, l'exclusion du politique », insiste un proche de Jacques Chirac. Le Belge Philippe Maystadt s'est rebiffé, lui aussi : « C'est typique. Ils croient qu'ils peuvent tout déterminer à l'avance. Je l'ai dit à Waigel à l'époque : "Tu ne peux pas vouloir enfermer toute l'évolution économique dans un texte. Il peut se passer des choses que nul ne peut prévoir aujourd'hui. On ne va pas mettre dans un texte quel est le degré de l'échelle de Richter qui transforme un tremblement de terre en événement exceptionnel." »

Le voyage d'Arthuis

On aurait donc pu s'attendre à ce que Jean Arthuis prenne publiquement ses distances après le discours de Waigel au Bundestag. Or, à la surprise générale, c'est tout le contraire. Le 17 novembre 1995, une rencontre entre les deux hommes est organisée dans un salon de l'aéroport de Francfort. Le ministre s'y rend accompagné de Jean Lemierre et de Bruno Delétré, son conseiller pour les affaires européennes. À nouveau, il confirme qu'il soutient le « principe » du Pacte de stabilité même s'il juge que les modalités doivent en être discutées. Il en profite pour évoquer une proposition à laquelle le président de la République tient particulièrement : il s'agirait de mettre en place, pour ceux qui ne seront pas qualifiés en 1998, un « système organisé de change » liant leur devise à la monnaie unique. Un Système monétaire européen bis, en quelque sorte, puisque le SME actuel cessera d'exister le jour où l'UEM entrera en vigueur.

Marqué par la dévaluation brutale de la lire italienne en 1992 et ses conséquences pour le commerce extérieur français, Jacques Chirac veut éviter que cela ne se répète avec les pays *out*. On pensait, à l'époque, que les États du Sud et surtout l'Italie ne parviendraient pas à respecter les critères. La Bundesbank fait immédiatement part de ses réserves : elle n'a aucune envie de se retrouver, avec les autres banques du Système européen de banques centrales (SEBC), coincée dans un système qui la contraindrait à défendre, à coups de dizaines de milliards, les monnaies attaquées par les spéculateurs. Il n'empêche. Ce jour-là, à Francfort, les éléments d'un compromis possible sont sur la table : le Pacte qui garantit la discipline budgétaire, en échange du SME bis qui empêche toute dissipation monétaire.

Dans les couloirs de Bercy, on est sidéré par la démarche de Jean Arthuis. Pourquoi a-t-il réitéré, à Francfort, son soutien au Pacte alors que Theo Waigel a truffé son projet de propositions inacceptables, et surtout alors que la négociation ne fait que s'engager ? N'est-ce pas insulter l'avenir ? Pour le ministre, ce geste était nécessaire : « Les Allemands étaient sceptiques sur la volonté française de mener une politique économique saine. Je devais donner des gages de bonne volonté et de détermination. » Le discours de Chirac, le 26 octobre 1995, a certes confirmé que la France résorberait ses déficits excessifs afin de participer à l'UEM. Mais Arthuis sent que c'est insuffisant : « Waigel pensait que la France allait continuer à hésiter, raconte-t-il. Je lui ai dit que la construction de la monnaie unique n'était pas un jeu de dupes, que nos relations devaient être fondées sur un pacte de confiance. Je crois que je l'ai rassuré. » De plus, ajoute l'ancien ministre, « Bonn craignait que la France ne veuille entraîner dans l'UEM l'Italie et les autres pays du Sud afin d'introduire dans sa gestion une dose de créativité comptable ». « Arthuis était aussi intéressé par l'aspect "vérité des comptes" du Pacte et par le fait qu'une discipline serait imposée de l'extérieur », estime l'un de ses anciens collaborateurs. « Il était convaincu que la France menait une politique budgétaire suicidaire. » De fait, l'ancien locataire de Bercy juge que « l'objectif de la France doit être d'équilibrer les dépenses publiques et non de se cantonner à la limite de 3 % ». Le déficit français a atteint 5,8 % du PIB en 1994 et 4,9 % en 1995. Un niveau qui l'effraye : « C'est une idée extravagante que de penser que le volontarisme politique, c'est de faire du déficit. En outre, ce Pacte permet de se protéger contre les dérives auxquelles pourraient se laisser aller certains de nos partenaires. »

Autant d'arguments qui laissent de marbre ceux qui ont dû marchander avec Bonn durant un an et demi. « Le ministre a donné son aval trop vite », juge un ancien du Trésor. « Ça a compliqué la négociation. Il a fallu ensuite se battre ligne à ligne, pied à pied contre l'objectif de 1 %, contre les sanctions automatiques, contre la proposition de faire un nouveau traité, contre l'absence de mécanismes de prévention. » « Arthuis a essayé de jouer au judoka », ironise un homme de Bercy, « il a dit très rapidement qu'il était d'accord avec le principe afin de pouvoir le renverser et le vider de son contenu ». « On a essayé d'introduire des nuances, de s'opposer à tel ou tel aspect du Pacte alors qu'on leur avait dit qu'on les suivrait », explique un autre fonctionnaire parisien. « Résultat : les Allemands se sont dit que nous étions décidément versatiles, peu fiables », au moment où la France voulait envoyer le signal inverse. « Il était pénible de le voir protester de son innocence en permanence », regrette un ancien du Trésor. « Tout ça a donné le sentiment aux Français que l'UEM se faisait aux conditions allemandes », déplore un ancien de Matignon.

Bonn négocie

Bonn va néanmoins accepter assez rapidement de revoir sa copie et admettre que l'idée d'un « Schengen monétaire » pose un sérieux problème. « Pour nous, faire un texte à part, c'était la mort de la monnaie unique », explique un proche de Silguy. Pour Bruxelles, il suffit de prévoir un « règlement » communautaire – adopté à l'unanimité du Conseil des ministres – pour préciser les conditions d'application de l'article 104 C du traité ». Theo Waigel accepte finalement cette idée en avril 1996, lors d'un Ecofin informel à Vérone. « C'est la concession majeure que nous avons faite », juge un haut fonctionnaire du Trésor allemand. De fait, cela implique que l'objectif de limiter le déficit budgétaire à 1 % ne peut plus être juridiquement contraignant, puisque la norme prévue par Maastricht est de 3 %. Au mieux, l'équilibre des comptes peut être une intention politique. Surtout, l'article 104 C confère un pouvoir de décision au Conseil des ministres en matière de sanctions : « Il était clair, dès Vérone, qu'elles ne pouvaient plus être automatiques comme nous le souhaitions au départ », reconnaît le fonctionnaire de Bonn. « C'est pour cela que nous ne nous sommes pas privés de menacer les pays qui ne voulaient pas aller jusqu'au bout des possibilités du traité de négocier un texte séparé avec seulement quelques États », poursuit-il. « Jusqu'au sommet de Dublin, en décembre 1996, ils nous feront ce chantage », confirme un proche de Silguy.

Ensuite, le gouvernement allemand admet sans grande difficulté que son Pacte pèche par son absence de mécanisme de prévention. « Le lendemain de la notification par le Conseil des ministres de votre déficit excessif, vous étiez sanctionné, sans aucune procédure contradictoire », s'indigne Pierre Duquesne, un ancien conseiller économique de Lionel Jospin[1]. La Commission mettra donc au point un « règlement » européen qui instaure un « système d'alerte rapide ». Il devrait permettre de détecter précocement les dérapages budgétaires afin que l'Ecofin puisse demander au pays concerné de corriger le tir avant d'en arriver aux sanctions. Ce même texte

1. Premier ministre socialiste de 1997 à 2002.

oblige les gouvernements à déposer des « programmes de stabilité » qui fixent « l'objectif à moyen terme d'une position budgétaire proche de l'équilibre ou excédentaire » et décrivent les moyens d'y parvenir. On retrouve là, atténué, le 1 % voulu par Theo Waigel.

Jusqu'en septembre 1996, le Pacte de stabilité n'est pas un thème majeur de l'actualité. Passée l'annonce du projet allemand, la machinerie communautaire semble fonctionner à merveille. Le fait que Bonn se range aux arguments français quant à la nécessité de créer un SME *bis* renforce le sentiment que tout est rentré dans l'ordre. « Au départ, on voulait que le dossier du Pacte n'avance pas plus vite que celui du SME *bis* », raconte Jean Lemierre, directeur du Trésor depuis 1995[1]. « C'est le contraire qui s'est passé. Pourtant, ce n'était pas rien d'admettre sa création : la lire devait en faire partie, ce qui aurait impliqué des interventions de la BCE pour la défendre. » C'est à Laval, le fief de Jean Arthuis, au cours d'un Conseil économique et financier franco-allemand, le 26 mars 1996, que Theo Waigel annonce qu'il accepte que les monnaies *out* soient liées à l'euro au sein d'un nouveau mécanisme de change. Entre les réticences de la Bundesbank et la volonté des milieux économiques de ne pas renouveler l'expérience des dévaluations de la lire ou de la livre sterling, Bonn a tranché en faveur des seconds. L'Union ne doit pas être un champ d'affrontement monétaire entre l'euro et les autres monnaies européennes. Le marché unique n'y survivrait pas. Comme l'expliquera Jacques Chirac le 1er septembre 1996, à Bonn, « il y a une chose qui serait inacceptable, c'est la dévaluation des monnaies qui n'ont pas encore adhéré

1. Il a remplacé Christian Noyer, qui a été nommé directeur de cabinet de Jean Arthuis.

à l'euro, ce qui apporterait des perturbations graves à l'économie européenne ».

Mais ce SME *bis* ne se fera pas à n'importe quelles conditions : il faudra que les pays qui y participent souscrivent à des « programmes de convergence » garantissant que leur politique économique restera dans les normes de Maastricht. Surtout, différence essentielle par rapport au SME modèle 78, la BCE ne sera pas obligée de défendre de manière illimitée les devises attaquées : elle pourra décider, d'elle-même, de suspendre ses interventions si elle estime que la stabilité des prix au sein de la zone euro est menacée[1] ... À Vérone, en avril 1996, les Quinze actent cet accord de principe franco-allemand. Les Britanniques et les Suédois annoncent néanmoins, au cours de cette réunion, qu'ils n'adhéreront pas au SME *bis* : « Personne ne forcera le Royaume-Uni à entrer dans un nouveau mécanisme de change », proclame le chancelier de l'Échiquier, Kenneth Clarke. La Grande-Bretagne reste décidément traumatisée par son éjection du SME en septembre 1992.

Curieusement, cette accélération de la négociation pose un problème aux Français : ils se retrouvent brutalement dépossédés de leur monnaie d'échange. Puisque les Allemands ont cédé sur le SME *bis*, n'est-ce pas à Paris de faire un geste ? Au Conseil européen de Florence, fin juin 1996, dominé par la crise de « la vache folle » qui a éclaté au mois de mars, le nouveau mécanisme de change est définitivement approuvé dans son

1. La marge normale de fluctuation des monnaies *out* autour de leur cours pivot, déterminé par rapport à l'euro, est de +/– 15 %, comme c'est le cas dans l'ancien SME depuis 1993. Un resserrement des marges est possible. La BCE a le pouvoir de demander un réalignement monétaire, un droit d'initiative qui n'appartenait qu'aux gouvernements dans l'ancien SME.

principe. En outre, les Quinze demandent à la Commission de préparer les textes relatifs au Pacte afin qu'ils soient adoptés au sommet de Dublin en décembre. À Bonn, le 1er septembre, à l'issue d'une rencontre avec le chancelier, Jacques Chirac se prononcera pour la première fois sur le sujet : « Nous sommes tout à fait d'accord sur la nécessité d'une vision budgétaire commune telle que l'a évoquée récemment M. Waigel. » En réalité, l'accord est loin d'être acquis.

Crispation allemande

Car le grand argentier allemand n'a toujours pas renoncé à obtenir un maximum d'automaticité dans le fonctionnement du Pacte. Poussé par les eurosceptiques de son propre parti ainsi que par l'opinion alimentée par les prises de position de la Bundesbank et des milieux universitaires, il ne peut se permettre de faiblir. « Pour nous, le Pacte était une condition *sine qua non* », explique Theo Waigel. « Sans un texte rigoureux, nous nous exposions à des critiques de la Bundesbank ou du Conseil des experts économiques » (un groupe d'économistes qui conseillent le gouvernement). Pour lui, il faut que les sanctions frappent dès qu'un État dépasse la limite de 3 %, sans que les ministres des Finances puissent décider de ne pas les appliquer. C'est seulement en cas de circonstances exceptionnelles que l'État fautif pourrait être excusé. Encore faut-il empêcher que ce concept serve de prétexte à des dépassements systématiques des 3 % : en septembre 1996, lors d'un Conseil Ecofin, Jürgen Stark demande donc qu'il soit explicité : une catastrophe naturelle majeure, par exemple, ou alors une récession se traduisant par un recul du PIB d'au moins 2 %.

C'est sur ce point que se crispe la négociation. Car Maastricht, pour le coup, est on ne peut plus clair : l'appréciation – tant du caractère excessif d'un déficit que de la nécessité des sanctions – appartient au pouvoir politique. Pour Paris, soutenu par la plupart des autres capitales, il n'est pas question de céder sur ce point. Les Français trouvent aberrant qu'on veuille priver les ministres de toute marge d'évaluation. Les Allemands, eux, sont empreints d'une culture ouverte à l'idée de peines automatiques frappant chacun indistinctement et indépendamment des rapports de forces et des manœuvres politiciennes. C'est le choc entre deux façons de gérer les rapports sociaux : outre-Rhin, il serait inimaginable que faire « sauter » les contraventions devienne un sport national, comme c'est le cas en France. De plus, le pouvoir politique est toujours suspecté de rechercher les arrangements indolores, au détriment de l'objectivité et de la rigueur qui conviennent pour bien gérer les affaires publiques.

À partir de telles prémices, la discussion ne pouvait que s'enliser. « Franchement, on a cru que les Allemands n'allaient pas exiger jusqu'au bout que l'on quantifie ce qu'était une récession économique, se souvient Philippe Maystadt. On se disait qu'ils avaient déjà admis que les catastrophes naturelles faisaient partie des "circonstances exceptionnelles" et qu'il n'y avait pas de raison qu'ils ne le fassent pas pour le reste. D'autant que Waigel avait obtenu que l'on se fixe pour objectif l'équilibre budgétaire. Et là, on s'est trompés. »

C'est à l'Ecofin informel de Dublin, les 20 et 21 septembre 1996, que les Quinze prennent conscience qu'il y a un os. « Waigel nous a dit que la question des sanctions était un point essentiel », explique l'ancien ministre des Finances de Belgique. Theo Waigel insiste, en particulier, pour que les circonstances exceptionnelles soient précisément définies : pour lui, une récession, c'est un recul du PIB de 2 % ou, mieux encore, de 3 %[1]. « On a essayé de lui faire comprendre que, pour nous, –0,75 %, c'est déjà important », raconte un haut fonctionnaire du Trésor. En vain. La Commission, qui doit élaborer les textes à soumettre aux chefs d'État et de gouvernement, essaye de concilier l'inconciliable : être le plus précis possible tout en préservant le pouvoir d'appréciation des ministres...

Le mercredi 16 octobre 1996, le collège des vingt commissaires tient sa réunion hebdomadaire. Les deux « règlements »[2] qui constituent le Pacte de stabilité sont à l'ordre du jour. Ils ont été préparés par les services d'Yves-Thibault de Silguy et par le Comité monétaire. La séance, qui dure toute la matinée, « est extrêmement dramatique », raconte un témoin. Silguy propose que le dépassement des 3 % soit toléré « s'il résulte d'une grave récession, en particulier lorsque la croissance annuelle est clairement négative, de l'ordre de 1,5 % ou plus ». Dans tout autre cas, c'est-à-dire si la récession est inférieure à 1,5 %, le Conseil des ministres peut, dans les dix mois, obliger l'État fautif à effectuer un dépôt qui sera converti en amende si, au bout de deux ans, il n'est pas revenu à la normale. La Commission se divise droite

1. Par comparaison, le PIB de la France a chuté à – 1,3 % en 1993. En trente-cinq ans, la seule autre fois où le PIB français a reculé, c'était en 1975 (– 0,3 %), au lendemain du premier choc pétrolier.

2. Le premier est « relatif au renforcement de la surveillance des positions budgétaires ainsi que de la surveillance et de la coordination des politiques économiques ». C'est le volet préventif. Le second vise « à accélérer et à clarifier la mise en œuvre de la procédure concernant les déficits excessifs ». C'est le volet répressif. Ces deux textes seront signés le 7 juillet 1997.

contre gauche. Une partie des commissaires estime que c'est faire la part belle aux thèses de Waigel. Lorsque le libéral allemand Martin Bangemann, chargé de l'industrie, ancien ministre de l'Économie, rejoint ce camp, Jacques Santer, le président, ne peut que faire marche arrière et retire le chiffre de – 1,5 %. Désormais, la proposition de la Commission se contente de préciser que la croissance doit être « significativement négative ». La marge d'évaluation des ministres est préservée. Paris est soulagé. Jürgen Stark, immédiatement averti par Xavier Larnaudie-Eiffel, le chef de cabinet de Silguy, est « déçu ». Mais il n'oubliera pas l'aide que le commissaire a apportée au Bundesfinanzministerium.

Vers l'affrontement

Mais les Allemands n'abandonnent pas. Au Comité monétaire, Stark, que Waigel laisse désormais monter seul en première ligne, continue d'agiter la menace du « Schengen monétaire ». Le secrétaire d'État se montre d'une dureté extrême et insiste sur le fait que Bonn, s'il le faut, ira jusqu'à la crise. Le 11 novembre 1996, à l'issue d'un Ecofin, il affiche un pessimisme tactique en estimant que le Pacte pourrait ne pas être conclu à Dublin : « L'important est d'avoir un Pacte au contenu crédible. » La grande grève des services publics français, fin 1995, n'a pas rassuré Bonn sur la marge de manœuvre de Paris en matière de réduction des déficits. Le 2 décembre, à Bruxelles, Theo Waigel fait une petite concession en reprenant à son compte le chiffre de – 1,5 % suggéré préalablement par Silguy, alors que, jusque-là, il campait sur la ligne des – 2 % de récession.

Mais elle est insuffisante pour Arthuis ; le Conseil doit pouvoir statuer « au cas par cas » s'il faut imposer des sanctions en cas de récession comprise entre 0 % et 2 %. « Ce sera une décision politique », insiste-t-il. Début décembre, la négociation est bloquée. Le ministre français ne bouge plus, de peur de se faire blâmer par le président. Theo Waigel non plus par crainte de la Bundesbank. Chacun doit se rendre à l'évidence : le Pacte de stabilité remontera aux chefs d'État et de gouvernement qui vont devoir se prononcer sur la notion de « circonstances exceptionnelles ». « Surréaliste », juge un proche de Jacques Chirac.

Le président, de fait, est de plus en plus agacé par cette affaire, il est vrai largement incompréhensible en dehors d'un petit cercle d'initiés. « On ne se comprenait plus », raconte-t-on dans son entourage. À l'Élysée, on a le sentiment que les Allemands exagèrent : le siège de la BCE est à Francfort, le nom de la monnaie unique a été modifié à leur demande, la plus grande partie du Pacte est déjà actée. Mais on oublie un peu vite, côté français, que le gouvernement allemand est prêt à sacrifier son puissant mark, qu'il a donné son accord au SME *bis* et qu'il a déjà sérieusement rogné les ailes de son Pacte. Et puis, pourquoi la France se bat-elle autant pour préserver le rôle du politique, s'interroge-t-on à Bonn et à Francfort ? N'est-ce pas pour pouvoir faire du déficit quand elle le jugera bon, quitte à mettre en péril la stabilité monétaire ? Bref, un mur d'incompréhension sépare les deux rives du Rhin.

Une négociation surréaliste

Les ministres des Finances conviennent d'un rendez-vous de la dernière chance, la veille du Conseil européen.

Le jeudi 12 décembre 1996 à 16 heures, ils se retrouvent dans une salle du Dublin Castle. À quatorze seulement : Jean Arthuis est retenu à Paris par un débat au Sénat sur les fonds de pension. Silguy en profite pour ressortir son idée de chiffrer la récession qui permet d'échapper automatiquement aux sanctions à – 1,5 %. Entre la croissance zéro et ce seuil, le Conseil des ministres disposerait d'un pouvoir d'appréciation. Plusieurs pays se montrent intéressés, ne serait-ce que pour sortir de l'impasse. Mais en l'absence d'Arthuis, impossible de décider. Le Français arrive finalement à Dublin vers 18 heures, mais tergiverse. On piétine et, à 20 heures, tout le monde va dîner. Si le locataire de Bercy fait aussi pâle figure, c'est qu'il « est pétrifié comme une souris devant un chat. On sentait qu'il attendait ce qu'allait dire Chirac, qui se faisait interviewer au même moment à la télé française », se souvient un participant.

Après le dîner, Jean Arthuis propose à Theo Waigel un entretien bilatéral. Il durera un peu plus de deux heures, sans résultat. À la surprise des Allemands, Arthuis se contente de camper sur sa position : « Écoute Theo, on ne peut pas transformer les ministres des Finances en ordinateurs. » Comme le dit un fonctionnaire de Bonn : « Nous étions tous crevés et nous pensions qu'Arthuis essayait de trouver une solution. Après deux heures de discussion, il nous explique qu'il n'a pas de marge de manœuvre. Waigel referme ses dossiers et dit : “Si c'est comme ça, je vais me coucher.” Ce n'était pas un grand moment des relations franco-allemandes. » Pendant que Paris et Bonn sont en tête à tête, les autres s'impatientent, énervés de devoir attendre à une heure aussi avancée. Mais ils en ont l'habitude. Sans accord franco-allemand, rien n'est possible. Tard dans la nuit, la séance à Quinze reprend. Seuls les Pays-Bas, comme toujours, soutiennent l'Allemagne. La négociation s'enlise. Le Belge Philippe Maystadt dort dans son fauteuil. Rentré le matin même de Washington, il est victime du décalage horaire.

Vers une heure du matin, l'Irlandais Ruairi Quinn, le président de séance, annonce qu'il ne reste plus qu'à aller « expliquer à la presse notre constat de désaccord ». Moment d'abattement. Alors, Maystadt ouvre un œil, lève le doigt et sort de sa petite serviette une feuille dactylographiée dont il a fait faire plusieurs copies par les huissiers. « J'ai peut-être une proposition de compromis », dit le ministre : une récession sévère de – 2 % dispensera automatiquement de sanctions ; entre – 2 % et – 1 %, le Conseil des ministres décidera s'il faut ou non punir ; enfin, à moins de 1 %, le couperet tombera automatiquement. D'emblée, il a le soutien de Kenneth Clarke, le chancelier de l'Échiquier, qu'il a consulté juste auparavant pour tester son idée. Jean-Claude Juncker embraye, suivi de Quinn.

« J'avais préparé ce texte dans l'avion qui me ramenait de Washington, raconte le ministre belge. Mon idée n'était pas géniale : il s'agissait de donner quelque chose aux deux camps en présence. Comme cela, Theo pourra dire : "Il y a automaticité à partir de tel seuil" et Jean se réjouir du rôle reconnu au pouvoir politique. » Bref, selon la formule de Juncker, il fallait « avoir un automatisme sans le dire ». « L'intelligence de Maystadt, c'est moins son compromis que d'avoir attendu le milieu de la nuit pour le sortir », apprécie aujourd'hui un haut fonctionnaire français. « C'est là que l'on voit le génie belge. S'il l'avait sorti à quatre heures de l'après-midi, il se faisait tuer. »

Cependant, alors qu'une issue honorable se dessine, ni Jean Arthuis ni Theo Waigel ne veulent prendre le risque de s'y engouffrer. À deux heures et demie du matin, on se sépare sur un constat d'échec. Pourtant, la conférence de presse qui suit traditionnellement ce genre de rencontres, contrairement à ce que redoutaient certains, se passe bien. Les journalistes, eux, sont persuadés que les Quinze parviendront à s'entendre. Comme l'analyse un proche de Chirac : si les grands argentiers n'ont pas bouclé le dossier, « c'est parce qu'ils voulaient mouiller les chefs. Aucun des ministres n'osait prendre sur lui de lâcher quoi que ce soit que l'on puisse ensuite lui reprocher ».

« Ich bin ein Politiker »

Le vendredi matin, le sommet débute mal. Waigel affiche sa mauvaise humeur. Durant la nuit, il a pris connaissance des propos tenus sur son compte par le président de la République française. Jacques Chirac, interrogé à la télévision par une brochette de cinq journalistes, n'y est pas allé de main morte : « Le Pacte de stabilité et de croissance, tel que l'avaient envisagé certains technocrates allemands, a évolué dans le cadre de la négociation européenne et sera ce qu'il doit être, c'est-à-dire simplement un garde-fou pour éviter que les gens peu sérieux puissent se laisser aller dans la gestion de leur monnaie dans tel ou tel pays. » Apercevant Kohl, Waigel se précipite sur lui pour se plaindre de Chirac. *« Ich bin ein Politiker ! »* (je suis un politique), pas un technocrate, s'exclame-t-il, et les propos du président sont « insultants ». Le chancelier tente de le calmer : « Allons, ce n'est pas ici le vrai problème. Mais je vais en parler à Chirac. » L'homme de l'Élysée, aux dires mêmes d'un haut fonctionnaire français, a commis une erreur inutile : « Il n'a pas compris la psychologie allemande. Pour Waigel, politiquement, ces chiffres étaient importants.

Ce n'était pas une affaire de technocrates. » « Je n'ai jamais vu Waigel aussi angoissé que durant cette nuit à Dublin », souligne un expert du Quai d'Orsay : « C'était ahurissant. Lui qui d'habitude est jovial était totalement crispé. »

Kohl et Chirac discutent, en aparté, de la situation. Le ton monte, mais sans violence, raconte un proche de l'ancien chancelier. « C'était vif mais dans le bon sens. Les deux hommes ont du tempérament. » Néanmoins, l'ambiance est tendue. Jürgen Stark accueille Jean-François Cirelli, le conseiller économique du président, en lançant à voix haute *« Here is the man who wants to kill the euro »* (voici l'homme qui veut tuer l'euro). À son ami Juncker, Kohl explique que « Waigel est arrivé au bout de sa marge de manœuvre. Tu sais, je ne suis pas un romantique européen, mais un réaliste européen ». Le Premier ministre luxembourgeois ne pourrait-il pas réunir un groupe de travail qui puisse formuler un compromis ? Très fier de cette marque de confiance, celui-ci accepte et demande à Arthuis et Waigel de le suivre. Dans le couloir, il croise l'Irlandais Quinn, le président en exercice du Conseil Ecofin, qui n'a pas l'air content de se voir exclure des tractations. Juncker lui propose d'y participer. Il paraît utile d'associer la Commission, d'autant plus que son président, Santer, est aussi luxembourgeois. Il est donc convié avec Yves-Thibault de Silguy, le commissaire en charge du dossier. Le Néerlandais Gerrit Zalm s'y joint sans qu'on le lui ait demandé.

« Nous nous sommes retrouvés dans une salle absolument gigantesque », se souvient Jean-Claude Juncker. La négociation s'étant engagée, la porte s'ouvre, et paraît le visage rubicond de Kenneth Clarke. « Je n'avais rien à faire et me promenais dans le Dublin Castle », racontera plus tard le Britannique. « Je suis entré par hasard et leur ai demandé ce qu'ils faisaient, et Juncker m'a dit de m'associer au travail. » Faute d'interprète, tout se passe en anglais, une langue dont Waigel et Arthuis ont une bonne connaissance passive. La réunion va durer environ une heure et demie. Comme auparavant, Waigel répète qu'il ne faut pas laisser les sanctions à l'appréciation des ministres. Sinon, « les pécheurs vont former un groupe pour voter le pardon des péchés chaque fois qu'il y a faute »… Aidé de Clarke, dont le bon sens et le réel engagement pro-européen sont reconnus par ses collègues, Juncker va réussir à leur vendre l'idée de Maystadt, mais en laissant les pourcentages en blanc.

Chirac aux toilettes

Grandeur de l'histoire. Jean-Claude Juncker se rend aux toilettes en même temps que Chirac, qui s'enferme à double tour dans une cabine pour téléphoner avec son portable : il explique à son interlocuteur de quelle marge de manœuvre il dispose. Comme d'habitude, Chirac parle plutôt fort et Juncker – l'insonorisation n'est pas parfaite – s'empresse d'en rapporter l'essentiel à son ami Kohl. Sans que le président s'en doute, le chancelier connaît d'emblée ses limites de négociations… « Kohl est depuis resté impressionné par la qualité des services secrets luxembourgeois », s'amuse encore Juncker.

Juste avant le repas de midi, le Luxembourgeois, revenant de la séance du groupe de travail, va exposer les grandes lignes de la solution envisagée aux deux dirigeants. Avant de regagner la salle du Conseil, ils se retrouvent, dans l'entrée, un peu à l'écart, pour tenter de dégager un compromis sur les chiffres. « J'ai fait un geste en acceptant que la limite basse des circonstances exceptionnelles soit fixée à – 2 % », commence Chirac. « Tu dois faire un geste. La limite haute doit être fixée à – 0,5 %. » Autrement dit, si la récession est comprise entre ces deux valeurs, c'est le Conseil des ministres qui décide, à la majorité qualifiée, s'il faut ou non imposer des sanctions. « C'est absolument impossible, répond Kohl. Sauf à vouloir rendre Tietmeyer furieux et avoir un document dénué de toute crédibilité, je ne peux pas dire qu'une récession moins grave que 1 % peut constituer une circonstance exceptionnelle. » Le président insiste : « Il est impossible que tu ne fasses pas un effort. Si c'est pour lancer la mécanique et si nous en sommes là, je veux bien aller jusqu'à 0,6 %. » « Nous ne sommes pas à Marrakech. On ne négocie pas un tapis, rétorque le chancelier. Je ne peux pas entrer dans ce genre de conversation. » À ce moment, Santer et Silguy, qui se sont joints aux deux hommes, interviennent. Peut-on échouer si près du but, au risque d'affoler les marchés ? D'ailleurs, fait remarquer le président de la Commission, pourquoi ne pas retenir le taux de 0,75 % – le moyen terme entre 1 % et 0,5 %. Tout cela n'a pas de grand fondement économique, mais au point où en est… « Avec 0,75 %, ça passe politiquement ? » demande Chirac à l'un de ses conseillers. Puis : « Je veux bien, mais alors, on n'en parle plus et c'est terminé. Et, ajoute-t-il à l'adresse du ministre des Finances allemand, puisqu'il paraît que j'ai été spécialement désagréable à l'égard de M. Waigel, je lui présente mes excuses. »

« Dans la délégation française, on a eu le sentiment d'avoir remporté une immense victoire. Mais on a eu l'instruction de la fermer », raconte un diplomate. De fait, les pouvoirs du Conseil des ministres ont été sauvegardés. Certes, si le recul du PIB n'excède pas 0,75 %, les peines seront automatiques. Mais, à partir de là, il reviendra au pouvoir politique de se prononcer sur l'intérêt de punir un pays, au risque de creuser encore son déficit budgétaire[1]. À partir de 2 %, la récession est considérée comme exceptionnelle et justifie un dépassement de la limite de 3 % du déficit. Et puis, Chirac a obtenu que les mots « et de croissance » soient ajoutés à l'intitulé « Pacte de stabilité »...

L'euro a l'accent allemand

Mais en réalité, « c'est Waigel qui a obtenu la victoire quant au contenu du Pacte. La France a gagné sur l'habillage », analyse Jean-Claude Juncker. Les chiffres parlent d'eux-mêmes : depuis 1961, les quinze pays que comptait alors l'Union ont enregistré quarante-cinq cas de récession inférieure à 0,75 %. Le recul du PIB a été compris entre 0,75 % et 2 % trente fois et n'a été supérieur à 2 % qu'à sept reprises... Bref, c'est bien la vision allemande d'une zone euro en pilotage automatique qui l'a emporté. D'ailleurs, la Bundesbank, au grand soulagement du gouvernement allemand, décidera d'émettre un avis favorable sur le compromis trouvé à Dublin. « Le Conseil central de la Bundesbank a qualifié le Pacte de "meilleur accord possible au vu des circonstances" »,

1. Le montant du dépôt non rémunéré, éventuellement transformé en amende si, deux ans plus tard, le pays n'est pas revenu à un déficit inférieur ou égal à 3 %, comprend une partie fixe de 0,2 % du PIB plus 0,1 % par point de PIB de dépassement. Par exemple, un État qui affiche un déficit de 5 % devra payer au budget communautaire 0,4 % de son PIB, soit, dans le cas de la France, environ 31 milliards de francs... La sanction est, en tout état de cause, plafonnée à 0,5 % du PIB, ce qui correspond à un déficit de 6 %.

raconte un haut fonctionnaire de Bonn. « C'était l'un des commentaires les plus positifs qu'ils aient jamais prononcé sur notre travail. »

Reste que le Pacte de stabilité est loin d'être un « super-Maastricht », pour reprendre l'expression employée par le socialiste Lionel Jospin pendant la campagne électorale de 1997, mais sa mise en musique. On imagine difficilement la monnaie unique fonctionner sans qu'il existe des moyens pour empêcher un pays de faire cavalier seul au risque de mettre l'équilibre de la zone euro en péril. Ce règlement intérieur était le minimum minimorum dès lors que les États ont écarté tout gouvernement économique et surtout un budget de la zone euro sur le modèle fédéral allemand ou américain qui aurait pu permettre de corriger les erreurs de politique économique des États ou les chocs asymétriques. Le Pacte, c'est simplement une façon de reconnaître que les États doivent tenir compte des intérêts des voisins jusque dans la conduite de leur politique économique.

Mais, dès cette époque, personne n'a sérieusement cru que les sanctions seraient un jour appliquées. « Je pense qu'on n'ira jamais jusqu'au stade où on les infligera. Tout le mécanisme est construit pour éviter ça : les États seront tellement mis sous pression qu'ils corrigeront le tir avant. C'est un peu comme l'arme atomique : c'est dissuasif », prévoyait avec justesse Philippe Maystadt. De fait, en vingt ans, on n'a jamais dépassé le stade des menaces.

LA FRANCE RENONCE AU GOUVERNEMENT ÉCONOMIQUE

1997

Luxembourg, lundi 9 juin 1997. En fin de matinée, le socialiste Dominique Strauss-Kahn, le tout nouveau ministre des Finances français, prend la parole devant plusieurs centaines de journalistes européens impatients de l'entendre. Affichant son éternel petit air gourmand et ironique, il lit lentement la déclaration qu'il vient de faire à ses homologues européens. Manifestement, chaque mot est soigneusement pesé. « Aujourd'hui, alors que le gouvernement vient d'être formé et que le Premier ministre ne s'est pas encore présenté devant la nouvelle Assemblée nationale [il doit le faire le 19 juin, n.d.a.], il ne m'est pas possible de marquer mon accord sur les textes relatifs au Pacte de stabilité et de croissance. Nous avons, en effet, besoin de procéder à une évaluation de ces textes au regard de l'ensemble des travaux qui ont été conduits en vue des échéances relatives à la monnaie unique. » Frisson dans la salle. Le nouveau gouvernement va-t-il refuser de signer, lors du Conseil européen d'Amsterdam, dans une semaine exactement, ce Pacte conclu dans la douleur à Dublin au mois de décembre précédent sous prétexte qu'il est synonyme de rigueur budgétaire ?

Certes, l'hôte de Matignon, Lionel Jospin, n'a pas caché durant la campagne des élections législatives le peu d'estime qu'il a pour ce texte qu'il qualifie de « super-Maastricht » : « C'est une concession absurdement faite aux Allemands ou à certains milieux allemands. Donc je n'ai aucune raison de me sentir engagé par rapport à cela. » Le 21 avril 1997, sur TF1, juste avant l'annonce surprise de la dissolution de l'Assemblée nationale par le président Chirac, il a prévenu que « si pour respecter le critère des 3 %, il faut imposer une nouvelle cure d'austérité au pays, ma réponse est non ». Et ce quelques jours à peine après la publication par *Libération* et *Le Monde* d'une note de conjoncture de la direction du budget du ministère de l'Économie et des Finances estimant que le déficit pourrait atteindre 3,8 % fin 1997. Le gouvernement socialiste ne veut-il plus de l'euro ? Une crise européenne se dessine.

Mais, après avoir soufflé le froid, Dominique Strauss-Kahn, surnommé « DSK »[1], souffle le chaud : « Nous voulons [...], le Premier ministre s'est prononcé sans ambiguïté sur ce point, la monnaie unique à la date prévue [...]. S'agissant du Pacte de stabilité, négocié postérieurement au traité d'Union, je constate que son objectif affiché est d'assurer le maintien de finances publiques saines "en tant que moyen de renforcer les conditions propices à la stabilité des prix et à une croissance forte et durable génératrice d'emplois". Le gouvernement français souscrit naturellement à ces objectifs. Mais ce n'est pas à cette seule aune qu'il convient de

1. Sa réputation n'est pas encore ternie par le scandale sexuel qui l'emportera en 2011, alors qu'il préside le Fonds monétaire international et qu'il s'apprête à concourir pour la présidentielle de 2012. Lire *Sexe, mensonge et média*, par Jean Quatremer, Plon, 2012.

déterminer une politique cohérente de croissance. » Et de demander la mise en œuvre des articles de Maastricht relatifs à la coordination des politiques économiques. « Nos peuples ressentent le besoin d'une autorité politique collective en mesure de prendre pleinement en charge la responsabilité des grandes orientations de politique économique. C'est le cas dans chacun de nos pays, où aucune banque centrale ne décide dans le vide politique. »

Au cours de cet exercice de haute voltige, DSK cherche à ne pas insulter l'avenir : certes, il prend en otage le Pacte. Mais, dans le même temps, il s'empresse de souligner que le gouvernement socialiste approuve son contenu. « Je n'ai pas dit que je souhaitais renégocier le Pacte mais je n'ai pas dit non plus que je puis l'accepter », affirme-t-il. Ce que veut le nouveau gouvernement français, c'est qu'un pôle économique – d'ailleurs prévu par Maastricht – fasse contrepoids au pôle monétaire incarné par la future Banque centrale européenne : les gouvernements doivent pouvoir défendre leur point de vue de façon coordonnée. À défaut, le risque est grand, selon les Français, que la BCE fasse la pluie et le beau temps en Europe et que la croissance et l'emploi passent après la défense de la stabilité monétaire. Les socialistes veulent donc l'euro mais pas à n'importe quelles conditions. Et, s'il le faut, ils sont prêts, comme vient de le signifier DSK, à provoquer une crise.

Une demande française qui remonte à 1990

Le « gouvernement économique », autrement dit la primauté du politique sur les « technocrates de l'argent », est une veille demande française. La paternité de cette expression revient à François Mitterrand, qui l'a employée pour la première fois le 6 octobre 1990, à l'Unesco, à Paris, en clôture de la convention franco-allemande pour l'Europe. « Monnaie et banque [...]. Ces instruments n'ont pas d'âme, ils n'auront de réalité que s'ils expriment une politique, c'est-à-dire que si la Conférence intergouvernementale chargée de cette union économique et monétaire parvient à cette conclusion qu'il faut une monnaie, qu'il faut une banque. Et elle sera contrainte fatalement d'en conclure qu'il faut un gouvernement économique de l'Europe. Autrement, on n'y comprendrait rien et très rapidement ce serait l'échec. »

Dès le début de 1990, les services de Bercy insistent sur la nécessité d'un pôle économique dont « l'équilibre avec le pôle monétaire est l'une des clés de la réussite de l'UEM ». Le 5 décembre 1990, le Conseil des ministres français approuve une communication de Pierre Bérégovoy, le ministre de l'Économie et des Finances, pour inscrire dans le marbre la position française, dix jours avant l'ouverture officielle de la CIG, à Rome. Elle fait explicitement référence à la nécessité de mettre en place un tel pouvoir : « L'indépendance de l'institution monétaire ne se conçoit que dans l'interdépendance avec un gouvernement économique fort. » Ce dernier « doit être pleinement démocratique et engager directement les États, qui continueront à mettre en œuvre l'essentiel de la politique économique ». L'argument deviendra d'ailleurs un leitmotiv français : « Cette légitimité [démocratique] est [...], dans nos sociétés de droit, la condition même de la solidité de la construction européenne », affirme ainsi Pierre Bérégovoy devant la CIG du 28 janvier 1991.

Le cauchemar français, c'est une monnaie unique gérée par une Banque centrale européenne totalement indépendante et des politiques économiques et budgétaires conduites en ordre dispersé par les gouvernements. L'indispensable travail de coordination destiné à garantir la stabilité de l'ensemble serait en réalité assuré par les seuls banquiers centraux, qui disposeraient de l'arme des taux d'intérêt pour obliger les États membres à rester dans le droit chemin de l'orthodoxie budgétaire. Ce qui revient, dans l'optique française, à confier un énorme pouvoir à des « technocrates ». Pour Bercy, qui le martèlera tout au long de l'année 1991 dans diverses notes, « la politique monétaire, quels que soient ses mérites, ne peut suffire à elle seule à assurer une politique de stabilité. Il convient qu'elle soit compatible avec des politiques budgétaires saines, des politiques de revenus, des politiques structurelles cohérentes et appuyées sur une volonté politique ferme. L'UEM ne peut se résumer à la prohibition des déficits excessifs et à la politique monétaire unique. Elle doit comporter un volet d'étroite concertation sur nos politiques économiques respectives ». D'autant que l'indépendance des banques centrales est une idée profondément étrangère à la culture française. Jean-Claude Trichet, alors directeur du Trésor et responsable de la délégation française, l'explique à ses homologues allemands, lors de la négociation du traité de Maastricht, en 1991 : « Nous restons sceptiques sur le caractère nécessaire du lien indépendance-stabilité [...]. L'histoire de la politique française au cours de ces dernières années montre qu'une politique monétaire de stabilité peut être menée sans indépendance de la banque centrale. » Une position que celui qui présidera la BCE de 2003 à 2011 ne reprendrait sans doute plus à son compte aujourd'hui...

Dirigée alors par le socialiste français Jacques Delors, la Commission européenne est proche de la ligne française : « Je récuse [...] une conception de la politique économique ramenée uniquement à la conduite de la politique monétaire et à la conduite de la politique budgétaire », explique-t-il devant le Parlement européen à Strasbourg le 12 juin 1991. « Il me semble [...] que l'évolution des prix et des salaires, le fonctionnement des différents marchés, le rôle de la politique de concurrence, la formation des hommes, l'organisation du marché du travail, l'organisation du travail elle-même, sont des éléments qui comptent. » Une analyse qu'aucun économiste sérieux ne peut contester. Le problème est que la France a perpétuellement nourri le soupçon de vouloir subrepticement mettre en cause l'indépendance de la Banque centrale comme le prouvera la bataille pour la présidence de la BCE que mènera Jacques Chirac, le président français, en mai 1998.

Il n'est évidemment pas question, dans l'idée française, de créer une nouvelle institution fédérale européenne : il s'agit simplement de renforcer les pouvoirs des chefs d'État et de gouvernement, et surtout du Conseil des ministres de l'Économie et des Finances. Le Conseil européen doit être chargé de « définir les grandes orientations de la politique économique de la Communauté », lit-on dans un projet de traité rédigé par Bercy en janvier 1991. « Dans le cadre [de ces] orientations, le Conseil coordonne la politique économique des États membres » et chacun est tenu de se conformer aux orientations définies en commun sous peine de voir réduire ou suspendre les versements du budget communautaire, que ce soit, par exemple, au titre des aides régionales ou de la Politique agricole commune. En outre, au cas où un État ne respecterait pas les recommandations lui enjoignant de réduire son « déficit excessif », le Conseil des ministres pourrait décider de mesures contraignantes comme, par exemple, « l'inscription d'office dans le budget de l'État concerné » d'une « réduction des dépenses ou d'une augmentation des impôts ». Autrement dit, cette instance aurait le pouvoir de réviser un budget national. Tout cela est dans le droit-fil de l'approche gaullienne, qui consiste à étendre, substantiellement s'il le faut, les pouvoirs du Conseil et donc des gouvernements, mais sans pour autant contrebalancer cette avancée par un renforcement parallèle du poids de la Commission et du Parlement européen[1].

On comprend, dès lors, que la Commission ait mesuré son appui à la France dans cette affaire. Son projet de traité, rendu public le 21 août 1990, dans le respect des équilibres institutionnels existants, restait sans doute plus réaliste. L'exécutif européen se contente de proposer la mise en place d'un simple forum de discussion entre les capitales sans prévoir de mesures de contrainte, ni dans le cas où un pays ne respecterait pas les « orientations pluriannuelles » définies par le Conseil européen, ni dans celui où un État laisserait filer son déficit. En fait, la Commission a perçu très clairement la volonté du gouvernement français de chercher à la marginaliser, le rôle central qu'elle estimait devoir lui revenir

1. Le commissaire italien chargé du marché intérieur, Mario Monti, proposa à la Commission, le 21 octobre 1996, une idée équivalente dans le cadre de la discussion sur le Pacte de stabilité : plutôt que d'imposer des sanctions financières – exigées par les Allemands – au cas où le déficit budgétaire d'un État dépasserait 3 %, il suggéra de prévoir « une règle budgétaire assurant une réduction automatique des dépenses publiques et/ou un accroissement également automatique de la charge fiscale dans l'État membre concerné ». Il ne fut pas suivi par le collège des vingt commissaires. Mario Monti ne connaissait pourtant pas le projet de traité français.

dans la gestion de l'UEM ne lui étant pas reconnu… Pour Paris, elle ne pouvait prétendre à la légitimité démocratique nécessaire pour élaborer une politique économique coordonnée : pas question donc de lui déléguer des pouvoirs dans ce domaine.

« Jacques Delors se veut l'anticipation du gouvernement fédéral », ironisa ainsi Jean-Claude Trichet, lors d'une réunion bilatérale franco-allemande à Francfort, les 22 et 23 novembre 1991. « Nous pensons que, pour l'instant, c'est le Conseil des ministres qui est le gouvernement fédéral. Ce sont les ministres qui sont responsables politiquement devant leurs parlements respectifs […]. Dans l'UEM, on va traiter de vraie politique. Dans une fédération monétaire, c'est le *policy mix* qui est en jeu. »[1]

Résistances allemandes

En faisant ses propositions, la France savait qu'elle se trouverait confrontée à une forte résistance de la part de ses partenaires, l'Allemagne en particulier. Dans une note du 24 janvier 1991 consacrée au « gouvernement économique », Bercy recommandait aux négociateurs d'« éviter d'effrayer inutilement les divers interlocuteurs qu'il sera nécessaire de convaincre ». Il faut faire apparaître clairement qu'« il ne s'agit pas, pour nous, d'une "astuce" visant à remettre en cause l'indépendance » de la future BCE, assure l'auteur de ce texte, pas plus qu'il

1. Si les gouvernements français successifs hésitent tant à doter le Parlement européen de pouvoirs de contrôle réels, c'est peut-être aussi parce que, en France, le contrôle qu'exerce l'Assemblée nationale sur le gouvernement a été souvent plus symbolique qu'effectif.

ne s'agit de perpétuer les traditions françaises « d'interventionnisme et de protectionnisme ». Le concept de pôle économique ne recouvre nullement « une vision autoritaire de la vie économique ». Quelque peu désabusé, le rédacteur de la note juge néanmoins que la négociation va être difficile : « Nous sommes desservis par notre image de marque et [...] nos partenaires se méfient de nos tendances de longue période et, plus encore, des tendances spontanées de diverses parties de notre corps social. » Plutôt bien vu, comme l'a montré le déroulement de la CIG de 1991.

Dès les premières rencontres bilatérales – qui précèdent durant toute la CIG les séances plénières –, les Allemands prennent leurs distances par rapport au projet français. En langage diplomatique, ce sera même une fin de non-recevoir. Ainsi Horst Köhler, le secrétaire d'État aux Finances, explique franchement, à Bonn, en février 1991, que « la difficulté est que [la proposition française] peut être vue comme un moyen de contourner l'indépendance de la Banque centrale en donnant au Conseil [européen, n.d.a.] la responsabilité de donner des instructions sur la politique monétaire ». En avril, il est encore plus net : « On pourrait lire dans votre projet la chaîne hiérarchique suivante : le Conseil européen décide des grandes orientations ; l'Ecofin, dans ce cadre, détermine les orientations de politique monétaire ; le système européen de banques centrales n'est chargé que de l'exécution de la politique monétaire. » Le 18 mai 1991, à Édimbourg, il ajoute : « Nous ne voulons pas de décision applicable à un État membre. Nous tenons à limiter les règles contraignantes à la politique budgétaire et à ne pas les étendre à la politique économique. »

Au sommet franco-allemand de Lille, les 29 et 30 mai 1991, Pierre Bérégovoy revient néanmoins à la charge : « Dans un État fédéral, il y a en face de l'autorité monétaire une autorité politique. En Europe, nous n'aurons pas d'autorité politique. » Réponse de Theo Waigel, le ministre des Finances allemand : attendons donc le moment où nous aurons un véritable gouvernement européen. Tout est dit. Les Allemands ne céderont pas. Et pas seulement eux : aucun des pays « monétairement corrects » ne suivra totalement la France dans cette voie. Même le Royaume-Uni, dont la Banque centrale n'est pourtant pas indépendante, laissera la France mener seule son combat : « Qui dit coordination dit dans une certaine mesure une certaine communautarisation », explique Yves-Thibault de Silguy, commissaire chargé de la monnaie unique entre 1995 et 1999. « Or, pour les Britanniques, il n'est pas question que la politique économique ne reste pas de la stricte compétence nationale. »

Qui est responsable de la politique de change ?

La bataille sur la politique de change, l'un des fronts de la guerre du gouvernement économique, est révélatrice de l'ampleur de l'incompréhension mutuelle. De quoi s'agit-il ? De la détermination de la valeur de la monnaie européenne par rapport aux devises tierces, en particulier le dollar et le yen. Une question importante, la valeur externe d'une monnaie ayant une influence directe sur les exportations et les importations européennes ainsi que sur le niveau de l'inflation. Pour la France, il ne fait aucun doute que « la responsabilité de la politique de change de l'Union monétaire, et en particulier du choix du régime de change, et de l'adoption et des changements des taux centraux contre des monnaies tierces », appartient au Conseil des ministres de l'Économie et des Finances : un projet de traité français daté du mois de juillet 1990 le dit expressément. Autrement dit, la politique de change est un élément de la politique économique et comme tel doit relever du « gouvernement économique ». « Le monétaire est au service de l'économique dans le cadre de la stabilité. L'autorité politique ne peut abdiquer en ce domaine », explique martialement Pierre Bérégovoy à son homologue, Theo Waigel, le 14 novembre 1991, à Bonn.

Pour l'Allemagne, en revanche, la prétention d'un gouvernement à vouloir influer sur le taux de change au jour le jour est doublement dangereuse. En premier lieu, elle risque de contrecarrer le travail de maîtrise de l'inflation auquel doit se consacrer la Banque centrale : si un gouvernement, pour favoriser les exportations, parvient à faire baisser la valeur extérieure de sa monnaie, les importations se renchérissent automatiquement, ce qui fait augmenter les prix à la consommation. En outre, les cours d'une monnaie sont soumis, comme ceux de tout autre produit, aux fluctuations de la demande des marchés. S'arc-bouter, c'est contraindre la Banque centrale à intervenir sur les marchés des changes à coups de milliards. Cette opération coûteuse au succès plus qu'incertain peut conduire, dans un premier temps, à un important gonflement de la masse monétaire… ce qui renforce le danger d'un dérapage des prix. Autrement dit, pour l'Allemagne, il n'est pas question d'importer de l'inflation pour faire plaisir aux exportateurs : « Même si d'autres facteurs entrent également en compte (niveau des déficits, de l'inflation, etc.), la variation de la valeur externe de la monnaie est considérée comme un effet indirect de la fixation par la Banque centrale des taux directeurs, laquelle obéit à de strictes considérations internes », c'est-à-dire la lutte contre l'inflation, écrit Yves-Thibault de Silguy[1]. Hans Tietmeyer, alors vice-président de la Bundesbank, dit très clairement aux Français, à Paris en avril 1991 : « Les interventions [de la Banque centrale, n.d.a.] ne peuvent être dissociées de la politique monétaire. Les interventions importantes se répercutent sur la quantité de monnaie. » Or, « l'essentiel, c'est la stabilité ».

Horst Köhler le répète à Pierre Bérégovoy à Lille, un mois plus tard : « Il ne peut y avoir de conflit sur le taux de change. Un conflit ne pourrait porter que sur la stabilité des prix. C'est là qu'il y a divergence entre nous : pour nous la priorité est à la stabilité. » Bref, une politique de change peut être en contradiction avec l'objectif de stabilité des prix que doit assurer la Banque centrale. Pour Hans Tietmeyer, « il n'est pas question de laisser la bride sur le cou aux politiques ». La « politique de change », l'Allemagne n'en veut pas. Helmut Schlesinger, l'ancien patron de la Buba, voit, dans la propension française à faire du taux de change un objet de décision politique, le sujet de contentieux le plus menaçant pour la cohésion future de la zone euro. « Si un pays, par exemple la France, voulait se servir du taux de change (de l'euro) pour favoriser les exportations ou l'emploi – que Dieu nous en garde – il y aurait des conflits. Ça, c'est prévisible. Ceci, c'est un point où nous n'avons pas encore une convergence de vue évidente. Nous [Français et Allemands, n.d.a.] n'avons pas réussi à nous en convaincre mutuellement. Pour moi, ce problème peut devenir plus grand que celui des déficits budgétaires ».

1. *L'Euro*, Yves-Thibault de Silguy, Le Livre de Poche, 1998.

Concilier des désirs contradictoires

Il faudra toute l'année 1991 pour trouver une formule de compromis qui intègre ces « conceptions philosophiques différentes », selon l'expression de Theo Waigel. Pourtant, dès le début de la négociation, la France fait certaines concessions aux Allemands sous l'impulsion de Jean-Claude Trichet, notamment en reconnaissant un rôle mineur à la Banque centrale. Le projet de traité français du mois de janvier prévoit ainsi que « le Conseil, statuant à la majorité qualifiée, et après consultation du Conseil de la Banque, détermine les orientations de la politique de change de la Communauté ». De plus, « l'exécution des opérations de gestion des réserves de change et des interventions sur les marchés des changes est assurée par la Banque centrale européenne dans le cadre des orientations fixées par le Conseil ». Mais, pour Bonn, cette subordination de la BCE, et surtout l'absence de toute référence à la stabilité des prix, est inacceptable.

La version finale du traité de Maastricht (article 109) tient compte de ces désirs contradictoires. C'est un chef-d'œuvre de subtilité. Pour obtenir l'accord de la Bundesbank sur cette rédaction, les négociateurs allemands n'hésiteront pas à tirer du lit son président, Helmut Schlesinger, en l'appelant au téléphone au milieu de la nuit. « Le Conseil, statuant à la majorité qualifiée soit sur recommandation de la Commission et après consultation de la BCE, soit sur recommandation de la BCE, peut formuler les orientations générales de politique de change vis-à-vis de ces monnaies. » Surtout, elle précise que « ces orientations générales n'affectent pas… le maintien de la stabilité des prix ». En clair, les ministres, si cela les amuse, peuvent se mêler de politique de change, mais jamais de leur propre chef et surtout dans d'étroites limites[1]. D'ailleurs, en vingt ans, jamais ils ne se lanceront dans un tel exercice.

On peut, de fait, s'interroger sur l'influence que peuvent avoir les autorités politiques sur le taux de change extérieur de l'euro à partir du moment où la Banque centrale – qui fixe les taux – est indépendante. Rien n'interdit aux gouvernements de faire connaître leur avis sur l'évolution du dollar et du yen et de souhaiter tel ou tel cours. Quant à l'effet de ce type de déclaration, c'est une autre affaire… Certes, l'hypothèse est différente s'il s'agit de conclure des accords de change avec les États-Unis et le Japon, par exemple, ou de mettre en place un nouvel ordre monétaire mondial. Dans un tel cas, les États ont évidemment leur mot à dire. Mais le refus persistant de beaucoup de pays de se lancer dans une telle direction rend cette question théorique. En fait, les Allemands l'ont bien perçu, le rêve français est de faire de l'euro une arme commerciale. Le problème est que la France non seulement a une vision économiquement contestable, mais a perdu de vue un élément essentiel : comme dans le cas des États-Unis, la plus grande partie du commerce de la zone euro se fera à l'intérieur de cette zone, ce qui rendra les Européens moins dépendants des variations monétaires externes. Ainsi, en 1997, les exportations des

1. L'article 109-1 prévoit le cas où des accords de change seraient conclus avec des pays tiers, à la manière des accords de Bretton Woods. Là, il faut que le Conseil des ministres statue à l'unanimité sur recommandation soit de la BCE, soit de la Commission. Pour modifier le cours central de l'euro, le Conseil statuera à la majorité qualifiée, toujours sur recommandation de la BCE ou de la Commission. Dans tous les cas, l'objectif de stabilité des prix devra être respecté.

onze pays qualifiés pour l'euro hors de l'Union représentent 13,7 % du PIB et celles des États-Unis, 9,5 %. Soit un taux d'ouverture sensiblement équivalent qui n'a guère varié en vingt ans. On comprend dès lors « l'incompréhension » allemande.

Le gouvernement économique en mode mineur

Sur le gouvernement économique, Allemands et Français vont aussi parvenir à un compromis dans le traité de Maastricht, mais, là encore, fort éloigné des projets français. « Sur la coordination des politiques économiques, nous étions relativement ouverts », se souvient Gert Haller, ancien négociateur du traité et secrétaire d'État aux Finances (1993-1994), un homme très apprécié des Français pour la finesse de son intelligence. « Nous partagions l'idée que ces questions devaient être évoquées. » Mais attention, pas n'importe lesquelles : « Nous insistions sur le fait qu'il fallait traiter dans ce cadre les questions de réformes structurelles. » Son prédécesseur, Horst Köhler, le dit d'ailleurs clairement aux Français au mois d'avril 1991 : « Il faut un forum pour le dialogue sur le *policy mix* entre les gouvernements et la Banque centrale. Il faut éviter que se crée l'impression d'une domination par la Banque centrale, car cela ne pourrait être toléré longtemps. » Hans Tietmeyer partage cet avis : « J'accepte la nécessité d'une coordination pour obtenir la convergence. » Pour le ministère des Finances à Bonn, il faut que les gouvernements restent les principaux responsables de leur politique économique et qu'aucune décision de cette nature ne soit directement applicable dans un État membre. Et surtout que l'indépendance de la BCE ne soit absolument pas mise en cause, de près ou de loin.

Les articles 102 A et suivants du traité de Maastricht ont donc mis en place un embryon de *pôle économique* qui répond à ces exigences. « L'idée de ces articles, que nous avons introduits au premier semestre 1991, était de rassurer les Français en leur montrant que la Banque centrale européenne, bien qu'indépendante, n'agirait pas en dehors de tout contexte politique », se souvient Jean-Claude Juncker, qui était alors ministre des Finances du grand-duché. L'article 103 prévoit que le Conseil des ministres des Finances élabore les « grandes orientations de politique économique » (GOPE) sur « recommandation » de la Commission et les soumette au Conseil européen des chefs d'État et de gouvernement. Ensuite, le Conseil vérifie la bonne application des GOPE dans chaque État : c'est ce que le traité appelle la « surveillance multilatérale ». Si un État s'écarte de ces balises, le Conseil peut adopter une « recommandation » à « la majorité qualifiée » qu'il peut décider de rendre publique, au titre de sanction plutôt symbolique. C'est tout pour la coordination des politiques économiques.

Les mesures les plus contraignantes concernent la politique budgétaire, comme le souhaitaient les Allemands. Si un État a un « déficit public excessif » (plus de 3 % du PIB), ou une dette publique dépassant 60 % du PIB, le Conseil pourra ainsi lui adresser une « recommandation [...] afin que celui-ci mette un terme à cette situation dans un délai donné » (article 104 C-7). Si rien ne se passe, les ministres pourront rendre publique la recommandation. À défaut de réaction de l'État en infraction, le Conseil des ministres pourra le « mettre en demeure » et, le cas échéant, lui imposer des sanctions plus mordantes : par exemple, « un dépôt ne portant pas intérêt d'un montant approprié » ou encore « des amendes » (article 104 C-11). Ce sont ces dernières dispositions qui seront détaillées par le Pacte de stabilité et de croissance. Quant à la BCE, si elle a pour seul objectif le maintien de la stabilité des prix, elle doit néanmoins apporter « son soutien aux politiques économiques générales dans la Communauté » (article 105), une formulation reprise du projet de traité français du 25 janvier 1991.

Les Allemands n'ont guère eu de difficultés à accepter cette formulation, puisque ce libellé est repris de la loi allemande sur le statut de la Bundesbank. Des liens institutionnels avec les gouvernements et le Parlement européen sont aussi prévus. Comme le voulait la France, ils sont plus forts qu'en Allemagne afin que les banquiers centraux ne s'enferment pas dans une tour d'ivoire. Le but, c'est que les gouverneurs dialoguent régulièrement avec les politiques. D'abord, le président en exercice du Conseil des ministres de l'Économie et des Finances – ainsi qu'un commissaire européen – pourra participer, sans droit de vote, aux réunions mensuelles du « conseil des gouverneurs », qui regroupe le directoire de la BCE et les banquiers centraux nationaux, et lui soumettre une « motion ». Ensuite, le président de la BCE sera « invité » (mot choisi à la demande de la Bundesbank afin de ne pas porter atteinte à son indépendance...) à participer aux réunions du Conseil des ministres si besoin est. Enfin, la BCE devra présenter un rapport annuel aux différentes institutions européennes et son président pourra être auditionné régulièrement par le Parlement européen (article 109 B).

C'est à la fois peu et beaucoup. Peu, car, en réalité, seule la politique budgétaire, l'un des éléments de la politique économique, est mise sous tutelle communautaire.

On est donc loin, très loin du *gouvernement économique* souhaité par les Français. Beaucoup, puisque, comme l'affirmait l'un des conseillers du chancelier Helmut Kohl, « il suffira d'un peu de volonté politique pour mettre en œuvre le pôle économique ». Yves-Thibault de Silguy estime, lui aussi, que « les États membres disposent des instruments nécessaires pour coordonner étroitement leurs politiques économiques et atteindre un *policy mix* satisfaisant. »

Oppositions philosophiques

Cet affrontement autour du gouvernement économique révèle, comme dans le cas de la politique de change, deux conceptions opposées de la politique économique. « La plupart des Allemands se méfient de l'interventionnisme étatique dans le champ économique », analyse Xavier Larnaudie-Eiffel, ancien chef de cabinet d'Yves-Thibault de Silguy. « Leur objectif est donc de mettre l'économie en pilotage automatique et de limiter la marge de manœuvre du politique : d'abord on met en place une banque centrale indépendante dotée d'un seul objectif, la stabilité des prix, ce qui empêchera toute dérive inflationniste durable. Ensuite on va limiter les possibilités de dérapage budgétaire des États membres en fixant des critères de convergence (inflation, déficit public, dette publique, taux d'intérêt à long terme, etc.) qui sont les conditions minimales pour permettre une gestion en commun de la même monnaie. Enfin, pour ceux qui sont arrivés dans la zone de pilotage automatique, on met en place des dispositifs de sanction – le Pacte de stabilité – afin de s'assurer que personne n'en déviera. À partir de ce moment-là, dans l'âme allemande, le gouvernement n'a plus rien à faire. Il manœuvre dans la marge budgétaire qui lui est laissée entre l'excédent et les – 3 % du PIB, et c'est tout. »

Donc, outre-Rhin, « derrière la notion de "gouvernement économique", il y a, d'une manière ou d'une autre, la volonté française de s'assurer une emprise sur la politique monétaire et la politique de change », analyse Gert Haller, bref, de mettre en cause l'indépendance de la BCE. « Il faut savoir que les mots de "gouvernement économique" sont proprement intraduisibles en allemand », souligne Jean-Claude Juncker qui est également à l'aise dans les deux langues. « C'est une expression que les Allemands ne connaissent pas et ne pratiquent pas, donc ça sonne à leurs oreilles comme une volonté de mainmise des gouvernements sur la Banque centrale ». Lionel Jospin admet, d'ailleurs que ces mots ont été malheureux : « Le gouvernement économique » était entendu comme s'il s'agissait de mettre en cause l'indépendance de la Banque centrale. Pour moi, cette question ne se pose pas et je l'ai nettement dit aux Allemands. Il faut casser cette peur. Pour moi, la question de la coordination des politiques économiques, ça ne se joue pas entre les gouvernements et la Banque centrale, mais entre les gouvernements eux-mêmes. Il faut qu'ils confrontent leurs politiques économiques. Il est clair, cependant, que cela aura une influence sur nos rapports avec la BCE. »

Si les gouvernements parlent d'une même voix, il est évident que la BCE sera plus sensible à leurs arguments. Un planning budgétaire fiable des capitales lui permettra, en effet, de gérer la politique monétaire de façon plus subtile. Au sommet franco-allemand de Weimar, le 19 septembre 1997, Jospin fera publiquement amende honorable auprès de ses partenaires : il faut « cesser de coupler cette question de Banque centrale et de structure informelle mais visible » de coordination des politiques économiques, déclare-t-il. La BCE « sera indépendante, nous l'avons intégré ». Sans le dire explicitement, le Premier ministre se distancie de la fameuse formule mitterrandienne selon laquelle la politique monétaire ne serait « rien de plus qu'un des moyens de mise en œuvre » de la politique économique décidée par les pays.

Le refus français du fédéralisme

Le soupçon allemand s'est, en particulier, nourri des réticences françaises à faire au sein de la CIG trop de concessions au fédéralisme. « Il faut bien comprendre qu'il y avait un monde entre l'objectif de l'union politique, qui devait améliorer les mécanismes communautaires et où il n'y avait pratiquement pas d'avancée, et ce que les Français ont mis sur la table en matière d'union économique et monétaire », analyse Gert Haller. Hans Tietmeyer, alors vice-président de la Bundesbank, le dira très clairement à Jean-Claude Trichet, lors d'une rencontre à Bonn, en avril 1991 : « Votre position n'est pas cohérente : vous affirmez le besoin de sanctions mais vous refusez la supranationalité [...]. L'union politique est nécessaire. » Il faut faire « des pas vers la fédération européenne »... Pour les Allemands, l'affaire est entendue : Paris nourrit des arrière-pensées inavouables : « Le gouvernement économique, pour nous, ç'a toujours été un *camouflage* [en français, lors de l'entretien, n.d.a.] pour quelque chose dont nous ne voulions pas, dit Gert Haller. Nous avons voulu couper les griffes des Français sur le gouvernement économique et nous avons réussi. »

Le silence français qui accueillera, le 1er septembre 1994, le mémorandum intitulé « Réflexion sur la politique européenne » cosigné par deux députés de la CDU, Wolfgang Schaüble et Karl Lamers, qui proposait de créer un « noyau dur » fédéral autour de quelques pays, renforcera encore un peu plus la méfiance allemande à l'égard de Paris.

En France, cette méfiance quasi charnelle à l'égard du politique n'existe pas, bien au contraire. Ce qui fait peur, en revanche, ce sont les forces incontrôlées des marchés. En outre, « le gouvernement économique est une nécessité pour la BCE elle-même », estime Pierre Duquesne, ancien sous-directeur au Trésor et ancien conseiller économique de Lionel Jospin. « Je vis avec une idée simple : la BCE n'aura jamais la légitimité démocratique de la Bundesbank. C'est quelque chose que les Allemands n'arrivent pas à comprendre, mais la Bundesbank a une légitimité née de la lutte contre l'inflation, jugée responsable du nazisme et de la guerre. Autrement dit, lorsque vous luttez contre l'inflation, vous luttez pour la démocratie et la paix. La BCE a beau avoir une constitution monétaire au moins aussi forte que celle de la Buba, elle n'a pas et elle n'aura jamais sa place dans le paysage politique européen. Elle a donc tout intérêt à avoir une relation harmonieuse avec les pouvoirs politiques afin de légitimer son pouvoir monétaire, sauf pour elle à prendre le risque d'être rejetée par les opinions publiques. » Sans compter que l'inflation n'est qu'un élément de technique économique pour la plupart des pays européens, en particulier pour les pays latins, et non un sujet de philosophie politique comme en Allemagne. Bref, il faut un « contrepoids » politique à la BCE, non pas pour porter atteinte à son indépendance, mais parce qu'un « contrepoids, ça permet à un ascenseur de monter et de descendre », selon l'expression de Pierre Duquesne.

Forts de cette analyse, les Français ne s'avouent pas battus. Quatre ans après la signature du traité de Maastricht, ils reviennent à la charge en profitant de la négociation du Pacte de stabilité proposé par les Allemands. La version originale de ce texte, rendue publique le 10 novembre 1995 par le ministère des Finances allemand, prévoit la création d'un « Conseil de stabilité européen » chargé « de mettre en œuvre et de coordonner [les] engagements librement consentis » dans le cadre du Pacte de stabilité budgétaire. Notamment, ce Conseil « pourra émettre des directives générales de politique financière et des recommandations publiques », mais uniquement dans le domaine budgétaire.

Bref, dans l'esprit allemand, il ne s'agit pas de créer un « gouvernement économique », mais un « gouvernement budgétaire », ce qui est autrement plus limité. Jean Arthuis, le ministre de l'Économie et des Finances d'Alain Juppé, tente d'élargir les compétences de ce « Conseil de stabilité » à la coordination des politiques économiques. À Laval, le 26 mars 1996, lors d'un conseil économique et financier franco-allemand, le Français estime avoir obtenu un accord de principe de son homologue Theo Waigel. « Il a bien réagi, se souvient Jean Arthuis. Il m'a dit qu'il trouvait l'idée bonne sous réserve de voir comment ça marcherait. Hans Tietmeyer était sur la réserve parce qu'il avait peur qu'un pôle politique se mette en place pour faire pression sur la Banque centrale européenne. »

À l'issue de la rencontre, le Français déclare que cette nouvelle institution informelle « se rapproche de ce que l'on pourrait appeler le gouvernement économique de l'euro ». « Dans mon esprit, il faut trouver un équilibre entre la BCE, qui centralisera la politique de surveillance des prix, et l'instance politique constituée par les ministres des Finances pour coordonner les actions, être garant du Pacte de stabilité. » Le 20 septembre 1996, les deux ministres publient un point de vue commun dans l'*International Herald Tribune* qui appelle les gouvernements de la future zone euro à « travailler ensemble plus étroitement et [à] échanger leurs points de vue sur la conjoncture économique et les politiques qu'il convient d'adopter en conséquence. Et ce au sein d'un Conseil informel de stabilité ». Ce qui ressemble fort à un geste de bonne volonté en reste là.

À Dublin, trois mois plus tard, la France ne réclame pas, en contrepartie de son acceptation du Pacte, la création effective de ce fameux Conseil de stabilité. Car, en dépit des efforts de Jean Arthuis, le gouvernement de l'époque n'a pas fait du gouvernement économique sa priorité du moment. Jacques Chirac voulait surtout que soit créé un système monétaire européen *bis*, destiné à lier à l'euro les monnaies non qualifiées. « En 1995-1996, nous pensions que l'Italie ne serait pas dans l'euro et nous voulions l'empêcher de dévaluer librement », se souvient un haut fonctionnaire du Trésor. Début 1997, le gouvernement économique a donc du plomb dans l'aile alors que les Allemands ont totalement verrouillé le versant monétaire et budgétaire.

Le retour des socialistes

La dissolution de l'Assemblée nationale française, le 21 avril 1997, et la victoire surprise des socialistes changent la donne. Car le PS arrive au pouvoir avec la ferme intention de résister aux diktats allemands en matière monétaire. Une grande partie de l'opinion publique ne veut plus de la rigueur budgétaire que le gouvernement Juppé lui a imposée au nom de l'Union monétaire alors même que la croissance patinait[1] et que le chômage ne se résorbait pas[2]. Les grandes grèves de fin 1995 ont marqué une rupture : la société française a manifesté par procuration son ras-le-bol des purges budgétaires successives, indépendamment des méthodes de gouvernement à la hussarde d'Alain Juppé. Dans ce contexte, le Pacte de stabilité a renforcé le sentiment que l'Europe monétaire n'annonce pas des lendemains qui chantent.

« Il fallait trouver une autre manière d'aller vers l'euro », explique Pierre Moscovici, alors ministre délégué aux Affaires européennes et ancien secrétaire national du parti socialiste[3]. « L'euro, ça ne peut pas être seulement la stabilité des prix. Il faut aussi des objectifs de politique économique et sociale, de la croissance et de l'emploi. Au sein du PS, il était clair qu'on n'allait pas revenir sur le projet d'union économique et monétaire : il n'a jamais été question de torpiller l'euro. Mais en même temps, nous n'étions pas des maastrichtiens ardents et inconditionnels. Une partie de la base était même violemment antieuropéenne. » Ainsi, début 1996, à la convention socialiste sur l'Europe, un amendement antieuro présenté

1. Après une récession de – 1,3 % en 1993, la croissance a été de 2,8 % en 1994, de 2,1 % en 1995, année de l'élection de Jacques Chirac à la présidence de la République, et de 1,6 % en 1996.

2. Le chômage était de 11,7 % en 1993, 12,3 % en 1994, 11,7 % en 1995 et 12,4 % en 1996.

3. Ministre des Finances de François Hollande de 2012 à 2014, il deviendra commissaire européen chargé des questions économiques et financières dans la Commission présidée par Jean-Claude Juncker de 2014 à 2019.

par la « gauche socialiste » a recueilli 40 % des voix. « Il a fallu naviguer entre ces deux bords afin de nous positionner et de retrouver un écho dans le pays. » En outre, Lionel Jospin, qui a voté oui sans enthousiasme lors du référendum sur le traité de Maastricht, en septembre 1992, n'est pas de la même génération que François Mitterrand : « Il ne suffit plus de dire que l'Europe a amené la paix. Pour les gens qui vivent en paix depuis cinquante ans, c'est une donnée. Les peuples demandent maintenant du concret sur le chômage, la sécurité. Je ne suis pas un Européen tiède et c'est pour cela que je ne veux pas d'une Europe tiède. L'inaction face au chômage tue l'idée européenne. »

Il n'est donc pas question que le PS renoue avec les erreurs des années 1990-1993, durant lesquelles, tout à son souci de démontrer sa capacité de bien gérer les finances publiques et de maintenir la valeur du franc, son ancienne identité s'est érodée sans qu'il en ait acquis une nouvelle. Les socialistes ont mis deux ans à trouver une synthèse entre ces courants contradictoires. La catastrophe a été évitée de justesse. Henri Emmanuelli, chargé de préparer le projet économique du parti pour la convention nationale de décembre 1996, sort début novembre un brûlot antieuro qui propose une dévaluation du franc par rapport au mark[1]. Le premier secrétaire du PS, Lionel Jospin, sait qu'un tel texte lui fermerait les portes du pouvoir.

Le lundi 5 novembre, il organise un dîner chez lui avec Dominique Strauss-Kahn et Pierre Moscovici pour connaître leur avis. Jospin demande à ce dernier, qui est

1. En 2005, il ne respectera pas la discipline interne du PS et appellera à voter « non » au référendum du 29 mai sur le projet de traité constitutionnel européen. Il est mort le 21 mars 2017.

alors chargé des « études », de préparer un texte plus conforme aux engagements européens du PS. « La discussion fut très dure mais finalement c'est le texte de Moscovici qui a été adopté » le 9 novembre suivant, se souvient un participant. « C'était un projet qui n'était pas euro-enthousiaste mais au moins était-il euro-compatible », estime son auteur. Le PS pose quatre « conditions » pour accepter le passage à l'euro : face à la toute-puissante BCE, il veut un « gouvernement européen compétent notamment pour définir les orientations de politique économique et la politique de change de l'Union européenne » ; l'Europe du Sud doit faire partie de la zone euro ; la monnaie unique ne doit pas être « surévaluée », notamment face au dollar ; le passage dépendra d'une « appréciation politique et non comptable des critères de convergence » ; enfin, l'emploi et la croissance seront prioritaires dans la zone euro : l'euro doit s'appuyer « non sur un pacte d'austérité mais sur un pacte de solidarité et de croissance ».

Le 29 avril 1997, huit jours après l'annonce de la dissolution, au moment de la signature d'une « déclaration commune » avec le parti communiste qui reprend ces quatre exigences, Lionel Jospin précise à nouveau sa pensée : « Si ces conditions sont remplies, nous dirons oui à l'euro. Si elles ne le sont pas, nous lui dirons non. » « Si nous ne mettons pas en face de la Banque centrale chargée de gérer la future monnaie européenne un gouvernement économique, ça veut dire qu'on renonce à notre politique monétaire », explique le premier secrétaire du parti socialiste sur Europe 1. « Et si on accepte le Pacte de stabilité renforcé, qui n'était pas dans le traité de Maastricht et que les Allemands nous ont imposé, ça veut dire qu'on renonce à notre politique budgétaire. C'est-à-dire aux deux principaux instruments de politique économique. Je ne propose pas cela. Je ne veux pas dissoudre la France dans l'Europe. Je veux une France qui pèse dans l'Europe et une Europe qui choisisse la croissance et l'emploi, qui cesse de brider sa machine économique pendant que les États-Unis, l'Amérique latine, le Japon, l'Asie, eux, avancent à grands pas. » Le journal français *Les Echos* pourra donc titrer légitimement : « Le PS, l'un des partis les plus "eurosceptiques" de l'Union. »

Les marchés financiers, inquiets d'une mise en cause de la monnaie unique, connaissent quelques turbulences à mesure que la perspective d'une victoire de la gauche se précise, obligeant même la Banque de France à intervenir pour soutenir le franc. « Il faut bien voir qu'à l'époque nous pensions être dans l'opposition pour de longues années », se justifie, après coup, un hiérarque socialiste qui fut ensuite ministre du gouvernement Jospin (1997-2002). « Notre souci principal n'était pas l'Allemagne mais l'opinion publique française. Il fallait l'acclimater au fait que l'euro verrait le jour. Je pense, cependant, que notre attitude sur l'Europe a été l'un des éléments de notre victoire en juin 1997. Les gens savaient que nous ferions l'euro mais sans attachement maladif à cet objectif, sans y sacrifier l'emploi et la croissance. »

Effectivement, contre toute attente, les socialistes se retrouvent au pouvoir le lundi 2 juin au matin. On est alors à quinze jours du Conseil européen des chefs d'État et de gouvernement d'Amsterdam, qui doit formellement adopter le Pacte de stabilité et de croissance et conclure la CIG sur la réforme des institutions. Quinze jours pour changer de politique et abandonner les quatre conditions, c'est beaucoup demander à un gouvernement à peine installé. « J'étais engagé politiquement là-dessus, rappelle Lionel Jospin. Je ne pouvais pas, outre que c'était ma conviction, arriver tout d'un coup au pouvoir et passer nos conditions par pertes et profits. » L'analyse du nouveau Premier ministre ne varie pas : les Français ont besoin, pour accepter l'euro, d'un « gouvernement économique » qui montrerait que le but de la construction européenne est d'obtenir plus de croissance et d'emplois. Tout comme les Allemands ont eu besoin, pour renoncer au mark, du Pacte de stabilité, censé éviter les dérives budgétaires. Les premiers signaux envoyés par Paris rassurent l'ensemble de ses partenaires : le gouvernement, dont la composition est annoncée le mercredi 4 juin, est résolument pro-européen. En particulier, les deux postes clés, le ministère des Affaires étrangères et celui de l'Économie et des Finances, échoient à Hubert Védrine, ancien conseiller diplomatique de François Mitterrand, artisan et partisan de l'axe franco-allemand, et à Dominique Strauss-Kahn, qui est le plus social-démocrate des socialistes. De même, les cabinets ministériels sont truffés de diplomates dont l'engagement européen n'est plus à démontrer.

Le PS tient ses promesses

Le jeudi 5 juin, à Malmö, en Suède, le Premier ministre français profite du congrès du parti des socialistes européens (PSE), pour réaffirmer son credo : « Le gouvernement entend rester fidèle aux engagements pris pendant la campagne électorale devant le pays et souhaite les dialogues nécessaires pour déboucher sur des solutions positives. » Ses partenaires comprennent qu'il va falloir faire un geste s'ils veulent que le Pacte de stabilité soit signé et que la marche vers la monnaie unique ne soit pas compromise. Dès avant le départ pour Malmö, Lionel Jospin a réuni, à l'issue du premier Conseil des ministres, quatre de ses ministres, Hubert Védrine, DSK, Pierre Moscovici et Daniel Vaillant, chargé des relations avec le Parlement. Son but : préparer une stratégie pour le Conseil Ecofin du lundi suivant à Luxembourg, qui doit entériner formellement le Pacte. « Ma thèse était qu'on n'y échapperait pas, raconte Dominique Strauss-Kahn. D'une part parce que Jacques Chirac avait engagé la parole de la France. D'autre part parce qu'en réalité le problème n'avait pas d'urgence économique : on entrait dans une période de croissance, ce qui le rendait assez théorique. Notre problème était politique : il fallait opérer le tournant de façon souple. D'ailleurs, j'estime que plus on est keynésien, plus il faut lutter contre les déficits budgétaires en période de croissance : le budget étant une arme, il faut pouvoir l'utiliser comme instrument contra-cyclique » (restrictif en période de croissance, expansif en période de ralentissement, n.d.a.). Très rapidement, « notre idée a été de dire que le Pacte n'était pas en cause, mais qu'il fallait quelque chose en plus : les Allemands ont tellement insisté sur les conditions de passage à la monnaie unique qu'on s'est désintéressé de ce qu'on allait faire ensuite. »

Dès la passation des pouvoirs (qui a eu lieu le 5 juin), les technocrates de Bercy se mettent au travail. L'ambiance est lourde : « On savait que l'on jouait très gros, qu'on pouvait faire exploser tout le processus, qu'une tempête sur le marché des changes risquait d'éclater à tout moment », se souvient un proche de DSK. Première tâche : expliquer aux différents ministres l'état du dossier : « Tous ignoraient ce qu'il y avait précisément dans le Pacte de stabilité. Il a fallu leur montrer que ce n'était pas l'horreur absolue qu'ils imaginaient », raconte un technocrate de Bercy. Et qu'un refus de signature ouvrirait une crise de cohabitation, la parole du président étant engagée, une crise européenne et une crise financière. « Heureusement, DSK pigeait à cent cinquante à l'heure et, à vrai dire, sans lui, les choses auraient sans doute été plus laborieuses », se félicite un haut fonctionnaire. Un hommage que lui rendent la plupart de ses partenaires européens : « Il a montré très vite une connaissance parfaite des dossiers alors que généralement il faut plus de temps pour les assimiler », souligne ainsi l'ancien ministre des Finances belge, Philippe Maystadt.

Seconde tâche : essayer de mettre au point une stratégie pour le Conseil Ecofin du lundi suivant. Plusieurs options sont étudiées, dont un report de six mois de la signature du Pacte. Mais Jospin préfère l'idée d'une « résolution » qui serait adoptée par les Quinze et qui prévoirait un renforcement de la « coordination des politiques économiques » (ce qu'il reste du « gouvernement économique »), à charge pour l'Union de la mettre en forme avant la fin de l'année. La France demanderait aussi un sommet sur l'emploi et une application anticipée du chapitre sur l'emploi contenu dans le traité d'Amsterdam, un chapitre au demeurant fort précaire, puisque Bonn n'en veut pas. Ce choix semble s'imposer le samedi. Mais Jospin reste prudent : sa marge de manœuvre est étroite entre la crise et le renoncement. La tâche du nouveau gouvernement est facilitée par l'attitude de Jacques Chirac : encore secoué par sa défaite, il assure Matignon qu'il observera le silence jusqu'au sommet d'Amsterdam, mais qu'il signera le Pacte quoi qu'il advienne.

Sur le front diplomatique, on s'active. « Il y a eu des contacts extrêmement étroits entre Bruxelles, Bonn et Paris », raconte un haut fonctionnaire européen, afin d'essayer de parvenir à un compromis. La Commission n'a pas été prise par surprise : « J'avais noté l'évolution du PS et ça me donnait froid dans le dos, raconte Yves-Thibault de Silguy. Bien avant la dissolution, j'avais demandé à rencontrer Lionel Jospin, mais ça n'a pas pu se faire à cause des élections. Le 2 juin, j'ai appelé Dominique Strauss-Kahn, qui m'a dit qu'il n'était pas encore nommé. Nous avons pris rendez-vous pour le vendredi 6 juin après-midi. » Le commissaire explique à DSK qu'il est hors de question de ne pas signer le Pacte. Il l'avertit que le gouvernement « prend le risque de tout faire sauter. Comment le PS, qui a été le parti de l'Europe de 1993, pourrait-il tout faire exploser en 1997 ? Vous allez durablement casser votre image ».

Strauss-Kahn téléphone au Luxembourgeois Juncker et au Belge Maystadt, deux démocrates-chrétiens idéologiquement assez proches des thèses socialistes. L'idée du ministre français est de tenter de séduire les petits pays soucieux de se dégager d'une tutelle allemande par trop pesante. Bien vu : « Nous n'étions pas malheureux du changement politique en France. On savait qu'il allait falloir renégocier quelque chose qui aille dans le sens du gouvernement économique. Ce qui n'est pas une mauvaise chose », juge Maystadt. DSK les prévient qu'il faut prendre le gouvernement socialiste au sérieux, mais qu'il est hors de question de ne pas faire la monnaie unique.

L'épreuve du feu

Le dimanche 8 juin, le ministre français s'envole pour Luxembourg, où les quinze ministres de l'Économie et des Finances doivent se retrouver pour dîner. Ses partenaires l'attendent avec curiosité et, dans le cas de Bonn, inquiétude. Première bonne surprise pour Theo Waigel : Dominique Strauss-Kahn s'adresse à lui en allemand au grand désarroi de la délégation française, plutôt habituée à l'usage de l'anglais. C'est la première fois, depuis qu'il a pris ses fonctions, en 1989, que le Bavarois rencontre un homologue français parlant parfaitement sa langue. Il est immédiatement séduit par le personnage. « Strauss-Kahn, c'est un *filou* [en français, n.d.a.] », explique un fonctionnaire du Bundesfinanzministerium. « Mais il est impossible de ne pas tomber sous le charme. » Dominique Strauss-Kahn rencontre successivement en tête à tête Waigel – lequel lui fait un cours sur la culture de stabilité – puis Gerrit Zalm, le ministre néerlandais dont le pays préside l'Union, terrifié à l'idée que le sommet d'Amsterdam soit gâché par les Français ; enfin, Gordon Brown, le chancelier de l'Échiquier britannique. Tous se montrent compréhensifs, car chacun sait ce que sont des contraintes de politique intérieure. « Strauss-Kahn a su présenter son idée de gouvernement économique sans susciter de réaction de rejet du côté allemand, raconte Philippe Maystadt. Il a pris toutes les précautions, notamment en expliquant qu'il n'était pas question de toucher à l'indépendance de la Banque centrale. »

Le lundi, en séance plénière, tout se passe sans éclat de voix. « Ç'a été un travail d'équilibriste sur le thème : je ne peux pas signer, mais je ne vous dis pas que je ne signerai pas et je ne vous dis pas non plus ce que je veux pour signer… Il fallait éviter une crise sans pour autant renier une promesse de campagne », s'amuse un membre du cabinet du ministre. « Lors de ce Conseil, les réactions ont été extrêmement sereines. Les Allemands ont fait très attention de ne pas isoler le gouvernement socialiste français », explique l'un des participants. « DSK a très bien manœuvré en étant loyal vis-à-vis de la position de son gouvernement devant la presse et suffisamment modéré à l'égard de ses collègues ministres des Finances. » La volonté française d'imposer un accord sur une coordination des politiques économiques et de mettre l'accent sur l'emploi fut même plutôt bien accueillie par une grande majorité des partenaires comme en avait fait le pari Strauss-Kahn.

Le Premier ministre suédois, Göran Persson, n'hésite pas à déclarer, le lendemain, qu'« il y a de bonnes raisons d'agir pour que le politique fasse contrepoids au pouvoir de la future Banque centrale européenne ». Gerrit Zalm s'estime « rassuré... il est clair que le nouveau gouvernement est favorable au processus conduisant à la monnaie unique et qu'il respectera le traité de Maastricht. Cela est très important ». Theo Waigel, lui, bougonne qu'il ne comprend « pas très bien ce que veulent les Français » en matière de croissance et d'emploi. Mais il souligne quand même que « chacun doit comprendre la situation politique difficile pour la France du point de vue du calendrier ». La mécanique européenne fonctionne parfaitement : chacun comprend les problèmes domestiques de l'autre et évite de jeter de l'huile sur le feu. « Personne n'a été clamer que c'était une catastrophe, ce qui constituait en soi un succès », sourit un haut fonctionnaire de Bercy.

Le gouvernement français, certes, manœuvre habilement. Mais il commet une erreur de présentation. Le lundi matin, à 8 h 30, Dominique Strauss-Kahn et Theo Waigel se retrouvent pour un nouveau tête-à-tête, le second depuis le dimanche soir. De cet entretien, le grand argentier allemand retire l'impression que pour les Français gouvernement économique plus emploi égalent relance keynésienne donc dépense publique. Juncker, qui a ses entrées chez Kohl, se fait l'écho de ces inquiétudes : « Il n'y a pas de réelle méfiance, mais une interrogation », déclare-t-il au journal *Le Monde*[1]. L'Allemagne « ne voudrait pas se retrouver avec l'obligation de financer de nouveaux programmes en faveur de l'emploi qui seraient décidés et mis en œuvre à l'échelle de l'Union ». Le message est clair : un compromis est possible, mais il n'est pas question de toucher à l'argent allemand...

Un habillage plus politique et plus social

Le lundi soir, la Commission soumet à Paris et à La Haye une première proposition de compromis : dans une « résolution sur la croissance et l'emploi » à adopter à Amsterdam, les Quinze s'engageraient à mettre en œuvre les articles 102 A et suivants du traité de Maastricht sur la coordination des politiques économiques, à l'image de ce qu'a fait le Pacte de stabilité pour les articles sur le déficit budgétaire. En outre, l'Union appliquerait par anticipation le chapitre « emploi » du traité avant sa ratification. Les partenaires de la France semblent enclins à suivre ce schéma. L'Allemagne fait un geste de bonne volonté : le mardi, la coalition chrétienne-démocrate/libérale fait savoir qu'elle est prête à accepter ce fameux chapitre qu'elle se préparait à rejeter au nom de la « subsidiarité ». En quelques jours, le gouvernement Jospin semble donc en passe de réussir là où ses prédécesseurs ont échoué : donner un habillage un peu plus politique et surtout plus social à l'Union monétaire.

Comme s'il sentait proche le dénouement de la crise, Jacques Chirac intervient, pour la première fois depuis sa défaite historique. À l'issue d'une rencontre avec

1. *Le Monde* daté du 11 juin 1998.

Wim Kok, le Premier ministre néerlandais, le mardi 10 juin en fin d'après-midi, il déclare sur le perron de l'Élysée « La France s'est engagée et entend que l'euro puisse être mis en œuvre dès le 1er janvier 1999. Cela suppose que nous examinions à Amsterdam d'une part le Pacte de stabilité et de croissance – qui, je l'espère, pourra [y] être entériné – et d'autre part les modalités sociales et de coordination des politiques économiques, sur lesquelles, à juste titre, le gouvernement français vient de mettre l'accent. » Kok laisse entendre qu'un compromis est possible : « Lionel Jospin nous a indiqué qu'il n'était pas obligé d'attendre sa déclaration gouvernementale devant l'Assemblée nationale », prévue le 19 juin, pour accepter le Pacte.

Le mardi soir, tout semble donc réglé. « Je suis tout à fait sûr et confiant que nous atteindrons un bon résultat » à Amsterdam, confie Helmut Kohl le lendemain. Jacques Santer, le président de la Commission, s'enthousiasme, ce même mercredi, à Strasbourg devant le Parlement européen : « Je me réjouis de constater que [les Quinze] ont reconnu la nécessité pour l'UEM de marcher sur ses deux jambes, monétaire et économique. Si le volet monétaire est clairement défini, il reste à faire un effort pour pleinement utiliser tout le potentiel [...] visant à la coordination des politiques économiques. Une politique monétaire ambitieuse n'a de sens que si elle va de pair avec une politique pour l'emploi forte et comprise par tous. » Lionel Jospin peut rosir de plaisir devant un tel satisfecit. Le jeudi, Jacques Santer est à Paris pour présenter officiellement son projet de compromis. « Tous les éléments sont sur la table pour parvenir à un accord, déclare-t-il à la sortie de Matignon. Je suis frappé par la volonté manifeste du gouvernement français d'aboutir à un accord à Amsterdam pour signer le Pacte de stabilité. »

Mais, quelques heures plus tard, le Premier ministre va inutilement prolonger cette crise. Au cours d'une réunion restreinte à Matignon, il décide de durcir les exigences françaises : « Jospin était très soucieux de ne pas se faire manipuler par la technostructure, raconte un haut fonctionnaire, il voulait garder sa liberté de jugement, ne pas aller trop vite. » « Dans une certaine mesure le Conseil Ecofin de Luxembourg s'était trop bien passé, tout avait été trop *soft* », juge un ministre. « Il a fallu qu'on redurcisse », ajoute-t-il. L'empressement de Jean-Claude Trichet, le gouverneur de la Banque de France, ou celui des représentants du Trésor, soucieux d'en terminer au plus vite, n'ont pas eu l'effet escompté...

Dans la nuit, un fax est envoyé à la chancellerie et au ministère des Finances à Bonn. C'est un projet de « résolution sur le Pacte de stabilité, de croissance et d'emploi ». Outre un sommet extraordinaire sur l'emploi, il propose un renforcement plus marqué de la coordination des politiques économiques, y compris en créant « une structure spécifique des États membres participant à la monnaie unique », c'est-à-dire un Conseil des ministres des Finances de la zone euro (qui deviendra l'Eurogroupe). Surtout, ce texte s'aventure sur le terrain des dépenses : il y est question de « mesures spécifiques pour augmenter l'intensité en emplois de la croissance », de la création d'un « fonds européen de croissance » destiné à financer des projets de haute technologie, etc. Les Allemands s'étranglent en découvrant ce projet, qui semble renouer avec l'interventionnisme étatique et la dépense publique.

La glace est rompue

Le lendemain, un vendredi 13, un opportun sommet franco-allemand, prévu de longue date, a lieu à Poitiers. Helmut Kohl va donc pouvoir s'expliquer de vive voix avec le nouveau Premier ministre français. Les deux hommes se connaissent un peu : Lionel Jospin s'est rendu en Allemagne durant la campagne électorale et lorsqu'il était ministre de l'Éducation nationale, à la fin des années 80, il a eu l'occasion de parler avec Kohl lors des sommets bilatéraux. Les Allemands arrivent tendus au Futuroscope : « Ils avaient le sentiment qu'on était des fous dangereux », raconte un témoin. Au cours de l'entretien avec Dominique Strauss-Kahn, Theo Waigel fait de nouveau un cours magistral sur la culture de stabilité et insiste sur la nécessité de contrôler les dépenses publiques. DSK explique qu'il n'est pas question de dépenser plus d'argent mais de mieux employer celui qui est disponible : « À la fin, les choses vont mieux », raconte DSK.

Le tête-à-tête entre Jospin et Kohl, qui n'aura aucun témoin, se déroule dans une atmosphère totalement détendue, contrairement à ce qu'on a longtemps cru. Le chancelier parle de François Mitterrand, de Jacques Delors, de son hôte. Les questions de fond, elles, sont abordées très rapidement. Lionel Jospin l'assure que les socialistes n'ont pas l'intention de mettre en cause la monnaie unique ou le Pacte de stabilité. Simplement, il a besoin d'obtenir quelque chose pour des raisons de politique intérieure. « Cette rencontre a été un élément important de la compréhension réciproque », estime Dominique Strauss-Kahn. « Nous avons eu le sentiment que le courant était passé », renchérit Joachim Bitterlich, le conseiller diplomatique de Kohl. Interrogé par les journalistes sur les demandes de Paris, le chancelier ne se prive pas cependant d'afficher un certain mécontentement : « Dans le courant de la nuit, la délégation française nous a fait parvenir un certain nombre de propositions [...]. Je les ai lues en venant ici, dans l'avion, et [...] nos deux pays vont s'en occuper de façon détaillée dans les jours à venir. » Il précise néanmoins : « Ce que nous voulons, en tout cas, c'est éviter cette modification du Pacte de stabilité, créer de nouveaux fonds » ou « transférer de nouvelles compétences vers Bruxelles ». Les Français savent désormais jusqu'où ils peuvent aller.

Le samedi 14 juin, Jean Vidal, le conseiller pour les Affaires européennes de Lionel Jospin, Pierre Duquesne, son conseiller économique, et François Villeroy de Galhau, le directeur de cabinet de DSK, se rendent discrètement à la chancellerie, à Bonn. Ils y ont une longue entrevue avec Joachim Bitterlich, Sieghart Nehring, économiste de la chancellerie, et Jürgen Stark, le secrétaire d'État aux Finances. Ce qui deviendra le compromis d'Amsterdam est finalisé en bilatéral. Comme d'habitude, Allemands et Français ne se soucient pas trop de l'attitude des autres partenaires. Jospin doit se contenter, à peu de chose près, du projet de résolution préparé par Bruxelles. Le raidissement du jeudi soir n'aura donc pas servi à grand-chose. Le même jour, il est reçu par Chirac qui lui annonce solennellement qu'il signera le Pacte, que le gouvernement le veuille ou non.

Le dimanche soir, à Amsterdam, le Comité monétaire, puis les ministres de l'Économie et des Finances se réunissent pour discuter du projet de résolution qui accompagnera le Pacte. Le lendemain matin, alors que le Conseil européen des chefs d'État et de gouvernement débute, un Conseil Ecofin est improvisé dans une salle attenante afin de le formaliser juridiquement, et surtout d'adopter le Pacte définitivement, avec une semaine de retard. Aucun service de traduction n'ayant été mis en place, la négociation se déroule en anglais. La France obtiendra, comme prévu, outre un sommet spécial sur l'emploi et l'application anticipée du chapitre correspondant du traité d'Amsterdam, la promesse d'une mise en œuvre de la coordination des politiques économiques d'ici le sommet de Luxembourg de décembre 1997, y compris dans ses aspects politiques de change. « Un pas décisif dans le rééquilibrage [de] l'Union européenne », triomphera Dominique Strauss-Kahn. Certes, mais Paris, au nom de la lutte contre le chômage, a dû accepter un texte qu'un conservateur britannique ne renierait pas. « Il convient de retrouver un taux élevé de croissance non inflationniste afin de résoudre durablement le problème du chômage dans la Communauté et de poursuivre l'assainissement des finances publiques », lit-on ainsi dans les conclusions du sommet. « Des déficiences structurelles continuent de restreindre [...] la croissance. » Il faut donc « promouvoir l'existence d'une main-d'œuvre qualifiée et susceptible de s'adapter apte à réagir rapidement à l'évolution de l'économie ». Il est nécessaire d'alléger la pression fiscale et « une restructuration restrictive des dépenses publiques s'impose afin d'encourager l'investissement dans les ressources humaines, la recherche-développement, l'innovation et les infrastructures indispensables à la compétitivité ». En clair, il convient de libérer l'initiative privée, qui seule peut créer des emplois. On est loin du bon vieux credo socialiste.

Jospin profitera du sommet d'Amsterdam pour clamer sa conversion totale à l'euro : « Le gouvernement français est profondément attaché à la monnaie unique. Je suis profondément attaché à la monnaie unique [...]. C'est un des moyens d'affirmer la force de l'Europe. C'est un engagement de fond. C'est ma conviction. C'est pourquoi je suis pour la réalisation de la monnaie unique à la date prévue. » Comme le note un technocrate de Bercy, « durant ces quatorze jours, les politiques ont parcouru un long chemin intellectuel ».

Le chemin de Damas de Waigel

Le gouvernement français va désormais tenter de concrétiser les promesses du sommet d'Amsterdam. Il y parviendra en trois étapes, qui sont autant de noms de villes : Mondorf (Luxembourg), les 12 et 13 septembre 1997, lors d'un Conseil informel des ministres de l'Économie et des Finances ; Münster, le 14 octobre 1997, à l'occasion d'un conseil économique et financier franco-allemand, et enfin Luxembourg, les 12 et 13 décembre 1997, au moment du sommet européen semestriel. DSK sait qu'il joue gros : s'il ne parvient pas à donner un contenu concret à la résolution d'Amsterdam, ses amis de la majorité « plurielle » lui reprocheront d'avoir signé le Pacte de stabilité sans contrepartie. Son objectif est double : certes, mettre sur pied le « pôle » – on ne dit plus officiellement gouvernement économique – à quinze, mais surtout obtenir la création d'un Conseil de l'euro regroupant les seuls pays qui feront partie de l'euro. Comme il l'expliquera à Mondorf, la zone euro aura des problèmes domestiques à régler dans l'intimité : « Il y a des choses que je dis à ma femme et que je ne dis pas à ma secrétaire. »

Quand plusieurs pays partagent la même monnaie, il est préférable que les budgets soient fondés sur les mêmes hypothèses de croissance macroéconomique ou encore que les références en matière de taux de change externe soient les mêmes. « Nous qui devrons gérer solidairement et collectivement cette zone euro, nous devons pouvoir discuter très intimement et très férocement entre nous », explique Juncker. Or, si les Allemands veulent bien parler à quinze des réformes structurelles (politique fiscale, marché du travail, aides d'État aux entreprises), ils refusent un pilotage conjoncturel trop précis. Pourquoi, du reste, un tel cénacle, alors qu'à terme tous les pays sont censés rejoindre l'euro (sauf le Royaume-Uni et le Danemark qui bénéficient d'un *opt out*) ? Tout cela ressemble trop à une manœuvre : les Français ne chercheraient-ils pas à faire entrer par la fenêtre du « pôle économique » leur colbertisme chassé par la porte du Pacte de stabilité ? Et, pour ne pas changer, Bonn continue de craindre que Paris ne veuille porter atteinte à l'indépendance de la Banque centrale. La France a eu beau, à plusieurs reprises, abjurer son ancienne foi, l'Allemagne n'est pas convaincue. « Nous sommes les juifs marranes de l'Europe », lâchera, un jour, désabusé, un diplomate français. Et il est vrai que, aujourd'hui encore, de nombreux ministres et hauts fonctionnaires hexagonaux ne sont pas véritablement acquis à l'indépendance totale de la BCE. Simplement, on fait avec.

Cette fois la France va bien jouer. Durant tout l'été 1997, Dominique Strauss-Kahn recevra ses homologues des « petits » pays afin de les convaincre de la justesse des thèses françaises. « On a été les chercher un à un, Autrichiens, Espagnols, Belges, Luxembourgeois », raconte un haut fonctionnaire de Bercy. « On leur a expliqué qu'ils auraient plus de poids au sein de l'Euro-x, que ça serait un club sélect. Si bien qu'à la fin les Allemands se sont trouvés totalement cernés et isolés. » À Mondorf, à la mi-septembre, le ministre français réussira à arracher à Theo Waigel un accord de principe à la création d'une instance informelle regroupant les pays qualifiés. Simplement elle ne s'appellera pas « Conseil » afin de ne pas la confondre avec le Conseil des ministres mais Euro-x, x pour le nombre de pays qui feront partie de la zone euro. Theo Waigel concède, à l'issue de cette réunion, qu'une « certaine coordination peut être utile et nécessaire ». Mais pour ajouter aussitôt que cet Euro-x n'aura pas « de mission précise ou de statut ». Hans Tietmeyer, le président de la Bundesbank, croit utile d'ajouter qu'il existe « un consensus pour dire que l'indépendance de la BCE n'est pas mise en cause. C'est une clarification extrêmement importante ». On a connu plus enthousiaste. Comme dans toute négociation, les Français ont dû, eux aussi, faire des concessions importantes. Dominique Strauss-Kahn espérait que l'Euro-x pourrait, comme le prévoit le traité de Maastricht, formuler « régulièrement » des « orientations générales de politique de change » vis-à-vis du dollar et du yen. « Pour les Allemands, ça paraissait complètement maximaliste et risquait de nuire à l'indépendance de la BCE », se souvient un proche de DSK. Finalement, il est convenu que les ministres ne pourront se prononcer que dans des « cas exceptionnels », c'est-à-dire lorsque la situation sur les marchés ne reflète plus les fondamentaux économiques et qu'il y a risque de crise monétaire. « C'est important pour l'indépendance de la BCE », soulignera une nouvelle fois Hans Tietmeyer. *Ad nauseam*...

Si le pôle économique paraît bien installé, tout n'est pas gagné pour autant. Theo Waigel n'est toujours pas enthousiaste. C'est le moment que choisit Helmut Kohl pour intervenir auprès de son grand argentier afin qu'il se montre plus conciliant avec les Français. Il usera de sa grande influence, selon un dirigeant européen proche du chancelier, mais il le fera en tête à tête afin de ne pas l'humilier. Cet épisode, les Français l'ignoreront. Et ce sera la divine surprise de Münster. Au Conseil économique et financier du 14 octobre, Theo Waigel acceptera, sans réserve, la création d'un « pôle économique » et de l'Euro-x. « Ça nous a surpris », admet un membre du cabinet de Dominique Strauss-Kahn. « On a eu le sentiment qu'il leur avait fallu quatre mois pour nous jauger et nous faire confiance. » Dans une lettre du 24 octobre, adressée à Jean-Claude Juncker[1], président en exercice du Conseil européen, le couple franco-allemand détaille les conditions du compromis. Si « le principal lieu de coordination des politiques est l'Ecofin, un groupe informel (Euro-x) » regroupant les seuls ministres des Finances de la zone euro se rencontrera avant les réunions régulières à quinze afin de coordonner les points de vue. Les ministres échangeront des « informations économiques », surveilleront la « situation macroéconomique y compris [les] développements sur les taux de change », examineront leur projet de budget, discuteront de réformes structurelles. À tout cela s'ajoutent, bien sûr, les « grandes orientations de politiques économiques » (GOPE) et toute la procédure pour les faire respecter telles que les ont prévues le traité de Maastricht et le Pacte de stabilité.

---

1. Jean-Claude Juncker est Premier ministre et ministre des Finances du Luxembourg depuis janvier 1995, son prédécesseur ayant été nommé président de la Commission. Il quittera ses fonctions en décembre 2013 avant d'être élu président de la Commission (2014-2019).

Blair part en guerre

La France peut donc pavoiser : elle a obtenu une instance – certes informelle – de coordination des politiques économiques. C'est à ce moment-là que la Grande-Bretagne décide de se rappeler au bon souvenir de ses partenaires. Elle, qui n'a jamais voulu faire partie de la monnaie unique, prend brutalement conscience qu'un nouveau pôle de pouvoir est en passe de se constituer sur le continent, d'où elle sera totalement absente. Comment « la troisième économie européenne » après l'Allemagne et la France peut-elle être exclue de l'Euro-x et être traitée comme un pays de seconde zone ? Dès lors que l'on parle de coordination des politiques économiques ou de taux de change, il faut être là, puisque toute décision aura forcément des répercussions au Royaume-Uni.

L'inquiétude britannique s'est accrue avec la publication, à la mi-octobre 1997, des « prévisions économiques d'automne » de la Commission, dont les chiffres indiquent que onze pays sur quinze devraient faire partie du premier train de l'euro. Même l'Italie semble se qualifier à l'arraché ! Londres se retrouvera donc sur le banc de touche en compagnie d'Athènes, de Copenhague et de Stockholm. Pas très enthousiasmant. Le lundi 17 novembre, à Bruxelles, lors d'un Ecofin, le Royaume-Uni, entraînant les trois autres *out* probables, monte au créneau. Gordon Brown, le chancelier de l'Échiquier, en tête, réclame, sans crainte du ridicule, un siège au sein de l'Euro-x, dont on se demande dès lors à quoi il servirait... Theo Waigel lance aux Britanniques qu'on « ne peut pas être à la fois dedans et dehors ». Strauss-Kahn explique que « chacun commence à se rendre compte que l'euro va exister : les pays qui ont la même monnaie forment pratiquement sur le plan économique un même pays. C'est une découverte pour les *out.* »

Le ton continue à monter jusqu'au Conseil européen de Luxembourg des 12 et 13 décembre 1997. Londres menace même d'user de son veto pour bloquer une résolution des Quinze créant l'Euro-x. « Personne ne peut empêcher les pays de l'euro de se rencontrer quand ils le veulent. Nous n'avons pas besoin de fondement juridique », clame Theo Waigel. Curieusement, le gouvernement de Tony Blair, autoproclamé europhile et qui vient de décider de repousser à 2002 toute éventuelle adoption de l'euro, va se retrouver dans une posture de négociation qui n'est pas sans rappeler l'attitude de la grande « europhobe » Margaret Thatcher. Londres refusera même le statut d'« observateur » proposé par l'Allemagne aux pays *out,* puisque cela signifierait que la Grande-Bretagne n'aurait pas voix au chapitre. Le 10 décembre, le porte-parole du Premier ministre de Sa Très Gracieuse Majesté, le très arrogant Alastair Campbell, dira lors du sommet de Luxembourg : « Nous tenterons de bloquer tout arrangement qui pourrait diminuer l'influence de la Grande-Bretagne ou affecter ses intérêts. »

« Les mouches ne méritent pas cela ! »

Le sommet de Luxembourg sera donc un sommet de crise. Encore une fois. Mais, grâce à la Grande-Bretagne, la France se trouve dans le camp majoritaire, aux côtés de l'Allemagne. Ce qui change tout. Le vendredi 12 décembre, Tony Blair va mener un combat solitaire, pied à pied, afin de s'imposer à la table de l'Euro-x. Son leitmotiv : « Il ne faudrait pas que notre opinion publique ait l'impression que nous sommes exclus. » Un proche du chancelier Kohl remarque que « Blair ne veut pas être membre du club, mais veut en avoir tous les droits ». Personne ne comprend très bien l'insistance de Blair, mais chacun tente de trouver un compromis acceptable pour Londres : Juncker, qui préside les travaux, suggère que si certaines questions sont « d'intérêt commun », les *out* doivent pouvoir participer aux travaux de l'Euro-x. Une discussion acerbe s'engage pour savoir s'il faut lister ou non lesdites questions. Tony Blair et Gordon Brown n'en finissent pas de pinailler sur le moindre détail, essayant d'accroître leurs prérogatives. « La finesse du texte allait de plus en plus loin », rapporte un diplomate allemand. Après plus de cinq heures de discussions stériles, Jacques Chirac s'énerve et lance à voix suffisamment haute pour qu'on l'entende : « Jean-Claude, cessons cette discussion, les mouches ne méritent pas cela ! » Hilare, Theo Waigel, à qui l'on explique qu'il s'agit d'une référence à une expression française (« enculer les mouches »), s'empresse d'aller répandre la saillie présidentielle dans les couloirs.

Jospin, qui mène les négociations au nom de la France, a un aparté avec Tony Blair : « Je ne comprends pas pourquoi tu insistes puisque tu sais que tu ne vas pas pouvoir l'obtenir. » Juncker, agacé de voir « son » Conseil européen sombrer dans le ridicule, prévient son homologue britannique que s'il n'arrête pas la décision de créer l'Euro-x sera prise par les seuls pays qualifiés, bref qu'il risque de tout perdre. L'énervement gagnant, Kohl et Chirac décident, le vendredi soir, de sonner la fin de la récréation. « Tony, arrête de nous donner des leçons. On n'est pas à un cours d'Oxford. Tu n'auras pas de siège, on te l'a déjà dit plusieurs fois. Tu ne peux pas être dedans et dehors », dit le chancelier. Le poids lourd de l'Europe a parlé. D'un commun accord, tout le monde décide alors de revenir au compromis d'origine et de ne faire aucune concession à Londres. Les Britanniques se retrouvent Gros-Jean comme devant : ils resteront à la porte de l'Euro-x. Subsistera seulement la décision d'inviter les pays *out* chaque fois que seront évoquées des questions d'intérêt commun.

L'agaçante résistance des Britanniques – « Blair a encore beaucoup de choses à apprendre », lâchera Kohl devant quelques journalistes – aura finalement rendu service aux Français en valorisant l'Euro-x : « Puisqu'il faut être à l'Euro-x, c'est que ça doit servir à quelque chose », ironise un membre du gouvernement français. La première réunion de l'Euro-11[1] aura lieu au château de Senningen, à Luxembourg, le jeudi 4 juin 1998, en fin d'après-midi, alors même que la monnaie unique n'est pas encore entrée en vigueur. Gordon Brown, dont le pays préside l'Union en ce premier semestre 1998, insiste pour l'inaugurer. Après un petit discours, il quitte la salle afin de laisser ses onze collègues discuter de leurs propres affaires. Ultime supercherie : il attendra une demi-heure avant de sortir du château afin de donner l'impression aux médias qu'il est resté plus longtemps qu'en réalité. Le « pôle économique » fait ses premiers pas. Mais « l'Euro-11 ne décidera rien, n'aura pas de secrétariat, pas de statut, pas d'existence formelle. On échangera des informations », souligne Theo Waigel à l'issue de cette première réunion. Alors que Dominique Strauss-Kahn estime qu'il s'agit d'un « lieu de pouvoir important ». La méfiance allemande n'a pas disparu comme par enchantement. Le gouvernement de Bonn peut se satisfaire, à ce

1. Le Conseil européen du 2 mai 1998 a décidé que onze pays sur quinze participeraient à la monnaie unique.

moment-là, d'avoir réussi à mettre la monnaie unique à l'abri de l'ingérence du politique en obtenant une indépendance absolue des banques centrales d'une part, en imposant le Pacte de stabilité d'autre part.

L'euro-11 devient rapidement l'Eurogroupe (pour éviter de changer son nom à chaque élargissement de la zone euro) et son existence formelle est consacrée dix ans plus tard par l'article 137 du traité sur le fonctionnement de l'Union signé à Lisbonne en 2007 (et entré en vigueur en novembre 2009). Il élit même un président permanent depuis janvier 2005 pour deux ans et demi renouvelables une fois, une innovation voulue par la France et consacrée par le traité de Lisbonne. Son premier président est le Luxembourgeois Jean-Claude Juncker (2005-2012). Lui succèdent le Néerlandais Jeroen Dijsselbloem (2013-2018) puis le Portugais Mário Centeno.

LA RUÉE VERS L'EURO

1997-1998

Lac de Côme, villa d'Este, dimanche 8 septembre 1996. Encore une fois, le fameux colloque Ambrosetti organisé dans l'ancienne villa des Este, cette grande famille de la Renaissance italienne, a réuni un cénacle des plus sélect. Parmi les « grands » de ce monde qui se mêlent comme chaque année au gratin politique et aux princes de l'industrie milanaise ou turinoise, il y a les deux pères du Système monétaire européen, Helmut Schmidt et Valéry Giscard d'Estaing, Shimon Peres, ministre des Affaires étrangères d'Israël, Yasser Arafat, le chef de l'Autorité palestinienne. Sont aussi présents les deux banquiers centraux les plus puissants d'Europe, Hans Tietmeyer et Jean-Claude Trichet, ainsi qu'Yves-Thibault de Silguy, le « Monsieur euro » de la Commission... Être invité ici, c'est un signe extérieur sinon de richesse, du moins de réussite. C'est en outre très agréable : le cadre est magnifique, le parc somptueux et l'on mange fort bien.

Si Hans Tietmeyer est encore là, en ce beau et chaud dimanche, c'est surtout par curiosité. Sa dernière intervention, il l'a faite la veille. Aujourd'hui, les Italiens, en principe, restent entre eux, la plupart des participants étrangers étant rentrés dans leurs pénates. Sous le titre « Un agenda pour l'Italie », un aréopage de politiques, hauts fonctionnaires et industriels doivent discuter des perspectives de la Péninsule. Le gouvernement de centre gauche de « l'Olivier », au pouvoir depuis mai 1996, et dont Romano Prodi est le Premier ministre et Carlo Ciampi le ministre du Trésor, a placé l'Europe et la monnaie unique au cœur de sa politique. Le président de la Bundesbank aimerait bien en savoir un peu plus. Dans l'esprit du banquier central allemand, il est clair que Rome ne pourra participer à l'aventure monétaire européenne que bien après le 1er janvier 1999.

Après tout, l'Italie est depuis toujours un pays malade de sa monnaie. La lire a été si souvent dévaluée qu'elle a fait de tous les Italiens des millionnaires... Certes, beaucoup estiment que fondateur de la Communauté, dépositaire du traité de Rome, supporter enthousiaste de toute avancée européenne, un tel pays ne pourra rester en dehors de l'euro. Mais heureusement, pense Tietmeyer, Maastricht est là pour éviter ce genre de dérapage politique. Pour lui, les critères de convergence sont autant de gardiens du temple qui interdiront l'accès à la monnaie unique à tous ceux qui n'ont pas assez de vertu économique et monétaire ou, si l'on préfère, de culture de la stabilité.

Miracle à l'italienne

L'obstacle paraît insurmontable pour Rome avec une dette de 124 % et un déficit de 7,7 % du PIB en 1995. Le premier critère, il est vrai, n'offre pas réellement de garantie : après tout, la Belgique, encore plus lourdement endettée, a obtenu l'assurance, lors de la négociation du traité, qu'il lui suffira d'être clairement engagée sur la voie de la réduction pour passer à la « troisième étape » de l'UEM. En revanche, le plafond des 3 % de déficit, même interprété souplement, semble, en tout état de cause, hors de sa portée : le remboursement de la dette et le paiement des intérêts mobilisent à eux seuls une grande partie du budget italien. En outre, l'ultime et imprenable rempart est cette convergence des taux d'intérêt à long terme, ceux que fixent les marchés pour prêter à un pays, que demande également le traité. Dans le monde de la Bundesbank, ces valeurs reflètent l'appréciation du marché sur la « qualité » d'un débiteur. Pour elle, ce jugement est incorruptible par définition, puisque les investisseurs ne se préoccupent que de deux choses : la rentabilité et la sûreté d'un placement. Comme la France l'a appris à ses dépens en 1992 et 1993, des années de sagesse économique sont nécessaires pour se constituer une vertu monétaire aux yeux des grands gestionnaires de fonds internationaux. Hans Tietmeyer est tranquille : un tel statut, l'Italie ne peut l'acquérir d'ici 1999 ou même 2000. D'ailleurs, l'ancien Premier ministre Silvio Berlusconi – plutôt eurosceptique, il est vrai – l'a admis lui-même dans ses vœux de fin d'année en décembre 1994 : « Seul un miracle nous permettrait de remplir les critères de convergence économique de Maastricht », déclarait *Sua Emittenza*.

Mais voilà : Rome s'y connaît en miracles. En quelques heures, à la villa d'Este, la belle confiance de Hans Tietmeyer dans l'efficacité des garde-fous maastrichtiens va être profondément ébranlée. Avec un étonnement croissant, il suit le débat entre les politiques et les industriels argüant qu'il faut persuader les marchés que leur pays ne pourra être exclu du cercle magique de l'euro en 1999. Si ce message passe de manière convaincante, les investisseurs vont logiquement placer une partie de leurs avoirs en titres de dette libellés en lires : une devise qui accédera progressivement à un statut de « valeur sûre », grâce à la simple perspective de sa participation à l'UEM. Comme les certificats de la dette romaine offrent une rémunération plus grande que ceux de l'Allemagne ou de la France (pour couvrir, justement, la prime de risque subsistante), investir dans la lire deviendra une spéculation de moins en moins périlleuse, ce qui attirera à son tour les capitaux, donc fera enfin diminuer les taux d'intérêt… Or, pour Carlo Ciampi, toute réduction du loyer de l'argent est une véritable aubaine : puisque la dette est largement refinancée à très court terme, chaque décrue ferait immédiatement baisser la charge que constitue le paiement des intérêts. Du même coup, cela allégera d'autant le déficit public et permettra même, comme l'expliquent les politiques aux industriels, des baisses d'impôt… Le gain serait appréciable : grosso modo, un point de pourcentage du niveau des taux d'intérêt représente un pour cent de déficit. De quoi renforcer la vraisemblance que l'Italie sera un pays fondateur de l'UEM : le tour est joué, le cercle est clos. Pour Tietmeyer, cette stratégie est une véritable révélation. Par une simple opération de communication politique, les héritiers de Machiavel prévoient de créer une dynamique de convergence suffisante. Si elle réussit, elle dépravera complètement ce « verdict des marchés » dans lequel l'Allemand croyait dur comme fer.

La fin de l'illusion d'une mini-union monétaire

De retour à Francfort, il alerte ses collègues et les responsables du ministère des Finances. « Pour Tietmeyer, ce que prévoyaient les Italiens était une véritable perversion de l'idée de la convergence », raconte un ancien haut fonctionnaire du ministère des Finances allemand. « Nous n'avions pas perçu que les choses pourraient évoluer comme cela. Quand nous discutions du critère des taux d'intérêt lors de la négociation du traité de Maastricht, nous avions toujours dit : "C'est celui-là qui reflète l'appréciation des marchés." Nous n'avions pas imaginé, à l'époque, que les marchés pourraient être manipulés à ce point. » Ou, comme le dit un négociateur de Maastricht : « Ce que nous concevions à l'époque, c'était une Union monétaire avec cinq ou six pays. La France, l'Allemagne et ses voisins immédiats. » Le mémorandum cosigné par Wolfgang Schäuble et Karl Lamers du 1er septembre 1994 reflète parfaitement la pensée allemande : les deux hommes y proposaient de créer une « Kerneuropa », une « Europe noyau » fédérale limitée à l'Allemagne, à la France et au Benelux, qui seule aurait eu en partage la même monnaie. Mais la France, alors dirigée par un Premier ministre, Édouard Balladur, qui préparait sa campagne présidentielle, et un François Mitterrand de plus en plus malade, a superbement ignoré cette proposition essentiellement par crainte de se trouver en tête à tête avec l'Allemagne. C'est d'ailleurs pourquoi les socialistes français, de retour au pouvoir en 1997, ont exigé que les pays du Sud participent à l'euro dès son lancement...

À Bonn, les inquiétudes de Tietmeyer devant les ambitions italiennes sont, de fait, largement partagées. Certains, comme Jürgen Stark, le secrétaire d'État aux Finances, sont farouchement opposés à une entrée de la lire dans l'UEM : ils craignent que sa participation ne déstabilise la monnaie unique. D'autres, comme son adjoint, Klaus Regling, sont plus dubitatifs, même s'ils estiment, en ce mois de septembre 1996, que l'Italie n'a pratiquement aucune chance de satisfaire aux critères de Maastricht. Theo Waigel, lui-même, se situe « à mi-chemin de ces deux positions », comme l'explique l'un de ses anciens collaborateurs. Certes, un an auparavant, le 20 septembre 1995, le grand argentier avait provoqué une mini-tempête politico-financière en déclarant, dans une audition – à huis clos, mais dont le compte rendu a été publié – devant la commission des finances du Bundestag : « Il n'y aura pas d'assouplissement des critères définis dans le traité de Maastricht, qui donnent droit à participer à la troisième phase de l'union monétaire. Et l'Italie, bien qu'elle soit un pays fondateur, n'en fera pas partie. » Les médias italiens avaient réagi violemment et la lire avait plongé. En réalité, le ministre est loin d'être aussi dur sur la question italienne que son adjoint Stark. Mais sa marge de manœuvre est limitée par les vitupérations incessantes de l'ultra-conservateur Edmund Stoiber, le ministre-président de Bavière, son grand concurrent au sein des chrétiens-sociaux.

Devant l'indignation italienne, Helmut Kohl, en septembre 1995, avait dû calmer le jeu : « Nous n'avons pas le droit de porter de jugement. » Le chancelier livrait ainsi le fond de sa pensée : « Kohl a toujours été et est l'un des plus grands défenseurs de l'Italie, qui fait partie des membres fondateurs », explique l'un de ses plus proches conseillers. « L'euro sans l'Italie, ce serait contre le projet européen. Mais, en même temps, il a toujours fait comprendre aux Italiens qu'il était prêt à les soutenir, mais qu'ils devaient d'abord s'aider eux-mêmes. Il avait pensé avoir trouvé en Giuliano Amato [le Premier ministre italien[1], n.d.a.] un partenaire en ce sens, qui, en 1992-1993, avait fait les premiers grands efforts pour mettre l'Italie en ordre. Ensuite, ce fut le Premier ministre Romano Prodi, et surtout son ministre des Finances, Carlo Azeglio Ciampi. “La sensibilité chez moi est telle quant à votre participation que vous devez m'aider”, leur disait le chancelier. Il a dû gérer les doutes énormes de la Bundesbank. Il faut bien comprendre qu'en Allemagne la Bundesbank est plus crédible sur ces affaires-là que le pouvoir politique. » Aux autres dirigeants européens, Kohl explique en privé que pour lui la participation de Rome n'est ni exclue ni gagnée d'avance : « Quand nous lui posions la question, le chancelier nous a toujours répondu la même chose : que la participation de l'Italie ne dépendait que d'elle-même », se souvient Jean-Claude Juncker.

L'Espagne poignarde la « solidarité méditerranéenne »

Ce n'est pourtant qu'à Valence, huit jours après la réunion de Côme, le 8 septembre 1996, que le gouvernement italien va recevoir une claque qui le décidera définitivement à forcer la marche afin de faire partie de l'euro dès le 1er janvier 1999. Le 16 septembre 1996, les dirigeants espagnols et italiens se retrouvent pour un sommet dit du « Club Med », selon une expression

1. Premier ministre en 1992-1993 et en 2000-2001.

méprisante apparue dans les médias allemands et anglo-saxons. Jusque-là, Romano Prodi table sur un déficit de 3,5 % en 1997, et ne prévoit les 3 % que pour l'année suivante. Autant dire que Rome ne pourra participer à l'UEM en 1999 qu'en vertu d'une interprétation plutôt laxiste du traité… C'est pour le moins risqué. Romano Prodi et José María Aznar, le chef du gouvernement espagnol, qui a succédé à Felipe González le 4 mai 1996, le savent.

Les Italiens veulent donc s'assurer du soutien des Espagnols et de la solidité du « front sud » : ou bien les deux pays militent ensemble pour une lecture très « flexible » du critère de déficit, ou bien ils décident de viser l'entrée dans l'union monétaire en l'an 2000 seulement. Pour Rome, l'effort à fournir est déjà énorme. Deux mois seulement avant la rencontre de Valence, lors du sommet du G7 du mois de juillet 1996 à Lyon, Prodi avait violemment renvoyé dans ses buts Mario Monti, l'un des deux commissaires italiens à Bruxelles, qui réclamait plus de rigueur : « Je ne veux pas porter un pays mort dans l'euro. » Mais, à Valence, Aznar récuse toute idée de « solidarité méditerranéenne ». Comme l'Italie, l'Espagne voit dans son accès à l'euro un vecteur essentiel de son identité « moderne », à la hauteur du reste de l'Union européenne. Depuis son « âge d'or », au XVIe siècle, le royaume s'est progressivement marginalisé, le franquisme n'étant que le dernier avatar de cette dérive d'un pays qui a dominé le continent et le monde. Désormais, tout ça, c'est fini, et l'euro en sera le symbole, même si le déficit espagnol est à 7,3 % en 1995.

Ciampi se souvient d'avoir demandé à son collègue ce qu'il pensait « d'une Italie qui entrerait elle aussi [dans l'Union économique et monétaire, n.d.a.], mais avec un rapport déficit/PIB de 3,5 %. Rodrigo Rato, le ministre des Finances espagnol, me regarde désolé et répond, sans l'ombre d'une hésitation : “Avec 3 %, oui.” » Ainsi que l'explique le ministre de la Défense italien Nino Andreatta, le soir même, « les Espagnols ont la conviction, peut-être la garantie d'accéder tout de suite. Pour eux, l'entrée dans l'euro est une sorte de revanche sur la guerre hispano-américaine de 1898, comme me l'a dit mon homologue » – une guerre soldée par une défaite cuisante, qui est vécue, encore un siècle plus tard, comme une humiliation nationale.

Pour Carlo Ciampi, ce refus de l'Espagne crée une « urgence dramatique ». Il alerte immédiatement son Premier ministre. Les deux hommes se retrouvent le lendemain matin pour un petit déjeuner de crise à l'hôtel Melia. « Ni Prodi ni moi ne sommes de bonne humeur. Nous nous regardions dans le blanc des yeux et, en l'espace d'une seconde, nous décidons ensemble, dans une scène quasi muette, qu'il n'y a pas une seconde à perdre. » Le président du Conseil propose une « euro-taxe » spéciale, en partie remboursable, qui doit gonfler les recettes de l'État et permettre d'atteindre le seuil fatidique des 3 % dès 1997 – l'année qui déterminera les pays de l'UEM. Dans l'avion qui les ramène à Rome, ils se mettent immédiatement au travail pour fixer les grandes lignes de la nouvelle politique fiscale. Il faut faire vite, très vite, pour que l'opération réussisse. Le 28 septembre 1996, le Conseil des ministres de l'Olivier donne son accord après douze heures de négociations.

Le lendemain, Ciampi s'envole pour Washington, où se tient la réunion d'automne du Fonds monétaire international. Une très mauvaise surprise l'attend : dans un entretien accordé au *Financial Times* du 30 septembre, Aznar a dévoilé le pot aux roses. À la rencontre de Valence, explique-t-il, ses interlocuteurs ont vainement suggéré une « alliance méditerranéenne » pour une interprétation plus flexible des critères de convergence. Le but de cette manœuvre assassine : se distancier ouvertement de l'Italie laxiste et renforcer ainsi la crédibilité de Madrid aux yeux des marchés. La stratégie de Côme retournée contre Rome, en quelque sorte... Immédiatement, Prodi riposte. Le 2 octobre, toujours dans le quotidien britannique, un gros titre annonce « la route de l'Italie vers Maastricht ». Le Premier ministre dément les allégations espagnoles et estime que si ses projets se concrétisent, « il sera impossible de laisser l'Italie hors de l'union monétaire ». Au passage, il donne un coup de griffe à Paris, qui cherche à améliorer ses comptes publics grâce à des opérations sans lendemain : « Si d'autres font de l'habillage, nous pouvons le faire aussi. Si les Français s'en tirent en faisant ce genre de chose, nous avons aussi un ou deux tours à leur montrer. »

À Washington, le gratin de la haute finance internationale, ahuri, ne perd pas un mot de cette guérilla médiatique. « Le Club Med », s'il a jamais existé, est bel et bien mort. Les deux grands pays du sud de l'Europe affichent désormais leur volonté d'entrer à tout prix dans la monnaie unique dès 1999. Dans un souterrain de l'hôtel Watergate, Ciampi rencontre en secret son homologue allemand, Theo Waigel, et le patron de la Bundesbank, Hans Tietmeyer. Il leur confirme sa détermination d'atteindre les 3 %. Mais il ne se cantonne pas à des explications privées : il multiplie les déclarations tous azimuts afin de convaincre l'opinion publique italienne, et surtout les marchés. « L'effort extraordinaire entrepris par l'Italie est fondé sur une volonté extraordinaire [...]. L'UEM est l'événement qui couronnera la révolution pacifique qui est en train de changer notre pays. » C'est bien le schéma décrit au colloque Ambrosetti, renforcé par l'annonce de mesures budgétaires plus radicales encore que celles prévues trois semaines auparavant. « Tout cela avait un effet psychologique, dans le but de faire baisser les taux d'intérêt », juge un ancien haut responsable du ministère des Finances à Bonn. « Nous nous sommes rendu compte qu'ils mettaient réellement en œuvre leur stratégie. Je dois dire qu'elle était habile. »

Le retour de la lire

Bruxelles, dimanche 24 novembre 1996. Pour la première fois depuis la nuit dramatique du 1er août 1993, les grands argentiers et les gouverneurs des banques centrales de l'Union se retrouvent dans le triste immeuble du Borschette. Il s'agit de déterminer le taux auquel la lire pourra réintégrer le mécanisme de change dont elle a été éjectée sous la pression des marchés le 16 septembre 1992. Pour Rome, la décision est urgente, car Maastricht prévoit au minimum deux ans d'appartenance au mécanisme de change du SME sans dévaluation pour qu'un État puisse participer à la monnaie unique. Il est vrai que la Grande-Bretagne et la Suède contestent cette interprétation du traité. Mais l'Italie n'a pas l'intention de risquer de se voir barrer la route de l'UEM pour avoir ignoré une formalité.

Deux acteurs vont s'opposer durant les onze heures de négociations qui vont suivre. Carlo Ciampi d'une part, car il a une revanche à prendre sur l'histoire : c'est lui qui était gouverneur de la Banque centrale italienne en 1992 ; Hans Tietmeyer d'autre part, qui se pose en chef de file de la résistance. Le patron de la Bundesbank a gardé en mémoire le coup de force de Londres qui, en

1990, a annoncé sans consultation le cours d'entrée de la livre dans le mécanisme de change. Selon Francfort, la décision britannique d'imposer un taux de change clairement surévalué a été l'une des raisons de la grande crise monétaire des années 1992-1993. Cette fois-ci, les choses se passeront différemment : le cours de la lire sera déterminé à la suite d'une négociation, comme prévu par les règles du SME. Or les Italiens sont arrivés à Bruxelles avec une idée bien précise : ils veulent obtenir une parité entre 1 000 et 1 010 lires par mark. Il est vrai que plusieurs gouvernements (Allemagne, France, Belgique, en particulier), discrètement sondés par Rome, s'y sont montrés favorables, tout en faisant savoir leur préférence pour une valeur un peu plus forte comprise entre 980 et 990 lires pour un mark. Mais les banquiers centraux, menés par Tietmeyer, se rebiffent.

Surprise : les gouverneurs ne veulent pas d'une lire plus faible mais, au contraire, ils la souhaitent plus forte. Se faisant les défenseurs de la compétitivité des industries allemande, française ou belge – rôle normalement dévolu aux gouvernements –, ils insistent sur un cours tournant aux alentours de 950 à 960 lires. Entre ce que recherche Ciampi et la recommandation des gouverneurs, la différence est de 5 %. C'est appréciable, surtout pour l'industrie exportatrice italienne. Certes, comme l'explique un haut fonctionnaire de Bercy, « Le taux "juste" d'une monnaie peut se déterminer à partir d'une série d'éléments comme le cours du marché, les taux d'intérêt, les prix à la consommation et à la production, le coût salarial unitaire... Cela dit, tout cela n'amène qu'à une plage et non à une valeur bien précise. » Après, ce sont les discussions de marchands de tapis qui s'engagent. Ce que souhaite Tietmeyer, c'est d'abord affirmer une position de principe : la fixation d'un taux de change ne saurait se faire sans consultation et accord des banques centrales. Et puis il faut éviter de faciliter davantage la stratégie maastrichtienne de l'Italie en lui permettant de doper son activité économique grâce à un taux de change trop avantageux. D'autant que cela nuirait à une industrie allemande qui a déjà souffert du plongeon de la lire les années précédentes. On a donc droit au spectacle, pour le moins insolite, d'un président de la Bundesbank qui soutient mordicus que la monnaie italienne est en réalité plus forte que ne le prétend le gouvernement de Rome… En fin de compte, les tractations déboucheront sur un compromis d'un mark à 990 lires, un résultat généralement analysé comme un succès pour Carlo Ciampi.

Les marchés parient sur l'euro

L'entrée de l'Italie dans le SME convainc définitivement les marchés financiers, longtemps sceptiques quant aux chances de réussite de l'euro, de la détermination des capitales. « Le choc de 1993 a entraîné un changement d'attitude des marchés financiers », explique un haut fonctionnaire français du Trésor, « car cette crise a validé le discours politique, notamment en France. » Et puis ces hommes et ces femmes qui, à New York ou à Londres, font la pluie et le beau temps sur la planète sont submergés chaque jour par une myriade d'informations politiques et économiques. Leur jugement sur l'évolution d'une région de la planète ou d'un pays est généralement assez schématique et lent à s'adapter à des réalités nouvelles. Mais quand il change, il bascule presque toujours en bloc. Ce comportement plutôt « moutonnier » – qui s'explique aussi par le risque que court tout employé d'un fonds de gestion quand il investit à contre-courant de ses collègues – va profiter formidablement, en 1996 et 1997, au projet d'union monétaire.

Le changement d'attitude des investisseurs « rend de plus en plus aléatoire le calcul selon lequel l'UEM débutera en 1999 avec un petit groupe de pays au nord des Alpes ou ne débutera pas du tout », reconnaît ainsi le quotidien financier allemand *Börsen-Zeitung* le 21 novembre 1996. En misant sur la réussite de l'euro, les marchés renforcent la probabilité de son lancement dans les délais prévus par le traité : partout en Europe les pays dont les taux d'intérêt sont les plus élevés en 1995 voient s'amorcer, à partir de 1996, une décrue qui les rapproche de plus en plus de la moyenne communautaire. Progressivement, la perspective d'une participation du Portugal et même de l'Espagne à l'UEM dès 1999 devient crédible. Mais, sur un point, la détermination de Stark et de Tietmeyer reste intacte : il faut, pour le bien de l'euro, barrer le chemin à l'Italie.

Ils se savent secrètement appuyés par un groupe non négligeable de hauts fonctionnaires de Bercy et de la Banque de France qui estiment qu'« il y a une grosse question sur la soutenabilité des finances publiques italiennes », comme l'explique un homme du Trésor. « Les Italiens nous disent : faites-nous confiance. On croise les doigts pour qu'ils tiennent leurs promesses. Mais ne fait-on pas une énorme erreur ? Si jamais il survient un choc quelconque en Italie, on est mal. Si ça se trouve, ils laisseront filer leur déficit et diront : "Eh bien, appliquez-le donc, votre Pacte de stabilité." » Les autorités politiques françaises envoient des signaux contradictoires. « Chirac a changé au moins trois fois d'avis sur la participation de l'Italie à l'UEM, comme sur la question de la monnaie unique, du reste », affirme un haut responsable monétaire allemand.

Mais l'allié le plus fiable de Stark sur la question italienne, ce sont les Pays-Bas et leur ministre des Finances, Gerrit Zalm, un grand ami de Theo Waigel. Sur la rigueur budgétaire, les Néerlandais sont encore plus stricts que leur voisin allemand. Et ils n'ont pas vraiment de précautions diplomatiques à prendre, eux, pour éviter de froisser un « pays fondateur » de l'Union. Au premier semestre de l'année 1997, ils détiennent la présidence du Conseil de l'Union européenne. Zalm l'inaugure avec fracas en plaidant, le 8 janvier, pour « une union monétaire réduite » afin de « garantir la crédibilité de l'euro » tout en dénonçant « l'agitation hystérique » qui entoure le débat sur la qualification du « Club Med ».

Ultimes manœuvres allemandes pour torpiller l'Italie

À Noordwijk, une tristounette station balnéaire balayée par les vents de la mer du Nord, les ministres des Finances et les gouverneurs des banques centrales se retrouvent, les 4 et 5 avril 1997, pour l'Ecofin « informel » organisé chaque semestre. Pas de grand dossier à l'ordre du jour. Pourtant, durant ces premiers mois de 1997, une nervosité fébrile entoure toutes les réunions. Il faut dire que 1997, c'est l'année sur la base de laquelle sera faite, au printemps 1998, la sélection des pays « élus ». Or Theo Waigel ne cesse de répéter à chaque occasion que « 3 %, c'est 3 % ». Et il refuse fermement d'indiquer s'il acceptera un dépassement quelconque du seuil fatidique. Les spéculations vont bon train, d'autant que l'Allemagne elle-même, avec un chiffre de 3,3 % en 1995 et de 3,4 % en 1996, a sans doute franchi le cadre de ce qu'elle estime admissible. En outre, la hausse inquiétante du chômage en Allemagne rend bien difficile une baisse sensible du déficit dans les temps.

Jürgen Stark, une fois de plus, va jouer les trouble-fête en se livrant à un étonnant exercice médiatique. Lors d'une rencontre informelle avec des journalistes, il explique que « le calme trompeur » des marchés est sans doute un leurre et que pourraient se produire « avant l'automne [des] turbulences : les hommes politiques ne pourront pas ne pas prendre certaines décisions ». Le message est clair : il ne faut pas se fier à la solidité apparente des pays du « Club Med ». Or, depuis plusieurs mois, les décideurs saluent le calme des opérateurs et font tout pour éviter de semer de nouvelles incertitudes. C'est une prestation exactement inverse à laquelle se livre Stark : il semble vouloir déstabiliser la confiance des investisseurs afin de contrecarrer les efforts de Rome. Ces remarques font, en quelques minutes, le tour de la salle de presse, et parviennent rapidement aux oreilles de la délégation transalpine. C'est la consternation. Pour renforcer le message, Tietmeyer, pendant la conférence de presse « officielle », assène qu'il serait dangereux de baser le processus de convergence des taux exclusivement sur l'attente des marchés. Stark, de son côté, chante les louanges du Portugal et de ses efforts d'assainissement budgétaire. Au passage, il glisse perfidement que le petit voisin de l'Espagne n'est pas un pays méditerranéen car tourné vers l'Atlantique… Les Italiens rentreront de Noordwijk déprimés, d'autant que la France, à aucun moment, ne leur a offert son appui.

L'Italie disqualifiée ?

Dans le courant d'avril 1997, la nervosité à Rome atteint son paroxysme. Le mercredi 23, la Commission doit publier ses *Prévisions de printemps* pour les années 1997-1998. Même si elle s'en défend, son pronostic sur l'évolution des déficits budgétaires des pays de l'Union donnera une indication claire sur leurs chances d'accéder à l'euro. Depuis plusieurs mois déjà, cette question est ultrasensible. Ainsi, Bruxelles a protesté, en septembre 1996, contre la publication par l'OCDE d'estimations sur le respect des critères de convergence. Dès début avril, le gouvernement Prodi a multiplié les démarches et les coups de téléphone pour tenter de peser sur les chiffres qu'annoncera la Commission. Certes, les prévisions reposent pour l'essentiel sur de solides modèles économiques : mais, dans ce type d'exercice, il subsiste une marge d'appréciation. Cela, Rome le sait. Un jugement trop négatif risque d'ébranler la belle confiance des marchés, qui doit porter l'Italie dans l'Union monétaire. Or, à Bruxelles, les avis sur les chances de sa réussite sont plutôt partagés. Le commissaire Silguy lui-même, s'il ne doute plus que l'Espagne et le Portugal parviendront à être présents dès 1999, est beaucoup moins certain des capacités italiennes. Ses prévisions ne « qualifient » d'ailleurs pas la Péninsule : il prédit un déficit de 3,2 % en 1997 et pour 1998, 3,9 % « à politique budgétaire inchangée », un dérapage budgétaire qui l'envoie aux enfers.

Les pressions de Rome suscitent de fortes tensions au sein de la Commission. Pendant que la turbulente Italienne Emma Bonino, responsable de l'aide humanitaire, se fait l'avocate passionnée de ses concitoyens, son collègue Mario Monti essaie de négocier un compromis entre Ciampi et Silguy. Mais le Français reste ferme. Il concède simplement une note de bas de page dans laquelle il admet que les chiffres pourront être meilleurs si les réformes annoncées sont effectivement mises en œuvre... Prodi, qui, sous des dehors d'aimable professeur de province, cache un naturel volontiers emporté, réagit violemment. Il menace même Jacques Santer, le président de la Commission, de torpiller le sommet d'Amsterdam de juin 1997, qui doit conclure les travaux de la Conférence intergouvernementale sur les institutions. Les chiffres de Bruxelles sont qualifiés d'« incompréhensibles ». L'indignation, en Italie, est d'autant plus grande que le considérable effort demandé par le gouvernement n'a pratiquement pas rencontré de résistance : il n'est pas l'affaire d'une technostructure lointaine, mais bien de la population tout entière. Par son soutien à la gigantesque opération *mani pulite*, tout un peuple montre combien il souhaite se rapprocher de la norme européenne. La participation à l'euro est considérée comme une affaire de fierté nationale et le rejet allemand vécu par beaucoup comme une insulte. Ainsi, le Prix Nobel d'économie Franco Modigliani déclare que « certains cercles en Allemagne ne veulent absolument pas de l'Italie. Difficile de savoir pourquoi, il faudrait consulter un psychiatre ».

« Nos prévisions ont eu un effet de détonateur qui a maintenu la pression », explique-t-on dans l'entourage de Silguy. « On s'est dit à ce moment-là : il faut les forcer à faire un nouveau programme de convergence. » Pour Rome, le choc est d'autant plus violent qu'elle est, avec Athènes, la seule capitale à figurer sur le banc des « cancres », toutes les autres se voyant prédire, pour

1997 comme pour l'année suivante, un déficit de 3 % ou moins. Mais le message est compris : Prodi annonce être « fermement déterminé à poursuivre nos actions d'assainissement structurel pour nous permettre de nous présenter au rendez-vous de l'Union monétaire ».

L'optimisme qu'affiche la Commission sur les perspectives budgétaires de croissance pour 1997 lui vaut, du reste, des commentaires dubitatifs dans de nombreux journaux : ne s'agit-il pas là d'un geste de volonté politique plutôt que d'un calcul économique sérieux ? Au premier trimestre 1997, l'évolution de la conjoncture, en effet, suscite les plus vives inquiétudes et beaucoup doutent de la capacité des gouvernements à atteindre la limite magique des 3 % sans sacrifices supplémentaires. Un débat s'installe, et durera toute l'année, autour de l'article 109 J du traité de Maastricht, qui permet, selon certains juristes, de repousser la date du début de l'UEM au-delà du 1er janvier 1999, pourvu que la décision soit prise avant la fin de 1997[1]. Les responsables bruxellois eux-mêmes sont beaucoup moins optimistes en ce printemps 1997 que leurs déclarations publiques ne le laissent paraître « Quand on a fait les prévisions du mois d'avril, je n'étais pas tellement sûr de moi », se souvient Yves-Thibault de Silguy. « Je me suis dit : "Si la reprise qu'on annonce n'est pas au rendez-vous, que va-t-on faire quand on publiera les prévisions du mois d'octobre ?" Parce qu'à ce moment-là on ne peut plus dire : "Il reste encore jusqu'à la fin de l'année pour ajuster les déficits de 0,2 ou de 0,3 %." »

1. L'article 109 J du traité dispose que « si, à la fin de 1997, la date du début de la troisième phase n'a pas été fixée, la troisième phase commence le 1er janvier 1999 ».

Chirac dissout

Parmi tous les hommes politiques qui n'osent pas croire à la reprise, il y en a un que son scepticisme va conduire à faire une erreur monumentale : Jacques Chirac. Il est vrai que le 19 janvier 1997 le ministre des Finances, Jean Arthuis, l'avertit que le déficit pourrait atteindre 3,5 % à la fin de l'année. Peu après, un avis confidentiel du budget évalue le découvert pour l'année en cours à 3,7 % ou 3,8 %. Et, pour 1998, les anticipations ont tout de la catastrophe nationale : 4,8 %. Autant oublier l'euro, sauf à prendre des mesures d'économie d'une rare sévérité. *Libération*, le 17 avril, publie ces estimations certes désastreuses mais qu'il faut relativiser : la direction du budget à Bercy est par nature alarmiste. « Chaque année, des notes comme ça, on en a des dizaines », s'amuse un homme du Trésor. Mais l'orchestration, par l'Élysée, de cette fuite montre à quel point l'angoisse est grande. Il faut préparer l'opinion à une nouvelle cure d'austérité.

Le 21 avril 1997, le président surprend tout le monde en décidant de dissoudre l'Assemblée nationale[1]. « J'ai acquis la conviction qu'il faut redonner la parole à notre peuple afin qu'il se prononce clairement sur l'ampleur et le rythme des changements à conduire pendant les cinq prochaines années », annonce-t-il lors de son allocution télévisée. « Pour aborder cette nouvelle étape, nous avons besoin d'une majorité ressourcée et disposant du temps nécessaire à l'action. » L'analyse est simple : le gouvernement Juppé a besoin de se

1. Lire sur cet épisode *Histoire secrète de la dissolution*, par le service politique de *Libération*, Plon, 1997.

refaire une virginité électorale pour imposer au pays des réformes forcément impopulaires. Comme on l'explique à l'Élysée : « Jacques Chirac a pensé que pèserait sur le Premier ministre une double contrainte, européenne et sociopolitique. La rue refuse la réforme. Pour faire face à cet étau, il fallait une majorité rénovée. On espérait que la croissance allait revenir, mais pas qu'elle serait aussi forte. » Si le président avait anticipé cela, il n'aurait jamais dissous l'Assemblée.

Les astuces de comptables

Rien ne démontre plus clairement la crainte des capitales de ne pas se qualifier pour l'euro que la panoplie d'astuces de comptabilité budgétaire qu'elles tentent de mettre en œuvre dès 1996 afin de remplir les critères en 1997. Le premier de ces tours de passe-passe a lieu en France : le gouvernement d'Alain Juppé imagine, dès l'été, de ponctionner France Télécom de la coquette somme de 37,5 milliards de francs, ce qui fera baisser le déficit de 0,5 % du PIB en 1997. L'artifice que trouve Bercy pour encaisser cette manne, c'est de prendre à sa charge les retraites des agents. En effet, son statut doit changer : d'administration, France Télécom devient entreprise publique. Il n'y a donc plus de raison qu'elle conserve dans ses caisses une « soulte » prévue pour cela. Le problème est que le calcul de la dette et du déficit, dans l'Union, est soumis à des règles harmonisées dont l'interprétation revient à Eurostat, l'office statistique de la Commission. Son directeur général, le Français Yves Franchet, prend, en principe, ses décisions en toute indépendance, après avis d'un comité consultatif constitué d'experts des États membres. Mais dès le départ Silguy appuie énergiquement l'opération France Télécom auprès d'Eurostat. Le ministre français Jean Arthuis – que l'opération met très mal à l'aise – le remercie de sa « solidarité ». Lors d'une rencontre secrète à Bruxelles, le 5 septembre 1996, le commissaire, néanmoins, lui explique qu'il y a un risque que d'autres pays se précipitent dans la brèche ouverte par Paris et lui recommande de prévenir au moins son homologue allemand avant de rendre publique l'opération.

Mûri par dix-huit mois d'expérience européenne, Silguy sent la rafale venir. D'ailleurs, à Eurostat, ça coince. « L'examen du dossier France Télécom est toujours en cours », note laconiquement un membre de son entourage le 17 octobre 1996 : « Les comités techniques sont plus divisés que prévu, alors qu'Eurostat propose d'accepter la présentation comptable faite par les autorités françaises. » Finalement, les membres allemands, néerlandais et britanniques du comité consultatif s'opposeront à la validation de l'opération. Minoritaires, ils devront néanmoins s'incliner. Le 31 octobre 1996, le feu vert est annoncé. La Commission a conscience de l'effet que peut avoir cette décision en Allemagne : « Il sera nécessaire de préciser que la Commission privilégie une approche durable de la convergence, pour corriger l'impression de laxisme donnée par l'acceptation de France Télécom », écrit un haut fonctionnaire dans une note adressée à Silguy. On s'inquiète, aussi, du fait que « les prévisions d'automne 1996 [font] toujours apparaître un nombre considérable de pays qui respectent l'objectif de 3 %. En l'état, le projet n'a aucune crédibilité et serait donc rejeté par la presse comme par les marchés. Il faut demander à DG2 [la direction générale responsable des affaires économiques, n.d.a.] de reprendre sa copie ». Le

6 novembre, Bruxelles estime que trois pays ne satisferont pas, en l'état de leur planning budgétaire, au critère du déficit en 1997 : l'Italie, la Grèce et l'Espagne. Silguy doit, à cette occasion, défendre longuement devant les journalistes l'opération France Télécom.

Prodi l'avait annoncé dans son fameux entretien au *Financial Times* du 2 octobre 1996 : si la France peut réduire son déficit par des astuces comptables, l'Italie ne sera pas en reste. Mais « l'eurotaxe », que le président du Conseil a imaginée avec Ciampi à Valence, est une mesure à la fois plus honnête et plus simple. Il s'agit de ponctionner les contribuables d'un impôt progressif sur tous les revenus, à l'exception des plus faibles. La mesure représente l'équivalent de 0,6 % du PIB – ou 12 000 milliards de lires (plus de 40 milliards de francs français). Mais le gouvernement promet de rembourser – et le tour de passe-passe est là – une partie au moins de cet impôt, une fois l'Italie admise dans l'euro. En Allemagne comme aux Pays-Bas, évidemment, c'est l'émoi. L'assainissement durable des finances publiques que demandent inlassablement les pontes du ministère des Finances de Bonn comme de la Bundesbank ne saurait évidemment se faire par des prélèvements temporaires. Mais Eurostat finit par valider cette dîme européenne, tout comme l'essentiel des autres opérations de bilan qu'ont imaginées les Italiens. De manière générale, les statisticiens européens se montreront d'ailleurs plutôt souples. La seule vraie limite qu'ils mettent à la créativité comptable concerne le produit de privatisations ou les ventes d'or des banques centrales, qu'il faut affecter à la réduction non du déficit mais de la dette.

L'approche, si elle effarouche les austères gardiens de la vertu budgétaire, n'est pas vraiment choquante d'un point de vue économique : d'une part la différence quant à l'impact sur la stabilité des prix est imperceptible entre un déficit de 3,5 % et 3,0 %. Mais surtout la collecte de données statistiques est une opération incertaine. Rien de plus courant qu'une révision de déficit de plusieurs dixièmes de point, six mois ou même un an après la clôture du budget. Ainsi, les derniers chiffres – ceux de l'année 1997 – sur lesquels les gouvernements vont faire le choix définitif des pays participant à l'euro au printemps 1998 seront, bien évidemment, largement provisoires. Mais cela, ni Theo Waigel ni le Néerlandais Gerrit Zalm ne veulent l'admettre publiquement. En Allemagne, le respect du *drei komma null* (trois virgule zéro) est devenu un dogme.

L'Allemagne tentée par les astuces comptables

Au printemps 1997, c'est au tour de Theo Waigel de paniquer. Les rentrées fiscales sont plus mauvaises que prévu et les besoins de financement supplémentaires sont de l'ordre de 18 milliards de marks alors que le chômage croissant appelle un additif de dépenses de l'ordre de 20 milliards. Or, la défaite possible de la droite en France et le triomphe des travaillistes en Grande-Bretagne, le 1er mai, crispent une coalition qui craint qu'une vague rose ne submerge l'Europe. Conscient de la nécessité de s'affirmer aux yeux d'un électorat qu'il devra affronter en septembre 1998, le petit parti libéral, allié habituellement docile des chrétiens-démocrates, s'oppose catégoriquement à toute hausse d'impôt. Que faire ? La solution sur laquelle se rabat le gouvernement montre l'étendue de sa peur : réévaluer les réserves d'or et peut-être de change de la Bundesbank afin d'en verser le bénéfice – 20 milliards de marks – à l'État. Autrement dit, faire main basse sur cet « or du Main » dont la Bundesbank – sise à Francfort-sur-le-Main – est la gardienne inflexible.

Comme il fallait s'y attendre, les réactions sont négatives. D'un geste, la coalition vient de saper la sacro-sainte crédibilité qui permet à l'Allemagne de donner des leçons au reste de l'Europe. Certes, le gouvernement ne prévoit pas une vente partielle de l'or de la Banque centrale, dont le profit devrait alors être affecté à la réduction de la dette et non du déficit. Il veut simplement procéder à une nouvelle estimation de sa valeur à un cours plus proche de celui des marchés. En mai 1997, la Bundesbank évalue ses 3 700 tonnes d'or de réserves à 144 marks l'once alors que le prix du moment est quatre fois plus élevé. Theo Waigel a beau expliquer, depuis déjà plusieurs mois, que l'Allemagne doit gérer des « circonstances exceptionnelles » à cause du coût de l'unification, un fardeau inconnu de ses partenaires, il reste que son plan est en contradiction flagrante avec toute sa communication. D'ailleurs, en agissant comme il l'a fait, il a passé outre aux conseils de son secrétaire d'État, Jürgen Stark. La riposte la plus brutale vient des Néerlandais. « Je ne peux pas m'imaginer que l'Allemagne mette en péril sa réputation de sérieux et je veux continuer à croire qu'elle parviendra à atteindre l'objectif d'un déficit public à 3 % du PIB en 1997 grâce à une réduction des dépenses et à une hausse des impôts », met en garde Gerrit Zalm, le ministre des Finances. Et, pour bien préciser sa pensée : « Si vous vous qualifiez de manière convenable, vous pouvez formuler des exigences. Sinon, vous perdez toute autorité morale[1]. »

1. Entretien au journal *NRC Handelsblad* du 22 mai 1997.

Dans les autres capitales, les officiels observent un silence amusé. Mais la presse, en Italie comme en Espagne, s'en donne à cœur joie. Ciampi estime devant des parlementaires que son pays, désormais, n'est plus « le vilain petit canard de l'Union européenne ». Et, de fait, la difficulté qu'éprouve Bonn à satisfaire aux critères et à résorber le chômage est une aubaine pour l'Italie puisqu'elle rendra les fiers Allemands plus tolérants envers leurs partenaires.

Durant ces journées agitées, la Bundesbank se tient coite. Et pour cause : c'est, en effet, son vice-président Johann Gaddum, qui, le premier, début janvier, a attiré l'attention de Waigel sur la sous-évaluation de la montagne d'or conservée dans ses caves... Mais Gaddum et Tietmeyer n'imaginaient pas que le ministre allait songer à se servir de ce « trésor » pour diminuer le déficit de l'exercice budgétaire 1991. Devant la déferlante de critiques, la Bundesbank sent que sa propre image est atteinte. Le 28 mai, les faucons du conseil central, emmenés par l'économiste en chef Otmar Issing, forcent un Tietmeyer réticent à publier un communiqué cinglant qui équivaut à une déclaration de guerre : l'idée du ministère des Finances « ne correspond pas aux règles de la Banque centrale européenne, car il fait le lien entre la réévaluation des réserves et le versement d'un bénéfice non réalisé ». Ce projet du ministre « représente un danger de perte de confiance dans la stabilité de la future monnaie européenne. Le gouvernement allemand ainsi que la Bundesbank ont jusqu'à présent insisté sur le fait que les critères de convergence devaient être respectés de manière authentique et durable afin de donner des bases solides à l'Union monétaire européenne. Un respect formel des critères budgétaires du fait du versement du bénéfice de la réévaluation n'est pas, selon la Bundesbank, en concordance avec ces exigences ». Tout cela, conclut Francfort, « met en cause le traité de Maastricht » par un acte qui constitue « un empiétement sur la politique monétaire ».

Pendant quelques jours, le gouvernement essaye de tenir bon, mais laisse déjà entendre que la plus-value sur l'or pourrait être affectée à la réduction de la dette et non du déficit. Dans un contre-communiqué signé par Kohl en personne, le gouvernement dément que son plan constitue « un danger pour l'euro » ou porte atteinte à l'indépendance de la Bundesbank. Waigel – dont l'opposition réclame la démission – précise dans la foulée que le stock d'or de la Bundesbank sera réévalué à hauteur de 60 % du prix du marché. Mais la partie est déjà perdue. Presque toute la presse allemande, fidèle à son habitude, soutient Francfort dans son combat. À l'issue d'un entretien avec Tietmeyer, le 1er juin à Bonn, Waigel jette l'éponge. Après avoir perdu en 1991 la bataille de la parité du mark-est et du mark-ouest, qu'elle estimait dangereuse pour l'économie – ce qui avait conduit à la démission de son président, Karl Otto Pöhl –, la Bundesbank gagne donc celle de l'or.

À la Commission, les retombées négatives de toutes ces manœuvres dans l'opinion inquiètent. Visiblement, les efforts de transparence imposés à Eurostat – telle la publication des opinions divergentes des experts nationaux – ne suffisent pas à calmer les ultras de la rigueur. « Pour ne pas être embêté avec les chiffres et parce que je ne voulais pas recommencer l'opération de France Télécom, j'ai envoyé en février 1997 une mission d'Eurostat dans tous les pays, se souvient Yves-Thibault de Silguy. On a précisé les règles, ce qui fait qu'il n'y avait pas un seul chiffre à modifier ou à ajuster quand ils nous ont été notifiés par la suite. On avait bien verrouillé cet aspect des choses pour éviter qu'il y ait une soulte qui nous pète à la figure, ou un truc comme ça. On passait des messages aux ministères en disant "On vous en supplie, c'est terminé, l'imagination créative budgétaire". Parce que tout ce qu'ils proposaient, c'était parfaitement compatible en général avec le droit communautaire. Mais ça ne faisait pas bien dans le tableau. Et puis il y avait tout de suite Lionel Barber [le correspondant du *Financial Times* à Bruxelles, devenu patron de son journal, n.d.a.] qui levait la main et qui disait : "C'est du *fudging*" (de la manipulation). »

La Commission tance l'Espagne

La Commission n'a pas que des soucis comptables durant ces années cruciales. Il lui faut aussi veiller à ce que les pays ne relâchent pas leurs efforts. En septembre 1996, le gouvernement conservateur de José María Aznar s'est livré à une opération « vérité des comptes » afin de solder « l'héritage socialiste ». La secousse est rude : le déficit budgétaire pour 1995, loin des 5,8 % affichés jusque-là, se monte à 6,6 %. À Bruxelles, on n'apprécie guère. Or, un État bénéficiaire du « fonds de cohésion », destiné aux pays les plus pauvres de l'Union, s'il ne respecte pas les engagements budgétaires souscrits dans le cadre des « programmes de convergence », peut être sanctionné par une suspension de ces aides communautaires. Dans le cas de l'Espagne, le délit est flagrant et Bruxelles, déterminée à agir. Le 17 septembre 1996, Yves-Thibault de Silguy et l'Allemande Monika Wulf-Mathies – commissaire chargée des aides régionales – préparent ensemble le difficile entretien qu'ils doivent avoir avec Rodrigo Rato, le ministre des Finances. L'objectif est de le convaincre d'accepter un gel du fonds de cohésion jusqu'à ce que son pays soit revenu à la norme. Les deux commissaires sont du même avis : « l'intérêt général » est que tout se passe « d'un commun accord » afin d'éviter une crise publique qui pourrait miner la confiance des marchés financiers.

Mais Rodrigo Rato ne l'entend pas de cette oreille. Après tout, son gouvernement est engagé dans un formidable effort de consolidation budgétaire, fort heureusement soutenu par la baisse rapide des taux d'intérêt. Une sanction publique infligée par les autorités communautaires ne pourrait que compliquer sa tâche et surtout creuser un peu plus le déficit. Le 20 septembre, Rato et Silguy, accompagnés de leurs plus proches collaborateurs, se retrouvent à huit heures du matin pour une réunion secrète à Dublin, où doit débuter, dans la soirée, le Conseil Ecofin informel de la présidence irlandaise. Le ministre espagnol explique que si l'affaire éclate au grand jour les retombées politiques et l'impact sur les marchés risquent d'être très négatifs pour l'équipe Aznar. Pour son interlocuteur, au contraire, il faut tirer les conséquences de l'opération vérité des comptes, sinon les autres capitales auront l'impression que Madrid triche avec les chiffres. Dès lors, comment faire confiance à l'Espagne en 1998, quand elle affichera son déficit pour 1997 ? Les négociations durent jusqu'au déjeuner. Les Espagnols plaident pour que, à tout le moins, la suspension ne soit pas annoncée avant un mois, afin que le budget pour 1997 puisse être adopté sans vagues le 23 octobre par les Cortes. Quand Madrid aura des données suffisamment fiables sur la mise en œuvre de l'exercice budgétaire 1996, les aides pourront reprendre.

Le 24 septembre, un journal portugais fait état des entretiens de Dublin. D'où vient la fuite ? À la Commission, on soupçonne tout le monde : la Direction générale XVI, responsable de la gestion des fonds de cohésion, la Représentation espagnole auprès de l'Union européenne, dirigée par un ambassadeur qui a été nommé par le précédent pouvoir socialiste. Quoi qu'il en soit, Bruxelles et Madrid se mettent d'accord pour démentir toutes les informations. L'exécutif européen décide de ne plus rien faire par écrit afin de ne pas laisser de traces dont un fonctionnaire indélicat pourrait faire bénéficier un journaliste… Après de nombreuses tractations, la Commission recule. Le 28 octobre, elle adopte une « communication » dans laquelle elle indique que les paiements auraient bien été suspendus si elle avait eu connaissance des chiffres espagnols plus tôt. Mais compte tenu de la bonne performance budgétaire pour 1996, les financements « peuvent ne pas être interrompus » à condition que l'Espagne s'engage formellement, cette fois-ci, à respecter ses prévisions coûte que coûte. Ce qu'elle parviendra à faire. L'honneur madrilène est sauf.

Les dés sont jetés

Au deuxième trimestre 1997, les nuages se dissipent. La formidable conjonction des efforts budgétaires et la force inattendue de la croissance économique convainquent la plupart des opérateurs financiers que l'Union monétaire est désormais quasi inéluctable. Mieux, de plus en plus de responsables estiment que tout retard risquerait, en déstabilisant les marchés, de casser la reprise et de faire remonter le chômage. La « stratégie italienne » fonctionne à merveille : la confiance des investisseurs engendre une baisse spectaculaire des taux d'intérêt. Outre-Rhin, le 4 avril 1997, Helmut Kohl a levé les incertitudes sur ses intentions en déclarant qu'il conduirait encore une fois les chrétiens-démocrates aux élections législatives de l'automne 1998. Peu de commentateurs le donnent gagnant, mais sa décision – justifiée exclusivement en termes de politique européenne – a pour conséquence d'assurer son emprise sur la CDU jusqu'à la fin : le critiquer, c'est désormais attaquer le candidat donc nuire aux chances de remporter la bataille. Il y a donc peu de chances qu'une rébellion de dernière minute à l'intérieur de la majorité gouvernementale mette en danger l'assentiment de l'Allemagne à l'abandon du mark. En France, le gouvernement de « la gauche plurielle » a mis en veilleuse ses revendications de campagne électorale. Ainsi, l'équipe Jospin décide de réduire ses dépenses et d'augmenter les prélèvements sur les entreprises, ce qui doit permettre de faire baisser de 0,4 % le déficit public et le ramener à une fourchette comprise entre 3,1 % et 3,3 %.

La réunion informelle du Conseil Ecofin, à Mondorf, les 12 et 13 septembre 1997, montre combien l'atmosphère a changé en quelques mois. Alors qu'à Noordwijk, vingt-trois semaines plus tôt, la tension était palpable, l'ambiance, dans la petite station thermale luxembourgeoise, frappe par sa décontraction. Les sujets de controverse ne manquent pourtant pas, entre la contribution des pays au budget de l'Union et la coopération fiscale. Mais sur la réalisation de la monnaie unique le doute n'est plus possible.

D'ailleurs, les Quinze vont prendre une décision capitale qui souligne à quel point la course est entrée dans sa dernière ligne droite. À l'issue de la réunion, à l'étonnement général, ils font savoir que la méthode de fixation des taux de change définitifs entre les monnaies qui participeront à l'euro sera arrêtée en même temps que le choix des pays, soit fin avril ou début mai, et non le 31 décembre 1998 comme le prévoyait le traité. En outre, les banquiers centraux s'engagent à défendre les parités qui seront retenues au printemps 1998. Cette annonce, en apparence purement technique, est d'une importance primordiale. En indiquant très tôt comment elles seront établies, on minimise la tentation pour les opérateurs de déstabiliser le projet d'UEM en jouant sur l'incertitude quant aux chiffres définitifs. Cela permettra « une bonne stabilisation des marchés pendant la période transitoire » entre le printemps 1998 et le 1er janvier 1999, explique, pédagogue, Jean-Claude Trichet. Trois méthodes sont possibles pour déterminer les taux de change irrévocables : soit on choisit les cours pivots au sein du SME, soit le dernier cours des monnaies au 31 décembre, soit, enfin, une moyenne sur plusieurs mois. Mais déjà, tous les observateurs estiment que la première hypothèse, qui présente l'avantage de décourager au maximum la spéculation, est la plus probable puisque, à l'exception de celle de l'Irlande, toutes les parités sont conformes aux fondamentaux économiques.

Hans Tietmeyer lui-même se laisse gagner par la bonne humeur ambiante. Quelques jours auparavant, le président de la Bundesbank alimentait encore les interrogations en déclarant, dans un entretien accordé à l'hebdomadaire allemand *Die Woche*, qu'un report de l'UEM ne déstabiliserait pas les économies. À Mondorf, il affirme avec une satisfaction non dissimulée que « c'est d'un morceau d'union monétaire que nous avons décidé. Il ne manque plus que la Banque centrale européenne ». Une façon de reconnaître que désormais plus rien ne pourra arrêter l'euro. Certes, Jean-Claude Juncker aurait préféré une décision de plus grande portée. À l'étroit dans son petit duché, l'homme adore s'affairer sur la grande scène européenne. Son activisme débordant, son intelligence et son solide ego le poussent à constamment rechercher de nouvelles tâches dont il s'acquitte avec enthousiasme. Depuis le début de 1997, il sondait le terrain auprès de certains de ses collègues en suggérant de fixer définitivement les taux de change dès décembre 1997 à la fin de « sa » présidence de l'Union. Autrement dit, il voulait avancer d'un an le début de l'union monétaire. Juncker avait de bonnes raisons à faire valoir : d'une part, il lui semblait judicieux d'éviter que le choix final des participants se fasse durant le premier semestre 1998, sous houlette britannique. D'autre part, l'année 1998 s'annonçait comme une année d'élections en France (on était avant la dissolution malheureuse décidée par Jacques Chirac), aux Pays-Bas et en Allemagne : il fallait craindre les surenchères électorales propices à déstabiliser les marchés. Enfin, faire l'euro sous sa présidence, ça ne semblait pas si mal...

Si cette proposition a été approuvée avec enthousiasme par des dirigeants comme Romano Prodi, le Premier ministre italien, elle n'avait, en réalité, aucune chance de se réaliser : La Haye et surtout Bonn avaient trop insisté sur la nécessité de choisir les pays fondateurs de l'euro sur la base de chiffres « définitifs » pour l'année 1997. Néanmoins, lors d'une réunion à l'IME de Francfort, quelques jours avant l'Ecofin de Mondorf, Juncker soumet son projet aux gouverneurs. « La réaction fut très négative sur le mode : c'est contraire au traité », raconte le Premier ministre luxembourgeois. « Les Néerlandais n'aimaient pas, les Allemands encore moins. Moi, je disais : "Il faut crédibiliser le projet en décembre, il faut mettre un terme à tous ces débats." Ils n'ont pas voulu. Alors, on est tombés d'accord – et c'est ce que je voulais obtenir en réalité – sur le fait d'annoncer que la méthode de fixation des parités serait arrêtée au printemps 1998, comme on l'a fait à Mondorf, histoire de calmer davantage les marchés. Et c'est ce qui s'est passé. »

L'Italie in *ou* out ?

Il reste, au début de l'hiver 1997-1998, un seul problème de taille à régler : l'Italie pourra-t-elle participer à la monnaie unique ? Le directeur du Trésor italien, Mario Draghi[1], a beau répéter à ses collègues que « la réputation n'est pas un critère du traité », il n'empêche. Hans Tietmeyer en tête, la majorité des gouverneurs des banques centrales continuent d'estimer que l'union monétaire, du moins dans ses premières années, se porterait mieux sans l'Italie. En public, bien sûr, ils restent prudents. En privé, ils n'en sont que plus diserts.

Les plus intransigeants dans ce rejet sont, encore et toujours, les Néerlandais. Les efforts budgétaires réels fournis par Rome n'ont pas fait changer d'avis Gerrit Zalm. Au contraire, la perspective des élections législatives néerlandaises de mai 1998 contribue à durcir l'attitude du parti libéral, le VVD, la formation du ministre des Finances. Son leader, Frits Bolkestein[2], eurosceptique avoué, fait des pieds et des mains pour contraindre

1. Il succède à Jean-Claude Trichet à la tête de la BCE en novembre 2011 après avoir dirigé la Banque centrale italienne de 2006 à 2011.

2. Il devient commissaire européen chargé du marché intérieur de 1999 à 2004. À ce titre, il est l'auteur de la directive libéralisant les services qui a nourri l'un des arguments majeurs des opposants

le gouvernement de La Haye à barrer la route aux Italiens – ce qui lui vaut une accusation ironique de « spaghetti-phobie » de la part de son homologue du parti socialiste.

Pendant les premiers mois de 1998, une intense activité diplomatique se déploie entre Bruxelles, La Haye, Bonn et Rome pour trouver un moyen de faire entrer l'Italie dans l'euro à des conditions acceptables pour tous. Les coups de téléphone succèdent aux rencontres secrètes. Durant l'année 1997, le gouvernement néerlandais avait sondé son grand voisin sur son attitude quant à l'éternel « problème italien ». Mais l'Allemagne n'était plus sur la même longueur d'onde. Début septembre 1997, Theo Waigel, lors d'une entrevue avec Yves-Thibault de Silguy à Bonn, déclare au commissaire qu'il est « obligé de reconnaître l'effort fourni par l'Italie » et lui offre ses services pour convaincre les Néerlandais d'infléchir leur attitude.

Le 16 septembre 1997, un long document signé par plusieurs ténors de la CDU de Helmut Kohl et de la CSU de Waigel (dont Wolfgang Schäuble, le dauphin désigné du chancelier) confirme le revirement et salue « les progrès considérables » réalisés par l'Italie et l'Espagne. Un hommage est aussi rendu à la France « dont la monnaie compte aujourd'hui parmi les plus fortes du monde », l'euro étant qualifié d'« impératif dicté par l'équité et la sagesse non seulement de reconnaître les succès des partenaires, les encourageant à persévérer, mais également de renforcer ensemble notre propre confiance en une monnaie commune. Le mark alors ne sera plus un sacrifice mais un cadeau de noces fait à l'Europe ». La démarche est d'autant plus frappante que, trois ans

---

français au traité constitutionnel européen, qui se heurte à un « non » lors du référendum de mai 2005.

auparavant, les principaux signataires de ce texte s'étaient prononcés, dans un premier mémorandum, pour la création d'un « noyau dur européen » à l'exclusion des pays du « Club Med ». Chacun sait que ce nouveau manifeste n'a pu voir le jour sans l'approbation du chancelier et du ministre des Finances. C'est une façon de préparer l'opinion publique allemande à ce que la zone euro s'étende bien au-delà des quelques États jugés jusque-là « économiquement corrects ».

Finalement, en février 1998, Waigel et Zalm se mettent d'accord : l'Italie, si elle veut faire partie de la zone euro, devra prendre toute une série d'engagements destinés à assurer au maximum la pérennité de sa politique de consolidation. Entre autres, elle doit annuler d'énormes lignes de crédit autorisées, mais non allouées, qui atteignent 15 % du PIB (les *residui passivi*), et faire voter par son Parlement un programme d'assainissement budgétaire jusqu'en 2002. Pour faire bonne mesure, des garanties supplémentaires allant dans le même sens seront demandées à la Belgique, l'autre pays candidat à l'UEM affichant une dette de plus de 100 % du PIB. Silguy sera chargé de « vendre » ce programme à Rome. « J'ai expliqué qu'il fallait qu'ils agissent, se souvient-il. Ils l'ont fait. Je suis retourné voir les Allemands et les Néerlandais et je leur ai dit : "Voilà. C'est fait." »

Lors d'une réunion à La Haye, fin février, toutes ces tractations ultrasecrètes et ultrasensibles manquent de très peu d'être révélées au grand jour. Le commissaire, accompagné de Friederike von Estorff, l'Allemande de son cabinet, à qui son énergie vaut le surnom de « Bismarckette », discute avec Zalm, qui est flanqué de son directeur du Trésor, Jan Willem Oosterwijk. Les tractations viennent de s'engager quand un jeune homme se joint à eux et s'installe calmement en bout de table avec son cartable. Côté néerlandais, on est persuadé que c'est un membre de la délégation bruxelloise. Silguy pense que c'est un fonctionnaire de La Haye. En réalité, c'est un journaliste de l'agence de presse financière Bloomberg, qui enregistre toute la conversation. Ce n'est qu'à la fin de leur entretien que les deux hommes se rendent compte que quelque chose ne va pas, mais l'inconnu a déjà quitté la salle. C'est la panique. On alerte les services de sécurité et l'homme de Bloomberg est arrêté à la dernière minute, poursuivi par le commissaire. Il faudra menacer son agence de poursuites judiciaires pour l'empêcher de révéler le pot aux roses.

Onze pays qualifiés

Début mars 1998, c'est réglé : la zone euro comprendra onze pays sur quinze. Il ne reste plus qu'à mettre en musique les rapports que doivent publier la Commission et l'IME. Même s'il s'en défend officiellement, l'exécutif européen coordonne discrètement ses travaux avec ceux de Francfort afin d'éviter un « couac » : de fait, Bruxelles ne peut se permettre de recommander un pays pour l'euro si, dans le même temps, l'Institut monétaire estime qu'il n'a pas suffisamment convergé.

Plus gênant et plus incertain : la Bundesbank, elle aussi, doit remettre une analyse. Helmut Kohl a dû se résoudre à lui demander son avis afin de calmer les eurosceptiques de sa propre coalition, emmenés par Kurt Biedenkopf et Edmund Stoiber, les ministres-présidents de Saxe et de Bavière. La Buba doit présenter son document le 26 mars, c'est-à-dire le lendemain de la publication des « recommandations » de la Commission et du rapport de l'IME. Ce calendrier inquiète les partisans de l'UEM en Allemagne. Car le Bundestag, lui aussi, doit se prononcer sur le passage à la monnaie unique, les 2 et 3 avril[1]. Que fera-t-il si le verdict de Francfort est extrêmement négatif ? Les marchés, rassurés par de discrets signaux de la Banque centrale allemande, restent totalement sereins en dépit de ces ultimes incertitudes : dès le 12 février, les taux à dix ans du Trésor français rejoignent ceux d'outre-Rhin et tombent sous la barre des 5 %, atteignant ainsi leur plus bas niveau historique. Depuis le début de la crise asiatique, il est clair que les investisseurs considèrent les placements américains et européens comme des valeurs refuges. Selon l'analyse de la Commission, bientôt répercutée par les gouvernements de la zone euro, la monnaie unique agit comme « bouclier » protecteur avant même d'être lancée.

Dès février 1998, les tableaux de bord économiques des États membres pour l'année écoulée sont connus. Mis à part la Grèce (4,2 %), tous respectent la limite des 3 % de déficit. La forte reprise de la fin 1997 a permis d'engranger des résultats dépassant les prévisions : ainsi, Bonn, qui craignait encore à la mi-1997 de rater le coche, affiche 2,7 %. Si la France doit se contenter d'un petit 3 %, l'Italie, elle, triomphe avec 2,7 %, le même niveau que la vertueuse Allemagne... La performance de Madrid est tout aussi impressionnante : en un an, son déficit est passé de 4,7 % à 2,8 %. Généralement, les autres critères de convergence ne posent pas de problèmes non plus : l'inflation et les taux d'intérêt n'ont jamais été aussi bas, les comptes publics sont

1. C'est le Tribunal constitutionnel de Karlsruhe qui a exigé cette procédure dans son arrêt « so lange » du 12 octobre 1993 sur la constitutionnalité du traité de Maastricht.

en voie d'assainissement. Seul le niveau des dettes nationales, héritage du passé, reste préoccupant.

Dès lors, rien d'étonnant à ce que la Commission recommande le mercredi 25 mars aux quinze chefs d'État et de gouvernement de qualifier onze pays pour l'euro. Certes, la dette allemande dépasse les 60 % de Maastricht (61,3 %) et augmentera encore, ce qui n'est guère conforme à une lecture stricte du traité. Il est vrai aussi que la lire italienne et le mark finlandais n'ont rejoint le mécanisme de change du SME que depuis respectivement novembre et octobre 1996 : il manque quelques mois aux deux ans exigés par les Tables de la Loi maastrichtienne. Mais la Commission est bonne princesse. Elle dispense même à bon compte la Suède de participer à l'UEM alors qu'à l'opposé de Copenhague et de Londres Stockholm n'a négocié aucune clause d'exemption. Bruxelles constate simplement que la Suède n'a ni donné sa pleine indépendance à sa Banque centrale ni rejoint le SME.

Le rapport de l'Institut monétaire européen, publié le même jour, est un peu moins positif. Mais personne n'y prête grande attention. L'Italie et la Belgique continuent à troubler les banquiers centraux. Ils affirment que « malgré les efforts pour améliorer la situation des finances et malgré des progrès considérables, on doit comme auparavant s'inquiéter de savoir si le rapport global de la dette au PIB a suffisamment reculé, et s'il se rapproche suffisamment vite de la valeur de référence ». Ils se demandent aussi si les deux pays ont « déjà atteint une stabilité financière sur la durée ». Mais l'IME, conformément aux dispositions du traité, ne formule aucune recommandation : il se contente d'analyser. Den Nederlandse Bank, la Banque centrale des Pays-Bas, montre elle aussi du doigt les mêmes capitales dans un rapport qu'elle dévoile le 25 mars, comme beaucoup d'autres instituts d'émission[1] : la Belgique reste fragile, sa dette étant trop élevée, alors que l'assainissement budgétaire de l'Italie est qualifié de « très vulnérable ».

L'Allemagne s'enthousiasme

Le lendemain, c'est au tour de la Bundesbank de publier son texte. Comme on pouvait s'y attendre, il est dur. Tout en affirmant que « le choix des participants demeure au final une décision politique », la Buba martèle que les dettes de l'Italie comme de la Belgique représentent une hypothèque. Rome et Bruxelles auraient besoin de dégager de massifs excédents budgétaires pendant plus de dix ans pour satisfaire aux normes de convergence. Cependant, la Bundesbank admet que le lancement de l'UEM en 1999 semble défendable en dépit des problèmes et risques subsistant. C'est cette dernière phrase qui va faire, à la déception des faucons de la Bundesbank, la « une » des journaux allemands du 27 mars. Pour le public comme pour la classe politique, Francfort a donné son accord à la monnaie unique. Du bout des lèvres, certes, mais qu'importe ! Sentant le vent tourner, Edmund Stoiber, le ministre-président de Bavière, déçoit les attentes de ses supporters en annonçant qu'il ne s'opposera plus à l'euro. Seul le roitelet de Saxe, Kurt Biedenkopf, persiste dans son rejet. Mais c'est sans importance. Le 3 avril, une

1. La Commission avait encouragé d'autres banques centrales à sortir leur propre rapport pour diluer l'impact potentiellement négatif des prises de position allemande et néerlandaise.

écrasante majorité du Bundestag approuve le passage à la monnaie unique. Le 24 avril, les Länder allemands suivent, lors du vote au Bundesrat (la chambre haute du Parlement).

La voie de l'euro est libre. Et, comme le prédisait si bien le gouverneur de la Banque de Belgique Fons Verplaetse, dans un pub de Dublin, le 20 septembre 1996, à la suite d'un Ecofin informel : « Quand même, on a beau dire, quand ils se retrouveront tous ensemble, les chefs d'État et de gouvernement, ils se diront forcément : "Après tout ce qu'on a fait comme efforts, on va pas s'arrêter maintenant, non ?" » C'est à Bruxelles, dans la nuit du 2 au 3 mai 1998, que les chefs d'État et de gouvernement confirment que onze pays embarqueront bien dans le navire de l'euro. Comme les marchés s'y attendaient, ce sont les cours pivots du SME qui sont retenus pour la fixation des parités définitives : la convergence des monnaies vers ces taux de change va s'accélérer jusqu'au 31 décembre 1998[1].

Le samedi 2 mai, devant un parterre de journalistes, Jürgen Stark, le secrétaire d'État aux Finances, se lance dans un panégyrique de la politique du ministère des Finances allemand. Si l'Union monétaire a vu le jour, explique-t-il, c'est « qu'ici, ce sont des économistes qui agissent ensemble. C'est autre chose que lorsque ce sont des diplomates qui négocient. Et laissez-moi ajouter : les résultats que nous avons obtenus sont plus

1. Le 14 mars 1998, la Grèce, à son tour, intègre le mécanisme de change du SME. En même temps, la drachme est dévaluée de 13,8 %. Le même jour, le Comité monétaire revalorise la livre irlandaise de 3 % pour refléter la très forte perfomance de cette monnaie et la croissance économique hors norme de l'Eire. Ce sera le dernier réalignement avant le lancement de l'euro

que présentables. Quant au Pacte de stabilité, c'était difficile au départ. Même en Allemagne, Theo Waigel était seul au début. Mais sans le Pacte, le rapport de l'IME n'aurait pas été ce qu'il est. La consolidation budgétaire n'aurait pas été aussi poussée. Le but du Pacte, c'est de faciliter la tâche de la BCE. C'est un malentendu fondamental que de présenter l'Allemagne comme donnant des leçons à l'Europe. À ceux qui critiquent notre position, je conseille de lire d'abord le traité. Tout y est déjà. »

Cette ruée vers l'euro montre bien qu'aucun pays n'a été contraint de participer à l'euro. C'est même exactement le contraire : la participation à l'UEM est devenue une question de fierté nationale dans les pays, notamment ceux du Sud qui ont fait les efforts nécessaires, toutes familles politiques unies, pour y parvenir, à la grande déception des pays du Nord, l'Allemagne en tête.

Toutes ces péripéties ont laissé largement indifférents les États-Unis, ceux-ci n'ayant jamais vraiment cru que l'aventure de Maastricht déboucherait sur un succès. Seuls certains investisseurs professionnels ont suivi les méandres du débat européen. « Même chez nos anciens ennemis, ceux qui ont joué contre les monnaies européennes, l'euro est entré dans les têtes », note ainsi en septembre 1996 un proche du commissaire de Silguy après un déjeuner avec l'état-major de la banque d'investissement américaine Salomon Brothers. En Asie, le son de cloche est différent. L'arrimage de nombre de monnaies asiatiques au dollar est une des origines de la crise qui dévaste le sud-est du continent depuis 1997. Aussi, les pays de la région voient dans l'euro une possibilité de diversification de leurs stocks monétaires et, peut-être, un modèle pour le futur. Lors de la réunion d'automne du FMI fin septembre 1997, à Hongkong, Silguy a été ravi d'entendre le gouverneur de la Banque centrale chinoise affirmer que Pékin pourrait placer en euros une partie importante de ses réserves.

LES BANQUIERS CENTRAUX FONT MAIN BASSE SUR LA BCE

1996-1998

Francfort, lundi 6 mai 1996, en début de soirée. Les quinze gouverneurs des banques centrales de l'Union pénètrent dans la salle à manger de l'Institut monétaire européen, au second étage de l'Eurotower, une tour moderne située en plein centre de la capitale financière allemande, à quelques encablures de la Bundesbank. Au menu de leur dîner mensuel, qui précède la réunion formelle du Conseil de l'IME du mardi : la succession du baron belge Alexandre Lamfalussy à la présidence de l'Institut, cette organisation appelée à laisser sa place à la Banque centrale européenne. Le Belge, en poste depuis le 1er janvier 1994, a décidé de ne pas solliciter le renouvellement de son mandat de trois ans, qui arrive à échéance le 31 décembre 1996. Pourtant, Hans Tietmeyer, le patron de la Bundesbank, le pressait d'accepter une prolongation : cet homme consensuel, économiste de renom, a su gagner depuis longtemps le respect de ses pairs. En restant à la tête de l'IME, il serait devenu le candidat « naturel » pour la première présidence de la BCE.

Mais le président de l'Institut monétaire, sous des dehors doux et courtois, sait ce qu'il veut et estime que l'heure de la retraite a sonné. Né le 26 avril 1929, il vient de fêter ses soixante-sept ans. Certes, il pourrait encore rester en place jusqu'à l'installation de la BCE, prévue pour le 1er juillet 1998, au plus tard, mais il n'a pas envie de courir ce « risque » : « Je craignais que les Quinze ne soient incapables de se mettre d'accord sur le nom du président de la BCE et me demandent de commencer à exercer cette fonction. Je ne voulais pas me retrouver dans cette situation », se souvient-il. Ce faisant, Lamfalussy ne se doutait pas qu'il mettait en marche une machine infernale qui éclaterait au nez des chefs d'État et de gouvernement deux ans plus tard, le 2 mai 1998, gâchant ainsi le lancement de l'euro et mettant à nu la méfiance persistante de la France à l'égard des banquiers centraux.

Wim Duisenberg, le candidat des banquiers centraux

Trois jours plus tôt, le 3 mai 1996, de son bureau de Francfort, le baron Lamfalussy décroche son téléphone afin d'informer de sa décision de ne pas poursuivre ses fonctions les gouverneurs des pays les plus importants, en l'occurrence Hans Tietmeyer et Jean-Claude Trichet, son homologue de la Banque de France. Il leur explique que Wim Duisenberg, gouverneur de la Banque centrale néerlandaise depuis 1982, lui paraît être le candidat le plus apte à lui succéder.

Cet homme de haute stature à la crinière blanche, âgé de soixante et un ans, est une personnalité incontestable. Artisan du florin fort – il a rattaché la monnaie néerlandaise au mark –, c'est un ancien ministre des

Finances social-démocrate (1973-1977) plutôt dépensier, mais rapidement converti aux vertus de la rigueur monétaire et budgétaire à une époque où ce n'était pas encore la mode. Grand golfeur devant l'éternel, Duisenberg a la réputation d'un homme qui prend ses plaisirs au sérieux et qui, dans son travail, sait se concentrer sur l'essentiel. Il a « l'intelligence de sa paresse », explique un banquier central. À l'opposé de beaucoup de ses pairs, le Néerlandais n'est pas homme à se plonger dans les détails d'un dossier dès que son agenda chargé lui en donne l'occasion. Certains de ses collègues auraient préféré un homme plus minutieux. Mais sur le registre de la franchise parfois brutale qui caractérise les Bataves, Duisenberg est un excellent communicateur, qui sait expliquer en anglais, en allemand ou en français, avec clarté et simplicité, les relations entre l'économique et le monétaire. Maniant avec aisance un humour très *british*, il incarne bien la stabilité de la monnaie et l'intelligence de sa gestion.

Sa nomination serait un gage de vertu propre à rassurer les opinions publiques du nord de l'Europe, en particulier en Allemagne. Tietmeyer – encore lui – a beaucoup fait pour le convaincre d'accepter ce poste, en 1993. Il avait décliné l'offre, confiant en privé qu'il ne croyait absolument pas aux chances de succès de l'UEM... C'est ainsi que Lamfalussy, patron de la prestigieuse Banque des règlements internationaux (BRI), située à Bâle, en Suisse, s'est trouvé à la tête de l'IME, non sans avoir hésité avant de se ranger aux amicales pressions du Premier ministre belge, Jean-Luc Dehaene, qui exerçait, en ce second semestre 1993, la présidence tournante de ce qui était encore la Communauté économique européenne.

Au cours du dîner de ce lundi 6 mai, qui se déroule en anglais comme toujours, Lamfalussy annonce à l'ensemble des gouverneurs qu'il a décidé de prendre sa retraite. Il souligne à nouveau qu'il serait souhaitable que le futur chef de l'IME puisse assurer la continuité en présidant aussi la mise en place de la BCE : d'une part parce qu'il connaîtra l'appareil et les dossiers, d'autre part parce qu'il sera un élément de stabilité dans la période incertaine séparant la décision de passer à la monnaie unique, mi-1998, de l'entrée en vigueur de l'euro, le 1er janvier 1999. Le nom de Wim Duisenberg est bien accueilli. Pour la plupart des banquiers centraux, la BCE ayant son siège à Francfort, il est souhaitable que la présidence revienne au ressortissant d'un petit pays plutôt qu'à un Français, afin de ne pas donner l'impression qu'un condominium franco-allemand se met en place. En outre, même si cela n'est pas dit, beaucoup craignent que les marchés financiers, qui ont la mémoire longue, et l'opinion publique allemande n'apprécient guère la nomination d'un Français : après tout, la vertu monétaire hexagonale n'est-elle pas récente, la dernière dévaluation remontant à 1987 ?

Wim Duisenberg prend la parole pour souligner qu'il partage cette analyse et qu'il n'acceptera de présider l'Institut monétaire qu'à condition qu'il existe un consensus pour qu'il continue sa tâche à la tête de la BCE. Il n'est pas question pour lui d'abandonner son poste prestigieux aux Pays-Bas pour assurer un intérim de quelques mois à Francfort. Ses collègues sont d'accord. « Il ne fait aucun doute dans l'esprit des participants que Wim Duisenberg sera le premier président de la BCE », affirme l'un des banquiers centraux présents. Or, les gouverneurs savent qu'ils sont près, très près de franchir la ligne rouge. En effet, si Maastricht prévoit que la proposition de nomination du président de l'IME leur revient exclusivement, il appartient aux ministres de l'Économie et des Finances de choisir un nom pour la présidence de la BCE. Et, dans les deux cas, c'est le Conseil européen des chefs d'État et de gouvernement qui tranche en dernier ressort. Autrement dit, si les gouverneurs jouent un rôle déterminant pour l'IME, ils n'en jouent aucun – du moins officiellement – pour la BCE. Tout accord, même informel, sur la présidence de cette dernière serait donc une violation de l'esprit de Maastricht. Duisenberg demande aussi à ne prendre ses nouvelles fonctions que le 1er juillet 1997 : il veut rester à son poste durant la présidence semestrielle de l'Union que son pays exercera à partir du 1er janvier 1997.

La discussion s'engage. Hans Tietmeyer l'interrompt. « Ne prenons pas de décision aujourd'hui. Donnons-nous du temps pour parler chacun à nos instances politiques. » Lamfalussy recommande alors aux gouverneurs de consulter informellement leurs gouvernements respectifs. Il ne s'agit pas pour les banquiers centraux, qui sont indépendants, d'aller demander des instructions, mais d'éviter un conflit dommageable et stérile en s'assurant que leur candidat ne se heurtera pas à un veto de l'autorité politique. L'idée est aussi de sonder les capitales sur une nomination de Wim Duisenberg à la tête de la BCE. Chacun acquiesce et rendez-vous est pris pour la semaine suivante à Bâle, où doit se tenir une réunion de la BRI. Autant en profiter plutôt que de se déplacer une nouvelle fois à Francfort.

Le pas de trop

Le lundi 13 mai 1996, en début d'après-midi, les gouverneurs des banques centrales de l'Union se retrouvent donc à Bâle dans une salle retenue pour l'occasion. Au cours d'un premier tour de table, Alexandre Lamfalussy, qui préside cette réunion exceptionnelle, constate qu'il existe un consensus de ses pairs sur le nom de Duisenberg. « Tous, nous l'avons assuré de notre plus grande estime », se souvient un participant. Lors du second tour de table, chacun donne la position de son gouvernement : comme convenu les gouverneurs ont parlé à leurs autorités politiques. Philippe Maystadt, le ministre des Finances de Belgique, s'en souvient très précisément : « Le gouverneur de la Banque de Belgique m'a informé du choix des quinze banquiers centraux et m'a dit qu'ils pensaient que Wim Duisenberg devrait assurer la première présidence de la BCE. » De même, le chancelier Kohl et son ministre des Finances, Theo Waigel, ont été mis au courant par Tietmeyer, qui leur a expliqué de quoi il retournait. Lamfalussy est soulagé : il semble clair qu'aucun gouvernement n'a fait d'opposition à ce que le Néerlandais devienne président de l'IME d'abord, de la BCE ensuite. Seul contretemps : deux pays se sont abstenus de donner leur avis : l'Italie, ce qui est normal puisque la Péninsule n'a toujours pas de gouvernement après les élections législatives du 21 avril 1996[1], et… la France. Jean-Claude Trichet explique qu'il a bien informé le Premier ministre français, Alain Juppé, mais que ce dernier n'a pas réagi.

1. Le nouveau gouvernement italien prendra ses fonctions le 16 mai 1996.

Que faire ? Faut-il ou non annoncer la proposition de nommer Duisenberg, en dépit de cette lourde incertitude ? « La réaction de bon sens aurait été que l'on attende », juge l'un des participants. L'Italien Antonio Fazio presse ses collègues de surseoir. Il n'a aucune envie d'envenimer des rapports déjà fort tendus avec Lamberto Dini, le Premier ministre sortant, qui sera de toute évidence du nouveau gouvernement. Alexandre Lamfalussy et Jean-Claude Trichet, eux aussi, préconisent un report. Mais une majorité se dégage en faveur de la publication rapide d'un communiqué : les gouvernements ayant été informés, les risques de fuite deviennent trop importants, ce qui placerait l'IME dans l'embarras. C'est déjà un miracle que la nouvelle soit demeurée secrète depuis dix jours. Lamfalussy, se rangeant à l'avis majoritaire, déclare donc qu'il publiera le lendemain, mardi, un communiqué. « Je rendrai l'information publique en milieu de journée, ce qui laisse encore quelques heures à ceux qui n'ont pas eu de réaction de leur gouvernement pour procéder à de nouvelles consultations », conclut-il En agissant de la sorte, le baron belge, en accord avec la plupart des banquiers centraux, prend un risque calculé. Il le sait, mais les considérations pratiques l'ont emporté. À tort.

Le mardi 14 mai 1996, le choix des banquiers est accueilli dans une relative indifférence médiatique. L'IME prend soin de respecter à la lettre le traité de Maastricht : il n'est pas question de la BCE dans son communiqué. Il est simplement proposé aux chefs d'État et de gouvernement de nommer à la présidence de l'IME Wim Duisenberg à compter du 1er juillet 1997. La Banque centrale néerlandaise est tout aussi neutre : « Le Conseil de l'IME, le prédécesseur de la BCE, a proposé de nommer M. Duisenberg à la présidence de l'IME. » Mais les responsables néerlandais parlent. Trop. Le ministre des Finances, Gerrit Zalm, confie à l'agence néerlandaise ANP que Duisenberg sera « presque certainement » sur les rangs pour la présidence de la BCE. Le porte-parole de la Banque des Pays-Bas, Bert Groothof, en rajoute en déclarant à l'agence britannique Reuters[1] que son patron « sera candidat ». Même réaction du président de la commission parlementaire pour les affaires financières qui apporte une précision passée inaperçue à l'époque et qui prendra toute son importance par la suite : « Il voudra rester en place jusqu'en 2002 pour assister à l'introduction de la monnaie unique » sous forme de pièces et de billets libellés en euros.

La colère de l'Élysée

Tous les éléments du drame sont en place. Ce qui n'était qu'une banale affaire d'intendance prend une tournure politique. À Paris, le communiqué de l'IME et les déclarations néerlandaises sont immédiatement interprétés comme une tentative de putsch menée par les banquiers centraux avec la complicité de certaines capitales. En laissant entendre que Duisenberg est leur candidat pour la BCE, ne tentent-ils pas de mettre le pouvoir politique devant le fait accompli et de le déposséder de l'une de ses prérogatives essentielles ? « Les gouverneurs ont donné l'impression qu'ils s'étaient mis d'accord sur une candidature et que les chefs d'État et de gouvernement devaient suivre », reconnaît Jean-Claude Juncker, le Premier ministre luxembourgeois.

1. Dépêche du 14 mai 1998.

« En plus, il y a eu cooptation : il n'y a pas eu d'appel à candidature, comme s'il était normal que le président de la BCE soit un banquier central », s'indigne un haut fonctionnaire français du ministère de l'Économie et des Finances. Or cela, Jacques Chirac ne peut l'admettre. La tentative de ce club de technocrates de la finance d'imposer l'un des leurs à la tête de la BCE ne doit pas faire son chemin. En outre, le président de la République, qui mène une guérilla quasi obsessionnelle contre les Pays-Bas à cause de leur politique libérale en matière de drogue, ne veut pas que ce pays bénéficie d'une présidence aussi prestigieuse. Surtout, certains, à Paris, ont le sentiment d'avoir été pris par surprise : « J'étais en voiture lorsque j'ai appris la nouvelle et j'ai immédiatement appelé Jean-Claude Trichet », se souvient Jean Arthuis, ministre de l'Économie et des Finances du gouvernement d'Alain Juppé. « C'est inadmissible. Les gouverneurs ont commis une faute en employant une méthode détestable. »

Pour lui, s'il y a un responsable de ce couac de grande ampleur, c'est bien le patron de la Banque de France. « Il y a deux types de gouverneurs : il y a ceux qui ont prévenu leur gouvernement et ceux qui ne l'ont pas fait. En France nous n'avons pas été prévenus. Jean-Claude Trichet n'a pas fait son travail. Je me souviens d'avoir appelé Theo Waigel quelques jours après pour lui demander s'il était au courant. Il m'a dit qu'il avait été informé alors que moi je ne l'étais pas. Trichet nous a carrément mis dans le mur. » Yves-Thibault de Silguy, le commissaire européen chargé des affaires monétaires, découvre, lui aussi, à Bruxelles, la proposition des banquiers centraux en lisant, sur son écran d'ordinateur, les dépêches d'agences : « J'ai appelé Jacques Santer, le président de la Commission, pour lui demander s'il était au courant. Il me répond par la négative. J'appelle alors Dominique de Villepin[1] sur son portable. Il tombe des nues ! Il m'affirme qu'il n'était pas au courant. Je lui explique alors que Wim Duisenberg sera forcément le premier président de la BCE s'il est nommé à la tête de l'IME. »

Trichet se prend les pieds dans le tapis

Que s'est-il réellement passé ? Y a-t-il eu tentative de putsch des banquiers centraux ? La réalité est à la fois plus simple et plus complexe. Il semble que le processus de décision n'ait pas fonctionné en France à la différence des autres pays. Contrairement aux affirmations de Jean Arthuis, il est acquis que les autorités françaises ont bel et bien été averties par le gouverneur avant le 14 mai. Le lundi 6 mai, à midi, avant de prendre l'avion pour retrouver ses collègues à Francfort, Jean-Claude Trichet a profité d'un rendez-vous fixé de longue date avec le Premier ministre pour lui exposer la situation. Le fameux dîner, bien sûr, n'aura lieu que dans quelques heures. Mais Trichet, averti trois jours auparavant par un coup de téléphone, sait déjà que Lamfalussy veut proposer Duisenberg pour lui succéder.

Alain Juppé ne garde pas un souvenir très précis de cette réunion : « Si Jean-Claude Trichet avait donné de la solennité à sa démarche, je pense que je m'en souviendrais, explique-t-il aujourd'hui. Je n'ai pas eu le sentiment que l'on m'ait demandé mon avis ou au moins de donner une orientation. Le message n'a pas été explicite. Je ne pensais pas que l'on était au bord d'un processus

1. Dominique de Villepin est alors secrétaire général de la présidence de la République.

de décision et qu'une quelconque publicité serait donnée au choix des gouverneurs quant à la succession de M. Lamfalussy. » Mais, au moins, Jean-Claude Trichet a-t-il été suffisamment clair sur le lien IME-BCE ? Pas vraiment, l'ancien Premier ministre est affirmatif : « La conversation que nous avons eue ce jour-là portait sur l'IME, pas sur la BCE. » Il est donc d'autant plus étonnant qu'il n'y ait pas eu de nouveau rendez-vous entre les deux hommes entre le dîner de Francfort, le 6 mai, et la réunion de Bâle, une semaine plus tard.

Cela étant, même si le gouverneur de la Banque de France n'a jamais fait de lien explicite entre les deux dossiers, il semble surprenant que ni Juppé ni Arthuis – averti par une note de Matignon de la démarche du gouverneur – ne se soient demandé pourquoi Duisenberg acceptait d'occuper un poste pour seulement douze mois. Il reste que la version donnée par l'ancien Premier ministre est inquiétante. Elle laisse entendre que Jean-Claude Trichet a dissimulé la réalité. Le plus probable est qu'il y a eu incompréhension mutuelle : Trichet, un maître dans l'art de dire à demi-mot, n'a sans doute pas eu la clarté nécessaire. Et Juppé, alors en guerre ouverte avec le gouverneur de la Banque de France, n'a pas prêté une oreille suffisamment attentive à cette affaire qui apparaissait comme de pure cuisine interne. Le résultat, c'est que l'enjeu a totalement échappé à l'équipe gouvernementale. Après tout, il restait une semaine avant la réunion décisive du 13 mai, un laps de temps suffisant pour analyser la situation. Or, Trichet ne reçut aucun appel, ni de l'Élysée, ni de Matignon, ni de Bercy, pour lui demander des éclaircissements.

Cependant, on peut se demander pourquoi les gouverneurs ont pris le risque de mécontenter le gouvernement français en annonçant officiellement la candidature de Wim Duisenberg. La peur des fuites n'explique pas tout. Jean-Claude Trichet aurait-il donné l'impression à ses collègues que la France ne s'opposerait pas à la nomination du Néerlandais ? Selon le témoignage d'un banquier central, confirmé par d'autres – tous ont souhaité l'anonymat –, tel fut bien le cas : « L'Élysée a tort de répandre la légende d'un putsch. Lors de la réunion du 13 mai, à Bâle, Jean-Claude Trichet nous a expliqué qu'il n'avait eu aucune réaction de son gouvernement. Nous lui avons alors demandé si nous pouvions néanmoins aller de l'avant. Il nous a répondu "Oui, je m'engage personnellement. Vous pouvez aller de l'avant *(go ahead)*". Pour moi, cela signifie, en dernière analyse, que c'est Trichet qui a pris la responsabilité. Que pouvions-nous faire de plus ? » Si telle est la situation, elle est accablante.

À l'époque, les rapports entre Trichet d'une part, Juppé et Chirac d'autre part étaient, il est vrai, particulièrement glacials, le gouvernement lui reprochant d'entraver la croissance par une politique monétaire trop restrictive. En 1995, Jacques Chirac a gagné l'élection présidentielle en menant campagne contre « la pensée unique », c'est-à-dire la politique du franc fort, tenu pour responsable de « la fracture sociale ». Une « pensée unique » qu'incarnent, bien sûr, Édouard Balladur, Premier ministre en exercice et candidat à la présidentielle, mais aussi Jean-Claude Trichet, par ailleurs ancien directeur de cabinet de ce dernier lorsqu'il était ministre des Finances (1986-1988). En dépit de son ralliement à la lutte contre les déficits publics et à la monnaie unique, proclamé solennellement le 26 octobre 1995, non sans quelques hésitations, le chef de l'État continue à être agacé par le gouverneur de la Banque de France

L'année 1996 sera émaillée de ces affrontements pas toujours feutrés[1]. Ainsi, le 14 juillet 1996, deux mois jour pour jour après l'annonce de la candidature de Duisenberg, Chirac s'en prend violemment à Trichet lors de la traditionnelle interview télévisée donnée dans les jardins de l'Élysée : « Mon opinion, c'est que les taux d'intérêt sont, en tous les cas en France – et je le crois aussi en Allemagne –, trop élevés, nettement trop élevés. » Il met en cause, dans la foulée, la responsabilité de Trichet dans la déroute du Crédit Lyonnais : la banque publique « a perdu des dizaines et des dizaines de milliards. [...] Il y avait le Trésor, il y avait la Banque de France qui étaient chargés d'assurer le contrôle. Et, je regrette de le dire, ce contrôle n'a pas été bien exercé. Et là je constate que personne ne s'interroge sur les responsabilités passées qui ont conduit à de tels sinistres financiers ». Or, le directeur du Trésor à l'époque de la déroute de la banque n'est autre que Jean-Claude Trichet. Dans ces conditions, ce dernier a-t-il pris malgré tout le risque conscient, à Bâle, de préjuger de la position de son gouvernement et de passer outre à une opposition possible ? L'impair serait énorme.

La légende d'un accord Mitterrand-Kohl

Quoi qu'il en soit, le résultat est là : la France a le sentiment d'avoir été victime d'un complot orchestré par quelques technocrates et elle entend ne pas laisser l'affront impuni. La colère de Chirac est d'autant plus

1. Lire sur ce point, *La Guerre de sept ans, Histoire secrète du franc fort, 1989-1996*, Éric Aeschimann et Pascal Riché, Calmann-Lévy, 1996.

grande qu'il est persuadé qu'un accord secret a été conclu, trois ans plus tôt, lors du Conseil européen de Bruxelles du 29 octobre 1993, entre François Mitterrand et Helmut Kohl : la BCE irait à Francfort, mais sa présidence à un Français. Il l'expliquera d'ailleurs au Premier ministre luxembourgeois Jean-Claude Juncker, lors d'un échange téléphonique, le 3 novembre 1997, lorsqu'il lui annoncera sa décision de présenter la candidature de Jean-Claude Trichet, à la tête de la BCE, afin de contrer Wim Duisenberg : « Il est assez normal que je présente Trichet, puisque le siège de la Banque a été fixé à Francfort. D'ailleurs, à ce qu'il paraît, il y a eu un arrangement de ce type entre Kohl et Mitterrand. » Le problème est que cet accord n'a jamais existé. Helmut Kohl l'a d'ailleurs régulièrement nié. « C'est de la pure invention », répétera-t-il une dernière fois lors du sommet de Bruxelles du 2 mai 1998. Ni les conseillers de François Mitterrand[1], ni Édouard Balladur, Premier ministre entre 1993 et 1995, ni les autres chefs de gouvernement présents, ne confirment un quelconque *deal* franco-allemand.

L'origine de cette tenace légende remonte à la négociation du traité de Maastricht, en 1991. Les Douze de l'époque n'ayant pu s'entendre sur la ville qui accueillerait l'IME et donc la BCE, la question a été renvoyée à plus tard. Il faut dire que l'attribution des sièges des institutions européennes a toujours déclenché des batailles de chiffonniers entre les États. Très tôt, les Allemands ont affiché leur volonté d'installer la future Banque centrale chez eux, plus précisément à Francfort, siège de la

1. Seul Jacques Attali, conseiller spécial du président de la République de 1981 à 1991, soutient qu'il y a eu un accord sur la présidence de la BCE entre les deux dirigeants. Mais, à l'époque, il n'est plus à l'Élysée : depuis 1991, il préside la Berd, à Londres.

Bundesbank. Ainsi, l'ancien président de la Bundesbank, Karl Otto Pöhl, demande dès le 8 février 1989 que la BCE vienne renforcer la capitale financière allemande, alors que le rapport du Comité Delors sur l'union économique et monétaire n'a pas été encore adopté par les chefs d'État et de gouvernement. L'institut d'émission d'outre-Rhin a même déjà réservé un terrain...

Les Français, immédiatement, perçoivent le choix de Francfort comme un danger. Ils craignent que la BCE ne soit considérée comme une simple dépendance de la Buba. Ils redoutent aussi que cela ne permette à Francfort de s'affirmer comme une place financière internationale au détriment de Paris. Jean-Claude Trichet, alors directeur du Trésor, n'hésite pas à qualifier, dans une note du 26 novembre 1991, de « terrible catastrophe » la localisation de la BCE en Allemagne ou aux Pays-Bas. Dans une autre note, datée du 7 mars 1992, le Trésor en rajoute . « La manière dont la BCE fonctionnera sera largement déterminée par l'univers culturel dans lequel baignera l'institution. » L'auteur estime que l'implantation en Allemagne de la BCE pourrait « accréditer l'idée selon laquelle la monnaie commune ne serait qu'une extension du mark ». En marge d'une note du 9 mars 1992, Trichet ira jusqu'à écrire qu'il « ne fallait pas faire l'Union économique et monétaire » si cela faisait de Francfort « le New York européen »... Il recommandait de présenter « une candidature officielle puissante et crédible ». Pierre Bérégovoy, ministre des Finances de l'époque, répercutera soigneusement tous ces arguments à François Mitterrand. La France n'était pas isolée dans cette affaire, les Britanniques redoutant, eux aussi, que Londres ne souffre de la concurrence accrue de Francfort. Lors d'un entretien avec Edmond Alphandéry, le ministre de l'Économie d'Édouard

Balladur, Kenneth Clarke, le chancelier de l'Échiquier de John Major, affirme en juillet 1993 que l'installation de l'IME donc de la BCE à Francfort serait « un point de rupture ». Il se rallia à la candidature de Lyon défendue par le Trésor.

Le nouveau Premier ministre Édouard Balladur, dès son arrivée au pouvoir, en mars 1993, fit sien ce combat : « Il était légitime que les Allemands souhaitent que le siège soit en Allemagne. Mais pour des raisons exactement inverses de Kohl, je ne voulais pas que Francfort soit choisie afin de ne pas donner l'impression que la Bundesbank continuait à gouverner. » François Mitterrand, comme à son habitude, se contenta de laisser dire. En 1993, les Douze décidèrent d'organiser un Conseil européen extraordinaire le 29 octobre à Bruxelles, afin d'attribuer définitivement tous les sièges encore en suspens (IME et donc BCE, Office des marques, Agence de l'environnement, Parlement, Commission, etc.). En juillet 1993, Yves-Thibault de Silguy, alors conseiller de Balladur pour les questions européennes, reçoit à Matignon Joachim Bitterlich, son homologue auprès de Helmut Kohl : « Il m'a dit que cette affaire du siège de la BCE était extrêmement importante pour le chancelier. Il a insisté pour qu'il soit en Allemagne et que le choix de la ville revienne aux autorités allemandes. Il m'a rappelé que Kohl rencontrait beaucoup de difficultés pour faire accepter l'écu chez lui et qu'il compterait ses amis sur ce point. » Pour Silguy, nul doute que « le même message a été passé à l'Élysée. J'ai l'habitude de ce genre de négociations. Là, il était clair que les Allemands ne transigeraient pas et que ce serait Francfort ». Bitterlich ne proposa à aucun moment à ses interlocuteurs français une compensation, comme, par exemple, une présidence française de la BCE.

Surprise : en octobre 1993, lorsque la discussion sur le siège de l'IME s'engage, François Mitterrand et Édouard Balladur ne pipent mot. Ce sera Francfort. « Le président a fait cette concession à Helmut Kohl hors de ma présence, se souvient l'ancien Premier ministre. Il ne m'a pas prévenu. Si j'avais dit quelque chose, j'aurais provoqué à la fois un incident de cohabitation et un incident franco-allemand. » Du reste, celui-ci est catégorique : « Je n'ai jamais entendu parler d'un accord disant que, puisque la BCE est à Francfort, le premier président sera français. Mitterrand a vu la chose en termes politiques. » Élisabeth Guigou, ancienne ministre aux Affaires européennes de Mitterrand, est du même avis : « Le président avait conscience de l'énormité du sacrifice qui était demandé à l'Allemagne. Il a jugé que c'était la contrepartie normale. » « De même que Paris valait bien une messe, l'UEM valait bien Francfort », ironise un haut fonctionnaire du Trésor.

Évidemment, puisque « la Banque est à Francfort, les Allemands ne pourront avoir la présidence. À tout le moins, ça devra être quelqu'un sur lequel la France est d'accord », analyse Élisabeth Guigou. D'ailleurs, Bonn n'a jamais envisagé de revendiquer la présidence. La légende est née du fait que « personne ne pouvait envisager que François Mitterrand ait pu céder sans contrepartie », estime Christian Noyer, directeur du Trésor de 1993 à 1995. Pourtant, c'est bien ce qui se passa. À moins d'imaginer que cet accord n'ait été tellement secret que Mitterrand l'ait emporté avec lui dans la tombe et que Kohl ait menti régulièrement pendant cinq ans... Mais ce n'est pas ainsi que les relations franco-allemandes et l'Europe fonctionnent.

L'indépendance, quelle indépendance ?

Mais Jacques Chirac s'en est tenu à la rumeur. Pour lui, les gouverneurs des banques centrales ont violé un accord au moins implicite. Surtout, au diapason d'une bonne partie des élites politiques françaises, il a été conforté, le jour de l'annonce de la candidature de Wim Duisenberg, dans sa méfiance des banquiers centraux : qu'attendre d'autre de ces technocrates ? L'indépendance des banques centrales et de la future BCE, prévue par Maastricht, n'est toujours pas digérée par les milieux dirigeants français élevés au biberon du colbertisme. Pourtant, dès 1988, les Allemands ont clairement fait savoir que cette indépendance n'était pas négociable : pour eux, il s'agit de mettre la monnaie à l'abri de toute intervention du pouvoir politique afin de garantir sa stabilité.

Outre-Rhin, la résistance du mark à l'inflation n'est pas perçue comme une affaire de technocrates ou d'épargnants soucieux de préserver la valeur de leurs avoirs. Entre 1919 et 1949, la valeur du mark a été presque réduite à néant à deux reprises, après des décennies où sa stabilité était considérée comme une donnée de base de la vie quotidienne. Lors de l'hyperinflation de 1922-1923, le petit peuple a vu son épargne partir en fumée. Pour beaucoup de petits rentiers – souvent des personnes âgées qu'un pécule patiemment accumulé devait préserver de la misère –, ce fut c'est la catastrophe. Conjugué aux suites de la défaite de 1918, l'effondrement du mark a contribué à déstabiliser profondément la société et a préparé le terrain du nazisme. Pour l'Allemagne d'après-guerre et pour la Bundesbank, tuer l'inflation dans l'œuf, ce n'est donc pas simplement répondre à ce besoin de rigueur qui fait partie de l'inconscient collectif ; c'est surtout préserver la cohésion d'une société qu'aucun bouleversement économique ne doit plus jamais pouvoir déstabiliser. Dans cette lutte constante contre la dépréciation de la monnaie, l'indépendance de la Bundesbank est considérée comme seule garante de l'efficacité de son action. La première moitié du XXe siècle a laissé en héritage une profonde méfiance vis-à-vis de la politique. Et quand celle-ci ose s'en prendre à des autorités « indépendantes », qui doivent lui servir de garde-fou, la Bundesbank ou le Tribunal constitutionnel de Karlsruhe, l'opinion publique est solidaire de l'institution attaquée. Bref, l'indépendance de la Banque centrale est devenue un pilier essentiel du contrat social allemand.

Cette vision, largement partagée par la plupart des banquiers centraux – y compris dans nombre de pays dont l'institut d'émission n'est pas encore indépendant –, se heurte au début des années 90 à de fortes résistances dans des capitales comme Paris ou Londres : le monétaire, comme toute autre activité de l'État, ne saurait échapper à un contrôle politique qui permet de fixer les taux d'intérêt en fonction des priorités économiques du pouvoir. En France, il s'agit même d'un principe constitutionnel, comme le rappellera le Conseil du même nom dans une décision du 3 août 1993 : « La définition de la politique monétaire est un élément essentiel et indissociable de la politique économique dont la détermination et la conduite incombent au gouvernement sous la direction du Premier ministre. » Les statuts de la Banque centrale, avant leur réforme en 1993, précisent d'ailleurs qu'elle participe à la mise en œuvre de « la politique monétaire arrêtée par le gouvernement ». Son gouverneur est donc révocable à tout instant et le représentant du pouvoir politique au Conseil de la banque dispose même d'un droit de veto. Autant dire qu'en France le pouvoir monétaire est consubstantiel à l'État.

La France rétive à l'indépendance de la Banque centrale

Cet arrière-plan idéologique montre à quel point l'acceptation par Paris de l'indépendance des banques centrales fut un acte fondateur. François Mitterrand joua un rôle essentiel dans ce revirement : il comprit rapidement que c'était le prix à payer pour que l'Allemagne sacrifie son mark sur l'autel de la construction européenne. Mais il fallut attendre fin 1989 pour que son ministre des Finances, Pierre Bérégovoy s'y rallie, à contrecœur. Le 6 novembre 1989, il déclarait encore, à Francfort, en présence du patron de la Bundesbank de l'époque, Karl Otto Pöhl, que « les responsables d'une banque centrale ne peuvent s'estimer investis d'une autorité supérieure », « non à la technocratie, oui à la démocratie »... Un an plus tard, le ton a nettement changé : « Je conçois que la Banque centrale ne soit pas soumise aux aléas de la vie politique et c'est pourquoi le principe de son indépendance est acquis dans mon esprit. » Dès lors, son inscription dans le traité de Maastricht, conclu en décembre 1991, ne posera plus guère de problèmes.

Bien sûr, ce cheminement ne s'est pas fait sans mal. En réclamant la création d'un « gouvernement économique » européen, contrepoids à l'émergence d'un pouvoir monétaire indépendant, la France essaya, durant toute la négociation de Maastricht, de reprendre d'une main ce qu'elle va céder de l'autre. Les Allemands ne s'y trompèrent pas en analysant cette demande comme une volonté de rétablir par ce biais un contrôle politique sur la BCE. Dès lors ils combattirent avec succès cette proposition française. En dépit du traité de Maastricht, il faudrait encore du temps pour que les implications de cette nouvelle réalité soient réellement admises par Paris. Mitterrand lui-même, lors du débat télévisé qui l'oppose à l'eurosceptique du RPR, Philippe Séguin, le 3 septembre 1992, à la veille du référendum du 20 septembre sur la ratification du traité de Maastricht, affirme : « On entend dire que la Banque centrale européenne serait maîtresse de ses décisions. Ce n'est pas vrai ! La politique économique relève du Conseil européen et son application à la politique monétaire est la tâche de la Banque centrale, dans le cadre des décisions du Conseil européen. Ceux qui décident de la politique économique, dont la politique monétaire n'est rien de plus qu'un des moyens de mise en œuvre, sont les hommes politiques. Les responsables de la BCE réagiront comme les membres de la Commission qui nourrissent une certaine tendresse, sans aucun doute, pour les intérêts de leur propre pays. »

En 1993, il faudra tout l'acharnement d'Edmond Alphandéry, le ministre de l'Économie du gouvernement Balladur, pour que la loi sur l'indépendance de la Banque de France soit votée. « Ça n'a pas été facile », se souvient-il, alors même que cette promesse figurait en toutes lettres dans la plate-forme électorale de la droite et qu'il ne s'agissait que de traduire en droit français les engagements déjà ratifiés de Maastricht : « Les communistes et les socialistes étaient contre, ces derniers essentiellement pour des raisons de politique intérieure. Au sein de la majorité, une partie du RPR était opposée à ce texte. » Ainsi, Philippe Séguin, avant qu'il ne soit élu président de l'Assemblée nationale, le 2 avril 1993, clamait encore qu'accorder un tel statut reviendrait à « confier un pouvoir exorbitant à une bande de technocrates qui peuvent engendrer des crises terribles sans avoir à rendre de comptes à personne »... « L'administration du Trésor n'était guère enthousiaste puisque mon texte dépossédait le ministre de ses pouvoirs », poursuit Alphandéry. « Au sein même du gouvernement il y avait des nuances. Même Édouard Balladur préférait parler d'autonomie. » L'ancien Premier ministre le reconnaît aujourd'hui volontiers, mais il s'agit là, dit-il, d'« une querelle sémantique sans importance : quand on est autonome, on est indépendant. Ce qui compte, c'est comment on désigne les organes dirigeants de la Banque, quelle stabilité et quels pouvoirs on leur accorde ». « C'était le gage, analyse Balladur, que je devais donner à mes partenaires européens et aux marchés financiers quant à ma détermination d'appliquer Maastricht. François Mitterrand me demandait d'ailleurs pourquoi je me pressais ainsi. »

Finalement, la loi est votée sans trop de problèmes au début du mois de juin. Mais, saisi par les parlementaires socialistes et communistes, le Conseil constitutionnel annule, le 3 août 1993, la plus grande partie de son article I, celui qui accorde l'indépendance à la Banque de France : « La Banque de France définit et met en œuvre la politique monétaire, dans le but d'assurer la stabilité des prix. Elle accomplit sa mission dans le cadre de la politique économique générale du gouvernement. » L'argumentation des juges est imparable : comme le traité de Maastricht n'est pas encore entré en vigueur, la Constitution interdit un tel dessaisissement. « Les dispositions de la loi en tant qu'elles concernent la définition de la politique monétaire et de son but et qu'elles proscrivent toute instruction du gouvernement méconnaissent la compétence de celui-ci pour déterminer et conduire la politique de la nation », statue ainsi le Conseil. La loi est promulguée, malgré tout, le 4 août, mais sans cette disposition clé.

Edmond Alphandéry doit longuement argumenter pour convaincre Balladur de la nécessité de retourner devant le Parlement. Le Premier ministre trouve « très bien la loi comme cela ». Il le reconnaît aujourd'hui : il ne voyait pas l'intérêt de risquer une fronde des anti-maastrichtiens du RPR. Le ministre de l'Économie reçoit finalement le feu vert. Fin novembre, le traité étant entré en vigueur le 1er du mois, il fait repasser devant les députés l'article rejeté par le Conseil constitutionnel soigneusement noyé dans toute une série de « dispositions diverses ». À son grand soulagement, tout se passe bien et la loi, promulguée le 31 décembre 1993, reconnaît enfin expressément l'indépendance de la Banque de France. Faute de cela, « il n'est pas certain que la politique monétaire qui a été suivie dans les années postérieures eût été la même que celle qui a été appliquée », estime Édouard Balladur. « Ç'aurait été une catastrophe. »

En avril 1998, on retrouve, encore une fois, les mêmes réticences d'une partie du RPR, des Verts, des communistes et de la gauche du parti socialiste lorsque le gouvernement de Lionel Jospin présente un projet de loi destiné à adapter techniquement les missions de la Banque de France à la création du Système européen de banques centrales (SEBC). Ce qui signifie, par exemple, que le régime de change ne relève plus depuis le 1er janvier 1999 de l'institut d'émission français. Toutes ces péripéties, tous ces combats d'arrière-garde, montrent à quel point l'idée même d'indépendance de la Banque centrale est étrangère à la culture politique française[1].

1. Les sondages de l'époque montraient l'attachement croissant des Français à l'indépendance de la Banque de France. Ainsi,

Cela, les banquiers centraux ont voulu l'oublier. Ou plutôt, en cette année 1996, ils ont fait comme si la France était rentrée dans le rang et que leur légitimité collective valait bien celle de la Bundesbank. Lourde erreur. Autant dire que les gouverneurs n'ont guère fait preuve de finesse politique. Pour Philippe Maystadt, ministre des Finances de Belgique, la cause est entendue : « Il n'y a pas eu de véritables consultations. On aurait peut-être abouti à la même conclusion mais cela aurait évité des difficultés psychologiques. »

Le silence de l'Élysée

Reste que la colère élyséenne ne transpire guère dans les mois qui suivent l'annonce de la candidature Duisenberg. Le silence est même assourdissant. « Fallait-il déclencher immédiatement une crise ? s'interroge Jean Arthuis. À l'époque, nous avions un débat budgétaire très difficile et on négociait le Pacte de stabilité. En outre, Duisenberg apparaissait comme celui qui perpéturait la rigueur dans la gestion monétaire. On n'avait donc pas intérêt à faire tout un foin à ce moment. » Plus trivialement, la France n'a pas de candidat crédible à opposer au Néerlandais : le gouvernement est en froid avec Jean-Claude Trichet ; Jacques de Larosière, son

---

si en juin 1996, seulement 52 % avaient une image « très ou plutôt positive » de la Banque de France, ce pourcentage est passé à 61 % en juin 1997 et à 64 % en juin 1998. Dans le même temps, la « confiance » des Français à l'égard de l'institut d'émission pour « assurer la stabilité du franc et des prix » est passée de 65 % à 71 %. Une étude des réponses par sexe, affinité politique, âge et niveau social montre que cet attachement transcende tous les clivages (sondage Sofres réalisé du 27 au 29 mai auprès d'un échantillon de 1 000 personnes sélectionnées selon la méthode des quotas).

prédécesseur à la Banque de France, dirige la Berd à Londres et Michel Camdessus, le Fonds monétaire international (FMI). Or seul l'un de ces trois hommes aurait la stature nécessaire.

On peut d'ailleurs se demander pourquoi la France, si friande de postes de prestige, n'a proposé personne à la présidence de l'IME en 1993, afin de mettre son candidat dans les starting-blocks pour la BCE. En fait, à l'époque, beaucoup d'acteurs doutaient des chances de la monnaie unique de voir le jour après la quasi-explosion du SME en juillet 1993. Il a été suggéré, durant l'été 1993, à Jacques de Larosière de se porter candidat, mais il répondit à Edmond Alphandéry qu'il refusait d'aller « terminer sa carrière dans une ville de province allemande ». Il préféra partir pour Londres au siège de la Berd pour y remplacer Jacques Attali. Quant à Jean-Claude Trichet, alors directeur du Trésor, il devait succéder à Larosière à la Banque de France. Une candidature de Michel Camdessus ne fut même pas évoquée : personne, à Paris, n'envisageait d'abandonner la présidence du FMI pour une institution à l'avenir aussi incertain que l'IME.

Jacques Chirac attendra le Conseil européen de Dublin pour se rappeler au bon souvenir de ses collègues. Les 13 et 14 décembre 1996, alors qu'il affronte l'Allemagne sur le Pacte de stabilité, le président de la République prend la parole : il accepte que Wim Duisenberg devienne président de l'IME, mais il précise que « cette décision ne préjuge pas de la nomination du président de la BCE ». Il n'en dira pas plus. La phrase, sibylline, figure dans les conclusions du sommet. Mais peu de monde y prête attention.

Le choix tactique de Chirac ne laisse pas d'étonner. Pourquoi n'a-t-il pas dit haut et clair qu'il ne voulait pas de Duisenberg à la présidence de la BCE ? Accepter le Néerlandais à la tête de l'IME, c'était lui donner un sérieux avantage pour la suite. En fait, c'est parce que la France n'a toujours aucun candidat à proposer. Par ailleurs, on estime diplomatiquement dangereux d'ajouter un contentieux avec l'Allemagne, ce qui risquerait d'occulter le succès obtenu sur le Pacte de stabilité. Surtout, Chirac n'imagine pas un instant que nombre de ses partenaires ne le suivront pas dans son combat. Il est vrai qu'en Belgique ou en Italie, on juge que les banquiers centraux vont un peu trop loin : dans les couloirs de Dublin Castle, où se déroule le sommet, les délégations belge et italienne se réjouissent ouvertement de la saillie chiraquienne. Mais leur soutien est d'autant plus fragile que ces pays ne sont pas sûrs de se qualifier pour la monnaie unique.

Duisenberg s'isole

Après Dublin, la logique diplomatique aurait voulu que des négociations s'engagent immédiatement entre Paris et les autres capitales afin de trouver une solution. Or personne ne bouge et les partenaires de Jacques Chirac font comme s'ils n'avaient rien entendu. Mieux : Hans Van Mierlo, le ministre des Affaires étrangères néerlandais, remet du sel sur les plaies françaises le 16 janvier 1997 : certes, il n'a « jamais été dit formellement que M. Duisenberg serait le premier président de la BCE », déclare-t-il, mais il est « évident que, pour un grand nombre de pays, il faudrait qu'il se passe des choses bien extraordinaires pour qu'il n'en soit pas ainsi ». Le 29 juin 1997, deux jours avant la prise de fonction officielle de Wim Duisenberg à la tête de l'IME, Hans Tietmeyer fait connaître son point de vue en soutenant officiellement la candidature du Néerlandais à la présidence de la BCE : « Je crois vraiment que Duisenberg incarne véritablement une stabilité durable, la stabilité pour l'euro… »

« Il est exact que Chirac a annoncé la couleur à Dublin après nos petits litiges sur le Pacte de stabilité », se souvient un diplomate allemand. « Pour lui, il était clair que le président de l'IME ne deviendrait pas automatiquement le président de la BCE et qu'il fallait une autre décision des chefs d'État et de gouvernement. Mais l'ampleur de son sentiment anti-Duisenberg, ça on ne l'a pas mesuré sur le moment et ce n'est devenu clair que beaucoup plus tard. » En langage moins crypté, cela signifie que ses partenaires n'ont pas compris le président de la République. Ont-ils seulement voulu le comprendre ? « Tout le monde savait que Jacques Chirac était opposé à la nomination de Wim Duisenberg, mais tout le monde a anticipé qu'il céderait », juge un haut fonctionnaire de Bercy. « Tous croisaient les doigts pour qu'il ne réitère pas Dublin. Il n'y a pas eu d'acte manqué français. Le silence n'est jamais involontaire. »

Pendant plus de dix mois, aucun signal ne viendra de Paris, renforçant ainsi l'espoir que Chirac a passé l'éponge. Il faut dire que le président a d'autres chats à fouetter. L'an 1997 est pour lui un *annus horribilis* avec la victoire de « la gauche plurielle » aux élections législatives anticipées. De son côté, Wim Duisenberg, au lieu de chercher à rassurer la France, s'enferme dans sa tour francfortoise et évite tout contact avec les capitales. Plusieurs de ses pairs s'inquiéteront de ce superbe isolement : cela ne peut qu'accroître la méfiance de Paris à l'égard de ce Néerlandais qui semble traiter le pouvoir politique comme quantité négligeable au nom d'une conception rigide de son indépendance. « Il a incontestablement commis une erreur », reconnaissent plusieurs banquiers centraux. D'autant qu'il renforce ainsi la crainte que la BCE ne soit coupée des réalités nationales et mène une politique monétaire par trop rigide. Même la Bundesbank paraît moins stricte : les contacts entre son président d'une part, la chancellerie et le ministère des Finances d'autre part sont fréquents. Alexandre Lamfalussy n'avait pas hésité, lui, à faire une tournée des capitales pour se faire connaître lorsqu'il prit ses fonctions, en janvier 1994.

Le second « putsch » des banquiers centraux

Passé inaperçu du grand public, un autre événement a encore renforcé la détermination du président de la République de faire rendre gorge aux banquiers centraux. Les 13 et 14 septembre 1997, les ministres de l'Économie et des Finances, accompagnés des gouverneurs, se retrouvent en Conseil « informel » à Mondorf-les-Bains, une petite ville d'eaux luxembourgeoise située à la frontière française. Au programme de la rencontre, entre autres sujets, la composition du futur Comité économique et financier (CEF), qui doit remplacer le Comité monétaire, à partir de l'entrée en vigueur de l'euro, comme instance de préparation du Conseil des ministres de l'Économie et des Finances (Ecofin). L'enjeu est de déterminer si les sous-gouverneurs, qui siègent au Comité monétaire aux côtés des directeurs du Trésor, auront également une place au CEF. Cela ne va pas de soi puisque l'architecture de Maastricht vise à rendre le monétaire totalement indépendant du politique. Autrement dit, la logique du « chacun chez soi », selon la formule d'un diplomate français, voudrait que les banquiers centraux ne participent pas au CEF, qui sera chargé de préparer les décisions de politique économique. Après tout, il n'est pas prévu que les directeurs du Trésor siègent au directoire de la BCE. Pourtant, à Mondorf, lorsque le point est évoqué, Hans Tietmeyer lâche négligemment : « Bien sûr, on continue comme avant. » Seul Yves-Thibault de Silguy, le commissaire chargé de la monnaie unique, proteste. Mais il n'est pas entendu. « Personne n'a osé râler publiquement alors que la logique institutionnelle était violée », raconte un ministre présent. « Tout le monde avait à l'esprit que les banquiers centraux, qui étaient assis autour de la table à Mondorf, allaient rédiger l'avis de l'IME sur les pays qualifiés. Personne n'avait donc envie de se les mettre à dos et on s'est laissé forcer la main. »

Résultat : les banquiers centraux nationaux continueront à siéger au sein du CEF en compagnie de deux représentants de la BCE. « Ce qui signifie que les banquiers centraux seront majoritaires », fulmine-t-on à l'Élysée : « Bravo ! » Pour le président de la République, l'affaire est entendue : Mondorf est le second « putsch » des banquiers centraux. Après avoir fait main basse sur la BCE, ils répètent l'opération en infiltrant l'embryon du futur gouvernement économique. Les 12 et 13 décembre 1997, lors du Conseil européen de Luxembourg, Jacques Chirac intervient sur ce thème. Mais aucun de ses partenaires ne le suit : tous sont épuisés par une interminable discussion sur l'Euro-x, devenu Euro-11 et désormais Eurogroupe, l'instance qui réunira les ministres des Finances des pays de la zone euro. Helmut Kohl fait remarquer que « ce sujet, moins on en parle, mieux c'est. On ne va donc pas ouvrir le débat ». Dépité, Chirac n'insiste pas. Le plus beau, c'est que les banquiers centraux ont réussi à apparaître, dans les conclusions du sommet, comme l'élément central du CEF. Les Quinze ont, en effet, accepté une rédaction, préparée par le Comité monétaire, qui relègue les représentants gouvernementaux au rang d'ornement : le futur comité, est-il écrit, « sera composé de hauts fonctionnaires des banques centrales nationales et de la BCE *ainsi que* des représentants des ministères des Finances nationaux ».

Les banquiers centraux hors la bulle

Pourtant, aussi séduisante que paraisse l'interprétation de l'Élysée, elle n'est pas tout à fait exacte. En réalité, certains banquiers centraux hésitaient plutôt à siéger au CEF. Déjà, durant la négociation du traité de Maastricht, en 1991, ils avaient exprimé leurs réticences. En 1997, lorsque les discussions s'engagent sérieusement, Hans Tietmeyer estime que seuls les représentants de la BCE doivent être membres du comité. Sa crainte : que les banquiers centraux ne se comportent comme des banquiers nationaux en défendant les intérêts de leur pays et qu'ils ne soient trop impliqués dans la définition de la politique économique. Surtout, pendant la préparation de Mondorf, ce sont les ministères des Finances qui ont insisté pour que les banquiers centraux soient présents, ce qui annihile la thèse chiraquienne d'un putsch. « En toute logique les banquiers centraux ne devraient pas être là », reconnaît Dominique Strauss-Kahn, le ministre français de l'Économie et des Finances. « Mais ils sont déjà présents au Comité monétaire et ça marche. Dès lors, pourquoi changer ? » Jean Lemierre, le directeur du Trésor, souligne que le CEF « sera la seule institution où les représentants des ministres et les banquiers centraux se parleront régulièrement, où les analyses seront confrontées et pourront converger ». Un argument qui est exactement le même que celui avancé par la France en 1991 : « Ce comité peut être une enceinte discrète de confrontation des analyses et des opinions, permettant à chacun de mieux comprendre sans rien céder de son autonomie de décision », expliquait le ministre des Finances Pierre Bérégovoy lors d'une session de négociation de Maastricht.

Philippe Maystadt estime, lui aussi, que « ce n'est pas une mauvaise chose qu'ils soient là parce que ce sera un endroit où il y aura un dialogue entre banquiers centraux et politiques. Aucune banque centrale, même en Allemagne, ne fonctionne dans le vide. Certes, ils pourront nous influencer, mais, inversement, ils entendront un certain nombre de choses ». Jean-Claude Trichet pense de la même façon : pour lui, les gouvernements auraient tort de se priver des banques centrales qui sont au cœur du *policy mix*. Plus prosaïquement, dans certaines capitales, on estime qu'il faut éviter de « créer des bulles » : « les banquiers centraux ne doivent pas oublier qu'ils ont aussi une nationalité ». En outre, « on peut essayer de semer un peu la zizanie entre eux et la BCE de façon à avoir un peu d'information ». Enfin, à Paris, la direction du Trésor a tiré un avantage stratégique de leur présence : la direction du Budget, sa grande rivale de Bercy, qui espérait siéger au sein du CEF au titre de la coordination des politiques budgétaires, restera à la maison puisqu'il n'y aura qu'un représentant par gouvernement. Bref, si complot il y a, il n'émane pas précisément des banquiers centraux.

Trichet versus Duisenberg

Le lundi 3 novembre 1997, en début de soirée, Jean-Claude Juncker reçoit un coup de téléphone de Jacques Chirac. Le président l'avertit qu'il va proposer officiellement, le lendemain, la candidature de Jean-Claude Trichet à la présidence de la BCE. Alarmé, le jeune Premier ministre luxembourgeois lui demande s'il a averti le chancelier Kohl et le Premier ministre néerlandais Wim Kok. Réponse : « Non, pourquoi ? De toute façon, ils seront contre ma proposition. » Juncker, sidéré, lui conseille néanmoins d'informer les deux hommes afin d'éviter un incident diplomatique : personne n'aime apprendre une nouvelle de cette importance par une dépêche d'agence. Helmut Kohl ne sera prévenu que le lendemain matin, peu avant l'annonce officielle. Par précaution, Juncker fera appeler, à minuit, Joachim Bitterlich, le conseiller diplomatique du chancelier. Jacques Chirac, de son côté, joint Wim Kok en Nouvelle-Zélande, où il est en voyage officiel. Au milieu de la nuit, Juncker est tiré du lit par un appel du chef de gouvernement de La Haye. Celui-ci est fou furieux. Il a l'impression que Chirac en veut aux Néerlandais à cause de ces histoires de drogue et que la candidature de Trichet n'est qu'une façon de leur présenter l'addition. « Je ne comprends pas. On était pourtant bien d'accord que ce serait Duisenberg », lâche-t-il. Kok voit avec effarement les chances d'un de ses compatriotes de diriger une organisation internationale s'éloigner. Une nouvelle fois. Car les dernières années n'ont pas été faciles pour les Pays-Bas : la Berd leur a échappé tout comme la Commission européenne ou encore l'Otan.

Le mardi 4 novembre, dans l'après-midi, un communiqué conjoint de Jacques Chirac et de Lionel Jospin est rendu public : « Les autorités françaises ont décidé de présenter la candidature de Jean-Claude Trichet, gouverneur de la Banque de France, au poste de président du directoire de la Banque centrale », écrivent les deux têtes de l'exécutif. « L'Union économique et monétaire verra bientôt le jour. Le rôle de la future Banque centrale européenne sera crucial pour assurer la crédibilité et le succès de la monnaie unique ; et le choix de l'équipe dirigeante de la BCE, déterminant pour assurer le lancement de l'euro dans les meilleures conditions possible. » La procédure est solennelle : il s'agit de signaler aux partenaires de la France qu'il ne faut pas compter sur la cohabitation pour affaiblir la détermination de Paris.

En réalité, le Premier ministre aurait bien fait l'économie de ce combat douteux même si, sur le fond, il partage le diagnostic de Jacques Chirac quant à la volonté des banquiers centraux de déposséder le pouvoir politique de ses prérogatives. Il pense qu'il faut marquer le coup en provoquant une petite crise « pédagogique ». En outre, il estime, lui aussi, que, puisque la Banque centrale est à Francfort, il ne serait pas illogique que son premier président soit un Français. Pourtant, après avoir arraché à ses partenaires, au sommet d'Amsterdam de juin 1997, la tenue d'un Conseil européen extraordinaire consacré à l'emploi – qui doit avoir lieu le 21 novembre – et la promesse d'une meilleure coordination des politiques économiques, Lionel Jospin juge inopportun de provoquer de nouvelles tensions. En même temps, il ne peut laisser l'Élysée mener cette bataille en solitaire : le président aurait alors beau jeu d'affirmer que lui seul défend les intérêts de la France... Certes, Jacques Chirac affirme qu'il ne présentera de candidat qu'à condition que le gouvernement le suive. Mais Lionel Jospin n'a pas oublié que le président, de son côté, ne l'a pas gêné au mois de juin, lorsqu'il menaçait de ne pas signer le Pacte de stabilité alors que la parole de la France était engagée. La cohabitation va donc amener la France, gauche et droite main dans la main, à présenter Trichet.

Détail amusant : c'est presque par hasard que le gouvernement a appris que l'Élysée concoctait quelque chose à propos de la BCE. Le 13 octobre 1997 a lieu, à Luxembourg, la réunion mensuelle du Conseil des ministres de l'Économie et des Finances. Juncker, qui cumule les fonctions de ministre des Finances et de Premier ministre, demande à ses partenaires s'ils ont un candidat à la succession de Jacques de Larosière : le Français doit prendre sa retraite de la présidence de la Berd fin 1997. Lors de la création de la banque, il a été entendu avec les Américains que ce poste serait dévolu à un Européen. Fin octobre, Dominique Strauss-Kahn envoie une lettre au Premier ministre du grand-duché afin de lui faire savoir que le gouvernement envisage de présenter Philippe Lagayette, en partance de la Caisse des dépôts. Comme de coutume, une copie de la missive parvient à l'Élysée. Réaction immédiate du « château » : il faut reculer sur la Berd. Jacques Chirac a l'intention de proposer un candidat pour la présidence de la BCE. Le lien entre les deux nominations doit être fait : le compromis sera global ou ne sera pas. À Bercy, on tombe de haut, surtout lorsqu'on apprend le nom du « champion » français.

Le « come-back » de Trichet

Par quel miracle, en effet, le gouverneur de la Banque de France est-il rentré en grâce ? Par défaut, essentiellement. Car les préventions de Jacques Chirac contre Jean-Claude Trichet n'ont pas diminué, loin de là. Du reste, cet apôtre du franc fort et de la rigueur budgétaire n'est guère apprécié non plus par la nouvelle majorité « plurielle ». L'homme n'a rien fait pour arranger sa réputation en décidant, le 9 octobre 1997, de relever le taux d'appel d'offres de la Banque de France dans le sillage de la Bundesbank, qui, le même jour, a augmenté son taux de prise en pension. Pour la gauche, il a ainsi pris le risque de bloquer la reprise économique afin de combattre une menace inflationniste illusoire. Autant dire que l'Élysée et Matignon auraient bien choisi quelqu'un d'autre. Un élément supplémentaire a sans doute joué : ni le président de la République ni le Premier ministre n'auraient éprouvé beaucoup de remords à « carboniser » Trichet, comme le remarque un haut fonctionnaire de Bercy. En effet, au cas où le Conseil européen du 2 mai 1998 aurait mal tourné, un veto français sur Duisenberg aurait amené automatiquement un blocage néerlandais sur le gouverneur de la Banque de France. Tous deux seraient alors rentrés bredouilles.

On n'est d'ailleurs pas passé très loin de ce scénario. Le jour même où le nom de Trichet sort du chapeau, Hans Van Mierlo, le ministre des Affaires étrangères des Pays-Bas, avertit Juncker qu'il a l'intention d'opposer officiellement son veto à la candidature française. Celui-ci réussit à l'en dissuader en faisant valoir que Duisenberg mordrait alors lui aussi la poussière. Afin de s'assurer que le message est bien passé, le Luxembourgeois appelle dans la foulée Wim Kok et plusieurs autres chefs de gouvernement. Van Mierlo ne peut cependant pas s'empêcher de faire part, publiquement, de son « étonnement : je ne comprends pas bien ce qui conduit le président [français] à agir comme cela. Nous ne l'accepterons pas comme ça ». Wim Kok, lui, annonce qu'il a « de grandes objections contre ce candidat ». Les autres capitales européennes se garderont de tout commentaire. Une retenue que la presse internationale n'observera pas. « Un trouble-fête français pour la banque de l'euro », titre *Libération*, le journal français le plus critique à l'égard de l'initiative chiraquienne. La presse allemande, elle, se déchaîne : « Le scénario de cauchemar redouté par les vaillants champions de l'euro s'est réalisé : la France tient à mettre sous direction française la future Banque centrale européenne », s'indigne le quotidien économique *Handelsblatt* en parlant de « gros choc ». Quant au quotidien britannique, *Financial Times*, il estime que la nomination de Jean-Claude Trichet porterait un coup « sévère à la crédibilité et à la légitimité de l'institution naissante [...]. La question de fond n'est pas de savoir si M. Trichet est un candidat convenable, mais s'il serait raisonnable de lui confier ce poste ».

Le ton est donné. La France a pris le risque de provoquer un affrontement avec l'Allemagne, qui soutient la candidature de Wim Duisenberg, et partant une crise européenne susceptible de compromettre le lancement de l'euro. Si certains partenaires comprennent et même partagent l'agacement de Chirac, la surprenante violence de sa réaction est mise sur le compte de son caractère fougueux : car, pense-t-on à Bruxelles comme à Bonn, l'Élysée a dû être consulté comme les autres avant que Lamfalussy ne propose Duisenberg. Mais surtout la logique chiraquienne échappe à tout le monde : s'il s'agit de « donner une leçon » aux banquiers centraux, pourquoi avoir choisi un Trichet qui partage la même philosophie que Duisenberg ? « Jean-Claude Duisenberg ou Wim Trichet, quelle importance », ironise ainsi, en décembre 1997, un haut responsable européen... À Bonn, la volonté chiraquienne d'écarter à tout prix l'homme de La Haye sera prise pour ce qu'elle est : un soubresaut nationaliste doublé d'une superbe indifférence à l'égard de Helmut Kohl, qui doit affronter, le 27 septembre 1998, des élections législatives bien difficiles. Or, pour les analystes allemands, il est clair que tout recul sur la nomination du Néerlandais ne pourra être qu'une défaite personnelle du chancelier.

Le candidat de la France, lui, reste à l'écart de cette agitation politico-médiatique. Jean-Claude Trichet se contente de déclarer officiellement qu'il s'en remet à la « sagesse » du Conseil européen. En privé, il explique à ses pairs qu'il n'a pu refuser la proposition, un citoyen ne pouvant se soustraire à l'appel du président. Un argument que certains de ses collègues ont d'autant plus de mal à accepter qu'ils considèrent le gouverneur comme coresponsable du pétrin dans lequel ils se trouvent. Lorsqu'il est reçu à Matignon fin octobre 1997 par Lionel Jospin, qui lui propose officiellement la candidature, il n'est pas plus disert et accepte sans formuler de réserve. Pas un mot sur les tractations du mois de mai 1996 qui ont abouti au choix de Wim Duisenberg par les banquiers centraux.

Les premières tentatives de compromis

« Immédiatement, j'ai pris la résolution de prendre à bras-le-corps ce nouveau problème pour essayer de le résoudre au plus tard au Conseil européen de Luxembourg, en décembre », se souvient Jean-Claude Juncker, même si, juridiquement, la date limite pour nommer le premier président de la BCE et les autres membres du directoire n'est que le 1er juillet 1998. « J'ai essayé en marge du sommet sur l'emploi (les 20 et 21 novembre 1997), mais les esprits n'étaient pas encore mûrs », ajoute le Premier ministre, qui a déjà joué avec succès le rôle de médiateur entre Chirac et Kohl lors de l'affrontement sur le Pacte de stabilité au Conseil européen de Dublin, en décembre 1996. Les Quinze et la Commission ne veulent surtout pas que la bataille pour la présidence de la BCE pollue le Conseil européen du 2 mai 1998. Afin d'éviter toute turbulence sur les marchés, le suspense doit être éliminé. L'idéal serait donc que tout soit réglé et annoncé avant le lancement de la monnaie unique : le nombre de pays qualifiés, bien sûr, mais aussi la méthode de fixation définitive des parités entre les monnaies participant à l'euro et la composition du directoire de la BCE. Les premières idées de compromis tournent autour d'une scission du mandat de huit ans, Duisenberg laissant sa place en 2002 à Trichet, au moment de l'introduction des pièces et des billets en euros.

Au cours de la tournée des capitales qu'il effectue afin de préparer le sommet de Luxembourg, Jean-Claude Juncker rencontre un Helmut Kohl très pessimiste quant aux chances de trouver si vite un compromis. Pourtant, Chirac se dit prêt à négocier, mais à condition que

Duisenberg ne passe que… deux ans à Francfort. La tentative de Juncker s'enlise, surtout à cause de Tony Blair. Lors du sommet de Luxembourg, les Quinze ont tout simplement manqué de temps : le Britannique y a vainement bataillé pendant une journée pour obtenir un siège à l'Euro-x.

La Grande-Bretagne, qui prend le relais de la présidence de l'Union le 1er janvier 1998, va montrer très peu d'empressement à trouver une solution. Pourtant, le président de la Commission, Jacques Santer, tente de convaincre Blair, lors d'un voyage secret à Londres, de s'engager lui-même en effectuant une tournée des capitales. L'intéressé préfère dépêcher Nigel Wicks, directeur du Trésor britannique et président du Comité monétaire européen[1]. À Paris, sir Nigel reçoit un accueil glacial : ni l'Élysée ni Matignon ne daignent lui accorder un rendez-vous. Il rencontre seulement Jean Lemierre, son homologue, qui n'est pas dans la négociation. Meurtri, Londres n'essaiera plus de proposer ses bons offices. Dans l'entourage de Chirac, on estime qu'« il s'agit d'un problème franco-allemand. On n'a pas besoin d'un Anglais pour faire le *go between* »… « J'ai eu une réunion avec le chancelier de l'Échiquier, Gordon Brown, début janvier », se souvient Yves-Thibault de Silguy, le commissaire chargé de la monnaie unique. « Il a eu l'air très étonné lorsque je lui ai dit : “Attention, c'est casse-gueule. Vous ne pourrez pas décider du lancement de la monnaie unique s'il n'y a pas un pilote dans l'avion. Il ne faut pas attendre le sommet du 2 mai pour régler cette question,

1. Nigel Wicks, le directeur du Trésor britannique, qui présidait le Comité monétaire depuis 1993, a annoncé, au lendemain du sommet du 2 mai 1998, qu'il ne briguerait pas la présidence du CEF. Jean Lemierre, le directeur du Trésor français, a été élu président du Comité en janvier 1999.

sinon ça risque de dégénérer." » Le message n'est manifestement pas passé : Gordon Brown, à plusieurs reprises, explique qu'il n'y a aucune obligation légale d'aboutir avant le 1er juillet 1998… Un accrochage violent a lieu lors d'un Conseil des ministres de l'Économie et des Finances, à Luxembourg, le 21 avril, lorsque le chancelier de l'Échiquier refuse d'aborder la question. Jean-Claude Juncker l'accuse alors de chercher à « saboter » le sommet du 2 mai… Il faut dire que le Premier ministre du grand-duché s'était déjà heurté à la mauvaise volonté britannique un mois plus tôt. Il avait en effet suggéré à Tony Blair de profiter de la Conférence européenne – réunissant les Quinze et les pays candidats à l'adhésion –, à Londres le 12 mars, pour tenter de dégager un compromis. Au 10 Downing Street, on refusa tout net. Toujours à Londres, en marge du sommet Union européenne/Asie – du 2 au 4 avril –, Kohl, Kok et Chirac réussirent, en revanche, à évoquer rapidement le problème. Mais sans progresser pour autant.

Toutefois, depuis le mois de janvier 1998, les acteurs de ce psychodrame ont pris conscience que la scission du mandat est contraire au traité de Maastricht : comme ses successeurs, le premier président de la BCE ne peut être nommé que pour une durée de huit ans. Helmut Kohl lui-même le rappelle avec force, le 10 mars, en jugeant « absurdes les rumeurs » de partage. En outre, comme le souligne le ministre italien des Finances, Carlo Azeglio Ciampi, « la durée du mandat fait aussi la force et l'indépendance de la BCE ». L'imagination ne faisant pas défaut à Bruxelles, une autre solution est esquissée : prévoir une limite d'âge pour les membres du directoire. Si on la fixait à soixante-sept ans, cela obligerait Wim Duisenberg à partir… en 2002. Trichet prendrait alors sa succession pour huit ans. L'idée fait long feu.

Le 30 janvier, le candidat néerlandais a fait monter les enchères en déclarant qu'il a l'intention « de rester à ce poste jusqu'à la fin du mandat » qui est « bien de huit ans »...

Mais il s'agissait là de tactique de négociation. De fait, il a déjà déclaré à plusieurs reprises, en privé et en public, qu'il ne songeait pas à rester jusqu'en 2006. Ainsi, en 1996, juste après sa désignation comme successeur du baron Lamfalussy, il déclare à un journal féministe néerlandais, *Opzij* : « Je ne donne à personne la garantie que je resterai en fonction toute la période. Je promets, bien sûr, que je ne partirai pas au bout de trois mois ou un ou deux ans, mais ma garantie ne va pas au-delà. On doit rester réaliste. On ne doit pas oublier son âge. » Il le répète à Yves-Thibault de Silguy, en mars 1998. Il ajoute même qu'il serait prêt à partir à peu près à mi-mandat et que Wim Kok est d'accord. En réalité, le Premier ministre néerlandais a surtout un problème de présentation : il ne tient pas à ce qu'un compromis apparaisse comme un recul à la veille de ses élections législatives du 6 mai. Un contact direct entre Duisenberg et l'Élysée aurait peut-être permis de trouver rapidement une issue. Mais il n'a pas lieu. Chacun campe donc sur ses positions jusqu'à la veille du sommet du 2 mai. Le 20 avril, dans un entretien accordé au journal *Le Monde*, Lionel Jospin menace même de blackbouler le candidat de La Haye si un compromis ne se dégage pas. « C'était une partie de poker », explique un conseiller de Jacques Chirac : « Veto contre veto, qui a le plus à perdre ? C'est ça qu'on essaie de faire comprendre aux Allemands. »

UN FAUTEUIL POUR DEUX

Mai 1998

Bruxelles, samedi 2 mai 1998, 22 heures. Jacques Chirac fulmine. Le président de la République vient de rater la finale de la Coupe de France, événement sportif qu'il affectionne tout particulièrement. Cela fait maintenant neuf heures que cet impatient est coincé dans les couloirs du Juste Lipse, le siège du Conseil des ministres, immense bâtisse à l'architecture monumentale et oppressante. Pire encore : malgré l'heure tardive, rien ne laisse espérer que ce sommet européen, convoqué afin de désigner les pays qualifiés pour l'euro, va pouvoir s'achever bientôt. Pourtant, tout aurait dû être terminé depuis longtemps. Sous la houlette de Tony Blair, le très médiatique Premier ministre britannique et président en exercice du Conseil européen, les collaborateurs du 10 Downing Street avaient agencé le déroulement du sommet à la minute près : les conférences de presse des chefs d'État et de gouvernement étaient prévues à 17 h 15 afin de permettre aux quinze dirigeants de l'Union de rentrer chez eux aussi vite que possible, bien sûr, mais surtout donner la possibilité à Tony Blair de figurer en bonne place dans les journaux télévisés du soir. Ce n'est d'ailleurs pas la première fois que l'apôtre du New Labour subordonne ainsi la dynamique d'une rencontre européenne aux exigences horaires des rédactions britanniques.

Ce sommet extraordinaire, qui aurait dû être une grand-messe célébrant le lancement de la monnaie unique, a totalement dérapé. À 22 heures, les dirigeants de l'Union, peu soucieux des subtilités médiatiques concoctées à Londres, se trouvent dans une impasse après neuf heures de tractations, de chantages divers et de prises de bec. Alors que la liste des onze pays participants n'est pas discutée, les Quinze ne parviennent pas à résoudre un problème, épineux certes, mais somme toute accessoire : comment partager le mandat de président de la Banque centrale européenne (BCE) entre les deux candidats en lice : Wim Duisenberg, soixante-trois ans, et le Français Jean-Claude Trichet, cinquante-cinq ans ?

Jacques Chirac lance des regards irrités sur la bonne centaine de personnes qui emplissent l'étage névralgique du Conseil des ministres : chefs de gouvernement, ministres, banquiers centraux, diplomates et autres hauts fonctionnaires se mêlent, s'agitent, discutent. Dans le vacarme des sonneries de portables, l'élite politique de l'Union s'entasse dans un couloir sombre et mal aéré, lieu de passage obligé entre les salles de négociation. Personne, malgré l'atmosphère irrespirable, n'ose s'en éloigner trop longtemps, de peur de rater un retournement de situation. Jamais un Conseil européen ne s'est déroulé ainsi : tout le monde se croit autorisé à négocier dans un chassé-croisé d'apartés et de conciliabules où les rumeurs foisonnent et se nourrissent, accroissant le désordre ambiant. Un négociateur allemand ne peut pas accéder aux toilettes car des diplomates les utilisent comme cabine téléphonique improvisée afin de joindre discrètement les journalistes qui attendent dans les étages inférieurs… Certains ont faim, d'autres soif.

Les vins et alcools qui sont enfin servis chauffent encore l'atmosphère. « Une ambiance de bobinard absolument inimaginable », résume un témoin. Tout cela, on le doit, rumine Chirac, à la formidable outrecuidance de « l'amicale des gouverneurs », comme il aime à le dire, qui veulent imposer leur candidat, Wim Duisenberg, comme premier président de la BCE.

« La fin de la démocratie »

L'énervement du président, connu dans le microcosme diplomatique pour ses emportements fréquents et ses coups de gueule, est d'autant plus grand qu'il est sincèrement convaincu d'avoir fait montre, jusqu'ici, d'une grande souplesse. Surmontant son aversion pour des Pays-Bas qu'il a coutume de qualifier de « narco-État », n'a-t-il pas, dans le secret des tractations franco-allemandes préalables au sommet, accepté que Duisenberg soit bien, comme le désirent les autres dirigeants européens, le premier président de la BCE ? En contrepartie, le chancelier allemand Helmut Kohl l'a assuré que l'Allemagne acquiescerait à un départ de Duisenberg à mi-mandat, permettant à Trichet de s'installer à Francfort pour une durée de huit ans aux alentours de 2002. Un Français président de la BCE lors de la phase finale du lancement de l'euro – à savoir la mise en circulation des billets et des pièces prévue pour cette année-là –, ce n'est pas si mal. Cela devrait, en tout cas, permettre de satisfaire aux exigences d'une opinion publique française qui ne tolérerait pas, Chirac en est persuadé, qu'il revienne de Bruxelles bredouille. Les Allemands obtiendraient, en échange de leur compréhension, la présidence de la

Berd (Banque européenne pour la reconstruction et le développement, sise à Londres) pour l'ancien secrétaire d'État aux Finances Horst Köhler.

Hélas, au grand dam du président, le *deal* semble se révéler totalement inopérant. La résistance ne vient pas des autres dirigeants de l'Union, habitués à entériner en grommelant les compromis européens négociés préalablement entre Paris et Bonn. C'est Duisenberg lui-même, informé en début d'après-midi du sort que lui a concocté le couple franco-allemand, qui se crispe sur un refus. Le Néerlandais veut bien accepter de partir avant la fin de son mandat – possibilité qu'il avait lui-même évoquée à plusieurs reprises – mais rejette fermement la demande de la France de lier son départ à une date fixée par écrit. Aux yeux de Duisenberg, une limitation trop précise de la durée de son mandat porterait un coup peut-être fatal à l'indépendance du premier banquier central d'Europe. Car le traité de Maastricht prévoit qu'une fois nommé pour huit ans, le président, comme les cinq autres membres du directoire de la BCE, doit agir sans contrainte politique, avec pour mission primordiale de défendre la stabilité des prix. Pour Duisenberg, accepter que les chefs d'État et de gouvernement lui imposent une date de départ, c'est accepter l'ingérence du pouvoir politique. La pierre angulaire de la construction monétaire européenne serait ainsi mise à bas dès le départ.

Ces états d'âme d'un homme en qui il voit un obscur technicien de l'argent, Chirac n'en a cure. Devant un auditoire de chefs de gouvernement et de ministres grignotant sur le pouce des sandwichs hâtivement préparés par les services du Conseil, le président de la République, comme le raconte Jean-Claude Juncker, donne libre cours à sa colère : « Voilà, messieurs, c'est un événement historique que nous vivons : nous assistons en direct à la fin de la démocratie. Nous sommes passés sous commande des banquiers centraux qui nous dictent leur loi. » Et de s'en prendre à Duisenberg, qui « ne veut pas se retirer à la date que nous voulons » et qui, pour dire les choses clairement, « fout tout en l'air ». Les spectateurs de cette saillie présidentielle tombent des nues. Pour eux, comme d'ailleurs pour la plupart des observateurs, le principal responsable du pandémonium qu'est devenu ce sommet européen n'est autre que Chirac : lui seul s'entête à refuser un plein mandat au Néerlandais que tous les autres dirigeants seraient prêts à accepter pour huit ans. En outre, chacun sait combien l'acharnement du président français met en difficulté Helmut Kohl, son plus proche partenaire. Confronté à des sondages désastreux à moins de cinq mois des élections législatives, le chancelier, aux yeux de son opinion publique, doit tout faire pour défendre le prestige de la BCE, garante que l'euro sera aussi fort que le mark. En Allemagne, nul ne conteste qu'une indépendance maximale de la BCE, sise à Francfort, est l'ultime et seule réelle défense contre cette tentation de laxisme fiscal et monétaire qui habite secrètement – la plupart des Allemands en sont convaincus – l'inconscient collectif de l'Europe latine.

Parmi les participants du sommet, chacun redoute que la gabegie qui règne au huitième étage du Conseil, et dont les quelque deux mille correspondants de la presse mondiale commencent à soupçonner l'ampleur, n'obscurcisse la portée d'un Conseil européen qui, dans l'histoire de l'Union, est, en réalité, l'un des instants les plus solennels. Après une décennie d'âpres discussions, de crises monétaires, de défiance des opinions publiques et de violents débats politiques, onze pays d'Europe s'apprêtent à se lancer dans une aventure qui changera la face monétaire et politique du continent et sans doute du monde. Que l'euro réussisse, et c'est la porte ouverte à l'émergence d'une vraie puissance européenne. Que l'euro échoue, et c'est toute la construction européenne qui est en péril, préparant peut-être le terrain d'un nationalisme dont le président François Mitterrand disait, en janvier 1995, qu'il était synonyme de guerre. De tout cela, les hommes politiques et d'État réunis dans l'enceinte du Juste Lipse sont parfaitement conscients. Ils savent que le spectacle de leurs divisions va ternir l'éclat d'une journée qui représente pourtant le triomphe de leur volonté collective sur le scepticisme et l'hostilité qui ont accompagné, dans la plupart des pays européens, leur projet d'union monétaire.

Rien n'y fait. Il faudra aux quinze chefs d'État et de gouvernement douze heures de négociations pour se mettre d'accord sur un compromis qui, tout en sauvant un peu mieux les apparences, reste très proche de ce que l'Élysée et le Bundeskanzleramt avaient négocié lors de la préparation du sommet… La tâche essentielle des Quinze en cette journée du 2 mai, le choix définitif des monnaies qui fusionneront dans l'euro, sera expédiée en vingt minutes, aux alentours de 23 h 50. Les médias refléteront largement le caractère acrimonieux d'un sommet au cours duquel tous les soupçons, toutes les peurs et tous les malentendus rencontrés au cours de dix ans de construction monétaire européenne se seront donné libre cours.

Des ministres des Finances émus

Pourtant, le vendredi soir 1er mai, tout commence très bien. À 18 h 30, les quinze ministres de l'Économie et des Finances se réunissent durant un peu plus d'une heure afin d'émettre leur avis sur la recommandation de la Commission d'inclure onze pays dans la zone euro : l'Allemagne, la France, le Benelux, l'Italie, l'Autriche, l'Irlande, l'Espagne, le Portugal et la Finlande. Conscients de la portée de l'événement, les grands argentiers européens oublient les tensions passées et parviennent à trouver les mots justes, se félicitant mutuellement de l'effort accompli. Cette belle harmonie règne d'autant plus facilement que tout a été orchestré pour éviter d'aborder le vrai sujet sensible du moment, la présidence de la BCE. Usant de son excellent contact avec Jean-Claude Juncker, Kohl a préparé le terrain afin d'éviter la discussion de ce problème qui eût fait ressortir l'isolement de la France à un moment inopportun.

Le danger est bien réel : en effet, Maastricht prévoit que le choix du président de la BCE appartient au Conseil européen, mais sur recommandation des ministres des Finances. Ceux-ci n'étant pas tenus à l'unanimité requise des chefs, un vote sur les deux candidats en lice aurait dégagé une majorité claire en faveur de Duisenberg. Chirac n'aurait, alors, pas eu d'autre choix que d'opposer son veto. Le beau compromis élaboré entre l'Élysée et la chancellerie se serait effondré dès la veille du sommet ! Pour museler l'impétueux grand argentier néerlandais Gerrit Zalm, qui rêvait de mettre le sujet Duisenberg sur la table pour en découdre avec ces Français arrogants, Kohl et Juncker téléphonent à son

Premier ministre, Wim Kok, qui le fera taire. Gordon Brown, chancelier de l'Échiquier britannique et président en exercice du Conseil des ministres, s'assura même, avant d'ouvrir la réunion, que Zalm avait bien compris le message.

Dès lors, tout se passe sans anicroche. Theo Waigel approuve « avec fierté » la liste des onze, même s'il a longtemps combattu la présence italienne. Zalm, adversaire résolu de l'adhésion de l'Italie, reconnaît, en italien, sa défaite : « Je veux particulièrement adresser mes félicitations à notre collègue Carlo Azeglio Ciampi. La presse italienne m'a affublé de nombreux surnoms : le perfide, le faucon. Mais il en est un dont je suis fier, *"Il duro"*. Je suis heureux de transmettre ce surnom à Ciampi, qui le mérite sans doute encore plus que moi. » Avec une émotion visible, le ministre italien prend la parole : « Je suis plus âgé que la plupart d'entre vous. Je mesure peut-être mieux que beaucoup d'entre nous ce que nous accomplissons ce week-end, qui nous dépasse tous. » Puis, voulant rassurer ses partenaires sur la fiabilité de son pays, longtemps symbole de laisser-aller fiscal et monétaire : « L'Italie s'est durablement engagée sur la voie de la convergence, le peuple soutient cet effort. Je pense que nous réussirons. » De son côté, le Français Dominique Strauss-Kahn souligne que « ceci n'est pas la fin d'une histoire, c'est le début d'une aventure. Je crois que, ce soir, la chose qu'il faut nous souhaiter, c'est bonne chance ». Selon des participants à la réunion, le mot « historique » sera prononcé quatorze fois en tout.

Un déjeuner qui s'éternise

C'est le lendemain, samedi 2 mai, que les choses se gâtent. Vers midi, Helmut Kohl, Tony Blair, Wim Kok, Jacques Chirac et Lionel Jospin – cohabitation oblige – se retrouvent dans une petite salle. Cette réunion en petit comité a été proposée par le Premier ministre britannique afin de mettre au point les détails du compromis final. Averti la veille, Kohl a déconseillé la méthode : c'était prendre le risque de faire attendre les autres chefs de gouvernement, ce qui n'est jamais très bon. Blair décide de passer outre à cet avis d'un homme qui participe aux Conseils européens depuis 1982. En fait, cette « quadrilatérale » aurait même dû être précédée d'une rencontre Blair-Chirac puis Blair-Kohl. Mais le Premier ministre britannique étant arrivé en retard ces deux réunions préparatoires sont annulées *in extremis*.

Le sommet proprement dit débute à 13 heures avec trois déjeuners simultanés. Le premier réunit les chefs de gouvernement et d'État, le deuxième les ministres des Finances et le troisième les membres des délégations à raison de deux *seniors officials* par gouvernement. C'est au cours de ce dernier repas que les conseillers venus de Paris vont se rendre compte d'une situation inquiétante. Dietrich von Kyaw, le représentant permanent de l'Allemagne auprès de l'Union, explique à ses compagnons de table que si Kohl n'obtient pas la nomination de Duisenberg pour huit ans, l'effet sur l'opinion publique allemande et sur la campagne électorale du chancelier pourrait bien être désastreux. Sur ce point, explique l'ambassadeur, Kohl ne pourra sans doute pas céder.

À l'écoute de cette analyse, Jean Lemierre, directeur français du Trésor, s'inquiète. Si ce diplomate de haut vol n'est pas informé du fait que le Néerlandais n'accomplira pas un mandat complet, il y a de bonnes chances pour que son ministre des Affaires étrangères, Klaus Kinkel, ne le soit pas non plus. Il semblerait donc que Kohl ait négocié avec l'Élysée sans même informer celui qui est aussi son vice-chancelier et surtout le plus important membre du petit parti libéral (FDP) au sein de la coalition. Kinkel, il est vrai, est souvent traité en quantité négligeable par un chancelier qui mène sa politique européenne comme bon lui semble. Mais tout de même... Peu après 14 heures, les hauts fonctionnaires réunis autour de la table voient se profiler dans l'embrasure de la porte le crâne massif du chancelier Kohl à la recherche de la salle à manger où sont réunis les « chefs ». Kohl, dont l'humeur se lit immédiatement sur le visage, avait « sa tête des mauvais jours », se souvient l'un des participants.

Pendant que les conseillers font honneur à leur déjeuner, l'ambiance dans la salle où sont réunis les patrons de la politique européenne est en train de tourner au vinaigre. Comme prévu, tous les chefs d'État et de gouvernement se sont retrouvés à 13 heures pour entamer les agapes de cette journée historique. Enfin, presque tous. Car la « quadrilatérale » convoquée par Blair s'éternise. Personne, dans la salle à manger des chefs, n'est encore au courant dc ce qu'ont concocté Paris et Bonn, hormis Jean-Claude Juncker, grand accoucheur de compromis et confident du chancelier allemand. Or plus l'absence des cinq chefs d'État et de gouvernement s'éternise, plus leurs collègues s'impatientent. On ne traite pas des Premiers ministres comme n'importe quel fonctionnaire. L'Italien Romano Prodi, seul représentant d'un « grand » pays à ne pas être dans la confidence, ne cache pas son agacement croissant d'être ainsi marginalisé.

Ce qu'ils ignorent également, c'est que le joli scénario arrêté entre Paris, Bonn, La Haye et Londres dans les dernières quarante-huit heures est déjà en train de déraper. Kohl, Chirac, Kok et Blair s'étaient mis d'accord pour que le Britannique ouvre le déjeuner en proposant la nomination de Duisenberg pour huit ans, suivie de celle d'un Français pour la même durée. Soit seize ans de stabilité à la tête de la BCE. Blair devait alors jouer une petite comédie : l'accord des chefs acquis, il se serait levé pour en informer officiellement le Néerlandais. Il serait revenu quelques instants plus tard pour leur apprendre que, tout en acceptant sa nomination, celui-ci souhaitait ne pas aller jusqu'au bout de son mandat et se contenterait d'en effectuer la moitié. Et hop ! le tour était joué et l'affaire emballée en moins d'une heure.

Or, il avait été entendu que Tony Blair se chargerait d'avertir les autres Premiers ministres de cette mise en scène, et ce dès avant le sommet, afin de ne pas leur donner le sentiment d'avoir été mis devant le fait accompli. Blair n'en a rien fait, contribuant à tendre l'ambiance. Mais, surtout, le Premier ministre britannique a commis une erreur certes compréhensible, mais lourde de conséquences, en ne s'assurant pas que le compromis agréé entre Bonn et Paris était fixé dans ses moindres détails. Or, quand Blair présente à Chirac, Kohl et Kok un texte écrit censé refléter ce qui avait été arrêté entre l'Élysée et la chancellerie, les Français se rebiffent. « On nous a proposé un texte étonnant, raconte un proche de Jacques Chirac. Il était dit que les chefs d'État et de gouvernement demandent à M. Duisenberg de rester jusqu'à la mise en circulation des pièces et des billets en euro. Là, il y a eu divergence : nous voulions que le texte précise qu'il parte "au plus tard" à ce moment-là, alors qu'il affirmait que Wim Duisenberg resterait "au moins" jusqu'en 2002. » Chirac refuse la formule proposée et le conflit qui va envenimer le sommet pendant douze heures se dessine. Comment fixer par écrit l'engagement politique du Néerlandais de libérer son poste prématurément, sans lui imposer de date écrite claire et précise, avec le risque que l'on viole ainsi le traité de Maastricht ? Devant l'insistance de Chirac, Kohl et Kok choisissent de s'incliner et acceptent que l'on précise que Duisenberg quittera la Banque centrale « au plus tard » en 2002.

Attendant depuis plus d'une demi-heure leurs collègues et leur déjeuner dans une triste salle de réunion transformée, pour l'occasion, en salle à manger, certains chefs de gouvernement s'impatientent. Jean-Luc Dehaene, le Premier ministre belge connu pour son franc-parler, se fâche : « Écoutez, tout cela commence à m'emmerder. On va tous aller à deux pas d'ici, à la rue des Bouchers, où je connais un très bon restaurant », lance-t-il. Finalement, les chefs de gouvernement décident de passer à table sans plus attendre. « Moi, ça ne m'intéresse pas que ces types ne soient pas là, j'ai faim et je veux manger », insiste le même Dehaene. Les services du Conseil obtempèrent, mais un nouvel incident fait scandale. Sous l'œil sidéré des chefs d'État et de gouvernement, trois cameramen pénètrent dans la salle vers 14 h 15. Du jamais vu. Juncker se fâche : « Soit les caméras sortent, soit je sors. » Celui-ci se levant déjà pour partir, le secrétaire général du Conseil des ministres, l'Allemand Jürgen Trumpf, fait sortir les intrus à la hâte. Le responsable, ce n'est pas ce discret diplomate allemand, mais bien la présidence britannique poussée par l'obsession médiatique de Tony Blair. Selon un participant, le Premier ministre britannique eut l'air étonné de ne pas trouver les caméras lorsqu'il rejoignit enfin le déjeuner. Quelques instants plus tôt, le chancelier Kohl, après être entré par erreur dans la salle à manger des conseillers, rejoint son siège. Il affiche son agacement, et n'adresse la parole à aucun de ses collègues, se contentant de donner au passage une claque amicale dans le dos de Juncker.

Blair dépassé

Face à une assistance plutôt hostile mais soulagée de le voir enfin, Blair prend la parole et entame la mise en scène convenue entre les quatre avant le sommet. Il propose que Duisenberg soit nommé pour huit ans, et qu'un Français lui succède pour la même période. Ayant reçu l'assentiment de ses collègues, Blair quitte la salle pour annoncer sa nomination au Néerlandais. Le soulagement des chefs est visible. Le chancelier autrichien, Viktor Klima, interpelle Kohl : « Ça a duré, mais au moins ça a servi à quelque chose. On est donc tous d'accord pour que Duisenberg soit nommé pour huit ans. Vous auriez pu faire ça avant le Conseil européen. »

Incrédule, le chancelier allemand découvre le pot aux roses : Blair a omis de mettre au courant les autres de la manœuvre. Choqué, Kohl se tourne vers Juncker, qui confirme. D'un commun accord, les deux hommes se lèvent alors pour expliquer individuellement la situation à chacun de leurs homologues. « Voilà, Blair va revenir et probablement annoncer que Duisenberg n'accomplira pas la totalité de son mandat. » Devant ce nouveau retournement de situation, les chefs ne cachent pas leur colère. Kohl, vieux routard de l'Europe, sent que l'on va droit au clash ouvert. Il commence alors à raconter des anecdotes, comme il en a l'habitude dans des situations de crise. « Des trucs qu'on a déjà entendus dix-sept fois sur Chirac et Thatcher », raconte un participant, mais qui ont au moins le mérite d'empêcher des prises de parole plus hostiles. Bonhomme, le chancelier demande à chacun ce qu'il faisait le jour de la signature du traité de Rome, le 25 mars 1957, et propose un toast aux pères fondateurs de l'Europe, en espérant que les dirigeants européens en 2038 oseront, eux aussi, boire à la santé des chefs de gouvernement de 1998 : « Nous avons lancé l'euro puisque, paraît-il, nous sommes là pour le faire… » Enfin, après une heure et demie d'absence, Tony Blair revient. Mais le message qu'il apporte à ses pairs n'est pas celui qu'ils attendaient. Il y a un problème avec Duisenberg, dit le Britannique : « Je dois le rencontrer maintenant parce que je ne parviens pas à me mettre d'accord avec lui. » Sans plus d'explications, Blair quitte la salle, affichant une désinvolture qui agace encore un peu plus ses partenaires.

Pendant que les chefs désœuvrés réclament des bières, du vin et des alcools pour passer le temps, Blair bute sur l'intransigeance d'un Duisenberg qui refuse de se voir imposer une date précise de démission. Enchaînant les réunions à deux ou trois – appelés dans le jargon des sommets, des « confessionnaux » – le Premier ministre britannique, soutenu par le chancelier allemand, cherche désespérément une solution qui puisse satisfaire Duisenberg comme Chirac. Juncker, appelé en renfort par Blair et Kohl, propose au Néerlandais que soit introduite dans le règlement de la BCE une limite d'âge de soixante-sept ans, ce qui amènerait Duisenberg à prendre sa retraite en juillet 2002 (il est né le 9 juillet 1935). Chirac, après réflexion, accepte, prolongeant ainsi le mandat de Duisenberg de six mois, ce qu'il avait refusé en début d'après-midi. L'intéressé se braque : « Une date est une date et je n'accepte pas de date. » Retour à la case départ. La valse des « bilatérales » reprend. Dans la salle où sont toujours parqués les autres chefs de gouvernement, l'énervement ne diminue pas. Dehaene propose même que l'on convoque une réunion des onze pays qualifiés pour l'euro afin de régler le problème sans la présidence britannique. C'eût été un affront sans précédent, mais « on était sur le point de le faire », jure l'un des participants.

Car Tony Blair semble manifestement dépassé par les événements. Au lieu de convoquer une session formelle du Conseil européen et d'exposer le problème à tous, il s'évertue à résoudre le problème en « bilatérales ». Erreur tactique puisqu'une session à quinze eût révélé à Chirac l'étendue de son isolement. En outre, une session formelle aurait eu le mérite de forcer les chefs d'État à régler le problème entre eux, sans l'interférence d'une noria de conseillers. Ceux de l'Élysée, en particulier, enjoignaient à Chirac de ne pas « céder » et d'exiger une date à tout prix.

Kohl en difficulté

Vers 17 heures, alors que les tractations battent leur plein, les banquiers centraux de l'Union débarquent au Conseil. L'idée de les réunir avait été suggérée par Yves-Thibault de Silguy, le commissaire européen chargé de la monnaie unique : « Je pensais que le moment important serait celui de la fixation irrévocable des parités monétaires par les ministres des Finances[1], qui devaient se réunir à l'issue du Conseil européen, vers 17 heures-17 h 30. Je voulais que les gouverneurs soient présents pour apporter leur caution à la décision des ministres et signifier ainsi aux marchés qu'il s'agissait de bons taux. » Seulement voilà : à leur arrivée, ils découvrent la manœuvre en préparation. Hans Tietmeyer, le patron de la Bundesbank, s'émeut. Pour lui, la date de départ que la France veut imposer à Duisenberg est une violation du traité de Maastricht, qui prévoit que l'indépendance de la Banque centrale est absolue et s'étend à ses membres : en particulier, une fois nommés, ces derniers ne peuvent en aucun cas être démis de leurs fonctions par le pouvoir politique. En outre, la durée même du mandat est un élément de cette indépendance. Or l'obligation de devoir partir à une date précise, antérieure au terme normal du mandat, n'est-elle pas une atteinte à ce principe ?

Tietmeyer sait qu'un tel compromis court le risque de se retrouver devant le Tribunal constitutionnel de Karlsruhe. En 1993 les juges n'ont validé le traité que difficilement, en insistant sur le respect de l'esprit et de la lettre du texte. Tietmeyer, outré, renforce Duisenberg dans son refus. Il prend à part les autres membres de la délégation allemande : Kinkel, bien sûr, mais surtout Theo Waigel, le patron de la CSU bavaroise et partenaire de la CDU.

1. Le Conseil des ministres de l'Économie et des Finances du 2 mai 1998 a décidé que les parités des monnaies entre elles, qui sont fixes et définitives depuis le 1er janvier 1999, sont les cours pivots des monnaies participant au mécanisme de change du Système monétaire européen (SME). Ainsi, par exemple, ils ont décidé que 100 marks vaudraient définitivement 335,386 francs français. L'ensemble de ces parités bilatérales (le cours d'une monnaie se définit par rapport aux autres monnaies) permet de déterminer la valeur de l'euro en monnaie nationale.

La rigidité de la position de Tietmeyer les impressionne. On entend même le président de la Bundesbank menacer de retourner à Francfort si l'Allemagne ne soutient pas Duisenberg. C'est proféré sur un ton sarcastique, mais cela renforce le sentiment de crise. Pour Kohl, refuser la date, c'est revenir sur une concession déjà accordée au président français en début d'après-midi. Rien n'y fait. Tietmeyer exige ce sacrifice.

Aux alentours de 18 heures, on passe d'un problème franco-Duisenberg à un casse-tête germano-allemand. Jürgen Stark est le premier à monter au créneau. Il explique la situation au chancelier allemand. Kohl refuse de bouger : « Stark s'est fait renvoyer dans ses buts », raconte un observateur. Alors s'engage dans la délégation allemande un conflit d'une rare violence : « Stark, un quart d'heure plus tard, est revenu avec Kinkel, Waigel et Tietmeyer. Ils ont pris Kohl dans un couloir et il en est ressorti vert. » Fait presque sans précédent, le chancelier craque sous la pression combinée de ses partenaires de coalition et du patron de la Bundesbank. En effet, si Tietmeyer se distanciait publiquement du résultat du sommet de Bruxelles, l'effet sur l'opinion allemande serait catastrophique, à quelques mois des élections législatives du 27 septembre. Déjà, on rapporte que les premiers journaux télévisés en Allemagne se montrent très négatifs sur les tractations des Quinze.

Quand Tony Blair convoque une nouvelle réunion entre Chirac, Kohl et Dominique Strauss-Kahn – qui remplace Lionel Jospin, parti pour la Nouvelle-Calédonie vers 20 h 30 –, le chancelier allemand, totalement abattu, refuse en bloc tout compromis. Duisenberg, dit-il, doit être nommé pour huit ans : si le gouvernement de Bonn accepte une autre possibilité, explique-t-il, il est certain de perdre les élections. Pour le chancelier, l'humiliation est douloureuse. Ce fin politique a fait l'une de ses rares erreurs de calcul, d'autant plus cuisante que ses partenaires européens en ont été témoins. Jacques Chirac, de son côté, se sent trahi. Il arrive avec un accord des Allemands en poche et ceux-ci retournent leur veste. Plus question, maintenant, de lâcher. Insensible à l'abattement du chancelier, un homme qui lui a pourtant apporté son soutien dans des situations difficiles, le président de la République refuse de faire un geste. Malgré l'insistance de Blair, qui demande aux deux hommes de faire un effort, Chirac, vers 22 heures, lâche, excédé : « Écoute, Helmut, il est l'heure d'aller dîner. Alors vraiment, si tu ne peux pas, prenons un troisième homme. » Chirac sait que, en tout état de cause, il sera gagnant, puisque, en torpillant la nomination de Duisenberg, il pourra se prévaloir d'avoir résisté aux gouverneurs. Ainsi, quand on lui rapporte, en début de soirée, que le président de la Bundesbank refuse le compromis en discussion, il s'emporte : « Quelle est la circonscription de M. Tietmeyer ? À ce qu'il paraît, il y a aussi M. Trichet dans le bâtiment. Je ne l'ai pas vu et je ne lui ai pas parlé. C'est moi qui décide, pas M. Trichet. Pourquoi me parlez-vous de ce M. Tietmeyer qui n'est pas membre du Conseil européen ? »

L'idée d'un « troisième homme » a circulé à plusieurs reprises. Les noms de Philippe Maystadt, ou encore de la présidente de la banque centrale finlandaise, Sirkka Hämäläinen, seront cités. Mais, en dépit de leurs qualités, ces deux personnalités apparaissent moins incontestables que le couple Duisenberg-Trichet. Tietmeyer, le patron de la Bundesbank, serait aussi un candidat à la crédibilité au-dessus de tout soupçon. D'ailleurs, les Italiens lui proposeront la présidence à plusieurs reprises. Dans la soirée du 2 mai, Ciampi vient une nouvelle fois trouver Tietmeyer pour la lui offrir. Il refuse tout net en faisant valoir son âge et sa nationalité : « Ce serait une bêtise : déjà que la Banque est à Francfort, on ne peut pas nommer en plus un Allemand... »

Helmut Kohl apprend une nouvelle qui le revigore un peu : l'équipe de football de sa circonscription, le F.C. Kaiserslautern, vient de remporter le championnat d'Allemagne. Il demande à ses conseillers de lui préparer un petit laïus sur cette victoire. Vers 22 h 30, dans le couloir reliant les salles de réunion, Chirac prend Kok à partie. « Alors, Wim, ça suffit. J'ai dit vingt-cinq fois quel était mon minimum, j'ai fait de gros efforts. J'admets que tu ne sois pas d'accord. Alors, on prend un troisième homme, mais vite... » Kok est manifestement embarrassé. On s'achemine doucement vers l'échec, chacun campant sur ses positions. Jacques Chirac et Helmut Kohl se préparent à regagner leurs capitales respectives : l'euro sera lancé et on remettra à plus tard la nomination du président de la BCE. Un scénario catastrophe. Chacun craint les réactions négatives des opinions publiques et des marchés financiers devant un tel échec. Après tout, l'incapacité des Quinze à prendre une décision somme toute mineure n'augure-t-elle pas désastreusement de leur impréparation à accepter les contraintes de l'euro ? Les monnaies européennes pourraient être sérieusement secouées.

Le dénouement

C'est alors que le commissaire Yves-Thibault de Silguy, un gaulliste que Chirac connaît bien, prend une initiative qui a peut-être sauvé le sommet. Réalisant que Duisenberg n'a jamais rencontré le président français, il propose aux deux hommes une entrevue en tête à tête. Le commissaire vante auprès de Chirac les qualités de Duisenberg, francophone et francophile, propriétaire d'une maison dans la Drôme, bon vivant... Duisenberg, dit Silguy, n'a vraiment pas l'intention d'aller jusqu'au bout de son mandat, ce qu'il a du reste confirmé à plusieurs reprises. Pourquoi ne pas lui parler directement ? Chirac accepte de le rencontrer. Vers 23 h 30, les deux hommes se mettent d'accord sur une formule suggérée par la Commission, et qui doit permettre de respecter la lettre du traité. L'idée, c'est que Duisenberg fasse une déclaration orale devant le Conseil des chefs d'État et de gouvernement dans laquelle il annoncerait son intention de se retirer avant la fin du mandat de huit ans. Le président, de son côté, renonce à ce qu'une date figure en toutes lettres dans le communiqué final. La forme juridique sera sauve. Le compromis est soumis à Kohl, puis à Blair. Le chancelier allemand, après un temps d'hésitation, accepte, malgré la formule boiteuse. Pendant ce temps, l'entourage de Chirac s'affaire pour que « l'engagement oral » de Duisenberg soit bien consigné dans les conclusions écrites du sommet. Il est convenu que la nomination de Horst Köhler à la tête de la Berd ne sera annoncée que plus tard afin qu'elle n'apparaisse pas comme le prix du sang[1].

À 23 h 50, après la traditionnelle photo de famille, qui aurait dû être prise en début d'après-midi, le Conseil se réunit enfin en session formelle dans la grande salle prévue à cet effet. Tony Blair ouvre la séance : « Nous voici en réunion pour prendre une décision sur la Banque centrale européenne. M. Duisenberg est nommé pour huit ans. Son successeur sera un Français pour

1. Le 19 mai suivant, ce sera chose faite.

huit ans. M. Duisenberg nous a indiqué qu'il n'a pas l'intention d'exercer tout son mandat. Comme cela a pris beaucoup trop de temps aujourd'hui, il est vraiment important que nous l'écoutions lui-même. » Celui-ci lit, alors, une courte déclaration étonnamment alambiquée qu'il a rédigée lui-même en anglais, et que les Quinze découvrent pendant qu'il la prononce : « Je voudrais vous remercier de l'honneur que vous me faites en me nommant président de la BCE en ce moment historique. J'ai expliqué au président du Conseil européen que, en raison de mon âge, je n'irai pas jusqu'au terme de mon mandat. Mais il est dans mon intention de rester au moins jusqu'à l'introduction des billets et des pièces en euros, et de la mise hors circulation des billets et pièces nationaux, en accord avec les dispositions de Madrid [sommet européen de décembre 1995 qui fixe les modalités de passage à l'euro, n.d.a.]. Je voudrais insister sur le fait qu'il s'agit là de ma décision et de ma seule décision, prise entièrement par ma seule et libre volonté, ma volonté seule et sans pression aucune de qui que ce soit, que j'ai décidé de ne pas aller jusqu'au terme de mon mandat. En outre, ma future décision de démissionner sera ma décision seule. Cela doit être clairement compris. » Kohl racontera plus tard qu'il a vu Duisenberg s'asseoir et écrire cette déclaration : « Personne ne lui a tenu la main. » Soulagé, le parterre des dirigeants applaudit. Les onze chefs de gouvernement qui n'ont fait que de la figuration durant cette longue journée ravalent leur frustration. Ainsi va l'Europe, ballottée par les humeurs du couple franco-allemand.

Chirac prend alors la parole. « Je comprends qu'il est nécessaire, bien que ce ne soit pas mon souhait, que je m'exprime une seconde à ce stade. Je veux simplement rappeler que, aux yeux de la France, Jean-Claude

Trichet était dès à présent un excellent candidat pour la présidence de la Banque centrale européenne, et bien entendu, ce sera encore plus vrai lorsque Wim Duisenberg, qui a tout notre appui et tout notre soutien, se retirera. » Ainsi, le nom de Trichet figurera dans les conclusions du Conseil. Épuisés, les Quinze procèdent au lancement de l'euro, qui sera expédié en quelques minutes. Comme prévu, onze pays reçoivent le feu vert. En tout, la session formelle du Conseil ne dure qu'une demi-heure. L'événement extraordinaire que représente cette réunion a été gâché par une querelle somme toute picrocholine, dont peu sortent grandis.

Chirac qui rit, Kohl qui pleure

Les Quinze vont constater l'ampleur du désastre politico-médiatique que constitue le dérapage du sommet lors des conférences de presse qui clôturent traditionnellement ces rencontres. Les journalistes, eux aussi, sont tendus et fatigués, l'ambiance est agressive. Vers 0 h 40, Chirac prend la parole : « Je ne vous dirai pas que cela a été facile, vous ne me croiriez pas », admet-il d'emblée. Mais lorsqu'il explique, le plus sérieusement du monde, que Duisenberg a renoncé à effectuer « pour des raisons personnelles » son mandat jusqu'à son terme, la salle éclate de rire. « On ne rit pas », lance le président sur un ton un rien goguenard. Presque au même instant, les rires fusent dans la salle où se tient la conférence de presse du chancelier Kohl, qui, lui aussi, se débat avec ce laborieux compromis. Chirac et Kohl tentent de se justifier, chacun dans son registre. Le président français étale son plaisir d'avoir obtenu, pour la France, la vice-présidence de la BCE, en la personne de Christian Noyer[1], et « trois ans et demi après un Français comme président » (il manque, en fait, une année pour que le compte soit juste) : « cela me rend gai ». Pour le président gaulliste, il s'agit de défendre les « intérêts » de la France au sein de la BCE, « compte tenu de son importance économique et financière ».

Encore une fois, Chirac ignore l'esprit et la logique du traité de Maastricht, qui impose justement aux dirigeants de la BCE d'avoir pour seul objectif l'intérêt de la zone euro tout entière et non celui de leur pays d'origine… La presse internationale n'attend que ce genre de déclarations pour pourfendre la politique française, mais Strauss-Kahn, soucieux de rectifier le tir, passe un petit mot au président. Chirac reprend : « Je voudrais noter une réflexion que le ministre français de l'Économie et des Finances me fait à juste titre […] : de toute façon, le Français n'est pas là pour défendre les intérêts français dans la BCE, mais pour gérer la monnaie… » Un second petit mot, rédigé par le conseiller de Strauss-Kahn, Arnaud Chneiweiss, ne parviendra pas jusqu'au président : « C'est une conférence de presse trop nationale, cela ne passe pas bien ici. Il faut parler des intérêts de l'Europe (l'Europe est de retour, l'euro se fait). Sur la BCE : totale indépendance garantie pour longtemps. » Réponse écrite de DSK : « Si je lui passe encore un mot, ou bien il s'énerve, ou bien il n'est plus *unabhangig*, c'est-à-dire indépendant[2]. »

1. Après son départ de Francfort, en 2002, il succédera à Jean-Claude Trichet comme gouverneur de la Banque de France de 2003 à 2015.
2. *Le Canard enchaîné* daté du 6 mai 1998.

Dans la salle voisine, Helmut Kohl, fatigué, ne dissimule pas sa lassitude. « Ce fut une dure lutte et l'une de mes heures les plus difficiles… Il m'est arrivé plusieurs fois aujourd'hui de dire à mes collègues : mais pourquoi suis-je fou au point de continuer à faire tout cela ? » Cachant à peine son irritation envers Chirac, le chancelier évoque « les nombreuses discussions. Parmi celles-ci, il y en a eu dont on aurait pu se passer. Des considérations de prestige sont venues se mêler au débat ». Pour le chancelier, la question du départ de Wim Duisenberg se résume ainsi : « Nous avons eu une lutte acharnée, qui a duré plusieurs heures, autour de la question essentielle, à savoir comment préserver l'indépendance de la BCE. » Il admet que les débats ont parfois été « critiques » : « la tension est devenue presque insoutenable ». Durement questionné par les journalistes sur son incapacité à imposer Duisenberg pour huit ans, Kohl s'exclame : « Mais je n'ai pas eu le choix ! la politique, c'est l'art du possible. Vu les circonstances, ceci était la meilleure solution… Si on n'en avait pas trouvé, auriez-vous écrit "C'est un grand jour pour l'Europe" ? Comment les marchés auraient-ils réagi ? » Et de lancer : « Quel que soit ce dont nous discutons maintenant, avec la journée d'aujourd'hui, l'euro devient la monnaie de l'Europe. J'aurais voulu que cela soit décidé avec plus d'allégresse et pas avec le genre de procédure trop souvent employée en Europe. » Du conflit au sein de la délégation allemande, bien sûr, pas un mot.

Gueule de bois d'après-sommet

Malentendu, méfiance, impréparation : on comprend mieux, dès lors, pourquoi le sommet a tourné au grand-guignol. Si la présidence britannique avait bien fait son travail de conciliation en amont, le compromis finalement trouvé pour partager la présidence, et qui était en germe depuis de longs mois, aurait été mieux accueilli. Au lieu de cela, la grande fête de l'euro tombe à l'eau. La presse internationale se déchaîne dès le lendemain contre les Quinze. Kohl et Chirac sont sévèrement critiqués. « S'il y avait un hit-parade du plus mauvais homme politique, Jacques Chirac serait premier », juge le journal populaire *Bild am Sonntag* du 3 mai.

« Au final, le Bulldozer [surnom de Chirac, n.d.a.] laisse derrière lui un tas de débris », renchérit l'agence de presse DPA. « Chirac a réussi à entamer la crédibilité du premier président de la Banque centrale. Il a imposé la vision française selon laquelle la BCE est une institution politique. » « Kohl était parti à Bruxelles avec la ferme intention de voir Duisenberg remplir tout son mandat. Il en est revenu avec un mandat amputé de moitié », déplore le quotidien conservateur *Frankfurter Allgemeine Zeitung*. Tandis que le *Börsen-Zeitung*, quotidien des milieux financiers, qualifie la solution de « compromis pourri ». Klaus-Dieter Kühbacher, membre du Conseil central de la Bundesbank, estime qu'en désignant par avance le successeur de Wim Duisenberg, les chefs d'État et de gouvernement ont commis « une infraction au traité de Maastricht ». La presse anglo-saxonne se gausse, évidemment, de ce faux pas. « L'accord sur la banque compromet le lancement historique de l'euro », titre l'*International Herald Tribune.* « L'Europe lance une nouvelle monnaie mais la bataille du sommet assombrit l'événement », estime pour sa part le *Wall Street Journal.* Quant au *Financial Times*, il parle de « minable compromis » dont la responsabilité revient au président français.

La presse française, elle, se montre globalement indulgente. Ainsi, *Le Monde* qualifie l'affrontement de Bruxelles d'« anecdote ». *Libération*, en revanche, est particulièrement sévère, à l'image de la presse internationale : « Fallait-il humilier Wim Duisenberg en le contraignant, dans le plus pur style des procès de Moscou, à "avouer" qu'il ne s'estimait capable, finalement, que d'effectuer un demi-mandat à la présidence de la BCE ? » s'interroge le journal. « Fallait-il porter un tel coup à l'alliance franco-allemande en donnant objectivement des munitions aussi dangereuses à tous les eurosceptiques allemands ainsi qu'à l'adversaire principal de Helmut Kohl, le social-démocrate Gerhard Schröder ? » Lequel ne manque pas l'occasion d'enfoncer le chancelier : « Cela me fait un peu mal au ventre de constater qu'on a opéré en dehors du traité », déclare-t-il le lundi 4 mai, à Rome. « Ce n'est sûrement pas bon pour la crédibilité de la nouvelle monnaie. » Rudolf Scharping, chef du groupe social-démocrate au Bundestag, en rajoute : « Kohl a perdu de son autorité [...]. Les relations avec la France seront plus difficiles maintenant. »

En première analyse, le compromis de Bruxelles a donc clairement desservi Helmut Kohl. Il ne fait guère de doute qu'il a concouru à sa défaite aux élections législatives du 27 septembre suivant. D'ailleurs, un sondage effectué par Ipsos opinion pour *Le Figaro* (publié dans ses éditions du 2 juin) montrait que seuls 38 % des Allemands approuvaient l'amputation du mandat de

Duisenberg (contre 57 % des Français). Le Rhénan qui comptait faire du lancement de l'euro un sujet de campagne doit y renoncer et la CDU, dans la précipitation, fait détruire des milliers d'affiches électorales qui affirmaient fièrement : « Un chancelier fort, un euro fort. » Cela, Jacques Chirac refuse de l'admettre. Ainsi, le mardi 5 mai, le président réunit ses collaborateurs afin de préparer le sommet franco-allemand qui doit s'ouvrir le lendemain à Avignon. Plusieurs conseillers lui recommandant de faire un geste « après ce qui s'est passé à Bruxelles... », Chirac s'énerve : « Mais que s'est-il passé à Bruxelles ? Il ne s'est rien passé. Tout va très bien avec Helmut Kohl. Pourquoi faire un geste ? Tout était bouclé. Le problème, c'était Wim Duisenberg. J'ai d'ailleurs dit à Kohl, si c'est comme ça, on va chercher un troisième homme. »

En revanche, et contrairement à certaines réactions à chaud, l'indépendance de la BCE n'a certainement pas été entamée par cette affaire comme le montrera la suite. « Cette nomination a plutôt été moins difficile que la plupart des désignations de gouverneurs de banques centrales indépendantes qui sont tous nommés par l'autorité politique après des années d'intrigues dans le secret des antichambres », analyse un haut fonctionnaire de la Commission. « Ça ne les empêche pas, une fois en place, d'être totalement indépendants. » D'ailleurs, les marchés financiers, dont chacun attendait l'ouverture, le lundi 4 mai, avec une certaine angoisse, partagent cette vision des choses et restent sereins. Mieux, les devises de la zone euro s'apprécient face au dollar et au yen. « Si quelqu'un voit une différence entre Trichet et Duisenberg, je n'en vois pas. Leurs vues sur la politique monétaire sont similaires », analyse William McDonough, le président de la Banque fédérale de New York. « Les chances de voir Wim Duisenberg faire quelque chose parce qu'on lui force la main sont proches de zéro. »

Le pied de nez de Duisenberg

Le Néerlandais le fera rapidement sentir. Lors de son audition devant la commission économique et monétaire du Parlement européen, le 7 mai, à Bruxelles, il prend un malin plaisir à jouer avec les nerfs de Chirac en déclarant : « Je n'ai jamais dit que je ne resterais que quatre ou cinq ans. Ce que j'ai dit, c'est qu'il n'était pas souhaitable que je reste pendant toute la durée du mandat étant donné mon âge [...]. J'ai donné la garantie que je serais là pour la première période significative », c'est-à-dire jusqu'au premier semestre 2002. « Après, nous verrons. Ce que je ferai, je ne le sais pas moi-même [...]. Je n'entends pas me retirer à un moment spécifique. » Histoire d'enfoncer le clou, il ajoute : « Il y a eu une tentative française de me convaincre d'accepter une date à laquelle j'accepterais de me retirer, ce qui est contraire aux dispositions de Maastricht. Ce que j'ai refusé de faire. »

De fait, Duisenberg ne s'est engagé qu'à deux choses : rester « au moins » jusqu'à l'introduction des pièces et des billets en euros et ne pas accomplir l'intégralité de son mandat. Theo Waigel a, lui aussi, insisté sur ce point. Si Duisenberg voulait rester huit ans à Francfort, « personne ne pourrait l'en empêcher », affirme-t-il dans une interview à la *Deutschlandfunk*. Le Parlement européen, en donnant son accord, le 13 mai, à la composition du directoire de la BCE choisi par les Quinze lors du Conseil de Bruxelles, adopte à une voix de majorité un amendement invitant Duisenberg à « veiller à la continuité de la conduite du directoire de la banque en évitant une succession anticipée ». Message entendu par le président de la Banque centrale néerlandaise, Nout Wellink : dans un entretien au journal *De Volkskrant* du 5 décembre 1998, il affirme qu'il est « extrêmement improbable » que Duisenberg quitte son poste en 2002… Duisenberg est revenu à l'assaut en excluant, dans le quotidien *Le Monde* du 31 décembre, de quitter ses fonctions au bout de quatre ans. Une ultime saillie, guère été appréciée par les ministres des Finances, qui le lui ont fait savoir. « À compter d'aujourd'hui et à l'avenir, c'est la seule question à laquelle je répondrai par ces mots que j'emploie rarement et qui sont : "*no comment*" », a-t-il déclaré lors d'une conférence de presse donnée à Bruxelles, à l'issue de la cérémonie de lancement de l'euro. Finalement, le Néerlandais quittera ses fonctions le 31 octobre 2003, soit un an et cinq mois après la date souhaitée par Chirac[1]…

Un élément a concouru à rassurer les marchés financiers : la composition du directoire. En effet, cet aréopage de cinq personnalités, qui assiste le président dans la gestion quotidienne de la BCE et siège au Conseil central de la banque, est au-dessus de tout soupçon de laxisme monétaire. À part le vice-président de l'institution, le Français Christian Noyer, ancien patron du Trésor et ancien directeur de cabinet d'Edmond Alphandéry et de Jean Arthuis, tous sont des banquiers centraux. Curieusement, il n'y a quasiment pas eu de discussion entre les Quinze sur la composition du directoire, la bataille s'étant concentrée sur le poste de président. La négociation s'est déroulée pour l'essentiel avant le sommet et a

1. Wim Duisenberg est mort le 31 juillet 2005 dans sa villa de Faucon, dans la Drôme provençale.

été menée au téléphone par la Commission qui pressait les gouvernements de présenter des noms. Ensuite, il a fallu se mettre d'accord sur les durées respectives du mandat de chacun : les premiers membres du directoire ont été nommés pour des durées comprises entre trois et huit ans pour éviter un renouvellement en bloc. Ensuite, tous les mandats seront, bien sûr, de huit ans. La « formule magique », trouvée par tâtonnements successifs, donne la répartition suivante : Sirkka Hämäläinen, présidente de la Banque centrale de Finlande, est nommée pour cinq ans ; Eugenio Domingo Solans, membre du directoire de l'institut d'émission espagnol, pour six ans ; Tommaso Padoa-Schioppa, un ancien de la Banque d'Italie et président de la Commission nationale pour les sociétés et la Bourse, pour sept ans ; et Otmar Issing, membre du directoire de la Bundesbank, pour huit ans. Christian Noyer, lui, partira au bout de quatre ans pour éviter le risque que deux Français siègent en même temps au directoire de la BCE après le départ de Wim Duisenberg.

Le résultat du week-end du 2 mai 1998 est saisissant. En principe, la présidence de la BCE sera assurée, pour les douze prochaines années au moins (treize ans et cinq mois en réalité), par deux présidents de banque centrale qui ont fait leur idéologie de la Bundesbank. Son directoire est composé de personnalités profondément marquées par leurs carrières dans leur institut d'émission nationale, à l'exception de Christian Noyer. Mais son passé de directeur du Trésor et d'homme de droite ne le distingue guère du profil de ses pairs. Aucun homme politique, aucun représentant de la société civile n'a été convié à siéger dans ce cercle restreint qui, avec les banquiers centraux nationaux, déterminera la politique monétaire de la zone euro. La Bundesbank ne pouvait espérer mieux. Les banquiers centraux puiseront dans l'affaire du 2 mai une raison supplémentaire de défendre bec et ongles leur indépendance vis-à-vis d'un monde politique forcément suspect de laxisme. Précisément ce que Jacques Chirac voulait éviter, lui qui rêvait, comme ses prédécesseurs, d'affirmer la primauté du politique sur le monétaire. Le « gouvernement économique » de l'Union, véritable contrepoids à la toute-puissance de la BCE, a eu là un bien mauvais parrain.

Cela étant, il est heureux que Chirac n'ait pas gagné son bras de fer et imposé Trichet à la tête de la BCE dès 1998. Car le gouverneur de la Banque de France a été rattrapé par l'affaire du Crédit Lyonnais, celle-là même que lui reprochait le chef de l'État lors de son intervention à la télévision du 14 juillet 1996, avant qu'il ne devienne son candidat pour la BCE. Il est mis en examen en avril 2000 puis renvoyé en correctionnelle le 15 juillet 2002 pour complicité de diffusion d'informations trompeuses dans l'affaire des faux bilans du Lyonnais. En tant que directeur du Trésor de septembre 1987 à novembre 1993, c'est lui qui était chargé de superviser les comptes de la banque publique. C'est une catastrophe pour Chirac et pour Trichet puisqu'il est impensable d'envoyer à Francfort un homme empêtré dans un tel scandale.

Or, le 7 février 2002, Duisenberg a mis fin au suspense sur sa date de départ : il quittera ses fonctions le 9 juillet 2003, jour de son 68e anniversaire, peut-être trop tôt pour que la justice soit passée vu sa légendaire lenteur. Surtout s'il y a appel et recours en cassation… En février 2003, l'avenir francfortois de Trichet semble sérieusement compromis : le procureur de la République, Yves Bot, requiert contre lui une peine de dix mois de prison avec sursis. Même si aucun texte européen n'exige un casier judiciaire vierge pour accéder à la présidence de la BCE, il est douteux que les partenaires de Paris acceptent de nommer un président traînant une telle casserole à la tête d'une institution encore fragile et dont la crédibilité pourrait souffrir. En avril 2003, les ministres de l'Économie et des Finances réunis à Athènes n'ont guère le choix : ils demandent à Duisenberg de rester en place jusqu'à ce qu'un successeur soit désigné... Après avoir bataillé pour le faire partir le plus vite possible, Chirac en est réduit à le supplier de rester. Un retournement de l'histoire que le Néerlandais a dû apprécier. Finalement, tout se termine bien : le 18 juin 2003, le tribunal correctionnel de Paris rend son verdict et relaxe Trichet, qui, selon les juges, ne disposait que d'« informations imprécises et inexactes » sur les comptes du Lyonnais. Trichet se contente de lâcher dans son inimitable langue de bois : « Je n'ai eu de cesse de répéter que j'avais confiance en la justice de mon pays. C'est une décision qui m'émeut. » On le comprend puisqu'elle lui ouvre grand les portes de la BCE, le parquet ayant renoncé à faire appel. Finalement, Duisenberg quitte ses fonctions le 31 octobre 2003, soit un an et cinq mois après la date souhaitée par Chirac pour laisser la place à Jean-Claude Trichet.

L'EURO NE SERA PAS « DE GAUCHE »

1998

C'est la fin d'une époque. Helmut Kohl a disputé son dernier combat. En décidant de se représenter une quatrième fois comme candidat à la chancellerie, le vieux leader a certes préservé jusqu'à la fin son autorité politique. Mais ce dimanche 27 septembre 1998, les électeurs ont décidé de renvoyer dans ses foyers ce chrétien-démocrate de soixante-huit ans et de propulser à la tête de leur pays le social-démocrate Gerhard Schröder, de quatorze ans son cadet. Après seize ans de pouvoir à Bonn, le géant rhénan assistera comme simple député à la naissance de l'euro, son principal legs à l'histoire, avec l'unification allemande. « Les deux faces d'une même médaille », comme il l'a répété sans relâche.

Fin de partie pour Helmut Kohl

Mais si, après la chute du Mur en 1989, il n'a été que le gestionnaire brillant d'une divine surprise, il n'en va pas de même de l'aventure monétaire : c'est lui qui a offert le mark à l'Europe. Sans sa force et sa détermination, rien n'aurait été possible. En 1988, il a lancé le mouvement. En 1989, il a compris que l'unité de son pays nécessitait celle du continent. En 1991, à Maastricht, il a accepté de rendre irréversible la monnaie unique. Chaque fois, son choix a été européen. Certes, François Mitterrand et, plus tard, Jacques Chirac ont joué un rôle important et souvent déterminant dans la conception et la mise en œuvre du projet d'union monétaire. Mais les vrais sacrifices furent consentis par Helmut Kohl, l'acteur essentiel de cette histoire. Sans l'Allemagne et sans un grand dirigeant capable de convaincre une majorité de son peuple, l'euro n'aurait pu se faire.

Le chancelier, cependant, a posé ses conditions : l'euro sera un digne fils du mark. En 1999, les vertus de la *Stabilitätskultur* semblent appréciées par l'ensemble des pays de l'Union. Durant dix ans, les Allemands ont « évangélisé » leurs voisins. Le premier des apôtres fut le Bavarois Theo Waigel, ministre des Finances depuis 1989 ; le second, Hans Tietmeyer, président de la Bundesbank depuis 1993. Ses collègues savent ce qu'ils doivent au Rhénan : ils ont fait Helmut Kohl citoyen d'honneur de l'Europe, au sommet de Vienne, le 11 décembre 1998. Une distinction qui, jusqu'à présent, n'a été décernée qu'une seule fois, au Français Jean Monnet.

« L'unité allemande et le raffermissement de l'unification européenne, parvenus au stade de l'union économique et monétaire, sont l'œuvre de la vie de Helmut Kohl », souligne la résolution des Quinze. « Dans l'action inlassable qu'il a menée pour atteindre ces grands objectifs, il ne s'est jamais laissé rebuter par les revers, les doutes et les obstacles. » L'homme est déjà entré dans l'histoire. Mais la politique est cruelle : les délibérations ayant pris du retard, l'ex-chancelier doit attendre près d'une demi-heure, assis sur une chaise dans une des antichambres de la Hofburg, le palais des empereurs d'Autriche, avant de recevoir sa distinction. « Il y avait quelque chose de pathétique à le voir ainsi, seul, attendre que l'on veuille bien s'occuper de lui », raconte un témoin de la scène[1].

De la République de Bonn à la République de Berlin

Parce qu'elle annonce le départ à la retraite de toute une génération, la chute de Kohl ouvre un nouveau chapitre dans l'histoire du continent. Son successeur, Schröder, est loin d'être un Européen aussi convaincu : c'est un simple gestionnaire qui a du mal à s'intéresser aux arcanes de la construction communautaire. Sa vision de l'Allemagne est celle d'une puissance « décomplexée et sûre d'elle » qui ne se considère pas « inférieure ou supérieure à personne », ainsi qu'il l'affirme dans un discours au Bundestag le 10 novembre 1998. Il a hâte d'en finir avec la République de Bonn, cette petite ville de province boursouflée par son statut de capitale provisoire. Le déménagement du gouvernement à Berlin en 1999 est pour lui un moyen d'affirmer symboliquement la nouvelle identité du pays. Pendant la campagne électorale, et sans doute plus par opportunisme que par conviction, il

1. La fin de carrière d'Helmut Kohl, qui quitte la direction du parti en octobre 1998, est ternie par le scandale des caisses noires de la CDU. Il perd même la présidence d'honneur en 2000, lâché par Angela Merkel qui dirige désormais le parti. Kohl meurt le 16 juin 2017 dans sa bonne ville de Ludwigshafen qui l'a vu naître en 1930.

a surfé sur les angoisses de l'opinion publique, qualifiant la monnaie unique d'« enfant prématuré et chétif [qui] coûterait d'abord des emplois ».

Pourtant, l'arrivée du social-démocrate est vécue comme une bouffée d'air frais en Allemagne – c'est la première fois depuis 1949 que les électeurs renversent un chancelier en place – mais aussi en Europe. En ce début d'automne, l'Union prend une teinte rose – pâle, mais tout de même : seules l'Espagne et l'Irlande, soit deux pays sur quinze, sont désormais dirigées par une majorité conservatrice. Une configuration exceptionnelle qui ne se reproduira plus jamais, les peuples européens ayant depuis le début du XXIe siècle opéré un virage vers la droite, voire l'extrême droite. Le basculement politique de Bonn, en 1998, ouvre donc des perspectives au gouvernement de Lionel Jospin qui, depuis juin 1997, tente de réorienter la construction européenne vers davantage de social.

Oskar Lafontaine vs Banques centrales

Rapidement, les membres de la nouvelle équipe SPD-Vert *(« Rot-grüne Koalition »)* affichent leur volonté de se démarquer de leurs prédécesseurs. Oskar Lafontaine, le président du SPD, pressenti dès le début comme ministre des Finances[1], occupe le devant de la scène. Dès le lundi 28 septembre, il indique qu'il veut en finir avec la déférence du politique à l'égard du monétaire :

1. Oskar Lafontaine est officiellement nommé ministre des Finances le mardi 27 octobre 1998. Il démissionne le 11 mars 1999 et quitte le SPD en 2005 pour se rapprocher de l'ancien parti communiste de l'ex-RDA avant de fonder et de présider die Linke en 2007. Malade, il se retire de la vie politique en 2009 ce qui ne l'empêche pas de plaider pour une dissolution de la zone euro en 2013.

il s'attaque violemment à la Bundesbank, dont il juge les positions trop restrictives alors que le ralentissement économique dû aux crises asiatique et russe est déjà perceptible. « On se demande pourquoi, en Europe, avec notre haut niveau de chômage, les banques centrales n'ont pas fait un tel geste [de baisse des taux, n.d.a.] », s'interroge-t-il : « La politique monétaire américaine est exemplaire à cet égard. » Pour lui, il faut que Francfort « réagisse à temps à l'évolution de la croissance et de l'emploi ». Le 2 octobre, il répète que « la Bundesbank a des marges de manœuvre pour diminuer les taux d'intérêt ». Et d'ajouter : « Il n'est pas question de mettre en cause [son] indépendance mais il n'y a pas de raison qu'elle échappe à la discussion publique. Ce n'est pas une institution sainte dotée d'une infaillibilité papale. »

Presque chaque jour, le futur ministre lâche une petite phrase de la même eau. Devant un tel tir de barrage, l'agence de presse britannique Reuters juge que l'*Oskar watching* (l'observation d'Oskar) est devenue l'activité à la mode. Et il ne s'arrête pas en si bon chemin : il réclame aussi une plus forte régulation des marchés financiers – « Le monde est devenu un casino mondial » –, ce qui est plutôt bien vu sept ans avant la crise des subprimes américains, ainsi que la mise en place d'un système monétaire international visant à éviter de trop grandes fluctuations entre l'euro, le dollar et le yen. Ce n'est pas la guerre, mais à tout le moins une guérilla. Le temps où la Bundesbank faisait la pluie et le beau temps semble révolu. Le gouvernement se positionne clairement à gauche, plus que ne le laissait entendre le slogan électoral de Schröder : le SPD, le « nouveau centre ».

Candidat malheureux des sociaux-démocrates à la chancellerie aux élections de décembre 1990, les premières de l'Allemagne unifiée, Lafontaine est un social-démocrate nettement marqué à gauche : Schröder, peu populaire au sein du parti, a dû composer avec lui pour se hisser à la candidature. Ses premières déclarations s'expliquent surtout par la méfiance du patron du SPD, dont l'engagement en faveur de la construction européenne est réel, à l'égard de l'establishment financier. Pour lui, c'est la politique strictement anti-inflationniste de la Bundesbank qui est largement responsable du chômage. Le modèle qu'il cite en exemple, c'est celui de la Federal Reserve, la Banque centrale des États-Unis, dont la politique monétaire sert mieux, selon lui, l'impératif de croissance. Comme secrétaire d'État aux Finances, il a choisi son conseiller Heiner Flassbeck, l'économiste en chef du plus à gauche des six principaux instituts de conjoncture, le Deutsches Institut für Wirtschaftsforschung de Berlin.

L'animosité de cet homme contre les « gnomes » de Francfort est plus grande encore que celle de son nouveau patron et confine, pour beaucoup d'observateurs, à l'obsession. Longtemps, il a fait figure de marginal dans le petit cénacle des économistes influents. Le changement de pouvoir à Bonn le propulse au cœur de la politique économique. Alors qu'il n'est encore que le secrétaire d'État désigné, il publie une étude dans laquelle il conclut que « ce n'est pas la politique salariale mais la politique monétaire qui est le premier responsable de la montée du chômage pendant les années 90 ». La Buba appréciera. « L'Allemagne est très proche d'une situation de déflation », estime-t-il tout en appelant à une « augmentation plus forte des salaires ». La volonté de rupture avec la philosophie de l'équipe Waigel est totale. Au demeurant, Lafontaine et ses collaborateurs s'installent au Bundesfinanzministerium comme en terrain conquis : presque tous les fonctionnaires importants de l'ancien régime, y compris les membres du SPD, sont systématiquement écartés du processus décisionnel. Le nouveau ministre pratique presque le système des dépouilles à l'américaine. Ce faisant, il se prive de personnalités connaissant bien les dossiers. Mais cela ne fait pas reculer l'ambitieux ministre des Finances, surnommé en Allemagne « le Napoléon de la Sarre » – son Land d'origine, dont il a longtemps été le chef de gouvernement.

Comme de coutume après un changement de majorité en Allemagne ou en France, une première rencontre bilatérale est organisée sans tarder pour réaffirmer l'axe Paris-Bonn et accorder les violons. Le gouvernement n'est même pas encore nommé, lorsque Dominique Strauss-Kahn est reçu le 22 octobre 1998, par Lafontaine dans son fief de Sarrebrück, entouré du fidèle Flassbeck et de son épouse, Christa Müller, une économiste avec qui il a écrit un livre intitulé *N'ayons pas peur de la globalisation*. Strauss-Khan, en qui il espère trouver un allié dans sa croisade contre les gouverneurs, est accompagné de François Villeroy de Galhau, son directeur de cabinet, et de deux de ses conseillers, Arnaud Chneiweiss et Jean Pisani-Ferry. L'ambiance est curieuse : le Français a l'impression de se retrouver à fronts renversés. « Le Père la rigueur », c'est lui ; le ludion qui titille les banquiers centraux et qu'il faut calmer, l'Allemand. À l'inverse de son vis-à-vis, Strauss-Kahn n'est pas un doctrinaire du socialisme mais plutôt un pragmatique tout-terrain : « Il roule à droite avec le clignotant à gauche », disent certains de ses opposants conservateurs, un rien admiratifs…

Éclairante conférence de presse que celle organisée avant même que les deux hommes aient eu vraiment le temps de se parler pour respecter les horaires de bouclage très serrés des journaux allemands. D'un côté, l'Allemand au nom français chante les louanges de la politique monétaire accommodante d'Alan Greenspan, le président de la Réserve fédérale américaine ; de l'autre, le Français au nom germanique se contente de noter que « les banquiers centraux ont pour métier de définir le meilleur *policy mix*, compte tenu de nos politiques budgétaires ». Sous-entendu : ce ne sont pas des imbéciles et il revient aux gouvernements de ne pas se conduire comme des irresponsables... Au cours du tête-à-tête qui suit, le futur ministre avoue qu'il n'a encore jamais rencontré Tietmeyer. Son interlocuteur le met en garde : ce n'est pas pour rien que l'on compare les banquiers centraux à des blancs d'œufs : plus on les bat, plus ils durcissent. Autrement dit, la pression discrète est préférable au règlement de comptes par médias interposés. Car sur l'objectif, les deux ministres sont d'accord : une réduction des taux serait la bienvenue afin de donner un peu d'air à l'économie, même si Wim Duisenberg, le président de la BCE, répète à tout vent que leur niveau est « historiquement bas » et qu'il n'est pas nécessaire d'aller plus loin.

Réguler les marchés financiers ?

En effet, en cette fin 1998, les nuages s'amoncellent sur une conjoncture qui semblait enfin renouer avec une croissance durable. L'Europe est atteinte par le contrecoup de la grande crise asiatique et les effets de l'effondrement de la confiance des investisseurs en Russie. Toutes les prévisions pour 1999 sont revues à la baisse, après les deux bonnes années 1997 et 1998. Dans ses *Prévisions économiques d'automne*, la Commission chiffre à – 0,6 l'impact pour 1999 : les Quinze, estime-t-elle, devront se contenter d'un petit 2,4 % contre les 3 % encore espérés au printemps. Les pronostics varient d'un organisme à l'autre, mais la tendance est bien là.

L'ampleur des retraits de capitaux et les effets dévastateurs d'une crise qui touche, en 1998, toutes les économies des pays en voie de développement font soudain apparaître une meilleure régulation des marchés comme une urgence. Pour la première fois depuis la fin du système de Bretton Woods, presque toutes les capitales réfléchissent à la façon de limiter la liberté des gestionnaires de fonds de pension et autres grands investisseurs internationaux. Pendant quelques semaines, la stabilité économique et financière de l'ensemble de la planète semble en péril. Même des journaux proches des opérateurs, tel le *Financial Times* de Londres, appellent ouvertement à envisager une nouvelle régulation des flux financiers. C'est dire l'ampleur du désarroi.

Les gouvernements sont de plus en plus inquiets. Comment doper une économie européenne menacée par un retournement conjoncturel, surtout si la longue expansion américaine se termine ? Baisser les taux d'intérêt, certes. Mais la marge de manœuvre n'est pas bien grande : à l'automne, ils sont déjà à un bas niveau dans la plupart des pays de la future zone euro. Peut-être en ouvrant les vannes des dépenses publiques ? Le président du Conseil italien, Romano Prodi, juste avant d'être renversé au début du mois d'octobre, propose d'utiliser une partie des réserves de change des banques centrales nationales (plus de 120 milliards de dollars) pour financer de grands travaux d'infrastructure : en effet, la défense de l'euro nécessitera moins d'argent que celle de onze monnaies individuelles. Alors, autant employer utilement ces sommes en déshérence. Mais les banquiers centraux, maîtres de la décision, répondent par la négative : si les gouvernements veulent favoriser la croissance et l'emploi, qu'ils réforment le marché du travail en supprimant ses régulations trop contraignantes…

À Paris, Lionel Jospin ressort une vieille idée que Jacques Delors avait lancée dans son Livre blanc sur « la croissance, la compétitivité et l'emploi ». Le 8 octobre, il se demande, interrogé au cours du journal télévisé de France 2, « si on ne devrait pas penser, c'est une idée que je lance en tout cas, à un emprunt européen qui pourrait financer aussi des nouvelles technologies, des développements d'infrastructures ». À Bruxelles, cinq jours plus tard, à l'issue d'un entretien avec Jacques Santer, il revient à la charge : « Je suis prêt à examiner avec nos partenaires les initiatives qui donneraient un élan supplémentaire à […] la croissance économique, au-delà des choix de politiques nationales qui restent du ressort de chaque État et de la coordination des politiques économiques autour de l'euro. » Pour Matignon, il s'agit clairement d'aider les pays à « passer cette phase un peu difficile ».

Mario Monti, le commissaire italien chargé du marché intérieur, se plonge dans ce débat[1]. Au mois d'octobre, dans une lettre au président de la Commission, il rappelle que l'article 104 C du traité de Maastricht prévoit, pour déterminer si un déficit public est excessif, de tenir compte de la nature des dépenses : on peut distinguer entre celles qui servent à l'investissement et celles qui financent la consommation comme le traitement des fonctionnaires. Monti est un économiste

1. Mario Monti devient commissaire à la concurrence dans la Commission Prodi (1999-2004), puis Premier ministre d'Italie (2011-2013). Il siège comme sénateur à vie depuis 2013.

rigoureux, adepte de l'assainissement des budgets. Il ne s'agit pas, pour lui, d'autoriser les États à s'affranchir de la règle des 3 % mais simplement de ne pas exiger d'eux un strict respect de l'équilibre budgétaire – l'objectif à moyen terme imposé par le Pacte de stabilité – si leur déficit est dû à des dépenses qui préparent l'avenir : « Est-ce que l'on demande à une entreprise d'autofinancer ses dépenses d'investissements ? » s'interroge-t-il. Inquiet d'une mise en cause généralisée de la culture de stabilité, il veut focaliser le débat sur ce qu'il considère comme un point faible du Pacte et en limiter ainsi la portée. Son idée sera reprise et amplifiée par le nouveau président du Conseil italien, Massimo D'Alema : les investissements publics « peuvent être exclus du calcul de déficits de Maastricht », déclare-t-il le 11 novembre. « Si c'est nécessaire, l'Europe pourrait décider d'interpréter le Pacte de stabilité », ajoute-t-il, en soulignant que « nous allons vers une année 1999 très difficile avec un ralentissement de la croissance. Un risque de récession et de déflation existe »[1]. Heiner Flassbeck n'exclut pas, lui non plus, une telle lecture, même si « sur le moyen terme, nous devons coller à la rigueur budgétaire ».

L'esprit de Pörtschach

En ce mois d'octobre 1998, le discours des capitales s'infléchit donc nettement. La nouvelle majorité de gauche du Conseil européen semble affirmer que la stabilité des prix et la vertu budgétaire ne sont plus

1. Entretien accordé au quotidien américain *International Herald Tribune*, daté du 11 novembre 1998.

suffisantes, à elles seules, pour assurer une « croissance saine et durable ». Un nouveau consensus paraît s'établir : la lutte contre le chômage doit primer la poursuite de la réduction des déficits. « La crise a stimulé les réflexes keynésiens », reconnaît-on à la Commission. Cet état d'esprit triomphe au sommet de Pörtschach. Le week-end des 24 et 25 octobre, les Quinze se retrouvent en Autriche pour une rencontre informelle organisée dans un hôtel au bord du Wörthersee. Gerhard Schröder ne s'y rend qu'à contrecœur : après tout, le Bundestag ne l'a pas encore formellement élu chancelier – ce sera chose faite le mardi suivant. Mais, surtout, sa religion européenne est loin d'être fixée.

Lui-même, dans ses rencontres précédentes avec ses pairs, a avoué ne pas connaître grand-chose aux affaires de l'Union… Or, le thème à l'ordre du jour, « l'avenir et le rôle de l'Europe », pourrait le contraindre à prendre position sur des dossiers brûlants, comme le financement futur de l'Union ou la réforme institutionnelle, ce qu'il n'a guère envie de faire si tôt. Il accepte, finalement, d'aller en Autriche, mais assistera seulement à la première journée et en qualité « d'invité d'honneur ». Fort heureusement pour lui, les Quinze parlent essentiellement économie, leur préoccupation du moment. Le départ de Kohl et le virage social-démocrate de l'Allemagne semblent libérer les esprits et délier les langues. Le ton du sommet est « de gauche ».

Le travailliste Tony Blair estime que « la balance des risques entre inflation et déflation a changé », reprenant une analyse de beaucoup d'économistes de la City. « L'accent doit désormais être mis sur la croissance et l'emploi », insiste-t-il. Le Portugais Antonio Guterres appelle à une « réponse concertée et énergique pour éviter que la crise asiatique et russe ne dégénère en une récession mondiale [...]. Cela passe par une baisse concertée des taux d'intérêt et des politiques de relance de la croissance et de l'emploi ». Des idées qui, selon lui, sont partagées par les onze chefs de gouvernement socialistes. Il exhibe une étude de la Deutsche Bank pour affirmer que les taux dans la zone euro ne devraient pas dépasser 2,75 %, contre 3,8 % en moyenne en octobre. Même le démocrate-chrétien belge Jean-Luc Dehaene, à la tête d'une coalition qui comprend des socialistes, s'y met : « Le capitalisme est beaucoup trop dur, trop libre : il faut des contre-pouvoirs. » Schröder n'est pas en reste : « Il faut arriver à contrôler cette spéculation débridée sur les marchés financiers. »

Aucune proposition concrète ne sortira de ce sommet informel : ce n'était d'ailleurs pas son but. Mais Pörtschach démontre que l'Union est sortie de la polarisation : il n'y a plus d'un côté l'Allemagne – soutenue par les Pays-Bas – qui prêche la culture de stabilité et de l'autre la France – soutenue *mezzo voce* par les pays latins – qui préfère un peu moins de rigueur budgétaire ou monétaire. Réclamer une baisse des taux d'intérêt ou une politique de relance concertée n'est plus, désormais, frappé d'un interdit allemand. « Au nom de quoi des chefs d'État et de gouvernement [...] devraient-ils avoir des tabous ? » s'exclame Jacques Chirac, lors de la conférence de presse finale. Le président est visiblement ravi de cette nouvelle tonalité qu'il interprète comme une rébellion contre « l'amicale des gouverneurs ».

Pendant quelques semaines, Pörtschach est devenu le symbole de la nouvelle Europe sociale-démocrate. « Il s'est exprimé, lors de cette rencontre, un état d'esprit nouveau », se réjouit Lionel Jospin qui n'hésite pas à parler d'« esprit de Pörtschach » : « Plus nettement que par le passé, les priorités sont désormais la croissance, la lutte contre le chômage, la coordination des politiques économiques, l'harmonisation fiscale, la régulation financière mondiale. » C'est comme si « le fait d'avoir créé l'euro commençait à entrer dans les têtes », selon l'expression de Jim Cloos, le chef de cabinet de Jacques Santer. Bien sûr, peu de concret : « Il s'agit d'accents, d'orientations », souligne Jospin. Il assure, cependant, que « cela ne va pas remettre en cause fondamentalement des choix de politique économique qui sont d'ailleurs partagés, l'indépendance de la Banque centrale ou la nécessité pour les gouvernements de mener des politiques budgétaires maîtrisées ».

Après Pörtschach, tout semble se mettre en place pour rompre avec dix années de pensée maastrichtienne : le Pacte de stabilité sera réinterprété jusqu'à en devenir méconnaissable et le changement à Bonn va permettre enfin de tracer les voies d'une autre politique, conformément au souhait d'Oskar Lafontaine. Mais c'est compter sans la force de frappe que Maastricht a donnée aux banquiers centraux et c'est oublier de surcroît que la culture de stabilité a fait des adeptes réels hors des frontières allemandes. Dès la veille du sommet de Pörtschach, le président de la BCE rappelle aux capitales que ce serait une grave erreur de ne pas prendre en compte le point de vue des gouverneurs. Dans un discours prononcé à Bâle, Wim Duisenberg énonce leur credo collectif : premièrement, « la meilleure contribution que le SEBC pourra fournir » à la croissance et à l'emploi, c'est « de garantir la stabilité des prix » ; deuxièmement, des comptes publics équilibrés sont « la condition indispensable au rétablissement d'une marge de manœuvre de la politique financière » ; troisièmement, « la politique monétaire n'est ni la cause, ni la solution [du] problème » du chômage ; enfin, les États seraient bien inspirés de s'attaquer aux rigidités de leurs marchés du travail : « Cette conclusion est évidente quand on compare les pays européens entre eux. Dans ceux qui ont déjà mis en œuvre les réformes structurelles pour augmenter la flexibilité sur les marchés du travail, le chômage a reculé considérablement plus que dans ceux où de telles réformes n'ont pas encore été appliquées. » Or, ignorer l'analyse des gouverneurs, c'est oublier qu'ils déterminent en toute souveraineté le niveau des taux et peuvent donc à eux seuls ralentir ou même briser la croissance.

La France socialiste lâche Lafontaine

En Allemagne, la teneur et surtout le style des attaques de Lafontaine et de son équipe contre les banquiers centraux se heurtent à un tir de barrage presque unanime, y compris de journaux considérés comme proches du nouveau gouvernement. Un comble : les critiques émanent même des Verts, les « petits » partenaires de la coalition de Bonn dont on pensait qu'ils allaient jouer le rôle de trublions gauchistes. Le ministre des Finances n'est pas seul à être sous pression : de plus en plus de commentateurs réclament une intervention du chancelier. Le 2 novembre à Birmingham, Schröder obtempère. Il affirme que « l'indépendance de la Bundesbank et l'indépendance de la BCE sont et doivent continuer à être respectées complètement ». Il le répète deux jours plus tard, à l'issue du premier conseil des ministres de son gouvernement, mais en ajoutant qu'il doit être possible de « discuter la politique monétaire dans le cadre d'une promotion de la croissance économique et d'une politique de l'emploi efficace ».

Le lendemain, 5 novembre, le grand argentier, comme c'est son droit, assiste pour la première fois à la réunion du Conseil central de la Bundesbank. « Il y a eu des échanges de points de vue intensifs sur le cours de la politique budgétaire et fiscale, l'évolution probable des négociations salariales et de la politique monétaire », note laconiquement un communiqué de son ministère. Quatre jours plus tard, à Londres, DSK lance un nouvel avertissement – public cette fois-ci – à son homologue : « La question est de savoir si nous devons adopter le dosage politique budgétaire laxiste/politique monétaire restrictive pratiquée par le tandem Reagan/Volcker ou le dosage inverse, qui a été choisi par le tandem Clinton/Greenspan. Le dosage de politique le mieux adapté à l'Europe d'aujourd'hui est beaucoup plus proche de la seconde que de la première de ces expériences. » C'est clair à souhait. Les États doivent continuer à maîtriser et même réduire leurs dépenses, sans quoi la BCE haussera les taux. Dominique Strauss-Kahn, qui fait pourtant partie d'une coalition de socialistes, de communistes et d'écologistes, récuse l'infléchissement radical prôné par son collègue allemand et refuse de se joindre aux attaques contre la philosophie maastrichtienne et les banquiers centraux. Le social-démocrate francophone Lafontaine, qui croyait si bien connaître et la France et l'Europe, n'a pas trouvé de véritable allié à Paris.

Le lendemain, Schröder, dans son discours de politique générale devant le Bundestag, prend l'engagement de réduire son déficit budgétaire. Le 16 novembre, « le Napoléon sarrois » hisse le drapeau blanc et met bas les armes. Lors d'un Conseil économique et financier franco-allemand, sous l'œil goguenard de Tietmeyer, il déclare, pendant la conférence de presse, que ses appels à une baisse des taux ont été « interprétés à tort comme une dispute avec la Bundesbank ». Un éclat de rire fuse parmi les journalistes. « J'en prends note avec beaucoup d'intérêt », déclare le président de la Buba, un sourire narquois aux lèvres. Dans la foulée, le ministre reconnaît implicitement l'échec de sa proposition de créer un nouveau système financier international pour limiter les fluctuations du dollar face à l'euro : « L'objectif est d'arriver à des cours plus stables. Mais sans rapprochement des économies réelles, ce serait comme bâtir des châteaux de sable. » C'est la déroute sur tous les fronts. La défaite est d'autant plus totale que les deux ministres écartent l'idée italienne d'une nouvelle interprétation du Pacte de stabilité – un Pacte que Lafontaine, dans son livre sur la globalisation, décrit comme une aberration. Tietmeyer savoure son triomphe. Il le met en garde contre de nouvelles déclarations fracassantes : « Attention à leurs conséquences négatives sur les marchés financiers. » Pour terminer, il se fait presque brutal : « Moi, je m'occupe de mes oignons et je ne cherche pas à me mêler de ceux de mon voisin. »

Le leurre de l'esprit de Pörtschach

Deux mois après la chute de Kohl, la récréation est terminée, et « l'esprit de Pörtschach » s'évanouit. Le 23 novembre, les ministres des Finances, réunis en Conseil Ecofin à Bruxelles, réaffirment en chœur leur volonté d'équilibrer les comptes publics. Wim Duisenberg, qui est présent, apprécie. « La bonne combinaison aujourd'hui est de réduire les déficits et de soutenir [ce processus] du côté de la politique monétaire », souligne une nouvelle fois Dominique Strauss-Kahn. « Cela repose sur l'idée que nous, gouvernements, fassions assez d'efforts pour réduire les déficits afin que les banques centrales ne soient pas obligées d'augmenter les taux. Nous aurons ainsi des taux d'intérêt bas, ce qui est bon pour l'investissement, la croissance et en fin de compte l'emploi. »

Le 2 décembre, la Commission, à son tour, rejette officiellement la suggestion de Mario Monti de se livrer à une lecture plus souple du Pacte de stabilité. Afin de dégager plus d'argent pour investir, il faut que les États réduisent leur consommation courante, déclarent ensemble les commissaires Silguy et Monti dans une communication. Mais l'objectif d'équilibre budgétaire doit être respecté. Dans l'entourage d'Yves-Thibault de Silguy, un fonctionnaire résume : « Le langage a changé, c'est clair. Mais personne ne veut réellement mettre en cause les acquis de ces dernières années. En fait les socialistes me font penser à Sully, alors âgé d'une quinzaine d'années, qui, pour échapper aux bandes de tueurs qui écumaient Paris la nuit de la Saint-Barthélemy, avait dissimulé sous sa cape une bible et un crucifix qu'il exhibait selon le cas. »

Que s'est-il passé ? Comme souvent en politique, des stratégies de pouvoir personnelles se sont mêlées à des considérations de fond. Si l'initiative d'Oskar Lafontaine s'est embourbée si vite, c'est surtout parce que son homologue français lui a refusé – en public comme en privé – tout réel soutien : or, sans Paris, Bonn est impuissant en Europe et vice versa. L'attitude de DSK n'est pas surprenante. Il est certes soulagé d'être libéré de la pression d'un gouvernement allemand qui appelait à toujours plus de consolidation budgétaire et empêchait de mettre davantage de social dans les politiques communautaires. Mais s'il veut préserver ses chances d'être un jour locataire de Matignon et – sait-on jamais – de l'Élysée, il ne peut être l'homme qui a laissé filer les déficits et valu à la France sa première procédure d'infraction au Pacte de stabilité. Les applaudissements qu'il gagnerait de ce fait à gauche seraient autant de voix perdues au centre, et la route du pouvoir passe par là. Cette analyse, Lafontaine a oublié de la faire. Mais au-delà de ces considérations politiciennes, il y a la conviction profonde de responsables de droite comme de gauche qu'une nouvelle flambée des déficits annulerait tous les efforts des années précédentes et compromettrait sérieusement les premiers pas de l'euro.

Duisenberg fait un geste

Après l'Ecofin de Bruxelles, les banques centrales ont le champ libre pour envisager une baisse des taux directeurs qui n'apparaisse pas comme le résultat d'une pression politique et grève leur crédibilité. En fait, le Conseil des gouverneurs de la BCE, dès le début de l'automne 1998, a secrètement arrêté sa position : comme l'attendent les marchés, la zone euro devra s'aligner sur l'Allemagne et la France, dont les taux sont à 3,3 %, un demi-point de moins que la moyenne. Il est vrai que dans un contexte de ralentissement économique, une autre décision aurait été pour le moins curieuse. Par étapes successives, les banques centrales de la périphérie convergent vers Paris et Francfort, cœur de l'Euroland, qui représentent les deux tiers de son activité économique.

Le 1er décembre, dans le secret le plus absolu, un pas de plus est accompli : avant même leur soumission à l'autorité de la BCE, les banques décident de baisser, de conserve, les taux d'intérêt de la zone euro à 3 %. Le seul à se faire tirer l'oreille est l'Italien Antonio Fazio. Ce banquier austère, plutôt eurosceptique, en rivalité permanente avec le ministre des Finances, Carlo Ciampi, et le chef de la diplomatie, Lamberto Dini, rechigne à transférer ses pouvoirs à Francfort. Cas de figure exceptionnel, son autorité est absolue : il est nommé à vie et est seul maître à bord de la Banque d'Italie, aucun « conseil » ne venant limiter sa marge de manœuvre. Contre l'avis général, il décide de ramener son taux d'escompte de 4 % à 3,5 % seulement. Un geste qui n'est guère apprécié de ses pairs, qui se demandent s'il a bien compris ce que signifiait une monnaie unique… Bien sûr, la conférence de presse qui suit cette réunion ne laisse rien filtrer de la décision commune, qui sera annoncée deux jours plus tard. Mais Wim Duisenberg prépare le terrain en reconnaissant clairement, pour la première fois, que tout indique « sans équivoque » qu'il y aura « une certaine décélération » de la croissance l'année suivante : la BCE s'attend maintenant à 2,5 % dans la zone euro en 1999, contre 3 % en 1998. Le jeudi 3 décembre, les banques centrales de la zone euro surprennent les marchés en annonçant la baisse de leurs taux, qui n'était pas attendue avant quelques semaines. « C'est la naissance emblématique de l'euro », s'exclame Jean-Claude Trichet[1].

Strauss-Kahn et Lafontaine, après une conversation téléphonique, ne cachent pas leur satisfaction : « Combinée à l'engagement récemment renouvelé des ministres de maintenir les politiques budgétaires

1. Entretien accordé au journal *Le Monde*, daté du 5 décembre 1998.

sur le chemin de la stabilité, [la baisse] est un moyen de contrer la menace d'un ralentissement de la croissance des économies qui pourrait provenir d'un déclin de l'activité internationale provoqué par la crise financière. » Le 23 décembre, huit jours seulement avant la naissance de l'euro, Fazio rentre dans le rang en ramenant son principal taux directeur à 3 %[1].

« Les pressions politiques qui ont surgi [...] n'ont fait que rendre plus difficile le passage à l'acte », explique le lendemain Duisenberg avec sa franchise coutumière. « Nous avons eu de longues discussions sur le sujet parce qu'elles engendrent un certain entêtement dans l'esprit des banquiers centraux. Nous avons consciemment décidé de démontrer notre indépendance[2]. » On comprend dès lors l'irritation suscitée à Paris par les déclarations à l'emporte-pièce d'Oskar Lafontaine, qu'un responsable gouvernemental français accuse de manquer de « subtilité ».

Le ministre a au moins eu un mérite au cours de ces quelques semaines de tension : démontrer clairement aux gouverneurs qu'ils ne vivront pas douillettement à l'abri de toute critique dans l'Eurotower. Ils devront constamment justifier leur action, ce que fait, du reste, la Buba en produisant un véritable torrent de discours et de déclarations. Piloter une politique monétaire implique une responsabilité politique et un dialogue constant avec

1. Le 22 décembre, la BCE confirme que le taux de refinancement (le Refi), son principal instrument, serait de 3 % à partir du 1er janvier 1999. Le taux plancher au jour le jour (dit de la facilité de dépôt) est fixé à 2 % et le taux plafond au jour le jour (dit de la facilité de prêt marginal) à 4,5 %. Il s'agit là des trois principaux outils de la Banque pour piloter la politique monétaire de la zone euro.

2. Entretien accordé au *Financial Times*, daté du 4 décembre 1998.

les gouvernements, les acteurs économiques et le grand public. Ces premiers tiraillements montrent aussi que chacun cherche ses marques à l'aube de l'union monétaire. La BCE, les banques centrales nationales, les gouvernements, la Commission doivent apprendre à travailler ensemble, à jauger les rapports de force, à savoir jusqu'où l'on peut aller.

Les budgets sous haute surveillance

Le bras de fer de cette fin 1998 sur les taux d'intérêt est aussi dû au fait que les politiques ont, désormais, des marges de manœuvre réduites. Outre les sanctions prévues par le Pacte de stabilité en cas de dépassement du seuil fatidique des 3 %, la BCE veille : selon elle, un dérapage du déficit constitue une menace à long terme pour la stabilité des prix. Certes, la corrélation n'est ni immédiate ni mécanique. Mais si les États ont une dette trop lourde – alimentée par le déficit budgétaire –, la pression augmente sur les banques centrales afin de laisser filer l'inflation qui diminue mécaniquement sa valeur et donc la charge que constitue le remboursement. De plus, un déficit structurel trop fort peut accélérer la hausse des prix en dopant la demande. Enfin, il tend à faire monter les taux d'intérêt à long terme et donc à freiner l'investissement privé, puisque les gouvernements, en empruntant, entrent en concurrence avec les acteurs non étatiques sur le marché des capitaux. Tout cela finit par nuire aux grands équilibres économiques, dont beaucoup de banquiers centraux se considèrent les gardiens à long terme.

Wim Duisenberg a d'ailleurs clairement menacé d'utiliser l'arme des taux si les gouvernements relâchent leurs efforts : « Nous devrons compenser [...] avec la politique monétaire. En d'autres termes, les taux d'intérêt seront fixés plus haut que nécessaire et il y aura moins d'espace dans le système euro pour mener la politique anticyclique que souhaitent tant les politiciens. » Son inquiétude est due au fait que si « ces dernières années, les déficits ont globalement diminué de 0,75 % par an pour descendre à une moyenne de 2,5 % [en 1999], la réduction ne sera que de 0,3 % ou 0,4 % et à partir de l'an 2000, il est quasiment question d'un moratoire avec une réduction de 0,2 % ». Et de prévenir : « Si la conjoncture s'effondre, ça va mal tourner[1]. » Car la marge de manœuvre sera insuffisante pour faire face à la crise. À la Commission, on estime que le véritable changement apporté par les gouvernements sociaux-démocrates est bien celui-là : « La consolidation budgétaire ne se fait plus tout à fait au même rythme », dit un proche de Silguy.

Du reste, ce problème a donné lieu à une des premières passes d'armes au sein de l'Eurogroupe, avant même le changement de gouvernement à Bonn. Lors de sa première réunion, le jeudi 4 juin 1998 au château de Senningen, au Luxembourg, le commissaire à la monnaie unique s'en est pris vivement aux pays qui tardent à réduire leur déficit alors que la croissance permet d'aller plus vite. « Ne vous mettez pas à dépenser plus alors que les recettes fiscales sont meilleures que prévu. Il ne faut pas manger le blé de la croissance en herbe », a-t-il prévenu. Pour lui, la moyenne dans l'Euroland aurait dû passer en 1998 à 2 % au lieu des 2,4 % affichés, et en 1999 à 1,5 % au lieu des 2 % prévus. On en est loin : la France, en particulier, se contente quasiment de la même

1. Entretien au journal néerlandais *De Telegraaf*, daté du 24 décembre 1998.

« performance » en 1998 (2,9 %) qu'en 1997 (3 %). Ce qui n'est guère brillant.

Il faut dire qu'elle a sciemment programmé une progression des dépenses publiques de 1 % par an, hors inflation, afin de satisfaire les revendications de sa « majorité plurielle ». Un mois plus tard, le 6 juillet, seconde passe d'armes. Silguy ressort ses tableaux et martèle que les « déficits structurels » (c'est-à-dire hors retour de la croissance) sont de nouveau en cours d'accroissement. L'Allemagne, malgré les protestations de rigueur de son ministre Waigel, prévoit de faire passer le sien de – 2 % en 1998 à – 2,1 % en 1999. Paris est encore moins sévère : – 2,3 % en 1997, – 2,6 % en 1998, – 2,7 en 1999. Dominique Strauss-Kahn se fâche : « Cette discussion est prématurée [...]. Il faut assurer la durée de la période de croissance qui commence. Si elle ne tient que deux ans, on aura loupé notre coup, ce qui est habituel en Europe. » Son but : « Une croissance à l'américaine qui fasse six ou sept ans » et alors « il faudra être en équilibre ».

Mais miser sur un boom comparable à celui des États-Unis pendant les années 90, c'est parier gros. D'autant plus que la consommation outre-Atlantique, en cette fin de 1998, semble largement portée par l'extraordinaire hausse du cours des actions, qui pousse les ménages à consommer au point de réduire leur épargne... De plus en plus d'observateurs estiment que l'expansion est bien fragile et qu'un affaissement des marchés pourrait faire basculer l'économie dans la récession. « Il n'est pas facile d'expliquer qu'il faut tendre vers l'équilibre budgétaire, qu'il est nécessaire de poursuivre l'effort alors que la situation s'améliore », reconnaît un fonctionnaire français du Trésor. « On a une classe politique ignorante de ces mécanismes. Les députés de la majorité viennent nous voir pour nous demander, maintenant qu'on a des recettes supplémentaires, de construire un pont ou une autoroute dans leur circonscription... La crise asiatique, ils s'en foutent, sauf s'ils ont une usine de textile dans leur région. Pour réduire de 3 % à 2 %, on dit qu'il faut stabiliser la dette, qu'il faut penser à nos enfants. Pour aller plus loin, il faudra trouver autre chose. » En principe, le gouvernement Jospin soutient l'objectif d'une élimination du déficit structurel.

« Nous ne contestons pas l'idée qu'il faille maîtriser les déficits, argumente le Premier ministre. Je ne vois pas pourquoi l'on devrait avoir un déficit permanent si l'on peut l'éviter. Les marges sont nécessaires si l'on veut mener des politiques publiques. Or le déficit accroît la dette. Si le poste budgétaire que représente l'intérêt de la dette continue d'augmenter, cela limite nos capacités d'action, voire les supprime. Pour autant, il faut faire attention de ne pas casser la croissance. » C'est bien là le débat : à quel rythme faut-il poursuivre l'assainissement des budgets ? En théorie, les Quinze l'ont tranché déjà le 12 octobre 1998, à Luxembourg. Ce jour-là, le Conseil Ecofin a décidé que les États de la zone euro devraient parvenir à une « situation budgétaire proche de l'équilibre ou excédentaire [...] à la fin de 2002 au plus tard ». La suite montrera qu'on en restera loin...

Les programmes de stabilité, déposés en application du Pacte, doivent donc couvrir les années 1999-2002 et indiquer comment les capitales entendent parvenir à leurs fins. Mais Jospin explique déjà que cet objectif n'est pas réellement engageant : « Ce que nous venons de tracer, c'est un trait sur le sol, ce ne sont pas des rails ; pas des normes contraignantes, mais une référence que nous indiquons à nos partenaires européens[1]. » De son côté, le chancelier Schröder prône une interprétation plutôt laxiste des règles européennes dès lors qu'il s'agit de préserver des emplois : même « une décision unanime prise un jour par je ne sais quels ministres des finances » ne saurait constituer, pour lui, un engagement ferme[2].

Qui contrôle la BCE ?

Les premiers pas de la BCE ont été, en tout état de cause, relativement rassurants. Le dialogue avec les autorités politiques s'est noué et son premier geste, une baisse des taux d'intérêt, a montré qu'elle n'était pas autiste. Un autre scénario aurait été possible : une politique monétaire délibérément rigide à ses débuts afin de renforcer sa crédibilité et d'affirmer son indépendance, surtout après le calamiteux sommet du 2 mai 1998. Il est vrai que Wim Duisenberg et les autres gouverneurs ont toujours pris grand soin de démentir qu'ils pourraient envisager une telle option. Y renoncer a été d'autant plus facile que les marchés, dès mai 1998, ont fait confiance à la rigueur de la BCE. Rien ne l'empêche donc de se montrer soucieuse de la croissance et de l'emploi et pas seulement de la stabilité des prix.

« Il est important d'offrir les conditions monétaires les meilleures possible pour le développement économique », explique ainsi Christian Noyer, le vice-président de l'institution de Francfort. Il écarte une autre crainte, notamment française : « Nous n'avons jamais considéré que le taux de change de l'euro était un élément

1. Entretien au journal *Le Monde*, daté du 7 janvier 1999.
2. *Der Spiegel* du 4 janvier 1999.

négligeable, ni qu'il était souhaitable d'avoir un euro fort. Notre souhait, c'est que l'euro soit le plus stable possible, non seulement au plan interne – les prix –, mais aussi vis-à-vis des autres grandes devises [...]. Il est clair que s'il y avait une appréciation ou une dépréciation profonde de l'euro, cela aurait des conséquences sur les prix internes, [ce qui pourrait] justifier un assouplissement de notre politique monétaire[1]. » Lionel Jospin peut dormir tranquille, lui qui avait placé parmi ses objectifs, durant sa campagne électorale de mai 1997, la non-surévaluation de la monnaie unique par rapport au dollar.

En réalité, contrairement aux images d'Épinal qui peuplent la mythologie économique de beaucoup d'hommes politiques et d'observateurs français, les banquiers centraux ont toujours considéré que la valeur externe d'une devise est un élément à prendre en compte pour déterminer le bon niveau de taux. Simplement, ils savent que son affaiblissement, en renchérissant les importations, a tendance à pousser les prix à la hausse. La difficulté de fond que doivent gérer la BCE comme les gouvernements, c'est une différence culturelle de taille. Alors qu'en France une devise faible est souvent analysée comme un avantage commercial – et un « bon tour » joué aux concurrents –, en Allemagne, toute faiblesse est perçue comme une réelle atteinte au prestige national. Ainsi, le quotidien populaire à grand tirage *Bild*, le 4 janvier 1999, titre fièrement en première page : « Euro fort comme un ours » et « Que vaut maintenant mon argent en vacances ? »

Le vrai problème de la BCE, c'est un déséquilibre interne résultant du traité de Maastricht. En effet, elle n'est que la tête d'un système plus vaste, le Système

1. Entretien accordé à *Libération*, daté du 14 décembre 1998.

européen des banques centrales (Sebc). C'est lui qui est le véritable lieu de pouvoir au sein de l'Europe monétaire, par l'intermédiaire du Conseil des gouverneurs où siègent les patrons des banques centrales et les six membres du directoire de la BCE. Au sein de ce cénacle, le principe est celui de toute démocratie : un homme égale une voix.

Autrement dit, les banquiers nationaux sont majoritaires et le deviendront encore plus quand d'autres pays rejoindront la zone euro. Beaucoup s'en inquiètent : les gouverneurs « continueront d'être largement confrontés à des problèmes d'ordre national dans le cadre de leurs activités quotidiennes, ce qui porte en germe le risque d'une prise en compte excessive des conditions de chaque région », écrit ainsi l'OCDE dans ses *Perspectives économiques* de décembre 1998. L'affaire s'aggrave du fait de la faiblesse des effectifs que le Sebc a consentie : à Francfort le personnel de la BCE ne doit compter, fin 1999, que 576 personnes contre, par exemple, 2 000 personnes pour le siège central de la seule Bundesbank. Accoutumées à régner en maître chez elles, les banques centrales nationales, comme toute administration, ont rechigné à transférer leurs ressources à un organisme censé les mettre sous tutelle. La BCE restera donc largement dépendante des capacités d'analyse de ses filiales nationales pour connaître la situation exacte des onze pays de la zone euro. De même, la gestion des opérations de politique monétaire, c'est-à-dire les interventions sur les marchés, est totalement décentralisée, même si la BCE doit les coordonner. Mais dans les capitales, comme à la Commission, on est certain qu'un transfert d'influence se réalisera tout naturellement au profit des membres du directoire, surtout si ses six membres restent soudés vis-à-vis des gouverneurs nationaux.

Des gouvernements schizophrènes

Les capitales, elles aussi, ont eu du mal à s'adapter à la nouvelle donne. Ainsi, pendant les sept premiers mois de fonctionnement du Sebc, en 1998, le président du Conseil Ecofin n'est allé assister qu'à deux réunions du Conseil des gouverneurs. Alors que, à l'inverse, Wim Duisenberg est présent à presque tous les Eurogroupes. Si ce rythme se maintenait, le dialogue entre le monétaire et le politique serait singulièrement déséquilibré.

Un loupé beaucoup plus grave s'est produit le 5 juin 1998, à Luxembourg, à l'occasion de la discussion des « Grandes orientations de politique économique » : il s'agit là du principal instrument de coordination prévu par le traité de Maastricht, dont la mise en œuvre à la lettre a été exigée par le gouvernement français en juin 1997. Or la proposition de la Commission qui contenait des recommandations précises pour la conduite des politiques nationales a été passée à la moulinette par le Comité monétaire. Dans le souci de ne déplaire à personne, cet aréopage a gommé toutes les aspérités, c'est-à-dire les suggestions politiquement gênantes (réduction des subventions à l'industrie, réformes des allocations sociales, critique de la généralisation des 35 heures, etc.).

La réaction de Bercy a été proprement schizophrène et en dit long sur les sentiments contradictoires qui traversent des gouvernements partagés entre la conviction que l'euro nécessite plus d'Europe et le refus d'en tirer les conséquences. Dans une note d'une violence rare distribuée à la presse, le ministère des Finances français proteste : « Le Comité monétaire a largement expurgé ce document de son aspect novateur [...]. Tel qu'il est présenté aujourd'hui au Conseil [il] est aussi insipide que d'habitude et ne répond en rien à l'exigence de coordination renforcée des politiques macro-économiques que rend indispensable l'entrée en troisième phase de l'euro. » Soit, mais ce qui n'est pas dit, c'est que Jean Lemierre, le directeur du Trésor, et Hervé Hannoun, le sous-gouverneur de la Banque de France, ont été parmi les premiers à manier les ciseaux de la censure... Le ministre, de son côté, blâme tout le monde : « La Commission est allée au-delà de ce qu'on lui demandait, le Comité monétaire a surréagi. Cela me renforce dans l'idée qu'il faut privilégier la discussion entre les gens les plus impliqués par la coordination des politiques économiques », c'est-à-dire écarter un exécutif européen décidément trop gênant. Du côté allemand, la pensée n'est guère plus cohérente. Ainsi Schröder affirme que l'union monétaire implique d'avancer sur le chemin de l'union politique et notamment d'approfondir la coordination des politiques économiques. En revanche, précise le chancelier, il n'a « pas dit » que cela supposait de renforcer le pouvoir central en Europe. On voit mal, pourtant, ce que l'union politique peut bien signifier d'autre[1].

Le refus des gouvernements d'assumer pleinement les conséquences de la monnaie unique se reflète également dans la représentation de la zone euro dans les instances internationales. Pour l'essentiel, la discussion s'est concentrée sur le « G7 finances » qui réunit les ministres des Finances et les gouverneurs des pays les plus industrialisés de la planète. La logique voudrait que le président de l'Eurogroupe y siège en compagnie du président de la BCE et d'un membre de la Commission. En amont, bien sûr, les Onze se mettraient d'accord sur les

1. Entretien accordé au *Spiegel*, daté du 4 janvier 1999.

positions à défendre. Mais une telle idée est inacceptable pour les trois pays de la zone euro qui sont membres permanents de ce cénacle (Allemagne, France, Italie). Les gouverneurs, eux aussi, s'accrochent à leur fauteuil : « Ni Hans Tietmeyer ni moi-même n'accepterons de ne pas participer aux réunions du G7 », lâche Trichet à une réunion informelle de l'Ecofin, à Vienne, le 26 septembre 1998. Le compromis adopté le 1er décembre consiste à inviter le président de l'Eurogroupe, lorsqu'il n'est pas l'un des trois membres permanents du G7. À ses côtés, le président de la BCE, bien sûr, et un « représentant de la Commission ». La France a bataillé jusqu'au bout pour essayer de retirer son strapontin à Bruxelles, considéré comme un simple secrétariat administratif. La méfiance gaullienne à l'égard de cet organisme fédéral est toujours bien présente.

Le jour de l'euro

À 12 h 54 précises en ce jeudi 31 décembre 1998, Yves-Thibault de Silguy et Jacques Santer enlèvent, devant les caméras du monde entier, le drap orné du sigle de l'euro qui recouvre un panneau d'affichage électronique. L'instant est solennel : en chiffres rouges apparaît la valeur de l'euro dans chacune des onze devises. À minuit, l'euro naîtra officiellement. Les pièces et les billets n'apparaîtront certes que le 1er janvier 2002, mais jusque-là le franc, le mark, la peseta ou la lire ne seront plus que de simples subdivisions de la monnaie unique. Depuis le 2 mai 1998, on savait que les taux de change des devises nationales entre elles seraient ceux de leurs cours pivot au sein du SME. Un mark vaudra définitivement, par exemple, 3,35386 francs français. En revanche, la valeur de l'euro dans chacune des monnaies ne pouvait être fixée qu'au dernier moment puisque le traité de Maastricht exigeait qu'un euro soit égal à un écu[1].

C'est la Commission qui a insisté pour qu'une cérémonie solennelle ait lieu pour le lancement de l'euro. Une idée immédiatement soutenue par Dominique Strauss-Kahn, soucieux d'effacer le souvenir désastreux du Conseil européen du 2 mai. Après tout, les occasions de fêter l'Europe ne sont pas si nombreuses. Même le 1er janvier 1993, jour de « l'achèvement » officiel du Marché unique, Jacques Delors avait renoncé à célébrer l'événement pour ne pas provoquer une nouvelle bouffée d'europhobie après le refus danois, en juin 1992, d'approuver le traité de Maastricht, et le presque-non français trois mois plus tard.

La présidence autrichienne de l'Union n'ayant même pas songé à organiser quelque chose, il a fallu que Strauss-Kahn prenne son bâton de pèlerin pour convaincre ses partenaires. Les Allemands ont été les plus réticents : Oskar Lafontaine plaide l'épuisement après la campagne électorale d'automne et fait une tête

1. L'écu, l'unité de compte européenne, est composé d'un panier des différentes monnaies dont la valeur est pondérée selon leur importance. Le cours de l'écu fluctue sur le marché. Or, trois de ces devises n'ont pas participé au lancement de l'euro : la livre sterling (13 % de l'écu), la drachme grecque (0,8 %) et la couronne danoise (2,45 %). Il a donc fallu attendre le dernier cours de l'écu et des quatorze monnaies qui le composaient pour pouvoir fixer le premier cours de l'euro et des devises qui se fondent en lui. Cela explique que l'euro a finalement eu une valeur légèrement inférieure en francs à celle que l'on attendait, les opérateurs ayant vendu au dernier moment des livres en grande quantité, ce qui a fait fléchir la monnaie britannique (elle a perdu 14 centimes face au franc en deux jours)…

de six pieds de long : il a prévu des vacances en Amérique latine avec toute sa famille. Malgré les critiques acerbes de la presse allemande, il enverra le ministre de l'Économie, Werner Müller, le représenter. Un symbole fâcheux. Mais la diplomatie n'est pas son fort, on le sait.

Cette journée du 31 décembre débute très tôt : même si les marchés ont amené les monnaies de l'Euroland sur les cours centraux du SME, les banques centrales doivent intervenir pour caler les dernières décimales. À 11 heures du matin, les gouverneurs tiennent une téléconférence pour constater, sur leur marché national, la valeur de l'écu dans les différentes devises et par rapport au dollar. Ces chiffres sont communiqués à la Commission, qui calcule les taux de conversion dans les onze monnaies nationales. À 12 h 30, Santer et Silguy se rendent, les résultats en main, au siège du Conseil des ministres, le Juste Lipse. À 12 h 40, Rudolf Edlinger, président en exercice de l'Ecofin, ouvre la séance. Pour l'occasion, la salle est tendue de drap bleu orné des douze étoiles européennes et du symbole « € ». Posée devant chaque participant, une statuette gravée à son nom représente l'euro. « La fixation des parités est un acte essentiel », annonce solennellement le ministre autrichien. « C'est le début d'une nouvelle époque dans l'histoire de l'intégration européenne », un pas de plus vers « une Europe unie qui doit permettre aux États de mieux se comprendre entre eux. Nous favorisons le processus d'intégration politique ». À 12 h 50, pendant le discours de Jacques Santer, Wim Duisenberg arrive en retard, légèrement échevelé comme souvent. Silguy profite de l'agitation pour embarquer discrètement la statuette dans son sac. Les ministres, eux, attendront la fin de la cérémonie.

Une fois les taux dévoilés, chaque ministre prononce un petit discours et approuve formellement la proposition de la Commission. Le mot « historique » sera prononcé dix-huit fois – contre quatorze le 1er mai. Le Belge Jean-Jacques Viseur, qui a remplacé Philippe Maystadt en juin 1998, ouvre le bal. Il est le seul à rendre hommage à ceux « qui ont ressenti durement » l'assainissement budgétaire, « surtout les plus faibles d'entre eux que sont les chômeurs. Je voudrais les remercier de leur patience ». L'Allemand Müller se contente d'une maigre intervention sans imagination et sans émotion : « L'union monétaire pousse à plus de coordination économique en Europe : personne ne peut jouer seul. » Rodrigo Rato, le ministre espagnol, juge qu'il ne s'agit « pas d'un point d'aboutissement, mais d'un point de départ » et surprend son auditoire en se lançant dans un long développement sur « les capacités d'adaptation de la société espagnole ». Son collègue irlandais enchaîne sur le même registre. Les journalistes qui suivent ce Conseil exceptionnellement retransmis en direct commencent à s'impatienter.

Enfin, Dominique Strauss-Kahn apporte un peu de lyrisme : il cite longuement Victor Hugo, fédéraliste avant la lettre qui, dans un texte célèbre, avait souhaité une monnaie européenne, « ayant pour point d'appui le capital Europe tout entier et pour moteur l'activité libre de deux cents millions d'hommes, cette monnaie, Une, remplacera et résorbera toutes les absurdes variétés monétaires d'aujourd'hui, effigies des princes, figures de misère ». Le ministre français estime que l'euro représente une « double conquête » : c'est une « conquête de souveraineté. Il nous rend des marges de manœuvre et c'est un instrument de maîtrise de la mondialisation ». C'est aussi « une conquête d'identité » qui permettra aux citoyens de l'Union de vivre l'Europe au quotidien :

« Je ne me sens pas moins français, M. Ciampi pas moins italien, M. Juncker pas moins luxembourgeois. Mais nous nous sentons tous un peu plus Européens. » Après avoir rendu un hommage appuyé à deux grands absents, Theo Waigel et Philippe Maystadt, il lance : « D'habitude, pour terminer ce genre de discours, on dit : "Vive la France." Aujourd'hui, je dirai : "Vive la France en Europe." »

Carlo Ciampi, le doyen du cénacle, évoque les temps de guerre qu'il a vécus : « Les années de conflits dramatiques sont derrière nous. L'euro marque la fin de ce siècle par un message de paix [que] le berceau de la civilisation occidentale envoie [...] au monde. » Pour lui, « l'Italie ne pouvait pas ne pas être présente comme elle a toujours été présente à tous les rendez-vous historiques ». « Nous soudons maintenant les failles qui ont si souvent marqué nos divisions », affirme pour sa part Jean-Claude Juncker qui est, il se plaît à le rappeler, « le seul signataire du traité de Maastricht encore en activité ». Le Grec Yiannos Papantoniou réaffirme son intention d'adhérer à l'euro en 2001. La Danoise Marianne Jelved entend « féliciter les Onze : c'est une décision historique qui honore toute l'Europe », et se montre convaincue que son pays participera un jour à l'euro. Cela étant, tous les pays *out* n'ont pas eu l'élégance de la Grèce et du Danemark. Gordon Brown, le chancelier de l'Échiquier britannique, et Erik Aasbrink, le ministre suédois, ont préféré éviter les foudres de la frange europhobe de leur opinion et sécher la cérémonie[1].

1. Ni la Suède ni la Grande-Bretagne n'ont d'ailleurs souhaité être membres du SME *bis*. La couronne danoise et la drachme grecque, en revanche, ont adhéré au nouveau mécanisme de change. Leurs cours pivots vis-à-vis de l'euro ont été rendus publics le 31 décembre 1998 : 7,41038 pour la couronne et 353,109 pour la

À 14 heures, dans la cour d'honneur du Juste Lipse, un groupe d'enfants lâche 2 999 ballons aux couleurs bleu et or de l'Europe et de l'euro. Pourquoi 2 999 ? Parce qu'à partir de 3 000, il aurait fallu demander l'autorisation de l'aéroport de Bruxelles-National... À l'issue de la conférence de presse qui réunit les onze ministres de la zone euro, Silguy, Duisenberg et Edlinger ouvriront chacun, non sans peine, un salmanazar de champagne, impressionnant flacon de neuf litres qui correspond à douze bouteilles. Le président de la BCE, à la poigne forgée par la pratique du golf, sera le premier à réussir l'exploit. Tous trinquent. Les journalistes ne sont pas oubliés. À 16 heures, à Luxembourg, paraît une mention spéciale du *Journal officiel des Communautés européennes*. La décision fixant les parités, signée par les Onze, est désormais formellement actée. À New York, où les marchés sont encore ouverts avant le long week-end du nouvel an, l'euro progresse face au dollar : il passe de 1,1665 dollar à 1,1720. Quelques secondes après minuit, dans un grand hôtel de Francfort, un quidam paye une bouteille de champagne dans la nouvelle monnaie européenne 63,91 euros. À minuit cinq, dans un restaurant parisien, une étudiante règle avec sa carte de crédit une note de 298,80 euros. L'euro est né.

Et maintenant ? La monnaie unique, arrachée à l'histoire par une poignée d'hommes, appartient désormais à chacun. L'Europe, elle, doit faire face à un nouveau défi. Il faut imaginer et mettre en œuvre cette union politique que les négociateurs de Maastricht n'ont pas osé bâtir. L'Union européenne, ce géant économique et monétaire, reste un « nain politique ». Pire : le contrôle

---

drachme. La première pourra varier par rapport à son cours pivot de +/ – 2 et la seconde de +/ – 15 %.

démocratique de ses institutions est mal assuré, ne serait-ce qu'à cause de leur complexité croissante qui dépasse l'entendement des citoyens les mieux informés. Or ce défaut d'intégration politique menace l'euro : comment gérer les tensions qu'il peut créer, si chaque gouvernement reste libre de nuire, par sa fiscalité par exemple, à l'intérêt collectif ? « Nous avons besoin d'un pouvoir politique fort pour une monnaie forte », a justement déclaré, le 31 décembre, le ministre des Finances portugais Antonio de Souza Franco. Deux jours auparavant, Hans Tietmeyer a lancé le même appel à « davantage d'intégration politique au niveau européen. Si chacun n'en fait qu'à sa guise, cela pourrait conduire à des conflits autour de la politique monétaire supranationale » de la BCE. La construction d'une Europe vraiment fédérale dont l'euro n'est qu'un pilier : voilà le grand chantier du XXIe siècle.

L'EURO, « UN ENFANT PRÉMATURÉ ET CHÉTIF »

(1999-2008)

« À ma grande surprise, le passage à l'euro des Onze s'est effectué avec une douceur remarquable »[1]. Alan Greenspan[2] est loin d'être le seul à être surpris par la réaction presque blasée des marchés en ce début de janvier 1999. Tout se passe comme s'il était déjà une évidence. Quelques heures après la fixation définitive des parités des monnaies participant à la monnaie unique, l'euro s'affiche à 1,17 dollar sur le marché des changes[3]. Certes, jusqu'au mois de janvier 2002, l'euro reste une affaire essentiellement technique, les citoyens continuant à utiliser leur monnaie nationale : l'euro est un simple gel des parités entre monnaies nationales, celles-ci n'étant plus que des déclinaisons de l'euro. Ce n'est qu'avec l'euro fiduciaire qu'ils prendront conscience de la révolution qui a eu lieu trois ans auparavant. Là aussi, le passage aux pièces et billets libellés en euros s'est passé

---

1. *Le Temps des turbulences*, Alan Greenspan, 2007.
2. Président de la Réserve fédérale américaine de 1987 à 2006.
3. Il est significatif que le taux de change se calcule ainsi. Avant l'euro, on parlait de la valeur du dollar en francs ou en marks. Désormais, c'est l'inverse : on calcule la valeur de l'euro en devise américaine, lui donnant ainsi une certaine prééminence.

sans anicroche un exploit technique passé largement inaperçu, sans doute parce qu'il a été réussi…

Mais, après ce départ en fanfare, l'euro est vite confronté à son principal défaut, celui que Hans Tietmeyer et les autres négociateurs du traité de Maastricht avaient parfaitement identifié : l'euro est une monnaie sans État. Il est certes géré par une Banque centrale européenne fédérale, mais elle a en face d'elles des États dont les politiques économique et budgétaire restent très largement autonomes. La fédération européenne n'existe pas : pas de gouvernement central, pas de budget fédéral, pas d'union bancaire, pas de marché unique des capitaux. L'euro est en réalité entré en crise dès sa naissance, confronté à la méfiance des marchés, les arbitres des élégances monétaires, qui se sont empressés de tester la nouvelle monnaie.

La saillie de Gerhard Schröder sur cet « enfant prématuré et chétif » qu'est l'euro va se révéler exacte. Surtout, les États ne feront rien pour améliorer son état de santé : la décennie 1999-2008 sera au contraire marquée par un refus de plus en plus affirmé de tirer les conséquences politiques de la monnaie unique, un affaiblissement constant du Pacte de stabilité, le règlement intérieur de la zone euro, et par des élargissements sans réforme institutionnelle préalable. Bref, durant dix ans, les gouvernements, loin d'achever la construction monétaire européenne, comme l'espéraient les pères de l'euro, l'ont au contraire minée de l'intérieur et ont soigneusement préparé la crise de 2010-2012, qui a failli emporter ce bébé né trop tôt, refusant avec constance d'écouter les conseils pourtant avisés des médecins convoqués à son chevet. Tant que le bébé survit, pourquoi faire des sacrifices de souveraineté douloureux ?

L'euro attaqué

Pourtant, les signaux d'alerte n'ont pas manqué. Ainsi, quelques mois après son lancement, l'euro connaît une lente mais inexorable, érosion face aux autres monnaies, notamment au dollar. Début décembre 1999, il est à parité avec la devise américaine, soit une perte de valeur de 15 %. Le 27 janvier 2000, il glisse sous le billet vert. La dégringolade continue jusqu'au 26 octobre 2000, lorsqu'il atteint son plus bas historique à 0,82 dollar... Aucune raison objective n'explique cette glissade impressionnante : les « fondamentaux » de l'économie de la zone euro sont alors bons. La croissance est supérieure à 3 %, les déficits et les dettes publics sont en voie de résorption, la balance commerciale est largement excédentaire, l'inflation est faible. En revanche, aux États-Unis, la balance des paiements ne cesse de se dégrader. Certes, la croissance y est plus forte et les taux d'intérêt y sont plus élevés (5,25 % contre 3 % début 2000), ce qui est censé attirer les capitaux en quête d'une rémunération intéressante, mais cela n'explique pas les raisons objectives qui ont poussé les marchés à jouer ainsi contre la monnaie unique puisque, très rapidement, on constatera une décorrélation entre taux d'intérêt et taux de change.

Durant cette période particulièrement éprouvante pour les nerfs des banquiers centraux, toutes les bonnes nouvelles provenant de la zone euro sont portées au crédit du dollar et toutes les mauvaises nouvelles provenant des États-Unis au débit de l'euro... En privé, plusieurs membres du directoire de la BCE ne se privent pas de dénoncer « le comportement moutonnier des marchés financiers » qui jouent la monnaie unique à la baisse parce qu'ils pensent que tout le monde va faire de même. La raison principale de cette tourmente est sans doute que les investisseurs ont voulu tester sa solidité. « À l'époque, l'environnement n'était pas bienveillant », souligne ainsi le Français Christian Noyer, vice-président de la BCE de 1998 à 2002 : « Les Anglo-Saxons continuent à penser que le projet de monnaie unique est trop audacieux. Ils nous disent que l'on a mis la charrue avant les bœufs en créant une monnaie unique avant une fédération politique. » Ce qui est bien vu.

Même si la BCE n'est pas chargée de défendre une quelconque parité face aux monnaies tierces, surtout dans un système de change flottant, elle ne peut pas totalement s'en désintéresser. « Dans le cadre de la stratégie de politique monétaire orientée vers la stabilité, le taux de change constitue une variable importante pour l'eurosystème, car c'est l'un des éléments qui déterminent les perspectives de stabilité des prix », explique en janvier 2000 l'Allemand Otmar Issing, le chef économiste de la Banque. De fait, le renchérissement du dollar et son effet mécanique sur le coût des importations (notamment le pétrole et les matières premières) peuvent avoir, à terme, des effets inflationnistes.

La BCE est aussi sensible aux effets de cette dépréciation sur l'opinion publique, la jeune monnaie ne pouvant s'offrir le luxe d'une crise de confiance. En 2000, les opinions publiques et les politiques n'ont pas encore intégré le changement fondamental que représente la monnaie unique : le taux de change entre le dollar et l'euro continue à être vécu sur le mode de la crise, notamment en France, où l'on se souvient du temps où le franc était à la peine pour rester à la hauteur du mark. Mais aussi en Allemagne, où les citoyens étaient très attachés à la force du mark et vivent mal la dégringolade de l'euro[1]. Agacé par les questions régulières sur le taux de change, Wim Duisenberg essaye d'expliquer cette nouvelle réalité : « Si vous demandez à un Américain : que vaut le dollar ? Il répondra : le dollar ? Un dollar est un dollar. Et je crois que nous devons apprendre en Europe à dire nous aussi : un euro ? Un euro est un euro. »[2] Vingt ans après, l'opinion publique européenne n'en est plus là : la force ou la faiblesse de l'euro n'est plus un sujet de débat, sauf dans les cercles d'initiés…

La BCE prend la défense de l'euro

Mais, en 2000, l'urgence est d'enrayer la chute de l'euro. Pour ce faire, la BCE est à la manœuvre et manie les trois armes à sa disposition, la parole, les taux et les interventions sur le marché des changes. Elle met d'abord au point un langage dont elle ne variera pas – l'euro a un « potentiel d'appréciation », c'est-à-dire qu'il est sous-évalué – et elle le répète sur tous les tons et en utilisant toutes les combinaisons, à l'image du Bourgeois gentilhomme, afin de convaincre les marchés de sa détermination à soutenir leur monnaie. Ensuite, entre le 4 novembre 1999 et le 5 octobre 2000, la BCE remonte à plusieurs reprises ses taux d'intérêt portant le Refi[3] de 2,5 % à 4,75 % afin de rendre les placements en euros plus

1. Par exemple, un sondage publié le 30 septembre 2000 par le quotidien populaire *Bild Zeitung* montre que seuls 15 % des Allemands ont une confiance absolue dans l'euro alors que 51 % ont une confiance limitée et 33 % aucune confiance.

2. Conférence de presse du 4 février 1999.

3. Ou taux de refinancement, le principal des trois taux directeurs de la BCE : c'est celui du loyer de l'argent lorsque les agents économiques empruntent à court terme (moins de trois mois) auprès de la banque centrale.

attractifs. La défense du taux de change n'est pas sa seule préoccupation : l'inflation dépasse alors le plafond de 2 %, qui est, pour la BCE, la stabilité des prix. Mais elle est en grande partie due au renchérissement du coût des importations causé par la chute de la monnaie unique... Or, le resserrement du coût du crédit ne peut strictement avoir aucun effet sur ce phénomène. Résultat : alors que la croissance de la zone euro ralentit, la BCE appuie sur la pédale de frein en pleine montée, ce qui accroît encore la méfiance des investisseurs et accentue mécaniquement la dégringolade de l'euro... Bref, Francfort est prise au piège.

En désespoir de cause, la BCE décide d'intervenir sur le marché des changes. Il s'agit, en achetant de l'euro et en vendant du dollar, de soutenir le cours de la monnaie unique et, au passage, de donner une raclée aux traders qui jouent l'euro à la baisse. L'eurosystème, c'est-à-dire le système européen des banques centrales, dispose, pour ce faire, de 261 milliards d'euros : c'est peu par rapport aux 1 700 milliards de dollars qui se négocient chaque jour, à l'époque, sur le marché des changes, mais cela offre un effet de levier suffisant.

L'intervention aura lieu le 22 septembre, alors que l'euro ne vaut plus que 0,8447 dollar et, comme il se doit, elle prend les marchés par surprise. Elle est d'autant plus efficace qu'elle est coordonnée entre les principales banques centrales du monde (Réserve fédérale, Banque du Japon, Banque d'Angleterre). Les États-Unis commencent, en effet, à être préoccupés par la dépréciation de la monnaie européenne, qui non seulement accroît le déficit de leur balance commerciale en rendant les produits américains moins compétitifs, mais déprécie aussi les actifs qu'ils possèdent en Europe. Le G7 finance, qui se réunit à Prague le lendemain de cette intervention massive, confirme que la fin de la récréation a sonné :

il dénonce « les implications potentielles des récents mouvements de l'euro pour l'économie mondiale ». Ce signal permet à l'euro de se stabiliser aux alentours de 0,88 dollar. Mais les marchés demeurent nerveux. Il est vrai que le référendum du 28 septembre 2000 au Danemark, par lequel 53,1 % des Danois refusent de lever l'*opt out* dont ils bénéficient sur l'euro, n'aide guère la devise européenne même si, pour le coup, les investisseurs, rendus prudents, ne réagissent pas.

L'euro atteint son plus bas historique à 0,82 dollar

Patatras : le 16 octobre 2000, dans un entretien accordé au quotidien britannique eurosceptique, *The Times*, Wim Duisenberg déclenche, bien involontairement, une tourmente. Il répond un simple : « je ne pense pas » à la question du journaliste qui l'interroge sur le caractère approprié d'une nouvelle intervention, alors que les marchés sont tendus à cause du début de la seconde Intifada dans les territoires occupés par Israël et de la flambée du prix du pétrole qu'elle entraîne. Le patron de la BCE veut seulement signifier qu'une intervention est dictée par des considérations économiques et non politiques. Mais les marchés, eux, entendent que Francfort va rester l'arme au pied. Un faux pas de Duisenberg, qui n'est pas le premier ni le dernier et qui lui a valu le surnom de « Wim la Gaffe ». Le jour de la publication de l'entretien, l'euro plonge. Dix jours plus tard, il atteint son plus bas niveau historique, à 0,82 dollar : il a perdu 30 % de sa valeur face au dollar en deux ans.

Duisenberg est cependant loin d'être le seul responsable de cette faiblesse de la monnaie unique : les Quinze, lors du sommet de Biarritz des 13 et 14 octobre, ont étalé la profondeur de leurs désaccords sur le traité qu'ils doivent conclure à Nice au mois de décembre suivant. Le plus préoccupant est la mésentente du couple franco-allemand, qui n'est à peu près d'accord sur rien. La France, en particulier, alors gouvernée par le tandem Jacques Chirac-Lionel Jospin, refuse tout net la perspective fédérale proposée par Joschka Fischer, le ministre allemand des Affaires étrangères, dans son discours à l'Université de Humboldt, à Berlin, le 12 mai 2000[1]. Comment, dès lors, croire à la solidité à long terme de cette monnaie qui n'aura jamais d'État ? Cette atmosphère délétère explique pour beaucoup cette longue glissade de l'euro.

Mais, à la surprise générale, les marchés financiers cessent brutalement de l'attaquer, qui entame une lente remontée. Car, outre-Atlantique, la croissance commence à s'essouffler, même si elle reste supérieure à celle de la zone euro. Surtout, l'élection du successeur de Bill Clinton, en novembre 2000, George W. Bush, tourne à la farce en Floride, ce qui déstabilise les marchés qui ont horreur de l'incertitude. Pour conforter ce répit, la BCE intervient, seule cette fois, le 3 novembre, puis le 6, et enfin le 9. Avec le recul, ces interventions, qui accompagnent un mouvement déjà amorcé, constituent un indéniable succès qui ne sera pas remis en cause par le fiasco du traité de Nice qui fait lui-même suite à l'échec de 1997 à Amsterdam : les marchés auraient pourtant pu trouver là la confirmation qu'il y a bien une inquiétante fatigue européenne.

Duisenberg va encore être à l'origine d'une rechute de l'euro. Après s'être excusé platement de son premier

---

1. Lire sur la négociation du traité de Nice puis du traité constitutionnel européen : *Les Maîtres de l'Europe*, par Yves Clarisse et Jean Quatremer, Grasset, 2005.

impair, il n'a pu s'empêcher de remettre le couvert six mois plus tard le 31 mai 2001, en déclarant que le taux de change n'était pas un but en soi. C'est vrai, mais cela a encore été compris par les marchés comme écartant l'idée d'une intervention. Résultat : l'euro repasse sous 0,84 dollar. Avant de remonter. Car la Réserve fédérale, pour accompagner l'atterrissage de l'économie américaine, a entamé, à partir de janvier 2001, un cycle de baisse des taux qui va contribuer à rendre moins attractive la devise américaine[1]. Surtout, le choc des attentats islamistes du 11 septembre 2001, puis la « guerre contre le terrorisme » déclarée par George W. Bush vont creuser le déficit public et commercial américain, ce qui va amplifier le mouvement de baisse du dollar, et ce, même si la croissance européenne est devenue anémique. Le 15 juillet 2002, l'euro revient enfin à parité avec le dollar. Mais il faudra attendre le 23 mai 2003 pour qu'il retrouve son cours de lancement.

Le passage à l'euro fiduciaire, un coup de maître

Un élément psychologique a incontestablement joué en faveur de la monnaie unique : le 1er janvier 2002, l'euro s'incarne enfin physiquement dans les pièces et les billets, ce qui lui donne un caractère inéluctable rassurant pour les marchés. On n'a pas assez souligné à quel point le basculement à l'euro fiduciaire, le 1er janvier 2002 à minuit pile, a été une réussite technique impressionnante : il a fallu fabriquer, stocker, distribuer et mettre en circulation

1. En janvier 2001 son principal taux directeur, le Repo, passe de 6,5 % à 5,5 % et en avril de la même année il passe sous le Refi européen, à 4,5 %.

quinze milliards de billets et cinquante-deux milliards de pièces[1], les banques et les commerçants ayant commencé à être approvisionnés dès septembre 2001. À l'heure dite, les distributeurs automatiques de billets (DAB) se sont mis à cracher des euros et les deux mois – maximum – de double circulation monétaire (euro et monnaie nationale) ont été en pratique réduits à quelques jours, tout le monde se débarrassant le plus rapidement possible de ses francs, de ses marks, de ses pesetas, etc.[2] Dès le 3 janvier, 96 % des DAB distribuaient des euros et dès le 7 janvier, la moitié des transactions s'effectuaient en euros.

Mais ce que n'avaient pas anticipé les autorités politiques et monétaires européennes, c'est que des commerçants indélicats en profiteraient pour arrondir les prix vers le haut, ce qui a créé un sentiment d'inflation, exactement comme il existe un sentiment d'insécurité. Une grave erreur de gestion politique qui colle encore à la peau de l'euro et qui a durablement érodé la confiance des citoyens dans leur nouvelle monnaie. L'argument est régulièrement utilisé par les eurosceptiques. En Allemagne, on parle de *Teuro* (contraction de *teuer*, cher, et euro). En France, c'est un festival : ainsi, en mars 2007, lors de la campagne présidentielle, Nicolas Sarkozy explique que l'euro est responsable de la stagnation du pouvoir d'achat, d'une part

1. La BCE est seule responsable de la conception et de l'impression des billets. En revanche, les pièces sont fabriquées par les monnaies nationales, qui sont libres de décider du dessin figurant sur côté pile.

2. En France, le franc a cessé d'avoir cours légal à partir du 17 février 2002. Jusqu'au 30 juin 2002, les pièces et billets en francs pouvaient être échangés gratuitement auprès des banques, de la Poste et de la Banque de France. Après le 30 juin 2002, ces échanges pouvaient être effectués auprès du Trésor public, à la Banque de France et à l'Iedom, pendant trois ans pour les pièces et pendant dix ans pour les billets.

parce que le passage à la monnaie unique a entraîné une hausse des prix, d'autre part parce que « si les salaires sont trop bas, c'est parce que l'euro est trop cher et que lorsque l'euro est trop cher les entreprises pour être compétitives essayent de se rattraper sur les salaires »... Les économistes en sont restés bouche bée. Le temps passant ne change rien à l'affaire. Ainsi, lors de la campagne présidentielle de 2017, Marine Le Pen, la candidate du Front national, assène : « Je le dis solennellement [...] : les prix ont explosé quand on est passé à l'euro[1] »...

L'euro cher

Personne ne peut nier que tous les citoyens ont été confrontés, en 2002, à un dérapage des prix dans les achats quotidiens (pain, café, restaurant, salon de coiffure, débit de boissons, etc.), notamment en France, en Italie ou en Grèce, où le taux de conversion à l'euro était infiniment plus complexe qu'en Allemagne (où il suffisait de multiplier le prix par deux pour avoir l'équivalent en mark, alors qu'il fallait multiplier le prix par 6,56 pour obtenir son équivalent en franc). Autrement dit, plus la perte de repères des consommateurs était grande, plus les prix ont eu tendance à déraper. Le 21 janvier 2002, Laurent Fabius, ministre de l'Économie et des Finances, dénonce d'ailleurs les « eurotricheurs » : « Je veux lancer un appel aux consommateurs eux-mêmes. Lorsqu'il y a un commerçant qui a dérapé de façon indue, il faut lui demander de faire revenir son prix à un niveau normal ou faire jouer la concurrence. » Pourtant, les autorités européennes ont nié, chiffres à l'appui, tout effet inflationniste au lieu de traiter politiquement le

1. Le 24 mars 2017.

problème. Ainsi, interrogé dès le 3 janvier 2002, Wim Duisenberg évacue le sujet par une plaisanterie : « Lorsque j'ai acheté un Big Mac hier soir, accompagné il est vrai d'un milk-shake à la framboise, vous saurez tout, cela m'a coûté 4,45 euros, c'est-à-dire exactement le prix que j'ai déjà payé pour le même repas en deutschmarks. »

De fait, cet effet inflationniste ne s'est pas retrouvé dans l'indice des prix à la consommation, montrant ainsi qu'il y avait une divergence forte entre la variation mesurée et la perception par le consommateur. En janvier 2007, dans une étude sur le sujet, la Banque de France explique que les prix n'ont augmenté que de 0,2 % en janvier 2002, mais reconnaît que « le saut a été particulièrement fort pour les produits à faible prix en raison des effets d'arrondi : + 6 % en moyenne pour le café servi en salle d'août 2001 à avril 2002. Cette poussée s'est produite dans tous les autres pays de la zone. Partout, elle est resté temporaire et l'inflation est vite revenue à son rythme antérieur ». Une étude confirmée en mai 2017 par l'Insee, qui affirme que « les évaluations menées sur des données micro-économiques de prix ont conclu à un impact modéré du passage à l'euro de l'ordre de + 0,1 % à + 0,2 % sur les prix ».

Surtout, poursuit l'Insee, depuis le passage à l'euro, les prix n'ont augmenté en moyenne que de 1,4 % par an, ce qui « est nettement inférieur au rythme moyen de l'après-guerre au milieu des années 1980 (+ 10,1 % par an en moyenne). C'est aussi un peu moins qu'au cours des quinze années précédentes (+ 2,1 % de 1986 à 2001), période au cours de laquelle le contre-choc pétrolier, les baisses de TVA, les politiques de convergence et de stabilité des prix, à la suite du traité de Maastricht, avaient permis d'entrer dans une phase d'inflation modérée ». L'inflation, depuis le passage à l'euro, n'a dépassé 2 % qu'à quatre reprises : 2003, 2004, 2008 et 2011 et elle a quasiment stagné en 2009, 2015, 2016 et 2017. Mieux, l'inflation sous-jacente, celle qui exclut les composantes volatiles comme l'énergie, n'a été que de 1,2 % en moyenne et de 0,5 % depuis 2013. Bref, s'il y a bien eu une monnaie historiquement inflationniste, c'est le franc.

Le sentiment inflationniste

Alors, comment expliquer ce sentiment populaire, qui a longtemps perduré ? Selon l'Insee, c'est parce que « l'indice des prix à la consommation se réfère à un panier de consommation moyen alors que les consommateurs retiennent probablement leur propre structure budgétaire ». La Banque de France, dans son étude de 2007, note que « depuis 1996, 40 % des ménages auraient subi une inflation plus forte que l'indice, 40 % une inflation équivalente à l'indice et 20 % une inflation inférieure. Ces écarts peuvent alimenter l'impression d'une inflation générale plus élevée ». Ensuite, toujours selon l'Insee, « les ménages accorderaient plus d'importance aux prix en hausse qu'aux prix en baisse ou stables, car ce sont les premiers qui peuvent constituer une menace pour l'équilibre de leur budget ». Et il est vrai que les commerçants, pour atteindre des prix « ronds », ont très souvent ajusté leurs prix à la hausse plutôt qu'à la baisse.

De même, selon l'Institut, le consommateur observe d'autant mieux les variations de prix que les produits sont achetés plus fréquemment : ainsi, il est plus sensible aux hausses du prix du pain qu'aux baisses des appareils électroménagers. Enfin, « les ménages ont gardé ancré dans leur mémoire le dernier prix connu en francs : pour la baguette, par exemple, ils auraient tendance à comparer son prix actuel (0,87 euro en moyenne) à son dernier prix de 2001, d'en moyenne un peu plus de 4,30 francs (0,66 euro). Par nature, cet écart s'amplifie au fil des ans à mesure que la date du passage à l'euro fiduciaire s'éloigne ; un tel ancrage dans le temps n'est susceptible de se produire qu'à l'occasion d'un changement de monnaie ». Or, l'augmentation de plus de 30 % du prix de la baguette depuis 2002 correspond en réalité à une hausse annuelle de 1,9 %, soit légèrement plus que l'inflation. Ajoutons que le double affichage des prix, qui se prolonge en France, par exemple sur les relevés bancaires, ne facilite pas les choses, la somme en francs renvoyant à un taux de conversion vieux de vingt ans...

Reste que la solution pour prévenir un tel sentiment d'inflation était d'une rare simplicité : instaurer un contrôle temporaire des prix. Chypre, Malte, la Slovaquie et les trois pays baltes l'ont fait lorsqu'ils ont rejoint l'euro, sur une base obligatoire ou volontaire, alertés par ce qui s'est passé en 2002. En France, en septembre 2000, lors d'un conseil informel des ministres de l'Économie et des Finances à Versailles, Laurent Fabius a écarté avec fermeté une telle solution. On ne saura jamais si c'était parce que le contrôle des prix était peu conforme à la doxa « libérale » en vogue à l'époque ou s'il a sciemment cherché à saboter le passage à l'euro, lui qui, quatre ans plus tard, appellera à voter non au traité constitutionnel européen et à cette Europe trop libérale à son goût...

« La Grèce, c'est notre Club Med, on se la paiera »

Le lancement de l'euro fiduciaire s'est fait non pas à onze pays, ceux qui se sont qualifiés dès 1998, mais à douze, la Grèce ayant obtenu son ticket d'entrée pour le 1er janvier 2001. Cette adhésion s'est passée dans une indifférence quasi totale, tant des politiques que des médias. Toute l'attention était fixée sur la dégringolade de l'euro et les difficiles négociations du traité de Nice. Pourtant, l'adhésion d'un État dont les structures étatiques et économiques relèvent davantage d'un pays en voie de développement, et encore, que d'une économie compétitive capable de supporter le choc de l'euro, aurait dû susciter un minimum d'interrogations.

Déjà, l'adhésion, au 1er janvier 1981, de la République hellénique, libérée depuis à peine six ans du joug de la dictature moyenâgeuse des colonels, à la Communauté économique européenne (CEE) d'alors, s'est faite sans réelle discussion sous pression de la France, le pays qui dominait alors politiquement l'Europe. L'anecdote est connue. À la fin des années 70, Valéry Giscard d'Estaing, le président de la République, appelle un membre du cabinet du président de la Commission, le Français François-Xavier Ortoli[1]. VGE vient d'apprendre que l'exécutif européen s'apprête à présenter un nouvel avis négatif à la demande d'adhésion d'Athènes et il s'en inquiète. Le conseiller d'Ortoli lui sert les arguments classiques : la Grèce, dont la compétitivité est très faible, n'est pas prête à intégrer la CEE et une adhésion prématurée aura des effets ravageurs pour son économie. « Monsieur, on ne fait pas jouer Platon en deuxième division », lui rétorque, hautain, le président en raccrochant. La Commission pliera, tout comme les partenaires de Paris, et la Grèce adhérera pour des raisons politiques. Mais, à l'époque, la monnaie unique n'était pas en jeu : la CEE se résumait

1. François-Xavier Ortoli, mort en 2005, a été ministre de 1967 à 1972, puis président de la Commission de 1973 à 1977, puis vice-président de la Commission de 1977 à 1985.

pour l'essentiel, à une union douanière à la Politique agricole commune et à quelques pans de ce qui allait devenir le marché intérieur – pas de quoi fouetter un chat.

Mais dix ans plus tard, l'intégration communautaire passe la démultipliée. Durant les négociations du traité de Maastricht, la question grecque n'a jamais été traitée en tant que telle. Pourtant, il était déjà clair que tous les États membres, sans exception, devraient adhérer un jour ou l'autre à la monnaie unique. Recevant quelques journalistes au second semestre 1991, Pierre de Boissieu, le négociateur français de l'Union politique[1] explique l'architecture générale du futur traité. Je lui pose alors la question de la Grèce. Réponse très giscardienne : « La Grèce, c'est notre Club Med, on se la paiera »... Mais, il ne pensait clairement, pas que ce petit pays balkanique rejoindrait avant très longtemps l'union économique et monétaire.

Or, c'est chose faite au premier semestre 2000. Après avoir essuyé un premier refus en 1998, Athènes remplit comme par miracle, deux ans plus tard, tous les critères de convergence (à l'exception du niveau de la dette publique) et tant la BCE que la Commission donnent leur feu vert ! Relire avec le recul les rapports publiés par les deux institutions est proprement stupéfiant. En deux ans, la Grèce a fait des « progrès remarquables », se félicite sans aucune nuance l'exécutif européen, alors dirigé par l'Italien Romano Prodi, et « a atteint un degré élevé de convergence économique durable ». Ainsi, note le rapport rédigé par le socialiste espagnol Pedro Solbes, commissaire aux affaires économiques et financières, « le déficit public a été ramené de 10,2 % du PIB en 1995 à 1,6 % en 1999 », soit quasiment 9 points en quatre ans,

1. (Jean-Claude Trichet étant responsable du versant monétaire).

sans aucune cure d'austérité... Mieux, s'enthousiasme-t-il, « l'assainissement budgétaire devrait permettre de réduire encore le déficit à 0,2 % du PIB en 2001 et de dégager un excédent de 0,2 % du PIB en 2002. La dette publique a culminé à 111,3 % du PIB en 1996 et a ensuite diminué régulièrement d'année en année, s'établissant à 104,4 % en 1999 ; le ratio d'endettement devrait continuer de baisser et passer au-dessous des 100 % du PIB en 2001 ». Il faut dire que les taux d'intérêt ont sérieusement baissé une fois qu'il est clairement apparu que la Grèce rejoindrait l'euro (l'écart entre les taux grecs et les taux moyens de la zone euro n'est plus que de 0,8 %), ce qui lui permet de se financer à des coûts toujours plus bas. La BCE est un peu plus prudente : « La question de savoir si le ratio dette publique/PIB va diminuer suffisamment et approcher la valeur de référence à un rythme satisfaisant et si le caractère durable de la situation budgétaire est réalisé doit demeurer une préoccupation permanente », met-elle en garde sans pour autant poser son veto. Elle insiste aussi sur les réformes structurelles à mener (réforme de la sécurité sociale, ouverture à la concurrence, marché du travail), etc., pour que l'économie grecque supporte le choc de l'euro.

Le tableau proprement idyllique dressé par la Commission, et dans une moindre mesure par la BCE, ne fait pas sursauter grand monde. D'autant que la croissance grecque, dopée par la baisse des taux et la préparation des jeux Olympiques de l'été 2004 est au beau fixe (entre 3 et 5 % du PIB). Pourtant, après l'épisode italien, la zone euro aurait dû se méfier d'une convergence uniquement appréciée à partir de critères nominaux, eux-mêmes basés sur des chiffres communiqués par l'État grec. Un simple contrôle sur place aurait attiré l'attention des fonctionnaires de la BCE et de la Commission : entre les bons chiffres affichés et l'état réel de la Grèce, il existe un décalage visible à l'œil nu. La réalité est brutale : sauf à supposer que Francfort et Bruxelles soient peuplés de crétins, tout le monde a en réalité fermé les yeux.

Pouvait-il en être autrement ? Hélas non : la zone euro est une simple confédération où les États se parlent d'égal à égal et où tout le monde est supposé se comporter comme un gentleman respectueux des règles du club. « Chez ces gens-là, monsieur », on se fait confiance. Bref, tout comme en 1981, la Grèce a été admise dans l'euro pour des raisons politiques et géopolitiques (le souci de stabiliser et d'ancrer le flanc sud-est de l'Union). Les gouvernements, la BCE et la Commission ont pris le risque délibéré en 2000 de devoir effectivement un jour payer pour le « Club Med » de l'Union.

Le premier mensonge grec

La zone euro reçoit un premier avertissement sans frais qui aurait pu lui permettre de réparer son inconséquence grecque de 2000 et éviter une crise future. Mais les gouvernements, alors accaparés par la grande affaire politique du moment, l'adoption et la ratification du traité constitutionnel européen de 2004, restent l'arme au pied. Pourquoi sévir, au demeurant, puisque les prétendus omniscients marchés n'ont absolument pas tiqué. L'affaire est pourtant d'une extrême gravité.

Le 20 septembre 2004, un audit des finances publiques mené par le Premier ministre conservateur grec, Konstantínos Karamanlís, en place depuis mars 2004, révèle que son prédécesseur socialiste, Kóstas Simítis (en poste de 1996 à 2004), a maquillé les comptes publics. Le déficit est en réalité deux fois supérieur à celui affiché jusque-là : 4,1 % en 2000 au lieu des 2 % annoncés, 3,7 % en 2001 et 2002 au lieu de 1,4 %, 4,6 % en 2003 au lieu de 1,7 % et 5,3 % attendus en 2004 au lieu du 1,2 % prévu. Explication officielle : la Grèce a surestimé le surplus des caisses de sécurité sociale et a « omis » de porter en compte une bonne partie des dépenses militaires. Comme Eurostat, l'Office européen de statistique, laisse le choix aux pays de comptabiliser les achats de matériels soit à la commande, soit à la livraison, Athènes a choisi la seconde méthode et, en invoquant le « secret défense », n'a pas révélé les dates de livraison, ce qui a permis de ne jamais les comptabiliser. Beau comme l'antique.

C'est un « vrai problème, un problème énorme », lâche Jean-Claude Trichet en découvrant la fraude. Le socialiste espagnol Joaquín Almunia, commissaire européen chargé des questions économiques et financières, fait part de sa « réelle inquiétude » tout en reconnaissant qu'il n'existe aucun moyen de sanctionner la Grèce, ni les traités européens, ni le Pacte de stabilité n'ayant prévu une telle hypothèse. Encore une fois, on est entre gentlemen... Le seul moyen à la disposition de la zone euro est de contraindre la Grèce à revenir rapidement dans les clous des 3 % de déficit sous la menace de sanctions. L'affaire ne s'arrête pas là : en octobre, les ministres des Finances européens acceptent la demande de la Commission de réexaminer les comptes grecs de 1997 à 1999, soit les trois années qui ont permis à Athènes de se qualifier pour l'euro. Une mission d'Eurostat se rend sur place pour passer au peigne fin les comptes grecs. Le 15 novembre, le ministre des Finances grec, Geórgios Alogoskoúfis, reconnaît que son pays n'aurait jamais dû se qualifier pour l'euro alors qu'un mois plus tôt il affirmait que tous les critères de convergence avaient été respectés : en réalité, le déficit s'est élevé à 6,44 % du PIB en 1997, à 4,13 % en 1998 et à 3,38 % en 1999, loin des 3 % nécessaires.

Ce mensonge d'État montre que la Commission, la BCE et les gouvernements de la zone euro ont gravement failli. Pour leur défense, ils font valoir qu'ils dépendent des offices statistiques nationaux et n'ont pas le pouvoir de mener des missions sur place, ce qui est tout à fait exact. Mais il était en leur pouvoir de proposer qu'ils n'en soient pas ainsi, soit en amendant les traités, soit en adoptant une législation ad hoc. De cela, il n'a absolument jamais été question. La Commission, soutenue par la BCE, va tenter de profiter de cette crise pour qu'il n'en soit plus ainsi à l'avenir. Lors du Conseil des ministres des Finances du 21 octobre 2004, elle propose de renforcer les pouvoirs d'Eurostat en lui donnant le droit de mener des audits sur place et de renforcer l'indépendance des instituts statistiques nationaux. Le refus de l'Allemagne et de la France a été immédiat : « Cela n'a aucun sens que lorsqu'un pays viole les règles les autres en souffrent », lâche Hans Eichel, le ministre des Finances du social-démocrate Gerhard Schröder. Même réaction de son collègue Nicolas Sarkozy : « En France, nous avons l'Insee dont personne ne conteste l'indépendance » : « Est-ce qu'on va créer un Insee européen et alors que ferons-nous de l'Insee ? » L'Italie, soupçonnée de trafiquer ses comptes publics, ses émissions de dette ne correspondant pas à son déficit annoncé, est sur la même longueur d'onde. La Commission propose malgré tout en mars 2005 un règlement qui s'enlisera dans les méandres européens jusqu'à la crise de la zone euro de 2010 où il sera finalement adopté dans la panique… Pour les grands pays, il n'était pas question d'accepter que « Bruxelles » vienne mettre son nez dans leurs affaires domestiques.

Était-il possible d'exclure la Grèce pour avoir menti ? « Il n'y a pas de base juridique pour mettre en cause » son appartenance à la zone euro, tranche la Commission le 16 novembre 2004. Ce qui est là aussi tout à fait exact. À supposer même qu'un tel mécanisme existe, qui aurait osé tester la réaction des marchés et déclencher une crise en recourant à une mesure aussi brutale ? Cela étant, vu le calme étonnant des investisseurs, l'euro continuant sa progression même durant cette période, peut-être qu'une exclusion à froid aurait pu permettre d'éviter la crise de 2010-2012. Mais on ne le saura jamais. Ce qui est sûr, c'est que les États sont passés à côté d'une occasion en or de renforcer la zone euro en période de calme. Il faut dire que la période ne s'y prête pas. La solidité de l'euro, l'euphorie des marchés, la baisse continue des taux d'intérêt les a plutôt encouragés à alléger les contraintes de l'Union monétaire en dépit de tout bon sens politique, économique et monétaire comme en témoigne le coup de massue donné au Pacte de stabilité en 2002-2003.

L'Allemagne et la France minent le Pacte de stabilité

En 2001, la croissance allemande, inférieure à celle de la France depuis 1995, s'effondre littéralement avec un tout petit 0,6 %. Son déficit public dérape immédiatement et s'approche dangereusement du plafond des 3 % du PIB (2,6 %, soit un point de plus que les prévisions de Berlin). À l'époque, l'Allemagne est « l'homme malade de l'Europe ». La Commission, comme le prévoit le Pacte, déclenche alors, début 2002, la procédure d'« alerte rapide » pour la mettre en garde contre toute dégradation supplémentaire. Il s'agit d'un avertissement sans frais. Mais, pour le chancelier social-démocrate,

Gerhard Schröder, c'est déjà trop : il est hors de question d'être cloué au pilori à quelques mois des difficiles élections générales de septembre 2002.

La « recommandation » de la Commission devant être adoptée à la majorité qualifiée par le Conseil des ministres des Finances, l'Allemagne convainc alors ses alliés de la bloquer. Le tir de barrage est violent. Alors que Hans Eichel, le grand argentier allemand, est prêt à accepter cette petite claque, Schröder, qui voit l'exploitation que pourrait en faire l'opposition démocrate-chrétienne, accuse, en février 2002, la Commission d'obéir à des « raisons qui ne sont pas qu'économiques ». Le message est reçu : le 12 février, le conseil des ministres de l'Économie et des Finances décide de ne pas envoyer d'avertissement à l'Allemagne et, dans la foulée, absout le Portugal, qui faisait l'objet de la même procédure. Une divine surprise pour Lisbonne ! La compréhension dont a bénéficié Berlin a été quasi générale : seuls l'Autriche, la Belgique, la Finlande et les Pays-Bas ont voulu appliquer le Pacte, ce qui fait peu de monde… Même si personne n'en a encore conscience, Schröder vient de donner le premier coup de canif au règlement intérieur de la zone euro. Les petits pays apprécient peu la manœuvre, car ils ont parfaitement conscience que Berlin n'aurait pas hésité une seconde à sanctionner Lisbonne si son « honneur » mal placé n'avait pas été en jeu.

Le coup de grâce arrive plus tard, en novembre 2003. Entre-temps, Berlin a allègrement franchi le plafond des 3 % en 2002, comme le craignait la Commission, et s'apprête à recommencer en 2003, la croissance restant proche de zéro. À cela deux explications : d'une part, le poids de l'unification allemande, qui lui coûte chaque année 4 % de son PIB, soit 70 milliards d'euros de transfert. D'autre part, la mise en place des réformes Hartz, qui visent à relancer l'activité et qui, dans un premier temps, ont un coût budgétaire élevé. La France est à ses côtés le banc des cancres (4,2 % de déficit attendus fin 2003), mais sans qu'aucune réforme structurelle ou charge exceptionnelle ne le justifie. Autrement dit si Berlin peut faire valoir de bonnes raisons, ce n'est pas le cas de Paris. D'ailleurs, le président Jacques Chirac ne vit pas sur un mode dramatique une éventuelle mise sous tutelle du pays : sa préoccupation principale est d'obtenir un délai supplémentaire pour entrer dans les clous du Pacte fin 2005 et non fin 2004. Autrement dit la Commission dispose d'une marge de manœuvre pour éviter la constitution d'un front franco-allemand en traitant séparément les deux cas et en évitant d'humilier l'Allemagne, qui, de fait, ne le mérite pas. Mais la subtilité politique n'est pas la marque de fabrique du collège présidé par Romano Prodi. Elle fait mine d'ignorer que l'axe franco-allemand a été spectaculairement relancé en octobre 2002, les deux pays étant parvenus à un compromis sur les réformes institutionnelles qu'ils souhaitent voir figurer dans le futur traité constitutionnel européen, ce qui aurait dû l'inciter à la prudence.

En dépit des signaux négatifs envoyés par Berlin, l'Espagnol Pedro Solbes, le commissaire chargé des affaires économiques et monétaires, décide d'appliquer dans toute sa rigueur le Pacte de stabilité. Pourtant, il aurait pu se livrer à une interprétation « créative », exactement comme le souhaitait son président, qui dénonçait, en octobre 2002, la « stupidité » d'un Pacte trop « rigide ». Mais l'avertissement lancé par Jean-Claude Trichet, lors de sa première conférence de presse comme président de la BCE, le 6 novembre 2003 comme président de la BCE l'a impressionné. Le 16 novembre, il recule : « Accepter une telle interprétation "positive", cela signifierait changer l'essence du Pacte et s'embarquer dans des discussions politiques sur la question des États qui coopèrent ou pas [...]. Si nous en arrivons aussi loin, la possibilité d'imposer des sanctions à un moment quelconque dans le futur va tendre vers zéro. »

« Le Pacte n'a pas été conçu pour s'appliquer à l'Allemagne »

Le 18 novembre, l'exécutif européen commet une erreur politique fatale en lançant en même temps une procédure pour « déficit excessif » contre l'Allemagne et la France. Autrement dit, les deux cas sont joints, ce dont n'osaient même pas rêver les diplomates allemands : désormais Paris, qui aurait pu accepter la procédure, ne peut politiquement plus lâcher son partenaire. La Commission veut obtenir le vote, par le conseil des ministres des Finances qui se réunit à Bruxelles le 24 novembre, d'un texte exigeant que l'Allemagne et la France rentrent dans les clous avant la fin 2005 et fassent un important effort dès 2004. Le plus humiliant est qu'ils devront faire régulièrement un rapport sur l'état de leurs finances à l'image des pays passés sous tutelle du FMI. Hans Eichel, fou furieux, lance : « le Pacte n'est pas un code pénal, mais un instrument politico-économique flexible. »

Subodorant que l'affaire est mal engagée, Trichet agite à nouveau, lors de son arrivée à Bruxelles, le 24 novembre, la menace d'une hausse des taux : « Nous avons les moyens de faire en sorte que la face budgétaire de la médaille soit correcte », déclare-t-il. Cela ne servira à rien. La réunion commence le lundi soir à 19 heures et s'achève à 4 heures du matin. Très rapidement, il apparaît qu'il n'existe pas de majorité qualifiée en faveur des recommandations de la Commission. L'Allemagne et la France ont convaincu l'Italie, le Portugal et le Luxembourg de les rejoindre dans une minorité de blocage. Pourquoi le ministre des Finances et Premier ministre luxembourgeois, Jean-Claude Juncker, se prête-t-il à la manœuvre ? Parce qu'il estime que la Commission s'est enfermée dans une logique procédurière, ce qui est exact, et qu'il ne sert à rien d'isoler les deux principales économies de la zone euro. L'échec est consommé. À un ministre qui s'exclame « Mais c'est quand même l'Allemagne qui a voulu ce pacte ! », Eichel répond « Il n'a jamais été conçu pour s'appliquer à l'Allemagne. » Tout est dit.

Afin d'éviter un vide juridique total, le Conseil décide d'adopter des « conclusions » qui constatent que le Pacte est « mis entre parenthèses » et dans lesquelles l'Allemagne et la France s'engagent à revenir dans les clous fin 2005. L'esprit du Pacte est respecté, pas la lettre. Comme l'explique le ministre belge des Finances, Didier Reynders, « il aurait été plus grave qu'on s'en tienne au rejet pur et simple des recommandations. Cela aurait été dramatique ». Furieux, Trichet manifeste spectaculairement sa mauvaise humeur en convoquant, le 25 novembre au matin, une « téléconférence » du Conseil des gouverneurs. Les douze gouverneurs des banques centrales de la zone euro et le directoire de la BCE, à l'issue de ce rendez-vous impromptu, publient un communiqué en forme d'avertissement : la « mise entre parenthèses » du Pacte « présente de graves dangers » et « risque de miner la crédibilité du cadre institutionnel et la confiance dans une gestion rigoureuse des finances publiques des États membres de la zone euro. » Et de conclure par une nouvelle mise en garde : si la politique budgétaire laxiste des États entraîne des risques inflationnistes, la BCE n'hésitera pas à augmenter ses taux d'intérêt.

À la suite de cette crise, le Conseil européen des chefs d'État et de gouvernement de mars 2005 décide d'une interprétation beaucoup plus souple du Pacte : ainsi, dès qu'un pays se trouve en récession, il pourra échapper à une procédure de déficit excessif, exactement comme le réclamait la France en 1996, sans même que l'activité recule de 0,75 % ou de 2 %. Mieux, même si le pays n'est pas en récession, il pourra faire valoir des « facteurs pertinents » pour échapper à toute sanction[1].

L'euro de douze à dix-neuf membres

Non seulement les États ont gravement affaibli le Pacte de stabilité, ce qu'ils paieront cher quelques années plus tard, mais ils ont intégré sept nouveaux pays dans la zone euro – à la suite du grand élargissement de 2004 à dix pays d'Europe centrale et orientale – sans procéder à aucune réforme institutionnelle d'envergure : la zone euro reste une zone de gouvernance molle où tout se décide à l'unanimité des États et où la politique budgétaire et économique reste quasi exclusivement nationale[2]. Six ans après l'adhésion de la Grèce, c'est au tour de la Slovénie de rejoindre la zone euro le 1er janvier 2007, puis de Chypre et Malte le 1er janvier 2008, de la Slovaquie le 1er janvier 2009, de l'Estonie le 1er janvier 2011 (premier pays balte et ancienne République soviétique à rejoindre l'euro), de la Lettonie le 1er janvier 2014 et enfin de la

1. Voir *Les Maîtres de l'Europe*, *op. cit.*

2. Seule innovation du traité de Lisbonne de 2007, l'Eurogroupe, l'instance qui réunit les ministres des Finances de la zone euro, obtient une reconnaissance juridique (et le droit d'élire un président pour 2,5 ans renouvelables une fois), ainsi qu'une capacité de décision autonome pour les sujets qui ne concernent que les États membres de la monnaie unique (surveillance budgétaire notamment). C'est tout ce qu'ont bien voulu accepter les neuf États non membre de l'euro, puisqu'il faut l'unanimité pour adopter les traités.

Lituanie le 1er janvier 2015, soit dix-neuf pays quinze ans après le lancement de l'euro.

Deux incidents dans cet élargissement à grande vitesse : le 14 septembre 2003, la Suède consulte ses citoyens sur l'adoption de l'euro. La réponse est un rejet massif (56,1 % des voix). Ce référendum est une violation caractérisée de ses obligations par ce pays nordique, puisqu'en ratifiant le traité de Maastrich (là aussi par référendum), il s'est obligé à adopter la monnaie unique. Mais comme il a pris garde à ne pas rejoindre le mécanisme de change du SME qui aurait lié sa monnaie à l'euro, elle ne remplit pas l'un des critères d'adhésion... Il s'agit évidemment d'un subterfuge, mais ni les institutions communautaires ni ses partenaires n'ont jugé bon d'ouvrir une crise avec Stockholm : l'Union est fondée sur le volontariat et si un État ne veut pas respecter ses obligations, il n'y a guère de moyen de l'y contraindre. La situation de la Suède n'a rien à voir avec celle du Danemark : ce pays a, lui, obtenu une dérogation en bonne et due forme en 1993. Rien de choquant à ce que, le 28 septembre 2000, le gouvernement demande à ses citoyens l'autorisation de lever cet *opt out*, ce qu'ils ont refusé par 53,2 % des voix. Mais la couronne danoise fait partie du SME bis et se trouve dans la bande étroite de fluctuation par rapport à l'euro (+/- 2,25 %) : en clair, Copenhague est en réalité un membre fantôme de la zone euro, puisque sa banque centrale suit toujours les décisions de la BCE.

D'autre part, la Lituanie voit sa candidature rejetée en mai 2006 par la Commission, alors dirigée par le Portugais José Manuel Durão Barroso, parce que son taux d'inflation dépasse de... 0,2 % le chiffre requis. Une rigueur d'autant plus impressionnante que son déficit n'est que de 0,5 % du PIB, sa dette de 20 % du PIB, ses taux d'intérêt à long terme inférieurs de 2 points au niveau admissible. Mais la décision, incompréhensible à la fois au regard de la mansuétude dont ont bénéficié la Grèce, l'Italie ou la Belgique et des conditions macroéconomiques propres aux pays de l'Est en plein rattrapage économique – ce qui crée de l'inflation –, s'est finalement révélée la décision la plus censée jamais prise par les institutions communautaires. Car le pays a traversé une crise économique sévère en 2009 (-14,8 %) en grande partie à cause des déséquilibres accumulés depuis son indépendance. Le fait que ce pays – tout comme les autres pays baltes, eux aussi confrontés à une chute brutale de leur croissance –, n'ait pas été dans la zone euro, lui a donné plus de souplesse pour se redresser rapidement[1]. Si la même sévérité avait été appliquée aux pays du sud de l'Europe, la zone euro aurait sans doute fait l'économie d'une crise. Mais cet accès de courage de la Commission ne se répétera pas, alors que de sérieuses questions se posaient au moins à propos de Chypre et de la Slovénie tout comme elles se posaient pour l'Italie, l'Espagne, la Grèce et le Portugal.

Le « conseil de sécurité » de la BCE

Francfort va se montrer plus prévoyante que les États en adaptant sa gouvernance afin de faire face aux

1. Le fonds d'aide à la balance des paiements, dont la dotation est passée de 15 à 50 milliards d'euros en mars 2009, permet à l'Union de venir en aide aux pays hors zone euro qui rencontrent des « difficultés [...] dans la balance des paiements [...] provenant soit d'un déséquilibre global de la balance, soit de la nature des devises dont il dispose, et susceptibles notamment de compromettre le fonctionnement du marché intérieur ou la réalisation de la politique commerciale commune ». La Hongrie, la Lettonie et la Roumanie en ont bénéficié.

élargissements. Sur proposition de la BCE, le Conseil des ministres adopte le 21 mars 2003 un règlement modifiant le protocole relatif au statut de l'institut d'émission afin d'instaurer un système de vote par rotation applicable dès que la zone euro dépassera quinze membres. Mais, en décembre 2008, à la veille de l'adhésion du seizième État membre, la Slovaquie, la BCE, comme l'y autorisait le protocole, décide de reporter l'entrée en vigueur de ce système à l'adhésion du dix-neuvième pays : un chiffre qui est atteint en 2015 avec la Lituanie.

Depuis cette date, le nombre de voix du Conseil des gouverneurs est limité à vingt et un. Les six membres du directoire gardent chacun leur droit de vote. Les gouverneurs des banques centrales nationales, eux, se partagent les quinze voix restantes. Ils sont divisés en deux groupes : le premier, qui comprend ceux qui représentent les cinq premières économies de la zone (PIB et importance du secteur financier), soit l'Allemagne, la France, l'Italie, l'Espagne et les Pays-Bas, dispose de quatre voix. Le second, qui regroupe les quatorze gouverneurs restants, se partage onze voix. Les gouverneurs qui ne peuvent pas voter sont tirés au sort. À partir du vingt-deuxième État membre, le système se compliquera encore : il y aura alors trois groupes (grands, moyens, petits). Le premier gardera ses quatre voix, le second n'aura plus que huit voix, le troisième, trois. En présentant cette réforme au Parlement européen en 2003, Wim Duisenberg, le président de la BCE de l'époque, avait été franc : c'est « quelque chose qui ne mérite pas un prix de beauté, mais c'est une solution satisfaisante à un dilemme auquel nous n'aurions pas dû être confrontés ». En clair, les États auraient dû régler ce problème en amont.

Ce système de rotation est adouci pour les grands États, car il est désormais acquis que l'Allemagne, la

France, l'Italie et l'Espagne disposeront toujours d'un siège au directoire, devenu de facto le « conseil de sécurité » de la zone euro. C'est le moyen qu'ont trouvé les États pour adoucir le fédéralisme intégral de la BCE, qui donne une voix et une seule à chaque gouverneur de banque centrale, qu'il soit allemand ou maltais. La conséquence est que les quatre pays qui pèsent 80 % du PIB de la zone euro sont largement minoritaires au sein du Conseil des gouverneurs qui décide des orientations stratégiques, comme les taux d'intérêt, à la majorité simple. Or, le risque est qu'en cas de divergence d'intérêts entre les grands et les petits (dont les économies sont plus faciles à contrôler), les premiers soient mis en minorité. Le seul moyen de corriger cette égalité est donc que la présence des grands soit garantie au directoire, ce qui leur donne de facto deux voix sauf exclusion temporaire à cause du système de rotation… Ce n'est pas un hasard si dès 1998 les chefs d'État et de gouvernement ont pris la précaution de désigner au directoire un représentant de l'Allemagne, de l'Italie, de la France et de l'Espagne.

Ce sont les Allemands qui ont voulu pérenniser cette configuration. Fin 2003, ils ont convaincu le gouvernement espagnol de désigner un candidat pour succéder au membre espagnol du directoire dont le mandat s'achevait en mai 2004. Les petits pays n'avaient pas prévu cette manœuvre qui a dégénéré en bataille rangée. Il a même fallu que les ministres de l'Économie et des Finances de la zone euro votent à la majorité qualifiée. Le 26 mars 2004, grâce à l'appui de l'Autriche et du Portugal, les grands ont finalement pu imposer José Manuel González-Páramo pour succéder à Eugenio Domingo Solans. Le 17 février 2005, rebelote. Cette fois, la désignation de l'Italien Lorenzo Bini Smaghi pour succéder à un autre Italien, Tommaso Padoa-Schioppa, se passe sans heurt, les petits ayant même renoncé à présenter un candidat. Enfin, le 20 décembre 2005, le gouvernement allemand annonce, sans que cela suscite de vague, qu'il a « désigné » Jürgen Starck, le vice-président de la Bundesbank, pour succéder à Otmar Issing, le « chief economist » de la BCE dont le mandat de huit ans arrive à échéance le 31 mai 2006, candidature là aussi entérinée sans problème. Finalement, seule la France a été absente pendant plus d'un an, entre le départ de Christian Noyer, à la mi-2002, et l'arrivée de Jean-Claude Trichet, en novembre 2003.

L'euro flambe

Après le passage à l'euro fiduciaire, le décrochage du dollar s'accentue tout au long des années 2003 et 2004. Ce mouvement, pour le coup, fait le bonheur des autorités américaines, puisqu'il permet notamment de réduire le déficit de la balance commerciale en rendant les produits américains plus compétitifs. La spirale qui a joué contre l'euro joue désormais contre le dollar : toutes les mauvaises nouvelles sont portées à son débit et toutes les bonnes au crédit de la monnaie unique... Mais la hausse de la monnaie unique, qui atteint 1,3621 dollar en décembre 2004, par sa rapidité plus que par son ampleur, commence à préoccuper Francfort. Car un euro fort n'est pas forcément une mauvaise chose, surtout à un moment où le prix du baril de pétrole s'envole puisque cela diminue mécaniquement la facture des importations. En outre, cela permet de réduire les pressions inflationnistes et donc contribue à maintenir des taux d'intérêt peu élevés. En revanche, la vitesse de la hausse handicape les entreprises qui n'ont pas le temps de s'adapter à la nouvelle donne et leur fait perdre des parts de marché à l'exportation.

Jean-Claude Trichet réagit vite pour essayer de contrôler un mouvement qui, par son ampleur, est tout aussi inexplicable que l'a été la chute de l'euro. Le 8 janvier 2004, alors que l'euro atteint 1,27 dollar, le président de l'institut d'émission martèle que la BCE est « intéressée à la stabilité financière » et qu'il n'est « pas particulièrement satisfait de la volatilité excessive » de la monnaie unique. Pour la première fois, il ne mentionne pas son attachement à « un euro fort et stable », l'un des leitmotive de la Banque de 1999 à 2002, ce qui freine sa flambée. À la différence de son prédécesseur, l'ancien gouverneur de la Banque de France sait parfaitement maîtriser son langage, et surtout en faire usage à bon escient : il a parlé quand il a perçu que le mouvement ascendant de la monnaie unique commençait à s'essouffler, donnant ainsi aux marchés le signal qu'ils attendaient. Cet épisode montre aussi qu'il est soigneusement écouté par les marchés.

La crise des subprimes

Mais il ne s'agit que d'un répit. En février 2007, la crise dite « des subprimes » éclate aux États-Unis. Elle va dégénérer en crise financière puis économique mondiale. Les subprimes, ce sont des prêts immobiliers « non performants », selon l'expression consacrée, c'est-à-dire consentis à des emprunteurs à la solvabilité douteuse, mais surtout des prêts à taux variable. Tant que les taux sont bas, tout va à peu près bien. S'ils remontent, en revanche, c'est la catastrophe, l'emprunteur ne pouvant plus faire face aux mensualités. Or la Réserve fédérale fait remonter ses taux depuis 2004[1], ce qui entraîne l'éclatement de la bulle immobilière. La contamination est d'autant plus rapide et étendue que ces prêts ont été dissimulés dans des produits financiers complexes (titrisation).

Dans un premier temps, la crise des subprimes fait de l'Union et de l'euro une valeur refuge. La monnaie unique repasse rapidement au-dessus de 1,30 dollar et le sujet devient même l'un des thèmes de la campagne présidentielle française de 2007 : l'euro fort est accusé de nuire à la croissance. Christian Noyer, le vice-président de la BCE, essaie de ramener un peu de raison dans ce débat si franco-français en rappelant que les variations de l'euro sont bien « inférieures à celles que nous avons connues dans les décennies précédentes, à l'époque où la monnaie unique n'existait pas. Par rapport au franc, l'euro a réduit la volatilité de notre taux de change »[2]. Et on oublie un peu vite que, depuis 1999, c'est le billet vert qui a été durablement surévalué puisque l'euro n'est revenu à parité avec le dollar qu'en mai 2003. Ce qui n'empêche pas le futur président, Nicolas Sarkozy de proclamer martialement en mars 2007 : « Je proposerai à nos partenaires, si je suis élu, que la politique de surévaluation de l'euro, qui est en train d'accentuer tous les problèmes d'Airbus et d'accélérer la désindustrialisation de l'Europe, soit abandonnée. » Il semble ignorer que le monde vit dans un système de change flottant depuis 1971 et qu'il n'existe aucune « politique de surévaluation de l'euro », les États étant bien incapables d'imposer aux marchés le « bon » taux de change, euro ou non.

1. Le Repo est passé de 1 % à 5,25 % de 2004 à 2006.
2. *Libération*, le 23 janvier 2007.

En octobre 2007, la monnaie unique atteint 1,43 dollar. Une nouvelle fois, comme le fait remarquer Ernest-Antoine Sellière, le président de l'association patronale européenne BusinessEurope, « c'est l'accélération de l'appréciation de l'euro qui gêne, car les entreprises n'ont pas le temps de s'adapter ». Il est intéressant de noter que l'arme des taux d'intérêt montre définitivement ses limites. Alors que les taux américains sont supérieurs aux taux européens depuis 2005, cela n'empêche absolument pas la chute du dollar, ce qui démontre qu'il n'y a aucune « politique de surévaluation de l'euro ». Tout comme l'augmentation des taux de la BCE entre le 4 novembre 1999 et le 5 octobre 2000, qui passent de 2,5 % à 4,75 %, n'a absolument pas stoppé la chute de l'euro. Ce qui l'a enrayé, ce sont les mauvaises nouvelles en provenance des États-Unis et, en particulier, l'élection rocambolesque en novembre 2000 de George W. Bush, qui a ébranlé la démocratie américaine, puis la dégradation des comptes publics qui a suivi les attentats du 11 septembre 2001. De même, la flambée de la monnaie unique en 2007 est due à la crise des subprimes. Autrement dit, ce sont les fondamentaux économiques qui déterminent la valeur des monnaies et rien d'autre.

La crise touche l'Ancien Continent

Le taux de change de l'euro, la grande affaire de la période 1999-2007, passe rapidement au second plan du débat politique lorsque les Européens réalisent la gravité de la crise des subprimes, qui n'est pas qu'une affaire américaine. Début août 2007, alors qu'il est en vacances dans sa maison de Saint-Malo, Jean-Claude

Trichet prend conscience que le système financier mondial est en train de s'effondrer. Les banques, tétanisées par la peur, refusent de se prêter de l'argent entre elles, car elles ne peuvent plus évaluer le risque qu'elles courent faute de connaître l'état réel du bilan de l'emprunteur. Elles ne peuvent donc plus fournir de crédit aux entreprises et aux particuliers (c'est ce qu'on appelle un « credit crunch »). Bref, le marché interbancaire est menacé d'embolie. Par téléphone, Trichet coordonne l'action de la BCE : jouant pour la première fois son rôle de « prêteur en dernier ressort », elle injecte près de 300 milliards d'euros de liquidités dans le circuit (qui seront vite remboursés), ce qu'elle continuera de faire durant tout l'automne. Ainsi, elle évite des faillites bancaires en cascade et une catastrophe économique. La Banque d'Angleterre fournit l'exemple de ce qu'il ne faut pas faire : après avoir refusé d'intervenir, elle a dû s'y résoudre en urgence, le 13 septembre 2007, pour sauver de la faillite la banque Northern Rock, une banque solvable, mais n'arrivant plus à se financer[1].

L'action déterminée de la BCE aurait dû être saluée et soutenue par l'ensemble des gouvernements de la zone euro. Cela n'est pas le cas : Nicolas Sarkozy, président de la République française depuis le mois de mai, se déchaîne contre « les nains de Francfort », comme les appelait Jacques Chirac, étalant ainsi devant le monde entier son ignorance des mécanismes financiers en jeu. L'épisode est intéressant en ce qu'il préfigure les erreurs d'analyse que vont multiplier des politiciens nationaux durant la crise de la zone euro de 2010-2012. Alors que

1. La banque sera nationalisée en février 2008 et reprivatisée fin 2011. L'épisode aura coûté cher aux contribuables britanniques.

les ministres des Finances de l'Union sont réunis à Porto, au Portugal, le 15 septembre 2007, le journal *Le Monde* rapporte les confidences du chef de l'État, en déplacement en Hongrie, qui s'en prend à la BCE « J'ai trouvé curieux d'injecter des liquidités sans baisser les taux », la BCE ayant simplement renoncé à les augmenter début septembre contrairement à ce qu'elle avait annoncé au début de l'été. Pour le chef de l'État, « on a fait des facilités aux spéculateurs, on complique la tâche aux entrepreneurs ».

Des déclarations pour le moins étrange au lendemain de la faillite de Northern Rock, qui suscitent immédiatement la colère des grands argentiers et des banquiers centraux : « Que veut Nicolas Sarkozy ? Faire exploser l'euro ? A-t-il un agenda caché ? », lâche ainsi le sous-gouverneur de la Banque de France. Le président de la Bundesbank, Axel Weber, lui, réagit avec un mépris à peine déguisé, les Allemands n'ayant pas l'habitude de plaisanter avec la monnaie : « Le degré de nouveauté des propos du président est nul, leur influence sur les décisions de la BCE l'est aussi ». Peer Steinbrück, le grand argentier allemand, rappelle que « l'action de la BCE a été très largement saluée ici ». Même Christine Lagarde, la ministre française, prend ses distances : « Nous sommes tous très contents de ce que la BCE a fait cet été face [...] aux turbulences sur les marchés financiers. » Et Trichet d'envoyer un uppercut à Sarkozy avec toute la componction dont est capable un banquier central : « Le monde entier sait que nous avons lutté contre la spéculation et les spéculateurs. »

L'euro atteint son sommet historique

Le 15 juillet 2008, l'euro atteint son record historique à 1,6038 dollar. Une envolée qui permet de compenser en grande partie la flambée du cours des matières premières (le pétrole a franchi le seuil des 100 dollars, 144 dollars en juillet ; l'uranium est à son plus haut historique, etc.) et des produits agricoles[1]. En « franc reconstitué », le billet vert retrouve son niveau de la fin des années 1970, soit son plus bas depuis une trentaine d'années ! Ce qui signifie que la monnaie européenne s'est renchérie de 37 % depuis 1999. Mais si l'on retient son point le plus bas, 0,82 dollar, atteint en octobre 2000, c'est de 95 % qu'il s'agit... Il est amusant de constater que les contempteurs de l'euro ne désarment pas : en 2000, sa chute prouvait qu'il s'agissait d'une monnaie de singe. Depuis qu'il a retrouvé des couleurs, sa force montre qu'il n'est pas adapté aux économies du sud de l'Europe, dont la France. Trop faible ou trop fort, l'euro n'a décidément jamais le bon niveau.

Mais la crise économique américaine, qui a succédé à la crise bancaire, finit, là aussi, par toucher de plein fouet le Vieux Continent. La croissance de la zone euro ralentit inéluctablement (0,4 % en 2008 contre 3 % l'année précédente), ce qui a un effet mécanique sur le taux de change de l'euro. En septembre 2008, la monnaie unique a déjà perdu, en moins de cinq mois, 20 centimes par rapport au dollar, ce qui est énorme, alors même que les taux d'intérêt européens sont plus élevés qu'aux États-Unis (4,25 % contre 2 %). Mais, tout comme sa

1. Si l'euro avait été à parité avec le dollar, le pétrole, par exemple, aurait coûté 33 % de plus.

hausse est intervenue pour compenser la flambée des matières premières, la baisse de l'euro associée à celle du prix du pétrole (70 dollars le baril contre 147 dollars en juillet) et des produits alimentaires redonne de l'air à l'économie européenne.

Et ce fut Lehman Brothers

Le 15 septembre 2008, les autorités américaines, après avoir sauvé l'ensemble de leurs banques systémiques, vont laisser la banque d'affaires Lehman Brothers, la quatrième banque d'investissement américaine, faire faillite « pour l'exemple ». Prévenu en amont, Paris essaye de dissuader Washington de se lancer dans une telle aventure : « J'ai appelé Henry Paulson, le secrétaire au Trésor de George W. Bush, pour le prévenir que cette opération était particulièrement dangereuse, car il y avait un risque de contagion à l'ensemble du système bancaire », raconte Xavier Muscat, conseiller économique de Nicolas Sarkozy. « Il m'a dit de ne pas m'inquiéter, que tout avait été étudié, que Lehman Brothers n'était pas une banque systémique donc que les risques étaient minimes. » On a vu. Paniquées, les banques ferment, comme à l'été 2007, le robinet du crédit, ne sachant pas quelle sera la prochaine victime. Le système interbancaire est à nouveau proche de l'embolie.

Affolés, les investisseurs américains rapatrient leurs avoirs et les fonds américains, acculés par la crise, liquident leurs positions en euros. Fin octobre 2008, la monnaie unique est à son plus bas depuis novembre 2006, à 1,2530 dollar, une perte de valeur de 20 % par rapport au mois de juillet. Les banques centrales, pour redonner de l'air à leur économie, décident le 8 octobre d'une baisse concertée des taux : 3,75 % pour la BCE, 1,5 % pour la Fed. Encore une fois, les marchés parient, dans la tempête, sur la zone économique qui leur paraît la plus solide et la plus susceptible de rebondir rapidement, en l'occurrence les États-Unis.

L'euro bouclier

La BCE va intervenir massivement, comme à l'été 2007, en inondant le marché interbancaire de liquidités. De septembre 2008 à janvier 2009, son bilan passe de 1 450 milliards à 2 200 milliards d'euros. L'opération réussit : il n'y aura pas de « credit crunch », même si le volume de prêts consentis a diminué, mais essentiellement à cause du ralentissement de l'activité. Parallèlement, la BCE va diminuer très rapidement ses taux d'intérêt afin de relancer l'activité : début décembre, le Refi passe de 3,25 % à 2,50 % alors qu'il était encore de 4,25 % en juillet, avant Lehman Brothers, une baisse sans précédent par sa rapidité[1]. En dépit de ce tsunami financier, l'euro tient bon[2].

Tout le monde, à ce moment, prend conscience que l'euro est un bouclier qui a permis d'éviter le pire. Non

1. Le principal taux directeur de la Réserve fédérale américaine, lui, a déjà atteint 1 %, la crise ayant touché les États-Unis avant l'Europe. Il faut savoir qu'une baisse des taux d'intérêt met environ un an à se diffuser dans l'économie réelle.

2. Il varie de 1,25 à 1,48 dollar entre 2008 et 2014. Ce n'est qu'au premier semestre 2015 qu'il connaît un véritable accès de faiblesse, en tombant à son plus bas niveau depuis 2003 (1,07 dollar), en grande partie à cause du massif rachat d'actifs lancé, en janvier 2015, par la BCE pour contrer le risque de déflation, mais aussi parce que la crise grecque a connu un énième rebond. Depuis, il oscille autour de son cours de lancement.

seulement parce que la BCE a évité une implosion du système bancaire européen, mais aussi parce que sans monnaie unique, des mouvements violents auraient eu lieu sur le marché des changes européen, les investisseurs quittant brutalement les monnaies jugées faibles (franc, lire, peseta, escudo, drachme, etc.) pour des valeurs refuges comme le mark ou le florin néerlandais. Or ces mouvements ont un prix élevé, comme on l'a vu lors de la crise de 1992-1993. Les monnaies européennes isolées sont d'ailleurs attaquées les unes après les autres au point que, dans la panique, plusieurs pays plutôt eurosceptiques déclarent vouloir rejoindre l'euro. L'Islande, fière de son indépendance, mais en faillite, lance un processus d'adhésion à l'Union afin de pouvoir rejoindre l'euro, le Danemark annonce qu'il veut une nouvelle fois essayer d'en finir avec son « opt out » monétaire, la Suède s'interroge et même la très eurosceptique Grande-Bretagne, dont la monnaie atteint la parité avec l'euro (–30 % en un an) en décembre 2008, se tâte… Tout cela sera bien vite oublié une fois le gros de la tempête passé, mais cette épisode démontre l'utilité de bénéficier de la protection d'une monnaie-continent par gros temps. Nicolas Sarkozy, un peu plus d'un an après s'en être pris à la BCE, n'hésite pas à faire son mea culpa le 12 décembre 2008 : « J'ai apprécié le pragmatisme dont Jean-Claude Trichet fait preuve en ce moment. Je n'avais pas compris que c'était possible. » En privé, il reconnaît qu'il s'était totalement planté sur la BCE et qu'il a été surpris par sa souplesse.

L'impotence de l'Union et des États

L'activisme de la BCE, la seule institution fédérale de la zone euro, contraste avec l'immobilisme de la Commission, dirigée depuis novembre 2004 par le conservateur portugais José Manuel Durão Barroso, et l'incapacité des États à agir et réagir de conserve face à la faillite de Lehman Brothers, qui va entraîner la plus grave crise économique occidentale depuis 1929. Autrement dit la crise des subprimes va mettre en évidence l'absence de gouvernance économique de la zone euro.

Ainsi, bien que la réglementation des marchés financiers fasse partie des compétences de l'Union, la Commission, par idéologie, s'est toujours refusée à s'y attaquer lui préférant la mythique « autorégulation ». Certes, il n'est pas sûr qu'elle aurait obtenu le soutien d'une majorité d'États, mais nul combat ne peut être gagné sans avoir été mené. Or, en pleine crise financière, alors même que les États-Unis se sont lancés dans une frénétique re-réglementation d'un secteur qui a profité de l'affaiblissement du contrôle public, sous la présidence de Bill Clinton, pour prendre des risques inconsidérés, la Commission reste l'arme au pied. L'Irlandais Charlie McCreevy, commissaire chargé du marché intérieur, répète sur tous les tons et contre toute évidence que « ce n'est pas l'absence de réglementation qui est à l'origine de la crise financière ». José Manuel Durão Barroso est sur la même ligne (et la banque d'affaires américaine Goldman Sachs saura s'en souvenir en l'embauchant en juillet 2016, dix-huit mois après le terme de son mandat de président).

Un refus d'agir qui suscite l'agacement du Parlement européen : en septembre 2008, il demande, à la quasi-unanimité, fait assez rare pour être souligné, que la Commission propose un encadrement de l'activité des fonds spéculatifs *(hedge funds)* et de capital-investissement *(private equity)* largement responsable de la crise : exigence de fonds propres, transparence, surveillance européenne des agences de notation, etc. En octobre, ce sont les ministres des Finances qui exigent de l'exécutif européen, qui possède le monopole de l'initiative législative, qu'il propose rapidement une augmentation de la garantie des dépôts bancaires de 20 000 à 50 000 euros afin de rassurer les déposants. Là aussi, la Commission s'oppose à cette mesure, alors même que le plan Paulson, du nom du secrétaire américain au Trésor, a fait passer cette garantie à 250 000 dollars[1]…

Seule la commissaire à la concurrence, la Néerlandaise Neelie Kroes, semble avoir compris les risques d'effondrement du système financier. Le 1er octobre 2008, elle décide d'appliquer pour la première fois de l'histoire l'article 87-3-b du traité de Rome qui valide les aides d'État visant à « remédier à une perturbation grave de l'économie d'un État membre », alors qu'habituellement ces aides sont soigneusement examinées pour déterminer si elles nuisent ou non à la concurrence. Dans la foulée, elle reçoit l'habilitation de la Commission pour donner seule (c'est-à-dire sans faire approuver ses décisions par le collège des vingt-sept commissaires) son feu vert durant trois mois. Ces aides aux banques sont « des aides au sauvetage, pas des aides à la restructuration »,

1. Finalement, Barroso prend conscience que le rapport de forces n'est plus en faveur du laisser-faire et il contraint son commissaire à faire une proposition de directive. Après seulement quelques mois de discussion, un record, le texte est adopté le 11 mars 2009 et porte la garantie minimale à 100 000 euros par déposant, ce qui reste toutefois inférieur au niveau américain.

explique un porte-parole de la Commission. « Les risques systémiques pour l'ensemble de l'économie sont tels qu'elles sont une nécessité. » Elle veillera néanmoins à ce que les taux d'intérêts de ces prêts soient suffisamment élevés pour qu'ils n'apparaissent pas comme des cadeaux faits à des établissements qui ont pris des risques inconsidérés. La France, en particulier, sera contrainte de les augmenter.

Merkel, la Dame de plomb

La France, qui exerce la présidence semestrielle tournante de l'Union au second semestre 2008, se montre particulièrement active. Nicolas Sarkozy, le chef de l'État, solidement conseillé par Xavier Muscat, le directeur du Trésor[1], a compris le danger mortel que représente la chute de Lehman Brothers et il s'active afin de coordonner une réponse communautaire capable d'éviter des faillites bancaires en cascade qui mettraient à terre l'économie européenne. Mais il se heurte à Angela Merkel, chancelière allemande depuis octobre 2005, qui a encore moins d'appétence pour la construction communautaire que lui. Le 4 octobre, le chef de l'État convoque à l'Élysée une réunion des quatre pays européens du G7 (Allemagne, France, Royaume-Uni et Italie) au cours de laquelle « Frau Nein » (Mme Non) va donner un avant-goût de l'enfer qu'elle va

1. Il est nommé secrétaire général adjoint de l'Élysée, chargé des questions économiques, en mars 2009 avant de devenir secrétaire général deux ans plus tard. C'est ce haut fonctionnaire modèle qui a géré, pour la France, la crise de la zone euro. Il n'en sera pas récompensé par François Hollande, qui succède à Nicolas Sarkozy en mai 2012 : aucun poste ne lui sera proposé dans la fonction publique. Il passe donc dans le privé, au Crédit Agricole.

faire vivre à ses partenaires durant la crise de la zone euro. « Elle a dit "Chacun sa merde" », confie crûment Sarkozy à ses conseillers[1] à l'issue de ce mini-sommet. Pour la chancelière, sûre de la solidité de ses banques, il est hors de question d'envisager un quelconque plan d'action européen, encore moins une union bancaire, qui confierait la supervision à la Banque centrale européenne… Quelques jours auparavant, elle s'est déjà opposée à l'idée franco-néerlandaise d'un fonds de soutien européen aux banques dotées de 300 milliards d'euros. Le ministre des Finances, Peer Steinbrück (social-démocrate), explique franchement qu'il ne veut pas que « le bon argent allemand » serve à sauver les banques des pays méditerranéens… Une absence de coordination préoccupante, car « la solution d'un pays est le problème d'un autre », comme le dit très justement le grand argentier suédois, Anders Norg.

Mais, en rentrant à Berlin le soir même de ce mini-sommet, Merkel apprend que la quatrième banque privée allemande, Hypo Real Estate (400 milliards d'euros d'actif) est en faillite. Pour limiter la panique, elle annonce que les dépôts des particuliers seront garantis sans limites et que la banque sera sauvée (elle est nationalisée l'année suivante). Le dimanche 5 octobre, la chancelière appelle son « cher ami » Nicolas pour lui annoncer que tout compte fait son idée d'un plan européen n'est pas si mauvaise… La semaine suivante, les Bourses européennes plongent, paniquées par le chacun pour soi des États membres. Nicolas Sarkozy réunit alors à l'Élysée un sommet des quinze pays de la zone euro le dimanche 12 octobre. C'est le premier du genre : le chef de l'État français profite de la crise pour s'asseoir sur les réticences allemandes qui refusaient jusque-là une telle configuration, Berlin y voyant le début

1. Cité par *Le Canard enchaîné*.

d'un « gouvernement économique » susceptible de mettre en cause de l'indépendance de la BCE. Pressés par les marchés, les Quinze adoptent un plan de sauvetage du secteur bancaire européen prévoyant notamment une garantie publique des crédits interbancaires jusqu'au 31 décembre 2009, ainsi qu'un recours possible aux recapitalisations pour éviter les faillites des établissements bancaires « systémiques ». Ces garanties, valables cinq ans, seront payantes pour les institutions bancaires, c'est-à-dire rémunérées aux taux du marché. Mais ce sont les pays eux-mêmes qui présenteront les détails financiers dans le cadre de plans de sauvetage nationaux et aucun fonds de secours européen n'est prévu, l'Allemagne et les pays « vertueux » budgétairement s'y opposant. Bref, on reste dans la coordination, mais c'est mieux que rien.

Lors du sommet européen du 16 octobre, Angela Merkel s'oppose à tout plan de relance européen à la déception de Nicolas Sarkozy : « Si on a pu apporter une réponse coordonnée à la crise financière en Europe, ne faudrait-il pas apporter une réponse coordonnée à la crise économique en Europe ? », s'interroge-t-il à l'issue du Conseil. « Du point de vue de la présidence, la réponse est oui, oui, oui. Est-ce que c'est pour l'instant l'unanimité ? Non, non, non. ». Là encore, l'Allemagne pense pouvoir échapper à la récession, comme elle pensait échapper à la crise financière. En outre, beaucoup ne croient pas à des plans de relance, comme l'explique Jean-Claude Juncker, le président de l'Eurogroupe : « Dans les années 1980, on a multiplié les plans de relance qui ont creusé les déficits et la dette. Ont-ils permis de relancer les économies ? Non, ils ont surtout accru le chômage. On ne va pas répéter les erreurs du passé. » Pour le Premier ministre du grand-duché, les pays qui le peuvent laisseront simplement filer leur déficit jusqu'à la limite des 3 % du PIB,

« ce qui équivaut à une relance et profitera indirectement aux autres pays ». Une vision orthodoxe nullement partagée par les États-Unis[1] ou la Grande-Bretagne, pour le coup. Mais après avoir tout fait pour saboter un plan de relance européen, avec il est vrai la complicité active de la Commission Barroso, Angela Merkel, qui a découvert que son pays n'était pas immunisé contre la crise économique, décide, début 2009, d'un gigantesque plan national (la récession atteindra -5,6 % en Allemagne). Résultat des réticences merkeliennes à anticiper et à jouer collectif : une absence de coordination quasiment totale, qui a empêché une reprise européenne rapide. Bref, Angela Merkel n'est pas « la Dame de fer », mais « la Dame de plomb » : malléable, mais lourde à manier.

En cette fin 2008, tous les éléments sont réunis pour que la zone euro connaisse une crise majeure : une monnaie unique sans État fédéral, des États jaloux de leur souveraineté qui ont consciencieusement affaibli le peu de discipline commune existante, un refus répété d'agir de conserve et le souci de sauver leurs banques à tout prix y compris en mobilisant les budgets nationaux. Il ne manque plus qu'une étincelle. Elle viendra d'un petit pays périphérique que l'on croyait pouvoir « se payer », la Grèce.

1. En février 2009, les États-Unis décident d'un plan de relance de 900 milliards de dollars, montrant ainsi leur pragmatisme.

L'EURO CRISE
2009-2012

5 février 2009. Un épais manteau de neige recouvre le paysage. Les températures sont polaires, au sens propre, puisque la présidence canadienne du G7 a eu l'idée saugrenue d'organiser la réunion annuelle des ministres des Finances et des banquiers centraux à Ilqaluit, dans le Grand Nord, en plein hiver. Discrétion assurée. Confinés pour deux jours dans leur hôtel de luxe, Peer Steinbrück, le ministre des Finances allemand, Christine Lagarde, son homologue française, Jean-Claude Trichet, le président de la BCE, Jean-Claude Juncker, le Premier ministre du Luxembourg et président de l'Eurogroupe, ainsi que Joaquín Almunia, le commissaire européen chargé des affaires économiques et monétaires, en profitent pour s'éclipser discrètement un à un et se retrouver dans une petite salle. Cela fait plusieurs semaines que ces cinq-là ont pris l'habitude de se réunir dans ce format limité. Mais cette fois-ci, côté discrétion, c'est raté : Giulio Tremonti, le ministre italien, remarque le manège et suit le petit groupe pour savoir de quoi il retourne. Mal lui en prend : on lui claque la porte au nez. « Il en a conçu beaucoup d'aigreur et il nous l'a fait savoir », raconte Christine Lagarde[1].

1. Ministre des Finances de 2007 à 2011 sous la présidence de Nicolas Sarkozy, elle succède en juillet 2011 à Dominique

Tremonti est plutôt apprécié de ses collègues, mais personne ne veut d'un Italien dans la salle, car la confiance dans ce pays pour garder un secret est limitée. Or, la moindre fuite sur l'objet de ces rencontres aurait pu entraîner une catastrophe financière et économique. Car les cinq travaillaient « sur un scénario de défaut d'État et on imaginait des voies de secours si jamais cela devait se produire », explique Jean-Claude Juncker. « On réfléchissait à la façon dont on pouvait exprimer une solidarité financière conforme aux règles du traité européen et qui soit de nature à impressionner les marchés », confirme Christine Lagarde. « Et on se posait surtout la question de savoir à quelle vitesse on serait capables de mobiliser des fonds s'il fallait intervenir rapidement en liquidités sur le marché. »

Les États punis par là où ils ont péché

On est pourtant exactement un an avant le début de la crise de la zone euro. Mais, depuis la fin 2008, les autorités de la zone euro suivent avec inquiétude l'évolution des « spreads », c'est-à-dire l'écart des taux d'intérêt réclamés par les marchés entre les obligations d'État allemandes, réputées les plus sûres du monde, et les autres pays. Ainsi, en janvier 2009, le « spread » entre l'Allemagne et la Grèce, le pays économiquement le plus fragile, atteint 244 « points de base » (soit un taux de 5,34 % pour un bon du Trésor hellène contre 2,90 % pour le bund à dix ans) contre… 20 points avant

Strauss-Kahn, contraint de démissionner à la suite d'un scandale sexuel, à la tête du Fonds monétaire international.

août 2007[1] ! En clair, alors qu'Athènes empruntait aux taux allemands avant le début de la crise financière, les investisseurs lui réclament désormais une prime de risque qui double quasiment le coût de ses emprunts. Elle n'est pas la seule à être touchée par cette défiance sans précédent des marchés à l'égard des dettes publiques européennes : le taux français, toujours en ce début janvier, est à 3,38 %, soit l'écart le plus important depuis le lancement de l'euro (avant la crise, l'écart était de 5 points de base contre 47 désormais), le taux portugais à 4,19 %, le taux italien à 4,41 %, le taux irlandais à 4,62 %

Avant que n'éclate la crise des subprimes, « pour les opérateurs de marché, acheter de la dette grecque ou allemande, c'était à peu près la même chose », analyse Philippe Mills, le directeur de l'Agence France Trésor (AFT, l'organisme qui gère la dette française). Depuis 2001, les agences de notation n'ont pas hésité à classer la Grèce parmi les meilleurs débiteurs de confiance de la planète, ce qui en dit long sur l'aveuglement de ces marchés prétendument omniscients. Mais, dès août 2007, les investisseurs commencent, doucement, à réaliser que l'Allemagne n'est pas la Grèce, ni l'Italie, ni l'Espagne, ni le Portugal. Autrement dit que chaque pays a ses forces et surtout ses faiblesses. Rien de très grave encore. Mais, au lendemain de la faillite de Lehman Brothers, le 15 septembre 2008, la situation sur le marché de la dette souveraine s'aggrave brusquement. Car, pour sauver leur système bancaire et faire face à la crise économique qui suit, les États mobilisent des centaines de milliards d'euros qu'ils vont emprunter sur les marchés. Les déficits publics et

1. Pour rappel, avant l'euro, le spread entre le bund allemand et les bons du Trésor grecs atteignait 1 000 points de base, soit 10 % de plus…

les dettes publiques explosent : 20 à 30 points de plus en deux ans !

Dès le mois de novembre 2008, les spreads se creusent dangereusement. Les marchés « volent vers la qualité » *(flying to quality)*, c'est-à-dire vers les pays les plus vertueux budgétairement et les plus solides économiquement (l'Allemagne, les pays du Nord et la France dans une moindre mesure), et exigent des primes de risque importantes avant de prêter aux États dont est mise en doute la capacité de remboursement. Comme à leur habitude, les agences de notation amplifient ce mouvement de défiance : début janvier 2009, l'agence de notation Standard & Poor's dégrade la note de la Grèce de A/A-1 à A/A-2 et place « sous surveillance » l'Espagne, le Portugal et l'Irlande. Le problème est que cette augmentation des taux longs enclenche un cercle vicieux : comme le service de la dette s'alourdit, cela détériore davantage le déficit et donc accroît la dette, ce qui augmente d'autant la méfiance des marchés…

Personne n'avait imaginé que les marchés puissent ainsi distinguer la qualité des dettes publiques nationales et menacer d'étranglement les pays les plus fragiles. Un aveuglement d'autant plus étonnant de la part des États qu'ils ont toujours refusé de mutualiser leurs émissions de dettes (« eurobonds »), ce qui aurait offert aux investisseurs la garantie de l'ensemble de la zone euro, de créer un budget de la zone euro et ont voulu garder la haute main sur leur politique économique et budgétaire. Il ne fallait pas faire un grand effort d'imagination pour comprendre que cette absence de fédéralisme laissait une marge de manœuvre aux marchés qui, faute de pouvoir mettre en concurrence les monnaies nationales, comme ils l'auraient fait avant l'euro, se sont finalement attaqués au seul élément de souveraineté sur lequel ils avaient prise : la dette. Si la crise n'a pas éclaté avant, c'est parce que les investisseurs se sont eux-mêmes persuadés que le destin des États membres de la zone euro leur était totalement commun et qu'il existait une solidarité financière de fait entre eux : en clair, ils étaient certains qu'aucun État ne ferait faillite, car l'euro avait de facto donné naissance aux « États-Unis d'Europe ». Ce n'est que fin 2008, avec le « chacun sa merde » proclamé par la chancelière allemande, Angela Merkel, que le doute sur la solidité de cet ensemble baroque qu'est la zone euro s'est installé sur les marchés. En d'autres termes, les États vont être punis par là où ils ont péché...

Berlin murmure à l'oreille des marchés

On ne peut cependant pas reprocher à la zone euro de ne pas avoir compris que cette fébrilité des marchés était grosse de risques, même si « on n'a pas vraiment pris conscience de toute l'ampleur du problème qui était en train de naître », reconnaît Jean-Claude Juncker. Autrement dit, les États vont encore une fois faire le service minimum. Ce fameux 5 février 2009, dans le Nord canadien, il est finalement convenu que le grand argentier allemand fera une déclaration publique de solidarité, l'Allemagne étant le pays le plus crédible pour les marchés : « On était tous d'accord qu'il ne fallait pas laisser tomber la Grèce », souligne Lagarde. Lors d'une conférence de presse à Berlin le 18 février, Peer Steinbrück martèle, en anglais pour être bien compris des investisseurs, que si « certains pays rencontraient progressivement des difficultés avec leurs paiements » de la dette,

« nous nous montrerions en capacité d'agir pour stabiliser ces pays ». Le vendredi 20 février, il remet le couvert : « Les traités de la zone euro ne prévoient aucune aide en faveur de pays devenus insolvables, mais en réalité les autres États seraient obligés de secourir ceux qui rencontrent des difficultés. » Une déclaration ferme, passée largement inaperçue du grand public, mais qui calme immédiatement les marchés : les écarts de taux d'intérêt se resserrent, même s'ils ne reviennent pas à leur niveau d'avant le début de la crise. Une simple déclaration politique sur la solidarité financière de fait existant entre les États a donc permis d'éviter le pire. Mais, au lieu de profiter du répit obtenu pour doter la zone euro des instruments de gestion de crise qui lui font défaut, chacun retourne à ses affaires comme si tout danger était définitivement écarté.

Le nouveau mensonge grec

Le 4 octobre 2009, les socialistes du Pasok gagnent les élections et renvoient dans l'opposition les conservateurs du falot et incompétent Kóstas Karamanlís. Giórgos Papakonstantínou, un brillant économiste qui a fait une partie de sa carrière à Paris, à l'OCDE, est nommé ministre des Finances. Il commence à faire les comptes et tombe de haut : « La découverte de l'ampleur du problème a été faite après plusieurs séances de travail avec les services lors de la préparation du budget 2010 », raconte-t-il. « Chaque jour, on découvrait qu'il y avait une partie des dépenses qui n'avait pas été vraiment bien décrite dans les chiffres officiels. Et qu'on avait utilisé des méthodes incorrectes, pour ne pas utiliser un autre mot, afin de cacher des dépenses. Tout le système était pourri. » Le déficit public pour 2009 ne sera pas de 6 %, comme annoncé par le gouvernement Karamanlís, mais de 13 % du PIB. Il faudra un an pour que le vrai chiffre soit connu : 15,7 %, soit quasiment le triple !

La mort dans l'âme, Papakonstantínou se rend à Bruxelles pour sa première réunion des ministres des Finances de la zone euro, le 19 octobre : « Pour nos partenaires européens, les gouvernements changent, mais l'État grec est l'État grec. J'étais assis derrière un signe qui disait "la Grèce" et non pas "le nouveau gouvernement grec" ». Donc, mes collègues ont été très sévères parce qu'ils se doutaient bien qu'il y avait quelque chose qui n'allait pas depuis assez longtemps. » Jean-Claude Juncker, lors de la conférence de presse qui suit, est fou de rage : « La partie est terminée, nous avons besoin de statistiques sérieuses. » Mais il est bien moins surpris qu'il n'en a l'air. Au début du mois de juillet 2009, le commissaire aux affaires économiques et monétaires, le socialiste espagnol Joaquín Almunia, a soumis une note aux ministres des Finances dans laquelle il met en doute le sérieux des statistiques grecques. Pour lui, le déficit est déjà à 10 % du PIB.

« J'ai un regret, confirme Christine Lagarde. On n'a pas suffisamment utilisé le levier de la pression par les partenaires au motif qu'il y avait une élection qui arrivait. » La locataire de Bercy se souvient d'un dîner à Athènes, un mois avant l'élection, avec le ministre des Finances conservateur, Yánnis Papathanasíou : « Sur un coin de table, il m'a donné la liste de toutes les mesures qu'ils allaient prendre » si la Nouvelle Démocratie gagnait les élections, « augmentation du prix du tabac, de la TVA, gel de ceci, réduction des salaires dans tel secteur, etc. Et il écrivait ça à la main sur une serviette en papier et je me suis dit : c'est pas sérieux. C'est vraiment pas sérieux ». Papathanasíou se défend : « Elle exagère : comme elle m'interrogeait à brûle-pourpoint sur notre projet de budget, j'ai pris une serviette, faute d'autre chose, pour lui montrer ce qu'on allait faire. Si la réunion avait été formelle, je lui aurais montré nos documents officiels. »

Le scénario de 2005 et du premier mensonge grec se répète donc. Mais les temps ont changé, la crise financière est passée par là et la confiance fait défaut. Au lendemain de l'Eurogroupe, les investisseurs commencent à se débarrasser de leurs obligations grecques sur le marché secondaire (celui de la revente) et exigent des taux d'intérêt de plus en plus élevés avant de prêter de l'argent à Athènes. La descente aux enfers de la Grèce, mais aussi de la zone euro, commence.

« Frau nein » à la manœuvre

Que les marchés soient inquiets et nerveux en ces temps troublés, rien de plus normal. Ce qui l'est beaucoup moins, c'est l'absence totale de parole politique propre à les rassurer comme il a été fait en février 2009. Et c'est cela qui va générer une crise systémique, alors que le problème ne concernait au départ qu'une petite économie périphérique représentant à peine 3 % du PIB de la zone euro. C'est exactement ce qui s'est passé avec Lehman Brothers : la faillite mal gérée d'une banque d'affaires non systémique qui dégénère en crise mondiale… « Longtemps les marchés ont cru que la dette grecque serait garantie », explique Nicolas Véron, spécialiste du secteur financier, chercheur au Peterson

Institute de Washington et au centre d'analyse Bruegel de Bruxelles[1]. « Quand ils ont compris que ce ne serait pas le cas, ç'a été la panique générale. Initialement les marchés étaient rationnels en pensant que jamais un État de la zone euro ne ferait faillite, parce que le coût collectif serait tellement disproportionné que jamais on ne s'engagerait dans cette voie. Mais ils n'avaient pas réalisé que politiquement le sauvetage de la Grèce était irréalisable, du moins dans un premier temps. »

De fait, en Allemagne la grande coalition entre la CDU/CSU et le SPD a vécu. Lors des élections législatives de septembre 2009, les socio-démocrates subissent une déculottée qui permet à Angela Merkel de s'en débarrasser et de s'allier enfin avec les libéraux du FDP. Et cela change tout : le FDP est, en effet, un parti plutôt eurosceptique, même s'il a toujours été dirigé par des présidents très europhiles, à l'image du mythique Hans-Dietrich Genscher, ministre des Affaires étrangères de Helmut Kohl et vrai père de l'euro. Mais derrière ces têtes de gondole avenantes, le gros des troupes est constitué de petits-bourgeois frileux effrayés par tout ce qui pourrait impliquer « le bon argent allemand ».

Avec ce changement d'alliance, il n'est plus question de proclamer *ex ante* une quelconque solidarité financière avec la Grèce, ce qui aurait pourtant stoppé net la panique, les marchés n'attendant qu'un mot de Berlin. Bien au contraire même : le nouveau grand argentier allemand, le démocrate-chrétien Wolfgang Schäuble, pourtant un europhile convaincu, estime que la Grèce doit assumer ses fautes et ses mensonges, une conception très Ancien Testament de l'économie qui va causer des dégâts humains considérables. Évidemment, il fait

1. Entretien à *Libération* du 24 septembre 2014.

semblant d'oublier que l'Allemagne a donné, comme les autres, son feu vert à l'adhésion de la Grèce et que durant dix ans elle n'a rien trouvé à redire à sa présence, bien au contraire : ses entreprises ont multiplié les juteux contrats avec Athènes et ses banques se sont gorgées de dette grecque. Schäuble est d'autant plus encouragé à la raideur que la presse allemande, le quotidien populaire et conservateur *Bild Zeitung* en tête, se déchaîne contre les « menteurs », les « fainéants », les « fraudeurs » grecs, et l'on en passe. Une xénophobie que l'on croyait définitivement remisée dans les placards de l'histoire.

La chancelière, qui a déjà montré son peu d'appétence européenne durant la crise de 2008, n'a pas besoin de se faire violence pour coller à une opinion publique particulièrement remontée. « Durant toute la crise de la zone euro, on a passé l'essentiel de notre temps à retenir Merkel par la culotte pour l'empêcher de sauter du navire », racontera plus tard Xavier Musca, le secrétaire général de l'Élysée de Nicolas Sarkozy. « Si cela n'avait tenu qu'à elle, elle aurait tout bazardé. Elle nous a littéralement épuisés. » Ce n'est que début 2011 qu'elle se résoudra à « plus d'Europe », mais seulement à condition que « ce soit une Europe plus allemande » poursuit Xavier Musca. Les médias européens qui feront de la chancelière « la reine de l'Europe » se sont grossièrement trompés dans leur analyse : Merkel était certes centrale, mais uniquement parce que sans elle tout l'édifice européen s'effondrait. Elle aurait plutôt mérité le titre de « marâtre de l'Europe ».

Goldman Sachs et les fonds spéculatifs attaquent la Grèce

Flairant la bonne histoire, les agences de presse et les journaux anglo-saxons, qui n'ont jamais cru en l'euro, jettent de l'huile sur le feu en relayant toutes les rumeurs, même les plus fantaisistes, et multiplient les analyses alarmistes sur la fin probable de la monnaie unique, accroissant la panique des marchés, qui se nourrissent uniquement de la presse financière anglophone. Les agences de notation, qui n'ont rien vu venir, veulent se rattraper et emboîtent le pas des marchés en dégradant à tour de bras la notation de la dette grecque (avant de s'attaquer à celle des autres pays de la zone euro), ce qui conforte la défiance… C'est à ce moment que les spéculateurs, qui ont immédiatement compris les bénéfices qu'ils pourraient en tirer, entrent dans la danse. Là aussi, les États n'ont pas vu venir cette forme très particulière de spéculation qui a emprunté le chemin détourné des « *credit default swap* » (CDS) ou « contrats d'échange sur les risques de défaut » (CERD) en français, c'est-à-dire l'assurance qu'un prêteur contracte pour se prémunir contre un défaut d'un État à qui il a prêté de l'argent. La particularité du marché des CDS est qu'il s'est autonomisé : on peut acheter et vendre des CDS sans acheter le titre d'emprunt qui va avec et, en fonction de la demande et de l'offre, le taux d'intérêt appliqué au CDS varie à la hausse ou à la baisse. Ce taux permet de savoir si les investisseurs pensent qu'un État va faire défaut. La spécificité de ce marché est qu'il est non régulé et totalement opaque.

En février 2010, j'ai révélé que la banque d'affaires américaine Goldman Sachs et deux *hedge funds* américains, dont celui de John Paulson, étaient derrière les attaques contre la Grèce, mais aussi le Portugal et l'Espagne. Ils jouaient très intelligemment sur deux tableaux, d'une part en alimentant la panique des marchés, ce qui leur permettait d'exiger de la Grèce des taux d'intérêt toujours plus élevés, d'autre part en spéculant sur le marché des CDS, afin là aussi de les revendre plus cher qu'ils ne les avaient achetés. Un jeu souvent gagnant : si le taux des CDS grimpe, les spéculateurs gagnent de l'argent ; si les taux d'intérêt de la dette grimpent, ils gagnent de l'argent ; si la Grèce fait défaut, ils gagnent de l'argent. Or, « les CDS, c'est un puits sans fond : avec 200 millions de dollars, vous jouez comme si vous aviez un milliard de dollars », explique un analyste de marché. C'est dire la puissance de feu de ces spéculateurs.

Alertés, Angela Merkel, Nicolas Sarkozy, Giórgos Papandréou, le Premier ministre grec, et Jean-Claude Juncker vont tirer la sonnette d'alarme dans une lettre commune du 10 mars 2010 : ils demandent à la Commission de réfléchir aux moyens d'« empêcher que les activités spéculatives créent une telle incertitude sur les marchés que les prix ne donnent plus une information correcte et que le coût de financement des États puisse atteindre des niveaux injustifiables ». Ils suggèrent notamment que l'on « impose une période minimale de détention des CDS, l'interdiction des transactions spéculatives sur les CDS et l'interdiction de l'achat de CDS qui ne sont pas utilisés à des fins de couverture ». En clair, il s'agit d'interdire l'achat de CDS à ceux qui ne possèdent pas en contrepartie de la dette. Plus généralement, les quatre dirigeants plaident pour une réglementation du marché des dérivés : « Les autorités de régulation doivent avoir accès aux informations sur la négociation et les portefeuilles de produits dérivés y compris les CDS, au travers d'un enregistrement obligatoire de tous les dérivés de gré à gré auprès de bases de données centrales situées en Europe. » Ils soutiennent aussi la création de « chambres de compensation centrales » supervisées pour les produits dérivés. Moins de vingt mois plus tard, le 20 octobre 2011, une directive européenne met enfin de l'ordre dans ce marché en le soumettant au contrôle de la nouvelle autorité européenne des marchés financiers[1].

De l'anxiété à la panique

Mais, en ce début 2010, rien ne semble pouvoir enrayer le sauve-qui-peut : tous les établissements financiers de la planète traquent dans leur bilan la dette grecque qu'ils possèdent pour s'en débarrasser avant l'inévitable faillite. « C'est un comportement typique de marché : on trouve une tendance et on la chevauche aussi longtemps que possible pour gagner un maximum d'argent, observe un opérateur de marché. Je peux tenir un jour ou deux sans vendre, mais ensuite mon chef viendra me voir pour me demander pourquoi je ne suis pas la tendance. Si je résiste, je suis viré. » Fin janvier, les marchés exigent d'Athènes des taux deux fois plus élevés que la moyenne des pays émergents, c'est dire... Ce qui crée une spirale mortelle : plus on vend de la dette grecque, plus les taux montent, plus il devient difficile pour Athènes de se financer et plus elle approche de la

1. Un règlement européen de 2012 complète ce dispositif en interdisant l'achat de CDS souverain sans titre correspondant.

faillite. C'est ce qu'on appelle une prophétie autoréalisatrice. Seule l'Allemagne, le pays le plus solide de la zone euro et celui auquel les marchés font le plus confiance, aurait eu la capacité de casser cette spirale infernale en proclamant qu'elle viendrait au secours de la Grèce si nécessaire. Comme elle se tait, les marchés en concluent que la faillite est possible et qu'il faut donc éviter de couler avec la barcasse grecque…

La panique est telle que les marchés commencent à s'interroger sur la solidité des autres économies de la zone euro. Le gérant obligataire américain, Pimco recommande même en février de « se tenir à l'écart de la zone euro ». Car le mur de la dette concerne aussi l'Italie, l'Irlande, le Portugal et l'Espagne (en anglais, on les nomme par leurs initiales, ce qui donne les « Piigs », jeu de mots élégant avec *pigs*, cochons…). La plupart de ces pays, qui ont dû fortement s'endetter pour faire face à la crise, ont aussi vu leur note dégradée et les spreads augmentés. « Il est extraordinaire que les agences de notation critiquent les gouvernements pour avoir dépensé l'argent qui a permis de sauver le système financier ! », proteste le Premier ministre portugais, José Socrates[1]. En vain. Bref, l'éclatement de la zone euro, qui paraissait inconcevable un an auparavant, devient une possibilité…

Dans ce contexte d'extrême nervosité, la moindre erreur de communication peut être fatale et entraîner un mouvement de défiance généralisé. Ainsi, il n'a pas échappé aux agences et journaux anglo-saxons que la BCE avait mis en ligne, fin décembre, une étude signée de l'un de ses juristes, intitulée : « Retrait et expulsion de la zone euro et de l'Union européenne, quelques réflexions », le traité de Lisbonne, entré en vigueur

1. *Libération* du 3 février 2010.

le 1er décembre, prévoyant désormais la possibilité de quitter l'Union. Une maladresse de timing qui a conduit Jean-Claude Trichet à prendre ses distances avec cet article, le 7 janvier : « Je suis en total désaccord avec les analyses de ce papier. » Quelques jours plus tard, la chancellerie allemande met par erreur (?) en ligne, avant de le retirer, un discours d'Angela Merkel, dans lequel elle prédisait : « l'euro traversera dans les prochaines années une phase très difficile » à cause de la Grèce. « Qui va dire au Parlement grec qu'il est prié de faire une nouvelle réforme des retraites ? Je ne sais pas si l'on apprécierait beaucoup là-bas que l'Allemagne dicte des ordres. Le Parlement allemand, lui, ne serait certainement pas ravi si la Grèce le faisait pour nous. » En d'autres termes : que ce pays mette de l'ordre dans ses comptes, c'est son affaire, pas la nôtre…

La Grèce, un pays sans État

Si la zone euro est enkystée dans ses contradictions, la Grèce n'est pas en reste. Tout le personnel politique, sans exception, peine à prendre l'exacte mesure du tsunami qui menace le pays. Le gouvernement socialiste, qui s'est fait élire à l'automne 2009 sur le slogan lunaire d'« Il y a de l'argent ! » alors que le pays est déjà en récession[1], tergiverse, procrastine, résiste. Il veut bien faire quelques économies, mais pas trop pour ne pas casser la croissance. Il veut bien faire des réformes structurelles qui seules permettraient de remettre l'économie du pays sur les rails, mais au compte-gouttes, car « il ne faut pas désespérer Billancourt », comme l'on disait en

1. - 0,3 % en 2008, - 4,3 % en 2009, donc avant la faillite du pays.

France en 1968. Une inconscience largement partagée. Au printemps 2010, alors que le pays est au bord de la banqueroute, les fonctionnaires manifestent dans les rues d'Athènes pour réclamer une augmentation de salaire de plus de 10 % que les dirigeants des syndicats les plus modérés jugent surréalistes. Au lieu de prendre le taureau de l'opinion publique par les cornes et d'annoncer un plan de réduction massive des dépenses afin de rassurer les marchés, le gouvernement Papandréou pense qu'il est encore temps de gagner du temps et que le tsunami épargnera son pays.

Mais il se trompe d'époque. Non seulement la crise financière continue d'ébranler le monde, mais la situation grecque est d'une rare gravité : cet État de 11 millions d'habitants dépense en effet 36,3 milliards d'euros de plus par an qu'il n'encaisse de revenus... Sa dette atteint 134,6 % du PIB en 2009, soit le plus haut niveau de la zone euro, et surtout elle n'est pas gagée sur une économie compétitive. On cherche en vain les joyaux de la couronne, car la Grèce ne produit pas grand-chose et importe beaucoup. Son déficit commercial, en 2009, est d'ailleurs de 15 % du PIB. Comment en est-elle arrivée là alors qu'elle a profité durant vingt ans des généreuses aides régionales (fonds structurels) versées par l'Union (jusqu'à 4 % de son PIB) et durant dix ans des bas taux offerts par son appartenance à la zone euro ? Tout simplement parce qu'au lieu de profiter de cette manne pour moderniser le pays, les autorités grecques l'ont dépensé pour satisfaire leur clientèle sans jamais se préoccuper du lendemain...

Pour comprendre le drame de la Grèce, il faut aller au-delà des chiffres, connaître son histoire et sa société. La grande erreur des Européens (et des marchés) a été de croire que l'État grec était une réalité, alors qu'il n'est qu'une apparence dissimulant la mainmise de clans familiaux (pas toujours les mêmes de génération en génération) régnant par le clientélisme, la corruption (l'institution du *fakelaki*, l'enveloppe), la prévarication, et qu'elle était une économie de marché fonctionnelle, alors que le poids d'une omniprésente bureaucratie à la fois inefficace et corrompue et d'un secteur public boursouflé et en état de mort clinique rapprochent la Grèce des anciennes démocraties populaires en transition.

Tout le monde semble avoir oublié que la Grèce moderne, née en 1828, après quatre siècles d'occupation ottomane, a déjà fait deux fois faillite, en 1893 et en 1932, et que, hormis de brèves périodes, elle n'en a jamais profité pour se moderniser. Bien au contraire, à chaque fois, elle est retombée dans ses vieilles ornières. « Il y a un État en Grèce, mais il fonctionne par intermittence, précise l'historien grec Nikolas Bloudanis. Cela a été le cas, par exemple, au lendemain de la guerre civile, en 1950, et à la fin de la dictature des colonels, en 1974. Mais chaque fois que l'État a plus ou moins bien fonctionné, il s'agissait d'un État autoritaire où les libertés politiques et civiles étaient limitées. Sans parler des années de dictature, il y a eu des périodes de l'histoire grecque où l'État était tenu par une très forte personnalité, comme Elefthérios Venizélos au début du siècle ou Constantin Caramanlis dans les années 50-60. Dans la mémoire collective grecque, l'État est donc un État autoritaire dont il convient de se méfier. »[1] Pour ne rien arranger, « les partis politiques ont utilisé l'État comme un moyen de

1. Entretien publié dans *Libération* du 30 octobre 2011. Lire du même auteur : *Faillites grecques : une fatalité historique ?*, éd. Xerolas, 2010 et *Histoire de la Grèce moderne, 1828-2012*, éd. L'Harmattan, 2013.

rester au pouvoir et non comme une structure destinée à fournir des services aux citoyens », reconnaît en 2013, Kyriakos Mitsotakis, alors ministre chargé de la réforme administrative devenu, en 2016, le patron de Nouvelle Démocratie (conservateur). D'ailleurs, durant toute la crise, le personnel politique a obstinément refusé de baisser les salaires dont il jouit ou d'abandonner une once de ses privilèges…

Les États-Unis eux-mêmes se sont heurtés à cette réalité du « pays de Platon » lorsqu'ils ont voulu le faire bénéficier du plan Marshall au lendemain de la Seconde Guerre mondiale. Paul Porter, patron de la commission chargée de l'évaluation de la situation en 1947-1948, décrit ainsi l'état du pays dans son rapport au Congrès : « L'économie se trouve au point mort, alors que des sommes fabuleuses sont englouties dans des opérations financières frauduleuses et pour l'importation de produits de luxe. Le gouvernement n'a d'autre politique que de mendier sans cesse l'aide étrangère afin de maintenir son pouvoir et de préserver les intérêts de la clique de marchands et de banquiers décidée à défendre à tout prix ses intérêts sans se préoccuper de ce que cela peut coûter au pays. » Les Européens vont découvrir à leurs dépens que certaines vérités sont éternelles en Grèce.

En effet, peu de choses fonctionnent dans ce pays et notamment pas la justice, elle aussi corrompue, ni surtout l'administration fiscale : « On s'est occupés de soixante-dix pays depuis 1945 et je peux vous dire que la Grèce se situe dans les 5 à 10 % les plus mal administrés que nous ayons rencontrés. En particulier la législation fiscale a été conçue pour ne pas fonctionner », confiait en 2014 un fonctionnaire du Fonds monétaire international (FMI) totalement halluciné par ce qu'il découvrait jour après jour. Il y a un dicton en Grèce qui résume parfaitement la situation : « L'État fait semblant de fournir des services publics, le citoyen fait semblant de payer l'impôt. » « Même si les chiffres sont à manier avec précaution, on peut estimer que 20 à 25 milliards d'euros échappent à l'État chaque année, une somme qui réglerait notre problème de dette », expliquait fin 2013 Harry Theoharis, le secrétaire général chargé de gérer les services fiscaux, un poste totalement indépendant créé, non sans mal, à la demande des Européens. Et comment taxer la propriété immobilière dès lors qu'il n'existe pas de cadastre national, l'Union ayant pourtant financé à deux reprises sa création ? Seules certaines îles en sont dotées, comme Patmos, parce que longtemps gérée par l'Église, ou les îles Ioniennes, parce que longtemps sous administration italienne, ainsi que l'Attique, la région d'Athènes[1] ! Fraudes, mais aussi exemptions légales : l'Église orthodoxe, religion d'État, échappe légalement à l'impôt, tout comme les armateurs et tout ce qu'ils touchent de près ou de loin.

En juillet 2010, le Greco (Groupe d'État contre la corruption, un organe du Conseil de l'Europe) souligne dans un rapport qu'il « a cru comprendre [...] que l'application effective de la loi restait problématique, la poursuite et le jugement des infractions de corruption accusant d'importants retards et restant généralement passifs, ce qui donne une impression générale d'impunité ». « L'absence de mécanismes de contrôle effectif de l'administration publique, le manque de preuves et la lenteur excessive du système judiciaire [...] dissuadent les citoyens de porter leur affaire devant la justice et entraîne quelquefois une expiration des délais de prescription ». L'administration n'est évidemment pas en reste : le « service d'enquête spécial (YPPE) du ministère

1. En 2018, il n'est toujours pas achevé.

de l'Économie et des Finances » n'a, par exemple, « instruit aucune affaire de corruption depuis… 2007 ». Ce n'est sans doute pas un hasard s'il n'existe pas de données publiques fiables sur les affaires impliquant des infractions de corruptions, en dépit d'une demande du Greco remontant à 2001.

La plantureuse fonction publique (en y incluant le secteur public) permet de placer sa clientèle électorale et de la choyer. Comme le confiait le patron des douanes de Patmos, qui a pourtant longtemps voté pour le KKE (parti communiste stalinien), « j'ai compris que quelque chose clochait le jour où j'ai découvert que je gagnais plus que mon homologue de Hambourg ». De fait, les salaires des fonctionnaires ont augmenté de 126 % entre 2000 et 2009 (sous des gouvernements « socialistes » et « conservateurs »), ce qui est tout bonnement insoutenable, sauf gains de productivité équivalents, ce qui n'a pas été le cas. Le réseau de chemin de fer grec, l'OSE, offre un bon exemple de la gabegie régnant en Grèce. Avec ses 2 500 km (dont une bonne partie en voie étroite) il n'assure que 0,5 % du transport passager et 2,5 % du transport fret. Rien d'étonnant à ce que ses recettes plafonnent à 100 millions d'euros par an. Plus étonnant est que ses dépenses atteignent 1 milliard d'euros (chiffres 2009). Sa dette cumulée se monte donc à 10 milliards d'euros (soit 400 millions d'euros d'intérêts par an, ce qui représente quatre fois ce qu'il perçoit en revenus). En clair, quand un passager paye 5 euros, le rail reçoit une subvention étatique de 45 euros. Le taux de couverture du coût par les clients n'est que de 10 % contre 50 à 60 % dans les autres pays, dont la France. En fait, il reviendrait bien moins cher à l'État de transporter par taxi ou par avion les rares clients des trains grecs. La raison de cette gabegie ? Les salaires des quelque cinq mille employés qui pèsent 300 millions d'euros : le salaire moyen hors charges sociales des heureux cheminots grecs, qui a augmenté de 50 % en dix ans, s'élève à 47 000 euros par an, soit deux fois le salaire moyen français ! Certains conducteurs de train (quasiment vides) touchent plus de 100 000 euros par an. Le coût de l'entretien d'un réseau ubuesque (sans aucune logique territoriale) et lent (il est souvent deux fois plus rapide de prendre sa voiture), explique le reste de ce déficit abyssal.

On pourrait continuer longtemps à décrire la déliquescence du pays réel. En février 2012, Giórgos Papandréou, à la tribune de la Vouli, le parlement monocaméral grec, s'est finalement livré à une autocritique sans précédent. Après s'être « excusé » pour la gabegie institutionnalisée qui règne dans son pays depuis le retour de la démocratie, en 1974, il assène : « Notre système politique est responsable collectivement de tous les fonctionnaires que nous avons embauchés par favoritisme, des privilèges que nous avons accordés par la loi, des demandes scandaleuses que nous avons satisfaites, des syndicalistes et des hommes d'affaires que nous avons favorisés et des voleurs que nous n'avons pas mis en prison. » Les citoyens grecs sont parfaitement conscients du système dans lequel ils vivent : 82 % d'entre eux considèrent que c'est leur gouvernement qui est responsable de la crise et non « les marchés et les spéculateurs » (9,3 %) ou l'Union et le FMI (6 %)[1]. Bref, la Grèce a vécu dans un rêve durant près de trente ans, rêve entretenu par les fonds européens et les bas taux d'intérêt, qui s'est brutalement dissipé avec la crise financière. Quand les marchés ont demandé des comptes, ils se sont aperçus qu'ils avaient eux-mêmes cru au rêve grec…

1. Sondage publié le 19 février 2012 dans le quotidien *Ethnos*.

L'inconscience des Européens

Car la Grèce n'est pas seule responsable de sa faillite. Ce n'est pas elle qui a pu imposer aux Européens de lui donner de l'argent (les fonds structurels) et de la faire entrer dans l'euro ou aux marchés de lui prêter de l'argent à des taux allemands. Les banquiers américains qui ont consenti des prêts à des emprunteurs fragiles n'ont-ils pas eux aussi une responsabilité dans la crise financière ? D'autant que si la Grèce est dans une situation très particulière liée à son histoire, elle n'est pas seule à connaître des difficultés. « Il est remarquable de constater que tous les pays qui ont des problèmes (Grèce, Portugal, Espagne, Irlande) sont ceux qui ont bénéficié de la politique de cohésion », c'est-à-dire des aides régionales européennes destinées aux pays et aux régions les plus pauvres, analyse ainsi un haut fonctionnaire européen. « La façon dont on a géré ces fonds a conduit à la création de bulles : au lieu d'en contrôler l'utilisation jusqu'au bout et de l'adapter aux problèmes structurels de chaque pays, on les a laissés en faire ce qu'ils voulaient. Je me rappelle un chiffre, poursuit ce haut fonctionnaire, qui m'avait effrayé en 2006, et j'en avais parlé à la chancelière allemande : l'Espagne consomme plus de béton que l'Allemagne, la France et la Grande-Bretagne réunies… » Ce qui aurait dû servir d'alerte. « On aurait dû conditionner le versement des aides européennes », par exemple en s'assurant que l'Irlande n'allait pas s'en servir pour bâtir une fiscalité dérogatoire afin d'attirer les entreprises, mais plutôt pour bâtir les infrastructures qui lui manquent. Ou encore, il aurait fallu aider la Grèce à bâtir un État et non la laisser gaspiller l'argent en soutien à la consommation et en embauche de fonctionnaires. En clair, il aurait fallu violer la souveraineté des États, ce qu'ils n'étaient pas prêts à accepter en période de calme.

La BCE n'a pas été en reste dans l'aveuglement : elle non plus n'a pas voulu voir que certains pays profitaient de la baisse des taux d'intérêt pour augmenter leurs dépenses publiques et surtout elle a nié jusqu'au bout l'existence de bulles immobilières en Espagne ou en Irlande, les prix atteignant des niveaux parisiens dans des régions reculées… Ainsi, Christian Noyer, vice-président de la BCE, affirme juste avant le début de la crise des subprimes : « Il n'y a pas de bulle immobilière européenne. Il y a eu des hausses très fortes dans certaines zones, mais elles sont parfois expliquées par des raisons de fond : développement de l'activité touristique, croissance du nombre de ménages, notamment en France, etc. Ce phénomène nous a parfois inquiétés et même si nous avons un objectif de stabilité des prix des biens et services et non des actifs, c'est quelque chose que nous regardons de près : d'une part pour la bonne santé financière et donc la stabilité économique il faut éviter les excès dans un sens ou dans un autre. D'autre part, parce qu'une croissance anormalement forte du prix des actifs immobiliers va se traduire quelques années plus tard par une croissance du prix des loyers qui, eux, sont des services qui font partie du panier dont nous cherchons à assurer la stabilité. Le ralentissement en cours est donc une bonne chose. »[1] Une citation d'anthologie, l'Irlande et l'Espagne frôlant la faillite cinq ans plus tard, justement à cause d'une bulle immobilière que tout le monde a « découverte » à ce moment-là…

1. *Libération* du 23 janvier 2007.

En revanche il est difficile de reprocher à la BCE de ne pas avoir appelé les États à effectuer des réformes structurelles absolument nécessaires pour développer la croissance. Mais elle n'a pas été écoutée. Seule l'Allemagne a fait les efforts nécessaires, ce qui a payé lors de la crise financière et économique de 2007-2012.

La troisième faillite de la Grèce

Au 501 Pennsylvania Avenue, à Washington, à quelques encablures du Capitole, les ministres des Finances et les banquiers centraux du G7 se retrouvent pour un dîner en ce jeudi 22 avril 2010 dans les locaux de l'ambassade du Canada pour discuter de la Grèce. « Timothy Geithner, le secrétaire américain au Trésor, est particulièrement préoccupé par l'incapacité des Européens à stopper la crise qui menace la zone euro, raconte Ollie Rehn, le commissaire aux affaires économiques et monétaires. Il n'y avait chez lui aucune *schadenfreude*, cette joie mauvaise face aux malheurs des autres, mais une vraie angoisse ». Le Japon et le Canada sont sur la même longueur d'onde : si la zone euro sombre, c'est l'ensemble de l'économie mondiale qui décrochera. « Il nous a encouragés à agir », poursuit Rehn. Car, à la différence des Européens et surtout de l'Allemagne, les États-Unis ont retenu la leçon de Lehman Brothers.

Face à la tempête, les Européens ont pourtant multiplié les sommets et autres réunions de l'Eurogroupe de la « dernière chance » depuis le mois de février afin d'assurer la Grèce de leur soutien. En vain : il est bien trop tard pour les assurances verbales, les marchés veulent désormais un plan précis. En attendant, ils exigent des taux d'intérêt de plus en plus élevés avant de prêter de l'argent à Athènes. La faillite menace. Après avoir tergiversé depuis le mois d'octobre, la chancelière allemande, Angela Merkel, accepte finalement, lors du Conseil européen des chefs d'État et de gouvernement du 26 mars, de porter assistance à Athènes. Mais il faut encore deux semaines pour se mettre d'accord sur un plan précis, tant les divergences entre les Européens sont grandes, Berlin et ses alliés du nord de l'Union se faisant tirer l'oreille. L'accord trouvé prévoit que la Grèce, si elle le demande, aura droit à des prêts bilatéraux des pays de l'Eurozone de 80 milliards d'euros (par tranches de trois ans), somme à laquelle le FMI ajoutera 30 milliards d'euros. Mais c'est trop peu, trop tard : les marchés ne voient là que des effets d'annonce.

Le lendemain du dîner à l'ambassade du Canada, le vendredi 23 avril, le Finlandais Olli Rehn fait son jogging dans les rues de Washington lorsque son portable sonne : on lui apprend que Giórgos Papandréou vient de demander l'assistance de l'Union. Son pays n'a plus accès aux marchés, ceux-ci exigeant des taux d'intérêt trop élevés. Cet appel à l'aide, qui aurait pu être dramatique et susciter une vague de sympathie, vire à la farce : le Premier ministre grec a, en effet, choisi de s'exprimer à la télévision de Kastelorizo, une île grecque où il est en déplacement officiel, mais en extérieur. Tous les regards sont attirés par le paysage de vacances idyllique en arrière-plan : bateaux de pêche bleu et blanc, mer bleue, ciel d'azur, soleil éclatant. En Allemagne, où on a connu la violence des réformes de Gerhard Schröder et où le climat n'est guère clément, l'effet est catastrophique. Le samedi matin, à sept heures, Rehn se rend au siège du FMI, à quelques pas de la Maison-Blanche, pour une réunion de travail avec Dominique Strauss-Kahn, le patron du FMI, Jean-Claude Trichet et Giórgos Papakonstantínou, le grand argentier grec. Il s'agit de commencer à négocier un plan d'austérité, contrepartie de l'aide européenne et internationale, destiné à ramener les comptes publics grecs dans le vert. Mais cela va prendre encore une semaine.

Un premier plan d'aide à 110 milliards d'euros

« Les Grecs ont été très réticents, au début, à accepter nos conditions, raconte Olli Rehn. Mais très rapidement, ils ont dû convenir qu'ils n'avaient pas d'autre choix et ils se sont alors montrés très coopératifs. » « Nous n'avons pas attendu le mois de mai 2010 pour agir, tempère Giórgos Papakonstantínou. Le budget que nous avons soumis au Parlement trois semaines après les élections d'octobre prévoyait une diminution du déficit d'à peu près quatre points. C'était déjà un effort énorme. » Mais, pour Christine Lagarde, le problème était qu'« en six mois, on a eu au moins trois révisions du chiffre du déficit, qui s'aggravait à chaque fois : on passait de 6 à 11, de 11 à 12, de 12 à 13 et des poussières. À chaque fois, évidemment, cela minait la crédibilité de la gestion de la Grèce [...]. On avait l'impression que de nouveaux cadavres allaient sortir du placard ». Difficile, dans ces conditions, de rétablir la confiance des marchés.

Il n'est désormais plus question de tergiverser : il faut tailler à coups de hache, car « la Grèce est arrivée près de la faillite », comme le reconnaît Giórgos Papakonstantínou. Et l'Allemagne se montre très exigeante : « à la différence de Steinbrück, Wolfgang Schäuble, le ministre des Finances CDU, était prêt à soutenir la Grèce, mais en échange d'un effort très ferme de réduction des déficits », raconte Christine Lagarde. Une mission d'experts de la Commission, de la BCE et du FMI se rend à Athènes pour négocier les détails d'un plan d'austérité. Au soir du samedi 1er mai, un accord est trouvé : la Grèce devra ramener son déficit budgétaire à 3 % d'ici 2014… Outre les coupes de 4,8 milliards d'euros déjà annoncés pour 2010, elle va devoir trouver 30 milliards supplémentaires d'ici à fin 2012. Des augmentations d'impôt (TVA portée de 21 à 23 %, hausse des assises sur le tabac et l'essence), un recul de l'âge légal de la retraite ou encore la diminution des salaires des fonctionnaires (suppression des treizième et quatorzième mois) et des retraites font partie de l'amère potion que vont avaler les Grecs. Ce plan, connu sous le nom de Memorandum of understanding (MoU), d'une durée de trois ans, liste aussi et surtout les réformes structurelles que doit mettre en œuvre le pays pour se doter d'une administration fonctionnelle, d'un État de droit digne de ce nom et d'une économie de marché en ordre de marche. Le tout sous la surveillance étroite de la Commission, de la BCE et du FMI : c'est l'acte de naissance de la fameuse Troïka, qui se rendra régulièrement sur place pour vérifier que le MoU est bien mis en œuvre avant de verser toute nouvelle tranche d'aide et ainsi d'éviter à la Grèce la faillite. Le bâton et la carotte, dans cet ordre. Le lendemain, le dimanche 2 mai à 19 h 30, l'Eurogroupe annonce qu'il débloque enfin une aide de 110 milliards d'euros : 80 milliards d'euros de prêts bilatéraux consentis par les États à des taux punitifs (c'est la vision allemande qui prévaut) et 30 milliards d'euros versés par le FMI.

Mais ce beau plan présuppose qu'Athènes est capable de l'appliquer, ce qui n'est pas le cas. C'est la première erreur, et non la dernière, que commettront les Européens qui mettront encore du temps à poser le bon diagnostic sur le mal dont souffre ce pays, celui d'un système politique et économique totalement gangrené. Il aurait donc fallu dès le départ « lui appliquer les recettes qu'on a utilisées pour les anciennes "démocraties populaires" en transition, notamment en privatisant les entreprises publiques, en réduisant drastiquement la taille de la fonction publique ou encore en s'attaquant à l'immunité fiscale dont jouissent les professions libérales et l'Église orthodoxe. Accabler les citoyens de taxes nouvelles, alors même que le système fiscal ne fonctionne que très imparfaitement, ne sert pas à grand-chose sinon à alimenter le sentiment d'injustice sociale pour ceux qui ne peuvent échapper à l'impôt. Faute d'avoir posé le bon diagnostic, le malade reçoit un traitement inadapté et son état ne peut que s'aggraver », souligne Nikolas Bloudanis[1]. « Cela fait longtemps qu'on aurait dû arrêter de traiter la Grèce comme s'il s'agissait d'un pays comme un autre, confirme un diplomate européen. Avec la Grèce, on fait de l'hospitalisation à distance sans jamais avoir vu le malade. Les Européens auraient mieux fait d'aller sur place, d'y passer du temps afin de prendre la mesure des problèmes locaux. Consulter des feuilles de papier ne sert à rien puisqu'elles ne correspondent à rien ! » Les Européens découvriront petit à petit que la plupart des lois votées à leur demande ne sont pas appliquées :

1. Entretien cité.

d'une part parce qu'il n'existe pas une claire hiérarchie des normes juridiques, une loi nouvelle n'abrogeant pas d'un coup tous les autres textes pris en application des anciennes lois. Il faut les abroger un par un. D'autre part, parce que l'administration et les organisations professionnelles les sabotent consciencieusement…

Dans l'urgence, la zone euro n'a pas vu qu'elle mettait le doigt dans un redoutable engrenage, celui de la mise sous tutelle d'un pays sans aucun contrôle parlementaire : en effet, le MoU a été élaboré par des fonctionnaires de la Commission, de la BCE et du FMI et adopté dans le huis clos de l'Eurogroupe. Certes, le Parlement grec l'a ratifié en bloc, mais quel choix avait-il ? C'est le genre d'offre que l'on ne peut pas refuser… Aucun parlement national en dehors du Bundestag allemand, pas plus que le Parlement européen, n'a pu donner son avis sur les mesures listées par le MoU et les ministres des Finances eux-mêmes ne se sont pas réellement penchés sur la faisabilité de ce que l'on demandait à la Grèce. Or, exiger qu'elle efface un siècle d'histoire et s'aligne sur les meilleures pratiques européennes en moins de trois ans ne pouvait que conduire à l'échec.

860 milliards d'euros pour sauver l'euro

L'incendie est loin d'être éteint. Les Européens ont attendu trop longtemps pour venir en aide à Athènes. La contagion menace désormais l'ensemble de la zone euro. « Ce n'est plus simplement une attaque contre la Grèce, mais contre l'euro », admet Christine Lagarde. « Ce qui se passe dans les journées du jeudi 6 et vendredi 7 mai était des phénomènes tellement rapides, tellement amples, tellement monumentaux qu'il fallait bien qu'un certain nombre d'opérateurs aient décidé [...] de provoquer un quasi non-fonctionnement total » de la zone euro, se souvient Jean-Claude Trichet. Il ne cache pas qu'il pensait que la dernière heure de la monnaie unique avait sonné. Un Conseil européen extraordinaire est convoqué dans l'urgence vendredi 7 mai au soir à Bruxelles au cours duquel les Vingt-sept chargent leurs ministres des Finances d'adopter un mécanisme d'ensemble capable de venir en aide à tous les pays qui seraient attaqués.

« Mon collègue américain, Tim Geithner, était très inquiet », se rappelle Christine Lagarde. D'ailleurs Barack Obama téléphone à Nicolas Sarkozy et à Angela Merkel pour les conjurer d'endiguer la crise qui menace non seulement la zone euro, mais le monde entier. Les Américains sont sidérés par l'inconscience manifeste des Allemands qui ne comprennent visiblement pas comment fonctionnent les marchés financiers. Les ministres des Finances se retrouvent donc dimanche soir, 9 mai à Bruxelles. Il faut parvenir à un accord sur la création d'un Fonds européen de stabilisation financière (FESF) et sur la somme dont il disposera avant l'ouverture des marchés, lundi matin. La négociation est laborieuse : « C'était angoissant, parce qu'on voyait les heures d'ouverture des marchés avancer à travers la nuit (du dimanche au lundi, ndlr). Sydney, Wellington, Tokyo, se souvient Lagarde. Je voulais absolument qu'on y arrive pour l'ouverture du Japon parce que c'était un marché qui commençait à devenir vraiment pertinent [...] De temps en temps, je sortais pour rendre compte et expliquer aux membres du G7, qui tenaient une conférence téléphonique ouverte de 10 heures du soir jusqu'à 3 heures du matin pour comprendre ce qui se passait. Il y avait un sentiment d'angoisse, une grande pression, une grande tension. Il y a eu un moment fondamental, le dimanche soir entre 18 et 19 heures lorsque Nicolas Sarkozy et Angela Merkel se sont parlé et sont convenu qu'il fallait un gros chiffre sur la table, qu'il fallait que, toutes sources européennes confondues, on soit à 500 milliards d'euros. »

Finalement, le FESF, un mécanisme de droit luxembourgeois qui ne peut être activé qu'à l'unanimité des États, est créé pour une durée de trois ans[1]. Il sera présidé par l'Allemand Klaus Regling, ancien négociateur du traité de Maastricht et ancien directeur général de la Commission, et pourra emprunter, avec la garantie des États de la zone euro, 440 milliards d'euros. La Commission, elle, est autorisée à lever 60 milliards d'euros avec la garantie du budget communautaire. À ces sommes s'ajoutent 250 milliards de prêts du FMI. Soit 860 milliards d'euros si on tient compte de l'aide bilatérale à la Grèce. Mieux : le lendemain, la BCE annonce qu'elle rachètera des obligations d'État sur le marché secondaire (celui de la revente) afin de soutenir les cours sans plus tenir compte, pour la dette grecque, de la notation des agences alors que jusque-là elle exigeait un seuil minimal. La rupture avec l'orthodoxie allemande qui a gouverné la zone euro durant dix ans est totale, puisque cela revient en réalité à faire tourner la planche à billets et donc à financer indirectement les États. Autant dire que l'Union a enfin sorti son bazooka.

Tout cela passe mal auprès des monétaristes allemands. Axel Weber, le patron de la Bundesbank, prend publiquement ses distances avec la décision de la BCE,

1. Il est entré en fonction en août 2010. Il a émis ses premières obligations en janvier 2011.

adoptée à la majorité. Un fait sans précédent : jusque-là, les Allemands considéraient que toute critique de l'action de Francfort était une atteinte à son indépendance… Quinze jours plus tard, la chancelière allemande prend aussi ses distances, pour calmer sa majorité. Elle affirme que « tout ce que nous avons fait avec ces plans (de secours européens), c'est gagner du temps pour que les disparités en matière de compétitivité et d'écarts de déficits entre les pays de la zone euro soient réglées […] La spéculation contre l'euro n'a été et n'est possible que parce qu'il y a d'énormes disparités dans la solidité économique et dans l'endettement respectif des États membres de la zone euro. » Un discours qui a pour résultat immédiat de faire plonger l'euro à 1,23 dollar, un niveau inférieur à celui qu'il avait atteint au plus fort de la crise financière de 2008.

Mais les ultra-orthodoxes Allemands savent qu'ils ont perdu : Axel Weber démissionne en février 2011 et Jürgen Stark, le chef économiste de la BCE, en septembre de la même année. « Quand on me demande pourquoi je ne suis pas allé plus vite, plus loin, je réponds que c'est parce que je voulais éviter de perdre les Allemands en chemin, explique en novembre 2011, à la fin de son mandat, Jean-Claude Trichet. Déjà, avec ce que nous avons fait, on a été confronté à deux démissions, et pas n'importe lesquelles. Mais on a gardé les politiques à bord et c'est cela qui compte. » Et surtout, à chaque étape, la Cour constitutionnelle fédérale de Karlsruhe a validé les décisions de la BCE et de l'Eurogroupe, même si c'est avec forces conditions.

Fallait-il sauver la Grèce ?

Reste une question : fallait-il sauver la Grèce ? L'économiste Charles Wyplosz a plaidé, début 2010, pour une faillite pure et simple : « Si les autres pays de la zone euro lui prêtaient de l'argent pour la sauver, ce serait envoyer le mauvais message. Ce pays n'a jamais respecté la discipline budgétaire depuis le début de l'Union monétaire et ce qui lui arrive n'en est, somme toute, que la conséquence. Le laisser entre les mains du FMI serait la bonne solution. » Quant au risque d'effet domino qui tétanise tous les gouvernements, il estime que « si le Portugal et l'Espagne se retrouvaient en cessation de paiement, ce ne serait pas la fin du monde. Il y aurait simplement une baisse assez nette de l'euro, ce qui serait une bonne chose alors que nous sortons péniblement d'une forte récession. Pour que la zone euro éclate, il faudrait que des pays décident de la quitter en violant leurs engagements puisqu'il n'y a pas de ticket de sortie de prévu dans les traités [...] La zone euro est très solide, car personne n'a intérêt à en sortir »[1].

Personne n'a voulu le suivre sur cette voie, car une faillite aurait été cataclysmique pour la Grèce : il aurait fallu, du jour au lendemain, qu'elle économise 36 milliards d'euros, le montant exact du déficit, ce qui aurait contraint l'État à licencier des centaines de milliers de fonctionnaires et à sabrer dans les salaires. Il lui aurait ensuite fallu être en équilibre budgétaire à chaque minute, le pays n'ayant plus accès aux marchés, et ce pour très longtemps comme le montre le précédent argentin. Les banques grecques, qui possédaient alors

1. Entretien, *Libération* du 11 février 2010.

à peu près 72 milliards d'euros d'obligations grecques dans leurs comptes, auraient sans doute dû déposer leur bilan, bloquant tout le système économique. De même, le système de retraite grec, qui s'appuie sur les obligations d'État, aurait été en faillite. Enfin, la Grèce n'aurait pas fait l'économie d'une résorption de son déficit commercial intenable, ce qui impliquait de gagner en compétitivité en réduisant immédiatement et fortement les salaires. Une sortie de l'euro (donc de l'Union européenne, les deux étant liés) aurait été pire : à la faillite se seraient ajoutés l'effondrement de la nouvelle drachme et l'impossibilité pour la Grèce d'importer tous les produits de base dont elle a besoin pour se nourrir, s'éclairer, se chauffer… Pour l'économiste Stéphane Déo, « l'ordre de grandeur de la contraction du PIB [aurait été] compris entre 30 et 40 %. En fait, les Grecs [auraient perdu] environ la moitié de leur richesse actuelle. Si l'on compare avec l'Argentine ou d'autres pays qui ont connu des événements approchants, ce sont des ordres de grandeur crédibles »[1]. Bref, faillite ou sortie de l'euro, l'austérité aurait été au programme et pour très longtemps.

Un autre élément a joué en faveur du sauvetage de la Grèce : les banques allemandes et françaises étaient gorgées d'emprunts grecs et un défaut aurait eu des répercussions graves sur leur bilan, voire aurait entraîné des faillites en cascade donc une crise financière et économique dont on ne pouvait prévoir l'ampleur dans toute la zone euro… Aider la Grèce à faire face à ses obligations tout en limitant les dégâts potentiels pour les autres pays a donc été un moindre mal. En mai 2010, les marchés demeurent nerveux, mais le gros de la crise semble passé. C'est compter sans l'Allemagne.

1. Entretien, *Libération* du 3 octobre 2011.

Berlin relance la crise

Le dîner à huis clos entre les vingt-sept chefs d'État et de gouvernement et le président de la BCE, Jean-Claude Trichet, se passe mal, très mal. Le sommet du 28 octobre 2010 examine la possibilité de restructurer les dettes des États de la zone euro qui seraient aidés par le Fonds européen de stabilisation financière (FESF). Il s'agit d'une exigence allemande en échange de la pérennisation de ce mécanisme de secours (qui deviendra, le 1er juillet 2012, le Mécanisme européen de stabilité, MES[1]), dont la durée de vie est pour l'instant limitée à trois ans, jusqu'en août 2013. L'idée est que le secteur privé (les investisseurs) paye aussi une partie de la facture : s'ils ont prêté de l'argent à un État impécunieux, ils doivent en supporter, aux côtés des contribuables européens, les conséquences. C'est le fameux « aléa moral ». Trichet prévient que le mot « restructuration » (qui peut prendre plusieurs formes : baisse des taux d'intérêt, étalement des remboursements, non-remboursement partiel ou total des obligations d'État, etc.) risque de déclencher une panique sur les marchés : « Vous ne vous rendez pas compte de la gravité de la situation ! », lance-t-il. Aussitôt, Nicolas Sarkozy bondit : « Vous ne pouvez pas dire à des chefs d'État et de gouvernement qui ont géré la crise provoquée par les marchés qu'ils sont inconscients. Vous parlez peut-être à des banquiers, nous, nous sommes responsables devant

1. Le MES est présidé par Klaus Regling. Sa palette d'instruments est élargie par rapport au FESF puisqu'il peut acheter directement de la dette publique aux États. En outre, les discussions se prennent à la majorité super qualifiée.

nos citoyens. » Ses collègues, las de se faire donner des leçons, approuvent.

En fait, c'est depuis la rentrée de septembre, profitant du semblant de calme sur les marchés, que Berlin et Paris négocient en secret ce fameux « mécanisme permanent de gestion de crise » inspiré des propositions avancées par Wolfgang Schäuble, le 19 mai précédent. En marge du sommet franco-germano-russe du 18 octobre, à Deauville, Sarkozy et Merkel parviennent à un accord : le FESF sera pérennisé, mais en échange les dettes contractées à partir de mi-2013 pourront être restructurées en cas de besoin. C'est ce compromis qui est endossé par les Vingt-Sept dix jours plus tard, en dépit de l'opposition virulente de la BCE.

L'Irlande tombe

Dès le lendemain, les marchés lui donnent raison : l'Irlande, dont le déficit budgétaire est gravement plombé par le coût du sauvetage de son secteur bancaire (50 milliards d'euros mobilisés, ce qui fait plonger le déficit à -32 % du PIB), est sauvagement attaquée par des marchés qui craignent de perdre leur chemise dans une éventuelle restructuration de sa dette ; et qu'ensuite ce soit le tour de la Grèce puis du Portugal. Nicolas Sarkozy comprend qu'il a eu tort de céder à Angela Merkel, qui a fait une nouvelle fois la démonstration qu'elle ne comprend strictement rien aux marchés. Il déjeune avec Jean-Claude Trichet juste avant de prendre l'avion pour assister au G20 de Séoul, le 12 novembre. Dès son arrivée, il rencontre la chancelière allemande. Puis les ministres des Finances européens présents au G20

(Allemagne, France, Grande-Bretagne, Italie, Espagne) se retrouvent avant de publier un communiqué : « Indépendamment du débat au sein de la zone euro sur le futur mécanisme permanent de résolution de crise et de la participation éventuelle du secteur privé, il est clair pour nous que ceci ne s'appliquera à aucun encours de dette existant et à aucun programme dans le cadre des instruments actuels ». Autrement dit, il n'y aura aucune restructuration du stock de dettes publiques existant au sein de la zone euro : seuls les prêts consentis après la réforme des traités européens, à la mi-2013, pourront éventuellement être touchés. « Pour être encore plus clair, on ne vise que la dette contractée à partir de mi-2013 », martèle Nicolas Sarkozy. Rien n'y fait.

Le domino irlandais tombe le 21 novembre 2010 : alors que Dublin n'a aucun besoin de liquidités avant juin 2011, elle doit appeler au secours ses partenaires. Les taux d'intérêt réclamés par les investisseurs sont tellement élevés qu'un appel aux marchés s'annonce plus que périlleux. En outre, la contagion menace à nouveau le Portugal et surtout l'Espagne qui, eux, ont besoin de se financer rapidement. Il faut donner aux investisseurs ce qu'ils réclament. En échange d'une restructuration du secteur bancaire, l'Irlande obtient, le dimanche 28 novembre, une aide sur trois ans de 85 milliards d'euros (à laquelle participent la Grande-Bretagne, la Suède et le Danemark qui ne sont pas dans la zone euro, mais dont les ressortissants sont très engagés dans les banques irlandaises) en échange d'un programme d'austérité et d'une restructuration de ses banques.

Afin d'essayer de rassurer définitivement les marchés, l'Élysée précipite l'adoption du mécanisme permanent de gestion de crise. Durant la semaine du 22 novembre, Nicolas Sarkozy négocie non-stop avec la chancelière afin de la convaincre de renoncer à l'automaticité de la restructuration des dettes publiques qu'elle réclame en cas d'intervention du FEFS. Pour Paris, un tel mécanisme découragerait les marchés de prêter de l'argent à des pays fragiles. Samedi 27 novembre, à minuit, les équipes des ministères des Finances allemand et français parviennent à un accord, confirmé lors d'un entretien téléphonique dimanche matin entre l'Élysée et la Chancellerie suivi d'une conférence, toujours téléphonique, avec Juncker, Barroso, Trichet et Herman Van Rompuy[1]. Il est convenu que les autorités européennes et le FMI décideront « au cas par cas » de la nécessité ou non d'une restructuration des dettes contractées après juin 2013. Le jeudi 2 décembre, la BCE jette un nouveau seau d'eau froide sur les marchés en annonçant qu'elle continuera à accorder aux banques autant d'argent qu'elles le demandent et à racheter des obligations d'État autant qu'il sera nécessaire. L'euro, qui avait plongé en quelques semaines de 1,42 dollar à moins de 1,30 dollar, rebondit aussitôt à 1,34 dollar. L'incendie semble une nouvelle fois circonscrit.

L'erreur des États

Il n'en est rien : les États ont commis une erreur mortelle en élaborant la garantie sans limites et en toutes circonstances pour leurs banques en 2008, au lendemain de la faillite de Lehman Brothers, mais en refusant de le faire pour les dettes publiques. D'un côté, « toutes les banques sont « *too big too fail* » (trop grandes pour

1. Président du Conseil européen des chefs d'État et de gouvernement depuis novembre 2009.

faire faillite). Les créanciers bancaires seront remboursés par les contribuables nationaux. C'est la généralisation de ce que le jargon financier appelle le *bail out* (renflouement public), par opposition au *bail in* (renflouement interne), qui aurait consisté à faire payer d'abord les actionnaires et les créanciers », explique Nicolas Véron, spécialiste du secteur financier[1]. De l'autre, en octobre 2010, « les défauts souverains deviennent possibles, poursuit Nicolas Veron : on applique le bail in aux obligations d'État. C'est la combinaison de ces deux facteurs, garantie des créances bancaires, non-garantie des créances souveraines, qui a été extraordinairement déstabilisatrice. Les États qui garantissaient les créances des banques de leur juridiction ont pris un engagement financier phénoménal, qui n'était pas lui-même mutuellement garanti au sein de la zone euro. Les investisseurs n'avaient plus de raison d'acheter leurs obligations. Les États les plus faibles (la Grèce, l'Irlande, le Portugal) ont été déstabilisés les premiers, puis d'autres plus au cœur du système, comme l'Italie ou l'Espagne. Même les banques françaises ont été touchées lorsqu'en septembre 2011 elles ont perdu brièvement l'accès à la liquidité en dollars ». La logique aurait dû être de privilégier le bail in pour les banques et le bail out pour les dettes publiques afin de garantir aux investisseurs qu'ils retrouveraient toujours leurs billes, même si le sauvetage des banques grevait *in fine* les comptes publics.

Pourquoi une telle inversion ? À cause du nationalisme bancaire : « Les liens entre État et banque sont extrêmement forts en Europe. Les systèmes bancaires nationaux ont financé les guerres, les investissements publics et les politiques industrielles », alors qu'aux

1. Entretien, *Libération* du 26 septembre 2014.

États-Unis, ce sont les marchés qui s'en chargent. « D'où les garanties excessives accordées par les États à leurs banques. À cela s'est ajoutée l'idée moralisatrice qu'il revient à chaque État de veiller à ses finances publiques, à l'opposé d'une vision de solidarité budgétaire. On avait peur de créer un aléa moral qui aurait permis à certains pays d'éviter de faire les réformes nécessaires pour rétablir leur compétitivité. Dans cette vision trop étroite, les garanties données aux banques n'impactent que les budgets nationaux, alors que des garanties sur les dettes souveraines représentent des transferts d'un pays à l'autre. » Les États n'ont pas compris les leçons de l'affaire Lehman Brothers : un défaut souverain est bien pire qu'une faillite bancaire. En ouvrant cette possibilité, ils créaient un risque systémique majeur. Après un moment d'accalmie, la crise repart donc, une nouvelle fois, de plus belle.

Qui sont les marchés ?

Faisons une pause dans ce récit : il est temps de s'interroger sur l'identité de ces fameux « marchés financiers » manifestement dotés d'une volonté autonome puisqu'ils « s'interrogent », « s'inquiètent », « s'angoissent », « paniquent ». Les États en ont tellement peur qu'ils font tout pour ne pas les réveiller, pour les rassurer, les calmer, les câliner, même s'il faut pour cela cogner à tour de bras sur leurs propres citoyens à coup de plans d'austérité. On imagine volontiers des courtiers anglo-saxons, forcément sans âme, agissant dans des salles de marchés situées à Londres, Hong Kong, Dubaï ou encore New York pour le compte de fonds spéculatifs américains, britanniques, saoudiens ou chinois. La réalité est bien loin de ce fantasme. La zone euro a été attaquée dès le départ et pour l'essentiel de l'intérieur, par ses propres banques, assurances, fonds de pension, gérants de patrimoine, établissements financiers divers qui gèrent l'épargne des particuliers (l'assurance-vie ou le livret A de madame ou monsieur Tout-le-monde, par exemple), etc. Car ce sont ces établissements situés dans la zone euro qui possèdent la très grande majorité de la dette européenne et ce sont eux qui ont fait grimper les taux d'intérêt, acculant certains pays à la faillite. Mais attention, cela ne veut pas dire que cette dette est détenue par des résidents du pays en question. C'est même rarement le cas : en fait, plus la dette est détenue par des non-résidents, qu'ils soient dans la zone euro ou non, plus elle est susceptible d'être attaquée.

Ainsi, ce n'est pas un hasard si en Grèce, en 2009, 78 % de la dette souveraine était possédée par des non-résidents, ces non-résidents étant à 85 % domiciliés dans la zone euro[1]. Parmi les autres pays qui ont subi les foudres des marchés, l'Irlande : en 2009, sa dette publique s'élevait à 104 milliards d'euros (64 % du PIB) et sur cette somme, 75 milliards étaient possédés par des non-résidents, dont 15 milliards seulement par des établissements hors de la zone euro (pour l'essentiel, des banques britanniques). De même, au Portugal, 78 % de la dette appartenait à des non-résidents, dont 80 % étaient des résidents de la zone euro…

Les pays qui ont pu passer entre les gouttes sont ceux dont le taux d'exposition à l'extérieur est limité. Ainsi, en Espagne, seulement 55 % de la dette publique était possédée, toujours en 2009, par des non-résidents,

1. Ces chiffres provenant de la BCE doivent être pris avec précaution. Par exemple, ceux fournis par Eurostat varient quelque peu, même si les tendances sont les mêmes.

dont 65 % de résidents de la zone euro. En Italie aussi, où seuls 34 % de la dette sont possédés par des non-résidents. La France se distingue de ses partenaires : certes son taux d'exposition à l'extérieur n'est que de 55 %, mais près de la moitié de cette dette non résidente est détenue par des établissements hors zone euro, un record ! Si on sort de la zone euro, il est aussi frappant de constater que les pays dont l'exposition internationale est limitée n'ont jamais été attaqués, alors même que ce ne sont pas des parangons de vertu budgétaire. Ainsi, la dette britannique n'est internationalisée qu'à hauteur de 28 %, la dette américaine à 50 % et la dette japonaise (plus de 200 % du PIB) à moins de 5 %.

Autrement dit, les « marchés » ayant déstabilisé la zone euro sont, pour l'essentiel, les banques et établissements financiers européens qui ont pourtant été sauvés par l'endettement des États européens, ce qu'ils leur ont ensuite reproché ! Ce sont eux qui ont mis en péril, au nom de la défense de l'épargne qu'ils collectent, l'économie de ces pays, voire la survie de la monnaie unique. Une vision à très court terme, car si l'euro avait implosé, il ne serait plus resté grand-chose de l'épargne qu'ils étaient censés protéger… Ces chiffres montrent aussi que ces investisseurs étaient parfaitement au courant de ce qu'ils faisaient en prêtant de l'argent à la Grèce et aux autres pays fragiles : autant on peut penser qu'un investisseur de Hong Kong n'est pas forcément informé de ce qui se passe dans telle ou telle sous-division régionale, autant cela n'est pas le cas des Européens. De même, il est difficile de croire que ces établissements aient pu imaginer que la zone euro laisserait un pays faire faillite ou la monnaie unique disparaître. La vérité est plus sordide : ils se sont comportés comme Cronos, qui dévorait ses propres enfants, et ce afin d'en tirer quelques bénéfices immédiats, tout en refusant brusquement de prendre le moindre risque après en avoir tant pris durant dix ans, les peuples dussent-ils en souffrir.

Les banques allemandes jouent les boutefeux

Les banques allemandes se sont particulièrement distinguées à ce petit jeu. Ainsi, en 2010, alors qu'elles s'étaient engagées un an plus tôt auprès des gouvernements européens à maintenir leur exposition à la dette grecque, tout comme leurs homologues européennes, il s'est avéré qu'elles s'étaient discrètement délestées (auprès de la BCE) d'une bonne partie de leurs obligations helléniques... En juillet 2011, rebelote : la Deutsche Bank, le canard boiteux de la finance allemande, se débarrasse en quelques semaines de la presque totalité de ses obligations d'État italiennes, soit 8 milliards d'euros, ce qui met le feu à la Péninsule et provoque la chute du gouvernement de Silvio Berlusconi. En effet, ce mouvement, une fois lancé, s'autoalimente : chaque vente sur le marché secondaire fait baisser la valeur des obligations d'État (et donc grimper les taux d'intérêt), ce qui pousse les autres acteurs à les suivre de crainte de prendre une tôle plus importante. Et de proche en proche, la panique gagne, tout le monde voulant se débarrasser d'actifs jugés fragiles, même si c'est totalement irrationnel. À l'automne 2011, l'Italie, huitième économie du monde s'est retrouvée moins bien traitée que la Tunisie ou l'Égypte, du pur délire.

Ce mouvement de désengagement des banques européennes a touché l'ensemble du marché des dettes souveraines, encouragé, il est vrai, par la restructuration de la dette grecque dont le principe a été arrêté par les chefs d'État et de gouvernement le 21 juillet 2011. Ainsi, à la fin 2011, BNP-Paribas a réduit son exposition aux dettes de la zone euro de près de 21 % en se délestant de 10 milliards d'euros en un seul trimestre, dont 8,3 milliards de dettes italiennes, mais aussi d'un milliard de dette française. Le Crédit Agricole a diminué son exposition de 27 % : en un mois, il a bradé plus d'un milliard de bons du Trésor italien et 850 millions de dettes espagnoles. De même, la Société Générale a vendu 650 millions de dettes italiennes, 400 millions de dettes espagnoles, etc.

Vers la renationalisation du marché de la dette ?

Quelle leçon tirer de ces chiffres ? A priori que le seul moyen pour un pays de se mettre à l'abri des marchés est de veiller à ce que sa dette reste très majoritairement nationale, même si cela représente un coût plus important pour les finances publiques puisque la mise en concurrence des investisseurs sera moindre. Les chiffres semblent indiquer que tel a bien été le cas depuis la crise de 2010-2012 : en 2018, en Irlande, la dette non-résidente n'est plus que de 59 %, celle du Portugal de 54 %, celle de la France de moins de 50 %, celle de l'Espagne de 44 %, celle de l'Italie de 32 %. Mais il faut prendre ces chiffres avec précaution car depuis 2015 la BCE, via les banques centrales nationales, s'est lancée dans un programme d'assouplissement quantitatif (*quantitative easing*) consistant à acheter notamment de la dette souveraine des États de la zone euro : elle possédait fin 2018 environ 15 % du stock existant, ce qui signifie qu'une partie de la dette non résidente est devenue de la dette résidente. Néanmoins, il y a un clair mouvement vers une renationalisation du marché de la dette, variable selon les pays, qui est lourd de danger puisque cela revient à fragmenter la zone euro.

Surtout, s'agit-il d'un bon calcul ? L'Agence France Trésor (AFT), qui gère la dette française, estime que le jeu n'en vaut pas la chandelle en termes de coût. Elle fait valoir qu'il faut distinguer entre les investisseurs non résidents qui travaillent sur le long terme et ceux qui seraient tentés de se débarrasser du « papier » au moindre grain. Ce sont ces derniers qu'il faut éviter. Une analyse qui est renforcée par une autre observation : en Argentine, lorsqu'il est apparu que le pays courait à la faillite, qui a eu lieu en 2001, ce sont les résidents qui ont précipité le mouvement en fuyant sa dette et sa monnaie. Dans un pays comme l'Italie, où la majorité Mouvement cinq Étoiles (M5S)-Ligue a annoncé en 2018 son intention de nationaliser totalement la dette, la défiance pourra se concrétiser encore plus rapidement : un épargnant qui possède des euros pourra acheter une autre dette libellée dans cette monnaie sans aucun problème…

Vers la restructuration de la dette grecque

Maintenant que nous savons que les marchés, c'est en réalité vous et moi, reprenons notre récit de la saga grecque. La zone euro, depuis 2010, a fermement écarté toute restructuration de la dette grecque. Ainsi, le 11 mars 2011, Nicolas Sarkozy affirme qu'« il n'est pas question qu'on laisse un État de la zone euro faire défaut » : « Nous l'avons toujours dit, nous l'avons toujours martelé. Cela signifierait de graves problèmes pour l'euro. Nous n'en voulons à aucun prix. Il n'en est pas question. Et d'ailleurs, tout ce que met en œuvre la Grèce avec courage et efficience montre bien que le problème ne se pose pas. Donc on est parfaitement clairs. » En effet, une restructuration est dangereuse, car les agences de notation pourraient décider qu'il y a un « événement de crédit » et déclarer le pays en défaut, ce qui serait une première pour un État développé depuis 1950, surtout au sein d'une zone monétaire intégrée. Cela pourrait avoir un effet systémique sur le système financier, la dette grecque étant largement disséminée au sein de la zone euro, et sur d'autres pays en difficulté financière, comme l'Irlande, le Portugal, l'Espagne ou Chypre (qui est gorgée de dettes grecques)... De fait, les investisseurs seraient en droit de penser que ce défaut ne soit que le premier d'une série, ce qui les pousserait à se retirer par précaution de la zone avec des conséquences catastrophiques pour l'euro.

En outre, impliquer le secteur privé, après lui avoir garanti qu'il ne le serait pas, constituerait un changement de doctrine potentiellement mortel comme l'a montré le précédent de Lehman Brothers. Alors que les marchés avaient cru, après les méga-sauvetage d'AIG ou de Bear Stearns, qu'aucune banque ou assurance ne ferait faillite, le brutal revirement des autorités américaines sur une banque jugée « non systémique » a entraîné une panique générale. « C'est comme si on disait : il y a un truc qui a formidablement échoué, c'est la faillite de Lehman Brothers, faisons la même chose avec la Grèce », met en garde Xavier Musca. Enfin, un défaut comblerait les poches des spéculateurs qui parient dessus depuis un an. Plusieurs dizaines de milliards d'euros ont été joués sur une telle éventualité et un « événement de crédit » déclencherait presque à coup sûr les CDS *(credit default swaps*, ces assurances contre un défaut d'un débiteur) : or les spéculateurs, comme la banque d'affaires Goldman Sachs, en ont acquis beaucoup (plus de 5 milliards net, sans tenir compte des contrats réciproques, sans doute 50 milliards brut) et cela leur permettrait de s'enrichir grassement.

En réalité, l'idée commence à faire son chemin devant la dégradation continue des comptes publics grecs : le déficit se réduit, mais plus lentement que prévu (9,5 % en 2011) et surtout la dette s'envole (166 % en 2011). Certes la récession – qui a débuté en 2009, avant la crise de la dette – ravage l'économie du pays pour la troisième année consécutive (-4,3 % en 2009, -5,5 % en 2010, -9,1 % en 2011), mais cela n'explique pas tout. En réalité, le gouvernement Papandréou renâcle à mettre en œuvre les réformes structurelles demandées, afin de ménager son électorat. Surtout, faute d'une administration performante, il ne parvient pas à faire entrer de l'argent dans les caisses de l'État en dépit de la rafale d'augmentations d'impôts décidées depuis 2010. Bref, alléger la dette paraît être une solution de bon sens afin de débarrasser l'économie grecque de ce fardeau. En mars 2011, Angela Merkel renonce enfin à vouloir « punir » les pays en difficulté, ce qui est un premier pas en ce sens : elle accepte que les taux d'intérêt des prêts bilatéraux accordés à la Grèce soient alignés sur ceux du FMI (4,2 % au lieu de 5,2 %) et la maturité de ses prêts allongée (de 4,5 ans à 7,5 ans, comme ceux du FMI).

Nicolas Sarkozy commence à se laisser fléchir. Fin mai 2011, à l'issue d'un G8, le chef de l'État français se fait moins affirmatif : « Si la restructuration signifie qu'un pays ne doit pas rembourser ses dettes, c'est non, ce mot ne fait pas partie du vocabulaire français. En revanche, si la question est de savoir comment les investisseurs privés ou les partenaires privés peuvent prendre une part du fardeau, il ne s'agit pas du tout d'une restructuration [...] et nous devons avancer dans cette direction. » En clair, Sarkozy se rallie à la suggestion allemande d'un allongement des délais de remboursement accordés aux Grecs – y compris en y associant le secteur privé, ce qui est une forme de restructuration –, ce qu'il refusait d'envisager jusque-là.

Le Portugal tombe à son tour

Le problème est que, en ce printemps 2011, la crise de la zone euro est entrée dans une phase systémique et que les États ne savent manifestement plus à quel saint se vouer. Les certitudes de la veille sont les doutes du lendemain. Ainsi, le 7 avril, le Portugal tombe à son tour, rejoignant la Grèce et l'Irlande. Le Premier ministre, le socialiste José Sócrates, qui vient tout juste de démissionner à la suite du refus de son parlement d'adopter un nouveau plan de rigueur, doit se résoudre à appeler à l'aide la zone euro, son pays étant désormais incapable de se financer à des taux supportables sur les marchés. La défiance des investisseurs – qui s'est traduite par une forte dégradation de la dette publique portugaise par les agences de notation – a atteint un tel niveau que Lisbonne n'a guère le choix. Le 16 mai 2011, l'Eurogroupe lui accorde donc une aide de 78 milliards d'euros (FESF et FMI) sur trois ans en contrepartie, évidemment, d'un programme d'austérité qui vise à ramener son déficit public sous la barre des 3 % du PIB en 2013 contre 9,8 % en 2010 et à remettre son économie peu compétitive sur de bons rails. Trois pays sur dix-sept sont donc « sous programme », selon l'expression consacrée, et surveillés par la Troïka, dix-huit mois après le début de la crise. Dès lors, tout le monde s'interroge : quel sera le prochain domino à tomber ? L'Espagne, dont les banques sont totalement plombées par la crise immobilière ? L'Italie, dont les comptes publics sont gravement dégradés ? Ou même la France qui n'est guère plus brillante et dont les banques, toutes systémiques, commencent à inquiéter les investisseurs ?

Pour calmer les marchés, les Vingt-Sept, après avoir instauré une solidarité financière entre les États via le FESF puis le MES, essayent de les convaincre de leur détermination à ne plus laisser les dérives des années 1999-2009 se reproduire. Après des années de laisser-faire et de dérégulation, ils se lancent dans une frénésie régulatrice qui donne le tournis. Mais à chaque fois, c'est beaucoup trop peu ou beaucoup trop tard. Trop peu, l'ersatz d'Union bancaire qui voit le jour en janvier 2011 et dont la faiblesse ne trompe personne. Comme elle n'est pas limitée à la zone euro, mais englobe les Vingt-Sept, dont la Grande-Bretagne, cela donne une mesure assez exacte du degré de contrainte consenti… Ainsi que le déplore Michel Barnier, commissaire européen au marché intérieur (2009-2014), « tant que les États n'ont pas l'épée dans les reins, leur tendance naturelle est de ne rien changer ».

Nationalisme bancaire

Déjà, lors de la négociation du traité de Maastricht, en 1991, beaucoup de gouvernements s'étaient opposés à un transfert du contrôle des banques et autres établissements financiers, secteur stratégique s'il en est, à une autorité indépendante européenne. Pourtant, c'était la contrepartie logique de l'euro, mais aussi de la libéralisation des services financiers : on ne peut pas abolir les frontières d'une part, et cloisonner le contrôle d'autre part. Ainsi, Jean-Claude Trichet, le négociateur français et directeur du Trésor de l'époque, expliquait qu'un contrôle efficace ne pouvait être que national, puisque les régulateurs locaux étaient les seuls à avoir une connaissance fine de leur marché. En réalité, il ne s'agissait que de défendre le pouvoir des autorités nationales, la direction du Trésor à l'époque (puis la Banque de France, devenue indépendante en 1993 ; rappelons qu'elle sera présidée à partir de cette date par... Jean-Claude Trichet). Le problème est que les régulateurs nationaux, les Banques centrales nationales le plus souvent, dont les dirigeants sont généralement issus des mêmes milieux que ceux des banques ou des compagnies d'assurances, n'ont pas joué leur rôle, se contentant de simples assurances verbales des dirigeants de ces établissements au lieu de l'étude des bilans. C'est ainsi que des bulles immobilières délirantes ont pu se développer en Irlande ou en Espagne, que les banques allemandes et françaises se sont lancées sur le marché des subprimes qu'elles maîtrisaient mal, que les banques italiennes ont accumulé les créances douteuses...

Les États, sous les coups de boutoir des marchés, finissent néanmoins par reconnaître qu'il faut harmoniser le contrôle des banques, mais ils concèdent le minimum en espérant que cela suffira. Le « système européen de surveillance financière » (SESF), adopté en septembre 2010, ne mérite guère son nom tant la supervision mise en place est molle, même si le dispositif est impressionnant. Pas moins de quatre autorités européennes voient le jour.

D'une part, un « Comité européen du risque systémique » (CERS), présidé par le patron de la BCE et composé de banquiers centraux et d'experts nationaux, est chargé de détecter les menaces pesant sur le système financier, comme la formation d'une bulle immobilière, et de lancer l'alerte. Mais, bien sûr, les États gardent la main puisqu'ils sont les seuls à pouvoir déclarer une « situation d'urgence » donnant aux agences européennes le pouvoir d'ordonner aux régulateurs nationaux de prendre des mesures à l'égard des établissements transfrontaliers, justement ceux qui présentent le plus grand risque systémique. En clair, ils se réservent un droit de veto…

D'autre part, trois agences sectorielles sont créées : l'Autorité bancaire européenne (ABE, basée à Londres, puis à partir de 2019 à Paris, à la suite du Brexit), chargée notamment d'organiser des « stress tests » afin de s'assurer de la solidité des banques ; l'Autorité européenne des marchés financiers, située à Paris ; et l'Autorité européenne des assurances et des pensions professionnelles, dont le siège est à Francfort. Ces agences pourront décider de règles communes et veiller à ce que les autorités nationales de régulation les interprètent de la même façon. Il n'est bien sûr aucunement question d'une supervision directe et encore moins de décider de la restructuration d'un établissement. On est davantage dans l'esprit des codes de bonne conduite si en vogue au début du XXIe siècle… Bref, un premier pas insuffisant au regard de la gravité de la crise.

Le Pacte de stabilité retrouve son accent allemand

Trop tard pour le renforcement de la discipline budgétaire qui aurait dû intervenir dès 1999 alors que les États ont, au contraire, comme on l'a vu, consciencieusement affaibli le Pacte de stabilité cinq ans auparavant. Autrement dit, revenir à l'esprit du Pacte de stabilité, ce substitut au fédéralisme politique, est peut-être une bonne chose vu les dérives passées, mais cela ne vaudra que pour l'avenir : il ne s'agit en aucun cas d'une réponse à la crise que traverse la zone euro. Le problème est que l'Allemagne conservatrice, en s'appuyant sur une Commission, elle-même dominée par les conservateurs, qui voit là un moyen d'accroître ses pouvoirs, va opportunément parvenir à imposer une bonne partie de ses idées à ses partenaires pour prix de son soutien aux pays attaqués. Comme le résume contrit Nicolas Sarkozy en privé, « soit on converge avec l'Allemagne et on s'en sort, soit on diverge et on s'effondre ». « Tout le monde s'est soumis à l'idéologie imposée par le gouvernement allemand, soutenu par ses homologues finlandais et néerlandais : pour lui, la stabilisation des marchés passe par une pérennisation de la rigueur budgétaire sans qu'il soit besoin de penser plus loin », dénonce, en vain, Daniel Cohn-Bendit, le patron du groupe Vert au Parlement européen.

Pour les conservateurs allemands, il faut que « chacun respecte le pacte de départ, ce qui n'a jamais été fait ». Dans la panique du moment, rare sont ceux qui s'interrogent réellement sur les conséquences politiques à long terme des textes qu'ils vont approuver, dont l'objet est d'accroître le contrôle de la Commission et de l'Eurogroupe sur les budgets nationaux, deux instances non élues et non responsables devant un quelconque parlement lorsqu'elles agissent dans le cadre de l'Union économique et monétaire. À Berlin, en revanche, on sait ce que l'on fait : « les droits budgétaires des parlements nationaux trouvent leurs limites dans les engagements européens », martèle ainsi Nikolaus Meyer-Landrut, conseiller pour les affaires européennes de la chancelière fin 2011. Et tant pis pour la démocratie !

Une série de textes vont être négociés et adoptés entre 2010 et 2013, non sans difficulté. D'abord, le Pacte de stabilité est renforcé par le « *six pack* », en 2011, et le « *two pack* », en 2013, pour reprendre le jargon anglophone communautaire. Le *six pack* est un paquet législatif de six textes qui contraint comme jamais auparavant les budgets des États de la zone euro, mais aussi leurs politiques économiques. Ainsi, les budgets nationaux seront examinés à Bruxelles au cours du « semestre européen », en amont de leur adoption par les parlements nationaux, afin de s'assurer qu'ils s'inscrivent dans les orientations de politiques économiques adoptées en commun. Ensuite, non seulement l'équilibre des finances publiques devient la règle, sous peine de sanctions quasi automatiques, mais le critère de la dette, jusque-là largement théorique, est mis sur le même plan que le déficit. Autre innovation fondamentale : les « déséquilibres excessifs » susceptibles de compromettre le bon fonctionnement de l'union économique et monétaire (comme un trop grand excédent de la balance des paiements, cas de l'Allemagne) pourront désormais être sanctionnés.

La « règle d'or » européenne coulée dans de l'acier trempé

La « règle d'or » européenne (déficit limité à 3 % du PIB, dette maximale de 60 %) était déjà gravée dans le marbre, elle l'est donc désormais dans de l'acier trempé, ce qui a poussé une partie de la gauche européenne (notamment le PS français) à voter, au Parlement européen, contre ce qu'elle qualifie de « pacte d'austérité ». Pour l'eurodéputée Modem Sylvie Goulard, l'une des rapporteuses du « *six pack* », « ce sont des règles conçues pour nous obliger à mieux nous comporter quand nous serons sortis du plus fort de la crise. Nous avons essayé de tirer les leçons des erreurs que nous avons commises depuis le lancement de l'euro, puisque nous avons été non seulement incapables d'obliger les États à avoir des finances publiques saines, mais nous avons totalement négligé l'endettement privé alors que celui-ci est tout aussi dangereux pour l'équilibre de la zone euro, comme l'ont montré l'Espagne et l'Irlande ». Grâce à cette réforme, la Commission va pouvoir piloter plus finement les politiques économiques de la zone euro puisque « son tableau de bord économique qui, jusqu'à présent, ne disposait que de deux voyants, le déficit et la dette publics, va se couvrir d'autres voyants : balance des paiements, balance commerciale, endettement privé, coût du travail, etc. », selon la jolie image employée par Sylvie Goulard.

Ce contrôle mutuel des budgets nationaux piloté par la Commission et l'Eurogroupe est complété par le *two pack*, deux règlements adoptés en 2013 qui imposent à tous les États de la zone euro un calendrier budgétaire commun, permet à l'exécutif européen de donner son avis sur les projets de budgets, accroît la surveillance des pays sous procédure de déficit excessif (au-delà de 3 % du PIB) et surtout de ceux qui ont bénéficié d'une assistance financière du Mécanisme européen de stabilité. Ce *two pack* est en fait la traduction partielle en droit européen d'un autre texte signé le 2 mars 2012 par vingt-cinq États de l'Union sur vingt-sept, le « traité sur la stabilité, la convergence et la gouvernance » (TSCG), qui est entré en vigueur le 1er janvier 2013 après les ratifications nationales. Ce texte vient lui-même renforcer le « pacte pour l'euro plus » adopté le 25 mars 2011 par les dix-sept membres de la zone euro plus la Pologne, la Bulgarie, le Danemark, la Roumanie, la Lituanie et la Lettonie qui vise à stimuler la compétitivité et l'emploi, contribuer à la durabilité des finances publiques et renforcer la stabilité financière.

Le TSCG est un momentum intéressant dans la crise de la zone euro, car neuf pays qui n'ont pas encore l'euro comme monnaie acceptent de le signer afin de manifester leur attachement à cette réalisation européenne, un message d'unité auquel le Royaume-Uni et la Tchéquie ont refusé de se joindre. Alors que la crise aurait pu fournir l'occasion aux plus eurosceptiques de prendre leurs distances ou de dénoncer le projet de monnaie unique, ce qui lui aurait porté un coup supplémentaire, c'est exactement le contraire qui s'est passé. Ce traité s'apparente à un « serment du jeu de Paume », puisqu'il ne prévoit aucun nouveau partage de souveraineté et ne crée aucune nouvelle institution, si ce n'est qu'il institutionnalise une réunion bisannuelle du Conseil européen des chefs d'État et de gouvernement de la zone euro. Mais la symbolique du TSCG se veut forte : les États s'engagent, en effet, solennellement à respecter la discipline économique et budgétaire telle qu'elle ressort du Pacte de stabilité et de croissance et à pousser les feux de l'intégration économique. En particulier, chacun s'engage à introduire dans son droit interne une « règle d'or » visant à imposer l'équilibre budgétaire à moyen terme (entendu comme tolérant un déficit structurel – hors des variations conjoncturelles – de 0,5 % du PIB), ceci afin d'empêcher à l'avenir un nouvel affaiblissement du Pacte. De même, si la dette publique dépasse 60 % du PIB, celle-ci doit se réduire au rythme moyen de un vingtième par an. Ce traité prévoit aussi l'examen préalable des « programmes de réforme économique importants susceptibles d'avoir des effets sur les partenaires » ou des « plans nationaux d'émission de dette ».

Enfin, l'Union s'est lancée dans une intense activité régulatrice des marchés financiers. C'était l'une des conditions imposées par quelques États, dont la France, à la reconduction de José Manuel Durão Barroso en novembre 2009 à la tête de la Commission. Paris a aussi exigé et obtenu que le Français Michel Barnier, ancien commissaire aux aides régionales et ancien ministre des Affaires étrangères, soit nommé commissaire au marché intérieur afin de s'assurer que Barroso tiendrait sa parole. « L'idée est qu'aucun produit, aucun acteur, aucun secteur n'échappent à une régulation publique et à une supervision efficace », explique Barnier. De 2009 à 2014, Barnier parviendra à faire adopter par les États, y compris par le Royaume-Uni, ce qui est un exploit, une trentaine de directives et de règlements régulant les marchés financiers et singulièrement les huit mille trois cents banques de l'Union, ce que l'exécutif européen estimait soit impossible soit inutile jusqu'à la crise de la zone euro…

Mais le temps perdu entre 1999 et 2008 ne se rattrape pas. Les marchés n'ont plus confiance dans les gouvernements qui n'ont toujours pas compris qu'ils avaient fait une erreur mortelle en garantissant les pertes des banques sur fonds publics en refusant toute solidarité en matière de dette publique. À chaque fois qu'ils colmatent une brèche, une autre se crée dans la minute. Et ils ne se rendent pas compte qu'en convoquant quasiment tous les mois des réunions du Conseil européen des chefs d'État et de gouvernement pour trancher des questions techniques qui relèveraient en temps normal des ministres des Finances, ils accroissent la panique des investisseurs. En effet, s'il faut réunir les « chefs », n'est-ce pas le signe d'une absence totale de consensus au sein de la zone euro ? Le pire est qu'ils ne comprennent généralement pas ce qu'ils décident. Je me souviens que lors d'une rencontre entre Nicolas Sarkozy et quelques journalistes, en marge d'un énième sommet européen, le chef de l'État a été incapable de répondre à l'une de mes questions : « Adressez-vous à mon cerveau », m'a-t-il dit en rigolant, désignant Xavier Musca, alors secrétaire général adjoint de l'Élysée…

La dette grecque restructurée

Le 21 juillet 2011, l'Union doit se résoudre à voler à nouveau au secours de la Grèce, le plan de sauvetage de 2010 ayant manifestement été pensé trop juste. Le FESF et le FMI débloquent 79 milliards d'euros sur trois ans plus 30 milliards qui sont censés provenir d'un programme de privatisation. Mieux, le FESF est renforcé et autorisé à acheter directement des bons du Trésor de l'État attaqué ou à les racheter sur le marché secondaire (un mécanisme qui vaut pour tout le monde). Bien sûr, cette aide est conditionnée à un nouveau programme d'austérité. Mais, les partenaires d'Athènes comprennent enfin que seule, elle ne parviendra pas à s'en sortir et qu'il faut l'aider à construire un État *(state building)*. Une task force chargée de lui fournir une « assistance technique » est créée et sa présidence est confiée à un haut fonctionnaire européen, l'Allemand Horst Reichenbach (ce qui permettra à la presse grecque de se déchaîner sur son patronyme...). Composée de fonctionnaires européens et nationaux, elle est basée à Bruxelles et à Athènes et dispose non seulement des compétences techniques des États membres, mais aussi d'un pactole de 15 milliards d'euros (sur deux ans) d'aides européennes non dépensées par la Grèce qui pourront être investis dans des projets d'avenir. Les Grecs géreront ces aides, mais en accord avec la task force pour éviter tout détournement... C'est le premier pas vers une mise sous tutelle directe du pays.

Ce nouveau plan d'aide ne passe pas sans difficulté, notamment auprès des pays les plus pauvres de l'Union. Car, on l'oublie un peu vite, tous les pays ont dû contribuer, même si c'est sous forme de prêts et de garanties de prêts, au sauvetage d'un pays qui s'est mis lui-même dans cette situation et cette solidarité n'est pas facile à faire admettre politiquement, y compris dans un pays comme la France où l'opinion publique, après avoir manifesté un fort soutien à Athènes en 2010, s'est totalement retournée devant l'incapacité des Grecs à faire face à leurs problèmes. En Slovaquie, dont le niveau de vie est bien inférieur à celui de la Grèce, le problème grec finira par faire tomber le gouvernement de la Première ministre, Iveta Radičová, en octobre 2011. Son parlement estime en effet que « les Slovaques sont trop pauvres pour payer les erreurs des autres », surtout « des Grecs qui vivent au-dessus de leurs moyens » et des « banques françaises ». Ce ne sera pas le seul gouvernement à tomber au champ d'honneur de la zone euro : partout, sauf en Allemagne, les dirigeants valseront au gré des élections nationales.

Enfin, et surtout, la zone euro franchit le pas en décidant du principe d'une décote « volontaire » de 21 % en moyenne de la dette détenue par le secteur privé (soit 54 milliards). Aussitôt, les agences de notation placent la Grèce en situation de « défaut partiel » provisoire, l'aspect « volontaire » de l'opération ne convainquant personne, même s'il a été négocié avec les représentants des banques. Après avoir bien réagi dans un premier temps, comme toujours, les marchés paniquent. Quelques jours plus tard, la crise repart de plus belle. Les investisseurs se persuadent, comme l'affirment les agences de notation, que l'implication du secteur privé (banques et assurances) ne se limitera pas à la Grèce, mais qu'à terme elle concernera aussi les pays périphériques. Pour se protéger, les investisseurs se désengagent donc des dettes publiques les plus exposées. Certes, les Européens ont juré leurs grands dieux que le secteur privé ne serait impliqué qu'en Grèce. Mais comme ils avaient déjà juré que la dette grecque ne serait pas restructurée, plus personne ne les croit. C'est exactement cette spirale que redoutaient la France et la BCE. Pour ne rien arranger, la zone euro va s'y reprendre à trois fois (juillet et octobre 2011 puis février 2012) pour restructurer la dette, alourdissant à chaque fois la facture du secteur privé…

Mais l'Allemagne n'a cure des états d'âme des banques : soucieuse de sanctionner le secteur privé pour son comportement en Grèce, elle est prête à prendre le risque d'une panique générale. L'erreur de ses partenaires a certes été de céder, mais avaient-ils le choix ? C'était la condition sine qua non pour obtenir un nouveau plan d'aide, mais aussi pour que le FESF soit renforcé. Or même cela, Berlin ne le concède que du bout des lèvres. Fin juillet, dans une lettre adressée aux parlementaires allemands, Wolfgang Schäuble affirme que Berlin n'a pas signé de « chèque en blanc » et que le rachat de bons du Trésor sur le marché secondaire par le FESF sera « encadré très étroitement ». En essayant de vider cette innovation de son contenu pour de claires raisons de politique intérieure, Schäuble accroît un peu plus l'instabilité et les taux d'intérêt des pays fragiles augmentent immédiatement. Bref, pour des raisons essentiellement « morales », la zone euro a pris un risque majeur en impliquant le secteur privé, d'autant qu'elle savait qu'elle devrait recapitaliser au final sur fonds publics les organismes financiers qui seraient trop fragilisés par l'opération (20 milliards sont déjà prévus pour les banques grecques…).

Cette restructuration aurait pu réussir si elle s'était accompagnée d'un saut fédéral : au minimum, il aurait fallu créer un marché européen de la dette, ce qui aurait rendu insignifiants les problèmes rencontrés par un seul pays aux yeux des marchés (qui, par exemple, ne se préoccupent pas de l'endettement de la Nouvelle-Écosse au Canada) ; mais Berlin a refusé tout net, évidemment. Pas question de compromettre la bonne signature allemande et surtout d'être coresponsable des excès italiens ou portugais.

L'Europe rattrapée par ses banques

Comme on pouvait s'y attendre, la défiance des marchés ne cesse d'augmenter durant l'été. Les dettes espagnoles et italiennes sont à leur tour attaquées. L'incendie menace même la France, dont les banques sont momentanément privées d'accès au dollar en septembre, les médias anglo-saxons bruissant de rumeurs sur la fragilité des banques hexagonales. Les États-Unis, de plus en plus inquiets de l'incapacité des Européens à régler leurs problèmes domestiques, interviennent une nouvelle fois. Barak Obama tire la sonnette d'alarme : « Je pense que l'économie mondiale restera faible tant que cette question (la crise de la zone euro, nda) ne sera pas résolue ». Le Président américain se montre sévère à propos des solutions adoptées par les Européens : « Ils sont en train de prendre des mesures pour ralentir la crise, pas pour l'arrêter. » En réalité, c'est le monde entier qui s'inquiète puisqu'une disparition de l'euro aurait des conséquences ravageuses pour l'économie de la planète.

Début octobre 2011, la banque franco-belge Dexia s'effondre. Après des mois de déni, les gouvernements n'ont d'autre choix que d'admettre qu'il y a un problème bancaire sur l'Ancien Continent et pas seulement de finances publiques mal tenues. Le 5 octobre, à Bruxelles, Angela Merkel reconnaît qu'« il est justifié, s'il y a un constat commun selon lequel les banques ne sont pas assez capitalisées, que l'on procède (à une recapitalisation), compte tenu de la situation actuelle sur les marchés financiers ». En clair, pas question de croiser les doigts en espérant que la confiance revienne, comme voulait le faire Paris qui, pour le coup, temporise vu les liens quasi incestueux qu'entretient le pouvoir avec ses banques, celles-ci n'ayant aucune envie de voir leur actionnariat dilué ou, pire, de laisser l'État mettre son nez dans leurs affaires. « Pour les marchés, il est important qu'on aboutisse à des résultats », martèle Merkel : « Le temps presse et donc il faudrait que cela se fasse vite. » Olli Rehn, le commissaire chargé des affaires économiques et monétaires, annonce que les Vingt-Sept préparent un plan destiné à renflouer les banques qui en ont besoin : « Il y a un sentiment d'urgence parmi les ministres des Finances. [...] Le capital des banques européennes doit être renforcé afin de leur donner une marge de sécurité et ainsi de réduire l'incertitude » sur les marchés.

Contrairement à ce qu'ont voulu croire les États, « la crise bancaire de 2007 est loin d'avoir été résolue, que ce soit aux États-Unis ou en Europe, souligne Nicolas Véron, du centre de réflexions Bruegel et chercheur au Peterson Institute. Elle s'est transformée en crise de la dette et désormais les deux s'entretiennent réciproquement. C'est parce que les marchés doutent de la solvabilité des États qu'ils doutent de la solidité des banques. » Mais, selon Véron, le problème va bien au-delà d'une question de confiance des marchés : « Il faut qu'une autorité indépendante soit chargée d'identifier les maillons faibles, car il y en a, et qu'elle puisse les traiter en les recapitalisant ou en les restructurant. » Ce qu'on appelle une Union bancaire, justement celle que les États ont refusé de mettre en place en 2010...

La BCE, l'indispensable pompier de la zone euro

Heureusement, au milieu de cet océan d'hésitations, d'arrière-pensées, d'inconscience et d'incompétence, la BCE veille au grain. Car la situation est aussi tendue qu'en août 2007 ou en septembre 2008. Le 7 octobre, lors de sa dernière conférence de presse comme président de la BCE, Jean-Claude Trichet sonne le tocsin : « Nous affrontons la crise la plus grave depuis la Seconde Guerre mondiale, crise qui aurait pu être la pire depuis la Première Guerre » si autorités monétaires et gouvernementales n'avaient pas réagi à temps en 2007-2008. Mais, cette fois, l'épicentre de la crise est en Europe, non aux États-Unis, et c'est aux Européens de régler le problème. Jean-Claude Trichet me racontera d'ailleurs – quelques semaines après cette conférence de presse – que, début 2010, aux prémices de la crise grecque, Ben Bernanke, patron de la Réserve fédérale américaine, lui a lancé en rigolant : *« It's your turn, Jean-Claude »* (« c'est votre tour, Jean-Claude »)...

Trichet signe sa sortie en ouvrant à nouveau en grand le robinet à liquidités. En effet, les banques ont, comme en 2007 et 2008, le plus grand mal à se financer sur le marché interbancaire, car elles hésitent à se prêter de l'argent entre elles faute d'être certaines de le récupérer. La BCE décide donc qu'en octobre et en novembre les banques commerciales pourront emprunter auprès d'elle à taux fixe (donc à bas prix) une quantité illimitée d'euros pour des durées de douze et treize mois. Une mesure « non conventionnelle » que

Trichet estime être « la plus importante » jamais décidée par la BCE pour stabiliser le système. Ces deux opérations de refinancement (appelées LTRO) complètent les prêts à taux fixe à trois et six mois, eux aussi sans plafond, déjà en place depuis 2007. Ainsi, les banques auront la certitude de pouvoir s'approvisionner en liquidités à bon marché et donc continuer à fonctionner normalement. La BCE annonce également qu'elle rachètera aux banques 40 milliards d'« obligations sécurisées », celles qu'elles émettent pour se financer, là aussi pour leur donner de l'air. Mais Jean-Claude Trichet avertit que « nos démocraties ne pourraient accepter un nouveau plan d'aide publique aux banques » de même ampleur qu'en 2008 « sans contreparties ». Il annonce qu'il faudra procéder à des restructurations et à des liquidations ordonnées afin de faire le ménage en profondeur. En clair, il est hors de question de pousser la poussière sous le tapis en espérant que les choses iront mieux plus tard.

La BCE sait que ses opérations ne suffiront pas à ramener la confiance des marchés, la crise de la dette publique et celle des banques étant les deux faces d'une même médaille. Elle appelle donc solennellement à une recapitalisation (privée ou publique) afin d'améliorer leurs fonds propres. Mais, au-delà, il faut surtout régler la crise de la dette publique. Trichet demande « à toutes les autorités d'apporter des réponses à la hauteur des enjeux ». Encore une fois, il va être déçu.

De la tôle à l'accident industriel

Car le 4 octobre, faisant fi des avertissements de la BCE, le gouvernement allemand a exigé que le secteur privé accepte une perte sur les obligations grecques supérieure aux 21 % actés lors du sommet de la zone euro du 21 juillet : « Nous voulons voir si les conditions qui ont été fixées en juillet sont toujours pertinentes » pour rendre la dette soutenable, vu le dérapage continu des finances publiques grecques, assène Wolfgang Schäuble, le ministre des Finances. Désormais, Berlin envisage une décote de 50 %, certains rêvant même d'un effacement total, ce qui constituerait un « événement de crédit », c'est-à-dire un défaut, et interdirait pour longtemps le retour de la Grèce sur les marchés ! En quelques jours, les autres gouvernements se rallient à cette thèse. Les responsables européens, le FMI et les représentants des banques (IIF) se retrouvent à plusieurs reprises sous la présidence de Vittorio Grilli, directeur du Trésor italien et président du Comité économique et financier européen (CEF), afin d'arrêter les détails de l'opération.

La BCE met à nouveau les États en garde : cette restructuration peut « empêcher l'accès des autres pays aux marchés même si leurs fondamentaux économiques n'ont pas varié ». De fait, à force d'être incapable de tenir une ligne d'action (pas de restructuration puis une décote de 21 %, puis une décote de 50 %), le pouvoir politique accroît la défiance des marchés. En outre, cette décote supplémentaire pourrait obliger les États à mettre la main au portefeuille pour aider leurs banques si la panique s'étend à l'Espagne et à l'Italie, voire à la France. Là aussi, la BCE prévient : « Une participation du secteur privé pourrait avoir des effets négatifs directs sur le secteur bancaire de la zone euro [...] et accroître le besoin d'une large recapitalisation des banques. » Mais surtout cette décote risque d'avoir des effets dévastateurs en Grèce même. En effet, sur les 350 milliards de dettes, 141 milliards sont détenus par les investisseurs grecs eux-mêmes (banques, assurances, caisses de retraite, etc.), le reste étant entre les mains de la BCE, du FMI et de l'Union (120 milliards), et enfin des investisseurs étrangers, qui se sont largement débarrassés de leur papier grec depuis 2010 (89 milliards). Ces chiffres montrent donc que l'essentiel de l'effort sera fourni par les détenteurs grecs eux-mêmes : si la décote est de 50 %, les non-résidents perdront environ 45 milliards, les résidents, environ 70 milliards d'euros...

C'est pourtant bien ce pourcentage que retiendra le Conseil européen du 27 octobre 2011, le onzième de rang depuis 2010. Cette restructuration est censée ramener la dette publique du pays à 120 % du PIB en 2020 au lieu de 173 %. Un chiffre totalement fantasmatique puisqu'il ne tient pas compte de l'effet récessif des plans d'austérité, comme le démontrera la suite de l'histoire : ainsi, la dette grecque atteint 176 % en 2017 (318 milliards d'euros). Cette restructuration représente un sacrifice pour le secteur privé de plus de 100 milliards d'euros. Un triomphe pour Berlin : « Nous leur avons dit que la décote de 50 % était notre dernière offre », se vante à l'issue du sommet Angela Merkel. C'était ça ou la faillite de la Grèce et sans doute la perte de 100 % pour les investisseurs. Un moindre mal, donc, pour les prêteurs, assurés de récupérer 50 % au lieu de rien du tout, d'autant que les titres grecs s'échangent sur les marchés de la revente à moins de 30 % de leur valeur faciale. À noter que cette décote supplémentaire ne s'applique pas aux 120 milliards d'obligations grecques détenues par la BCE, les pays de l'UE et le FMI.

En échange, le Fonds européen de stabilité financière (FESF) confirme qu'il va prêter 100 milliards d'euros à la Grèce d'ici à 2014 et qu'il accordera 30 milliards d'euros de garanties aux banques qui accepteront à nouveau d'investir en Grèce. Une partie de ces 100 milliards sera affectée à la recapitalisation des banques grecques pour leur éviter la faillite. Soucieuse d'éviter la panique, la zone euro affirme une nouvelle fois solennellement que la décote grecque est « une solution exceptionnelle et unique » et que tous les autres États de la zone euro honoreront leur signature. Même si la Grèce est effectivement dans une situation particulière et que l'Irlande et le Portugal sont tombés à cause d'elle et non de leur situation intrinsèque, comment la croire en cet automne de panique généralisée ?

Les banques ayant pris une sérieuse claque avec la Grèce, il est devenu nécessaire qu'elles se recapitalisent en tenant compte de la perte de valeur des obligations d'État qu'elles détiennent : en effet, l'Irlande et le Portugal sont aussi sous assistance du FESF et les bons d'État espagnols et italiens sont attaqués. En clair, il faut être certain qu'elles pourront faire face à des pertes de valeur en cas de nouvelle catastrophe. La zone euro décide donc que les banques devront porter leur ratio de fonds propres « durs » à 9 % d'ici à juin 2012, contre 5 % aujourd'hui. Il ne s'agit que d'une obligation temporaire : une fois la crise passée, elles pourront ensuite revenir au ratio de 7 % comme le prévoit l'accord de Bâle III. C'est donc un effort supplémentaire qui leur est demandé. A priori, les États et le FESF n'interviendront qu'en dernière extrémité : les besoins des banques de la zone euro sont estimés à 106 milliards d'euros, dont 26 milliards pour les établissements espagnols, 15 milliards pour les Italiens et 8,8 milliards pour les Français. Manifestement, la panique des marchés à l'égard des banques françaises n'était pas très justifiée. Début juin 2012, Madrid demandera l'aide du FESF pour recapitaliser ses banques. Une ligne de crédit de 100 milliards sera mise à sa disposition dont elle n'utilisera au final « que » 41,3 milliards, une aide (remboursée depuis) accordée en échange d'une restructuration profonde de son secteur bancaire[1].

De nombreuses réunions sont encore nécessaires pour finaliser cette restructuration. C'est fait le 21 février 2012 : l'Eurogroupe parvient à un accord avec les créanciers sur ce qui reste à ce jour la plus grande restructuration de tous les temps : 107 milliards d'euros d'effacement de dettes. En comparaison, la facture de la faillite argentine de 2001, une économie d'une autre importance, a « seulement » atteint 88 milliards de dollars. Les créanciers privés ont dû se résoudre à faire un effort supplémentaire en renonçant à 53,5 % de la valeur faciale des obligations grecques qu'ils détiennent au lieu des 50 % convenus en octobre, 21 % en juillet et rien avant cette date... En réalité, avec l'allongement des délais de remboursement et la baisse des taux d'intérêt qu'ils ont dû consentir, la perte réelle qu'ils encaisseront sera d'environ 72 % ! Les nouvelles obligations (soumises à la loi britannique et non plus grecque) qu'ils recevront en échange auront une durée de trente ans et porteront intérêt de 2 % par an jusqu'en 2015, puis de 3 % jusqu'en 2020, puis de 4,3 % ensuite. Cet effort supplémentaire est destiné à ramener la dette à 120,5 % en 2020 : avec un « haircut » limité à 50 %, l'endettement aurait encore

1. Et donc sans plan d'austérité.

été de 129 %... On sait ce qu'il adviendra de ces estimations fantaisistes.

La dette grecque se montant avant restructuration à 259 milliards, si on soustrait les 50 à 55 milliards détenus par la BCE au titre de ses rachats sur le marché secondaire entre 2010 et 2011, il reste de 204 à 209 milliards entre les mains des banques, assurances, *hedge funds*, etc. Ce sont les Grecs qui prennent de plein fouet cette restructuration. Après restructuration, la dette de la Grèce ne sera plus que de 100 milliards environ. La BCE, qui échappe à la restructuration, va échanger ses titres à leur valeur d'achat (entre 70 et 80 % de leur valeur faciale), soit une diminution supplémentaire de 5 à 7 milliards. En tout, la Grèce sera donc encore endettée à hauteur d'environ 150 milliards, dont la majeure partie est détenue par le FESF, les États, la BCE et le FMI. Fin 2012, la zone euro restructure aussi cette partie de la dette : ce ne sera pas un « *hair cut* », mais elle diminue ses taux d'intérêt, allonge les maturités (la durée) à trente ans en moyenne et décrète un moratoire jusqu'en 2023 sur le paiement des intérêts. La Grèce n'a plus à rembourser que les intérêts et le capital que détient le secteur privé ainsi que les prêts du FMI. Désormais, son effort pour rembourser sa dette est même inférieur à celui du Portugal. En ce sens, la dette grecque n'est plus un problème.

Enfin, le plan d'aide décidé en octobre 2011 est lui aussi revu à la hausse. La zone euro et le FMI prêteront finalement 130 milliards à la Grèce. Sur cette somme, 40 milliards serviront à la recapitalisation des banques grecques sonnées par la restructuration, le reste étant destiné à financer le remboursement de la dette et les besoins budgétaires (paiement des fonctionnaires, des pensions, etc.).

Bunga Bunga à Rome

Les Européens croient enfin avoir réglé la crise. Il n'en est rien. Encore ! Car le sommet européen du 27 octobre 2011 n'a fait qu'attiser les flammes. L'Italie, troisième économie de la zone euro, est dans la tourmente depuis que la restructuration de la dette grecque a été décidée. Pour éviter de se prendre une nouvelle tôle avec l'Italie, un autre morceau que la petite Grèce, les investisseurs se débarrassent de leur papier italien à tour de bras. Début novembre, l'écart de taux d'intérêt entre l'Allemagne et l'Italie a atteint un record historique depuis le lancement de l'euro à plus de 450 points de base. Rome doit désormais payer un taux d'intérêt de 6,37 %. Or, après avoir sauvé de la banqueroute la Grèce, l'Irlande et le Portugal, la zone euro n'a absolument plus les moyens d'aider l'Italie : si ce pays tombe, la France suivra rapidement. Et là, on entre dans l'inconnu, un effondrement de l'euro n'étant plus exclu.

Silvio Berlusconi, le Premier ministre italien, de retour au pouvoir depuis 2008, est un dirigeant affaibli entre scandales sexuels (le fameux « bunga bunga ») et multiples procès pour corruption, fraudes fiscales, faux en écriture, financement illicite de parti politique, etc. Il tergiverse face aux marchés au lieu d'annoncer des mesures propres à relancer l'activité économique et à contenir l'énorme dette publique. Contraint et forcé, il finit par annoncer en juillet un plan d'austérité : 48 milliards d'euros d'économies. En vain. La BCE, pour éviter la contagion, rachète de la dette italienne sur le marché secondaire, afin de soutenir les cours, en échange d'un programme de réformes économiques conséquent :

début août, un nouveau plan d'économie de 45,5 milliards d'euros est décidé. Rien n'y fait. Car, même « si les politiques économiques italiennes sont bonnes, elles sont inaudibles pour des raisons de politique intérieure, souligne Xavier Musca. Il faut donc renforcer la crédibilité du gouvernement italien », en assurant les marchés que les mesures de rigueur budgétaire, ainsi que les réformes structurelles (des retraites, du marché du travail, etc.) seront bel et bien appliquées. Début novembre, une surveillance rapprochée de la péninsule par la zone euro et le FMI est mise en place afin de s'assurer que le Cavaliere tiendra ses engagements : tous les trois mois, un rapport sur les réformes accomplies sera rendu public. Mais Berlusconi a tellement traîné les pieds que son plan n'arrive toujours pas à convaincre les marchés. C'est manifestement sa personne qui pose problème. Finalement, le 12 novembre 2011, il démissionne, lâché par la Ligue du Nord. Il est remplacé le 16 novembre par un gouvernement technique présidé par l'ancien commissaire européen Mario Monti, qui parviendra à calmer les marchés à la fois par sa compétence et par les réformes structurelles qu'il met en œuvre.

La démocratie mise à l'épreuve

Reste que la séquence politique de cette fin d'année 2011 est ravageuse pour l'image de la zone euro : car la chute de Berlusconi intervient trois jours après celle de Giórgos Papandréou, le Premier ministre grec, qui démissionne le 9 novembre pour être remplacé, lui aussi, par un technocrate, Loukás Papadímos, ancien vice-président de la BCE (2002-2010), qui restera en place à la tête d'un gouvernement de transition jusqu'aux élections législatives anticipées de mai 2012. Papandréou chute pour avoir annoncé, le 31 octobre 2011, son intention de soumettre à référendum le nouveau plan d'aide adopté le 27 octobre. Les Grecs « veulent-ils l'adoption du nouvel accord ou le rejettent-ils ? Si les Grecs n'en veulent pas, il ne sera pas adopté », déclare-t-il devant le groupe socialiste à la Vouli. L'idée n'est pas en soi mauvaise, car elle aurait tranché définitivement la question du prix à payer pour éviter la faillite alors que le pays est paralysé par des grèves à répétition et par une administration qui refuse d'appliquer les réformes. Mais Papandréou a totalement négligé d'avertir de son intention non seulement les membres de son propre gouvernement, qui tombent des nues, mais aussi ses partenaires, qui se déchirent depuis des mois sur la pertinence de l'aide à la Grèce. Ils se sentent donc trahis, une erreur que répétera Aléxis Tsípras en juillet 2015 en annonçant lui aussi un référendum surprise au lieu d'en discuter avec ses pairs.

En marge du G20 de Cannes, qui se déroule les 2 et 3 novembre 2011, Papandréou, convoqué par Nicolas Sarkozy et Angela Merkel, tente de se justifier. Il explique qu'il a fait cette annonce pour prévenir une « menace de coup d'État militaire », ce qui suscite des soupirs agacés, personne n'y croyant une seconde. Le Premier ministre grec avance alors une autre justification : en appelant à un référendum, il veut forcer la droite à accepter le plan européen. Enfin, à bout d'arguments, il finit par évoquer la situation des banques grecques « qui ne veulent pas être nationalisées ». Et c'est sans doute là la véritable explication du coup de poker de Papandréou : la décote de la dette grecque va dissoudre l'actionnariat historique des banques. Or, les actionnaires sont les grandes familles, qui seront touchées de plein fouet, pour la première fois, par la crise. Ce sont sans doute elles qui ont fait pression sur le Premier ministre pour qu'il obtienne par tous les moyens une renégociation du plan de sauvetage afin de préserver leur pouvoir et leur argent… Quoi de mieux que d'instrumentaliser le peuple contre les méchants Européens ?

Les partenaires d'Athènes ne s'en laissent pas compter, soutenus, pour le coup, par la quasi-totalité de la classe politique grecque, qui condamne ce référendum sorti de nulle part. Pour eux, il n'y a qu'une seule question qui vaille : « La Grèce veut-elle rester ou non dans la zone euro ? », martèle Nicolas Sarkozy lors d'une conférence de presse commune avec Angela Merkel, le 2 novembre, à l'issue d'un dîner de travail, qualifié de « dur » par la dirigeante allemande, auquel assistaient, outre le Premier ministre grec, le couple franco-allemand, les présidents de la Commission, José Manuel Durão Barroso, et du Conseil européen, Herman Van Rompuy, la directrice générale du FMI, Christine Lagarde. « Nous le souhaitons », mais « c'est sur cette question » que le peuple grec « devrait se prononcer, si un référendum était organisé » et non sur le programme d'austérité, qui n'est pas négociable. « Si le peuple grec dit qu'il ne souhaite pas rester dans la zone euro, ajoute une chancelière aussi tendue que son homologue français, nous le respecterons, mais nous n'abandonnerons pas l'euro. » Quelles seraient les conséquences d'un tel départ ? « Nous (y) sommes préparés, nous sommes armés, affirme la chancelière, nous voulons la stabilité de la zone euro, de préférence avec la Grèce que sans elle, mais le devoir de préserver cette stabilité reste la priorité. » « Nous ne voulons pas laisser détruire l'euro, nous ne voulons pas laisser détruire l'Europe », avertit, solennel, le chef de l'État français. « Il n'est pas question de mettre en danger la grande œuvre d'unification de l'Europe », approuve la chancelière allemande. Lâché de toute part, Papandréou n'a pas d'autre choix que de renoncer à son référendum et de quitter la scène.

Mais, ce faisant, la zone euro envoie un double message pour le moins catastrophique. Les peuples apprennent qu'il n'y a pas de discussion politique possible lorsqu'un pays a appelé à l'aide ses partenaires : il doit se soumettre aux programmes d'austérité décidés par la Commission, l'Eurogroupe et la BCE, ou se démettre, c'est-à-dire quitter la zone euro. Les marchés apprennent, eux, que non seulement les dettes publiques peuvent être restructurées, mais qu'en plus un pays peut être éjecté et donc que la taille de la zone euro peut varier voire qu'elle peut éclater. Bref, autoritarisme et incertitude, exactement ce qu'il ne fallait pas pour enrayer la crise.

Dans le même temps, les gouvernements s'aperçoivent des effets négatifs de leur décision de recapitaliser les banques prise le 27 octobre. Pour augmenter leurs fonds propres, plutôt que de faire appel aux marchés et donc de diluer leur actionnariat, elles font le choix de se débarrasser de leurs actifs jugés les plus fragiles, en l'occurrence les dettes publiques. Après tout, si on les oblige à se recapitaliser, c'est parce qu'elles ont prêté aux États de la zone euro… Cela leur permet au passage de réduire la taille de leur bilan, donc d'adoucir l'augmentation des fonds propres, ce qui les autorisera à continuer à distribuer bonus et dividendes. *« Greed is good* », comme le disait Gordon Gekko dans le film *Wall Street.*

Un échec européen

Après deux ans de crise des dettes souveraines, qui, au départ, ne concernait qu'un petit pays et était pour l'essentiel le contrecoup de l'effondrement des subprimes américains, force est de constater que la zone euro, et surtout le couple « Merkozy », a échoué. La restructuration de la dette grecque, la mise sous programme de l'Irlande et du Portugal, l'aide apportée aux banques espagnoles, la recapitalisation des banques, le renforcement de la discipline budgétaire, la réglementation des marchés financiers, tout a échoué. La chancelière doit en convenir à la mi-novembre 2011 : « L'Europe vit l'une des heures les plus difficiles depuis la fin de la Seconde Guerre mondiale, peut-être même son heure la plus difficile. »

Cet échec a deux explications. D'une part, à partir d'un mauvais diagnostic sur la nature de la crise, qui est d'abord une crise bancaire non traitée, les États ont garanti sans limites leur dette bancaire « nationale » sur fonds publics et ont refusé de garantir la dette souveraine « étrangère » alors que celle-ci ne peut que s'accroître si on sauve les banques grâce au budget de l'État. D'autre part, ils ont essayé de régler une crise financière comme s'il s'agissait d'une crise diplomatique, c'est-à-dire en négociant à huis clos, à l'unanimité et au niveau des chefs d'État et de gouvernement – sans doute les personnes les moins compétentes pour comprendre le drame qui se jouait –, des compromis boiteux qui ont aggravé la défiance des marchés alors qu'il fallait non seulement prendre des décisions tranchées mais s'y tenir. « Les marchés se sont à chaque fois sentis trahis par les politiques, qui ont passé leur temps à se déjuger », analyse ainsi Laurence Boone, alors économiste en chef « Europe » de Bank of America.

Pourtant, les vraies solutions de la crise sont parfaitement connues de tous les acteurs, et ce dès le départ : une intervention massive de la BCE sur le marché de la dette publique ; une union bancaire plaçant sous supervision d'une autorité européenne indépendante toutes les banques, autorité capable d'imposer des restructurations dont les coûts seront d'abord supportés par les actionnaires, les créanciers, les clients et non les contribuables ; la création d'obligations européennes et d'un budget de la zone euro, etc. Bref, il fallait immédiatement décider d'effectuer un saut fédéral de même ampleur que celui effectué avec la monnaie unique. Mais le refus de partager davantage de souveraineté, la rigidité idéologique des monétaristes allemands et l'opposition entre Berlin et Paris qui en découle ont empêché toute solution ambitieuse. Ainsi, si Angela Merkel est prête à renforcer l'intégration budgétaire et les institutions communautaires (élection du président de la Commission au suffrage universel, par exemple), elle refuse toute solidarité financière (budget de la zone euro, euro-obligations) et toute extension du rôle de la BCE, l'hyperinflation et le nazisme hantant les consciences allemandes. Ainsi, si Nicolas Sarkozy souhaite une solidarité financière, en bon héritier du gaullisme, il refuse les contraintes du fédéralisme.

Néanmoins, sous les coups de boutoir de la crise, les lignes commencent à bouger en cette fin 2011. Ainsi, l'UMP (devenu LR) se fait à l'idée de concéder davantage au fédéralisme, à l'image d'un Alain Juppé qui « assume » le terme. En Allemagne, les cinq « sages » du comité économique qui conseille le gouvernement remettent un rapport début novembre dans lequel ils plaident pour une mutualisation des dettes européennes dépassant les 60 % du PIB en échange d'un plan de rigueur budgétaire. Peter Bofinger, l'un des conseillers du gouvernement allemand, va encore plus loin en demandant une intervention illimitée de la BCE « avant que nous ne nous engagions dans un processus incontrôlable où les gouvernements et les banques de la zone euro se tirent les uns les autres vers le bas ». Plusieurs membres éminents de la majorité chrétienne-démocrate (CDU), comme Ursula von der Leyen, la ministre du Travail et vice-présidente du parti, ou, dans un registre moins spectaculaire, Wolfgang Schäuble, le ministre des Finances, se prononcent aussi pour un « saut fédéral » au sein de la zone euro, puisque les marchés doutent de la survie d'une monnaie unique sans fédéralisme.

Autre signe de l'évolution qui se dessine, le 4 décembre, Angela Merkel, à l'issue d'une rencontre avec son homologue français à Paris, renonce enfin à l'implication automatique du secteur privé si, à l'avenir, un pays de la zone euro rencontre des difficultés financières. Pour la chancelière, « la Grèce est et restera une exception [...]. Un emprunt d'État de la zone euro n'est pas moins sûr qu'un autre ». Elle admet que c'est bien sa volonté de faire prendre une tôle aux banques qui a déclenché la contagion de la crise grecque à l'ensemble de la zone euro, exactement comme le prédisait l'Élysée : à partir du moment où l'on restructure la dette d'un pays, un investisseur n'a plus aucune raison de penser que ce traitement sera épargné aux autres États dont les comptes publics dérapent. Autrement dit, Berlin et Paris rayent Deauville de la carte et reviennent au point de départ : les « clauses d'action collective », prévues dans le traité créant le Mécanisme européen de stabilité (MES) qui succédera au FESF, afin de faciliter les restructurations des dettes publiques, seront abandonnées.

La Grèce, l'éternel retour

Après une accalmie de quelques mois, la Grèce va à nouveau faire des siennes et relancer la crise. Lors de la chute de Giórgos Papandréou, Antónis Samarás, le leader de la Nouvelle Démocratie (ND, droite) a posé comme condition à la formation d'un gouvernement d'unité nationale dirigé par Loukás Papadímos que les élections législatives anticipées soient organisées au printemps 2012, sans attendre l'échéance normale de l'automne 2013. Elles ont donc lieu le 6 mai 2012 et débouchent sur un chaos politique. Certes, ND arrive en tête comme l'espérait Samaras, en dépit de sa responsabilité dans la crise, mais avec moins de 19 % des voix. Loin des 33,5 % obtenus en 2009, elle n'obtient pas la majorité absolue à la Vouli en dépit de la prime de cinquante députés accordée au parti arrivé en tête. Le Pasok, lui, s'effondre, et passe en trois ans de 44 % à 13 % des voix. Ces deux partis qui pesaient entre 75 et 85 % des voix depuis la chute de la dictature des colonels en 1974 ne parviennent donc pas à réunir une majorité absolue (149 sièges alors qu'il en faudrait 151 sur 300). Les Grecs ont en réalité donné une majorité des voix à des partis opposés à l'austérité (mais pas à l'euro), en particulier, à Syriza, un parti de gauche radicale dirigé par Aléxis Tsípras, qui, sorti de nulle part, obtient 17 % des voix et devient le second parti de Grèce. Pourtant, les Européens avaient mis en garde les Grecs contre l'organisation d'un tel scrutin en pleine cure de rigueur alors que les réformes n'ont pas encore commencé à produire leurs effets… Samaras, qui dispose de trois jours, selon la Constitution grecque, pour former un gouvernement, jette l'éponge, aucun parti ne voulant gouverner avec la ND et le Pasok. De nouvelles élections sont donc convoquées pour le 17 juin 2012.

Dès le résultat des élections connu, les marchés s'agitent. Les taux d'intérêt des dettes espagnoles et italiennes recommencent à flamber sur le marché secondaire, dépassant à nouveau 6 % pour l'Espagne. Certes, les investisseurs ne sont quasiment plus exposés à la dette publique de ce pays depuis sa restructuration du mois de février, mais ils craignent qu'une éventuelle sortie de l'euro de la Grèce ne pousse d'autres pays vers la sortie. Une peur irraisonnée, les Grecs ayant certes voté contre l'austérité, mais pas pour sortir de la monnaie unique. Mais voilà, sans purge des finances publiques et réformes structurelles destinées à rendre viable l'économie grecque, l'aide européenne s'arrêtera net, ce qui signifie une faillite de la Grèce et peut-être le retour à la drachme, même si l'une n'entraîne pas *ipso facto* l'autre. Les marchés savent que la tentation politique sera forte pour Athènes, qui voudra ainsi se donner de l'air. Ce serait certes « un calcul à courte vue, ne serait-ce que parce que la Grèce a un énorme déficit commercial. Or la nouvelle drachme se dévaluerait fortement (50 % ? 70 % ?), ce qui renchérirait d'autant les importations, notamment énergétiques. Littéralement, cela reviendrait à couper le courant à Athènes », juge ainsi Stéphane Déo, à l'époque économiste en chef d'UBS. Dans un tel cas, les déposants portugais, espagnols, italiens, voire français, craignant que leur pays fasse de même, pourraient retirer leurs avoirs des banques pour les placer en Allemagne afin de protéger leurs économies, ce qui déclencherait un « bank run », c'est-à-dire un effondrement du système financier.

Il faut dire que les Européens, lassés des atermoiements des gouvernements grecs à mettre en œuvre les réformes promises et de leurs petits jeux de politique intérieure alors que la maison brûle, ont haussé le ton, ce qui contribue à enflammer davantage des marchés. Jörg Asmussen, le membre allemand du directoire de BCE, se fait brutal : « La Grèce doit respecter le plan d'aide si elle veut demeurer dans l'euro. » Les gouvernements européens sont tous sur la même longueur d'onde : « Nous devons dire à présent au peuple grec que la situation est sérieuse, qu'aucun pays de l'Union ne pourra débloquer ne serait-ce qu'une parcelle de ces 130 milliards d'euros que nous avons mis à la disposition des Grecs s'il n'y a pas de gouvernement en état de fonctionner qui respecte les règles établies et gère l'argent qui est versé », déclare le 9 mai le chef de la diplomatie luxembourgeoise, Jean Asselborn. « On ne peut être à 80 % pour le maintien dans la zone euro, selon les sondages d'opinion, et voter pour des partis qui ne veulent pas des réformes », assène un diplomate européen. En Grèce même, Gíkas Khardoúvelis, le conseiller économique du Premier ministre sortant, Loukás Papadímos, met en garde ses compatriotes : « Si nous disons non à tout, nous sortons de la zone euro », même s'il estime qu'il existe une « marge de renégociation », comme le pensent aussi les leaders de la ND et du Pasok. « Mais il ne faut pas la surestimer et penser que tout d'un coup quelque chose a changé en Europe parce que le peuple ici a crié non. » Il revient aux Grecs d'« entrer dans la logique » de leurs partenaires « car c'est eux qui donnent de l'argent », prévient-il.

La zone euro prête à éjecter la Grèce

La pression sur la Grèce monte d'un cran lorsque je révèle dans *Libération* du 19 mai qu'un groupe de travail composé des directeurs des Trésors de la zone euro ainsi que de représentants de la Commission et de la BCE a été mis secrètement en place dans la seconde quinzaine de mai pour peaufiner les détails du « Grexit », cet acronyme anglais signifiant « Greece exit ». Karel De Gucht, le commissaire européen chargé du commerce international, vend la mèche en reconnaissant qu'« il y a, à la fois au sein de la BCE et de la Commission européenne, des services qui travaillent sur des scénarios d'urgence dans le cas où la Grèce ne parviendrait pas » à mettre en œuvre les réformes promises. Pour lui, « la fin de partie est arrivée ». Ce n'est pas un hasard si la BCE annonce avoir coupé l'accès à ses crédits à quatre banques grecques, un avant-goût de ce qui attend le pays en cas de sortie.

« Si on avait voté sur la sortie de la Grèce de l'euro, il n'y aurait pas eu une voix pour soutenir ce pays ! », raconte un diplomate qui a assisté à la réunion des dix-sept ministres des Finances de la zone euro le 14 mai. « Il a fallu que Jean-Claude Juncker (le président de l'Eurogroupe) fasse un discours de vingt minutes pour ramener le calme. Tout le monde en a assez de payer pour ce pays qui n'applique que très partiellement ses engagements et qui maintenant croit que l'on va revoir à la baisse nos exigences et les financer à l'infini avec l'argent des contribuables européens. Les élections législatives grecques du 17 juin, ce sera un référendum sur le maintien dans l'euro, les Grecs ne doivent pas se faire d'illusion. » Le 18 mai, la chancelière allemande, Angela Merkel, suggère au président de la République grecque d'organiser, parallèlement au scrutin prévu, un référendum « sur la question de savoir si les citoyens grecs souhaitent ou non rester dans la zone euro »…

Les États et les institutions communautaires ne sont pas les seuls à se préparer à un retour de la drachme : la plupart des banques et des grandes entreprises ont déjà mis au point des scénarios pour faire face au choc, un choc qui risque de s'avérer coûteux, non seulement pour la Grèce mais pour l'ensemble des pays de la zone euro. Mais, deux ans et demi après le début de la crise, les Européens ne croient plus au risque de la contagion : « Il y a un an et demi, un risque d'effet domino aurait pu exister », estime ainsi Karel De Gucht. « Nous avons mis en place un pare-feu de 750 milliards d'euros (le Mécanisme européen de stabilité) et la zone euro est bien plus solide qu'au début de la crise, renchérit un diplomate européen, on est prêts à courir le risque si les Grecs ne veulent pas comprendre qu'il n'y aura pas de renégociation du programme d'ajustement structurel » exigé par la zone euro en échange de son aide.

Berlin se réconcilie avec Athènes

Après un tel tir de barrage, les Grecs n'ont guère le choix : le 17 juin, ils donnent une nette majorité à ND qui atteint presque 30 % des voix, Syriza confirmant sa seconde place avec 27 % des voix. Le Pasok, lui, atteint péniblement 12 % des suffrages. Antónis Samarás, soutenu par les socialistes et Dimar, une formation proche de la gauche radicale, devient Premier ministre. Les Grecs, en se pinçant le nez (près de 40 % d'abstention), ont donc préféré la certitude de rester dans la zone euro à l'aventure que leur proposait Aléxis Tsípras, qui voulait engager un bras de fer avec l'Union. En dépit de l'attachement à l'euro manifesté par les Grecs, il faudra encore plus de deux mois pour qu'Angela Merkel renonce à éjecter la Grèce. Elle l'annonce officiellement le 24 août, à l'issue de la visite officielle d'Antónis Samarás à Berlin. « La veille, on n'était absolument pas sûrs qu'elle avait changé d'avis », raconte Laurence Boone, devenue conseillère économique de François Hollande. « On a eu la surprise de découvrir que la restructuration de la dette grecque et la victoire des partis traditionnels en juin n'avaient absolument pas réglé la question de son côté. La chancelière estimait qu'Athènes serait incapable de tenir ses engagements et qu'il valait mieux qu'elle quitte l'euro pour se refaire une santé. » Une conviction largement entretenue par son ministre des Finances, Wolfgang Schäuble.

Un responsable gouvernemental grec se souvient avoir été approché par l'un de ses homologues allemands, à la fin du mois de juin. Celui-ci lui a demandé, sous le sceau du secret, ce qu'il pensait du plan proposé par une banque allemande d'une double circulation euro/drachme… « On a alors multiplié les voyages à Berlin, y compris en août, pour convaincre les Allemands qu'une sortie de la Grèce serait une catastrophe pour la Grèce et la zone euro », poursuit Laurence Boone. Car une nouvelle fois, les Européens auraient changé leur fusil d'épaule. « Finalement, on a constaté que la chancelière avait changé d'avis lorsqu'elle a reçu Samarás. Au passage, elle a engrangé le gain politique de ce revirement, comme d'habitude, alors que c'est elle qui avait semé l'incertitude », conclut Laurence Boone. Après trois ans de valse-hésitation, Merkel soutient désormais totalement la Grèce. Le 9 octobre 2012, elle se rend même en Grèce pour la première fois depuis le début de la crise afin de lui manifester son appui[1]. Puis, lors des négociations du cadre financier 2014-2020, les 7 et 8 février 2013, elle accepte que le pays bénéficie de 2,5 milliards d'euros supplémentaires sur la période, dans un budget en baisse, afin de l'aider à relancer son économie… L'Allemagne serait-elle devenue la meilleure amie de la Grèce ?

1. Environ vingt-cinq mille manifestants ont protesté contre cette visite. Dans le cortège, de nombreux drapeaux nazis, certains n'hésitant pas à arborer l'uniforme de la Wehrmacht…

Eurêka !

Été-automne 2012

Si la chancelière allemande renonce finalement à éjecter les « voleurs grecs », ce n'est pas par grandeur d'âme, mais parce que tout a changé durant l'été 2012. La zone euro est enfin sortie de la crise avec une rapidité déconcertante. La séquence se joue en deux temps, à Bruxelles en juin et à Francfort en juillet. Les 28 et 29 juin 2012, les chefs d'État et de gouvernement, réunis dans la capitale européenne, trouvent enfin la martingale après dix-neuf conseils européens de rang en trente mois. À l'issue d'un sommet vraiment historique – après une longue nuit de négociations comme il se doit –, ils prennent la décision de créer une vraie Union bancaire au sein de la zone euro.

C'est le seul moyen de sortir de la spirale infernale de l'interdépendance entre le crédit respectif des États et des banques : en effet, lorsqu'un État éprouve des difficultés à se financer, cela tire ses banques vers le bas comme en Grèce ou en Italie ; ou, à l'inverse, des secteurs bancaires malades dégradent les finances publiques, comme en Irlande ou en Espagne. Ensuite, cela permettra de rétablir la stabilité financière donc la confiance entre les banques afin qu'elles se prêtent à nouveau entre elles, et ce en les assurant que la supervision permettra de débusquer les canards boiteux. Enfin, cette union bancaire doit permettre de lutter contre la fragmentation du marché bancaire consécutive à la crise. À l'époque, lorsqu'une PME demande un crédit en Allemagne, elle obtient satisfaction dans 85 % des cas, en Italie et en Espagne, dans 45 % des cas, et en Grèce, dans 21 % des cas. Surtout, les taux d'intérêt sont nettement plus lourds dans les pays en difficulté financière, les marchés exigeant des rémunérations nettement différenciées selon les pays. Résultat : une fuite des investissements vers les pays en bonne santé, ce qui accentue les déséquilibres au sein de la zone euro.

L'union bancaire, un saut fédéral

Mais l'affaire n'était pas gagnée d'avance. Il a fallu que Mario Monti, le Premier ministre italien, Mariano Rajoy, son homologue espagnol, tous deux menacés par les marchés, l'un à cause de sa dette publique, l'autre à cause de ses banques, ainsi que le chef de l'État français bataillent encore une fois contre Angela Merkel, qui ne voulait pas faire un pas de plus. Mais au final, par crainte qu'un nouvel échec aggrave la crise, Berlin accepte que la supervision des banques soit confiée à une autorité européenne dépendant de la BCE qui pourra imposer des recapitalisations ou des restructurations en faisant d'abord appel aux actionnaires, aux créanciers et aux déposants, et seulement en dernier ressort aux contribuables (c'est le « bail in »). Une fois en place, cette supervision évitera les collusions auxquelles on a assisté entre les banques, les régulateurs nationaux et les États ; le Mécanisme européen de stabilité pourra alors prêter directement aux banques sans passer par les États. Pour François Hollande, « si on veut de l'intégration, il faut d'abord de la solidarité ». La garantie européenne des dépôts bancaires destinée à prévenir les paniques bancaires est renvoyée à plus tard, « quand on aura progressé dans l'intégration », comme le précise le président français à l'issue de ce sommet. De fait, comme contrepartie à cette solidarité financière implicite entre les États, les Dix-Sept donnent mandat aux institutions communautaires de préparer pour la fin 2012 une feuille de route menant à une union budgétaire et politique, c'est-à-dire la contrepartie logique de ce partage de risques. Une feuille de route qui reste lettre morte encore aujourd'hui.

L'Union bancaire constitue un saut fédéral équivalant à celui de l'euro, que les États ont longtemps refusé par nationalisme bancaire, même si le traité de Maastricht avait prévu cette possibilité. Il a fallu que la zone euro soit menacée de délitement pour qu'ils y consentent enfin : c'était le prix à payer pour sauver leur monnaie. À l'issue de cette « nuit de la zone euro », selon l'expression de François Hollande, les marchés se montrent euphoriques, les Bourses bondissent, l'euro reprend des couleurs face au billet vert, les taux d'intérêt espagnols et italiens se détendent.

Mais il faut encore mettre en musique cette décision de principe. Le diable nichant dans les détails, l'Allemagne va batailler pour essayer – et souvent parvenir – à affaiblir l'Union bancaire. Ainsi, au départ la Commission propose que les six mille banques de la zone euro soient directement supervisées par la BCE, avec l'aide des superviseurs nationaux (dans la quasi-totalité des cas, les banques centrales nationales) : Michel Barnier, le commissaire au marché intérieur, fait valoir que la crise bancaire n'est pas venue de banques systémiques, mais de petits établissements comme en Espagne. L'Allemagne ne l'entend pas de cette oreille : elle exige que ses caisses d'épargne (Sparkassen), ses banques coopératives (Volksbanken) et les banques publiques des Länder (Landesbanken) continuent à dépendre de la seule Bundesbank. Pourquoi ? Tout simplement parce que les conseils d'administration de ces banques sont truffés d'élus qui ne veulent pas que la BCE vienne mettre son nez dans leur fromage…

L'Allemagne limite l'Union bancaire

En décembre 2012, il est donc acté par les États – on ne peut rien refuser à Berlin – que seules les banques pesant plus de 30 milliards d'euros d'actifs ou plus de 20 % du PIB de leur pays d'origine seront directement supervisées par la BCE. Pour éviter que certains pays n'aient aucune banque contrôlée au niveau européen, les trois premiers établissements de chaque État de la zone euro tombent automatiquement dans l'union bancaire. Tout comme celles qui ont leur siège social dans un pays qui bénéficie d'un programme d'aide européen. Soit au total deux cent cinquante banques représentant 80 % du système bancaire européen en termes d'actifs. Mais si 95 % des banques françaises sont supervisées par la BCE, la proportion tombe entre 30 et 50 % côté allemand… Un vrai problème, car les caisses d'épargne allemandes se garantissent mutuellement, ce qui signifie qu'elles forment en réalité une seule et même institution. Autrement dit, les Sparkassen sont les plus systémiquement importantes de la zone euro, mais elles échappent à la supervision directe de Francfort. Certes, la BCE obtient un droit « d'évocation » des banques qu'elle ne couvre pas directement : chaque fois qu'elle soupçonnera une banque de dérives, elle pourra traiter le dossier. Ce qui suppose que le superviseur national joue le jeu. De plus ce partage de compétences n'est pas d'une grande clarté : c'est le système qu'avait adopté l'Espagne (Banque centrale assistée par les autorités régionales) et qui a débouché sur une catastrophe... Bref, Berlin a compliqué et opacifié partiellement un système que la Commission voulait le plus clair possible.

Il est convenu que tous les États membres de l'Union puissent participer à l'union bancaire, afin de ne pas donner l'impression que l'Europe est coupée en deux. À l'époque, seules la Grande-Bretagne, la Suède et la Tchéquie font savoir qu'elles ne placeront pas leurs banques sous supervision européenne. En réalité, en 2018, aucun État hors zone euro n'y participe. La Bulgarie s'apprête à le faire en 2019, car elle souhaite rejoindre l'euro, ce qui montre que l'Union bancaire est devenue *de facto* une condition supplémentaire d'adhésion...

Il faut encore près de deux ans de dures négociations pour que son architecture finale soit adoptée. Elle comporte deux piliers : un Mécanisme de supervision unique (MSU), placé sous l'autorité de la BCE, qui est chargé de surveiller directement les deux cent cinquante principales banques et, via les superviseurs nationaux, les cinq mille sept cent cinquante autres « petites » banques. Le MSU a commencé ses activités le 4 novembre 2014, le temps de recruter ses équipes. Le second pilier, le Conseil de résolution unique (CRU), composé d'experts et de représentants des autorités nationales de résolution ainsi que de l'exécutif européen, est chargé de restructurer les banques. Il est entré en fonction le 1er janvier 2015 et est pleinement opérationnel depuis janvier 2016. Une directive d'avril 2014 (relative au redressement des banques et à la résolution de leurs défaillances) prévoit que ceux qui devront supporter les pertes des banques seront, dans l'ordre, la direction de la banque, les actionnaires, les créanciers obligataires, et, éventuellement les déposants détenant des comptes de plus de 100 000 euros. Si ces contributions sont insuffisantes, il pourra être fait appel au Fonds de résolution unique (FRU), géré par le CRU, qui sera alimenté par les contributions des banques afin d'atteindre 55 milliards d'euros au terme d'une période de huit ans, ce qui équivaut à environ 1 % des dépôts de la zone euro – à la mi-juillet 2018, il avait déjà à sa disposition 25 milliards d'euros. Mais là aussi, Berlin s'est montré réticent face à un mécanisme trop fédéral qui mettrait à contribution le « bon argent allemand » pour sauver les canards boiteux du sud de l'Union… Elle a donc obtenu que le FRU ne soit totalement mutualisé qu'au terme d'une période de dix ans. Chaque année, 10 % des taxes versées par les banques seront mutualisées. En attendant, chaque banque devra se contenter des sommes cantonnées dans des « boîtes nationales ». Celles-ci diminueront au fil du temps : 90 %, 80 %, 70 %, etc., à mesure que le fonds mutualisé grossira. Reste que, si un gros problème survient avant 2024, il faudra que les États interviennent en mobilisant des fonds publics.

Berlin accepte à reculons un « filet de sécurité »

L'Allemagne a, en revanche, bloqué la mise en place d'un *backstop* (filet de sécurité). En effet, pour crédibiliser définitivement le mécanisme de résolution, il est nécessaire qu'il puisse faire appel, en cas de choc majeur, à un fonds aux poches profondes, en l'occurrence le MES, doté de 750 milliards d'euros. Car « si le souverain européen ne garantit pas le risque, cela va fragmenter le risque bancaire selon la qualité du souverain national », explique en 2013 Laurence Boone, alors conseillère pour les affaires économiques de François Hollande. En clair, l'Union bancaire risque de ne pas servir à grand-chose pour les pays qui n'ont pas la capacité financière d'aider leurs banques… « Berlin ne veut plus que le contribuable paie, mais en refusant le backstop européen, ils concrétisent cette crainte pour certains pays », poursuit Laurence Boone.

Emmanuel Macron, qui a succédé à François Hollande en mai 2017, est parvenu à un compromis sur ce backstop avec Angela Merkel lors du sommet bilatéral de Meseberg de juin 2018. Les deux dirigeants sont convenus que le CRU puisse faire appel au MES dans la limite des fonds du FRU, donc 55 milliards en 2024, date proposée d'entrée en vigueur de ce filet de sécurité, soit en tout 110 milliards d'euros. Comme à terme le FRU disposera de 70 milliards d'euros, ce seront donc 140 milliards d'euros qui pourront être mobilisés pour sauver les banques. Pour donner un ordre de comparaison, aux États-Unis, le backstop géré par la SEC (qui mélange deux fonctions totalement séparées dans l'Union, celles de fonds de garantie des dépôts et de fonds de résolution unique) se monte à 100 milliards de dollars. Si le MES – dont les règles de fonctionnement donnent un véritable droit de veto aux grands pays – est sollicité, le secteur bancaire sera ensuite mis à contribution pour rembourser les sommes mobilisées dans les trois ans, cinq ans au maximum. Le sommet de la zone euro du 29 juin 2018 a repris à son compte les grandes lignes de cet accord dont les détails restent encore à négocier, ce qui s'annonce compliqué, Berlin exigeant que son Bundestag donne son feu vert à chaque fois que le mécanisme sera activé, ce qui créera, là encore, de l'incertitude.

Le dernier pan de l'Union bancaire, lui, reste encore totalement en jachère, celui de la « garantie européenne des dépôts bancaires » à laquelle les caisses d'épargne allemandes s'opposent avec virulence. Pour l'instant, les fonds de garantie sont uniquement nationaux et l'Allemagne pose comme préalable à une mutualisation une quasi-élimination des risques bancaires, ce qui revient à la renvoyer *sine die*.

« To do whatever it takes to preserve the euro »

Le second temps de la sortie de crise se joue à Francfort, où l'Italien Mario Draghi a pris la succession de Jean-Claude Trichet le 1er novembre 2011. Aussi peu disert que Trichet l'était, Draghi s'est engouffré dans les brèches ouvertes par son prédécesseur pour instituer *de facto* une garantie mutuelle des dettes publiques. Il ne faut pas oublier qu'en dépit de l'opposition allemande le Français a réussi à enfoncer des coins dans l'orthodoxie héritée de la Bundesbank dès mai 2010, lorsqu'il a décidé, contre l'avis de son économiste en chef, l'Allemand Jürgen Stark, et surtout du président de la Bundesbank, Axel Weber, d'intervenir sur le marché secondaire afin de racheter les emprunts grecs vendus par les banques ou les assurances. Il a étendu cette politique au fur et à mesure de la contagion de la crise aux obligations irlandaises, portugaises, espagnoles, italiennes… Pour les Allemands, la BCE a violé les traités européens alors que ce n'est pas le cas puisque seul le financement direct des États par Francfort est interdit, afin de ne pas financer les déficits publics en faisant tourner la planche à billets, ce qui crée de l'inflation. Mais pour la sourcilleuse Bundesbank, l'intervention sur le marché secondaire revient au même : le spectre de l'hyperinflation et du nazisme n'est jamais loin. Afin de ménager la susceptibilité allemande, la BCE n'est intervenue qu'à dose homéopathique : elle n'a acquis en tout et pour tout qu'environ 210 milliards d'euros de dettes publiques, alors que la Réserve fédérale américaine ou la Banque d'Angleterre interviennent sans plafond.

Après l'accalmie qui a suivi le sommet de juin 2012, les marchés, inquiets de l'état des caisses d'épargne de la péninsule Ibérique, véritable pompe à finances des régions, qui n'ont pas été purgées des créances douteuses héritées de la bulle immobilière, se déchaînent contre l'Espagne, dont les taux atteignent 7 %. Or, si Madrid tombe, Rome suivra… Le 20 juillet, le MES ouvre une ligne de crédit de 100 milliards d'euros afin d'aider l'Espagne à recapitaliser ses caisses d'épargne. Mais cela ne suffit pas à calmer les marchés, car Madrid a trop attendu. Le 26 juillet, Mario Draghi hausse le ton : « La BCE est prête à faire tout ce qui est nécessaire pour préserver l'euro. Et croyez-moi, ce sera suffisant[1]. » Angela Merkel – et c'est une première – ainsi que François Hollande apportent immédiatement leur soutien au président de l'institut d'émission. Ce n'est pas le cas de la Bundesbank, qui prend solennellement ses distances avec le patron de la BCE en répétant qu'elle reste opposée à la réactivation du programme (en sommeil depuis mars) de rachat d'obligations sur le marché secondaire, le jugeant « problématique ». Wolfgang Schäuble, le ministre des Finances allemand, lui rétorque que les déclarations du président de la BCE, « s'inscrivent dans le cadre de son mandat, qui est de prendre les mesures nécessaires à la préservation de l'euro ». Impressionnés, les marchés se calment : les taux d'intérêt à dix ans sur les dettes espagnole et italienne se détendent fortement, repassant sous les 7 % (6,66 %) pour la première et 6 % (5,92 %) pour la seconde. L'euro retrouve des couleurs face au dollar, à 1,2355 après avoir atteint son plus bas depuis deux ans avant les propos de Draghi… Mais le calme est revenu tant de fois auparavant que rien ne garantit que l'accalmie va durer.

Les Américains, profondément inquiets devant cette crise sans fin, interviennent une nouvelle fois. Barack Obama déclare, avec lassitude, qu'il passe « énormément de temps à essayer de travailler avec [les Européens], et Tim Geithner [le secrétaire au Trésor] passe beaucoup de temps à travailler avec eux pour faire en sorte qu'ils reconnaissent que plus vite ils prendront des mesures décisives, plus vite nous serons en meilleure position » au plan économique. Timothy Geithner n'hésite pas à traverser l'Atlantique pour rencontrer, à la veille de la

1. *« The ECB is ready to do whatever it takes to preserve the euro. And believe me, it will be enough. »*

réunion de la BCE du 2 août, Wolfgang Schäuble dans sa maison de vacances de l'île de Sylt (mer du Nord), avant de se rendre à Francfort pour s'entretenir avec Mario Draghi.

« L'euro reste, il reste, il reste »

Le 2 août, la BCE précise ce qu'elle est prête à faire. Mario Draghi martèle que les investisseurs doivent cesser de « craindre une réversibilité de l'euro ». L'euro « est irréversible » : « Il reste, il reste, il reste. Il est inutile de spéculer contre l'euro. » Il réaffirme que Francfort est prête à intervenir massivement, mais en posant des conditions. Si l'institut d'émission européen est prêt à réactiver son programme d'achat d'obligations (SMP, « Securities Market Program ») sur le marché de la revente, c'est seulement et seulement si le Fonds européen de stabilité financière (FESF) et le futur Mécanisme européen de stabilité (MES) interviennent d'abord sur le marché des obligations. Or, pour que ces fonds rachètent de la dette souveraine, « les gouvernements doivent (d'abord) frapper à la porte du FESF », explique Draghi. Et cette demande implique qu'ils se soumettent à la tutelle de la Commission et de la BCE, qui leur imposera un programme d'austérité. C'est seulement si cette « condition nécessaire » est remplie, selon l'expression du patron de la BCE, que Francfort pourra, éventuellement, intervenir en appui du FESF et du MES. Une intervention qui pourra être « illimitée » afin de ramener les taux à un niveau jugé plus conforme à la réalité économique (plus il y a de demandes, plus le cours est élevé et plus les taux sont bas). Un changement de doctrine, puisque jusque-là ses interventions étaient volontairement limitées. Cette forte conditionnalité est manifestement destinée à calmer la Bundesbank, ce qui n'a pas empêché Jens Weidmann, son président depuis février 2011, de s'opposer au reste du conseil des gouverneurs et au directoire.

L'essentiel est que la BCE ne menace plus les marchés avec un bazooka, mais avec une arme nucléaire. Certes, dans un premier temps, ceux-ci n'ont pas du tout apprécié cette conditionnalité : les taux d'emprunt de l'Espagne et de l'Italie s'envolent, les Bourses plongent dans le rouge, l'euro perd trois centimes. Mais dès le lendemain, changement de décor. Les investisseurs ont manifestement eu le temps de comprendre la stratégie déployée par la Banque centrale. Résultat, le marché obligataire se détend clairement, les Bourses regagnent le terrain perdu la veille et l'euro reprend des couleurs… Le mois d'août confirme l'armistice.

Enfin, le 6 septembre, la BCE livre le mode d'emploi détaillé de son nouveau programme. Mario Draghi, après avoir répété « nous ferons tout ce qu'il faut pour […] préserver l'euro », annonce que la BCE « a décidé de lancer un nouveau programme de rachat d'obligations dans le but de faire baisser les coûts de financement des États de la zone euro en difficulté » et de constituer ainsi un « filet de sécurité propre à prévenir des scénarios potentiellement destructeurs », programme baptisé Outright Monetary Transactions (OMT, transactions monétaires fermes). Elle ne l'activera que si le pays demande d'abord au FESF/MES de lui acheter directement de la dette (marché primaire), ce qui implique qu'il se soumette à un programme d'ajustement (« complet ou de précaution »). Il s'agit d'un programme moins contraignant que celui imposé à des pays qui n'ont plus accès aux marchés, comme la Grèce, l'Irlande et le Portugal, mais il revient quand même à accepter une forte perte de souveraineté budgétaire. Même s'il n'est pas annoncé d'objectif en matière de taux, afin de ne pas donner trop d'indications, il est clair que la BCE ne laissera pas les écarts entre les taux des pays de la zone euro se creuser au-delà d'une certaine limite (un financement à plus de 6 % est généralement considéré comme la limite maximale supportable).

Tournant

L'OMT marque donc un tournant majeur dans la crise, les moyens de la BCE étant illimités puisqu'elle crée la monnaie. Elle donne ainsi la certitude aux investisseurs qu'ils pourront toujours revendre leurs titres donc récupérer leur argent, ce qui devrait suffire à les rassurer et à les dissuader de se défaire de leurs obligations. Une nouvelle fois, Jens Weidmann vote contre ce programme alors qu'il a longtemps été soutenu par les banquiers centraux néerlandais, finlandais ou encore luxembourgeois. Pour lui, le rachat d'obligations par la BCE « est proche d'un financement des États par la planche à billets » : « La manne des banques centrales attiserait sans fin les convoitises. ». Et « le financement par les banques centrales peut rendre accro, comme une drogue ».

En deux mois, les Européens ont enfin trouvé la solution technique à la crise de la zone euro. Les marchés sont désormais définitivement rassurés : les mois qui suivront vont confirmer que la crise est terminée et que les risques de contagion sont écartés. Mais il ne faut pas se tromper sur l'interprétation de cette séquence. « La percée majeure n'est pas le discours de Mario Draghi, mais le lancement de l'union bancaire, juge Nicolas Véron. La zone euro met alors en place une discipline de marché crédible en confiant la supervision bancaire à la BCE, grâce à quoi les budgets nationaux ne seront plus les premiers mis à contribution lors du sauvetage des banques, mais les actionnaires et les créanciers. C'est cette décision politique qui a permis à la BCE d'annoncer ensuite le programme OMT, c'est-à-dire la possibilité de racheter sans limite les dettes publiques qui seraient attaquées, pour éviter de nouveaux défauts souverains. La logique qui avait prévalu depuis le début de la crise a été inversée en 2012 : au lieu de faire du bail in sur les souverains et du bail out sur les banques, on fait le contraire. C'est à ce moment que la peur a changé de camp : le courtier ne perdait plus son emploi en étant trop optimiste sur l'avenir de l'euro, mais en étant trop pessimiste. »

La BCE fait tourner la planche à billets

Il ne reste donc plus grand-chose de l'héritage de la Bundesbank à l'issue de la crise de la zone euro. Le 22 janvier 2015, la BCE ira encore plus loin en décidant de racheter les emprunts d'État sur le marché secondaire sans condition. C'est ce qu'on appelle un *quantitative easing* (QE ou assouplissement quantitatif) que pratiquent, en cas de choc économique du type de celui de 2007-2008, les autres grandes banques centrales de la planète, comme la Réserve fédérale américaine, la Banque du Japon ou la Banque d'Angleterre. En d'autres mots, il s'agit de faire tourner la planche à billets pour relancer l'activité économique en faisant baisser les taux d'intérêt et l'euro (qui s'est renchéri de 10 % contre toutes les monnaies depuis juillet 2012). Si elle franchit ce pas, c'est à cause du risque de déflation qui s'est précisé tout au long de l'année 2014 : en effet, l'inflation est proche de zéro, loin de son objectif de politique monétaire qui est le maintien autour de 2 % par an. Au mois de mai 2014, Mario Draghi estime d'ailleurs que la « zone de danger » est atteinte. Mais la Bundesbank, qui déteste tout ce qui ressemble à une « mesure non conventionnelle » comme on dit en langage de banquier central, freine encore une fois des quatre fers. C'est pourquoi le QE européen, appelé PSPP (Public Sector Purchase Programme), son acronyme anglais, ne sera finalement annoncé qu'en janvier 2015, les banquiers centraux décidant de passer outre l'opposition – encore et toujours – de Jens Weidmann.

Les rachats de dette commencent effectivement en mars 2015. La BCE a prévu d'acquérir 60 milliards d'euros par mois de bons du Trésor jusqu'en septembre 2016. Soit au total 1 080 milliards d'euros. En décembre 2015, la BCE prolonge ce programme de six mois. Puis en mars 2016, elle étend le volume de rachat à 80 milliards d'euros par mois. En octobre 2017, l'inflation redémarrant, Francfort réduit ses rachats à 30 milliards par mois. Enfin, le spectre de la déflation étant écarté, elle annonce en juin 2018 la fin du QE pour janvier 2019[1].

Au 31 octobre 2018, la BCE a dans ses coffres 2 138 milliards d'euros de dette publique (d'une durée moyenne de huit ans), soit l'équivalent de 20 % du PIB de la zone euro. Cette dette ne sera pas remise sur le

1. Le volume mensuel est ramené à 15 milliards entre octobre et décembre.

marché avant longtemps, ce qui prolongera l'effet du QE d'autant. On peut voir dans cette mutualisation *de facto* des dettes publiques nationales une sorte de budget de la zone euro par défaut. Ce que les États n'ont pas été capables de faire, la BCE l'a fait.

L'EURO AU BORD DE LA CRISE DE NERFS

2013- ?

Samedi 16 mars 2013, 4 h 30 du matin. Le très austère ministre des Finances néerlandais, le social-démocrate Jeroen Dijsselbloem, dont le patronyme signifie « fleur de chardon », les traits tirés par une longue nuit de négociation, descend en salle de presse du Conseil des ministres, à Bruxelles. Les médias ont été prévenus : ce sera la seule conférence de presse, contrairement à d'habitude où chacun parle devant sa presse nationale, d'où parfois une cacophonie ingérable. Il s'agit d'envoyer un signal fort d'unité au moment où la crise de la zone euro rebondit. Celui qui préside l'Eurogroupe depuis le mois de janvier, alors qu'il n'est ministre des Finances de son pays que depuis novembre 2012, fait là ses premières armes. Affichant l'air revêche qu'affectionnent les grands argentiers, il annonce d'une voix plate l'inimaginable. Pour sauver Chypre de la faillite et son système bancaire, tous les dépôts, ceux des banques malades comme ceux des établissements en bonne santé, vont être taxés, et ce dès le premier euro[1]. Cette taxe

1. Tous les comptes sont concernés : à vue, épargne, assurance-vie, actions, ceux des particuliers comme ceux des entreprises, résidents et surtout non-résidents.

non renouvelable sera de 6,75 % sur les dépôts en deçà de 100 000 euros et de 9,9 % au-delà (capital et intérêts compris)[1]. Le montant des dépôts atteignant plus de 70 milliards d'euros, cela permettra de lever 5,8 milliards d'euros, condition *sine qua non* pour que la zone euro et le FMI prêtent 10 milliards d'euros au pays en échange d'un plan d'austérité. Chypre est le quatrième pays à tomber, le cinquième si on inclut l'Espagne pour ses banques.

Cette mise à contribution des banques et de leurs clients est un moyen d'éviter de faire porter toute la charge sur les contribuables chypriotes et européens, une leçon durement apprise durant les années précédentes. Mais ce faisant, la zone euro vient froidement de faire sauter la garantie européenne des dépôts bancaires fixée à 100 000 euros depuis 2010, pourtant présentée comme intangible pour rassurer les épargnants et éviter des *bank runs*[2]. Alors que la zone euro vient tout juste de sortir de la crise, les ministres des Finances ne s'y prendraient pas autrement s'ils voulaient l'y faire replonger. Si les médias internationaux sont révoltés par la légèreté affichée par l'Eurogroupe, c'est l'insurrection à Chypre !

1. Pour éviter une fuite massive de capitaux, les sommes dues sont immédiatement isolées et gelées en attendant le vote de la loi par le Parlement chypriote qui permettra de les verser à l'État. Une fermeture des banques (*bank holidays*) est aussi décrétée jusqu'à nouvel ordre.

2. Historiquement, il est déjà arrivé que les dépôts soient mis à contribution : en Italie, en juillet 1992, une taxe de 0,6 % a été prélevée sur tous les dépôts, ce qui a permis à l'État de récupérer six milliards d'euros afin de réduire son déficit. Au Danemark, en 2011, les dépôts de plus de 100 000 euros de deux banques en faillite ont été impliqués.

Une économie casino

Pour comprendre les raisons d'une telle décision, il faut partir de la situation de cette petite île, grande comme la Corrèze et dont le PIB ne représente que 0,2 % de celui de la zone euro. Déjà affaiblie par la crise de 2007-2008, Chypre, qui a adhéré à l'euro en janvier 2008, est touchée de plein fouet par l'effondrement de la Grèce, son premier partenaire économique. La restructuration de la dette hellène de février 2012 a fait perdre aux banques chypriotes 4 milliards d'euros et seuls des prêts d'urgence de la BCE maintiennent en vie les deux plus grands établissements du pays, Bank of Cyprus et Laiki Bank (aussi connue sous le nom de Popular Bank, nationalisée en 2012). Le problème est que les services financiers occupent la seconde place dans le PIB de l'île (30 % et 18 000 emplois), juste derrière la marine marchande. Rapportés à sa taille, ils arrivent même au second rang dans l'Union, juste après le Luxembourg ! Autant dire que son secteur bancaire est hypertrophié puisqu'il pèse 7,5 fois la richesse nationale contre 3,5 fois en moyenne dans la zone euro (3 fois en France). Les dépôts y représentent 100 000 euros par adulte, ce qui est sans commune mesure avec la richesse réelle des habitants de l'île. Place offshore et paradis fiscal, Chypre attire en fait énormément d'argent d'origine douteuse, Nicosie sachant fermer les yeux quand c'est nécessaire. Ainsi, deux tiers des comptes de plus de 100 000 euros (la moitié des dépôts) sont détenus par des non-résidents, dont une majorité de Russes, aux avoirs compris, selon les évaluations, entre 25 et

30 milliards d'euros[1]… Il faut dire que les dépôts sont extrêmement bien rémunérés, en moyenne 4,5 % par an (et jusqu'à 9,5 % pour certains d'entre eux), soit deux fois plus qu'en Allemagne et en France. Preuve s'il en est de l'origine douteuse de ces fonds, aucun bank run n'a eu lieu en dépit des difficultés des banques chypriotes, les titulaires de ces comptes sachant qu'aucun pays ne serait prêt à accepter cet argent « radioactif ». Bref, « une économie casino » comme l'a qualifiée le ministre des Finances français de l'époque, Pierre Moscovici.

Dès mars 2012, Chypre demande l'aide de la zone euro et du FMI. En novembre, Nicosie adopte, sur leurs conseils, un plan d'austérité (coupe dans les salaires de la fonction publique et les prestations sociales, augmentation des impôts). Mais c'est moins la situation de ses comptes publics qui pose problème que celle de ses banques. En mars 2013, elles sont proches de l'effondrement : l'île a besoin d'urgence d'environ 16 milliards d'euros, dont 10 milliards rien que pour ses banques, une somme représentant 60 % de son PIB, plus que le précédent record irlandais de 2010 (40 % du PIB). À l'échelle française, cela représenterait 1 200 milliards… Mais lui prêter 16 milliards est inconcevable notamment pour le FMI, car son taux d'endettement bondirait à 160 % du PIB et Chypre serait *de facto* insolvable, ce qui obligerait à terme à une restructuration de la dette publique. Un cauchemar pour la zone euro, qui a promis que la Grèce resterait une « exception ». Au maximum, pour que la dette reste supportable, le prêt peut atteindre 10 milliards d'euros, à charge pour Nicosie de financer le reste.

1. En janvier 2012, ce n'est pas un hasard, la Russie a prêté 2,5 milliards d'euros à Chypre pour l'aider à se refinancer.

Nicosie refuse la restructuration de ses banques

L'Eurogroupe se réunit donc le 15 mars 2013 à Bruxelles pour décider d'un plan d'aide. Les débats vont être particulièrement chaotiques durant une bonne partie de la nuit, une habitude. Dès le début de la discussion, Christine Lagarde, la directrice du FMI, et Wolfgang Schäuble estiment que la restructuration de Bank of Cyprus et de Laiki Bank, les deux banques en difficulté, est la seule solution viable. Mais cela impacterait les comptes de plus de 100 000 euros qui seraient mis à contribution, des comptes appartenant à des Russes pour la plupart. Le ministre des Finances chypriote, Mikhális Sarrís, refuse tout net. Fait totalement inédit, le président de la République chypriote, le conservateur Níkos Anastasiádis[1], a fait le déplacement à Bruxelles. Comme il ne peut pas siéger dans la salle de l'Eurogroupe, il hante les couloirs du Conseil des ministres, Sarrís venant lui rendre compte tout au long de la nuit… Si le président est là, c'est qu'il ne veut pas d'une solution qui nuirait à ses amis russes et qu'il n'a manifestement pas une confiance totale dans son ministre des Finances.

Comment dès lors trouver les 5,8 milliards qu'exigent la zone euro et le FMI ? Il ne reste qu'une solution : taxer les déposants de tous les établissements chypriotes, car ceux des deux banques en difficulté ne suffiront pas. Toujours pour limiter la casse pour les gros comptes, Nicosie exige que les dépôts de moins de 100 000 euros soient concernés. Le ministre chypriote refuse même

1. Élu en février 2013 sur la nécessité de faire appel à l'aide de la zone euro, il a été réélu en février 2018 en dépit de sa gestion chaotique de la crise…

que les petits comptes soient exonérés : « C'est Mikhális Sarrís qui a plaidé pour [...] que les déposants soient assujettis à une taxe dès le premier euro », dénoncera quelques jours plus tard Pierre Moscovici. Cette solution, suggérée par le gouvernement chypriote lui-même, est finalement retenue[1].

Mais l'Eurogroupe, le gouvernement chypriote et la Commission ont totalement sous-estimé la réaction des opinions publiques, choquées que la zone euro ait ainsi fait sauter la garantie de 100 000 euros et que personne ne se soit posé la question des tout petits comptes. Devant l'ampleur des critiques, l'Eurogroupe se réunit par téléphone le lundi soir pour convenir que le gouvernement chypriote peut répartir comme il l'entend l'effort sur les dépôts à partir du moment où la somme de 5,8 milliards d'euros est réunie. Pour essayer d'amadouer son parlement et son opinion publique, le président chypriote, Níkos Anastasiádis, se résout à annoncer que les ménages les plus modestes, c'est-à-dire ceux qui ont moins de 20 000 euros sur leur compte, seront épargnés. Le gouverneur de la banque centrale, Panicos Demetriades, l'avertit alors qu'avec cette « franchise » le prélèvement sera insuffisant et donc qu'il faut augmenter la taxe sur les autres dépôts. Refus du président, toujours pour épargner les comptes de plus de 100 000 euros, ce qui rend non viable le plan arrêté par l'Eurogroupe.

1. Pour limiter l'ampleur de ce hold-up, cette taxe est censée être compensée à « 100 % » par une distribution d'actions des banques concernées, ce qui n'est pas vraiment un cadeau. Si les créanciers obligataires des banques ne sont pas touchés, les créanciers non privilégiés verront aussi leurs créances transformées en actions.

Le parlement chypriote rejette le plan de l'Eurogroupe

Sans surprise, le mardi 19 mars, le parlement chypriote rejette sans barguigner le plan européen par trente-six voix contre, aucune pour, dix-neuf députés s'abstenant. C'est la première fois qu'un parlement national ose ainsi taper du poing sur la table. Il faut dire que les grands argentiers n'ont pas fait dans le détail. Le gouvernement chypriote s'empresse de se défausser sur l'Eurogroupe en expliquant qu'il a négocié avec un « pistolet sur la tempe », une manœuvre facilitée par Dijsselbloem, qui a omis d'expliquer que la « solution » trouvée était celle du gouvernement chypriote et non celle de l'Eurogroupe. C'est le sauve-qui-peut général du côté des ministres des Finances : plus personne n'assume la décision du 16 mars ou même ne se souvient de la façon dont elle a été prise : il était très tard et plusieurs ministres se sont même endormis, dont Moscovici… Entendu le 21 mars par le Parlement européen, Dijsselbloem explique que l'idée de départ était de créer une « taxe sur les riches », ce qu'il a omis d'expliquer lors de sa conférence de presse expéditive : « Nous aurions dû passer plus de temps samedi matin pour mieux communiquer sur ce projet », reconnaît-il un peu tard.

Après cette révolte des citoyens chypriotes, l'Eurogroupe est mis sur la touche. Le dimanche 24 mars, c'est Herman Van Rompuy, le président du Conseil européen, qui est à la manœuvre, avec Mario Draghi, Christine Lagarde, et José Manuel Durão Barroso, le président de la Commission. Les ministres des Finances sont priés de patienter jusqu'à ce que l'on soit proche d'un accord, ce qui suscite l'ire de Wolfgang Schäuble. Le plan B sur lequel les Européens se mettent finalement d'accord et qu'ils imposent à Nicosie est en fait celui refusé par le gouvernement chypriote la semaine précédente, c'est-à-dire la restructuration des banques. La Laiki Bank, deuxième banque de l'île, sera purement et simplement liquidée : une « bad bank » recueillera ses actifs pourris et les dépôts inférieurs à 100 000 euros seront logés dans une « good bank ». Les dépôts supérieurs à cette somme seront lourdement mis à contribution (jusqu'à 80 % de perte), tout comme les actionnaires et les créanciers obligataires. Au final, la liquidation de la Laiki Bank devrait rapporter 4,2 milliards d'euros. Si la première banque du pays, la Bank of Cyprus, sauve sa peau, elle devra être recapitalisée par ses actionnaires, créanciers et gros déposants (45,7 % des sommes supérieures à 100 000 euros seront transformés en actions). Cet établissement reprendra les actifs sains de la Laiki bank, mais aussi ses dettes envers la BCE (environ 9 milliards d'euros).

La garantie bancaire de 100 000 euros et les déposants des banques saines ne sont donc pas touchés. En échange de cette restructuration, qui ne nécessite pas un vote du parlement chypriote, le Mécanisme européen de stabilité (MES) prête à Chypre 9 milliards d'euros, auxquels s'ajoute une contribution de un milliard du FMI. En échange de ces prêts, le programme d'austérité destiné à redresser les comptes publics prévoit, entre autres, le gel des salaires et pensions jusqu'en 2016, une rafale de hausses d'impôts, et le report de 65 à 67 ans de l'âge de la retraite. Surtout, il n'est pas question qu'une fois le programme terminé, tout redevienne comme avant : l'île est priée de ramener son secteur bancaire de 7,5 fois à 3,5 fois de son PIB d'ici 2018, en ligne avec la moyenne de l'Union (trois fois en France), de faire passer son impôt sur les sociétés de 10 à 12,5 % et celui sur les intérêts du capital, de 15 à 30 %… Les Européens ont profité de cette crise pour passer un coup de torchon sur l'argent sale que « la Suisse de la Méditerranée » accueillait jusque-là. Cette thérapie de choc s'avère moins douloureuse qu'attendu, Chypre étant un État fonctionnel à la différence de la Grèce. Alors que les analystes s'attendaient à une récession comprise entre -10 et -15 %, elle n'est au final « que » de -5,8 % en 2013 et de -1,3 % en 2014. Dès 2015, la croissance est de retour.

La crise de la zone euro est devenue politique

L'affaire chypriote confirme que la crise de la zone euro est techniquement réglée depuis l'été 2012 comme le montre le calme des marchés. Mais elle n'est pas pour autant terminée : elle a changé de nature. De financière, elle s'est muée en crise politique. Chypre est le symptôme d'un profond malaise démocratique, qui était déjà apparu fin 2011 lors des démissions du Grec Giórgos Papandréou et de l'Italien Silvio Berlusconi et leur remplacement par des techniciens. Les solutions bricolées dans l'urgence pour régler ce que les États et les institutions communautaires ont cru à tort être une crise budgétaire ont transformé la zone euro en monstre technocratique. Si le contrôle sur les budgets nationaux et les politiques économiques a été considérablement renforcé au profit de la Commission et de l'Eurogroupe, la démocratie n'a pas suivi.

En effet, aucun des responsables de la zone euro n'a de légitimité démocratique directe. Le président de l'Eurogroupe est élu par ses pairs, le président de la BCE est désigné par les chefs d'État et de gouvernement, le poste de commissaire aux affaires économiques et monétaires est occupé par une personnalité nommée par son gouvernement, le directeur général du Mécanisme européen de stabilité est choisi par les ministres des Finances de la zone euro. Quant à la fameuse Troïka, composée de représentants de la Commission, de la BCE et du FMI, qui est chargée de faire appliquer les programmes d'austérité, elle ne rend de comptes qu'à l'Eurogroupe. Le Parlement européen n'a aucun droit de contrôle sur aucun de ces responsables, qui peuvent décider ce qu'ils veulent sans rendre de compte à quiconque. « S'il y avait eu un Parlement de la zone euro, il se serait réuni en urgence dès l'annonce du premier plan sur Chypre et il l'aurait retoqué comme incompatible avec les règles européennes », estime la députée européenne socialiste Pervenche Berès. Là, c'est le Parlement chypriote qui s'est révolté. Et ce camouflet sans précédent n'a abouti à aucune démission parmi les responsables de la zone euro (pas plus qu'à Chypre au demeurant, le gouvernement ayant rendu responsable l'Eurogroupe…). Autant dire que le « gouvernement » de la zone euro est a-démocratique : même si chaque ministre est responsable devant son parlement national, ce n'est pas l'addition des contrôles nationaux qui donne une légitimité européenne. Le pouvoir politique de la zone euro « est opaque, non identifiable et non responsable », se désole la députée européenne Sylvie Goulard. Pour elle, « cette gouvernance est une faillite totale depuis quinze ans. Comment en est-on arrivé là ? Qui a laissé entrer la Grèce et Chypre ? Pourquoi a-t-on fermé les yeux sur les dérapages de certains pays ? Avec Chypre, on a atteint les limites de ce système : l'euro ne pourra pas survivre éternellement si on continue comme ça ». Pas éternellement, mais pendant un certain temps.

Grèce, l'éternel retour

Dimanche 5 juillet 2015. C'est jour de référendum en Grèce. L'atmosphère est tendue : toutes les banques grecques sont fermées depuis le lundi 29 juin et un sévère contrôle des capitaux a été instauré afin d'éviter un bank run. Le samedi 27 juin précédent, à une heure du matin, sans consulter ses partenaires européens, le Premier ministre, Aléxis Tsípras, a appelé ses concitoyens à se prononcer sur le nouveau Memorandum of understanding (MoU) ou programme d'austérité que son gouvernement négociait avec la zone euro. La majorité, qui réunit la gauche radicale de Syriza et la droite radicale d'Anel, a fait campagne pour le non. Le résultat de cette consultation populaire est sans ambiguïté : 61,31 % des citoyens rejettent ce nouveau programme d'austérité et 38,69 % seulement l'approuvent. Les Grecs ont enfin eu leur référendum après la tentative avortée de fin 2011, lorsque le socialiste Giórgos Papandréou avait voulu organiser une telle consultation. Car pour les autres États membres de la zone euro, la seule question qui vaille ne porte pas sur la pertinence des programmes d'austérité, contreparties d'une aide financière massive, mais sur l'appartenance à la zone euro. Et c'est bien ainsi que le résultat du référendum de ce mois de juillet 2015 est interprété dans les capitales européennes qui se préparent à un Grexit.

Cette nouvelle crise grecque commence en fait à l'été 2014 alors que le pays semble tout près de sortir du second programme d'aide européen, en février 2015 : outre un excédent budgétaire primaire (avant charge de la dette) de 3 % du PIB, la croissance est enfin de retour (0,7 % du PIB) après six années de récession qui ont ramené le PIB grec à son niveau du début des années 2000. Même si les résistances de l'appareil d'État demeurent fortes, les réformes structurelles se mettent doucement en place. La zone euro, elle aussi, va beaucoup mieux : l'Irlande a réussi son retour sur les marchés le 15 décembre 2013, suivie par l'Espagne le 31 décembre et enfin par le Portugal, le 17 mai 2014[1]. Dans ce paysage, la Grèce fait figure d'anomalie, puisque tous les autres pays ont réussi à se redresser dans les trois ans fixés par la zone euro.

Antónis Samarás, le boutefeu

Le Premier ministre conservateur, Antónis Samarás, qui est à la tête d'une coalition avec les socialistes du Pasok, multiplie les erreurs politiques au lendemain des élections européennes de mai 2014, remportées par Syriza, afin d'essayer de reprendre la main. « Il a crié victoire trop vite en clamant qu'à la fin de l'année la Troïka, si honnie en Grèce, serait partie et que le pays serait à nouveau maître de son destin, explique un diplomate. Résultat : il a cru qu'il pouvait arrêter de faire des réformes et refaire de la politique locale comme avant. » Signal de ce revirement : Samarás renvoie cinq ministres réformateurs (dont celui de la Santé, Ádonis Georgiádis, très apprécié des bailleurs internationaux pour son professionnalisme) et les remplace par « d'incompétents populistes de la Nouvelle

1. Chypre sortira du programme d'aide le 31 mars 2016.

Démocratie, dont le rôle principal est d'occuper les plateaux de télévision pour faire pièce à Syrisa », comme le dénonce un fonctionnaire européen en poste dans la capitale grecque. Il ne s'arrête pas en si bon chemin et obtient le départ du secrétaire général chargé des recettes fiscales, Harry Theoharis, un poste théoriquement indépendant créé à la demande de la Troïka afin de couper le cordon ombilical entre le fisc et les politiques. Celui-ci, éduqué en Grande-Bretagne, ne manque pas de faire savoir qu'il a été victime de Samarás, qui n'a pas apprécié qu'il s'intéresse de trop près à ses amis… L'image de « réformateur » du Premier ministre grec sort, à la suite de ce mouvement de personnel, fortement écornée, tant auprès des autorités européennes que des marchés.

D'autant plus que, dans le même temps, il refuse les nouvelles mesures d'austérité exigées par la Troïka, même si ce n'est pas forcément à tort. En particulier, il s'oppose à une nouvelle réforme d'un régime de retraite pourtant insoutenable au regard de la natalité et des moyens du pays (il pèse 16 % du PIB), à une augmentation de la TVA et à une réforme du marché du travail. « Les idéologues du FMI se montrent de plus en plus durs en exigeant toujours davantage de coupes dans le budget alors que ce n'est plus supportable par le peuple. Ils ne veulent pas comprendre qu'il n'y a plus de majorité politique au Parlement pour les voter, s'énerve un fonctionnaire européen. Ils feraient mieux de se concentrer sur la réforme de l'appareil d'État au lieu d'exiger une réforme des retraites dans les cinq mois, ce qui est impossible pour n'importe quel pays, ou une libéralisation des licenciements collectifs alors que tout le monde a été licencié ! » « Il y a désormais une forte divergence sur le traitement de la Grèce entre d'un côté la Commission, de l'autre le FMI et la BCE », reconnaît Pierre Moscovici.

L'Eurogroupe a d'ailleurs admis quasi officiellement qu'il y avait un problème dans la façon dont le programme d'austérité était appliqué en acceptant, le 5 mai précédent, le principe proposé par le gouvernement grec d'un « agenda de croissance ». Il lui demande de présenter pour septembre un « plan d'action » assorti de délais précis. Mais, et c'est sans doute l'erreur la plus grave commise par Samarás, il ne présente rien, ni en septembre, ni en octobre, ni en novembre, donnant le sentiment que décidément les Grecs sont incapables de tenir parole et qu'une fois la Troïka partie tout recommencera comme avant : clientélisme, populisme, dépenses non financées… Une analyse qu'ont immédiatement faite les marchés.

Au mois de novembre, la tempête s'abat de nouveau sur la Grèce, et seulement sur elle : les taux d'intérêt flambent (à près de 9 % sur l'obligation à dix ans) et la Bourse d'Athènes s'effondre (-20 % en quelques séances, du jamais vu depuis le krach de 1987…). Devant ce retour des incertitudes, les capitaux quittent la Grèce, ce qui menace la stabilité des banques : « La liquidité diminue, on se rapproche de dommages irréparables pour l'économie grecque », met en garde à la mi-décembre le gouverneur de la Banque de Grèce et ancien ministre des Finances, Ioánnis Stournáras. Début décembre, la probabilité d'élections anticipées devient forte, ce qui anticiperait de dix-huit mois le terme normal de la législature. Or, selon toute probabilité, elles verraient la victoire de Syriza, ce qui achève de déstabiliser le pays.

Dans cette tourmente qu'il a lui-même provoquée, démontrant au passage la profonde incompréhension de la vieille classe politique grecque devant la gravité de la situation du pays, Samarás décide à la mi-décembre d'anticiper l'élection présidentielle de deux mois. Or, faute d'une majorité suffisante au Parlement (il ne dispose que de cent cinquante-cinq députés sur trois cents alors qu'il en faut deux cents), il ne peut la gagner sauf si Syriza accepte un candidat de compromis. Aléxis Tsípras, qui sent le pouvoir à portée de main, refuse, ce qui entraîne la dissolution automatique du Parlement et donc de nouvelles élections. La séquence reste encore aujourd'hui largement incompréhensible : tout laisse penser que Samarás, se rendant compte qu'il allait devoir passer sous les fourches caudines de la zone euro, après avoir fanfaronné, a compris que la partie était perdue pour lui. Il a donc voulu savonner la planche de son successeur probable avec l'espoir d'apparaître ensuite comme un recours si Tsípras était obligé d'accepter ce qu'il avait lui-même refusé...

L'Allemagne paiera

Le 25 janvier 2015, lors des élections législatives, Syriza devient comme prévu le premier parti de Grèce avec un peu plus de 36 % des voix (en progression de neuf points par rapport à juin 2012). C'est peu après quatre ans d'une violente austérité. D'ailleurs, malgré la prime de cinquante députés accordés au parti arrivé en tête, il loupe la majorité absolue (cent quarante-neuf députés sur trois cents). Il devance néanmoins largement Nouvelle Démocratie (27,81 %) et envoie le Pasok dans les poubelles de l'histoire, les socialistes n'atteignant même pas 5 %. Pis, ces derniers sont devancés par les néonazis d'Aube Dorée (6,28 %) désormais troisième parti. La ligne de fracture ne se jouant plus entre droite et gauche, mais entre pro et anti-memorandum, Syriza s'allie avec la droite radicale souverainiste d'Anel de Pános Komménos (qui hérite du ministère de la Défense). Une alliance contre nature qui ressemble à un pacte de fer, puisqu'en 2019 ces deux partis gouvernent toujours la Grèce.

Syriza enfin parvenu au pouvoir ne cherche pas l'apaisement avec la zone euro, bien au contraire, alors même que la situation économique du pays se dégrade à vue d'œil. Dès sa prestation de serment comme Premier ministre, Aléxis Tsípras donne le ton des six mois qui vont suivre : il se rend immédiatement au mur des fusillés de Kesariani, là où deux cents résistants communistes furent exécutés par les nazis le 1er mai 1944. Le symbole n'échappe à personne : l'Allemagne reste l'Allemagne, l'unique responsable des malheurs grecs. Lors de son discours de politique générale, il se fait plus clair : « Il y a une obligation morale envers notre peuple, envers l'Histoire, envers tous les peuples européens qui se sont battus et ont donné leur sang contre le nazisme, une obligation historique » que l'Allemagne paye enfin pour les dommages qu'elle a causés lors de l'occupation de son pays entre 1941 et 1944. Un argument germanophobe et nationaliste qui n'est pas nouveau : c'est le vieux Pasok – qui a été presque totalement absorbé par Syriza – qui l'a utilisé dès le début de la crise. Ainsi, au printemps 2010, le socialiste Theódoros Pángalos, vice-premier ministre, lançait : « Ils ont pris les réserves d'or de la Banque de Grèce, ils ont pris l'argent grec et ne l'ont jamais rendu. C'est un sujet qu'il faudra bien aborder un jour ou l'autre. » En décembre 2010, le secrétaire d'État aux Finances, Philippos Sahinidis, chiffrait la dette allemande à 162 milliards d'euros, estimation reprise cinq ans plus tard par Tsípras.

Ressortir une prétendue dette de guerre soixante-dix ans après 1945 pour expliquer les difficultés économiques présentes du pays est non seulement ridicule, puisque tous les pays européens pourraient employer le même argument, mais encore pour le moins maladroit lorsqu'on est demandeur : un tel rappel de son passé nazi n'est pas vraiment à même de mettre Berlin dans de bonnes dispositions... Pourtant, politiquement, l'argument aurait pu être intéressant s'il avait été utilisé intelligemment : puisque les alliés ont effacé la colossale dette de guerre allemande pour permettre au pays de se reconstruire et éviter un nouveau traité de Versailles, pourquoi ne pas faire de même avec une Grèce victime de quarante ans d'incurie gestionnaire, incurie couverte par les Européens eux-mêmes ? Peut-on rendre comptables les générations futures de ces erreurs qui ne retiendront que la sanction et non la faute originelle ? Mais présenté avec de telles intonations germanophobes, l'argument est totalement inaudible. Venu à Athènes, dès le 29 janvier, rencontrer Aléxis Tsípras, le socialiste allemand Martin Schulz, président du Parlement européen, lui dit clairement qu'« il serait bien avisé de cesser ses attaques contre Angela Merkel » et que la rhétorique antiallemande est de « courte vue »[1]. Un conseil qui ne sera pas suivi d'effet : le gouvernement menacera, dans les semaines suivantes, de saisir les biens allemands en Grèce pour indemniser les victimes du nazisme, installera une commission d'enquête sur les dommages de guerre réclamés à Berlin ou encore déclarera qu'il envisage de distribuer des papiers aux immigrés clandestins pour qu'ils se rendent « à Berlin »[2]. En avril, le ministre adjoint aux Finances, Dimítris Márdas, double quasiment la facture à

1. *Die Welt* du 1er février 2015.

2. La menace, brandie par Pános Kamménos, le ministre de la Défense de droite radicale, laissera des traces : en juillet 2015, la crise des réfugiés débute, la Grèce renonçant à empêcher les passages car l'État, failli, n'a pas les moyens de faire face à cet afflux massif. Mais les responsables allemands ne pourront, *off the record*, s'empêcher de

278,7 milliards d'euros, soit plus que l'ensemble de la dette grecque actuellement possédée par les États de la zone euro, le MES et le FMI (251,5 milliards sur 321 milliards d'euros)[1]. Wolfgang Schäuble, un démocrate qui sait mieux que le jeune Tsípras ce qu'a été le nazisme, ne lui pardonnera jamais cette campagne indigne.

La bourrasque Varoufákis

Pour ne rien arranger, le Premier ministre grec choisit comme ministre des Finances le fantasque Yánis Varoufákis, un économiste spécialiste de la théorie des jeux qu'il admire, ancien conseiller économique de Giórgos Papandréou qui a fait l'essentiel de sa carrière en Australie, aux États-Unis et en Grande-Bretagne. Parlant mieux anglais que grec, il cultive une allure de rock star, crâne rasé à la Bruce Willis, manteau de cuir, moto. Il aime mettre en scène sa modestie (pour sa première tournée des capitales, il s'affichera en classe économique d'un vol commercial). Bref, il incarne physiquement la rupture dans le monde feutré des ministres des Finances. Le problème est que la Grèce n'est pas en position de force pour se payer le luxe d'un Varoufákis, qui passera six mois à multiplier les coups de gueule, à insulter ses partenaires, à exciter les

---

faire le lien entre la capitulation de Tsípras face à la zone euro en juillet et cette crise dont ils assumeront l'essentiel…

1. Une caricature du ministre des Finances allemand parue le 12 février, dans *Avgi*, le quotidien de Syriza, mettra encore de l'huile sur le feu. On y voit Wolfgang Schäuble, vêtu d'un uniforme de la Wehrmacht, l'armée du IIIe Reich, croix de guerre autour du cou, s'adresser aux Grecs : « Nous insistons pour faire du savon avec votre gras. » Et d'ajouter : « Nous sommes prêts à discuter des engrais que nous allons fabriquer à partir de vos cendres. » Il faudra deux jours à Aléxis Tsípras pour condamner ce dessin.

divergences, au lieu de construire des ponts. S'il joue une partition haute en couleur qui plaît à une partie de l'opinion publique grecque, il oublie qu'il ne négocie pas avec la rue ou dans les coulisses d'un congrès d'un parti, mais avec de grands argentiers eux aussi comptables de leurs deniers devant leurs parlement et opinion publique…

Dès le 29 janvier, le festival commence : Varoufákis, bravache, annonce que la Grèce ne veut pas de la dernière tranche d'aide de 7,2 milliards d'euros du programme d'assistance décidé en février 2012 : « Ce que nous voulons, c'est repenser totalement le programme d'austérité et restructurer la dette de 321 milliards d'euros détenue à 80 % par la zone euro[1]. » Une sortie qui sidère ses partenaires, la Grèce étant au bord du défaut de paiement, ce que Varoufákis reconnaîtra d'ailleurs quelques jours plus tard : il reste moins de deux milliards dans les caisses et la fuite des capitaux s'accélère, fragilisant les banques. Pour ne rien arranger, le gouvernement Tsípras annonce qu'il ne traitera plus avec les fonctionnaires de la Troïka qui se verront interdire l'accès des ministères jusqu'en juillet…

Le 1er février, précédant Tsípras, Varoufákis entame une tournée européenne qui l'amène d'abord à Paris avant Londres, Rome et Nicosie. Mais il n'a pas prévu

---

1. Dans le *New York Times*. Une des nombreuses erreurs que commet Syriza durant cette période est de s'adresser uniquement à la presse anglo-saxonne pour faire passer ses messages, comme s'il s'agissait de parler aux marchés alors qu'en l'occurrence il fallait surtout convaincre les gouvernements et les opinions publiques de la zone euro, très majoritairement opposés à toute aide supplémentaire à la Grèce. Le gouvernement grec refuse même toute rencontre avec les journalistes européens considérés comme « hostiles ». Ainsi, malgré mes multiples demandes, je n'ai jamais pu m'entretenir avec Aléxis Tsípras ou Yánis Varoufákis, que ce soit pour *Libération* ou pour Arte. Cela en dit long sur la mentalité d'assiégé de ce gouvernement.

de passer par Berlin, alors que sans elle rien ne sera possible. Or, il y a une carte à jouer puisque depuis 2013, la CDU-CSU est de nouveau en grande coalition avec le SPD, un partenaire a priori plus compréhensif que les libéraux du FDP. « C'est une séquence politique », raconte Laurence Boone, la conseillère économique de François Hollande. « Il cherche manifestement à créer un bloc contre l'Allemagne. La France, mais aussi les autres pays européens, lui a dit : vous vous trompez, vous ne parlez pas à des États, vous parlez à l'Union européenne. » D'ailleurs, après chaque rencontre, le téléphone entre les capitales chauffe : tout le monde raconte à tout le monde les discussions par le menu.

À Paris, outre Pierre Moscovici, le commissaire aux affaires économiques et financières, et le Danois Poul Thomsen du FMI, Varoufákis rencontre Michel Sapin, le ministre des Finances, une réunion à laquelle assiste les conseillers du Français et Laurence Boone. Ses interlocuteurs sont étonnés par sa méconnaissance non seulement de l'état réel de son pays, mais du fonctionnement des marchés et des rapports de force en Europe : « On avait l'impression qu'il débarquait d'une autre planète », confie la conseillère du chef de l'État français[1].

1. Varoufákis confirmera tout le mal que ses partenaires pensaient de lui en révélant, après avoir été renvoyé en juillet 2015, avoir enregistré sur son smartphone l'ensemble des débats de l'Eurogroupe ainsi que ses conversations avec ses pairs. Il en tirera un livre, *Conversations entre adultes* (éditions Les liens qui libèrent, 2017), un récit très personnel qui sait passer sous silence les épisodes les plus gênants pour lui.

Varoufákis au pays des ministres des Finances

« Son approche des sujets était très idéologique, très universitaire : il ne se posait jamais la question de savoir si ça allait passer, si c'était acceptable, raconte Michel Sapin. C'est le romantisme des débuts. Mais si, pour changer les choses, il faut être au pouvoir, on découvre vite qu'il ne suffit pas d'être au pouvoir pour changer les choses. La discussion a donc surtout servi à lui expliquer les limites de ce qu'il pourrait obtenir. S'il concédait à chaque fois que j'avais raison, il avait tendance à toujours repartir en arrière. » Au cours de l'entretien, Sapin insiste sur le fait que « la politique de Syriza devra s'inscrire dans les règles qui ont été acceptées par les gouvernements précédents et achever le programme en cours s'il veut recevoir l'argent promis. Ensuite je lui ai dit : si tu as besoin à nouveau d'argent, il te faudra un nouveau programme. Pour lui, c'était l'horreur ! Je lui ai dit qu'on pourrait abandonner la dénomination de "Troïka" et remplacer le mot "programme" par "contrat". Lui, aussitôt : "contrat social". Je lui ai conseillé de ne pas dire ça à l'Eurogroupe ». De même, Sapin souligne la nécessité que les « mesures nouvelles » que veut voter Syriza n'aggravent pas le déficit budgétaire. Varoufákis met à ce moment sur la table le solde budgétaire primaire (hors charge de la dette) de 4,5 % du PIB exigé par la Troïka, un objectif intenable selon lui, qui risque d'étrangler le pays : « On en parlera plus tard, surtout pas maintenant », lui rétorque le Français. Le Grec demande enfin qu'un haircut sur la dette grecque soit discuté : « Le haircut, ça te va aussi mal qu'à moi », s'amuse ce chauve Sapin au vu du crâne tout aussi nu du Grec.

Enfin, le grand argentier français lui conseille de nouer rapidement un dialogue avec la BCE, le FMI et surtout l'Allemagne : « C'est compliqué avec Wolfgang Schäuble, m'a-t-il dit, raconte Sapin. J'ai envoyé sous ses yeux un SMS à Wolfgang : “Tu reçois Varoufákis ?” Il me répond immédiatement : “Oui.” Après cette rencontre, j'ai parlé à Schäuble pendant une heure et demie pour lui raconter en détail ce qu'on s'était dit. Il m'a confirmé qu'il le recevrait, mais qu'il lui dirait clairement ce qu'il avait à lui dire ». À la suite de ce coup de fil, Sapin envoie par SMS le numéro de portable de Schäuble à Varoufákis, qui appelle aussitôt son homologue allemand. Rendez-vous est pris à Berlin pour le 5 février. La journée se termine plutôt bien pour Varoufákis : Barack Obama, le Président américain, déclare sur CNN qu'on « ne peut pas continuer à pressurer des pays qui sont en pleine dépression » : la Grèce a « un terrible besoin » de réformes, mais « il est très difficile d'initier ces changements si le niveau de vie des gens a chuté de 25 %. À la longue, le système politique, la société ne peut pas le supporter ».

Humour grec contre rigidité allemande

Le 4 février, Varoufákis atterrit à Francfort pour faire la connaissance de Mario Draghi et lui demander de l'aider à « garder la tête de son pays hors de l'eau » afin d'éviter « la faillite ». La discussion se passe bien, les banquiers centraux étant des gentlemen. Le grand argentier grec assure avoir reçu « un vif encouragement pour l'avenir ». Il est cueilli à froid quand il apprend dans la soirée que la BCE a décidé de couper l'un des robinets qui assurent le financement de la Grèce : désormais, les banques grecques ne pourront plus emprunter de l'argent auprès de Francfort en offrant en garantie des obligations grecques classées « pourries » par les agences de notation. Seul reste ouvert le robinet de l'ELA, un mécanisme de financement d'urgence. Une façon pour Francfort de signifier aux gouvernements que la balle est dans leur camp : s'ils ne se mettent pas d'accord, la BCE ne sauvera pas la Grèce d'un défaut…

Le même jour, l'agence de presse Reuters révèle un document préparé par les services du ministère des Finances allemands en vue de l'Eurogroupe du 11 février consacré à la Grèce, une fuite manifestement orchestrée : Berlin y refuse le moindre changement du programme grec. Soit Athènes plie, soit c'est la faillite. L'entretien entre Varoufákis et Schäuble du 5 février, à Berlin, est glacial. Tout comme la conférence de presse qui suit. Après que le grand argentier allemand a ironisé, disant qu'ils étaient tombés « d'accord pour être en désaccord », le Grec rétorque : « De mon point de vue, nous ne sommes même pas tombés d'accord sur le fait de ne pas être d'accord. » La saillie, peu diplomatique, ne fait pas sourire l'Allemand. « La rencontre ne s'est pas très bien passée, confirme un diplomate. Pourtant les Allemands, qui ne veulent pas être tenus pour responsables d'un Grexit, sont prêts à amender le programme grec. Surtout, ils croient profondément à la nécessité des réformes structurelles. »

En quelques jours, Athènes découvre qu'elle est vraiment isolée : Rome, Madrid et Lisbonne, sur lesquels comptaient Syriza, se rangent dans le camp allemand, seul Nicosie la soutenant. « Les conservateurs détestent Syriza et souhaitent le retour de Samarás, analyse Pierre Moscovici. Wolfgang Schäuble, qui est un vrai conservateur, dur, sans état d'âme, veut mettre ce parti à genoux pour qu'il parte. Les socio-démocrates ne voient pas non plus d'un très bon œil des concessions à Syriza, car on leur reprochera de ne pas avoir obtenu la même chose pour leur pays… » « Les Grecs ont commis une seconde erreur en se surestimant, selon le commissaire français. Ils ont cru que les Européens n'étaient pas prêts à assumer un Grexit. Ce n'était pas le cas. » De fait, Syriza se trompe d'époque : la crise de la zone euro est terminée, celle-ci a les moyens de faire face à n'importe quel choc : la menace d'un Grexit, qui aurait pu fonctionner de 2010 à 2012, est inopérante en 2015. Athènes n'a ni allié ni joker dans son jeu.

La Grèce isolée

Athènes en a confirmation le 11 février, lors du premier Eurogroupe auquel assiste Varoufákis. « Il était tout feu tout flamme. Son discours, trop long, était tout à fait insupportable, même pour ceux qui avaient une certaine sympathie pour le nouveau gouvernement grec », raconte Michel Sapin. Un discours de sept pages, qui aurait plutôt eu sa place devant un congrès de parti. Très emphatique, Varoufákis explique que « le peuple grec nous a mandatés sans ambiguïté pour que nous mettions fin à l'austérité qui a nui à l'économie et a eu des coûts sociaux immenses » et pour lui « redonner de l'espoir, de la dignité et de la fierté ». « Il exprimait la flamboyance d'un peuple qui retrouve sa fierté et qui se croit seul au monde. Il a trop insisté sur le malheur du peuple grec alors que tout le monde depuis cinq ans a l'impression de tenir à bout de bras ce pays », regrette le grand argentier français. Côté grec, la musique est différente : « Il fallait que le ministre s'exprime longuement pour expliquer pourquoi il fallait changer de programme, celui-ci ayant échoué », explique Élena Panaríti, la conseillère Europe de Varoufákis.

Le ministre grec explique notamment ce qu'il entend par le « nouveau contrat » entre la Grèce et la zone euro : le maintien de l'aide financière déjà prévue jusqu'à fin août, mais sans condition de réformes structurelles ou de coupes budgétaires ; pendant ce temps, négociation d'un nouvel accord de financement, le troisième, en échange de réformes structurelles qui ne pourront être que celles du programme de Syriza (réforme de l'État, lutte contre la fraude fiscale, privatisation, etc.) ; l'abandon de l'exigence du surplus budgétaire primaire de 4,5 % par an destiné à rembourser la dette ; la restructuration de la dette grecque et même européenne. Bref, Varoufákis exige quasiment de ses partenaires une reddition en rase campagne.

Schäuble, très tranchant, estime qu'il n'est pas question de remettre en cause le programme d'austérité sous prétexte que la majorité a changé en Grèce. Mais ce sont les ministres des petits pays pauvres qui créent la surprise en tombant à bras raccourcis sur Varoufákis. Le Lituanien : « Mon smic est à 300 euros par mois et tu veux augmenter le tien de 580 euros à 751 euros avec l'argent que mon pays t'a prêté ? Tu veux augmenter les petites retraites de 2 euros par jour ? Chez nous, on envisage 4 euros par mois. ». Le ministre slovaque explique que le gouvernement social-démocrate auquel il appartenait est tombé à cause de l'aide à la Grèce, que le gouvernement conservateur suivant est aussi tombé pour la même raison : « Je te préviens, Yánis, que le gouvernement slovaque ne tombera pas une troisième fois pour ton pays. »

« Il y avait de l'énervement autour de la table », raconte Pierre Moscovici. « Tout le monde a été désagréable », admet Élena Panaríti.

Jeroen Djisselbloem parvient à ramener le calme et propose un compromis plutôt favorable aux Grecs : le programme en cours, qui doit s'achever le 28 février, sera prolongé de quelques mois afin d'assurer le financement de la Grèce (soit un peu plus de 7 milliards d'euros) et le mémorandum qui liste les réformes à accomplir sera « amendé ». Ce sont les fameux 70/30 avancés par Varoufákis : le lundi 9 février il a affirmé devant la Vouli que « 70 % » du mémorandum était acceptable. « Il a donné ce chiffre en exemple pour dire qu'une grande majorité des réformes structurelles, comme la lutte contre la fraude fiscale ou la bureaucratie ou encore la constitution d'un cadastre, étaient acceptables, explique Eléna Panaríti. C'était une façon de dire que nous étions de bonne volonté. »

Le mot « amendé » est retiré à la demande de Schäuble et remplacé par un plus vague « les plans du nouveau gouvernement seront pris en compte ». Néanmoins, les mots de Syriza sont bel et bien là : cette extension sera un « pont » vers un « nouveau contrat » et l'Eurogroupe est vraiment prêt à modifier le mémorandum, ce qui est une belle victoire pour Syriza, obtenue presque sans combattre. Un peu avant minuit, Sapin dit à Varoufákis : *« It's time to deal. »* Ce dernier sort de la salle pour téléphoner à Tsípras. « Il y a eu un moment de confusion, raconte un ministre. La moitié des ministres, dont Schäuble, étaient partis, l'autre moitié discutait debout. » Le ministre des Finances luxembourgeois déclare même à la presse, en sortant, qu'il y a accord.

Varoufákis démonétisé

Mais « Varoufákis est revenu en disant que Tsípras s'opposait au compromis », raconte Michel Sapin. « Les ministres encore présents ont trouvé ça absolument insupportable. Varoufákis a donné l'impression qu'il n'avait pas de véritable mandat, qu'il était faible. » « Toutes les craintes se cristallisent à ce moment-là : et si les Grecs voulaient jouer la crise ? » se rappelle une diplomate de haut rang. « Tsípras a dit non, car il a cru qu'il y avait un piège. On voulait que l'accord se fasse avec nos propres mots, notamment parce qu'on voulait exclure toute hausse d'impôt. Il fallait que ce soit clair », décrypte Eléna Panaríti. Le Premier ministre grec espère que les chefs d'État et de gouvernement qui doivent se retrouver le lendemain après-midi court-circuiteront les ministres des Finances et rétabliront le mot « amendement ». Il en sera pour ses frais.

Les chefs de gouvernement conservateurs, majoritaires au Conseil, se retrouvent, le jeudi 12 février, à 10 h 30, pour leur traditionnelle rencontre d'avant-sommet : « On parle de la Grèce et le climat est très anti-Tsípras », raconte l'un des participants. Pendant ce temps, le Premier ministre grec rejoint Djisselbloem dans son hôtel bruxellois, à la gare du Midi, où il a prolongé son séjour. « Nous essayons de réécrire le communiqué de la veille en changeant les mots », car « je n'avais pas de mandat pour changer complètement le texte », raconte le président de l'Eurogroupe[1]. En se basant sur les fameux 70/30 de Varoufákis, le Néerlandais demande à Tsípras « quelle est la partie du programme qu'il veut

1. Brussels blog du *Financial Times* du 1er février.

changer » afin que, durant le week-end, les institutions (Commission, BCE et FMI) puissent travailler. Mais il doit constater que le Premier ministre grec n'est « tout simplement pas prêt » à faire un tel travail aussi vite, « ce qui est compréhensible » puisqu'il vient d'arriver au pouvoir. Tsípras espère que ses homologues vont se montrer plus compréhensifs. Il sera déçu. « Il s'est trompé de séquence », raconte Pierre Sellal, le représentant permanent de la France auprès de l'Union. « Il a cru que le sommet parlerait de la Grèce, ce qui n'a pas été le cas. Les chefs l'ont écouté, c'est tout. Car depuis fin 2012, ils avaient décidé de ne plus parler de la crise de la zone euro lorsqu'ils se rendaient compte que les discussions étaient trop techniques. » Les chefs renvoient donc le dossier à l'Eurogroupe…

Pugilat à l'Eurogroupe

Les négociations qui suivent sont particulièrement chaotiques et tendues, Varoufákis donnant toute la mesure de son incompétence diplomatique. Le 16 février, on frôle même le pugilat entre lui et Jeroen Dijsselbloem, du jamais vu dans l'univers feutré des enceintes européennes, où les éclats de voix sont rares. En vue de la réunion de l'Eurogroupe prévue ce jour-là, Pierre Moscovici, en accord avec Jean-Claude Juncker, le président de la Commission, a préparé un texte qu'il a soumis au ministre grec. Comme Athènes ne voulait pas entendre les mots « extension du programme », qui résonnaient comme une poursuite de la politique d'austérité, le commissaire propose que l'on parle d'« accord de prêt » sous condition de réformes structurelles (lutte contre la fraude fiscale et la corruption, réforme de l'État, etc.). Le projet de texte reconnaissait aussi la nécessité d'enrayer « la crise humanitaire » en Grèce, l'un des éléments forts du programme de Syriza. Enfin, il propose qu'en juin un programme soit négocié sur la baisse de l'excédent budgétaire primaire exigée, effectivement impossible à atteindre sur une longue période, et la restructuration de la dette détenue par les Européens. Il ne s'agit que d'une ébauche, qui doit encore être soumise aux ministres des Finances. Mais, peu au fait des mécanismes communautaires, Varoufákis croit ou fait mine de croire qu'il est définitif.

Lorsque Dijsselbloem en prend connaissance, avant l'ouverture de la réunion, il juge plus prudent de le soumettre à Schäuble pour éviter un clash en session plénière. Le ministre allemand le trouve trop conciliant : il craint sa majorité, car tout changement dans le programme grec doit être approuvé par le Bundestag. Le président de l'Eurogroupe le réécrit donc sur un coin de table : sans en modifier la substance, il revient aux mots « extension du programme », plus acceptables pour Berlin. Le Néerlandais fait venir dans son bureau Moscovici et Varoufákis. En découvrant cette nouvelle mouture, celui-ci se croit trahi. Dijsselbloem lui explique que la version de la Commission n'était qu'un projet. « Menteur ! » hurle-t-il au visage de Jeroen Dijsselbloem, qui devient livide. Le président de l'Eurogroupe paraît bien fragile face au massif Grec. « Ils ont failli se battre, raconte Pierre Moscovici. Ils ne se seraient peut-être pas vraiment battus physiquement, mais il a quand même fallu que je m'interpose. J'ai essayé de ramener le calme et de les rapprocher. Mais à partir de ce moment-là, ils ne se sont plus jamais parlé. » Wolfgang Schäuble, informé de l'incident, ne veut plus adresser la parole à

Varoufákis. « Ça va être difficile de les réunir à nouveau dans une même pièce », soupire Moscovici.

Varoufákis, furieux, sort du bureau et distribue aux médias les projets de textes, laissant entendre qu'il a été poignardé dans le dos par Berlin. « Varoufákis a eu tort de faire ça, s'indigne Pierre Moscovici, car tout le monde, y compris l'Allemagne, était prêt à accorder des flexibilités à la Grèce. Car qui s'opposera à ce que le gouvernement grec vienne en aide aux plus pauvres ou veuille réduire les inégalités ? » « Le comportement de Varoufákis a abouti au résultat inverse de celui qu'il espérait : ça nous a soudés », raconte un participant de l'Eurogroupe. Tous les gouvernements, de droite comme de gauche, du Nord comme du Sud, ceux qui ont aussi connu la violence de l'austérité imposée par la Troïka comme ceux qui affichent un bulletin de santé éclatant, se sont retrouvés sur une même ligne : Athènes doit demander « l'extension » pour quelques mois du programme actuel, le temps de bâtir un nouveau cadre d'assistance tenant compte des impératifs politiques de Syriza. Deux jours plus tard, le Premier ministre grec accepte la demande européenne.

Finalement un accord sera conclu lors de l'Eurogroupe du 24 février. Pour ce faire, Tsípras a mis sur la touche Varoufákis et a chargé l'un de ses proches, un discret et compétent maître de conférences en intégration économique européenne à l'université de Manchester, Giórgos Chouliarákis, de négocier avec ses partenaires au sein du « groupe de Bruxelles » (la Troïka rebaptisée comme le demandait Athènes). Un homme qualifié de « technicien proeuropéen » par un eurocrate. Cet accord permet la prolongation du programme d'assistance financière jusqu'au 30 juin. Syriza obtient qu'environ 30 % du programme de réformes soit revu pour tenir compte de ses priorités. Tout le monde pense que Syriza est devenu raisonnable et que les convulsions postélectorales sont terminées. Lourde erreur. Au lieu de mettre rapidement en musique l'accord du 24 février, le gouvernement grec fait le mort jusqu'au mois de juin en espérant qu'à l'approche de l'échéance du 30 juin, la zone euro, effrayée par les conséquences d'un Grexit, revera ses exigences à la baisse. Il faut dire qu'après le 24 février Varoufákis est parvenu à reprendre la main : il remplace Chouliarákis par l'un de ses hommes liges, un secrétaire général du ministère des Finances dont la mission est de ne surtout pas négocier...

Aléxis Tsípras, secrétaire général d'un bureau politique

Les partenaires d'Athènes ont mis longtemps à comprendre qu'ils n'avaient pas affaire à un gouvernement comme un autre, avec un Premier ministre investi d'une pleine autorité. L'un des rares à avoir cerné Syriza est Pierre Moscovici : « Comme j'ai été trotskiste dans ma jeunesse, s'amuse-t-il, j'ai tout de suite compris comment ce gouvernement fonctionnait, quelle était sa tactique, sa stratégie. Ce n'est pas un parti soudé, c'est une addition de mouvements, de tendances, de fractions, de courants. » De fait, c'est plutôt une confédération de petits partis allant du trotskisme aux socio-démocrates bon teint en passant par des communistes staliniens, des chavistes ou des maoïstes, qui s'est hissée en moins de quatre ans de 4 % des voix à 36 %, sans aucune expérience gouvernementale ou administrative, sans connaissance des contraintes européennes, ni même de la situation économique et financière de la Grèce. « Ce constat n'est pas seulement idéologique, il est physique, poursuit Pierre Moscovici. Aléxis Tsípras se déplaçait toujours avec beaucoup de monde pour que chaque faction de son parti soit du voyage : il fallait mettre à la disposition de la délégation grecque plusieurs salles afin que les différentes tendances puissent siéger séparément. Pendant les négociations, il s'absentait régulièrement pour vérifier qu'il bénéficiait toujours du soutien de ses différentes factions. Lorsqu'il constatait que ce n'était pas le cas, il revenait en salle, et même s'il s'exprimait tout en nuances, tout le monde remarquait qu'il était obligé de changer de position. »

Ainsi, au printemps, pendant une séance de négociation avec Jean-Claude Juncker, Pierre Moscovici, Christine Lagarde et Jeroen Dijsselbloem, Aléxis Tsípras est brutalement interrompu, en anglais pour que tout le monde comprenne, par Níkos Pappás, son plus proche conseiller : « Monsieur le Premier ministre, vous ne pouvez pas faire ça, vous ne pouvez pas ! » Le chef du gouvernement grec vient d'accepter d'un geste agacé d'aligner la TVA dans les îles sur celle du continent comme le lui demandaient ses interlocuteurs. « Il s'en fichait manifestement, raconte l'un des témoins de la scène. La seule chose qui l'intéressait, c'était d'obtenir une négociation au niveau politique, avec les chefs d'État et de gouvernement, ce qu'ils ont toujours refusé, pas de négocier le détail du programme d'assistance financière. » La brutale interruption de Pappás laisse tout le monde interdit : on n'a jamais entendu, dans un gouvernement « normal », un simple conseiller s'adresser ainsi à un chef de gouvernement. Tsípras et Pappás sortent alors de la salle et se rendent auprès de la délégation grecque. De retour, sans gêne particulière, le Premier ministre explique que, tout bien considéré, il ne peut pas accepter d'augmenter la TVA sur les îles. Autant dire qu'Aléxis Tsípras n'est qu'un simple *primus inter pares* au sein d'un appareil politique complexe, une sorte de secrétaire général de comité central... Le problème est que cela a généré une méfiance croissante, la parole d'un membre du gouvernement grec n'engageant que lui, d'où le sentiment d'être en permanence trahi alors qu'en réalité Tsípras faisait de la politique européenne comme on gère un parti de gauche radicale et ses nombreuses chapelles.

Coup de poker

Finalement, devant l'impatience de plus en plus grande de ses créanciers, Tsípras remanie son équipe de négociation le 27 avril et rappelle Chouliarákis. Pour faire bonne mesure, il écarte Varoufákis au profit d'un autre économiste, Euclide Tsakalotos, ministre délégué aux Affaires étrangères chargé des relations économiques internationales, né à Rotterdam et qui, lui aussi, parle mieux anglais que grec[1]. Entre le 18 et le 25 juin, après le sommet de la zone euro du 22 juin, et plusieurs Eurogroupes, Tsípras semble enfin revenir à la raison. Les négociations s'intensifient au point qu'un paquet comprenant un programme de réformes, un plan d'investissement, une nouvelle aide financière de quelques milliards d'euros et une discussion en vue d'une restructuration de la dette est quasiment conclu le 26 juin. Mais dans la

1. Son grand-père, Thrasývoulos, était un général conservateur qui a combattu les communistes durant la guerre civile de 1946-1949. Il a notamment repris Athènes... Euclide Tsakalotos succédera à Varoufákis le 6 juillet 2015 et se montrera un négociateur fiable.

nuit du 26 au 27, le Premier ministre grec prend tout le monde par surprise en annonçant un référendum pour la semaine suivante portant sur le texte de compromis du 25 juin et non celui, plus favorable, du 26.

Ce coup de poker (aux limites de la démocratie puisque le délai a interdit toute campagne) reste totalement incompréhensible. « Nous étions tous très désorientés, explique Wolfgang Schäuble. D'autant plus qu'Aléxis Tsípras l'a fait juste après un Conseil européen et qu'il n'a pas prévenu ses collègues. C'est de retour chez eux qu'ils ont appris que Tsípras allait faire le contraire de ce qu'il leur avait dit. Tout le monde a trouvé ça, disons, déroutant. Personne n'a compris quelle était sa stratégie ou même s'il avait vraiment planifié ce référendum. » De fait, soit le oui l'emporte, et un texte moins favorable que celui du 26 juin sera appliqué, soit le non l'emporte et la Grèce se retrouve en position de faiblesse face à ses créanciers. En effet, pour ceux-ci, le non ne pourra être interprété que comme le signal que les Grecs veulent quitter la zone euro, comme ils l'ont expliqué à Tsípras.

Aussitôt, l'économie grecque plonge alors qu'elle est déjà fortement atteinte par cinq mois d'incertitudes politiques : la croissance est redevenue négative (-0,3 % en 2015 après l'embellie de 2014). Pour que la BCE continue à fournir des liquidités aux banques grecques, le gouvernement n'a eu d'autre choix que de les fermer le 29 juin et d'établir un contrôle des capitaux pour éviter que les Grecs vident leurs comptes. Les entreprises sont immédiatement asphyxiées (plus de crédit, plus de possibilité de payer les importations) et le tourisme, la première ressource du pays, commence à souffrir de multiples annulations, la Grèce devenant un pays « à risque ». En réalité, entre le 29 juin et le 20 juillet, date de réouverture des banques, les Grecs ont eu un petit avant-goût de ce qu'aurait été un Grexit.

Le référendum se solde par un plébiscite personnel pour Tsípras, l'appel à voter oui des leaders ND et Pasok, totalement décrédibilisés, ayant joué en sa faveur. Cette victoire lui permet, dans la foulée, de se débarrasser de l'encombrant Varoufákis, qui commet la faute impardonnable de revendiquer la victoire avant le Premier ministre et continue à plaider pour l'épreuve de force quitte à risquer le Grexit, ce dont ne veut pas Tsípras. Comme il l'expliquera à la télévision le 14 juillet, il a commandé en mars une étude sur les conséquences pour son pays d'une sortie de la monnaie unique qui l'a convaincu que ce n'était pas une option, sauf à prendre le risque d'un soulèvement du peuple qui ne lui a pas donné ce mandat. Et les fantasmes, entretenus par l'aile gauche de Syriza, d'une aide russe, chinoise ou vénézuélienne se sont dissipés au cours de ce premier semestre 2015 : personne, en dehors de la zone euro, n'a les moyens financiers de sauver la Grèce, il le sait.

Il s'imagine quand même que sa victoire lui donnera des marges de manœuvre vis-à-vis des Européens. Erreur. Le sommet de la zone euro, qui se réunit le 7 juillet, lui signifie brutalement que, faute de nouvelles propositions sérieuses pour la fin de la semaine, ce sera le Grexit de fait. En cas d'échec, un sommet à vingt-huit est même convoqué pour le 12 juillet afin de dégager une « aide humanitaire » pour la Grèce. C'est la fin de partie pour Athènes. Faute de plan B sérieux, Tsípras comprend qu'il est déjà au-dessus du précipice. Il décide donc de préparer dans l'urgence, avec l'aide de la Commission et de la France, un programme de réformes qui ressemble comme deux gouttes d'eau au compromis du 26 juin, programme qu'il fait adopter par son parlement lors d'une séance dramatique le vendredi 10 juillet, la veille d'un nouvel Eurogroupe.

La Grèce doit être punie

Mais ses partenaires ne veulent pas qu'il s'en sorte à si bon compte : si la Grèce veut rester dans la zone euro, ce sera à leur prix, pas au sien. En clair, les compromis des 25 et 26 juin ne sont plus d'actualité. Wolfgang Schäuble propose même une sortie temporaire (pour cinq ans) de la Grèce de l'euro afin de se débarrasser du boulet grec. « Le fait est que les dix-huit ministres des Finances de la zone euro, si on ne compte pas le ministre grec, étaient tous d'accord pour exiger que la Grèce remplisse les conditions du programme d'aide. C'était indiscutable, racontera en septembre le ministre allemand. Or, la Grèce ne voulait pas les remplir : elle l'a promis à certains moments, mais elle ne l'a pas fait. Et sur le point de savoir si, pour la Grèce, la meilleure solution n'était pas de sortir de l'euro pour un certain temps – un *timeout* –, quinze ministres des Finances ont partagé cette opinion. Seuls les ministres français, italien et chypriote n'étaient pas sur cette ligne »[1].

À l'issue d'un sommet des chefs d'État et de gouvernement de la zone euro, le 13 juillet au matin, le Premier ministre grec capitule en rase campagne : ce qu'il accepte alors fait ressembler le compromis du 25 juin rejeté par référendum à une aimable promenade de campagne. En particulier, avant même de commencer à négocier le troisième plan d'aide, la zone euro exige que son parlement adopte une série de réformes dont la mise

1. *Libération* du 20 octobre 2015.

en œuvre sera surveillée par la Troïka (ce qui est fait les 16 et 22 juillet) : privatisations, hausse de la TVA et des cotisations sociales, transposition de la directive sur la résolution des crises bancaires, nouveau code de procédure civile, réforme des retraites... L'excédent budgétaire primaire (hors intérêt de la dette), doit atteindre 3,5 % du PIB jusqu'en 2022, puis être maintenu à 2,5 % du PIB afin de pouvoir rembourser la dette. En échange, il recevra une nouvelle aide de 86 milliards d'euros sur trois ans et une somme de 31 milliards d'euros sur quatre ans sera débloquée pour investir dans le développement du pays, somme directement gérée par la Commission[1]. En d'autres termes, la Grèce passe sous tutelle directe de la zone euro.

Wolfgang Schäuble n'est toujours pas revenu de cette capitulation : « Alors que le peuple grec avait suivi sa consigne de vote en rejetant à 60 % le programme d'aide, Aléxis Tsípras a décidé de l'appliquer quand même. Et les Grecs ont accepté ce revirement. Ça, moi, je ne le comprends pas, mais je ne suis pas grec. » « Le chantage [des Européens] était cynique : soit le compromis dur et douloureux, soit la catastrophe économique, gérable pour l'Europe, pas au niveau politique mais économiquement parlant, qui pour la Grèce et la gauche grecque aurait été insurmontable », explique le 29 juillet Tsípras. Mais il revendique ce nécessaire « compromis », comme un « élément de la tactique révolutionnaire » si chère à Lénine puisqu'il « permet de continuer le combat »...

1. Il s'agit en grande partie des fonds déjà prévus dans le budget européen, mais sans les conditionnalités de cofinancement par l'État qui sont normalement exigées.

Tsípras se débarrasse de son aile gauche

« Le résultat du référendum a été une victoire de politique intérieure pour Tsípras : il est devenu le leader incontesté de son parti, de son pays, analyse Pierre Moscovici. Il avait besoin de se débarrasser de l'aile gauche de son parti et il s'en est donné les moyens politiques. » Tsípras, dans un entretien à Sto Kokkino, une radio proche de Syriza, reconnaît d'ailleurs implicitement que telle était son intention : « À quel point le parti participait de façon active à la création des conditions d'un soutien à l'effort gouvernemental dans la négociation ? C'est une question que l'on doit se poser. » « Le référendum pouvait avoir trois significations », analyse Ilias Nikolakopoulos, professeur de sciences politiques à l'université d'Athènes et membre de Syriza. « Pour ou contre l'euro, pour ou contre les mesures d'austérité, pour ou contre le Premier ministre. Or, c'est ce dernier choix qui a été fait : ce référendum a été en réalité un plébiscite pour Tsípras, ce qu'Antónis Samarás, l'ancien Premier ministre et président de Nouvelle Démocratie, a parfaitement compris en quittant immédiatement la tête de son parti. » Lui qui espérait être le recours en cas d'échec de Syriza, et a tout fait pour que ce soit le cas, a échoué. Victoire de politique intérieure, mais défaite économique et européenne particulièrement lourde pour ce parti qui s'est fait élire sur un programme anti-austérité. Par ses manœuvres, il a démultiplié l'austérité en paralysant l'économie de la Grèce durant six mois et en acceptant un plan dont les plus durs parmi ses partenaires n'auraient même pas osé rêver quelques semaines plus tôt. Par quelque bout que l'on prenne ce qui s'est passé au cours de ce semestre, on ne peut que conclure à l'échec de Tsípras.

Le 20 août, il démissionne, privé de sa majorité : le 14 août, lors du vote sur le nouveau programme européen, vingt-cinq députés de l'aile gauche de Syriza se prononcent contre. Ces dissidents créaient dans la foulée un nouveau parti, « Unité populaire » (LAE). Des élections législatives sont convoquées pour le 20 septembre suivant. Et Tsípras gagne son pari : il les remporte avec 36 % des voix et son aile gauche est rayée de la carte en n'atteignant même pas les 3 % nécessaires pour être représentée au Parlement. La ND arrive en seconde position avec 28 % des voix et Aube Dorée confirme sa troisième place avec 7 % des voix, juste devant le Pasok allié à Dimar, avec 6 % des voix. Tsípras est bien le leader incontesté de la Grèce, qui lui pardonne son revirement post-référendaire, manifestant ainsi son attachement à l'euro. Il se comporte désormais en bon élève en appliquant rigoureusement le programme de juillet 2015 et en se rapprochant des socio-démocrates européens. En 2018, Syriza n'est plus un parti de gauche radicale.

Le 21 août 2018, comme prévu, Athènes retrouve sans drame sa liberté avec la fin du troisième programme d'aide. Pour lui éviter d'avoir recours immédiatement aux marchés si les taux d'intérêt exigés sont trop élevés, l'Eurogroupe de juin 2018 décide de lui accorder un matelas de sécurité de plus de 24 milliards d'euros pour les vingt-deux mois qui suivront. Il allège, une nouvelle fois, et en dépit des réticences allemandes, la dette grecque (178 % du PIB) : alors que les taux d'intérêt sont déjà très bas (1,5 %), le remboursement des 96 premiers milliards d'euros est repoussé de dix ans, soit à partir de 2032. De même, la maturité de la dette est allongée de dix ans, ce qui étalera les remboursements jusqu'en 2069, un remboursement qui se fera à sa valeur faciale. La France voulait que les remboursements soient indexés sur la croissance, mais Berlin et le club des « radins » (Pays-Bas, Finlande, Autriche, etc.) s'y sont opposés. Or, sa charge de remboursement reste énorme : 15 % du PIB à moyen terme et 20 % sur le long terme contre 2,6 % actuellement. Le FMI doute d'ailleurs de sa soutenabilité. C'est pour cela qu'un nouveau rendez-vous a été pris en 2032 où sera réexaminée la dette. Mais la Grèce restera en liberté surveillée : la Troïka continuera à l'observer de près jusqu'à ce qu'elle rembourse le dernier euro prêté.

Après neuf ans d'austérité, la Grèce va mieux mais n'est toujours pas tirée d'affaire. Son excédent budgétaire pour 2018 est compris entre 3,7 et 3,9 % et on attend 3,5 % pour 2019, ce qui permettra au pays d'échapper à une nouvelle réforme des retraites[1]. Si son PIB s'est contracté de 27 % depuis 2010, sa croissance est redevenue positive en 2017 (1,35 %) et en 2018 (2 %)[2]. Enfin, le chômage a nettement diminué, il est vrai à la suite d'une forte émigration : après le pic de 2013 (27,7 % contre 10,4 % en 2009), il n'est plus « que » de 19,6 % en 2018[3].

1. Treize réformes en sept ans avec une baisse moyenne des pensions de 14 %.

2. L'économie grecque étant très fermée, les prix n'ont commencé à baisser qu'en 2015, ce qui a aggravé la perte de pouvoir d'achat, contrairement à ce qui s'est passé en Irlande ou au Portugal, des économies plus ouvertes.

3. 18,2 % et 16,9 % attendus pour 2019 et 2020.

Un scandale démocratique

L'ultime convulsion grecque souligne, après Chypre, le « scandale démocratique » qu'est devenue la gouvernance de la zone euro comme le dénonce deux ans plus tard, le 2 septembre 2017, Pierre Moscovici lors du Forum Ambrosetti : « Il y a un manque de démocratie dans nos structures. Reconnaissons-le, l'Eurogroupe est une pâle imitation d'un organe démocratique. Le problème est structurel. Les décisions sont d'abord préparées par des fonctionnaires – dans une opacité quasi totale – avant d'être prises par des ministres à huis clos, souvent après des discussions très limitées et sans règles formelles. Contrairement à une formation normale du Conseil, la Commission européenne n'a pas de prérogatives au sein de l'Eurogroupe pour défendre l'intérêt général de la zone euro dans son ensemble. Des décisions importantes sont prises sur les budgets nationaux et les réformes et personne n'est – ou ne se sent – responsable de ces décisions devant le Parlement européen. »

Il en remettra une couche en août 2018, lors de la sortie de la Grèce du programme d'aide financière : « C'est bien à l'Eurogroupe que les décisions finales se prenaient sans réel contrôle démocratique. J'ai moi-même vécu un sentiment de malaise lorsque nous décidions, derrière les portes closes de l'Eurogroupe, du sort de millions de Grecs. Je l'ai dit et je le redis aujourd'hui : c'est un scandale démocratique. Non du fait de la mauvaise volonté des ministres, mais parce que peu d'entre eux étaient véritablement informés et avaient un mandat précis de leur parlement national. »

Jeroen Dijsselbloem n'apprécie guère ces déclarations, qu'il juge « inappropriées ». Le 17 septembre 2017, il affirme qu'il n'a rien à se reprocher : « J'ai fait tout mon possible pour rendre l'Eurogroupe plus transparent. Il n'y a pas de raison de le critiquer si durement. » Pourtant, il n'a jamais jugé bon de se rendre en Grèce pour s'expliquer devant la Vouli. Il a tout juste accepté, et encore en se faisant tirer l'oreille, de répondre aux questions du Parlement européen. Sa défense de l'Eurogroupe est d'autant plus malvenue qu'à aucun moment les ministres des Finances qui y siègent n'ont même considéré de leur devoir démocratique de rendre des comptes à leur parlement national, mis à part Wolfgang Schäuble – qui est obligé de solliciter, en application d'une jurisprudence de la Cour constitutionnelle de Karlsruhe, l'approbation de son parlement –, Jeroen Dijsselbloem ou encore son collègue finlandais. La démocratie, comme le dénonce Pierre Moscovici, est bien absente et ce à tous les niveaux. Et si le parlement chypriote avait les moyens de se révolter, ce n'était pas le cas de la Grèce, un pays en faillite, ce qui a permis à l'Eurogroupe de le mettre à genoux. Certes, Tsípras a mal joué, par amateurisme et aveuglement idéologique, mais cela n'excuse pas la façon dont les autorités européennes se sont acharnées sur lui, donc sur les citoyens grecs, alors même qu'aucun risque de contagion au reste de la zone euro ne menaçait.

La mafia des droites européennes

À l'absence de contrôle démocratique s'ajoute l'extrême politisation tant de l'Eurogroupe que de la Commission, qui tentent de faire croire qu'ils sont des organes neutres et techniques. En réalité, et cela éclaire la façon dont a été gérée la crise de la zone euro depuis 2010, il ne faut jamais perdre de vue que le Conseil européen des chefs d'État et de gouvernement, l'Eurogroupe et la Commission sont totalement dominés par la droite (chrétiens-démocrates, conservateurs, libéraux) et que les quelques socio-démocrates représentés ne sont pas précisément des rebelles gauchistes capables de résister à la pensée dominante de la zone euro. Si une preuve est nécessaire, il suffit de rappeler la mansuétude dont a bénéficié l'Espagne de Mariano Rajoy (Parti populaire) allié indéfectible d'Angela Merkel.

En 2015, le déficit public de Madrid atteint 5,16 % du PIB (contre 5,7 % en 2014), alors que Rajoy s'était engagé à le ramener à 4,2 %. En théorie, en application du Pacte de stabilité, il aurait fallu que la Commission initie une procédure de sanctions pour déficit excessif. Mais l'Allemagne ne veut pas en entendre parler. Recevant, en novembre 2015, un groupe de journalistes européens à Berlin, Wolfgang Schäuble est très clair : pas question d'embêter son ami Mariano alors qu'il va affronter de difficiles élections en décembre. Pour lui, la Commission serait mieux avisée de s'intéresser davantage à la France, alors dirigée par le socialiste François Hollande, incapable de ramener son déficit sous les 3 % depuis plus de dix ans sauf à deux exceptions… Le message est parfaitement reçu à Bruxelles : la Commission décide, au printemps 2016, alors que l'Espagne se prépare à revoter en juin – faute pour Rajoy d'avoir réussi à réunir une majorité – de lui donner jusqu'en 2017 pour revenir dans les clous.

Un coup de chance pour le Portugal qui obtient lui aussi un an de plus. Chance, car il est dirigé depuis novembre 2015 par le socialiste Antonio Costa soutenu (sans participation) par la gauche radicale et le parti communiste, des ennemis idéologiques pour les conservateurs allemands comme l'a appris à ses dépens Aléxis Tsípras. Or, le nouveau gouvernement a décidé de laisser filer le déficit à 4,4 % (contre les 2,5 % promis par la droite) afin de corriger les effets les plus inégalitaires du programme d'austérité dont le pays est sorti en 2014. Si Madrid n'avait pas eu de problèmes, nul doute que Lisbonne aurait été sanctionné[1]... Certes, la France et l'Italie, dirigées par des socio-démocrates, ont bénéficié de la même mansuétude de la Commission alors qu'elles ne parvenaient pas à tenir leurs objectifs, mais pour une raison un tantinet différence : on ne sanctionne pas un grand pays. Du moins s'il a le bon goût de ne pas être dirigé par des démagogues...

L'Italie défie la zone euro

En effet, l'Italie, troisième économie de la zone euro, risque bien d'être le premier pays à être sanctionné non pas pour avoir dépassé la limite des 3 % de déficit budgétaire (qu'elle n'a plus franchi depuis 2012), mais pour ne pas avoir respecté la trajectoire budgétaire promise par la majorité précédente. Le pays, aux mains, depuis juin 2018, d'une alliance entre les démagogues du Mouvement Cinq Étoiles (M5S) et l'extrême droite de la Ligue, a en effet présenté un projet de budget 2019

1. Le Portugal a ramené son déficit à 2 % en 2016. En 2017, il a de nouveau dérapé à 3 % à cause de la recapitalisation de la banque publique Caixa Geral de Depositos (CGD) (4,8 milliards d'euros dont 3,8 milliards de fonds publics). En 2018, il n'est plus que de –0,8 %. Le taux de chômage est passé de 12,6 % en 2015 à 7 % en 2018.

censé relancer une croissance atone[1]. Le gouvernement dirigé par Giuseppe Conte propose à la fois d'augmenter les dépenses publiques (création d'un revenu minimum, baisse de l'âge de la retraite, etc.) et de diminuer les impôts (dont une généreuse amnistie fiscale), des mesures d'un coût de 25 milliards d'euros et dont les effets sur la croissance sont pour le moins contestables. Surtout, elles vont creuser le déficit à 2,4 % du PIB, soit bien plus que les 0,8 % promis par le précédent gouvernement, qui s'était engagé à le maintenir à ce niveau jusqu'en 2021 (contre -1,7 % en 2017). Le chiffre final sera sans doute plus élevé, puisque le gouvernement table sur une croissance de 1,5 % alors que la Commission ne prévoit que 1,2 % en 2019 et 1,3 % en 2020. Selon l'exécutif européen, le déficit italien atteindra donc 3 % en 2010 et 3,5 % en 2020. Un tel dérapage interdit toute réduction de la dette italienne, d'un montant de 131,7 % du PIB, soit plus de 2 300 milliards d'euros[2], le ratio le plus élevé de la zone euro derrière celui de la Grèce[3].

Les marchés ont commencé à s'inquiéter dès la formation de ce gouvernement de démagogues : le *spread* a plus que doublé depuis le mois de juin et atteint en novembre 340 points, ce qui veut dire que l'Italie

1. Depuis 1999, la croissance est proche de 0 % en moyenne annuelle et le PIB italien reste inférieur de sept points à celui de 2007.

2. Dont 15 % sont détenus par la BCE dans le cadre du QE lancé en 2015, soit 356,4 milliards d'euros, ce qui a permis de faire baisser les taux d'intérêt.

3. L'agence de notation Moody's a dégradé, le 19 octobre, la dette italienne d'un cran, au dernier niveau de la catégorie investissement. Ensuite, elle sera considérée comme *junk*, c'est-à-dire pourrie. Standard and Poors s'est contenté, le 26 octobre, d'abaisser la perspective de la dette de stable à négative.

emprunte à dix ans à 3,4 % de plus que l'Allemagne. Selon la Banque centrale d'Italie, cela représente un coût supplémentaire de 3 milliards d'euros en intérêts par an (qui s'ajoutent aux 65,5 milliards d'euros actuels, une somme qui représente déjà plus que le budget de l'éducation). Un écart inquiétant, mais loin du record de novembre 2011, lorsque Rome empruntait à presque 7 %. De plus, il ne faut pas perdre de vue, et c'est l'une des forces du pays, que sa dette non résidente n'est que de 32,3 % et est plutôt à long terme, ce qui la met largement à l'abri des marchés. Pour rappel, les pays de la zone euro qui ont frôlé la faillite en 2010-2013 avaient une dette non résidente de près de 80 %. Son vrai talon d'Achille est ailleurs, ce sont ses banques gorgées d'actifs pourris : « Elles sont très fragiles et très exposées à une remontée des taux d'intérêt », souligne-t-on à la Commission. D'ailleurs les banques ont perdu, depuis la mise en place du gouvernement Conte, près de 37 % de leur valeur en Bourse, celle-ci encaissant une perte moyenne de 22 %, preuve de l'inquiétude des investisseurs.

La Commission menace

Le 23 octobre, pour la première fois dans l'histoire de l'euro, la Commission décide d'appliquer dans toute sa rigueur le Pacte de stabilité révisé en exigeant que Rome lui présente d'ici trois semaines un budget 2019 « révisé », la menaçant même de sanctions financières parce qu'elle ne réduit pas sa dette comme elle en a l'obligation. L'exécutif européen, dans son avis, souligne au passage que le gouvernement Conte a bel et bien donné son accord lors du Conseil européen des chefs d'État et de gouvernement du 28 juin et lors du Conseil des ministres des Finances du 13 juillet à la recommandation de la zone euro fixant les objectifs budgétaires de l'Italie dont il s'affranchit trois mois plus tard. La Commission rejette par avance les reproches qui pourraient lui être faits de ne pas avoir été assez solidaire avec la Péninsule afin de prévenir le discours de victimisation très en vogue chez les populistes. Elle rappelle que l'Italie a été bien traitée de 2015 à 2018 puisqu'elle a été la principale bénéficiaire de l'interprétation flexible du Pacte, ce qui lui a permis de dégager 30 milliards d'euros (1,8 % du PIB) de dépenses supplémentaires. De plus, elle « est le deuxième bénéficiaire » du plan Juncker : « Les financements accordés au titre du Fonds européen pour les investissements stratégiques devraient générer, à partir d'octobre 2018, plus de 50 milliards d'euros d'investissements supplémentaires. » Et, de 2014 à 2020, elle a reçu près de 45 milliards d'euros d'aides régionales européennes.

Reste que ce bras de fer engagé par la Commission est étonnant, l'Italie ne menaçant absolument pas la stabilité de la zone euro, comme le montre une nouvelle fois le calme des marchés. Bruxelles semble passer par pertes et profits le fait que ses fondamentaux économiques sont autrement plus solides que ceux de la Grèce, de l'Irlande, du Portugal ou de Chypre. Son excédent commercial ne peut d'ailleurs que faire rêver la France. Ce n'est pas un hasard si l'Allemand Klaus Regling, le patron du MES, appelle au calme le 22 octobre : « Pas de panique, l'Italie n'est pas la prochaine Grèce. » Elle « n'a pas perdu sa compétitivité, le déficit budgétaire n'est pas aussi élevé et une grande partie de la dette est financée en interne ». De fait, le vrai problème italien est celui de sa croissance, pas de son budget[1], et on se demande pourquoi la Commission, soutenue par l'ensemble de l'Eurogroupe, ne s'est pas montrée plus créative dans son application du Pacte comme elle a su le faire avec l'Espagne, le Portugal, la France et même l'Italie de Renzi ? Car, même si le « *six pack* » et le « *two pack* » ont introduit un maximum d'automaticité comme le voulait l'Allemagne, il est toujours possible juridiquement de trouver une autre voie.

L'Allemagne, le problème de la zone euro

L'explication est encore une fois politique : la nouvelle majorité au pouvoir à Rome n'appartient à aucune des grandes familles politiques qui comptent (conservateurs du PPE, socialistes et libéraux). Ce n'est pas un hasard si la Pologne, gouvernée par le parti Droit et Justice, qui siège sur les mêmes bancs que les conservateurs britanniques, a immédiatement encouru les foudres de la Commission pour ses attaques contre l'État de droit, alors que la Hongrie de Viktor Orbán, dont le Fidesz est membre du PPE, passe depuis dix ans entre les gouttes. On ne touche pas aux amis, mais on peut se lâcher sur ses adversaires politiques surtout s'ils sont eurosceptiques. Une telle appréciation à géométrie variable ne plaide pas pour la rigueur scientifique du Pacte de stabilité.

1. Comme le remarque l'économiste Philippe Waechter, dans une note publiée le 24 octobre, « si l'on regarde le budget italien depuis 1995, les Italiens font les efforts nécessaires. Le solde budgétaire, corrigé du cycle et hors paiement des intérêts sur la dette publique, est systématiquement excédentaire [...] Depuis 1995, l'Italie a été plus vertueuse que l'Allemagne. Doit-elle l'être encore davantage ? La forte hausse de l'excédent après 2011 n'a pas eu de vertus positives sur la croissance et n'a pas infléchi la trajectoire de la dette publique ».

Une Allemagne qui, au fil des ans, est devenue totalement intouchable : elle s'est érigée en modèle de perfection, alors que ses banques, notamment la Deutsche Bank, sont parmi les plus problématiques d'Europe, que son industrie est plus fragile qu'il n'y paraît comme le montre le scandale des moteurs Diesel truqués, et surtout que son solde commercial est tellement excédentaire qu'il déséquilibre l'ensemble de la zone euro. Berlin, lors de la rédaction du *six pack*, s'est d'ailleurs battu pour que la balance des comptes courants ne figure pas parmi les indicateurs que la Commission doit surveiller. Elle n'y est pas parvenue, mais a obtenu qu'elle ne soit pas placée sur le même plan que le déficit et la dette. Pour éviter tout affrontement avec l'Allemagne, la Commission Barroso a concocté, en février 2012, dix indicateurs précisant le Pacte de stabilité nouvelle manière taillés sur mesure pour Berlin : ainsi, un excédent courant est jugé « excessif » si, au cours des trois dernières années, il dépasse 6 % du PIB. Miracle : en 2012, il n'était que de 5,9 %, ce qui est déjà énorme. Mais en 2018, il dépasse 8 %, après un pic à 9 % en 2015.

Or, les excédents allemands sont, au moins en partie, les déficits des autres. « Si l'Allemagne avait encore son mark, il s'apprécierait fortement, ce qui renchérirait le coût de ses exportations et diminuerait mécaniquement cet excédent », explique un économiste de l'OCDE. En clair, l'Allemagne profite d'un euro sous-évalué pour elle, mais surévalué pour un pays comme l'Italie, qui n'a d'autre choix que de baisser ses prix pour exporter davantage avec le risque déflationniste que cela comporte. Si l'Allemagne consommait davantage de produits importés, il y aurait un rééquilibrage : mais elle préfère épargner et accroître son excédent budgétaire pour se désendetter. Bref, Berlin (tout comme les Pays-Bas, mais leur économie n'a pas la même importance) fait montre d'une superbe indifférence aux problèmes économiques du sud de la zone euro (France comprise) : ses propres déséquilibres ne peuvent pas, par constitution, être un problème pour la monnaie unique, seuls les autres pays représentant une menace par leur inconséquence budgétaire.

En d'autres termes, le problème de l'Italie est aussi allemand. Mais de cela la Commission ne souffle mot. Ses services savent parfaitement qu'une réduction du déficit italien ne réglera nullement son problème de croissance et donc que sa dette restera étale voire augmentera à cause de la contraction de son PIB, comme l'ont montré les années passées. Mais il est plus facile de s'attaquer aux démagogues italiens qu'aux conservateurs allemands, même s'ils représentent un péril autrement plus imminent pour la zone euro.

« Les commissaires et les ministres des Finances du PPE veulent aller très vite contre l'Italie, reconnaît-on d'ailleurs dans l'entourage du commissaire européen. Pierre Moscovici essaye de trouver un chemin différent. Le problème est que Rome ne fait même pas semblant d'être coopérative et affirme au contraire qu'elle n'a aucune intention de faire baisser la dette. Cela ne nous facilite pas la tâche. » De fait, comme c'était prévisible, les démagogues au pouvoir à Rome ont refusé de revoir leur copie. Ils ont juste fait valoir des « événements exceptionnels » (climat, effondrement du pont de Gênes) pour justifier leur budget, se sont engagés à privatiser des entreprises publiques pour une valeur de 1 % du PIB et à ne pas dépasser, quoi qu'il advienne, 2,4 % de déficit. Il n'est pas du tout sûr que cela suffise à désarmer la Commission et l'Eurogroupe, qui sont capables de mener de véritables croisades, comme la Grèce en a fait l'expérience.

La zone euro, un pouvoir autocratique

Chypre, la Grèce, l'Italie et sans doute d'autres pays à terme... Désormais la question est posée : peut-il y avoir un choix démocratique national contre les traités et les lois européens ? En janvier 2015, juste après l'élection d'Aléxis Tsípras en Grèce, Jean-Claude Juncker, le président conservateur de la Commission, a clairement répondu par la négative : « Dire qu'un monde nouveau a vu le jour après le scrutin n'est pas vrai. Nous respectons le suffrage universel en Grèce, mais la Grèce doit aussi respecter les autres, les opinions publiques et les parlementaires du reste de l'Europe. Des arrangements sont possibles, mais ils n'altéreront pas fondamentalement ce qui est en place », car « il ne peut pas y avoir de choix démocratique contre les traités européens ». La démonstration en fut apportée en six mois. Avec l'Italie, la réponse de Juncker s'est faite encore plus dure : non seulement il faut respecter « les règles préétablies », mais « les nouveaux gouvernements doivent respecter la parole de ceux qui les ont précédés ». Une façon élégante de signifier que les élections, au sein de la zone euro, n'ont plus vraiment d'importance : une fois qu'un gouvernement s'est engagé auprès de ses partenaires, plus rien ne peut changer, si ce n'est à la marge, quel que soit le résultat des élections.

L'argument de la Commission est fondé en première analyse : ce sont les États qui ont adopté ces règles, il est donc normal qu'ils s'y plient. Et s'ils refusent, rien n'empêche un pays de sortir de l'Union, à l'image du Royaume-Uni. Mais cette présentation est pour le moins simpliste. Car la majorité au pouvoir à Rome ne veut sortir ni de l'euro ni de l'Union. Son budget, si critiquable soit-il, respecte les traités européens et la sacro-sainte limite des 3 % du PIB de déficit public prévue par le Pacte de stabilité. Le gouvernement Conte, qu'on ait ou non de la sympathie pour lui, montre simplement que le *six pack* et le *two pack* sont des textes « stupides », pour reprendre l'expression de Romano Prodi, l'ancien président de la Commission, rédigés sous la dictée des conservateurs allemands, qui ont profité de la panique de la crise pour imposer leur vision de la politique économique et budgétaire. Surtout, ils sont attentatoires à la démocratie. On s'aperçoit, en effet, qu'ils ont enlevé tout pouvoir aux citoyens et à leurs représentants légitimement élus : la seule politique budgétaire qu'ils peuvent conduire est celle qui mène à l'éradication du déficit et de la dette… La zone euro n'est plus très loin du pilotage automatique des budgets dont rêve Wolfgang Schäuble, pour qui la politique de la nation est trop sérieuse pour être confiée à des politiciens (non Allemands s'entend).

Une telle confiscation de la souveraineté budgétaire, qui peut éventuellement se justifier dès lors que la zone euro n'est pas un État fédéral, aurait au moins dû être discutée au niveau national. Il n'en a rien été. Ces textes de droit dérivé, qui n'ont pas la même valeur qu'un traité européen, n'ont pas été votés par les parlements nationaux ou ratifiés par référendum, mais par le Conseil des ministres (où siègent les représentants des États) et le Parlement européen, dont la légitimité est pour le moins sujette à caution[1]. Le pire est que ces textes sont certes modifiables à la majorité qualifiée (55 % des États représentants 65 % de la population), mais elle n'existe tout simplement pas, l'Allemagne et ses alliés formant une solide minorité de blocage. Le résultat de ce hold-up démocratique est que la volonté des peuples est étroitement encadrée par un pouvoir autocratique (Commission et Eurogroupe) qui n'a de comptes à rendre qu'à lui-même. Un résultat curieux pour une Union composée de démocraties qui sont toutes nées de la volonté des peuples de contrôler les impôts et les dépenses publiques... C'est la démonstration qu'une confédération d'États démocratiques n'est pas forcément démocratique.

Ce choc annoncé entre deux légitimités, celle des peuples qui élisent directement leurs représentants, et celle d'une Union dont la légitimité démocratique n'est qu'au second degré, ne menace pas directement l'euro. Mais l'illégitimité de la gouvernance européenne va apparaître au grand jour. Et ce n'est pas la zone euro qui sortira vainqueur de ce choc : elle n'a aucun moyen d'imposer quoi que ce soit à un pays comme l'Italie, le pays n'étant pas en faillite. Elle en est d'ailleurs réduite à espérer que les marchés fassent la police afin d'amener la Péninsule à résipiscence. Mais entrer en conflit avec Rome, avec la force des marchés en soutien, c'est prendre le risque de fournir un argumentaire en or aux démagogues : « Si la Commission nous déclare la guerre, je baserai toute ma campagne électorale [pour les élections européennes de mai 2019, nda] là-dessus : l'Europe des bureaucrates contre le budget du peuple », menace,

1. Lire *Les Salauds de l'Europe, guide à l'usage des eurosceptiques*, Jean Quatremer, Calmann-Lévy, 2017.

le 14 novembre 2018, Matteo Salvini, patron de la Ligue et ministre de l'Intérieur. Si le but est de donner le pouvoir aux démagogues dans toute la zone euro, la méthode suivie est la bonne.

Bref, vingt ans après sa naissance, l'euro non seulement n'a pas fait sa mue démocratique, mais il s'enferre dans un autocratisme périlleux. Il est à la merci d'une défiance non pas des marchés, qui s'en accommodent très bien, mais des citoyens. L'euro est certes la monnaie des Européens, ils ne veulent pas en sortir, mais il n'est toujours pas légitime. Et c'est le principal défi auquel il est confronté pour les années à venir.

QUE FAIRE ?

En vingt ans, l'euro a survécu à plusieurs crises et, surtout, quels que soient ses inconvénients et les critiques parfois violentes dont il fait l'objet, aucun État, même ceux qui ont dû en passer par les programmes d'austérité concoctés par la zone euro, n'a voulu en sortir. Alan Greenspan, l'ancien président de la Réserve fédérale américaine, explique la rationalité économique et financière de ce choix en prenant comme exemple l'Italie : « Un pays membre de la zone euro a toujours la possibilité d'abandonner la devise commune et de revenir à sa monnaie nationale. L'Italie, face à une croissance médiocre de sa productivité (inférieure à la moitié de la moyenne de la zone euro), se retrouve avec des coûts de moins en moins compétitifs. Si elle n'était pas liée à l'euro, elle aurait sans doute dévalué, comme elle l'a fait de manière récurrente par le passé. Mais si l'Italie revenait à la lire (probablement à un taux dévalué), les Italiens devraient se poser la question du sort des obligations légales libellées en euros. Servir les dettes en euros serait très onéreux et incertain étant donné que le taux de change lire/euro serait certainement instable, du moins pendant un certain temps. Imposer légalement la conversion des dettes publiques et privées en lires à un taux de change arbitraire reviendrait effectivement à se déclarer en faillite, ce qui minerait le crédit du pays[1]. »

L'euro, un succès technique

Il n'est plus guère nécessaire d'expliquer aux citoyens les dangers qu'un abandon de la monnaie unique ferait courir à l'économie et tout simplement à leur argent. La crise de la zone euro et la sortie du Royaume-Uni de l'Union, qui n'est pourtant même pas membre de la monnaie unique, ont vacciné les peuples contre toute tentation d'aventurisme. La sèche défaite de Marine Le Pen au second tour de l'élection présidentielle française de mai 2017, qui s'est jouée sur l'euro, en a fait la démonstration. Une analyse qu'ont aussitôt fait les partis d'extrême droite et démagogues de toute l'Union : que ce soit le FPÖ en Autriche, la Ligue et le M5S en Italie ou le Rassemblement national (ex-FN) en France, tous ont suivi la même courbe rentrante, renvoyant tout en bas de leur programme une éventuelle sortie de la monnaie unique. Une précaution de bon sens, les sondages d'opinion montrant un fort attachement à l'euro qui interdirait à tout parti europhobe d'accéder au pouvoir.

Certes, l'euro n'a pas résolu, comme par miracle, les problèmes économiques, mais ce n'était pas son but. Il s'agissait de créer un cadre propice à une croissance saine et de ce point de vue, c'est une incontestable réussite : l'inflation est maîtrisée, la stabilité monétaire est totale à l'intérieur de la zone euro, les crises monétaires étant devenues impossibles par définition, la protection contre les sautes d'humeurs des marchés internationaux

1. *Le Temps des turbulences*, Jean-Claude Lattès, 2007.

est forte et enfin, il permet des taux d'intérêt qui n'ont jamais été aussi bas sur une aussi longue période. Grâce à l'euro, les États, les entreprises et les ménages peuvent emprunter quasiment à taux zéro (et en France à 50 ans, du jamais vu), ce qui offre des marges de manœuvre sans précédent. Mais il ne peut, à lui seul, créer de la croissance : il ne faut jamais perdre de vue que la politique monétaire n'est qu'un levier parmi d'autres de l'action économique et qu'il ne dispense pas les gouvernements et les entreprises de mener les réformes nécessaires pour s'adapter. Ceux qui font de la monnaie une sorte de *deus ex machina* se trompent ou, pire, mentent : si la monnaie était le levier déterminant, on se demande pourquoi l'Italie ou la France se sont fait dépasser par l'Allemagne du temps de la lire ou du franc, deux monnaies qui n'ont cessé d'être dévaluées face au mark. D'ailleurs, depuis que l'euro est faible et que la BCE s'est mise à financer les États en rachetant de la dette, comme le réclamait une partie de la classe politique française, le chômage n'a pas disparu comme par miracle dans les pays qui ont des problèmes structurels.

Reste que l'euro n'a pas été conçu comme un projet seulement financier et économique, mais essentiellement politique : il visait à accroître l'intégration politique de l'Union, voire à la transformer en fédération. Or, sous cet angle, c'est un échec incontestable. Les États ont refusé de partager davantage de souveraineté au lendemain de l'entrée en vigueur de l'euro, ce qui a eu des conséquences dramatiques pour leurs citoyens, du moins ceux des pays les plus fragiles économiquement : alors que les États-Unis ou les pays européens hors zone euro ont effacé en moins de cinq ans le choc de 2007-2008, il en a fallu le double à la zone euro. En cause : l'absence d'une structure politique et budgétaire européenne qui a ralenti la réaction rapide et massive qui s'imposait et qu'ont pu prendre les États disposant de leur propre monnaie.

La crise a, certes, permis de colmater les principales brèches : Mécanisme européen de stabilité, Union bancaire, etc. Mais, fonctionnellement, la gouvernance économique demeure d'une faiblesse extrême, car essentiellement « intergouvernementale ». En clair, ce sont les États qui sont les maîtres de la zone euro et non des institutions fédérales. Surtout, la plupart des décisions se prennent à une super majorité qui donne une prééminence forte à l'Allemagne. Et là, on touche le cœur du problème qui menace la pérennité de la monnaie unique. Berlin a réussi le tour de force de se placer au centre du système : rien ne peut se faire sans elle ou contre elle au sein de la zone euro.

Imperium germanique

Le Bundestag et la Cour constitutionnelle fédérale sont devenus le Parlement et la Cour suprême de la zone euro : toutes les décisions prises au sein de l'Union économique et monétaire – notamment les plans d'assistance financière – doivent être approuvées par le Parlement allemand et chaque avancée dans l'intégration, y compris certaines décisions de politique monétaire de la BCE (comme le programme de rachat des dettes publiques), être validées par les juges de Karlsruhe dont les arrêts sont devenus les arbitres des élégances européennes[1]. Certes, l'Allemagne est un pays démocratique et les contre-pouvoirs y sont aussi puissants qu'aux

1. La Cour constitutionnelle fédérale a son siège à Karlsruhe. Le pouvoir est décentralisé dans l'Allemagne fédérale : judicaire dans le

États-Unis[1], mais la plupart de ses partenaires ont trouvé les moyens juridiques de ne pas faire dépendre chaque décision du feu vert des parlements et cours suprêmes nationaux. L'Allemagne, elle, a au contraire joué de son « intouchable » loi fondamentale, car héritée du rejet du nazisme, pour se placer au centre du jeu. Si Helmut Kohl avait utilisé les mêmes méthodes qu'Angela Merkel, l'euro n'aurait sans doute jamais vu le jour.

Cette domination allemande ne se limite pas à la zone euro. Berlin a placé partout ses femmes et surtout ses hommes. Ainsi, le Parlement européen est quasiment devenu la troisième chambre allemande : quatre présidents de groupes politiques (sur huit) et non des moindres sont allemands (PPE, socialiste, Vert, gauche radicale), ce qui leur assure le contrôle de l'institution ; le secrétaire général (Klaus Welle) et son adjoint sont allemands ; les plus hauts postes sont détenus par des Allemands ou des Européens germano-compatibles[2]. À la Commission, le président Jean-Claude Juncker a été choisi, en 2014, par les conservateurs européens du PPE, un parti totalement sous la coupe allemande, son secrétaire général – qui cumule les fonctions de sherpa et, de facto, de chef de cabinet du président – est allemand (Martin Selmayr[3]), tout comme la secrétaire générale du

Bade-Wurtemberg, financier à Francfort (Hesse), siège de la Bundesbank, et politique à Berlin.

1. Ce sont des juristes américains qui ont veillé à empêcher toute forme de pouvoir personnel en Allemagne…

2. La place occupée par les Alsaciens est étonnante, par exemple : présidence du PPE (le parti), directions générales, etc.

3. Dont la nomination, en février 2018, s'est faite en violation du statut de la fonction publique européenne. L'affaire a été qualifiée de « coup d'État » par le Parlement européen en avril 2018 qui n'a cependant pas censuré la Commission, contrôle germanique oblige. La médiatrice européenne, en septembre 2018, a aussi estimé que

service européen d'action extérieure (Helga Schmid). Le secrétariat général du Conseil des ministres a aussi été occupé par un ancien conseiller d'Angela Merkel, Uwe Corsepius, depuis retourné à la Chancellerie ; mais Berlin a veillé à ce qu'un Danois le remplace, une nationalité jugée, elle aussi, germano-compatible. À cela s'ajoute le président de la Banque européenne d'investissement (Werner Hoyer), de la Cour des comptes (Klaus-Heiner Lehne), du Mécanisme européen de stabilité (Klaus Regling), du Conseil de résolution unique (Elke König). L'appétit allemand ne s'arrête pas là : après avoir un temps envisagé d'être candidate à la présidence de la BCE, Berlin a finalement jeté son dévolu sur la Commission en plaçant l'Allemand Manfred Weber, président du groupe PPE au Parlement européen, comme tête de liste des conservateurs pour les élections européennes de mai 2019, ce qui le met en pole position pour succéder à Juncker… Elle espère bien obtenir l'un des deux postes pariant sur le fait que ses partenaires n'oseront pas lui opposer deux refus.

Cette surreprésentation au sein des institutions communautaires, ajoutée à sa prééminence démographique et économique, lui assure une forte emprise sur l'appareil européen : la Commission ne décide rien sans avoir d'abord consulté Berlin dès lors qu'un dossier la concerne de près ou de loin. Quelques exemples ? Ses propositions sur l'avenir de la zone euro publiées en décembre 2017 ont été quasiment rédigées par le ministère des Finances allemand, tout comme les très peu ambitieuses « perspectives financières » pour la période 2021-2027. De même, l'instauration d'une taxe frappant les seuls véhicules

---

« l'esprit et la lettre » du statut avaient été « manipulés ». La Commission a ignoré son avis.

étrangers circulant sur ses routes n'a pas suscité les foudres de la Commission alors qu'il s'agit d'une violation caractérisée du principe de non-discrimination. Bruxelles a su détourner pudiquement le regard dans l'affaire du « dieselgate » qui relève pourtant de ses compétences. On peut aussi citer la crise des réfugiés qui a été réglée à l'allemande, c'est-à-dire en imposant des quotas obligatoires d'accueil des demandeurs d'asile (un système qui existe entre les Länder), ce qui a profondément divisé l'Union entre est et ouest. Enfin, si la Commission a proposé un abandon du changement d'heure, c'est parce que c'est un souhait allemand. Le fait que Jean-Claude Juncker passe l'essentiel de son temps sur les médias allemands montre bien qui sont ses mandants.

Une Allemagne européenne dans une Europe allemande

Cette « Europe allemande »[1] est grosse de danger. Déjà, en 1953, Thomas Mann appelait ses concitoyens à aspirer à une « Allemagne européenne » et non à une « Europe allemande ». Or, la crise de la zone euro a accouché d'une « variante que seules de rares personnes avaient imaginée : une Allemagne européenne dans une Europe allemande », se désole Ulrich Beck[2]. Une telle domination n'était évidemment pas dans les intentions des pères de l'euro qui espéraient au contraire que la fin du mark préviendrait pour longtemps la domination d'une Allemagne unifiée. Ils savaient qu'aucun État européen ne pourrait accepter

1. *Non à l'Europe allemande*, Ulrich Beck, éditions Autrement, 2013, avec une préface de Daniel Cohn-Bendit.
2. *Ibid.*

sur le long terme de vivre sous un imperium germanique, même « bienveillant », et ce, d'autant plus qu'elle cherche désormais à imposer sa vision dogmatique de l'économie, en un mot l'austérité pour l'éternité, à l'ensemble de ses partenaires quelle que soit leur situation. Si cette politique correspond aux besoins d'une Allemagne vieillissante, ce n'est pas le cas de nombre d'États de la zone euro, dont la France et les pays du sud. Pour Joschka Fischer[1], cette Europe allemande porte en germe sa destruction : « L'Allemagne s'est détruite elle-même – et l'équilibre européen – deux fois au cours du XXe siècle, mais a su ensuite convaincre l'Occident qu'elle avait tiré les leçons de ses erreurs passées. Ce n'est que de cette manière – reflétée de la façon la plus vive par son adhésion au projet européen – que l'Allemagne a obtenu un consentement à sa réunification. Il serait à la fois tragique et ironique qu'une Allemagne unifiée provoque la ruine, par des moyens pacifiques et les meilleures intentions du monde, de l'ordre européen pour la troisième fois[2]. »

On pourrait discuter des mérites de cette domination d'une Allemagne sûre d'elle-même et dominatrice, pour paraphraser le général de Gaulle parlant d'Israël, si elle produisait des résultats. Or, cela n'est pas le cas : on doit beaucoup à Berlin dans l'erreur de diagnostic sur la nature de la crise de 2010-2012, erreur qui l'a aggravée. La brutalité des plans d'austérité imposés aux pays en faillite en contrepartie du « bon argent allemand » est aussi d'inspiration germanique : si l'austérité était nécessaire pour redresser les comptes publics, sauf à vouloir faire payer par les citoyens de toute la zone euro les dettes de

1. Ancien ministre (écologiste) des Affaires étrangères (1998-2005) dans les gouvernements du socialiste Gerhard Schröder.
2. Texte écrit en mai 2012 pour Project Syndicate.

certains pays, elle aurait pu être moins violente. Mais faute de confiance à l'égard de ses partenaires, l'Allemagne (comme les Pays-Bas et la Finlande) a refusé de lisser l'ajustement budgétaire entre les pays et dans le temps.

La zone euro plus fragile que jamais

Certes, le calme est revenu, mais il n'est qu'apparent. En réalité, la zone euro reste fragile et peut-être même plus qu'avant la crise. Sa croissance reste étonnamment atone depuis dix ans. Est-ce un hasard si le Portugal, gouverné par la gauche, a pu rebondir en s'affranchissant des dogmes berlinois que la Commission voulait le contraindre à respecter pour l'éternité ? Surtout, la crise a conduit à une fragmentation de la zone euro. Ainsi, le marché de la dette publique se renationalise, seul moyen de se garantir contre une attaque des marchés. En outre, la mobilité des capitaux s'est considérablement réduite : « L'excédent extérieur de l'Allemagne et des Pays-Bas (9 % du PIB) n'a plus pour contrepartie le déficit extérieur des autres pays de la zone euro (qui ont aujourd'hui une balance courante équilibrée), mais un excédent extérieur global de la zone euro (de 4 % du PIB) », souligne l'économiste Patrick Artus. Ce qui signifie que « l'excès d'épargne de l'Allemagne et des Pays-Bas est prêté en dehors de la zone euro plus qu'aux autres États membres de l'Union. Les pays dits périphériques de la zone euro, en particulier, ont dû faire disparaître leur déficit extérieur en comprimant leur demande intérieure : la demande intérieure est aujourd'hui 9 % plus basse qu'en 2007 en Espagne, 8 % plus basse en Italie, 7 % au Portugal, 32 % en Grèce. L'unification monétaire n'apporte donc plus dans la zone euro la capacité à déplacer l'épargne pour financer les investissements les plus efficaces »[1]. En outre, les échanges commerciaux à l'intérieur de la zone euro se sont effondrés en dépit de la disparition du risque de change : les exportations allemandes vers la zone euro sont passées de 49 % en 1999 à 37 % en 2018, de 54 à 36 % en France, de 64 à 52 % en Espagne, de 55 à 42 % en Italie[2], etc. Enfin, l'Union économique et monétaire n'a pas non plus permis l'émergence de champions européens dans les domaines d'avenir, ceux-ci se heurtant à la fois à la fragmentation du marché européen et à l'absence d'harmonisation de la fiscalité des entreprises et du social, ce qui encourage la concurrence de tous contre tous.

L'Allemagne n'est évidemment pas seule responsable de ce retour du national, d'autres pays la soutenant. Mais elle coagule les résistances. Sans elle, rien n'est possible, avec elle tout devient possible. Or, elle n'a aucune raison de changer puisqu'elle a bâti un système qu'elle contrôle et qui est parfaitement compatible avec sa démocratie. Puisque la France a longtemps refusé le fédéralisme et que les États ont montré leur incapacité à gérer correctement leur budget – ce qui n'est pas à l'origine de la crise comme on l'a vu –, elle a transformé le Pacte de stabilité en carcan destiné à mettre en pilotage automatique les politiques économiques et budgétaires nationales. Wolfgang Schäuble, mais aussi Angela Merkel, aimerait aller plus loin et confier à une agence indépendante ou au MES le contrôle des budgets pour éviter toute appréciation politique.

---

1. *Le Point* du 31 octobre 2018.
2. *Ibid.*

Faillites françaises

Il n'y avait évidemment aucun plan préconçu, l'Allemagne n'ayant pas de pensée européenne construite : depuis le départ d'Helmut Kohl, seul Joschka Fischer, dans un discours prononcé à l'université Humboldt de Berlin en 2000, a donné une vision articulée de l'avenir de l'Union et celui-ci était fédéral, loin de l'imperium allemand qui s'est mis en place. Depuis le non français au référendum sur le traité constitutionnel européen en 2005, qui a refroidi les ardeurs des Allemands les plus fédéralistes, et l'arrivée au pouvoir d'Angela Merkel, la République de Berlin n'a plus grand-chose à voir avec la République de Bonn. Seule la défense des intérêts nationaux anime désormais la politique européenne de l'Allemagne. La France ne l'a pas compris et a accepté, certes sous la pression de la crise, des solutions qui auraient été inacceptables par temps calme : pour obtenir le minimum de solidarité financière de l'Allemagne, Nicolas Sarkozy et François Hollande lui ont fait cadeau des clefs de la maison euro.

Pouvait-il en être autrement ? Pas vraiment, Nicolas Sarkozy n'ayant pas compris que l'intergouvernementalisme qu'il a réussi à imposer, par méfiance des institutions communautaires qui, pensait-il, échappaient à son contrôle, était un piège. En effet, faire du Conseil européen des chefs d'État et de gouvernement l'instance de gestion de la zone euro a donné un pouvoir de blocage inédit aux États, les décisions se prenant à l'unanimité en son sein, et singulièrement au plus puissant d'entre eux, l'Allemagne, qui est devenue l'arbitre des élégances européennes. Tous les compromis négociés péniblement à partir de 2010 ont abouti à des demi-solutions qui ont permis à l'Allemagne de se tailler la part du lion, que ce soit avec le MES, l'accord de Deauville de 2010 sur la restructuration des dettes, qui a aggravé la crise, le *hair cut* de la dette grecque ou encore l'union bancaire inachevée. On peut se consoler en se disant que Berlin a toujours fini par accepter ce qu'elle refusait d'abord, mais elle a fait payer à ses partenaires le prix fort en concédant le minimum, c'est-à-dire en refusant tout fédéralisme qui l'aurait dépossédée de son pouvoir. Le président de la BCE, qui a jeté par-dessus bord l'héritage de la Bundesbank, lui a servi de leçons. Joschka Fischer, encore lui, s'en est très tôt ému : « Qui aurait pu penser que le Premier ministre britannique David Cameron appelle les gouvernements de la zone euro à trouver le courage de fonder une union budgétaire (avec un budget commun et une dette publique garantie conjointement) ? Cameron a également affirmé que seule une intégration politique plus poussée serait en mesure d'empêcher une disparition de l'euro. Un Premier ministre britannique conservateur ![1]. » On est effectivement très loin de l'esprit qui a présidé à la construction communautaire jusqu'en 2005… Pour couronner le tout, le peu d'appétence des élites françaises pour les affaires européennes a accru le vacuum politique dans lequel l'Allemagne a pu agir à sa guise.

François Hollande, qui a succédé à Nicolas Sarkozy en mai 2012, a bien perçu le danger de ce qui se mettait en place, mais il n'a pas osé durant son quinquennat affronter l'Allemagne : après avoir subi, dès juin 2012, une sèche rebuffade de la chancelière sur la création

1. Texte écrit en mai 2012 pour Project Syndicate.

d'eurobonds ou emprunts européens, il a soigneusement évité de formuler la moindre proposition concrète pour remettre d'aplomb la zone euro. Il n'a pas été le seul à tenter d'agir : tant la Commission que le président du Conseil européen de l'époque, Herman Van Rompuy, et le Parlement européen ont plaidé pour une fédéralisation de la zone euro, mais ils se sont heurtés au véto de Berlin et à l'absence de soutien déterminé de Nicolas Sarkozy puis de François Hollande.

Emmanuel Macron tente de reprendre la main

Emmanuel Macron, qui a fait une campagne présidentielle très européenne, ce qui est une première, a rompu avec la prudence de ses prédécesseurs, la crise étant derrière lui. Le 26 septembre 2017, dans un discours prononcé à la Sorbonne, il a plaidé pour une « refondation » de l'Europe d'ici 2024, car « nous ne pouvons pas nous permettre de garder les mêmes politiques, les mêmes habitudes, les mêmes procédures, les mêmes budgets ». Il a plaidé pour une « Europe différenciée », pour « sortir de la recherche du plus petit dénominateur commun », avec en son « cœur » une union économique et monétaire intégrée. En préalable, il a écarté toute mutualisation « des dettes du passé », un épouvantail outre-Rhin, et il s'est bien gardé d'évoquer de futurs « eurobonds », meilleurs moyens de bloquer toute discussion. Il a néanmoins estimé nécessaire un budget de la zone euro non pas pour voler au secours des budgets, mais pour investir et disposer de « moyens face aux chocs économiques », car « un État ne peut, seul, faire face à une crise lorsqu'il ne décide pas de sa politique monétaire ». Un budget qui serait abondé par la taxe européenne sur les géants du numérique qu'il souhaite mettre en place, la taxe carbone voire une partie de l'impôt sur les sociétés lorsque les taux auront été harmonisés. Toujours afin de rassurer l'Allemagne, il a affirmé son attachement au respect du Pacte de stabilité et à la coordination des politiques économiques dont le pilotage serait assuré par un ministre des finances européen (fusion du poste de commissaire européen aux affaires économiques et monétaires et de celui de président de l'Eurogroupe). Enfin, il a demandé un contrôle parlementaire de la zone euro, sans dire s'il souhaitait qu'il soit assuré par l'actuel Parlement européen ou par un Parlement *ad hoc.*

Mais il s'est heurté à une Chancelière campant sur ses acquis, alors même que la situation géopolitique s'est profondément modifiée en peu de temps : le Brexit, voté en juin 2016, et l'élection aux États-Unis, en novembre de la même année, de l'isolationniste Donald Trump, ont laissé les Européens orphelins de leurs traditionnels alliés anglo-saxons. Le nouveau président américain a donné le ton en qualifiant l'Union « d'ennemi des États-Unis », au même titre que la Chine et juste avant la Russie de Poutine, et en souhaitant sa disparition. Il a vite mis en pratique ses menaces en déclenchant un conflit commercial avec le vieux continent et en remettant en cause la protection militaire inconditionnelle jusque-là accordée aux Européens via l'OTAN : pour Trump, cette protection doit désormais se mériter, notamment en achetant du matériel de guerre américain… Ce changement de paradigme laisse l'union isolée – et profondément divisée à la suite de la crise des réfugiés de 2015 – face à une Russie de plus en plus agressive militairement et à une Chine bien décidée à prendre la place qui lui revient dans l'ordre mondial. La conclusion logique que l'Allemagne aurait dû en tirer, comme l'a fait la France, est qu'il est nécessaire d'accélérer la construction communautaire, notamment sur le plan économique et monétaire, afin de renforcer le pôle européen. Il n'en a rien été.

L'accord de grande coalition entre la CDU-CSU et les socio-démocrates du SPD, conclu le 12 janvier 2018, a pourtant semblé ouvrir une fenêtre d'opportunité. Négocié par l'ancien président du Parlement européen, le social-démocrate Martin Schulz, candidat malheureux à la succession d'Angela Merkel, il a marqué une nette rupture avec la prudence observée jusque-là par la chancelière. La future majorité s'y dit prête à travailler main dans la main avec la France pour approfondir et l'Union et la zone euro afin qu'elles résistent « mieux aux crises mondiales ». Martin Schulz a réussi à rallier ses partenaires réticents à la création d'un budget de la zone euro qui aurait, dans un premier temps, trois missions : intervenir afin d'aider un pays victime d'un choc asymétrique (style crise de la dette publique), soutenir les réformes structurelles nécessaires pour renforcer les économies des États en crise, et, enfin, aider à « la convergence sociale ». Seul ce troisième volet exigera des ressources permanentes. C'est seulement dans un second temps que ce budget spécifique financera de façon permanente des investissements dans les dix-neuf pays de la zone euro. Évidemment, les partis de la coalition persistent à vouloir renforcer le contrôle des budgets nationaux, ainsi que la coordination des politiques économiques. La GroKo (Gross Koalition) rappelle aussi sa volonté de transformer l'actuel Mécanisme européen de stabilité (MES) en un Fonds monétaire européen (FME) sur le modèle du FMI, afin qu'il puisse restructurer les dettes publiques. Mais, alors que Berlin s'y opposait jusqu'à présent, la GroKo accepte qu'il soit intégré au droit communautaire, ce qui ouvre la voie à un vote à la majorité qualifiée, et surtout à un contrôle du Parlement européen. En revanche, l'accord ne mentionne pas la proposition de Macron de créer un ministère des Finances européen ou un Parlement de la zone euro auquel Martin Schulz était opposé : il préfère que ce soit l'actuel Parlement en formation zone euro qui exerce le contrôle démocratique sur la Commission et l'Eurogroupe. Côté fiscalité, l'accord de coalition met sur le même plan la lutte contre fraude et « évasion fiscale agressive » et respect de l'équilibre budgétaire. Il insiste aussi sur la nécessité de taxer les géants du numérique ainsi que d'harmoniser la fiscalité des sociétés. Enfin, il rappelle son soutien à la création d'une « taxe substantielle sur les transactions financières » (TTF). C'est un « nouveau départ » pour l'Europe s'est même réjoui Angela Merkel lors de la présentation de cet accord.

L'Allemagne reste l'Allemagne

Mais Martin Schulz ayant dû prendre sa retraite politique pour des raisons de politique intérieure, son successeur, le social-démocrate Olaf Scholz, nommé vice-chancelier et ministre des Finances, a vite tourné casaque. Il a fallu des centaines d'heures de négociations pour que l'Élysée et Bercy parviennent à convaincre l'Allemagne de mettre en musique l'accord de GroKo. Finalement, lors du sommet de Meseberg (nord de Berlin) du 19 juin 2018, les deux rives du Rhin sont convenus de la nécessité de créer un budget de la zone euro d'ici 2021, mais à l'intérieur du budget à vingt-sept, ce qui va beaucoup moins loin que ce que souhaitait Paris, même si les recettes et les dépenses seront décidées à dix-neuf. Il pourrait être alimenté par la taxe sur les transactions financières (TTF) « sur le modèle français » (qui taxe les achats d'actions uniquement), par le futur impôt qui frappera les géants du numérique, par une partie de l'impôt sur les sociétés et par la fameuse ligne budgétaire de 30 milliards d'euros proposée par la Commission européenne dans le cadre des perspectives financières 2021-2027. Même si aucun chiffre n'a été avancé, ce budget ne devrait pas dépasser les 100 milliards sur sept ans, ce qui reste largement insuffisant. Il serait destiné à investir dans « l'innovation et le capital humain » et « financer de nouveaux investissements et venir en substitution des dépenses nationales ». Il pourrait aussi jouer le rôle de « stabilisation macroéconomique », soit par le biais d'une « suspension temporaire de la contribution au budget de la zone euro pour les pays touchés par un choc significatif », soit en alimentant un « fonds européen de stabilisation du chômage » qui pourrait faire des prêts aux systèmes nationaux afin que l'État touché par une augmentation brutale du chômage ne perde pas ses capacités de manœuvre[1]. Dans les deux cas, l'État qui aura bénéficié de cette aide d'urgence devra ensuite la rembourser.

En cas de crise grave, le couple franco-allemand propose un système à deux paliers. D'une part, si un pays de la zone euro est confronté à un simple problème d'accès aux marchés alors que ses comptes sont en bon ordre, ce qui a été le cas de l'Irlande ou de l'Espagne lors de la crise de la zone euro, il aura accès à une « ligne de crédit de précaution » qui sera créée au sein du Mécanisme européen de stabilité. Une telle ligne existe au sein du

1. Une idée du Trésor public français qui l'a proposée en novembre 2013 et qui a été soutenue par Pierre Moscovici alors ministre des Finances.

FMI et elle est censée permettre à un pays de faire face à un coup de vent violent et à rassurer les marchés. En revanche, si le pays est au bord de la faillite parce qu'il a un déficit excessif ou une dette importante, il pourrait, comme aujourd'hui, faire appel au MES que Berlin et Paris proposent d'intégrer dans les traités européens, ce qui permettra au Parlement européen de le contrôler. L'État qui fera appel aux prêts du MES serait soumis à un programme d'austérité destiné à le ramener à l'équilibre comme aujourd'hui, sauf que c'est le MES qui aura un rôle moteur dans sa conception. Aujourd'hui, c'est la Commission qui est à la manœuvre, mais elle n'a pas vraiment convaincu les États de sa capacité à gérer efficacement le redressement d'un pays.

Gagné ? Nullement : l'Allemagne reste debout sur la pédale de frein. Au point que Bruno Le Maire, le 24 septembre 2018, tire la sonnette d'alarme : « Je trouverais irresponsable et dangereux que les États européens membres de la zone euro n'accélèrent pas dans les prochaines semaines la transformation de la zone euro » alors que les « menaces » s'accumulent. « Personne ne pourra dire qu'il ne savait pas la nécessité absolue qu'il y a à transformer cette zone monétaire en une zone économique intégrée, capable de résister à un prochain choc économique ou à une éventuelle crise financière. » En novembre, il a pourtant dû se contenter du minimum : l'Allemagne a confirmé qu'elle voulait bien d'une ligne budgétaire au sein du budget de l'Union à vingt-sept, mais seulement pour financer des investissements dans l'innovation, la recherche et le capital humain. Pour le reste, on verra plus tard. Pire, Berlin a considérablement limité la taxe proposée par la Commission et Paris pour que les géants du numérique n'échappent plus à l'impôt, ce qui rend problématique son financement. En outre, l'harmonisation fiscale et sociale n'est toujours pas à l'ordre du jour, ce qui vide en grande partie le budget de la zone euro de son sens. Même réticence pour l'achèvement de l'Union bancaire, Berlin n'ayant nullement l'intention d'en perdre le contrôle : elle a obtenu, en décembre 2018, que son Bundestag donne son feu vert à chaque utilisation du MES comme filet de sécurité (*backstop*) en cas de faillite bancaire.

Hubris allemande

C'est peu dire que l'hubris allemande est devenue le problème de la zone euro. Toutes les solutions imaginées par la Commission, le Parlement, la France et la plupart des économistes pour stabiliser la zone euro et pour la démocratiser se heurtent à un puissant « *nein* ». Seule la BCE, organe fédéral, a pu s'affranchir de la pesante idéologie allemande pour se comporter comme n'importe quelle banque centrale d'un État fédéral. Mieux, en rachetant de la dette européenne pour un montant représentant 20 % du PIB de la zone euro elle a créé de facto…

Pourtant, les solutions pour achever la construction de la zone euro sont simples et connues. Un budget représentant plusieurs points du PIB de la zone euro qui jouerait le même rôle que le budget fédéral américain, un Trésor européen doté de la capacité d'emprunter sur les marchés à des taux durablement bas, vu la taille de l'économie européenne, un ministre des Finances contrôlant ce budget sous la surveillance d'un Parlement de la zone euro, une Union bancaire achevée, etc. Une telle architecture permettrait surtout de relâcher le contrôle tatillon et adémocratique sur les budgets nationaux : puisque l'Ontario, au Canada, peut faire 15 % de déficit sans que cela ne menace la stabilité du dollar canadien, pourquoi n'en serait-il pas de même pour le budget italien ? Et si un État fait faillite, cela relève de sa propre responsabilité et ce sera à lui d'administrer la cure d'austérité nécessaire sans que l'on puisse blâmer l'Europe. Bref, il s'agirait de créer une démocratie qui permette à la zone euro d'agir pour l'ensemble des citoyens européens sous leur contrôle et de laisser au niveau national ce qui relève de ce niveau.

Mais, vingt ans après la naissance de l'euro, ces réformes de bon sens restent du domaine du doux rêve. Seule une crise touchant de plein fouet l'Allemagne pourrait la faire évoluer. Ou alors un refus de ses partenaires, et notamment du plus puissant d'entre eux, la France, de poursuivre plus avant avec des solutions bricolées qui déstabilisent à chaque fois un peu plus l'édifice. Un combat perdu d'avance ? Pas sûr, puisque l'Allemagne sait qu'elle serait rendue responsable d'un échec de l'euro avec les risques géopolitiques que cela comporte. Le système actuel peut techniquement se maintenir longtemps. Mais comme il aboutit à dresser les démocraties et les peuples les uns contre les autres, Grecs contre Allemands, Français contre Allemands, Italiens contre Allemands, il est menacé de l'intérieur par la défiance des citoyens. L'euro, conçu comme un formidable accélérateur d'intégration et donc de paix, débouchant sur un retour de flamme des nationalismes, quelle ironie ! Le pire n'est certes jamais certain, mais il ne faut jamais sous-estimer l'incapacité humaine à le conjurer.

L'UNION EUROPÉENNE

Conseil européen des chefs d'État et de gouvernement

Décide à l'unanimité (sauf les nominations)
des orientations politiques mises en œuvre par les institutions

Commission européenne

Monopole de l'initiative législative
Surveille l'application du droit européen
Autorité de la concurrence
Met en œuvre les politiques communes
Assure, avec la ministre des Affaires étrangères de l'UE,
les relations diplomatiques de l'UE
Négocie les accords avec les pays tiers

Conseil des ministres

Les ministres représentant les États adoptent, avec le Parlement européen, la législation. Sauf dans quelques domaines, où ils décident seul.
Il donne des instructions à la Commission pour les négociations extérieures (commerce, etc.)

Parlement européen

Seule institution élue au suffrage universel direct, il adopte avec le Conseil des ministres la législation européenne. Il a toujours le dernier mot.
Il contrôle la Commission.

***

Cour des comptes

Contrôle le budget communautaire

Cour de Justice

Cour suprême de l'Union qui contrôle l'interprétation et l'application des lois

LA ZONE EURO

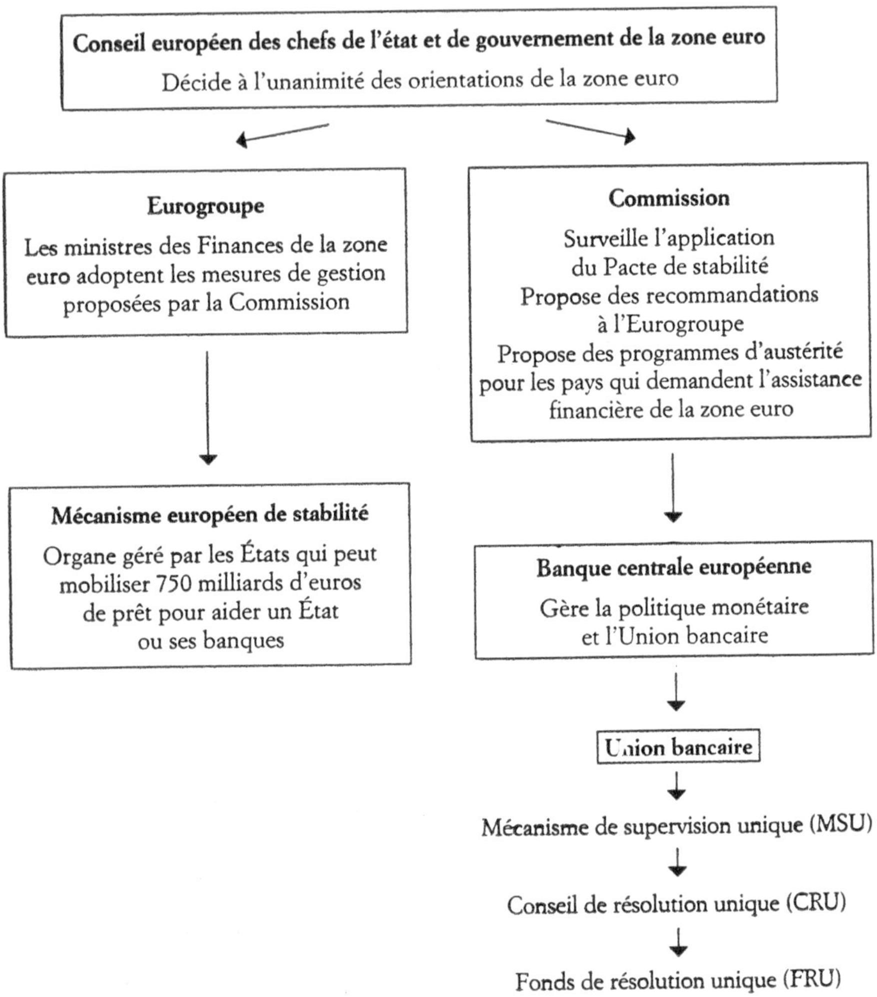

*

Toute la législation propre à la zone euro est adoptée par les institutions de l'Union européenne selon la procédure normale

*

Glossaire

Banque centrale européenne (BCE). Banque centrale de la zone euro. La composition de son premier directoire fut décidée le 2 mai 1998 par les chefs d'État et de gouvernement réunis à Bruxelles. Depuis le 1er janvier 1999, son « Conseil des gouverneurs », qui regroupe les membres du directoire et les gouverneurs des onze banques centrales, est responsable de la politique monétaire de l'Euroland.

Banque des règlements internationaux (BRI). Créée en 1930 pour promouvoir la coopération entre banques centrales nationales, la BRI, sise à Bâle, en Suisse, conseille et assiste les banques centrales nationales de tous les continents dans la gestion de leurs réserves de change. Elle est un peu le « club » des gouverneurs.

Bretton Woods. Les accords de Bretton Woods (dans le New Hampshire, aux États-Unis) ont été conclus sous l'impulsion des États-Unis en juillet 1944, pendant la Seconde Guerre mondiale, afin d'établir un nouvel ordre monétaire mondial pour l'après-guerre, basé sur la convertibilité du dollar en or et un système de parités quasi fixes. Les monnaies participantes pouvaient fluctuer dans une marge de 1 % autour de cours pivots que les banques centrales étaient tenues de soutenir. Le système s'effondre entre 1971 et 1973. La conférence de Bretton Woods décida aussi de la mise en place de la Banque internationale pour la reconstruction et le développement (Bird) et du Fonds monétaire international (FMI), deux institutions qui continuent de jouer un rôle essentiel dans la gestion du système financier international. Il y a autant de « Conseils des ministres » que de secteurs concernés (affaires étrangères, finances, agriculture, transports, éducation, etc.).

Bundesbank. Banque centrale allemande, qui prit en 1958 la relève de la Bank Deutscher Länder, qui fut elle-même créée en 1948 pour gérer le mark d'après-guerre. Familièrement appelée Buba.

Bundeskanzleramt. Chancellerie fédérale allemande, dirigée par le chef du gouvernement, le chancelier fédéral (Bundeskanzler).

CEE. Communauté économique européenne, instaurée par le traité de Rome signé le 25 mars 1957.

Chancelier de l'Échiquier. Titre traditionnel du ministre des Finances en Grande-Bretagne.

Conférence intergouvernementale (CIG). Les gouvernements de l'Union européenne doivent se réunir en Conférence intergouvernementale pour modifier les traités européens. Les décisions y sont prises à l'unanimité.

Comité des gouverneurs. Le Comité des gouverneurs des banques centrales des pays membres de la Communauté européenne a été établi en 1964. Il se réunit au siège de la BRI à Bâle.

Conseil européen (ordinaire et extraordinaire). On dit aussi Sommet européen. L'assemblée des chefs d'État et de gouvernement de l'Union européenne, formellement instituée en décembre 1974 pour définir les grandes orientations de la politique communautaire. Le Conseil européen se réunit au moins deux fois par an. Y participent aussi de plein droit les ministres des Affaires étrangères ainsi que, depuis le sommet de Cannes, en juin 1995, les ministres des Finances.

Conseil des ministres. Le Conseil, composé des représentants des États membres, est, avec le Parlement européen, l'instance législative de l'Union. Il faut l'accord de ces deux « chambres » pour qu'une loi européenne (directive ou règlement) soit adoptée. Dans les domaines où le vote à l'unanimité des États est requis, comme la fiscalité, l'accord du Parlement n'est pas nécessaire sauf exception. Il y a autant de « conseils des ministres » que de secteurs concernés (affaires étrangères, finances, agriculture, transports, éducation, etc.)

Comité monétaire et Comité monétaire suppléant. Le Comité monétaire, institué par le traité de Rome, regroupe les numéros deux des ministères des Finances (en France : le directeur du Trésor) et des banques centrales nationales. De 1957 à 1998, il devint l'enceinte principale de coordination des politiques monétaires et économiques. Il fut notamment responsable de la gestion du Système monétaire européen. Le comité suppléant est composé de hauts fonctionnaires du Trésor et des banques centrales.

Commission européenne. Sise à Bruxelles, la Commission a le monopole d'initiative pour de nouvelles « lois » européennes. Elle est aussi la gardienne des traités, ce qui lui permet de poursuivre en justice les États manquant à leurs obligations. Elle gère le budget européen et les politiques communautaires qu'il finance. Elle est, enfin, l'instance suprême de contrôle de la concurrence dans l'Union.

Collège des commissaires. L'assemblée des commissaires européens. Ils sont actuellement au nombre de vingt-huit, un par État membre. Avant 2004, l'Allemagne, la France, la Grande-Bretagne et l'Espagne avaient droit à deux représentants. Le Collège se réunit en général tous les mercredis à Bruxelles.

Coreper. Le Comité des représentants permanents des États membres auprès de l'Union à Bruxelles. Le Coreper prépare les réunions du Conseil des ministres.

Déflation. Baisse générale des prix entraînant une hausse du pouvoir d'achat de la monnaie. Une déflation est dangereuse pour la santé de l'économie puisqu'elle incite les consommateurs à retarder leurs achats en attendant des baisses de prix plus fortes. Elle peut ainsi conduire à un ralentissement grave de l'activité économique.

Direction du Trésor. Une des deux directions du ministère des Finances à Paris, l'autre étant celle du Budget. Le Trésor gère notamment la dette de l'État français.

Directive. « Loi européenne » qui doit être votée par les parlements nationaux et transposée en droit national avant d'entrer en vigueur. Les États sont tenus de mettre en œuvre les directives mais peuvent, dans une certaine mesure, en choisir la forme et les moyens.

Directoire de la BCE. Instance dirigeante de la Banque centrale européenne, composée du président, du vice-président et de quatre autres membres. En principe, ses membres sont nommés pour une période non renouvelable de huit ans.

Droit de veto. Droit de bloquer, seul, une décision quand l'unanimité est requise ou, lors d'un vote à la majorité qualifiée, lorsqu'un État estime ses « intérêts vitaux » menacés.

Ecofin. Le Conseil des ministres de l'Économie et des Finances de l'Union européenne.

Eurogroupe. Le groupe informel des ministres des Finances des pays de la zone euro.

Fondamentaux. Appellation courante de l'ensemble de données déterminant, en principe, les perspectives de l'économie : le niveau de l'inflation, des taux d'intérêt, de l'endettement des États, des entreprises et des ménages, des revenus disponibles, etc.

G7. Il réunit une fois par an les pays les plus industrialisés de la planète (États-Unis, Canada, Japon, Allemagne, France, Italie, Royaume-Uni).

Inflation. Hausse des prix. Dans le langage courant, la hausse des prix à la consommation, entraînant une perte de pouvoir d'achat de la monnaie.

Institut d'émission. Autre appellation de banques centrales qui émettent la monnaie d'un pays.

Institut monétaire européen (IME). Le précurseur de la Banque centrale européenne, travaillant à Francfort depuis janvier 1994. Son premier président fut le baron Alexandre Lamfalussy, suivi de Wim Duisenberg.

Majorité qualifiée. Mode de vote au Conseil des ministres qui repose sur une pondération des voix des États membres selon leur population allant de deux à dix voix. Pour obtenir une majorité qualifiée, il faut réunir 65 des 87 voix dont disposent les quinze États membres.

OCDE. Organisation pour la coopération et le développement économique qui siège à Paris. L'OCDE a succédé en 1961 à l'Organisation européenne de coopération économique, née du plan Marshall. Aujourd'hui, l'OCDE est la principale enceinte de concertation économique des pays les plus développés.

Policy mix. Littéralement : mélange de politiques. Terme employé pour désigner le dosage entre politique monétaire et politique budgétaire. La plupart des gouvernements souscrivent aujourd'hui à la théorie selon laquelle une politique budgétaire restrictive ouvre la voie à une politique monétaire plus souple, alors que d'importants déficits d'État, susceptibles de favoriser, à terme, l'inflation doivent être contrebalancés par un niveau de taux d'intérêt plus élevé.

Présidence de l'Union européenne. En réalité, la présidence du Conseil des ministres, qui est assurée successivement pour un semestre par les gouvernements de l'UE. Depuis le traité de Lisbonne, le Conseil européen des chefs d'État et de gouvernement élit un président permanent pour deux ans et demi renouvelables une fois.

Règlement. « Loi » européenne d'application immédiate dans tous les pays membres de l'UE.

Représentant permanent. L'ambassadeur qui dirige la « représentation permanente » d'un pays membre de l'UE auprès de l'Union. Les représentants permanents se réunissent, notamment, au sein du Coreper.

Schengen. Nom d'une ville du Luxembourg où furent signés, en 1985 et 1990, les accords et la convention du même nom. En principe, ils garantissent la libre circulation des personnes au sein de l'UE, en contrepartie d'une coopération policière renforcée.

Secrétaire général du Conseil des ministres. Le plus haut fonctionnaire du Secrétariat du Conseil, qui regroupe les fonctionnaires européens assistant les Conseils des ministres dans leurs travaux.

Swap. Il s'agit d'un accord d'achat et de vente de devises, généralement conclu entre banques centrales. Le vendeur s'engage à racheter la monnaie qu'il a cédée, d'habitude après trois mois. Ce système lui permet d'acquérir les devises dont il a besoin à des conditions avantageuses.

Système monétaire européen. Le SME est entré en vigueur le 13 mars 1979. Créé, contre la volonté de la Bundesbank, sous l'impulsion de Valéry Giscard d'Estaing, le président de la République française, et de Helmut Schmidt, le chancelier de la République fédérale allemande, le SME s'est donné pour objectif d'« établir une zone de stabilité monétaire en Europe ». Il a conduit à la mise en place d'un système de changes « fixes mais ajustables » et à la création de l'ECU.

Taux d'intérêt. Exprimé en pourcentage, le taux d'intérêt est la rémunération obtenue pour un placement de capital. On distingue les taux d'intérêt à long terme – le rendement moyen des obligations d'État, déterminé par l'offre et la demande du marché – des taux à court terme, sur lesquels la Banque centrale exerce une influence décisive par le moyen des taux directeurs, tels le taux d'appel d'offres et le taux de prise en pension.

Union européenne. Appellation de la Communauté économique européenne depuis l'entrée en vigueur du traité de Maastricht, le 1er novembre 1993. Le nom d'Union européenne est censé marquer la volonté des États membres de réaliser une union politique.

Table des matières

Photocomposition PCA

Achevé d'imprimer en décembre 2018
par CPI
pour le compte des éditions Calmann-Lévy
21, rue du Montparnasse 75006 Paris

PAPIER À BASE DE
FIBRES CERTIFIÉES

CALMANN LÉVY s'engage
pour l'environnement en réduisant
l'empreinte carbone de ses livres.
Celle de cet exemplaire est de :
500 g éq. CO_2
Rendez-vous sur
www.calmann-levy-durable.fr

N° d'éditeur : 5828639/01
N° d'imprimeur : 3029990
Dépôt légal : janvier 2019
Imprimé en France.